KB041000

# 분석철학의 역사: 러셀에서 롤스까지

*A Brief History of Analytic Philosophy*

by

**Stephen P. Schwartz**

Copyright © 2012 John Wiley & Sons Inc.

Korean translation copyright © 2017 by SEOKWANGSA PUBLISHING CO.

This translation published under license with the original publisher John Wiley & Sons, Inc.

through EYA(Eric Yang Agency).

# 분석철학의 역사: 러셀에서 롤스까지

스티븐 P. 슈워츠 지음
한상기 옮김

서광사

이 책은 Stephen P. Schwartz의 *A Brief History of Analytic Philosophy*(John Wiley & Sons, Inc. 2012)를 번역한 것이다.

# 분석철학의 역사: 러셀에서 롤스까지

스티븐 P. 슈워츠 지음
한상기 옮김

펴낸이 | 이숙
펴낸곳 | 도서출판 서광사
출판등록일 | 1977. 6. 30.
출판등록번호 | 제 406-2006-000010호

(10881) 경기도 파주시 회동길 77-12 (문발동)
대표전화 (031) 955-4331  팩시밀리 (031) 955-4336
E-mail : phil6060@naver.com
http : //www.seokwangsa.co.kr | http : //www.seokwangsa.kr

제1판 제1쇄 펴낸날 — 2017년 11월 30일
제1판 제3쇄 펴낸날 — 2024년  9월 10일

ISBN  978-89-306-1922-6     93160

나의 아내 다이앤에게

분석철학이 태동한 지 어언 한 세기가 넘는 세월이 흘렀다. 그동안 분석철학은 20세기 서양철학의 주도 세력으로 성장해오면서 특히 영어권 나라를 중심으로 널리 보급되었다. 처음에 분석철학의 출현은 혁명적 충격으로 받아들여졌지만, 지금은 상황이 많이 달라졌다. 독일어를 사용하는 나라들에서도 분석철학의 세력이 점점 더 증가하고 있고, 심지어 프랑스처럼 한때 적대적 태도를 보였던 나라들에도 분석철학이 상당히 잠식해 들어가고 있다. 우리나라에도 대략 1970년대부터 80년대에 본격적으로 분석철학이 소개되면서 많은 학자들이 분석철학을 전공하거나 관심을 보이기 시작했고, 이제 하나의 전통으로 확고하게 자리 잡았다. 이렇게 볼 때 20세기로 들어서는 시점을 전후해 출현한 분석철학은 대체로 전세계적으로 20세기 철학의 지배적 흐름으로 정착되면서 지금은 하나의 철학적 전통으로 굳어졌다고 볼 수 있다.

이런 상황에서 분석철학의 "역사"에 대한 책이 나오는 것은 어찌 보면 너무나 당연한 일로 생각될지도 모르겠다. 그러나 그동안 분석철학과 철학사의 불편한 관계 내지 긴장상태를 떠올리면 분석철학의 "역사"가 마냥 쉽게 받아들여지기만 하는 것은 아니다. 대체로 분석철학자들은 철학사 공부가 철학에 본질적이라는 역사주의적 태도를 비판적으로 바라보는 경향이 있었다. 그들은 과거의 위대한 철학자들의 사상에 대한 역사적 연구에 대해 원문 주석 등에만 매달릴 뿐 실질적인 철학적 문제들과 상관없는 것 그리고 박물관에나 있어야 할 골동품 정도로 보는 경향이 있었다. 반면 철학사를 중심으로 철학에 접근하는 사람들 입장에서는 분석철학자들이 과거의 역사를 무시하는 역사배격증이나 현

재의 기준으로 과거를 재단하는 시대착오증을 보인다고 비난한다. 요컨대 철학
사를 선호하는 사람들은 분석철학의 무역사적 태도, 경우에 따라서는 반역사적
태도를 못마땅해 한다.

물론 철학사에 대해 분석철학자들이 이런 식의 극단적 태도만 보인 것은 아
니다. 분석철학자들 중에는 자신의 철학을 전개하면서 철학사를 적극적으로 활
용한 사람도 있고, 분석철학의 방법을 동원해 철학사를 직접 쓴 사람도 종종 있
다. 대체로 그들은 현재의 철학적 문제들을 다루거나 해결할 목적으로 과거 철
학자들의 생각을 활용한다. 그래서 과거 철학자들의 텍스트를 철학적 문제에
대한 실패한 해결책으로 보거나, 현대철학자들의 철학을 예비하거나 예견한 선
구적 작업으로 보거나, 심각한 착각이나 오류의 출처라는 이유로 비판의 대상
으로 보는 경향이 있다. 이때 과거 철학자들의 텍스트 내용은 일종의 "논증"으
로 해석되고, 그래서 이 논증의 정당화 여부가 분석철학자들의 관심사가 된다.

이러한 경향을 대변하듯이 최근 약 20여 년 전부터 분석철학자들 사이에서
철학사에 대한 관심이 늘어났고, 특히 분석철학 자체의 역사에 대한 관심이 크
게 증가하고 있다. 대체로 철학사에 대해 부정적인 태도를 보여왔던 분석철학
이지만, 이제 한 세기가 넘는 세월에 걸쳐 분석철학 자체가 하나의 독특한 역사
를 형성했다는 점이 분석철학에 대한 관심의 배경이 되었을 것이다. 에릭 H.
렉(Erich H. Reck)에 따르면, 분석철학 내부에서의 철학사에 대한 이러한 관심
은 "역사적 전회"(historical turn)라고 불릴 수 있을 정도로 폭넓은 지지를 받
으면서 널리 퍼지고 있다.

이 책 『분석철학의 역사』는 스티븐 슈워츠(Stephen P. Schwartz)의 *A Brief
History of Analytic Philosophy*(Wiley-Blackwell, 2012)를 옮긴 것이다. "분석
철학이란 무엇인가?"라는 물음에 대해 필요충분조건에 의거해 답을 찾으려는
시도는 어렵기로 악명이 높다. 지리-언어적으로 영어권 국가의 철학, 철학사 무
시나 경시, 형이상학 거부, 언어적 전회, 분석적 방법과 명료성 중시 등 분석철
학의 두드러진 특징들을 통해 분석철학을 정의하려는 시도는 이런저런 이유로
모두 실패로 돌아간다. 그래서 지은이는 필요충분조건에 의한 정의가 아니라
실제 분석철학 종사자들의 작업을 역사적으로 개관함으로써 분석철학을 이해

하려 한다. 물론 지은이 자신도 분석철학자이기 때문에 이러한 역사적 개관은 철학적 문제를 중심으로 하여 "논증"이라는 실을 통해서 하나로 꿰어진다. 그래서 이 책은 20세기 분석철학을 논리학, 언어철학, 인식론, 형이상학, 윤리학의 문제들을 중심으로 분석철학의 주역들, 이론들, 운동들, 논쟁들에 대해 명료하게 해설하면서 논증이라는 실을 통해 연결시키고 있다. 그러면서도 이 책은 이 분석철학자들이나 그들의 사상이 나오게 된 사회적 · 문화적 · 정치적 배경에 대해서도 소개함으로써 독자에게 분석철학 주역들의 시대적 배경과 더불어 그들의 숨은 이야기를 전하고 있다. 따라서 이 책을 읽다 보면 자연스럽게 20세기 분석철학의 문제적 연결과 사회 · 문화적 배경에 대한 이해라는 두 마리 토끼를 모두 잡을 수 있을 것이다. 모쪼록 이 책을 통해 우리 사회에서 분석철학의 본성과 활동에 대한 이해가 깊어지고, 분석철학에 관심을 갖는 독자가 많아지기를 기대해본다.

마지막으로 이 번역이 완성될 때까지 많은 격려와 도움을 준 건지산 동료들에게 감사드린다. 특히 원고를 읽으면서 부족한 번역을 바로 잡도록 도와준 늦깎이 대학원생들 신가진, 송구암, 임경철, 조영승, 박지원 선생, 그리고 이일권 선생에게 감사드린다. 어려운 출판계 상황에도 꿋꿋하게 철학서적의 출판에 애써 주신 서광사 여러분께 감사드린다.

2017년 10월
건지산 자락에서 옮긴이

분석철학은 20세기의 지배적인 영미 철학 운동이었으며, 오늘날에도 지배적인 운동으로 남아 있다. 지금은 우리가 이 생기 넘치는 철학적 전통에 대해 역사적 관점을 가질 수 있을 정도로 충분한 시간이 흘렀다. 내가 이 책을 쓴 목적은 분석철학의 지도적인 철학자들, 이론들, 운동들, 논쟁들에 대해 일반적 개관을 제공하는 것은 물론이고 분석철학의 문화적, 정치적, 사회적 배경에 대해 어떤 견해를 제공하는 것에 있다.

영미의 분석적 전통은 20세기 초에 버트런드 러셀(Bertrand Russell)과 G. E. 무어(G. E. Moore)에서 시작된다. 내가 초점을 맞춘 가장 최근의 작업은 1970년대의 작업들이다. 맺는말은 1980년에서 현재에 이르는 분석철학의 발전을 간단히 논의하면서 미래에 대해 살핀다.

나는 독자가 정식으로 어떤 철학적 배경을 가지고 있다고 가정하지 않았다. 그렇지만 분석철학은 전문적이다. 분석철학은 논리학과 수학의 토대에 대한 연구의 발전으로부터 자라나왔다. 전문적인 것을 모조리 무시하는 일은 분석철학의 흥미롭고 핵심적인 많은 측면을 무시하는 것을 의미할 것이다. 철학 공부를 해온 독자들에게 익숙한 용어와 문제들에 설명으로 본문을 혼란스럽게 한 것이 아니라 나는 각 장의 말미에 배경이 되는 단편적 지식을 제공하였다. 이것들은 책에서 [**배경** n.m — 주제]로 나타난다. 배경이 도움된다고 판단하는 사람들은 그 장의 끝 부분으로 책장을 넘길 수 있을 것이다. 그렇지 않은 사람들은 그 부분을 건너뛰어도 좋다. 이 책의 곳곳에서 기호논리학을 사용한 것은 불가피한 일이다. 제1장의 끝에서 나는 기호논리학에 익숙하지 않은 사람들을 위해 기초적 기호체계에 관한 배경을 제공하였다. 각 장의 끝에서 나는 주제들을 더 깊이 추구하거나 다른 촉수를 따르는 데 흥미가 있는 사람들을 위해 해설이 달린 더 읽을거리 목록을 덧붙였다.

내가 논의한 각각의 철학자에 대하여 나는 내 해설을 예증하기 위해 관련 있는 대표적 인용구들을 제시하였다. 나는 철학자들이 자신을 변호하고, 그들이 자신의 목소리로 소리를 내는 방식에 대한 느낌을 제시할 기회가 있기를 원하며, 독자들이 원래의 출처를 찾아내어 스스로 그것을 직접 추적해볼 마음이 일어나기를 바란다. 나는 이 책이 많은 사람에게 이러한 원문들 중 많은 것에 시간을 들일 유일한 기회일 것임을 깨닫는다. 각각의 인용구에 대하여 쪽 번호와 함께 출처를 제시하며 종종 두 개의 출판연대를 제시한다. 내가 인용한 저작들 중 많은 것은 재인쇄된 고전들이다. 그래서 원래 1912년에 출판된 논문의 1978년판 재판본을 인용할 수 있다. 나는 이것을 (저자명 1978/1912, nn쪽)으로 나타낸다. 참고문헌을 참고하라. 나는 이 인용구들을 원문에 나타난 것과 똑같이 옮겨 썼으며, 나는 철자법과 구두점의 일관성을 이유로 그것들을 편집하지 않았다. 보통 나는 더 읽을거리에 이 책에서 인용된 저작들을 포함시키지 않았는데, 왜냐하면 그 저작들은 더 읽고 공부하는 데 없어서는 안 될 빤한 선택들이기 때문이다.

나는 원문에 대한 내 이해와 일치할 때는 표준적으로 공인된 해석을 제시하였고, 역사적 논쟁에 종사하는 사람들 또는 철학자들의 사상에 대한 다양한 해석들 사이에서 판결을 내리려고 하지 않았다. 이 역사서는 최종 결정이 아니라 시작을 의도한 것이다. 이 책은 〈분석철학〉, 〈20세기철학〉, 〈현대철학〉 같은 과목의 교재로 적당할 것이다.

이 책의 구조는 기본적으로 1905년에서 시작하여 1970년대까지 이어지는 연대순으로 구성되어 있다. 그렇지만 분석철학의 역사는 직접적인 연대기적 발전 과정이 아니며, 현저하게 다른 몇 가지 가닥이 동시에 나타난다. 분석철학의 전통 내에서 이전의 생각들을 비판하고, 재고하고, 다시 손질하는 일은 결정적으로 중요하다. 버트런드 러셀과 루트비히 비트겐슈타인(Ludwig Wittgenstein) 같은 주요 인물들은 이전의 자신들을 공격함으로써 자신들의 견해를 바꾸었다.

분석철학의 이야기는 자신들과 함께, 그리고 자신들에 대하여, 그리고 서로에 대하여 싸우는 분석철학자들의 이야기이다. 즉 분석철학의 기원과 이전의 운동과 신조들과 함께, 그리고 그런 것들에 대하여 싸우는 분석철학자들의 이야기이며, 그 이야기의 나중 부분들은 이전 부분들에 대한 반응으로서만 이해될 수 있다. 독자는 주요 사상가들에 대한 논의가 하나의 장들로 제한되는 것을 발견하지 못할 것이다. 오히려 러셀, 비트겐슈타인, 카르납, 콰인, 그리고 다른 철학자들의 철학 이야기들은 여러 장에 걸쳐 짜여진다. 나는 역사를 통해 특정 사상가나 문제를 추적하고 싶어 하는 사람들을 위해 편리하게 이용할 수 있는 찾아보기를 제공하였다. 서론 끝 부분에 지도적인 분석철학자들 목록을 포함시켰고, 다른 사람들이 약간 다른 목록을 만들 것임은 의심할 여지가 없지만, 분석철학의 역사에 익숙한 사람은 누구라도 내가 제시한 목록이 그런 일이 있다고 한다면 통째로 생략하는 경우에 한해서만 악화된다는 것을 인정할 것이다.

　나는 분석적 전통의 윤리학에 한 장을 할애한다(제8장). 1903년 G. E. 무어의 『윤리학원리』가 출판된 후 윤리학은 1960년대까지 분석철학의 주류에서 벗어났다. 1950년 이전, 분석철학의 주요 인물들 중 누구도 윤리학에 대해 별로 연구하지 않았는데(초기 무어를 제외하면), 왜냐하면 그들은 윤리학이 철학의 영지 바깥에 있다고 생각했기 때문이다. 윤리적 언어의 분석에 관한 윤리학적 문제와 물음들은 앞의 장들에서 아주 간단하게만 나타난다. 1950년대에서 시작되어 오늘날까지 계속되고 있는 윤리학과 가치이론에 대한 커다랗게 확장된 관심과 작업은 내가 이 책에서 설명한 이유들 때문에 일어났다. 1905년부터 1950년대와 1960년대에 이르기까지 분석철학의 주된 초점이었기 때문에 이 책에서 나는 주된 초점을 논리학, 언어철학, 형이상학, 인식론에 두었다. 몇 가지 이유로 나는 1970년대 이후의 분석철학에 대해서는 아주 간단히 논의하고 있다(맺는말). 그 한 가지 이유는 분석철학이 역사가 아니라 현재의 사건들이기 때문이다. 우리는 지난 30년간의 철학에 대해 역사적 견해를 갖기에는 너무 가까이 있다. 또 다른 이유는 분석철학에서의 작업이 이 책이 전문적 설명 모음에 지나지 않는 것이 될 정도로 너무 전문적으로 세분화되었다는 것이다. 마지막으로 컴퓨터, 인터넷으로 인한 대량의 출판물, 그리고 그로 인해 증가된 소통수단들이 임의의 개관 작업이 가능한 지점을 넘어서까지 확장되어왔다는 것이다.

빈센트 반 고흐는 다음과 같이 썼다. "나는 과장하고, 때로 주제에 대해 변화를 주지만, 여전히 회화 전체를 창작하지 않는다. 오히려 나는 실제 세계에서 그것이―엉킨 것을 풀어야 할―기성품임을 발견한다. 이것은 역사 서술에 대한, 그리고 철학 자체에 대한 훌륭한 기술이다. 우리는 실제 세계에서 엉킨 것을 풀어야 할 주제를 발견한다. 나는 너무 많은 과장과 창작 없이 분석철학 이야기를 풀려고 노력해왔으며, 그러기를 희망한다. 그러나 나는 분석철학자이다. 나는 1960년대 중반부터 철학을 가르쳐왔고, 내 자신의 연구 결과를 지면을 통해 적당히 발표함으로써 분석철학에 기여해왔다. 나는 그 이야기에서 나의 개인적 느낌을 완전히 뿌리칠 수 없다. 나는 많은 지도적 철학자들을 알아왔고, 그들의 말을 경청했으며, 그들과 이야기하거나, 적어도 그들을 만나왔다. 이 책의 곳곳에서 나는 내 의견을 표현하고, 간단하게나마 그 의견을 뒷받침하려 한다. 나는 분석철학이라는 기획을 계몽하고 교화하는 일에 개인적으로 그리고 열정적으로 참여하고 있다.

나는 도움을 준 다음 분들에게 감사를 드리고 싶다. 이타카대학 철학 및 종교학과의 내 동료 프레더릭 카우프만(Frederik Kaufman)과 크레이그 던컨(Craig Duncan)은 원고의 부분들을 읽고 귀중한 제안을 해주었다. 이타카대학 수학과의 존 로젠탈(John Rosenthal)은 이 책의 어려운 부분들을 읽고 참을성 있게 그리고 친절하게 나를 도와주었다. 제럴드 헐(Gerald Hull)은 스티븐 리(Steven Lee)가 이전 판에서 대해 했던 것처럼 원고의 대부분을 읽고 여러 가지 유익한 논평을 해주었다. 유익한 제안을 해준 에릭 러너(Eric Lerner)에게도 감사를 드리고 싶다. 아내 다이앤 슈워츠(Diane Schwartz)는 내가 이 책을 쓸 때 원고 전체를 읽고 비철학적 관점에서 귀중한 제안을 해주었다. 나는 또한 원고의 부분들을 읽고 유용한 논평과 제안을 해준 존 헤일(John Heil)과 피터 싱어(Peter Singer)에게도 감사를 전하고 싶다. 와일리―블랙웰 사(Wiley-Blackwell)의 익명의 두 논평자도 원고 전체에 대해 포괄적이면서도 매우 유익한 평을 해주었다. 나는 또한 내 기획의 실제적 측면과 관련하여 관대한 도움을 준 셰릴 잉글런드(Sheryl Englund), 이 책을 쓰도록 격려하고 안내해준 와일리―블랙웰 사의 제프 딘(Jeff Dean)에게도 감사를 전하고 싶다. 이 책에 있을 수 있는 모든 오류를 포함하여 이 책의 내용이 전적으로 오로지 나의 책임임은 말할 것도 없다.

스티븐 P. 슈워츠

2012년 이타카

## _ 감사의 말

펨브로크 로지(Pembroke Lodge) 사진은 시안 데이비스(Sian Davies)의 친절한 허가를 받아 이 책에 실었다. 사진작가 폴 페어베언테넌트(Fairbairn-Tennant)에게도 감사를 드리고 싶다.

체크무늬 착각 ⓒ 1995, Edward H. Adelson.

비엔나의 비트겐슈타인 자택 사진은 로버트 슈에디위(Robert Schediwy)에게서 입수하여 크리에이티브 커먼즈 사의 동의를 받아 이용했다. http://creativecommons.org/licenses/by-sa/3.0/deed.en.

453쪽의 만화는 브라이언 K. 존슨(Brian K. Johnson)이 제공한 것이다.

# 서론: 분석철학이란 무엇인가?

> 내가 개관해온 현대의 분석적 경험주의는 수학과 강력한 논리적 기술의 발전을 통합시킨 일 때문에 로크, 버클리, 흄의 경험주의와 다르다.(러셀 1945, 834쪽)

내 앞 책상 위에는 『수학이란 무엇인가?』라는 제목의 유명한 책이 놓여 있다. 그 책에서 당신은 수이론, 대수학, 기하학, 위상학 등에 대한 기초적 기술을 발견할 것이다. 당신이 발견하지 못하는 것은 수학이 무엇인지에 대한 정의나 설명인데, 비록 그 책의 첫 절에 "수학이란 무엇인가?"(*What is Mathematics?*) 라는 제목이 붙어 있다 할지라도 그렇다. 최종 답은 이렇다. "학자들과 일반인들에게 똑같이 '수학이란 무엇인가?' 라는 물음에 혼자서 답할 수 있는 것은 철학이 아니라 수학 자체에 대한 적극적 경험이다."(Courant and Robbins, 1941, 쪽 번호 없음). 같은 취지에서 "분석철학이란 무엇인가?"라는 물음에 대한 나의 답은 제1장에서 시작되는 이 책의 나머지 부분이다. 분석철학이란 "지도적인 분석철학자들" 목록(이 장 끝 부분에 위치한)에 있는 철학자들이 철학적으로 해온 것이다.

만일 역사가가 그의 주제에 대해 필요충분조건에 의거한 정확한 정의를 제시해야 한다면, 어떤 역사도 쓰이지 못했을 것이다. 나는 내 앞의 책상 위에 또 다른 책을 가지고 있다. 그 책 또한 고전으로 A. 루퍼트 홀과 마리 보아스 홀(A. Lupert Hall and Marie Boas Hall, 1964)이 쓴 『짧은 과학사』(*A Brief History of Science*)이다. 이 책은 고대세계로부터 오늘날에 이르기까지 과학의 발전을 멋지게 개관하고 있는 책이지만, 이 책은 "과학"에 대한 정의나, 과학이 무엇인지에 대한 논의나, 과학과 다른 노력들을 구별해주는 것에 대한 논의를 전혀 포함하고 있지 않다. 만일 홀 부부가 먼저 이런 물음들에 답해야 했다면, 그들은 아직도 그런 물음들에 대해 연구하고 있을 것이고, 그들의 역사서는 결코 쓰이지 못했을 것이다. 지금도 과학철학자들은 이런 물음들에 답하려 하지 않는다. 홀 부부는 그들의 책을 조심스럽게 고대세계 과학의 기원에서 시작한다. 그들은 구획 문제, 즉 그들의 짧은 역사서의 주제인 과학과 인간이 추구하는 다른 것들을 어떻게 구별할 것인지의 문제로 걱정하지 않는다. 다른 철학적 전통들로부터 분석철학을 구획하는 곤란한 문제를 피하는 것 또한 나에게는 조심스러운 일이다.

그러나 우리는 수학에 대한 개관이나 과학사가 한정된 주제를 다룬다는 것을 알 정도의 분별력은 지니고 있다. 과학사는 영국소설사나 근대예술사와 똑같은 것이 아니다. 나는 내 철학 동료들과 함께 설령 우리가 분석철학의 정확한 경계선을 그을 준비가 되어 있지 않다 할지라도 분석철학이 독특한 전통이라는 것을 인정한다. 분석철학의 역사는 20세기 가톨릭철학사나 마르크스주의 철학사, 20세기 대륙철학사, 20세기 미국철학사 같은 것이 아니다.

그러니까 신중함에 대해서는 이 정도로 끝내자. 나는 "분석철학이란 무엇인가?"라는 물음에 대한 답에서 무언가 유용한 것이 있다고 말하려 할 것이다(전통을 구획하기 위한 필요충분조건을 제시할 수 있는 것처럼 가장을 하지 않고도).

분석철학은 20세기 초에 시작되어 오늘날 철학에서 지배적 전통을 이루고 있다. 물론 초기 시절의 모습과 지금 모습이 똑같지는 않다. 어떠한 운동이나 전통과도 마찬가지로 분석철학은 격변이 된 정치적 사건들, 기술의 진보, 다른 주제와 학문들의 영향, 자신을 돌아보고 비판하는 일을 추구해온 일 때문에 진화했다.

분석철학은 많은 원천으로부터 발전하였다. 그 원천들 중에는 이 장 맨 앞의 러셀의 인용구에서 언급된 영국의 경험주의 전통, 그리고 19세기 말과 20세기 초 자연과학의 발전, 특히 물리학의 발전이 있었다. 그러나 주요 동력은 19세기 말과 20세기 초 논리학, 집합론, 수학의 토대에서 이루어진 혁명적 진보였다.

이런 혁신들 중 철학에 가장 중요한 것은 기호논리학의 발전이었는데, 기호논리학은 분석철학자들에게 필수불가결한 도구이자 사상의 원천이었다. 분석철학자들은 영국 경험주의, 형식논리학, 수학, 자연과학으로부터 그들의 영감을 얻었다(경험주의에 대한 정의는 73쪽의 **배경** 1.1—인식론: 경험주의 대 이성주의를 볼 것. 기호논리학에 대해서는 75쪽의 **배경** 1.3—『수학원리』의 수학적 논리학 대 아리스토텔레스의 전통논리학과 기호체계에 대한 각주를 볼 것).

분석철학은 어떻게 진화하고 성숙했는가? 20세기 중반 무렵, 철학자들은 경험주의, 과학, 수학에 대해 초기의 종사자들이 받아들였던 것보다 좀 더 거리가 있는 비판적 태도를 취할 수 있었다. 이로 인해 분석적 윤리학이 확장될 수 있었고, 형이상학에 대한 관심이 부활했으며, 고대 그리스에서 시작된 과거 철학자들에 대한 주목과 이해가 증가했다. 윤리학자, 형이상학자, 철학사가들이 그들의 주제에 분석철학의 방법들, 즉 표현의 명료성, 논리적 논변, 철학자들 사이의 직접적이고 포괄적인 변증적 의견 교환, 문제에 대한 점진적인 과학적 접근방식을 끌어들였지만, 그들은 초기 운동의 좀 더 공론적(空論的) 측면들은 그대로 남겨두었다(이 모든 것은 다음 장들에서 자세히 기술된다).

"분석철학"이라는 이름은 분석철학자들 모두가 공유해온 어떤 특수 신조보다는 분석철학의 방법들을 더 많이 가리킨다.[1] 분석철학자는 문제, 개념, 쟁점, 논증을 분석하며, 그런 것들을 그것들의 중요한 특징을 발견하기 위해 그것들의 부분으로 분해하고, 해부한다. 통찰은 사물들이 어떻게 합쳐지고, 어떻게 따로 평가될 수 있는지를 보는 일에서 나온다. 즉 그것들이 어떻게 구성되고, 어떻게 재구성될 수 있는지를 보는 일에서 나온다. 기호논리학은 분석철학자들의 가장 독특한 도구였고, 지금도 그런 도구로 남아 있다.

분석철학자들은 언제나 자신들과 서로에 대해 분투해왔고, 그들의 전통, 그 기원과 사상을 놓고 분투해왔다. 분석철학의 어떠한 특징도 다른 분석철학자들에 의해 도전을 받지 않은 것은 없었다. 제2차 세계대전 후, 영국의 많은 분석

---

1  "분석철학"에서 "분석"이라는 낱말은 "분석/종합 구별"에서 사용되는 "분석"이라는 용어와 똑같은 것을 의미하지 않는다. 그것은 다른 개념이지만 간접적으로 관계가 있는 개념이다. (74쪽의 배경 1.2—선천적, 분석적, 필연적을 볼 것.)

철학자는 그들이 보았던 것처럼 기호논리학, 자연과학, 형식적 분석에 대한 지나친 신뢰에 반발했다. 한편, 비슷한 시기에 미국철학자들은 그들이 분석철학의 정당화되지 않은 독단이라고 여기게 된 신조를 공격했다. 분석철학자들이 초점을 두면서 끊임없이 제기하는 쟁점들 중 하나는 다음과 같은 물음들을 포함한 방법이다. 우리는 형식논리학에 얼마나 많이 의존해야 하는가? 자연과학은 신빙성 있는 지식의 유일한 원천인가? 철학은 과학적인 것이 되려고 시도해야 하는가? 분석철학, 그 방법과 신조들은 분석철학자들이 숙고의 대상으로 가장 좋아하는 주제들 중 하나이다.

분석철학은 언제나 그 자신과 분투하는 변증적 기획이다. 이것이 바로 분석철학을 정의하는 일이 그토록 어려운 이유이다. 분석철학은 하나로 통합된 운동이나 학파가 아니다. 분석철학은 일련의 문제, 방법, 쟁점들을 둘러싸고 느슨하게 조직되지만, 이런 것들에 대한 어느 쪽 노선도 지금까지 분석철학을 정의하지 못했다. 분석철학자들은 논변을 좋아하는 커다랗게 확장된 가족의 족장들로서 프레게, 러셀, 비트겐슈타인, 무어를 살핀다.

지리적으로 볼 때, 분석철학은 영국과 독일어권 국가들에서 20세기 초에 거의 동시에 시작되었다. 1930년대 나치의 발흥과 함께 오스트리아와 독일의 분석철학자 대부분은 영국이나 북아메리카로 이주했다. 제2차 세계대전의 시련에도 불구하고 이 빛나는 지성들의 유입은 영국과 미국의 분석철학에 엄청난 재생 에너지와 낙관적 태도를 생성했다. 오늘날 영어권 국가들 대학의 거의 모든 철학과는 자신들의 방향을 분석철학이라고 자평할 것이며, 분석철학에 대한 관심과 참여는 지난 몇 십 년 동안 유럽 대륙과 스칸디나비아 반도에서도 극적으로 증가해왔다.

문화적 현상으로 보면, 분석철학은 철학에서 모더니즘의 표현이었다.[2] 시각예술, 문학, 음악에서 느슨한 운동으로서의 모더니즘은 19세기에 시작되었지만, 1914-18년, 대변동을 가져온 제1차 세계대전 후에 문화적 지배력을 얻게

---

2   모더니즘(modernism)은 근대(modern)와 혼동되어서는 안 된다. "근대"는 다른 맥락에서는 다른 것들을 의미한다. 근대철학은 대략 1640년 경 데카르트에게서 시작된 것으로 알려져 있고 근대예술은 1870년 무렵 인상파 화가들과 함께 시작된 것으로 알려져 있다.

되었다. 분석철학과 마찬가지로 모더니즘은 정확하게 정의될 수 없다. 모더니즘은 과거의 전통들에 대한 거부, 제1차 세계대전 이후 시기의 문화적 각성을 반영함으로써 충격적이고 사람들을 동요시킬 수 있는 새로운 형태의 실험, 언어와 방법에 대한 주목, 또는 회화의 경우에 외양에 대한 주목, 기술과 과학에 대한 두려움, 또한 새로운 발전의 활용에 의해 규정된다.

문학에서 모더니즘을 가장 잘 대표하는 작품은 제임스 조이스(James Joyce)의 소설 『율리시스』(*Ulysses*)이다. 우리는 또한 윌리엄 포크너(William Faulkner)와 버지니아 울프(Virginia Woolf) 같은 작가도 전형적인 모더니스트라고 생각한다. 모더니스트 작가들은 소설이 전체적 구상, 등장인물 성장 등을 가진 연속적 줄거리로 이루어질 것이라는 전통적 기대를 거부한다. 대신 모더니즘 소설은 균열된 시간, 확인가능한 이야기나 줄거리 또는 의식의 흐름 없음, 언어를 통한 실험에 의해 규정된다. 음악에서 모더니즘 작곡가들은 곡조, 조화, 조 구조에서 점차 멀어졌다. 스트라빈스키 같은 작곡가들은 자신들의 음악을 의도적으로 부조화하게 만들고 불협화음이 나게 만들었다. 쇤베르크 같은 12음 기법 작곡가들은 서양 고전 음악의 전통을 폐기하는 새로운 형식체계를 사용했다. 회화에서 모더니즘은 인상파 화가들에서 시작되며, 근대예술 전체의 발전을 규정한다. 특히 세잔느에서 시작하여 예술가들은 점점 더 인식가능한 대상을 그리는 일에서 멀어져갔다. 그들은 회화 예술의 "거장" 전통을 거부했다. 피카소와 그다음의 다른 화가들은 결국은 추상예술 쪽으로 옮겨갔다. 모더니즘 화가들은 그들의 그림이 거울로서, 또는 창을 통해 묘사할 다른 대상들보다는 대상들로서의 그림의 외양에 더 관심이 있었다.

모더니즘의 기본 양상들—과거 전통에 대한 거부, 새로운 방법과 형식을 통한 실험, 기술과 새로운 기술적 방법의 사용에 대한 열광과 두려움, 방법, 외양, 표현, 언어에 초점을 두는 일—은 모두 분석철학을 규정한다. 분석철학은 논리학과 수학의 토대에 관한 새로운 전문적 발전으로부터 탄생했으며, 분석철학자들은 애초에 자신들을 과거 서양철학의 전통을 끊는 혁명적인 사람들로 보았다. 그들은 자신들의 작업이 철학, 그리고 심지어 사회를 그 과거 형식과 압제로부터 자유롭게 하는 것으로 보았다. 분석철학자들, 특히 비트겐슈타인과 그에게 영향을 받은 철학자들은 자신들의 견해를 표현하는 새로운 방식을 실험했다. 제2장에서 보게 되겠지만, 비트겐슈타인은 자신의 철학을 전통철학자들이 했던 것처럼 연속적인 논증들로 표현하지 않았고, 몇몇 다른 분석철학자들도 그렇게 하지 않았다. 초기 분석철학자들은 사실상 과거 철학의 모든 것을 거부했으며, 지식을 제공하기 위해 과학에만 의존하려 하였다. 형식주의 성향의 분석철학자들은 그들이 쓴 글의 지면을 불가해한 기호들로 채웠다. 분석철학의 진화는 우리가 근대예술에서 보는 형식주의와 표현주의 사이의 충돌을 나타낸다. 나는 한편으로는 몬드리안, 다른 한편으로는 반 고흐 및 독일 표현주의자들 같은 입체파 화가들과 어떤 추상화가들 사이의 대비를 생각하고 있는데, 모더니즘은 극단적 형식주의와 열렬한 표현주의 모두에 반영되어 있다. 분석철학은 제2차 세계대전 직후 아주 집요하게 내적 투쟁을 겪었지만, 그러한 내적 투쟁은 분석철학의 역사 전체를 통하여 나타난다. 특히 제4장을 볼 것.

모더니즘은 분석철학과 대륙철학의 접촉점이다. 대륙철학자들 가운데 니체와 키르케고르는 모더니즘 형태의 철학적 활동을 예비하거나 영감을 준 것으로 볼 수 있다. 그 후의 대륙철학자들 가운데 하이데거, 프랑스 실존철학자 카뮈와 사르트르, 그리고 그다음 해체주의적이면서 포스트모더니즘적인 철학자들은 (제목에도 불구하고) 모더니즘을 구현한다. 20세기의 문화적 현상으로 생각했을 때 대륙철학과 분석철학은 전우이다.

문화적 현상으로서의 분석철학은 결코 20세기의 회화와 음악만큼 병적인 모더니스트가 아니었으며(하이데거 같은 어떤 대륙철학자들만큼 병적인 모더니스트도 아니었다), 언제나 철학의 본질—이성에 의거한 논변—에 대한 헌신을 보유하고 있었는데, 비트겐슈타인과 어떤 일상언어철학자들의 경우, 흐릿한 안개와 같은 표현을 뚫고 이것을 보기가 어렵다 해도 그렇다. 분석철학자들은 계몽주의 철학자들의 허세를 거부했지만, 이성에 대한 그들의 헌신을 거부한 것은 아니었다. 분석철학자들은 그들이 전통철학의 구식 방법이라고 생각했던 것을 기호논리학, 언어에 대한 분석, 과학적 방법에 기초를 둔 그들의 새로운 기법으로 대치하려 하였다.

이것이 바로 앞으로 나오게 될 장들에서 펼쳐질 이야기이다.

## 지도적인 분석철학자들

*고틀로프 프레게  1848-1925  독일

버트런드 러셀  1872-1970  영국

조지 에드워드 무어  1873-1958  영국(G. E. 무어로 알려짐)

오토 노이라트  1882-1945  오스트리아

모리츠 슐리크  1882-1936  독일

루트비히 비트겐슈타인  1889-1951  오스트리아/영국

루돌프 카르납  1891-1970  독일/미국

한스 라이헨바흐  1891-1953  독일/미국

길버트 라일  1900-1976  영국

칼 포퍼  1902-1994  오스트리아/영국

*알프레드 타르스키  1902-1983  폴란드/미국

칼 헴펠  1905-1997  독일/미국

*쿠르트 괴델  1906-1978  오스트리아/미국

넬슨 굿맨  1906-1998  미국

윌러드 반 오만 콰인  1908-2000  미국(W. V. 콰인 또는 W. V. O. 콰인)

찰스 레슬리 스티븐슨  1908-1979  미국(찰스 L. 스티븐슨 또는 C. L. 스티븐슨)

맥스 블랙  1909-1988  러시아/영국/미국

알프레드 줄스 에이어  1910-1989(A. J. 에이어)

존 오스틴  1911-1960  영국(J. L. 오스틴)

노만 맬컴  1911-1990  미국

윌프리드 셀라스  1912-1954  미국

*앨런 튜링  1912-1954  영국

허버트 폴 그라이스  1913-1988  영국(폴 그라이스)

로데릭 치섬  1916-1999  미국

도널드 데이비드슨  1917-2003  미국

거트루드 엘리자베스 마가렛 앤스컴  1919-2001  영국(엘리자베스 앤스컴 또

는 G. E. M. 앤스컴)

리처드 머빈 헤어  1919-2002(R. M. 헤어)

피터 프레더릭 스트로슨  1919-2006(피터 스트로슨 또는 P. F. 스트로슨)

존 제미슨 카스웰 스마트 1920  오스트리아(J. J. C. 스마트)

필리파 푸트  1920-2010  영국

루스 바캔 마커스  1921  미국

존 롤스  1921-2002  미국

토머스 쿤  1922-1996  미국

마이클 더미트  1925  영국

데이비드 말렛 암스트롱  1926  호주(D. M. 암스트롱)

스탠리 카벨  1926  미국

힐러리 퍼트넘  1926  미국

*노엄 촘스키  1928  미국

키스 도넬란  1931  미국

리처드 로티  1931-2007  미국

앨빈 플랜팅가  1932  미국

존 설  1932  미국

김재권  1934  한국/미국

토머스 네이글  1937  미국

로버트 노직  1938-2002  미국

솔 크립키  1940  미국

로버트 스톨네이커  1940  미국

데이비드 루이스  1941-2001  미국

피터 싱어  1946  호주


 * 배경 5.1—프레게, 괴델, 타르스키, 튜링, 촘스키는 분석철학자인가?(290-291쪽)를 볼 것. 그들의 영향력 때문에 내가 이 목록에 프레게, 괴델, 타르스키, 튜링, 촘스키를 포함시키긴 하지만, 나는 그들이 분석철학자라고 생각하지 않

는다.

## 더 읽을거리

스콧 솜스(Scott Soames)의 *Philosophical Analysis in the Twentieth Century*(Princeton University Press 2003)는 일정한 의도를 가지고 쓴 책이면서 논쟁을 불러일으키는 두 권으로 된 분석철학사이다. 솜스의 접근방식은 선별적이고 전문적이지만, 그가 논의한 주제들에 대해서는 유용하다.

분석철학의 역사와 본성에 관한 두 저작은 애브럼 스트롤(Avrum Stroll)의 *Twentieth Century Analytic Philosophy*(Columbia University Press 2000)와 한스요한 글로크(Hans-Johann Glock)의 *What is Analytic Philosophy* (Cambridge University Press 2008)이다. 글로크는 대체로 신빙성이 있지만, 솜스와 마찬가지로 선별적이다. 스트롤은 한결 같지 않다. 내가 제7장에서 다룬 자료(새로운 언급이론)에 대한 그의 포괄적 논의는 신빙성이 없다.

많은 지도적인 분석철학자들에 관한 개별 논문들을 찾아보기에 좋은 책은 A. P. 마티니치와 E. 데이비드 소사(A. P. Martinich and E. David Sosa)가 편집한 *A Companion to Analytic Philosophy*(Wiley-Blackwell 2005)이다. 이 인상적인 선집에 수록된 40개 논문 각각은 다른 지도적 학자가 쓴 것이다.

# 1 러셀과 무어

칸트가 철학을 처음 시작할 때 제기한 물음, 즉 "순수 수학은 어떻게 해서 가능한 가?"라는 물음은 흥미롭고 어려운 물음인데, 이 물음에 대해서는 순전히 회의적이지 않은 모든 철학이 어떤 답을 발견해야 하는 물음이다.(러셀 1959a/1912, 84쪽)

## 경험주의, 수학, 기호논리학

버트런드 러셀(Bertrand Russell)—귀족(얼 러셀 3세), 반전활동가, 다작가, 빛나는 철학자이자 수학자— 은 영미 분석철학의 아버지다. 러셀은 철학의 방법에 혁명을 일으킨 새로운 기호논리학을 자세히 설명하고 공표하는 힘든 작업을 했다. 분석철학에도 똑같이 중요한 일이지만, 그는 고틀로프 프레게(Gottlob Frege)와 루트비히 비트겐슈타인(Ludwig Wittgenstein)의 작업에 다른 것들을 도입했는데, 이들은 러셀이 그렇게 하지 않았다면 제대로 이해되지 못한 채로 시들어버릴 수도 있었다. 러셀은 20세기에 걸쳐 철학자들이 열심히 검토한 철학적 문제들을 제안하고 그 문제들을 해결하는 일에 열정적으로 종사했다. 버트런드 러셀의 작업, 특히 그가 철학을 시작했던 초기에 논리학과 언어철학에서 산출한 작업이 없었다면, 영미 분석철학도 없었을 것이다.

러셀은 프레게가 개척자였으며, 이것은 의심할 여지없이 옳다고 말한다. "젊었을 때 그것들에 관해 말해진 모든 것의 모호함 때문에 나를 당혹스럽게 만든 많은 문제를 이제는 정밀한 기법을 가지고 다룰 수 있게 되었는데, 이 기법은 과학에서 통례적이라고 할 수 있는 종류의 진보를 가능하게 만든다.… 개척자는 프레게였지만, 그는 노년에 이를 때까지 고독한 외톨이로 남아 있었다."(Russell 1963/1944, 20쪽).[1] 철학적 진보에 관한 러셀의 낙관론은 과장된 것처럼 보일 수 있지만, 프레게에 대한 그의 판단은 과장된 것이 아니다. 프레게는 수학의 토대에 관해 혁명적인 작업을 했고, 20세기 철학의 중심이자 오늘날에도 여전히 중심적 위치를 차지하고 있는 언어철학의 문제들을 명료하게 드러내고 탐구했던 최초의 인물이었다. 실제로 프레게는 정말로 분석철학에 생기를 불어넣은 기법들의 개척자였지만, 러셀이 후대에 미친 영향이 없었다면 그는 후대에 영향을 미치지 못했을 것이며, 고독한 외톨이로 남아 있었을 것이다. 러셀은 프레게를 특히 영어권 세계의 다른 철학자와 수학자들의 주목을 받게 만들었으며, 프레게의 개척적인 사상을 발전시키고 개선하였다.

　　논리학, 철학, 수학에 대한 러셀의 가장 위대한 공헌은 알프레드 노스 화이트헤드(Alfred North Whitehead)와 공동 저술한 『수학원리』(*Principia Mathematica*)의 출판이었다(세 권으로 출판됨, 1910–13). 원래 19세기 말 프레게가 말한 사상에 기초하여 러셀은 기호논리학 분야를 개발하고 창시하였다. 오늘날 기호논리학은 철학뿐만 아니라 수학과 컴퓨터과학을 포함한 다른 많은 영역의 핵심이기도 하다.[2] 『수학원리』(종종 간단히 PM으로 일컬어짐) 외에 러셀은 새로운 기호논리학의 사상과 방법을 그의 『수학의 원리들』(*Principles of Mathematics*)과 20세기 초 그의 다른 많은 영향력 있는 출판물들에서도 정력적으로 해설하였다. 『수학원리』의 영향, 중요성, 핵심적 역할은 아무리 강조해도 지나치지 않다. 예컨대 쿠르트 괴델(Kurt Gödel)은 그의 역사적 논문에 "『수학원리』 및 관계된 체계들의 형식적으로 결정불가능한 명제들에 관하여"(On formally undecidable propositions of *Principia Mathematica* and related systems)라는 제목을 붙였다.(이 영향력 있는 수학 논문에 대해 더 자세한 것은 아래의 243–7쪽을 볼 것.)

　　분석철학에 그 강점과 구조를 제공하는 방법론은 프레게, 러셀, 화이트헤드

---

1　이 책 전체를 통해 인용된 것들은 (인명 연대/상당히 다를 경우 원래 출판연도, 쪽)으로 표기된다.

2　『수학원리』는 20세기의 가장 중요한 논픽션 서적 중 23번째—최고 등급의 철학책—로 선정되었다. (http://www.infoplease.com/ipea/A0777310.html)

의 독창적 연구에 의해 산출된 논리학과 언어철학이다.

논리학과 언어철학에서 그들이 이루어낸 성과는 철학의 다른 영역들에도 커다란 영향을 미쳤다. 20세기 초 몇 년 동안에 이루어진 논리학의 혁명은 분석철학자들에게 세련된 형태의 경험주의를 명료하게 표현하고 옹호할 도구를 제공하였다.[배경 1.1─인식론: 경험주의 대 이성주의(배경 항목들은 이 장 끝 부분에서 찾아볼 수 있다.)] 철학자들은 논리학과 언어철학의 새로운 도구를 가지고 고전적인 영국 경험주의자들 생각의 결함과 틈새를 수선할 수 있었으며, 커다란 틈새는 순수 수학이 어떻게 가능한가에 대한 설명이 없다는 것이었다. 프레게, 러셀, 화이트헤드가 개발한 현대논리학은 수학과 언어철학의 토대라는 명확한 결과를 낳았는데, 이 결과는 비록 전문적이고 벽찰 정도로 세세하게 해설되긴 했지만 인식론적 쟁점의 핵심을 파악하고 있었다. 인식론자들은 수학적 논리학의 기법을 이용함으로써 그들의 이론─즉 수학에 대한 우리의 지식─을 괴롭히는 미해결 문제를 해결했다고 주장할 수 있었다(이것은 다음 절에서 설명된다).

비록 경험주의에 대해 거북해하긴 했지만, 그는 고전적인 영국 경험주의자들에 대해서는 공감했다. 사실상 모든 분석철학자는 이러한 공감을 공유했지만, 동시에 고전적 경험주의의 세부 내용과 전제조건들에 대해서는 점점 더 거북해하게 되었다. 러셀은 "순수 경험주의", 즉 모든 지식이 직접적인 감각경험으로부터 도출된다는 견해를 승인할 수 없었지만, 그 견해를 절대적으로 필요한 것과는 거리가 멀다고 하는 정도만큼만 흔들려고 했다. 자신의 아주 초기 시절 견해에 대해 말하면서 러셀은 다음과 같이 말한다. "나에게는 순수 경험주의(내가 자칫 승인하려는 마음이 들었던 견해)가 회의주의로 이끌 수밖에 없는 것처럼 보였다…."(Russell 1959b/1924, 31쪽). 회의주의보다 훨씬 더 나쁜 것으로, 러셀은 순수 경험주의가 유아주의로 이끌며, 과학적 법칙에 대한 우리의 지식이나 미래에 관한 우리의 믿음을 설명할 수 없다고 믿게 되었으며, 더 나아가 언제나 이런 것들이 경험주의를 당장 버릴 이유가 아니라 경험주의의 문제라고 느끼는 것처럼 보였다.

경험주의에 대한 공감에도 불구하고, 여기저기에서 러셀이 한 말을 보면 그는 태연자약한 이성주의자처럼 들린다. "그렇다면 우리가 관찰할 수 있었던 사례뿐만 아니라 모든 실제적 또는 가능한 사례에 관해서도 주장을 할 수 있다. 이런 종류의 주장들의 존재, 그리고 경험에 근거하고 있다고 하는 거의 모든 지식 조각에 대한 그 주장들의 필연성은 전통적 경험주의가 오류를 범하고 있으며, 선천적인(*a priori*) 보편적 지식이 있다는 것을 보여준다."(Russell 1973, 292쪽. 1911년에 행한 강의에서). [배경 1.2—선천적, 분석적, 필연적]

철학적으로 공감하는 것들이 흔들리고 있었음에도 불구하고, 러셀의 수학적 논리학은 나중에 경험주의자들에게 그가 지적했던 그들 입장의 곤란한 문제에 응수할 도구를 제공했다. 수학은 선천적이고 보편적이다. 그러니 어떻게 경험적일 수 있겠는가? 20세기 분석철학은 이 물음에 대한 그럴듯한 답—프레게와 러셀의 논리적 탐구에 의해 제시된 답[3]—으로부터 첫 번째 에너지 주사를 맞았다.

프레게와 러셀은 수학의 본성 자체와 수학적 지식을 재개념화하는 데 기호논리학을 이용할 수 있었다(그림 1.1). 나는 『수학원리』에서 개발된 기호논리학이 기호를 사용한 것—그래서 예컨대 우리는 "또는"이라는 낱말 대신 "∨", "약간의" 대신 "(∃x)"를 사용한다—에 불과한 것이 아니었다는 것을 강조하지 않을 수 없다. 그러한 기호 사용은 인상적인 일이었고, 어떤 점에서 단순하게 표현하는 일이었겠지만, 혁명적인 일은 아니었다. 프레게가 개척하고 『수학원리』가 상술한 논리학의 혁명은 논리학을 수학적으로 다루고, 그다음에는 수학을 어떤 형태의 논리학으로 다룬다는 개념에 기초를 두고 있었다. 이것이 바로 프레게와 러셀의 논리주의이다.[4] [배경 1.3—『수학원리』의 수학적 논리학 대 아리스토텔레스의 전통논리학, 그리고 기호체계에 대한 짧은 언급]

기호논리학은 수학의 토대에 관해 관심 있는 사람들에게만 전문적 흥미를 끈

---

3   빛나는 철학자이자 논리학자이자 수학자인 화이트헤드는 기호논리학을 발전시키는 전문적 연구에 몹시 진력했지만, 러셀이 그 연구 결과를 간행하고, 홍보하고, 동료 철학자들도 잘 알게 만들고, 어떤 도구가 얼마나 성과 있고 가치 있는지를 보여주면서 했던 종류의 역할은 하지 않았다.

4   예컨대 심리주의, 즉 수학이 인간 심리로부터 도출된다는 견해와 반대되는 것으로서의 논리주의. 프레게는 심리주의에 대해 강하게 반대했다.

SECTION B]　　　THEORY OF TWO APPARENT VARIABLES　　　157

**11·401.** $\vdash :: (x,y).\phi(x,y).\equiv.\psi(x,y) :\supset:.$

$(x,y):\phi(x,y).\chi(x,y).\equiv.\psi(x,y).\chi(x,y)$　　　$\left[*11\!\cdot\!4\dfrac{\chi}{\theta}.\text{Id}\right]$

**11·41.** $\vdash :.(\exists x,y).\phi(x,y).\mathbf{v}:(\exists x,y).\psi(x,y):$

$\equiv:(\exists x,y):\phi(x,y).\mathbf{v}.\psi(x,y)$　　　$[*10\!\cdot\!42\!\cdot\!281]$

**11·42.** $\vdash :.(\exists x,y).\phi(x,y).\psi(x,y).\supset:(\exists x,y).\phi(x,y):(\exists x,y).\psi(x,y)$

$[*10\!\cdot\!5]$

**11·421.** $\vdash :.(x,y).\phi(x,y).\mathbf{v}.(x,y).\psi(x,y):\supset:(x,y):\phi(x,y).\mathbf{v}.\psi(x,y)$

$\left[*11\!\cdot\!42\dfrac{\sim\phi,\sim\psi}{\phi,\psi}.\text{Transp}.*4\!\cdot\!56\right]$

**11·43.** $\vdash :.(\exists x,y):\phi(x,y).\supset.p:\equiv:(x,y).\phi(x,y).\supset.p$　$[*10\!\cdot\!34\!\cdot\!281]$

**11·44.** $\vdash :.(\exists x,y):\phi(x,y).\mathbf{v}.p:\equiv:(x,y).\phi(x,y).\mathbf{v}.p$　$[*10\!\cdot\!2\!\cdot\!271]$

**11·45.** $\vdash :.(\exists x,y):p.\phi(x,y):\equiv:p:(\exists x,y).\phi(x,y)$　$[*10\!\cdot\!35\!\cdot\!281]$

**11·46.** $\vdash :.(\exists x,y):p.\supset.\phi(x,y):\equiv:p.\supset.(\exists x,y).\phi(x,y)$　$[*10\!\cdot\!37\!\cdot\!281]$

**11·47.** $\vdash :.(x,y):p.\phi(x,y):\equiv:p:(x,y).\phi(x,y)$　$[*10\!\cdot\!33\!\cdot\!271]$

**11·5.** $\vdash :.(\exists x):\sim\{(y).\phi(x,y)\}:\equiv:\sim\{(x,y).\phi(x,y)\}:\equiv:(\exists x,y).\sim\phi(x,y)$

*Dem.*

$\vdash.*10\!\cdot\!253.\supset\vdash :.(\exists x):\sim\{(y).\phi(x,y)\}:\equiv:\sim\{(x):(y).\phi(x,y)\}:$

$[(*11\!\cdot\!01)]\qquad\qquad\qquad\qquad\equiv:\sim\{(x,y).\phi(x,y)\}$　　　(1)

$\vdash.*10\!\cdot\!253.\supset\vdash :\sim\{(y).\phi(x,y)\}.\qquad\equiv.(\exists y).\sim\phi(x,y):$

$[*10\!\cdot\!11\!\cdot\!281]\supset\vdash :.(\exists x):\sim\{(y).\phi(x,y)\}:\equiv:(\exists x):(\exists y).\sim\phi(x,y):$

$[(*11\!\cdot\!03)]\qquad\qquad\qquad\qquad\equiv:(\exists x,y).\sim\phi(x,y)$　　　(2)

$\vdash.(1).(2).\supset\vdash.\text{Prop}$

**11·51.** $\vdash :.(\exists x):(y).\phi(x,y):\equiv:\sim\{(x):(\exists y).\sim\phi(x,y)\}$

*Dem.*

$\vdash.*10\!\cdot\!252.\text{Transp}.\supset\vdash :.(\exists x):(y).\phi(x,y):\equiv:\sim[(x):\sim(y).\phi(x,y)]$　(1)

$\vdash.*10\!\cdot\!253.\supset\vdash :.\sim(y).\phi(x,y).\qquad\equiv:(\exists y).\sim\phi(x,y):.$

$[*10\!\cdot\!11\!\cdot\!271]\vdash :.(x):\sim(y).\phi(x,y):\qquad\equiv:(x):(\exists y).\sim\phi(x,y):.$

$[\text{Transp}]\supset\vdash :.\sim[(x):\sim\{(y).\phi(x,y)\}].\equiv:\sim\{(x):(\exists y).\sim\phi(x,y)\}$　(2)

$\vdash.(1).(2).\supset\vdash.\text{Prop}$

**11·52.** $\vdash :.(\exists x,y).\phi(x,y).\psi(x,y).\equiv.\sim\{(x,y):\phi(x,y).\supset.\sim\psi(x,y)\}$

*Dem.*

$\vdash.*4\!\cdot\!51\!\cdot\!62.\supset$

$\vdash :.\sim\{\phi(x,y).\psi(x,y)\}.\qquad\equiv:\phi(x,y).\supset.\sim\psi(x,y)$　　　(1)

$\vdash.(1).*11\!\cdot\!11\!\cdot\!33.\supset$

$\vdash :.(x,y).\sim\{\phi(x,y).\psi(x,y)\}:\equiv:(x,y):\phi(x,y).\supset.\sim\psi(x,y)$　(2)

$\vdash:(2).\text{Transp}.*11\!\cdot\!22.\supset\vdash.\text{Prop}$

**11·521.** $\vdash :.\sim(\exists x,y).\phi(x,y).\sim\psi(x,y).\equiv:(x,y):\phi(x,y).\supset.\psi(x,y)$

$\left[*11\!\cdot\!52.\text{Transp}.\dfrac{\sim\psi(x,y)}{\psi(x,y)}\right]$

**그림 1.1** 이것은 무작위로 뽑은 『수학원리』의 한 페이지이다. 『수학원리』는 기호논리학에 대해 간단히 개관하고 있는 알기 쉬운 서론이 있긴 하지만, 읽기에 몹시 벅찬 책이며, 오늘날 전문가들만 연구하고 있다.

것이 아니다. 사실상 미국과 다른 곳의 모든 대학에서 모든 철학 전공은 기호논리학 과목의 학점을 요구한다. 철학 전공자들뿐만 아니라 다른 학생들 — 영어 전공자들은 말할 것도 없고 컴퓨터과학 전공자들, 수학 전공자들 — 도 기호논리학 과목을 수강한다. 기호논리학은 또한 컴퓨터 개발에서도 핵심 역할을 했고, 지금은 수학의 분과이며, 사실상 이론 언어학과 전문적인 언어 연구 영역에서 연구하는 모든 사람에게 필수불가결한 도구이다.

기호논리학은 분석철학의 많은 부분 핵심 동력이었다. 철학자들에게 그리스인들 이래 사상가들과 관계된 문제들을 해결할 도구를 제공하는 것 외에 수학이 논리학이라는 생각은 이 장을 시작하는 인용구에서 칸트가 제기한 물음, 즉 "순수 수학이 어떻게 가능한가?"에 대한 답을 시사한다. 이 답은 수학을 경험주의의 장애물에서 제거하는 답이다. 다시 말해 수학은 분석적이기 때문에 가능하다는 것이다.

## 논리주의

화이트헤드와 러셀의 『수학원리』는 논리주의를 옹호하는 정교한 논증이었으며, 이것은 다시 이전의 프레게의 연구에 기초를 두고 있었다. 논리주의 프로그램은 러셀에 의해 간명하게 진술되며, 프레게의 업적으로 평가된다. "프레게는 어떻게 산술학이 새로운 어떤 관념이나 공리들의 필요 없이 순수 논리학으로부터 도출될 수 있는지를 보여주었고, 그렇게 함으로써 '7+5=12'가 종합적이라는 칸트의 주장을 반증하였다"(Russell 1959b, 32쪽).

논리주의는 19세기 말 경 수학의 토대 문제에서 나타난 난점들에 대한 몇 가지 반응 중 하나였다. 이 난점들 때문에 러셀과 다른 사람들은 당혹스러워했다. 우리는 전문적 내용에 대해서는 지금은 건너뛸 수 있는데, 러셀을 곤란하게 했던 이 난점들 중 어떤 것도 수학이나 산술학의 어떠한 실용적 적용에 문제가 되지 않았을 것이라는 것을 염두에 둘 필요가 있다. 설령, 수학의 토대가 견고한 기반 위에 있는 것이 아니라 할지라도, 당신은 여전히 당신의 대차대조표의 균형을 맞출 수 있는 것이다. 그럼에도 불구하고 러셀처럼 타협할 줄 모르는 성격을 지닌 철학자에게는 이 난점들이 지성적으로 말썽이 되는 것이었다. 그의 탐구 결과는 줄곧 철학자들에게 스릴을 맛보게 하고 그들을 좌절시켰으며, 기호 논리학을 수강하는 (적어도 소수의) 학생들에게 고문을 안김과 동시에 그들을 매혹시켰다.

수학과 산술학의 본성은 특히 인식론 영역에서 철학자들의 핵심 문제이다. 경험주의자와 이성주의자 사이의 논쟁에서 수학적 사실에 대한 우리의 지식에 관한 물음은 핵심적 역할을 한다. 순수하지 않은(즉 온건한) 경험주의자라 해도 $7+5=12$라는 것, 삼각형의 내각의 합이 $180°$라는 것, 무한히 많은 소수가 있다는 것 등을 우리가 어떻게 아는지의 물음에 답해야 한다. "물론 우리는 학교에서 들었고 교과서에서 읽었기 때문에 그것들을 안다." 호소력 있는 단순성을 지니고 있긴 하지만 이 답은 이성주의자와 경험주의자를 모두 실망시킬 것이며, 비굴할 정도로 비철학적이다. 우리는 그것들을 계산해낼 수 있기 때문에 그러한 수학적 사실들을 알며, 특히 우리가 증명을 보여주거나 계산을 했을 때 "그것들의 진리성을 본다."[배경 1.4—삼각형의 내각의 합이 $180°$라는 것, 무한히 많은 소수가 있다는 것의 증명들] 그리고 놀라운 것은 우리가 진리들을 "본다"(see)는 것뿐만 아니라 그 진리들이 그러해야 하고, 달리 될 수 없으며, 필연적이고 절대적이라는 것을 이해하기도 한다는 것이다. 어떠한 경험도 그러한 확실성에 영향을 미칠 수 없다. 수학적 지식은 모든 지식이 경험에 기초를 둔다는 경험주의의 주장을 실패할 운명으로 만든다.

다음 인용문에서 기하학에 관한 러셀의 주장은 수학의 모든 것에 적용된다. (러셀이 "관념주의자"라는 용어를 사용할 때 그의 기술은 이성주의자들에게 적용된다).

17세기와 18세기에 걸쳐 기하학은 경험주의와의 전쟁에서 관념주의자들의 난공불락의 요새로 남아 있었다. 경험과 무관하게 실재 세계에 관해 어떤 지식이 가능하다고—대륙에서 일반적으로 주장되었던 것처럼—주장하는 사람들은 기하학을 가리키기만 하면 되었다. 미친 사람이 아니고서는 누구도 그것의 타당성에 관해 의심을 품을 수 없으며, 바보가 아니고서는 누구도 그것의 객관적 언급대상을 부정하지 못할 것이라고 그들은 말했다. 그래서 이 문제에서 영국 경험주의자들은 약간 어려운 임무를 맡게 되었다. 즉 그들은 그 문제를 무시하거나, 흄과 밀처럼 맹렬한 비난을 무릅쓸 경우 그들은 기하학이 근본적으로 역학과 다른 종류의 확실성을 갖지 않는다는 명백히 역설적인 주장에 끌려들어가거나 해야 한다. … (Russell 1897, 1쪽)[5]

경험주의가 수학에 대해 지닌 문제는 숙고할 가치가 있다. 설령 "7+5=12" 와 "삼각형의 내각은 합은 180°와 같다"가 어떤 점에서 수를 계산하고 각을 측정하는 경험에서 도출된다 할지라도, 예컨대 소수의 무한성에 대한 우리의 지식이 경험으로부터 유래한다는 것은 불가능하다. 그 관념이 어쩌면 여러 단계를 거쳐 계산하기와 나누기 등의 경험으로 되돌아갈 수 있다 할지라도, 나는 어떻게 (증명을 "보는 일" 이외의 다른) 어떠한 경험이나 관찰을 통해 우리가 무한히 많은 소수가 있다는 것을 확실하게 알 수 있는지를 알지 못한다. 소수를 산출하는 컴퓨터를 이용하는 일은 도움이 되지 못할 것이다. 그것은 그저 계속해서 소수들을 계산해내겠지만, 마지막 소수에 절대 도달하지 못할 것이라는 것을 우리가 어떻게 알 수 있는가? 무한히 많은 소수가 있다는 것을 입증할 경험적 시험은 가능하지 않다. 그러나 그것에 대한 증명은 의심을 할 수 없을 정도로 아주 간단하고 분명하다. 만일 당신이 증명의 간접적인 성격 때문에 곤란해 한다면, 당신에게는 직접 증명들이 있다는 것이 보증된다. 어쨌든 유클리드의 증명은 임의의 소수 계열이 주어지면 그보다 더 큰 소수가 있다는 것을 보증한다.

경험적 증거와 관찰은 어디에나 존재하고 보편적이라 해도 수학적 명제의 확실성과 필연성을 설명할 수 없다. "7+5=12" 같은 수학적 명제의 경우에 경험적 관찰은 증거나 지지 근거가 아니다. 만일 어떤 명제가 관찰적 증거에 기초를 두고 있다면, 우리가 기술할 수 있는 것으로 그 명제를 논박할 가능한 관찰들이

---

5 존 스튜어트 밀은 수학적 진리가 경험에 기초를 두고 있다고 주장한 것으로 악명이 높다. 경험주의자들 중 밀의 견해에 동의하는 사람은 거의 없었다. 러셀 역시 그 견해에 동의하지 않았는데, 이 점에서 러셀은 확실히 올바르다.

있어야 한다. 그런데 가능한 어떤 관찰도 "7＋5＝12"를 논박하지 못할 것이다. 만일 모든 가능한 관찰, 시험, 실험이 그 명제의 진리성과 양립가능하다면, 관찰, 시험, 실험은 그 명제와 무관하다. 이것은 내가 거론한 옳은 수학적 명제들의 경우에 들어맞는 사례이다. 간단한 예를 하나 들면 이를 설명하는 데 충분할 것이다. 만일 내가 우리 안에 양을 7마리 넣고, 그다음에 5마리를 더 넣은 뒤, 모두 몇 마리인지 세어봤는데 계속해서 11마리라는 것에 도달한다면, 나는 양 한 마리가 도난당했거나, 탈출했거나, 외계인에 의해 유괴되었다고 가정할 것이다. 어쨌든 내가 마지막으로 판단할 것은 7＋5가 12와 똑같지 않다는 것이다. 그렇지만 실제로는 나는 모든 이성을 상실하지 않는 한 절대로 그렇게 판단하지 않을 것이다. 되풀이하자면, 만일 어떠한 경험이나 관찰도 어떤 명제를 포기하도록 이끌지 못한다면, 그 명제는 경험이나 관찰에 기초를 두고 있지 않다. 수학에서 우리는 경험주의에 대한 결정적 반대사례를 갖게 되는 셈이다. 그 반대사례는 옳고, 우리가 옳다는 것을 알며, 사실상 절대적으로 확실하지만, 관찰, 시험, 실험, 경험에 기초를 두지 않는 명제들이다.

이 정도까지는 러셀과 (밀 이외의 다른) 경험주의자들이 승인했고, 그 후 대부분의 철학자가 승인해왔다. 우리의 수학적 진술과 그 비슷한 진술들은 과학적 방법과 관찰에 의해 실험실이나 현장에서 확립된 경험적인 과학적 결과가 아니라는 점에서 감각경험에 기초를 두고 있지 않다. 그렇다면 유일한 대안의 원천은 순수 이성인 것처럼 보인다. 그래서 이성주의자들의 승리 환호가 대대로 울려 퍼지고 있다. 순수 이성에 기초를 두고 그것으로부터 도출할 수 있는, 중요하고 유용하고 명백한 지식 항목의 분명한 예가 있다. 다음은 비슷한 의미를 지닌 오래된 속담이다. "낙타가 일단 천막에 코를 들이밀면 곧 그의 몸이 따라올 것이다." 만일 우리가 일단 수학적 지식이 이성주의자가 주장하는 것처럼 비경험적이고 순수 이성에 기초를 두고 있다는 것을 인정한다면, 나머지 몸이 천막 안으로 들어오는 것을 막을 길이 없게 될 것이다. 다시 말해 형이상학, 종교, 존재론, 우주론, 윤리학, 미학 등 모든 것이 뒤따라올 것이다. 그렇게 되면 경험주의는 파산을 맞게 될 것이다.

가장 영향력 있는 근대판 이성주의의 주장은 칸트의 견해, 예컨대 "7＋5＝12"

가 선천적 종합명제라는 견해이다. 언뜻 보기에 아주 강력한 이 주장에 대한 경험주의자의 응수, 즉 프레게와 러셀의 논리적 체계에 기초한 응수는 분석철학의 주류를 형성한다. 논리 실증주의자들 — 종종 논리 경험주의자들로 불리는 —의 한 가지 핵심 교의(제2장을 볼 것)는 선천적 종합명제가 없다는 것이다. 프레게를 따르는 러셀(그리고 화이트헤드)은 경험주의자의 응수에서 아주 중요한 첫걸음을 내딛었다. 이 발걸음은 바로 그들의 논리주의이다.[6]

> 프레게의 작업으로부터 산술학, 그리고 일반적으로 순수 수학이 연역논리학의 연장에 지나지 않는다는 결론이 따라 나왔다. 이것은 산술학 명제가 "종합적"이며, 시간에 대한 언급을 포함한다는 칸트의 이론을 반증하는 것이었다. 논리학으로부터 순수 수학의 전개는 화이트헤드와 내가 저술한 『수학원리』에 자세히 진술되어 있다.(Russell 1945, 830쪽)

수학에 관한 칸트의 견해는 어쨌든 시대에 뒤처진 것이었으며, 좀 더 현대적인 견해로 대치될 준비가 되어 있었다. 예컨대 비유클리드 기하학 같은 19세기 수학에서의 많은 발전은 선천적 종합명제를 옹호하는 칸트의 방법에 대해 의심을 제기한다.

프레게는 수학의 모든 것이 순수 논리학으로부터 도출될 수 있다는 것 — 그래서 논리주의가 옳음 — 을 증명하려 했다. 논리학으로부터 수학의 도출은 복잡하면서 순차적으로 진행되는 절차였다. 거기에는 이전의 많은 수학적 결과가 요구되었다. 19세기 말쯤이면 수학자들은 자신들이 전통 수학의 모든 진술이 자연수에 관한 진술로 표현될 수 있고, 그래서 수학의 모든 진술이 자연수에 관한 진술로 재정식화될 수 있다는 것을 증명했다고 믿었다. 그리고 더 나아가 자연수에 관한 모든 정리는 페아노의 5개 공리로부터 도출될 수 있다.[7] 그래서 전

---

6    러셀과 화이트헤드도 프레게도 일찍이 "논리주의"라는 용어를 사용하지 않았다. 그 용어는 으뜸가는 논리 경험주의자 중 한 사람인 루돌프 카르납이 1930년대에 만들었다.
7    이탈리아 수학자 주세페 페아노(Giuseppe Peano, 1858-1932)의 이름을 따서 명명된 공리들. 페아노는 공준들을 개발했으며, 수학에 대한 러셀의 견해에 영향을 미쳤다.

통 수학의 모든 것은 페아노 공준들로부터 도출될 수 있다고 믿어졌다. 이 사실은 프레게의 작업을 따르는 러셀의 계획을 엄청나게 더 단순하게 만들었다. 광대한 수학의 모든 것에 초점을 맞추는 대신 그는 그저 페아노 공준들에 초점을 맞출 수 있었기 때문이다. 그러다가 러셀은 프레게의 작업에서 치명적인 결함(아래에서 기술된)을 발견했고, 화이트헤드와 이 결함을 극복하기 위해 노력했으며, 그리하여 프레게가 시작한 작업을 성공적으로 완성했다.

만일 이 논리주의 프로그램이 깔끔하게 수행될 수 있다면, 선천적 종합명제의 문제와 수학적 지식이 관찰에 기초를 두고 있다는 견해의 문제를 모두 해결할 것이다. 요점은, 논리학이 분석적이고, 그래서 만일 페아노 공준들이 본성상 순수 논리적인 것임을 보여줄 수 있다면, 이것은 그 공준들이 분석적이라는 것 ― 그래서 순수 논리학에 의해 그 공준들로부터 따라 나오는 어떤 것이라도 분석적일 것이라는 것 ― 을 증명할 것이라는 것이다. 그렇게 되면 우리는 "7+5=12"가 왜 그리고 어떻게 선천적 종합명제가 아닌지를 정확히 알 수 있다. 그 명제는 분석적이며, 그래서 적어도 관찰이나 경험에 호소하지 않고 정당화될 수 있다 ― 일단 그 명제를 구성하는 용어들의 의미가 충분히 명료하게 드러나면 단지 그 형식에 의해 정당화될 수 있다―는 특별한 의미에서 선천적 명제이다.

비록 프레게와 러셀이 수학이 논리학으로 환원될 수 있다―수학과 논리학은 하나다― 는 결론을 내렸다 하더라도, 그들은 이것이 수학을 하나마나할 정도로 뻔한(trivial) 것으로 만드는 정도를 충분히 깨닫지는 못했다. 러셀은 마지못해 수학이 모두 항진명제(tautologies, 恒眞命題)로 이루어진다는 견해 쪽으로 이끌려 갔다. "나는 수학에 대해 존경심을 가지고 생각했는데, 비트겐슈타인이 나를 수학이 항진명제들에 지나지 않는 것으로 간주하도록 이끌었을 때 고통스러웠다"(Russell 1963/1944, 19쪽). (다음 장에서 우리는 비트겐슈타인이 이 생각을 어떻게 전개했는지 보게 될 것이다.) 수학이 단지 항진명제들로만 구성된다는 견해는 러셀을 실망시켰지만, 프레게, 러셀, 비트겐슈타인을 따랐던 경험주의 철학자들에게는 활기를 불어넣었다. 그 견해는 밀에게 답하면서 동시에 경험주의에 호소하는데, 왜냐하면 그 견해는 수학의 신비를 벗겨버리기―천막에서 낙타의 코를 몰아내기― 때문이다. 이성주의자라도 어느 누구도 종교, 형이상학, 윤리학 등의 진리가 수학의 진리들처럼 항진명제라고 말하는 것을 좋아하지 않을 것이다. 이제 경험주의자들은 이성주의를 지지하곤 했던 칸트의 선천적 종합명제나 다른 어떤 형태의 지식 없이도 우리가 수학적 지식을 어떻게 아는지, 그리고 그 수학적 지식을 어떻게 정당화할 수 있는지에 대해 간단명료하게 설명할 수 있게 되었다.

논리주의 프로그램은 몇 단계로 이루어진다. 먼저 수학은 페아노의 공준들 같은 비교적 간단한 기반으로 환원된다. 그다음에 그 기반은 오로지 순수 논리학의 용어들만으로 번역될 수 있다는 것을 보여준다. 그리고 나서 그 공리들이 논리학의 진리들임을 보여준다. 비트겐슈타인에게서 기인하는 마지막 단계는 논리학의 진리들이 항진명제라는 주장이다. 이것은 수학적 지식이 어떻게 선천적일 수 있는지를 설명하지만, 이성주의자는 더 이상 수학을 경험주의에 대항하는 무기로 사용할 수 없다. 이성주의자에게는 빈 자루를 잡는 일이 남아 있다. 맞다. 정말이지 수학적 명제는 경험이나 관찰에 기초를 두는 것이 아니지만, 실재의 궁극적 본성에 대한 순수 이성적 통찰의 결과도 아니다. 그것들은 이성주의적 신비화를 포함하지 않고 경험주의자들이 승인할 수 있는 인식적 절차만을 포함하는 명료한 과정에 기초를 두고 있다. 우리는 수학적 명제를 "모든 할머니는 어머니이다" 또는 "모든 곤충은 8개의 다리를 가지고 있거나, 모든 곤충은 8개의 다리를 가지고 있지 않다"라는 것을 아는 방식으로 안다.

> 어떤 명제를 수학이나 논리학의 명제로 만드는 데 필요한 또 다른 속성은 … 전통적으로 해당 명제들이 '분석적'이거나 '논리적으로 필연적'이라는 말로 표현되는 속성이다. 또는 우리는 논리학이나 수학의 명제들이 '그것들의 형식에 의해 옳다'고 말할 수도 있다. 만일 내가 '소크라테스는 현명했다'고 말한다면, 나는 사실적인 어떤 것을 말하고 있는 셈인데, 이것은 역사로부터 알려지는 것이며, 달리 알려질 수 없는 것이다. 그러나 만일 내가 '소크라테스는 현명했거나 현명하지 않았다'고 말한다면, 나는 역사 지식을 전혀 요구하지 않는 어떤 것을 말하고 있다. 그것의 진리성은 낱말들의 의미로부터 따라나온다. (Russell 1973, 303쪽)

만일 우리가 이 분석적 명제들을 더욱더 복잡한 형태로 계속해서 늘려나간다면, 상황은 매우 이해하기 어렵고 놀라울 수는 있지만, 그 과정에 관해 신비스럽거나 인식적으로 불가사의한 것은 전혀 없다.

유감스럽게도 러셀과 화이트헤드의 작업은 러셀이 희망했던 토대 문제에 대한 매끄러운 해결책을 직접적으로 낳지 못했다.

> 1901년 6월, 신혼여행 기간의 달콤한 기쁨이 끝났다. 칸토어가 최대 기수는 없다는 것을 증명했던 것이다. 이 증명을 전체집합(universal class)에 적용하면서 나는 제 자신의 원소가 아닌 집합에 관한 모순에 이르게 되었다. 이것이 무한한 모순들 집합 중 하나에 불과하다는 것이 이내 명백해졌다. 나는 프레게에게 편지를 썼고, 그는 아주 진지하게 "산술학은 흔들리는 기구입니다"라고 답했다. 처음에 나는 그 문제가 사소한 것이며, 쉽게 해결될 수 있기를 희망했다. 그러나 이른 희망 뒤에 절망에 아주 가까운 어떤 것이 뒤따라왔다.(Russell 1963/1944, 13쪽)

러셀이 프레게의 프로그램에서 발견했던 문제는 집합의 자기 언급(self-reference)이나 자기 포함(self-containment)과 관계가 있었다. 문제를 야기한 공리는 "x는 Φ이다" 형식의 어떤 공식도 Φ를 만족시키는 x들의 집합을 산출한다고 말하는 내포 공리(comprehension axiom)였다. 예컨대 "x는 붉다"는 붉은 것들의 집합을 산출한다. 언제나 공집합이 있는 이상 내포 공리가 어떻게 문제를 야기할 수 있을까? 만일 Φ가 아주 별나거나 어떤 것에도 적용되지 않는다면, Φ를 만족시키는 x들 집합은 공집합일 것이다. 기이하게도, 그리고 프레게에게는 절망스럽고 러셀에게는 유감스럽게도, 어떠한 집합도, 심지어 공집합조차도 산출하지 않고 산출할 수 없는 Φ가 있으며, 그래서 무제한적 내포 공리는 뻔히 옳은 것 같음에도 불구하고 수정되어야만 했다. [배경 1.5—러셀의 역설과 다른 문제들에 대한 전문적 설명과 칸토어 집합론을 거치는 짧은 여행]

러셀은 자신의 이름으로 불리는 역설이 만드는 문제들을 다룰 여러 가지 방식을 숙고했다. 궁극적으로 역설을 해소하는 일에 관련된 작업은『수학원리』를 매우 복잡하게 집필하는 쪽으로 이끌었다. 러셀과 화이트헤드는 그 문제들을 유형이론(theory of types)을 도입해 해결하였다. 러셀과 화이트헤드의 유형이론[8] 관념은 명제가 제 자신에 적용되는 것이 허용되지 않으며, 집합이 제 자신을 포함하는 것이 허용되지 않는다는 것이었다. 여기서 우리가 전문적인 세부 내용들에 매달려 시간을 허비할 필요는 없지만, 그 세부 내용들은 그 문제들을 만족스러운 방식으로 결코 충분히 해결하지 못했다. 자기 언급 문제를 피하는 일은 이론상으로는 아주 간단해 보이지만, 우리가 수학의 모든 것을 산출하려고 하면 실제로는 매우 복잡해진다. 우리는 어떤 명제가 제 자신에 적용되지 않는다는 것을 어떻게 확신할 수 있을까? 어딘가에 자기 언급이 스며들지 않았다는 것을 확신할 쉬운 방법은 없다.[9]

보통사람에게는 어쩌면 자기 언급 같은 언뜻 보기에 소소한 문제는 러셀과 화이트헤드가 여러 해에 걸쳐 분투할 만큼의 가치가 없는 것처럼 보인다. 데스데모나(『오셀로』 제2막 제1장)가 말하듯이, "이것들은 술집에서 바보들이나 웃게 만들 오래된 재미있는 역설들이다." 이 말은 그 문제가 오래된 역설이라는 의미에서는 맞는 말이다. 왜냐하면 그 문제는 고대인들에게 잘 알려져 있고 성경에도 언급된 거짓말쟁이 역설에 기초를 두고 있었기 때문이다. 하지만 러셀과 화이트헤드는 바보가 아니었고, 웃고 있지도 않았다(나는 그들이 술집에서 얼마나 많은 시간을 소비했는지 알지 못한다—아마 그들이 『수학원리』를 만드는 데 들여야 했던 모든 노력을 감안하면 그리 많지는 않았을 것이다). 러셀이 자서전에서 11살 때 유클리드 공리들에 대한 증명이 없다는 사실 때문에 고민했다고 언급한 것을 염두에 둘 필요가 있다. 프레게, 화이트헤드, 러셀은 19세기에 나타난 전문적 문제들 때문에 수학의 견고한 토대를 확립하는 일에 관심을 갖게 되었으므로 그들은 자신들의 전문적 문제를 거의 무시할 수 없었던 것이다. 러셀은 바로 그 일을 한 마지막 사람이었을 것이다.

이 역설들이 실제로 수학을 하는 수학자들에게 어떤 난점을 야기할 것이라고

---

8   보통은 그냥 "러셀의 유형이론"이라 불린다.
9   제5장에서 우리는 논리주의의 토대를 무너뜨리는 데 도움이 되었던 괴델의 유명한 증명이 어떤 형태의 자기 언급에 기초를 두고 있음을 보게 될 것이다.

는 누구도 걱정하지 않았다. 러셀이 직면했던 문제는 철학적 문제였고, 철학적 문제이다. 그 문제는 수학의 지식을 얻는 인간의 능력에 대해 설명하기를 열망하는 사람에게는 중요한 관심사였을 것이다. 유감스럽게도 러셀의 논리적 체계가 그 역설을 피하기 위해 점점 더 복잡해짐에 따라 그 체계는 순수하게 논리적인 것처럼 보이지 않는 공리들을 더 추가하지 않고는 고전 수학의 모든 것을 산출할 수 없었다. 예컨대 러셀은 이용가능한 무한히 많은 사물이 있다고 말하는 무한의 공리(axiom of infinity)를 추가할 필요가 있었다. 이 공리는 분석적이지도, 논리적으로 필연적이지도 않은 것처럼 보인다. 그러한 다른 공리들 또한 요구되었다. 러셀과 화이트헤드는 고전 수학의 모든 것이 이 비논리적 공리들을 추가하면 도출될 수 있다는 것을 보여주었다. 비록 이것 자체가 커다란 업적이긴 하지만, 그들은 이제 더 이상 수학이 순수 논리학으로 환원가능하다 ─ 수학은 모두 분석적이다 ─ 고 그럴듯하게 주장할 수 없었다. 논리주의에 대해서는 이쯤 해두자. 오늘날 일치된 의견은 고전 수학의 놀랄만한 양이 순수 논리학과 집합론(역설을 피하기 위해 적절하게 복잡해진)으로부터 도출될 수 있다는 것이다. 고전 수학의 모든 개념은 "또는," "만일 … 라면, … 이다," "모든 … ," 그리고 집합론의 "∈" 같은 논리적 개념들만을 사용해 정의될 수 있다.

논리주의 프로그램의 실패에도 불구하고 20세기 집합론, 모델이론, 증명이론 ─ 수학 토대의 핵 ─ 은 『수학원리』가 없었다면 존재하지 않았을 것이다. 『수학원리』는 목적에 비추어 볼 때 성공하지 못했다 할지라도 그 뒤에 나타난 것의 위대한 원천이다. 그리고 논리주의는 조용하고 평화롭게 죽지 않았다. 수학과 기하학이 분석적이라는 주장은 싸움도 하지 않고 포기하기에는 너무나 호소력이 있는 주장인데, 왜냐하면 그 주장은 수학의 확실성, 수학적 진리의 필연성, 그리고 수학적 진리들이 왜 선천적인가에 대해 깔끔한 설명을 제시하기 때문이다. 그 주장은 대대로 내려온 철학적 수수께끼들 중 하나, 즉 순수 수학은 어떻게 가능한가를 해결한다. 그처럼 놀라운 일을 가볍게 포기해서는 안 된다. 논리 실증주의자들(제2장을 볼 것)은 논리주의를 필요로 했고, 그것을 포기하려 하지 않았다. 논리 실증주의자들은 1950년대 무렵까지 수학이 순수 논리학으로부터 도출가능하고, 수학이 분석적이라고 계속해서 주장했다. 현대 경험주의자들은 논리주의를 세련되게 다듬고 옹호하기 위해 많은 시도를 했고, 이 시도는 오늘날에도 여전히 계속되고 있다.

러셀과 논리 실증주의자들에게 특히 좌절감을 안겼던 것은 논리주의의 전문적 프로그램이 성공적으로 완성되기에는 너무 정밀했다는 것이었다. 바깥의 참관자에게, 심지어 이런 쟁점들에 열중하지 않은 철학자들에게조차 러셀과 화이트헤드를 좌절시킨 문제는 너무 작은 얼룩처럼 보인다. 그토록 많은 것을 성취했던 프로그램, 그리고 그냥 무시해버릴 수도 있었던 소수 몇 가지의 전문적 난점들을 기반으로 해서 태동한 그러한 심히 골치 아픈 문제들에 대한 해결책을 약속하는 프로그램을 포기한다는 것은 극단적인 지성적 까다로움인 것처럼 보인다. 소크라테스를 자부심을 갖게 만들곤 했던 것은 바로 똑바른 정직성과 진리 추구에 대한 헌신이기도 하다. 이것이 철학의 본질이다.

## 한정기술에 관한 러셀의 견해

영국의 주요 철학 학술지 『마인드』(*Mind*)에 실린 러셀의 1905년 논문 "지시에 관하여"(On Denoting)는 언어철학자들에 의해 20세기 언어철학에서 가장 독창성이 풍부한 논문으로 생각된다. 논리학과 함께 언어철학은 분석철학 발전의 핵심이었다. "지시에 관하여"는 이 분석적 혁명의 핵심 원천이었다. 러셀이 "지시에 관하여"에서 제시한 결과는 그의 기호논리학과 수학의 토대에 대한 연구에 기초를 두고 있다.

러셀이 답하려 한 물음은 그가 "한정기술"(definite descriptions)이라 부른 것을 어떻게 해석해야 적절한가 하는 것이다. 한정기술은 한 대상을 확연히 드러내려고 하는 어구이다. "미국의 초대 대통령"이나 "내가 이 책을 작성한 컴퓨터"가 그 예이다. 한정기술은 "조지 워싱턴" 같은 이름, "컴퓨터" 같은 일반적인 기술구와 구별된다. 한정기술은 포함된 기술에 의해 그 대상을 확연히 드러내는 반면에, 이름은 어떤 특정 기술에 맞추는 일 없이 그냥 어떤 대상에 따라 붙는다. 악명이 높을 정도로 골치 아픈 한 가지 문제는 실존하지 않는 어떤 것을 확연히 드러내는 것처럼 보이는 한정기술, 예컨대 "2008년 미국의 왕"을 어떻게 이해해야 하는가 하는 것이다. 러셀이 1905년에 "현재 프랑스 왕"이라는 한정기술에 온통 주의를 집중시켰던 것은 유명하다. 그 문제는 "현재 프랑스 왕은 대머리다"라는 진술을 어떻게 이해해야 하는가 하는 것이다. 이 진술은 옳은가 그른가? 또는 그 진술은 어쩌면 진리치를 전혀 갖지 않을 수도 있을 것이다.

이런 물음들에 대한 러셀의 답을 살피기 전에 우리는 언어철학에 관한 좀 더 일반적인 쟁점을 다룰 필요가 있다. 왜 언어철학은 다른 방식으로 바쁘고 지성적인 성인들에게 흥미롭고, 가치 있고, 시간을 들일만한 추구인가? 우리는 모두 말하고, 읽고, 쓰는 법을 안다. 우리가 대부분 이런 기량들에서 어떤 개선점을 이용할 수 있다는 것은 의심할 여지가 없는 반면에, 언어철학의 결과들은 우리의 언어 기량에 도움을 줄 것 같지 않다. 어떤 점에서 언어철학은 수학철학과 비슷하다. 수학자들은 수학철학을 필요로 하지 않으며, 언어 사용자들은 언어철학을 필요로 하지 않는다. 우리는 언어철학 없이도 아주 잘 이야기하고 글을 잘 쓸 것이다.

그렇다면 도대체 언어철학의 가치는 무엇인가? 언어철학은 그저 난문제(puzzles)에 대한 게으른 호기심과 매혹으로 만족하지 않는데, 비록 난문제 풀이에 대해 흥미를 갖는 일이 명백히 무미건조한 주제에 양념을 조금 추가하는 데 도움이 된다 할지라도 그렇다. 예비 논점으로서, 우리가 말하는 것은 그저 아주 쉬운 일이라는 이유로 언어철학의 쟁점들이 간단명료하다고 누구도 속아서는 안 된다. 그저 우리가 모두 언어를 능숙하게 사용할 수 있다는 것은 우리가 언어가 어떻게 작동하는지를 이해한다는 것을 의미하지 않는다. 우리는 모두 아주 잘 걸을 수 있거나, 또는 적어도 우리 대부분은 잠정적으로 걸을 수 있는 사람들이지만, 걷기는 어렵고 지속적인 균형 묘기를 포함하는 놀랄 만큼 복잡한 과정이다. 걷기의 물리학과 생리학은 몹시 복잡하다. 마찬가지로 언어철학의 문제들은 묻기는 쉽지만 만족스럽게 답하는 것은 결코 쉬운 일이 아니다.

언어철학의 가치와 중요성은 다양한 응용 사례들에서 나온다. 1) 언어철학의 제목 아래 진행되는 많은 것이 실제로는 논리학이나 비형식논리학이다. 논리학은 추론하는 일에 대한 학문이다. 추론은 어려울 수 있고, 언제나 조심스럽고, 세심하기까지 한 주의를 기울여야 사용할 수 있다. 사람들은 추론을 할 때 얼빠진 짓을 하기 쉽다. 2) 여기서 우리의 주제와 좀 더 직접적 관련이 있는 것으로, 언어철학의 결과들은 인식론, 형이상학, 윤리학과 관련이 있는데, 이 영역들은 실용적·이론적 중요성을 갖는다. 사람들은 자신이 알지 못하는 것들을 안다고 주장하며, 그 반대도 마찬가지다. 인간들이 어떻게 하면 지식을 가장 잘 추구할 것인가의 전체 물음은 어렵고 갈등에 빠지게 하는 물음이며, 분명한 실용적 중요성을 가지고 있는 물음이다. 형이상학의 실용적 가치는 인식론이나 윤리학만큼 분명하지 않은 반면에, 우주와 그 속에서 우리의 지위에 대한 견해는 종교적 견해와 삶의 활동에 대한 우리의 태도에 영향을 미친다. 20세기 철학자들은 언뜻 보기에 작고 전문적인 언어철학의 쟁점들이 좀 더 자극적인 이 다른 영역들에서 심오한 함축을 갖는다는 것을 발견해왔다. 사실상 언어적 쟁점들에 대한 연구는 20세기 철학자들이 언어철학을 다른 철학 영역에 이르는 방편으로 삼는 경향을 보였을 정도로 철학적 통찰들에서 아주 풍부하다는 것이 증명되어왔으며, 20세기 전체를 통해 언어철학에서 개발된 방법과 도구는 이 다른 영역들에 성과 있게 적용되어왔다.

러셀의 "지시에 관하여"를 검토하기 전에 나는 언어철학의 "결과들"에 대해 내가 쓴 것이 약간 성실하지 못하다는 것을 강조하지 않을 수 없다. 언어철학의 쟁점들이 실제로 논리학의 부분인 한 우리는 결과에 대해 말할 수 있지만, 철학에서는 논리학을 벗어난 결과에 대해서 말할 수 있는 것이 전혀 없거나 거의 없다. 러셀의 한정기술 이론은 철학자들에 의해 널리 칭찬을 받지만 수학이나 자연과학에서 결과가 있다는 의미에서 결과로서 보편적으로 승인되는 것은 아니다. 곧 보게 되겠지만(제4장) 대안의 견해들이 있으며, 한정기술을 어떻게 해석해야 할지의 문제는 여전히 철학자들이 열정적으로 검토하고 있다. 그럼에도 불구하고 러셀의 한정기술 이론은 분석철학자들에 의해 철학의 범형(範型)이자 언어철학과 언어학의 진정한 진보를 대표하는 것으로 평가받는다.

그 물음은 "한정기술이 어떻게 작동하는가?"이다. 간단한 답이 있다. 그 기술은 일정한 특징들을 언급하며, 그 특징들을 갖는 유일한 대상은 어떤 것이든 바로 그 기술에 의해 지시된(즉 확연히 드러난) 대상이다. "미국의 초대 대통령"은 조지 워싱턴을 지시하는데, 그 이유는 그는 그 기술에 유일하게 맞기 때문이다. 아, 유감스럽게도 이처럼 뻔하고 쉽고 상식적인 것처럼 보이는 것이 우리가 난문제 사례에 이르게 되면 작동하지 않는 경우가 아주 흔할 것이다. 확실히 조지 워싱턴은 그 기술에 유일하게 맞지만, 그렇다고 그 기술이 그를 지시하는 이유를 설명한다는 주장은 불편하다. 만일 우리가 그냥 조지 워싱턴을 생각했다면, 불편함은 최소가 될 수 있겠지만, 우리는 한정기술에 대해 한결같이 처리할 수 있기를 원한다. "미국의 초대 대통령"의 지시하기를 설명하는 우리의 메커니즘은 전반에 걸쳐 편안하게 작동하는 것이 아니다. 너무 많은 난문제 사례가 남아 있다. 조지 워싱턴의 경우조차도 약간의 난문제가 있는데, 그것은 그 자신이 이제 더 이상 지시되는 현역으로 존재하지 않기 때문이다. 이 문제가 고유명(proper names)의 경우에도 일어날 것임을 주목할 필요가 있다. 우리는 지금 실존하지 않는 사람에 관해 언급하기 위해 이름을 어떻게 사용할 수 있을까? 이름과 이 난문제는 잠시 제쳐놓기로 하자(우리는 제7장에서 크립키와 퍼트넘이 답을 갖고 있음을 보게 될 것이다).

　기술에 맞는 단 하나의 대상이 없거나, 어떤 것도 그 기술에 맞지 않을 때 한정기술에 관한 난문제들이 제기된다. 그러한 기술을 포함하는 주장이 옳은지 그른지를 우리는 어떻게 결정하는가? 만일 내가 "10과 15사이의 유일한 소수는 2×6보다 크다"고 주장한다면, 내가 말한 것은 옳은가 그른가, 또는 옳지도 그르지도 않은가? 말썽을 일으키는 경우는 우리가 "10과 15사이의 유일한 소수"가 무언가를 지시한다 하더라도 무엇을 지시하는지 모를 때이다. "미국의 초대 대통령"을 처리했던 우리의 단순한 이론은 이 예를 다루지 못할 것이다. 들어맞는 것이 전혀 없는 한정기술 — 러셀이 유명한 예 "현재 프랑스 왕"이나 또 다른 예로 "캐나다 대통령" — 의 경우에는 훨씬 더 곤란하게 만드는 난점들이 제기된다. 만일 누군가가 "캐나다 대통령은 여성이다"고 말한다면, 우리는 어떻게 응수해야 하는가? "캐나다에는 대통령이 없다"고 응수하는 것이 자연스러울 것이다. 그렇다면 그 진술은 옳은가 그른가, 아니면 어느 쪽도 아닌가? 이 답들 각각을 찬성하는 좋은 이유들이 있으며, 저명한 철학자들은 저마다 그 답들 각각을 옹호해왔다. 예컨대 캐나다의 국가원수(head of state)는 여성이므로 우리는 "캐나다의 대통령"이 엘리자베스 2세를 지시해야 하며, 그래서 그 진술이 옳다고 가정할 수도 있다. 그러나 아마 화자는 엘리자베스 2세에 대해 생각하고 있지 않았을 것이고, 그래서 단순하게 그저 캐나다의 정치체제에 관해 틀렸을 것이다. 그렇다면 우리는 뭐라고 말해야 할까? 성가시게도, 한 답에 유리한 이유는 다른 두 답에 불리한 이유가 되기도 하며, 그래서 각 답을 둘러싼 찬반 이유가 많이 있다.

러셀이 특히 싫어했지만 1905년, 그가 논문을 출판하기 전 시기에 인기 있었던 한 가지 답은 존재성(being)을 갖지만 실존하지(exist) 않는 대상들이 있다는 것이었다. 이 견해는 19세기 말 그 견해를 제창했던 알렉시우스 마이농(Alexius Meinong)의 이름을 따서 마이농주의라 불리게 되었다. 마이농주의는 한정기술에 대한 우리의 단순한 상식적 이론을 매우 진지하게 취급한 결과이다. 그래서 이 견해에 따르면, 현재 프랑스 왕이 존재하고, 심지어 캐나다 대통령(국가원수가 아닌 대통령)까지도 존재한다. 그들은 실재하는 물리적 사람들은 아니다. 그래서 어떠한 인구조사에서도 계산에 포함되지 않을 것이다. 이 추상적 존재들은 "현재 프랑스 왕"과 "캐나다 대통령"이라는 어구들이 지시하는 것들이다. 만일 "캐나다 대통령은 여성이다"라는 명제가 보이는 것처럼 유의미하다면, "캐나다 대통령"이 지시하는 대상이 존재해야 하고, 그 대상은 여성이거나 여성이 아니거나 해야 한다. 실재하는 어떤 사람도 캐나다 대통령이 아니므로 지시된 대상은 비실존적 존재여야 한다. 이렇게 되면 이제 다른 문제들이 떼로 몰려들기 시작한다. 그러한 어떠한 비실존적 대상도 관찰가능하지 않으며, 또는 심지어 우리의 물리적 우주의 성원도 아니다. 설상가상으로 그런 대상들은 너무 많다. 즉 생각되거나 생각되지 않은 가능한 기술 각각에 대해 한 대상이 존재한다. 이것은 오컴의 면도날 규칙(Occam's Rule) — "필요로 하지 않을 때 실재들을 증가시키지 말라"—, 다시 말해서 절대적으로 그래야 하는 것 이상으로 사태를 복잡하게 만들지 말고, "단순하게 하라!"에 대한 흉악한 위반이다. 한정기술에 대한 단순한 상식적 이론은 단순하지만, 그 이론을 작동하도록 만들기 위해서는 이러한 비실존적 존재자들의 떼를 필요로 한다. 이 존재자들은 경험적인 과학적 탐구의 대상이 되지 않으며, 그런대로 수학적 대상들처럼 작동하는 것도 아니다. 수와 집합과 달리 실재하지 않는 존재자들에 대한 명료한 동일성 기준이나 개별화 기준은 없다. 캐나다 대통령은 현재 캐나다 왕과 같은가 다른가? 비실존적인 캐나다 대통령은 여성인가? 비실존적인 여성이 왕일 수 있는가? 왜 안 되는가? 이런 물음들이 이치에 닿는 물음인가? 이런 문제들 중 어떤 것도 극복불가능하다. 그런데도 오늘날에도 철학에 마이농주의자들이 있다. 다행히도 아주 소수만 있을 뿐인데, 그들은 전혀 괴짜로 생각되지 않는다.

그럼에도 불구하고 러셀의 견해에서 마이농주의의 문제는 대안을 요구하기에 충분할 정도로 엄정한 것이었다. 러셀의 한정기술 이론은 그 대안을 제시한다. 러셀은 수학적 존재자들을 가정할 필요성을 줄이는 일, 다시 말해 그런 존재자들을 제거하는 일에 종사했으며, 그래서 다른 영적 대상들에 대해서도 거의 참을 수 없었다. 물론 대안이 없다면, 그 이론이 얼마나 복잡하든, 그리고 그 이론을 우리가 얼마나 싫어하든 간에 우리는 그 이론을 승인해야 한다. 그러나 만일 대안이 있다면, 우리는 지나치게 복잡한 그 낡은 나쁜 이론을 떳떳하게 외면할 수 있다. 철학자들이 러셀의 한정기술 이론을 그토록 즐겁게 받아들인 이유 중 하나는 많은 사람이 마이농주의에 대한 대안을 알 수 없었기 때문이다.

경험주의적 성향을 가지고 신비 제거에 찬성하는 우리 같은 사람들에게 러셀의 이론은 어둠 속에서 더듬거릴 때 환하게 길을 밝히는 불빛을 발견한 것과 같은 것이었다.

한정기술을 다루는 러셀의 방법은 많은 다른 표현 유형에도 적용되었는데, 그런 표현들이 홀로 지시대상(denotation)을 갖는다는 것을 부정하는 것이다. 러셀에 따르면 기본적 혼동은 "현재 프랑스 왕"이나 "캐나다 대통령"이 지시 표현이라는 가정이다. 사실상 프레게와 그가 개발한 논리학의 방법을 사용하여 적절하게 분석하면 그런 표현은 완전히 사라진다. 한정기술은 그 자체로는 지시 표현이 아니다. 그래서 "캐나다 대통령"(the president of Canada)은 "캐나다 대통령은 여성이다"라는 진술에 대한 분석에서 나타나지 않는다. 러셀에 따르면, "캐나다 대통령은 여성이다"라는 진술은 약간 부정확한 표현이며, "오직 하나의 캐나다 대통령이 있고, 그 대통령은 여성이다"(There is one and only one president of Canada and that one is a woman)라는 말을 약식으로 표현하는 방식이다. 후자가 진정한 진술이며, 전자는 그 진술을 오도적이지만 자연스럽게 말하는 방식이다.

이제 우리는 옳은가 그른가에 관한 물음에 대해 명료하고도 한결같은 답을 갖게 된 셈이다. 오직 하나의 캐나다 대통령이 있고, 그 대통령은 여성이라는 것은 그르다. 왜냐하면 이것은 캐나다 대통령이 있다는 것을 함의하는데, 캐나다에는 대통령이 없기 때문이다. 둘 이상의 것이 그 기술에 맞는 경우에 그 진술은 그른데, 왜냐하면 그 진술이 오직 하나만 있다는 것을 논리적으로 함의하기 때문에 그르다. "미국의 초대 대통령"처럼 오직 하나의 것만이 기술에 맞을 때는 그 진술이 만일 술어가 그것에 대해 옳고 다른 것에 대해서는 그르다면 옳다. 그래서 "미국의 초대 대통령은 버지니아에서 태어났다"는 진술은 옳다. 오직 하나의 미국의 초대 대통령이 있고, 그는 버지니아에서 태어났다. 현대 기호 논리학의 표기법으로 표현하면 다음과 같다. $\exists x\{[Fx \& \forall y(Fy \supset x=y)] \& Vx\}$. 앞부분은 미국의 초대 대통령인 적어도 하나의 것이 있다(미국의 초대 대통령이 있다)고 말하고, 다음 부분은 기호들만 보고는 명료한 영어(한국어)로 표현한다는 것이 불가능하지만, 사실상 기껏해야 한 사람이 있다는 것을 말하고, 마지막 부분은 그 유일한 대통령이 버지니아에서 태어났다고 말한다. 자, 어떤가?

비록 기호 형태의 진술이 그 분석을 이해하는 데 엄밀하게 필요한 것은 아니지만, 그렇게 쉽게 기호화되지 않았다면 그 분석은 러셀에게 떠오르지 않았거나, 다른 사람들에게 그토록 많은 호소력을 갖지 못했을 것이다. 러셀의 논리적 기호 사용은 단순히 전문적이고 수학적인 기호화에 대한 흥미로부터 나온 것이 아니다. 옛날 기호화 방식에 따르면, 캐나다 대통령에 관한 진술은 "Wa" 비슷하게 표현될 것이다. 여기서 "W"는 "여성이다", "a"는 비실존적 대상 "캐나다 대통령"을 나타낸다. 러셀 식 기호화를 살피게 되면 우리는 그의 분석이 얼마나 많이 다른지를 알게 된다. "$\exists x\{[Hx \& \forall y(Hy \supset x=y)] \& Wx\}$." 충분히 분석된 표현에서 개체를 지시하는 "a"나 다른 어떤 용어가 없음을 주목하라. 사실상 이것은 개체에 관한 진술이 아니라 전체로서의 우주에 관한 진술이다. 다시 말해 이것은 일반진술이다. 그 진술은 우주에 실존하는 것들 중에서 캐나다 대통령인(캐나다 대통령임이라는 속성을 갖는) 대상이 있는데, 오직 하나의 그러한 대상이 있고, 그 대상은 여성이라고 말한다. 이 진술이 말하는 것은 물론 그르다. 그러한 분석은 옹호가능한 명료한 답을 제시함으로써 신비스러운 것들을 해명하고, 난문제를 풀며, 진보를 이루는 결과를 낳는다.

러셀에게 영감을 받은 철학자들은 1905년 이래 그들 자신의 철학적 문제를 해결하는 데 기호논리학을 사용해왔는데, 종종 덜 성공적이었지만 열정만큼은 전혀 뒤지지 않았다.

러셀은 기호논리학에 기초를 두고 형이상학과 언어철학을 전개하였다. 그는 그것을 "논리 원자주의"(logical atomism)라 불렀으며, 그 이름은 감추어졌던 것을 드러내 알려주는 바가 있다. 논리 원자주의의 형이상학은 물리학이나 화학과의 유비를 통해 이해할 수 있다. 큰 대상은 원자 같은 작은 대상들로 구성된다. 러셀은 충분히 분석되면 언어도 원자명제, 그리고 논리적 함수들—아니다, 또는, 그리고, 만일 … 라면, … 이다—에 의해 그 원자명제들로부터 구성된 분자명제로 이루어진다고 주장했다. 이런 방식으로 언어와 사고의 모든 것이 가장 단순한 원자적 요소들로부터 구성될 수 있다는 것이다.

비록 물리학의 발전이 러셀에게 영향을 미치긴 했지만, 그의 논리 원자주의의 가장 중요한 동기는 그의 수학의 토대에 대한 연구로부터 나왔다. 수학은 아주 단순한 요소와 연산을 기초로 견고하게 "재건축될" 수 있었기 때문에, 러셀은 조직화된 모든 지식 영역이 그렇게 다루어질 수 있다는 생각을 받아들였다. 먼저 어떤 지식체계—이를테면 예컨대 물리학—를 가장 단순한 기초요소들로 분석한 다음, 그 단순 요소들로부터 단계적으로 그 체계를 재건축해라. 재건축된 이론이나 지식체계는 옛날의 모호하고 무질서한 체계에 비해 엄청나게 개선된 체계이면서도 그 체계의 모든 진리를 다 포함하고 있을 것이다. 재건축 과정은 그 지식 영역의 본질적 구조를 명료하게 드러내겠지만 러셀에 따르면 물리학의 기초요소가 원자가 아니라는 것을 주목할 필요가 있다. 원자는 이미 몹시 파생적인 것이다.

만일 당신의 원자가 의심할 여지없이 그런 것처럼 물리학의 목적에 기여할

> 것이라면, 당신의 원자는 결국은 어떤 구성체인 것으로 판명되어야 하고, 당
> 신의 원자는 사실상 일련의 특수자들 집합인 것으로 판명되어야 할 것이다.
> 우리가 물리학에 적용하는 것과 똑같은 과정을 우리는 다른 곳에도 적용할
> 것이다. (Russell 1971/1918, 274쪽)

러셀이 여기서 언급하는 특수자들 집합은 공간/시간 점이나 에너지 다발이 아
니다. 그것은 철학적 분석에 의해 발견되는 형이상학적 단순자들 집합이다. 여
기서 러셀은 어떤 지식 영역의 논리적 구조에 관심이 있지 그것이 기술하는 물
질적 구조에 관심이 있는 것이 아니다.

　　러셀은 외부세계에 대한 지식, 즉 책상, 의자, 타인, 우리 자신의 신체에 대한
우리의 상식적 지식을 이 노선을 따라 분석한다. 세계는 논리적 원자들로 구성
된다.

> 내가 말해온 모든 것을 관통하는 우리의 목적은 분석의 정당화, 즉 논리 원
> 자주의의 정당화, 다시 말해서 당신이 실제적으로가 아니라면 이론적으로
> 세계를 구성하는 궁극적 단순자들에 이를 수 있는데, 그 단순자들은 다른 어
> 떤 것에도 속하지 않는 어떤 종류의 실재성을 갖는다는 견해의 정당화였다.
> (Russell 1971/1918, 270쪽)

러셀은 그 단순자들이 무엇인지 설명하지 않고 그저 그것들이 실재의 구성에
형이상학적으로 필연적이라고만 말한다. 때로 그 단순자들은 순간적인 특수 감
각인상으로 간주되며, 성질이나 관계가 될 수도 있다.

> 내가 내 신조를 논리 원자주의라고 부르는 이유는 내가 분석에서 마지막 나
> 머지 종류로서 도달하고자 하는 원자가 논리적 원자이기 때문이다. 그것들
> 중의 어떤 것들은 내가 '특수자'—색깔이나 소리나 순간적인 것들의 작은
> 조각 같은 것—라 부르는 것일 것이며, 어떤 것들은 술어나 관계 등일 것이
> 다. 요점은 내가 도달하려고 하는 원자가 물리적 분석의 원자가 아니라 논리

적 분석의 원자라는 것이다. (Russell 1971/1918, 178쪽)

원자사실은 단순자들로 구성된다. 분자사실은 원자사실들로 구성된다. 적절하게 재구성하면 언어는 원자사실을 나타내는 원자명제와 분자명제로 구성될 것이다. 분자명제는 논리적 함수들, 즉 아니다, 또는, '만일 … 라면, … 이다'에 의해 원자명제들로부터 구성된다. 언어와 세계의 공통 구조는 기호논리학에 의해 표상된다. 언어의 구조는 (적절하게 분석될 때) 사고의 구조이기도 하다.

　논리적 분석에 대한 러셀의 시각은 그것이 지닌 몹시 이론적인 본성을 감안하면 놀랄 만큼 커다란 영향을 미쳤다. 다음 장에서 보게 되겠지만 논리 실증주의자들과 다른 사람들에게 영향을 미쳤던 비트겐슈타인의 『논리철학론』(*Tractatus Logico-Philosophicus*)은 러셀의 견해에 기초를 두었으며, 논리 원자주의의 변형이다. 옥스퍼드 일상언어철학(제4장을 볼 것) 같은 많은 철학은 논리 원자주의에 대한 반작용이다.

## G. E. 무어의 상식철학

러셀의 기호논리학 개발과 논리주의에 프레게가 영향을 미쳤던 반면에, 러셀의 좀 더 폭넓은 철학적 시각은 G. E. 무어(G. E. Moore)—분석철학을 창시하는 일에서 러셀 자신보다 약간만 덜 중요한 철학자—와 접촉하면서 구체화되었다. 케임브리지대학교의 젊은이로서 러셀과 무어는 둘 다 영국의 헤겔주의자들, 즉 F. H. 브래들리(F. H. Bradley)와 J. M. E. 맥타가트(J. M. E. McTaggart)를 통해 걸러진 형태의 헤겔주의 철학을 받아들였는데, 오늘날 이들은 사람들에게 알려지거나 읽히는 일이 거의 없는 철학자들이다(맺는말에서 맥타가트에 대해 언급하고 있긴 하지만). 브래들리는 어떤 개체들이 있다는 것을 부정하였으며, 실재가 순수 영적인 단일 절대자로 이루어진다고 주장했다. 맥타가트의 가장 유명한 책은 『시간의 비실재성』(*The Unreality of Time*)이라는 제목이 붙어 있다.

　칸트 이후 독일 철학, 특히 피히테, 셸링, 헤겔로 대표되는 독일 철학은 "독일 관념주의”로 불리게 되었다.[배경 1.6—독일 관념주의와 브래들리와 맥타가트] 독일 관념주의와 그 가장 열렬하고도 유명한 제창자 G. W. F. 헤겔은 극단적 형태의 형이상학적 사변을 대표한다. 이것은 논리 실증주의자들과 다른 분석철학자들이 반대했던 종류의 철학이다. 논리 실증주의자들은 변증법적 부정을 강조하고 그것을 사용하면서 남용하고 있는 독일 관념주의에 대한 그들의 저항을 강조하기 위해 “실증주의”(positivism)라는 용어를 채택했다. 부정은 이런저런 방식으로 독일 관념주의의 핵심에 자리 잡고 있었다. 헤겔과 헤겔주의자들은 언제나 “부정의 부정”이나 그러한 것들에 관해 계속 이야기하고 있었다. 경험주의자들은 이런 종류의 형이상학적 신비화에 질색을 했다. 경험주의자들은 그처럼 몽매주의적인 형이상학적 “부정주의자들”에 반대되는 것으로서 “실증주의자들”이다.[10] “형이상학적”이라는 용어는 부정적인 헤겔주의 변증법과 느슨하게라도 연관된 모든 것을 의미하게 되었으며, 이를 확장해 “과학적”, “명석한”, “직접적인” 것 이외의 모든 것을 의미하게 되었다. 반면에 경험주의적 기질을 가진 철학자들에게 “형이상학적”은 불명료하고, 비과학적이고, 신비화하는 경향이 있는 모든 것을 의미했다.[11]

　헤겔주의와 독일 관념주의에 대한 반란은 G. E. 무어에서 시작되었고, 이내 러셀에까지 확산되었다.

　　그러나 이 동기들[헤겔의 논리학과 수학철학에 대한 불만]은 G. E. 무어의 영향이 없었다면 원래 그랬을 것보다 더 느리게 작용했을 것이다. 그 또한 헤겔주의의 시기를 겪었지만 나보다는 짧았다. 그는 반란을 주도했으며, 나는 해방감을 맛보며 그를 따랐다. 브래들리는 상식이 믿는 모든 것이 단순한 현상에 지나지 않는다고 주장했다. 하지만 우리는 정반대 쪽으로 되돌아갔

---

**10**　이 구별은 오늘날에도 여전히 살아 있다. 예컨대 철학자가 아니라 대륙철학과 연관된 문예비평가 해럴드 블룸(Harold Bloom)은 1983년 인터뷰에서 “내가 해체 학파[대륙의 커다란 운동]와 공통적으로 가지고 있다고 생각하는 것은 부정의 전문적이고 철학적인 의미에서 부정적 사고나 부정적 의식 방식이지만, 이것은 나에게는 부정 신학을 통해 떠오른다.”(블룸 인터뷰 참조).
**11**　“만학의 여왕”에서 형이상학 갈등을 부추김으로써 우리는 오늘날 대중문화에서 “형이상학”이 “오컬트”, “초자연적”, “신비적”을 의미하는 데 사용된다는 것을 발견한다.

으며, 철학이나 신학에 영향을 받지 않은 상식이 실재한다고 가정하는 모든 것은 실재한다고 생각했다. 감방에서 탈출한 느낌으로 우리는 잔디는 녹색이고, 아무도 의식하지 못하더라도 태양과 별은 실존할 것이며, 다수의 무시간적인 플라톤의 이데아들의 세계가 있다고 생각하는 데 빠졌다. 천박하고 논리적이었던 세계가 갑자기 풍부하고, 다채롭고, 견고해졌다. 수학은 완전히 옳을 수 있으며, 단순히 변증법의 무대는 아니다.[12] (Russell 1963/1944, 12쪽)

무어는 러셀에게 깊은 영향을 미쳤지만, 그 영향이 반대쪽으로도 이루어지지 않은 것은 분명했다. 무어는 기호논리학을 결코 사용하지 않았거나 전문적 어휘를 그리 많이 사용하지 않은 것처럼 보였으며, 과학, 수학, 또는 순수 철학적 추론 이외의 어떤 것에도 흥미를 갖지 않았다. 그는 세부사항에 있어서는 벽차면서 동시에 단순성에서는 편안하게 하는 독특한 스타일을 지녔다. 러셀은 그의 자서전에서 무어에 대해 다음과 같이 쓰고 있다.

그렇지만 [케임브리지대학 학생으로서] 3학년 때 나는 G. E. 무어를 만났는데, 그때 신입생이었던 그는 몇 년 동안 천재에 대한 나의 이상을 충족시켰다. 그 시절 그는 멋지고 호리호리했는데, 거의 신통한 영감으로 가득 찬 표정을 하고, 스피노자만큼 몹시 열정적인 지성을 지니고 있었다. 그는 일종의 예민한 순수성을 지녔다. 나는 딱 한 번을 제외하고는 그에게 거짓말을 하도록 하는 데 성공한 적이 없었다. 내가 "무어, 당신은 언제나 진실을 이야기합니까?"라고 말했다. 그는 "아니오"라고 대답했다. 나는 이것이 여태껏 그

---

[12]   헤겔주의에서 벗어나긴 했지만, 우리는 러셀이 여전히 형이상학적 중독에서 벗어나려 애쓰고 있음을 알 수 있다. 러셀이 언급한 "플라톤의 이데아들"은 경험주의 철학과 잘 맞지 않는다. 러셀은 경험주의가 너무 많은 것을 빠뜨렸다고 느꼈다. 플라톤의 이데아들―영원하고, 완전하고, 추상적이고, 감각으로 지각할 수 없는―은 "잔디는 녹색이다"는 상식철학에 잘 어울리지 않는다. 강경한 경험주의자들은 플라톤의 형상과 브래들리의 절대자 사이의 많은 차이를 보고 고민했을 것이다. 일단 우리가 시간 바깥에 실존하는 비물리적 존재자라는 관념에 중독되고 나면, 우리는 영국 헤겔주의자들의 무시간적 절대자에까지 이른다고 보아도 무방할 것이다.

가 말했던 유일한 거짓말이라고 믿는다. (Russell 1968, 77쪽)

(역설에 대한 러셀의 사랑은 이 짧은 인용구에서도 나타난다.) 무어는 개인적으로는 매우 강한 흥미를 돋우는 사람임에 틀림없었는데, 왜냐하면 그의 글쓰기와 논변 스타일은 매우 복잡할 정도로 뒤얽혀 있고, 유머가 없으며, 내가 그의 저작들만으로는 그가 철학에 미쳤던 종류의 영향을 미쳤을지 의심할 정도로 설득력이 없는 경우가 흔했기 때문이다.

관념주의와 헤겔주의에 대한 무어의 반항을 보여주는 두 개의 아주 유명한 표현물은 원래 1903년에 『마인드』에 간행된 "관념주의 논박"(The Refutation of Idealism, Moore 1959)과 1925년에 간행된 "상식의 옹호"(A Defence of Common Sense, Moore 1993)이다. 오늘날 그 후계자들 사이에서 무어는 불명료한 문체에도 불구하고 이 두 논문으로 가장 잘 알려져 있고, 기억되고, 사랑받는다.[13] 비록 무어가 상식을 옹호하고 독일의 철학적 신비화를 공격하고 있긴 하지만, 그의 논변은 상식적으로 쉽게 이해할 수 있는 것이 아니다. 무어의 논문들을 연구할 때는 우리는 아주 미세한 데까지 헌신적으로 정밀한 주의를 기울여야 한다. 무어는 다른 사람들을 성가시게 하는 습관이 있었다. "상식의 옹호"에서 그는 수많은 견해를 다른 철학자들의 것으로 돌리는데, 이 견해들은 그가 폭파하려는 견해들이지만, 딱 한번만 다른 사상가—버클리—를 언급할 뿐이다. 무어는 다른 사람의 글을 인용하고, 인용부호를 붙이며, 각주를 다는 일—표준 형태의 학술적 장치—을 하고 싶은 마음이 내키지 않았던 것이다.

무어의 상식에 대한 호소의 매력은 그 단순성, 즉 그 자체로 새롭고 의심스러운 말썽거리들을 추가하지 않고 여러 철학 세대의 꽤 까다로운 집착을 대담하

---

[13] 무어는 윤리학에서의 연구로도 잘 알려져 있고, 특히 이른바 자연주의적 오류(naturalistic fallacy)에 대한 논의로 잘 알려져 있다. 무어는 그의 영향력 있는 저작 『윤리학원리』(*Principia Ethica*, 그들은 설령 라틴어로 책을 쓰는 일을 잘 해낼 수 없었다 할지라도, 영국의 "공립"학교들에서 배웠던 그 라틴어를 과시하지 않을 수 없었다)에서 자연주의적 오류를 소개하였다. 철학의 분과로서의 윤리학에 대해 결코 많은 주의를 기울이지 않았던 러셀과 달리 무어는 그의 유일한 장편의 논저를 이론윤리학에 관해 썼다. 20세기 윤리학의 발전과 역사는 독립된 장(제8장)의 주제이며, 윤리학에서의 무어의 작업은 거기서 두드러질 정도로 크게 다룬다.

게 제거하려는 분위기이다. 고대 그리스철학 시대로부터 오늘날에 이르기까지 헤겔과 브래들리 같은 철학자들이 있었는데, 이들은 이런저런 이유로 감각 지각으로 이루어지는 상식세계 대상들의 궁극적 실재성을 부정해왔던 사람들이다. 이것은 무어의 상식 공격의 표적이다. 무어의 주장은, 그가 플라톤주의자, 칸트주의자, 관념주의자, 헤겔주의자, 회의주의자, 심지어 러셀처럼 그의 동료 분석철학자 중 어떤 사람이 제시하는 난해하거나 복잡한 철학적 논증의 단계들 중 어떤 것에 대해서보다 그가 두 손을 가지고 있다는 것, 다른 사람들이 존재한다는 것, 세계가 그가 태어나기 전에 실존했다는 것과 같은 상식의 특수 사실들에 대해 더 확신한다는 것이다. 그래서 그러한 상식의 사실들을 부정하거나 의심하거나 의문시하는 철학자는 누구라도 망상에 사로잡혀 있는 것이다—그는 언뜻 보기에 교묘한 논증들에 의해 기만당하거나, 또는 어쩌면 "홀려 있다"고 말해야 할 것이다. 어쨌든 무어에 따르면, 설령 우리가 당장 그 논증들을 해부할 수 없다 할지라도, 상식의 사실을 부정하거나 의문시하는 견강부회 식 철학자의 논증들은 올바를 수 없다.

유감스럽게도 무어의 접근방식은 실질적 내용에 대한 철학적 열망을 만족시키지 못한다. 그의 상식 논증은 너무 내용이 빈약하며, 옥스퍼드 일상언어철학자들과 후기 비트겐슈타인이 살리려 했음에도 불구하고 승리를 거두지 못했다(제4장을 볼 것). 무어의 상식 철학은 자신들이 갈릴레이 이론과 하늘의 달과 광점들(spots of light)에 조준된 렌즈를 이용한 그의 관찰에 대해서보다 지구가 정지해 있다는 것을 더 확신한다고 주장함으로써 갈릴레이의 발견을 부정했던 사람들을 생각나게 한다. 지구가 정지해 있다는 것은 일상적인 지각과 상식의 명백한 사실 아닌가? 코페르니쿠스와 갈릴레이 이전에는 확실히 그랬다. 그 시대의 상식이 근대 천문학을 이기지 못했던 것과 마찬가지로, 상식은 정말이지 회의주의자와 관념주의자의 논증들을 이기지 못한다.

## 감각자료에 관한 무어와 러셀의 견해

무어에게 뻔해 보이고 상식적인 것처럼 보였던 것이 종종 다른 철학자들에게는 그렇지 않았다. 무어는 다른 어떤 사상가보다도 더 많이 감각자료라는 관념에 주의를 집중했다. "감각자료"(sense data)라는 용어는 러셀이 만들었지만, 무어는 그 개념을 자신의 철학에 투입하여 무거운 짐을 짊어졌다. 감각자료란 개인에게 사적인 한 감각기관의 현재 감각내용이다. 따라서 현재의 맛과 내 시야의 채색된 조각은 감각자료이다. 감각자료는 공적 대상이 아닌데, 비록 무어가 때로 감각자료가 대상의 표면에 있다고 진술한다 하더라도 그렇다. 나중에 제4장에서 보게 될 것처럼, 감각자료는 일차적으로 착각에 의거한 논증(argument from illusion)에 의해 도입된다. 예컨대 곧은 막대는 부분적으로 물에 잠기면 굽어보이며, 체크무늬 그림자 착각(Checker Shadow illusion, 그림 1.2) 같은 착시도 있다. 기본 착상은 설령 우리가 있는 그대로의 대상을 보지 않는다 할지라도 정말로 어떤 것을 본다는 것이다. 우리는 무엇을 보는가? 아마 감각자료를 보거나 가질 것이다.

무어는 감각자료의 실존이 어떤 것만큼이나 명백하다고 논했거나, 또는 더 정확히 말하면 그렇다고 주장했다.

> "이것은 손이다." "저것은 태양이다." "이것은 개다" 등등.
> 나에게는 그러한 명제들에 관한 분석에 관해서는 두 가지 것만이 확실해 보인다(그리고 이런 것들에 대해서조차 나는 어떤 철학자들이 나와 다를 것을 걱정한다). 즉 내가 그런 명제가 옳다는 것을 알거나 판단할 때마다 (1) 언제나 어떤 감각자료―해당 명제의 주어(그리고 어떤 의미에서 주요하거나 궁극적인 주어)인 감각자료―가 있는데, 해당 명제는 바로 그것에 관한 명제이다. (2) 그럼에도 불구하고 내가 이 감각자료에 관해 옳다는 것을 알거나 판단하고 있는 것은 (일반적으로) 경우에 따라 그것이 그 자체로 손이나 개나 태양 등이라는 것이 아니다. … 그러나 지금 내가 그 용어를 사용하고 있는 의미에서 감각자료가 있다는 것은 전혀 의심할 수 없다. 나는 현재 그것들 중 많은 것을 보고 있고, 다른 것들을 느끼고 있다. 그리고 내가 감각자료로 어떤 종류의 것을 의미하는지 독자에게 지적하기 위해서는 나는 그 자신의 오른손을 쳐다보라고 요구하기만 하면 된다. (Moore 1993/1925, 128쪽)

**그림 1.2** 영역 A와 B는 똑같은 회색 그림자이다. 이것은 믿을 수 없어 보이지만 옳다. 그렇지만 A와 B에 대한 우리의 지각에서는 무언가가 다르다. 다른 것은 무엇인가? 판권 에드워드 H. 아델슨

여기서 무어는 상식과 동떨어진 모험을 감행했다. 손, 태양, 개는 모두 상식에 잘 알려진 훌륭한 대상들이지만, 상식은 감각자료를 전혀 모른다. 그리고 "감각"(sense)의 의미가 두 사용—상식(common sense)과 감각자료(sense data)—에서 얼마나 다른지를 주목할 필요가 있다.

　상식에 대한 무어의 사랑을 그 뒤의 분석철학자들은 결코 받아들이지 않았다. 여러 가지 점에서 무어와 러셀에게 공감했고, 특히 러셀의 영향을 받았던 논리 실증주의자들은 상식을 철학적 진리의 원천으로 절대로 채택하지 않았다. 논리 실증주의자들은 지침으로 자연과학, 그리고 특히 물리학을 살피려는 경향을 더 많이 가지고 있었다. 20세기 후반 옥스퍼드 철학자들이 일상언어를 논증과 통찰의 원천으로 채택한 것은 유명한 일이지만, 그들은 이것을 상식과 동등시하지 않았을 것이다. 최근 철학 연구에서 직관이 다시 두드러지게 나타나고 있지만, 직관에 대한 이 의존은 무어가 상식이 할 수 있다고 생각했던 종류의 결과를 만들지 못할 것이다. 최근에 사용된 것으로서의 철학적 직관은 무어의 상식보다는 러셀의 논리적 자명성(logical self-evidence)에 더 가깝다. 실제로 무어가 "완전히 확실하다"고 판단했던 주장들 중 어떤 것들을 다른 사람들은 반직관적이라고 판단할 것이다.

논리 실증주의 운동의 어떤 성원들은 경험주의 성향을 지니고 감각자료라는 주제에 초점을 맞추었다. 그들은 감각자료가 경험적 지식에 근본적이라는 견해를 무어와 공유했지만, 무어나 러셀과 달리 논리 실증주의자들은 감각자료의 약간 비과학적이고 주관적인 본성 때문에 고민하고 있었다. 옥스퍼드 철학자 J. L. 오스틴(J. L. Austin) 같은 다른 철학자들은 감각자료의 실존 자체에 관한 물음을 제기했다. 비트겐슈타인과 그의 추종자들조차도 감각자료에 관해 의심스러워하는 것처럼 보였다. 다시 말해서 만일 감각자료의 실존과 그것에 대한 우리의 직접적 의식에 관해 의심스러워한 것이 아니라면, 그들은 그것이 인식론적 어떤 비중을 지닐지에 관해 의심스러워하는 것처럼 보였다. 감각자료의 본성, 기능, 그리고 심지어 실존은 계속해서 맹렬한 검토의 쟁점이 되었다. 그리하여 감각자료는 20세기의 대부분 기간 동안 분석철학계에서 인식론의 핵심 주제로 남아 있었다.

무어와 마찬가지로 러셀도 우리 지식의 토대를 설명하기 위해 감각자료에 의존한다. 러셀은 익숙지(knowledge by acquaintance)와 기술지(knowledge by description)를 구별한다. 러셀에 따르면, 우리는 우리의 감각자료에 직접적으로 익숙하다.

> 우리의 모든 지식, 즉 사물에 대한 지식과 진리에 대한 지식은 모두 그 토대로서 익숙함에 의존한다. … 감각자료는 … 우리가 익숙한 것들에 속해 있다. 사실상 감각자료는 익숙지의 가장 분명하고 인상적인 예를 제공한다. (Russell 1959a/1912, 48쪽)

따라서 러셀에 따르면, 우리는 책상의 현상을 이루는 감각자료에 대해 직접적인 익숙지를 갖지만, 물리적 책상은 기술에 의해 간접적으로만 알 뿐이다. 러셀에 따르면, 내성을 통해 입수할 수 있는 감각자료, 기억, 현재의 정신상태, 그리고 흼, 다양성, 형제애 같은 보편자들에 대해서만 익숙하다. 이런 것들은 그가 그의 논리 원자주의에서 끌어들인 세계의 형이상학적 원자들이다. 우리는 어떤 물리적 대상에도 직접적으로 익숙하지 않다. 자 이쯤 되면 우리는 상식에서 얼마나 멀리 벗어났는가!

경험주의자는 감각자료, 기억, 우리의 내성가능한 현재 정신상태에 대해 우리가 직접적으로 익숙하다는 것에 동의한다는 점에서 기꺼이 러셀을 따르겠지만, 형이상학적 보편자에 대한 직접적 익숙지에 대해서는 난처한 기색을 보일 것이다. 예컨대 고전적 경험주의자 존 로크는 우리가 개별 경험들로부터의 추상에 의해 우리 자신의 정신적 개념들을 보편자 관념으로 만든다고 논하였다. 러셀은 비록 같은 곳에서 자신이 플라톤주의를 신봉한다고 주장하긴 하지만 이 전통으로부터 완전히 결별할 수 없을 것이다. "보편자에 대한 의식은 생각함(conceiving)이라 불리며, 우리가 의식하는 보편자는 개념(concept)이라 불린다"(Russell 1959a/1912, 52쪽).

## 무어와 러셀의 반헤겔주의

이미 보았듯이 무어와 러셀은 둘 다 헤겔에서 정점에 달한 독일 관념주의 전통에 반란을 일으켰다. 이미 헤겔주의에 매료되지 않은 독자라면 누구든 그들이 도발적으로 일으킨 종류의 경멸을 이해하기 위해 헤겔 저작들을 헤아릴 목적으로 약간의 시간만 소비하면 된다. 헤겔의 저작들은 낱말 샐러드 같으며, 겉보기에 이해될 수 있는 것처럼 보일 때의 추론은 난해하다. 그럼에도 불구하고 무어도 러셀도 일찍이 관념주의나 헤겔주의 철학을 논박할 수 있다고 주장하지 않았다. 특히 무어는 그의 주장들을 펼칠 때 매우 온건하다. 비록 그의 논문에 "관념주의 논박"이라는 제목이 붙어 있긴 하지만, 그는 그 논문의 어떤 내용이라도 관념주의 논박이라는 것을 명백히 부정한다.

나는 이 논문에서 전개될 논증들 중의 어떤 것도 실재가 정신적이라는 진짜로 흥미롭고 중요한 명제를 반증하기에 충분할 것이라거나, 또는 이 논증들의 어떠한 논박이라도 충분히 증명될 것이라고 생각하지 않도록 이렇게 말한다. 내 쪽에서 보면 내가 말할 어떤 것이라도 실재가 정신적이지 않다는 것을 조금이라도 증명할 경향을 갖는다고 가정하지 않는다는 것이 분명하게

이해되기를 원한다. (Moore 1959/1903, 2쪽)

비록 무어가 관념주의를 논박한다고 주장하지는 않지만, 그는 누구도 관념주의를 받아들일 지성적 이유가 전혀 없다고 설득력 있게 논한다. 그 논문에서 무어는 또한 비트겐슈타인, 그리고 특히 오스틴을 예기(豫期)하는 방식으로 우리가 책상, 의자, 타인을 직접적으로 지각한다고 논한다. 나중에 그는 그 견해를 부정했다.

무어와 러셀은 헤겔주의를 거부하는 데 순수 지성적 이유 이외에 다른 이유가 있었을 수도 있다. 여기서 우리는 무어와 러셀이 그들의 유명한 논문들에서 헤겔을 조롱하고 있음을 본다. 먼저 1903년 논문 "관념주의 논박"에서 무어는 다음과 같이 말한다.

> 그러므로 많은 철학자는 어떤 구별을 인정할 때 약간은 더 불명료한 낱말들 형태로 그 구별을 부정하는 권리 또한 (헤겔의 지도를 따라) 대담하게 주장한다. 분석과 종합을 결합하는 것 같은 유기적 통일의 원리는 주로 편리한 것처럼 보이는 것이라면 어디서나 모순되는 두 명제 **모두**를 붙잡는 관행을 옹호하는 데 사용된다. 다른 문제들에서와 마찬가지로 이 문제에서 철학에 대한 헤겔의 주된 기여는 이름을 붙이고 원리를 세우는 일로 이루어졌는데, 이것은 경험이 나머지 인류와 함께 철학자들이 범했다는 것을 보여준 오류 유형이다. 그에게 추종자와 찬양자들이 있다는 것은 당연한 일이다. (Moore 1959/1903, 14쪽)

지나가는 김에 분석철학자들은 대륙의 형제자매들이 바로 무어가 주장한 것처럼 이 오류에 빠졌다고 느꼈다는 것을 나는 지적하고 싶다. 러셀은 러셀이기 때문에 좀 더 명랑하고 유머러스하게 다음과 같이 말한다.

> 배중률에 의해 'A는 B이다' 이거나 'A는 B가 아니다'는 옳아야만 한다. 따라서 '현재 프랑스 왕은 대머리다' 이거나 '현재 프랑스 왕은 대머리가 아니다'

는 옳아야만 한다. 그러나 만일 우리가 대머리인 것들을 열거하고, 그 다음
에 대머리가 아닌 것들을 열거한다면, 우리는 어느 쪽 목록에서도 현재 프랑
스 왕을 발견해서는 안 된다. 종합을 사랑하는 헤겔주의자들은 십중팔구 그
가 가발을 쓴다고 결론지을 것이다. (Russell 1973/1903, 110쪽)

　헤겔을 외면하는 일은 영국 경험주의자들—존 로크, 데이비드 흄, 조지 버클
리, 존 스튜어트 밀—쪽으로 시선을 돌리는 일을 동반했다. 비록 러셀도 무어
도 철학에서 영국 경험주의 전통에 충분히 전념하지 않았지만, 그들은 이제 그
정신을 받아들이는 쪽으로 움직였고, 새로운 존경심을 표했으며, 더 이상 조야
하다고 가정된 것 때문에 열의를 잃지 않게 되었다. 그들은 이 "조야함"(crudi-
ty)을 똑바름과 명료성, 실재에 근거를 둠으로 간주하게 되었는데, 그런 것은
칸트, 헤겔, 브래들리, 그리고 그 추종자들의 철학이 지닌 영적이고 이해불가능
한 신비화들에는 현저하게 결여되어 있는 것이었다. 분석철학자들은 계속해서
대륙철학자들을 헤겔주의에서 벗어나기에는 무능하고 의지가 없는 사람들로
보았다. 그리고 분석철학자들은 계속해서 러셀과 무어의 태도를 채택했다. 분
석철학자들은 분석철학의 명료성, 전문적 능숙함, 자연과학에 대한 존중 대 대
륙철학의 과도한 궤변, 작위적 횡설수설, 신비화를 자랑스럽게 대비시킨다(그
러나 서론에서 지적했듯이, 분석적 전통과 대륙적 전통은 둘 다 근대주의의 표
현이라는 점에서 그들이 인정하고 싶어 하는 것보다 공통점이 더 많다).
　무어와 러셀이 헤겔주의와 칸트주의를 멀리하고 영국 경험주의 쪽으로 시선
을 돌리게 된 데에는 사회학적·문화적 이유들도 역할을 했는데, 어쩌면 이 사
회학적·문화적 이유들이 무어나 러셀이 인정하고 싶어 하는 것보다 더 많은 영
향을 미쳤을 것이다. 핵심 논문 "지시에 관하여"와 "관념주의 논박"을 쓰던 시
기에 잉글랜드는 독일, 그리고 특히 프러시아와 긴장이 고조된 시기였다. 칸트
와 헤겔 둘 다 북부 독일인이었다. 칸트는 프러시아의 수도 쾨니히스베르크에
서 생애를 보냈고, 헤겔은 예나에서 살다가 베를린에서 살았다.
　무어와 러셀이 위의 반헤겔주의 인용구 글들을 쓰고 있을 때 독일은 영국의
주요 경쟁국이자 위협이었다. 그리고 10년 동안 두 나라는 적으로서 제1차 세계

대전의 참화에 휩쓸려 들어갔다. 1890년대와 1900년대 초 독일은 영국을 위협할 해군력을 갖춘 나라로 떠오르고 있었다. 티르피츠 해군 확장 계획(Tirpitz Plan)에 따르면, 독일은 영국에게 국제무대에서 독일의 패권에 항복할 것을 강요하려 했다. 독일은 영국 해군(Royal Navy)을 위협할 막강한 전함들을 건조하고 있었다. 결국은 제1차 세계대전으로 이끈 독일의 의도는 자연스럽게 영국인들 사이에서 프러시아에 대해 두려워하면서도 경멸하는 태도를 갖도록 이끌었다. 무어와 러셀이 헤겔주의를 멀리했을 때 바로 이런 일이 일어나고 있었던 것이다.

물론 러셀(그러나 무어는 아님)은 북부 독일 수학자 프레게에게 영향을 받았고 그를 존중했으며, 그와 무어는 비엔나 출신 루트비히 비트겐슈타인과 아주 가까운 동료 사이였지만, 헤겔주의는 이와 다른 문화적 환경을 대표했다. 헤겔주의는 독일, 그리고 특히 프러시아의 공식적 철학 비슷한 어떤 것이었다. 헤겔은 그의 역사철학에서 당시의 프러시아가 역사적 변화 행로의 정점이라는 것─프러시아가 패권을 쥐는 것은 운명이라는 것─을 암시하는 것처럼 보였다. 이런 사상은 헤겔 저작들에서 그렇게 노골적으로 진술되지는 않았지만, 헤겔 추종자들은 그렇게 보았으며, 이것은 헤겔주의가 의도했던 것의 일부이다. 나중에 헤겔은 몹시 불공정하게 나치에 영감을 제공하는 원천이 되기도 했다. 헤겔은 또한 마르크스 이론들의 핵심 원천이었으며, 초기 공산주의자들에 의해 면밀하게 연구되기도 했다. 헤겔이 나치주의와 마르크스주의 같은 격렬하게 대립하는 두 진영에 의해 주장될 수 있다는 사실은 그의 불명료성을 입증하는 증거이다.

1900년대 초 영국에서는 반독일 정서의 "기운이 감돌았고", 젊은이들은 그 영향을 받지 않을 수 없었다. 이 반독일 정서는 비트겐슈타인 같은 특정 독일 친구들, 또는 프레게와 칸토어 같은 매우 제한된 전문분야에서 연구하는 독일인들이 아니라면 자연스럽게 독일 관념주의에 달라붙었을 것이다.

러셀은 단순히 반독일적이고 맹목적인 영국주의자는 결코 아니었다. 즉 러셀은 그저 아무것도 아니었다. 그의 견해와 사상은 언제나 갈등에 휩싸이고 변하고 있었는데, 이는 경험주의에 대한 그의 태도와 꼭 닮았다. 제1차 세계대전이 다가옴에 따라 러셀은 반전주의자, 또는 나중에 자신의 입장을 기술한 바에 따르면 "상대적 반전주의자"─전쟁과 다른 일들에 대해 언제나 그가 처한 갈등에 휩싸인 태도를 고상하게 하는 편리한 방식—가 되었다. 나는 우리가 러셀이 상대적 경험주의자,[14] 상대적 플라톤주의자 등이라고 말할 수도 있다고 가정한다. 어쨌든 제1차 세계대전에 영국이 연루되는 것에 대한 반대자로서 러셀은 다수를 따라 대량학살에 돌입하는 것을 용감하게 거부했다. 전쟁에 총력을 기울이는 것에 대해 반대한 결과로 그는 케임브리지대학교 트리니티칼리지의 지위에서 면직되었으며, 벌금이 부과되고 6개월간 투옥되었다. 러셀은 자신의 반전주의가 자신의 옳고 깊은 현실 참여를 자칭했던 유일한 것이었다고 주장했다. 그것은 수학적 논리학이 대신하게 되었으며, 제1차 세계대전이라는 격변과 그 격변이 러셀에게 미친 영향은 그가 나머지 생애에서 전문 철학에서 멀어진 일을 부분적으로 설명한다. 『수학원리』를 마친 약 3년 뒤 러셀은 여전히 수학적 논리학에 관해 연구하고 있었다. …

> 그때 전쟁[제1차 세계대전]이 일어났고, 나는 조금의 의심도 없이 내가 해야 할 것이 무엇인지 알았다. 나는 내가 했던 반전주의 노력에서처럼 어떤 작업에서 그토록 성심을 다해, 또는 주저하면서 고민하는 일이 거의 없이 해본 적이 결코 없었다. 처음으로 나는 해야 할 어떤 것을 발견했는데, 이것은 나의 모든 천성과 연관된 것이었다(Russell 1933, 12쪽).

그가 "유럽의 젊은이들이 나이든 사람들의 사악한 격정을 만족시키기 위해 기만당하고 학살당하는 광경을 보고 커다란 의분"(Russell 1933, 13쪽)을 느꼈던 것은 이해할만한 일이다. 러셀의 선견은 내가 찬탄을 금하지 못하면서 놀랄 정도로 아주 분명하고, 아주 용기가 있었으며, 전쟁 열풍이 불어 닥치던 시기에 거의 유일한 것이었다.[15] 슬프게도 그는 그러한 살상행위에 아무런 영향을 미치지 못했다.

---

**14**　우리는 제3장에서 콰인이 『언급의 뿌리』(*Roots of Reference*)에서 "상대적 경험주의"라는 용어를 정확히 이와 똑같은 의미로 사용하는 것을 볼 것이다.

**15**　비록 내가 전쟁에 총력을 기울이는 것에 기여한 트리니티칼리지의 개개의 모든 구성원이 러셀을 지지하고 그의 면직에 항의하는 글을 썼다는 사실을 지적하지 않을 수 없다고 해도 그렇다.

러셀은 고귀한 정치귀족 가정 출신이었다. 그는 아버지가 사망하자 얼 러셀 3세가 되었다. 그의 부모는 둘 다 그가 아주 어렸을 때 죽었으며, 러셀의 부모는 산아제한과 여성의 권리를 지지함으로써 그 시기에는 명예롭지 못한 자유주의자였다. 러셀 아버지는 개방적인 무신론자였는데, 두 명의 "자유사상가"(free thinkers)를 고용했다. 러셀이 기술한 바에 따르면, 그들은 그와 형의 후견인들이었다. 법정은 그의 아버지의 의지를 뒤집어엎었고, 그래서 러셀은 런던의 리치몬드파크 펨브로크로지(Pembroke Lodge in Richmond Park)에서 청교도적인 할머니 밑에서 자랐다.

비록 그의 부모나 다른 조상과 꽤 달랐지만, 러셀의 할머니는 러셀의 견해가 아니라면 자신의 견해를 옹호하는 러셀의 용기에 지속적인 영향을 미쳤는데, 이런 태도는 종종 사회 대부분과 잘 어울리지 않았다.

> 12번째 생일날 할머니는 나에게 성경(내가 지금도 소유하고 있는)을 주고, 여백면에 할머니가 가장 좋아하는 성경 구절들을 써 주었다. 그 구절들 중 하나는 "다수를 따라 악을 행하지 말라"(출애굽기 23:2―옮긴이)이다. "강하고, 담대하라. 두려워하지 말며 놀라지 말라. 네가 어디로 가든지 네 하나님 여호와가 너와 함께 하느니라."(여호수아 1:9―옮긴이) 이 구절들은 내 삶에 깊이 영향을 미쳤으며, 내가 신을 믿는 것을 그만둔 후에도 여전히 어떤 의미를 계속해서 지닌 것처럼 보였다(Russell 1963/1944, 5쪽).

러셀의 반전주의, 또는 더 정확히 말해 "상대적 반전주의"는 그의 전 생애를 통해 그를 인도했다. 그는 나치와의 전쟁은 지지했지만, 핵군축 운동을 전개했으며, 그의 긴 생애 끝 무렵에는 베트남전쟁에 반대하는 운동을 전개했다.

러셀이 전문적 철학에 대한 연구 후에 했던 글쓰기와 출판물의 많은 것은 정치, 대중철학, 대중 철학사 쪽으로 더 많이 향해 있었다. 러셀은 수십 권의 책을 출판했고, 1950년 노벨 문학상을 수상했다. 그가 출판한 책들의 제목 중 어떤 것들은 그의 사상이 어떤 것인지 가리키고 있다. 『왜 나는 기독교인이 아닌가』(*Why I am not a Christian*, 1927), 『상식과 핵전쟁』(*Common Sense and Nu-*

**그림 1.3** 런던 펨브로크로지. 이 건물은 현재 회의장이자 레스토랑이다. 버트런드 러셀 특별실은 애호가들 모임 장소 중 하나이다. 리치몬드파크는 왕립공원인데, 러셀 가족은 왕실의 뜻에 따라 여기서 살았다. 나는 1998년 이곳에서 순례여행을 했다. 당시 이곳은 복원공사가 진행되기 직전이었으며, 그래서 나는 안으로 들어가 볼 수 없었다. 이곳은 너무 위압적이지 않은 달콤한 공간이면서 남쪽과 서쪽으로 툭트인 시야를 가지고 있다. 이 리치몬드파크는 반쯤 길들여진 사슴 떼가 자유롭게 돌아다니는 광대한 지역이다(2360에이커로 뉴욕 센트럴파크의 세 배 크기이다). 어릴 적 성장하기에 이 얼마나 매력적인 장소인가! 그것도 런던 안에서 말이다. 소년 시절 러셀은 리치몬드파크의 황무지를 여기저기 돌아다니면서 노는 것을 좋아했다. 펨프로크로지 사진은 시안 데이비스(sian Davies)의 친절한 허가를 얻어 여기에 실을 수 있었다. 사진사 폴 페어베언-테넌트(Paul Rairbairn-Tennant)에게도 감사를 표하고 싶다.

clear Warfare, 1959), 『인류에게 미래가 있는가』(Has Man a Future, 1961), 『베트남에서의 전쟁 범죄』(War Crimes in Vietnam, 1967). 러셀은 무척이나 열심히 편지를 쓰는 사람이었으며, 생애 동안에 30,000통 넘는 편지를 썼다. 나는 코넬대학교 학부생 시절 친구이자 동료인 대학원생이 러셀의 초기 철학에 관한 전문적 문제를 묻기 위해 러셀에게 편지를 썼던 것을 기억한다. 얼마 지나지 않아 그는 그 위대한 철학자에게서 자세한 회답을 받았다. 내 친구는 그 편지를 소중히 여기고 액자에 담아 그의 책상 위 벽에 걸어놓았다. 이 일은 1960년대 초의 일이었다. 그 당시 러셀은 1940년에 제안을 받은 뉴욕시립대학교

(City University of New York) 교수직을 받을 기회를 인정하지 않은 뉴욕 법원 결정의 결과로 인해 아마 미국에서 가장 유명한 인사였을 것이다. 법원은 러셀이 아이들을 가르치기에 도덕적으로 적합하지 않다는 판결을 내렸던 것이다.

러셀과 달리 무어는 생애를 케임브리지대학교에서 조용히 보냈다. 그는 여러 해 동안 『마인드』의 편집 발행인이었으며, 다른 여러 가지 방식으로 계속해서 철학에서 분석적 전통의 창시자이자 지도자였다. 그는 비트겐슈타인의 친구이자 지지자였다. 무어 또한 장수했지만, 정치나 철학을 벗어난 논쟁에는 결코 종사하지 않았다.

## 요약

분석철학의 최초의 두 가지 원천은 기호논리학을 철학적 문제들에 적용한 것과 독일 형이상학에 대한 거부였다. 만일 러셀이 프레게에서 시작된 논리학의 혁명을 소개하고, 대중화하고, 적용한 공로를 인정받는다면, 무어는 독일 관념주의자들과 그 영국 추종자들의 형이상학적 과도함에 대한 반란을 일으켰다는 공로를 인정받는다. 무어는 철학에서 존중할만한 단순성, 명료성, 주의 깊은 비전문적 분석을 만들었다.

다음 장의 주제인 논리 실증주의자들은 러셀의 영향을 받았지만 무어에게서는 그리 많은 영향을 받지 않았다. 논리 실증주의자들은 수학에 대한 논리주의적 분석을 받아들이거나 그 분석을 러셀과 공유했지만, 어떠한 형태의 플라톤주의라도 거부했다. 논리 실증주의자들은 『수학원리』와 그것이 대표하는 논리학의 혁명을 소중히 여겼다. 아마 실증주의자들이 무어와 러셀에게 가졌던 가장 커다란 문화적 친근성은 대륙 형이상학의 과도함, 특히 칸트로부터 비롯되어 헤겔과 그 추종자들이 가장 터무니없게 대변한 형이상학의 과도함에 대한 거부였다. 오늘날에도 분석적 전통에서 자랐으면서 독일 관념주의자들과 헤겔을 공부하는 철학자들은 약간 "불량하고", "이국적이고", "색다르고", 그리고 어쩌면 철학적인 것보다는 더 정치적인 어떤 것을 한다는 기분으로 그렇게 하는데, 지금도 그렇게 하는 사람들이 많이 있다.

　　마지막 사적인 수기: 1960년대 내가 코넬대학교 학부생이었을 때 철학과는 철저하게 분석적이었다. 철학과에 19세기철학에 관한 강좌는 전혀 없었다. 우리에게는 독어학과에 설강된 니체 강좌를 수강하는 것이 금지되었다. 철학박사 학위 자격시험에 헤겔, 키르케고르, 마르크스, 니체에 관한 문제는 전혀 없었다. 그 시대의 인물들 중 어쨌든 존경을 받았던 것은 프레게와 밀이었으며, 그들은 매우 큰 존경을 받았다. 나는 코넬대학교 우리 선생님들 중 누구도 스스로를 논리 실증주의자로 기술하지 않았을 것이라고 확신한다. 둘 다 그 시기의 지도적인 분석철학자였던 노먼 맬컴(Norman Malcom)과 맥스 블랙(Max Black)은 무어, 러셀, 비트겐슈타인을 잘 알고 그들을 연구했지만, 누구도 논리주의나 감각자료 이론에 대해 편안해하지는 않았을 것이다. 그들이 공유한 주요 유산은 철학에서 신비화에 대한 불신과 헤겔주의 낌새가 있는 모든 것에 대한 경멸이었다. 칸트는 크게 존경을 받았으나 우리 중 누구도 그의 선천적 종합명제를 승인하지는 않았다. 나는 이것이 무어와 러셀의 영원한 유산이라고 믿는다.

## 배경 1.1  인식론: 경험주의 대 이성주의

　　인식론은 지식과 믿음에 관한 물음들을 다루는 철학 분야이다. 우리는 무언가를 어떻게 아는가? 믿음은 언제 정당화되는가? 인식론의 핵심 문제는 지식의 본성과 회의주의이다. 철학적 회의주의자는 우리가 (우리 자신의 정신의 주관적 내용 바깥의) 외부세계에 대해 어떠한 지식이라도 갖는다는 것을 부정한다. 근대 회의주의는 근대철학의 아버지 데카르트에서 시작되었다. 철학적 기획은 우리가 정말로 외부세계에 대한 지식을 가지며, 어떻게 갖는지를 증명하는 것이었다. 회의주의와 그에 대한 현대의 분석적 응답에 대한 더 포괄적인 논의는 맺는말에 있다.

　　고전적인 근대 경험주의자는 존 로크(1632-1704), 데이비드 흄(1711-

76), 조지 버클리(1685-1753)이다. 고전적인 근대 이성주의자는 르네 데카르트(1596-1650), 바루흐 스피노자(1632-77), 고트프리트 라이프니츠(1646-1716)이다. 스피노자와 라이프니츠는 모든 관념이 정신에 본유적이며, 출생 시 나타난다고 주장하였다. 데카르트는 신 관념과 수학적·기하학적 개념들처럼 대부분의 중요한 관념은 본유관념이라고 주장하였다. 이성주의자들은 추상관념과 신 관념이 경험으로부터 도출될 수 없다고 논했다. 로크는 공들인 구성에 의해 그런 관념들이 어떻게 단순한 과정들에 의해 경험으로부터 도출될 수 있는지 보여주었다. 나중에 이성주의자들은 자신들의 근거를 약간 바꾸어 수학이나 기하학처럼 모든 지식은 순수 이성에 기초를 두고 있다고 주장하였다. 경험주의자들은 모든 지식은 경험에 기초를 두고 있다고 주장하였다.

## 배경 1.2　선천적, 분석적, 필연적

선천적 명제는 어떠한 특수 경험과도 무관하게 알려질 수 있는 명제이다. 분석명제는 그 명제에 나타난 용어들의 정의에 의해 옳은 명제이다. 필연명제는 옳아야 하고, 그를 수 없는 명제이다. 필연명제는 모든 가능세계에서 옳다. 철학자들은 이 모든 정의가 애매하다는 것을 인정한다. 경험주의자들은 선천적＝분석적＝필연적이라고 주장하는 경향이 있다. 이성주의자들은 그것을 부정하는 경향이 있다. 이런 명제의 예는 "2+2=4"이다. 대부분의 철학자는 이 명제가 선천적이고 필연적이라는 데 동의할 것이다. 많은 철학자는 이 명제가 분석적이라고도 주장할 것이다. "모든 할머니는 어머니이다"는 분석적이다(그리고 선천적이고 필연적이다). 분석적이지 않은 명제들은 종합적이다. 칸트는 5+7=12가 선천적이고 종합적이라고 주장하였다.

## 배경 1.3 『수학원리』의 수학적 논리학 대 아리스토텔레스의 전통논리학, 기호체계에 대한 짧은 언급

기원전 약 400년경으로부터 『수학원리』가 출판되기 전까지 유일한 논리학이 었던 아리스토텔레스의 전통논리학은 모든 명제가 주어/술어 형식으로 이루 어져 있거나, 그런 명제들로 구성된 중합명제라고 주장했다. "모든 얼룩말은 동물이다"에서 "얼룩말"은 주어명사이고, "동물"은 술어명사이다. 전통논리 학은 관계를 인정할 수 없었고, 개체명사(singular terms)를 다룰 수도 없었 다. 전통논리학은 "모든 얼룩말은 동물이다"와 "소크라테스는 동물이다"를 논리적으로 똑같은 형식을 갖는 것으로 취급했다. "존은 베티와 결혼했다"는 명제는 "존"을 주어로 갖고, "베티와 결혼했다"를 술어로 귀속시킨다. "베티 는 존과 결혼했다"는 "베티"를 주어명사로 갖고, "존과 결혼했다"를 술어로 귀속시킨다. 이러한 취급은 "결혼했다"가 관계라는 사실을 놓치고 있다.

수학적 논리학은 논리학을 수학적으로 다룬다. 술어는 대상으로부터 진 리치에 이르는 함수를 나타낸다. 두 진리치는 옳음을 나타내는 T와 그름을 나타내는 F이다. 그래서 "x는 동물이다"는 함수이다. "소크라테스는 동물 이다"는 "As"로 기호화되며, 소크라테스가 함수 "동물"을 만족시킨다고 말 한다. 즉 As는 T 값을 얻는다. "모든 얼룩말은 동물이다"는 만일 임의의 대 상이 함수 "x는 얼룩말이다"를 만족시킨다면, 그것은 함수 "x는 동물이다" 를 만족시킨다고 말한다. 이 명제는 "$\forall x(Zx \supset Ax)$"로 기호화되고, "모든 x 에 대하여 만일 x가 얼룩말이라면, x는 동물이다"로 읽는다. 아리스토텔레 스 전통논리학과의 차이는 이보다 더 심원할 수 없다. 관계는 그저 2항, 3 항, 또는 다항 함수이다. "존은 베티와 결혼했다"는 존/베티 쌍이 함수 "결 혼했다"를 만족시킨다고 말한다. 이것은 "Mjb"로 기호화된다. 논리학을 수 학적으로 취급한 일은 논리학의 힘, 단순성, 유용성을 엄청나게 증가시킨 다. 논리학의 수학적 취급에 대한 원래 통찰은 프레게에서 기인한다.

기호체계에 대한 짧은 언급: 우리는 두 개의 양화사, 즉 보편양화사 ∀와 존재양화사 ∃를 가지고 있다. 이 양화사는 x, y, z 등에 대해 사용된다. 우리는 또한 진리함수 조작사들에 대해서도 기호를 가지고 있다. 또는은 ∨로 기호화되고, 그리고는 &, 아니다는 ~, 함언은 ⊃, 동치는 ≡로 기호화된다. 우리는 대문자를 술어 기호, 소문자를 개체상항과 변항으로 사용한다 (위를 볼 것). 우리는 이 기호들을 조합해 복잡한 형식문을 만들 수 있다. 괄호는 구두점으로 사용된다. 예컨대 ∃x(Fx&Gx)⊃∀y(~Gy⊃~Fy). 만일 어떤 것이 F이고 G라면, 모든 비G는 비F이다.

(진리치표에 의거한 진리함수 조작사들의 정의에 대해서는 71쪽의 배경 2.1—진리치표, 항진명제, 기타 『논리철학론』의 논리적 관념들에 대한 전문적 소개를 볼 것.)

**배경 1.4**   삼각형의 내각의 합이 180°라는 것과 무한히 많은 소수가 있다는 것에 대한 증명

삼각형의 내각의 합이 180° (즉 일직선)라는 것에 대한 증명: 이것은 비형식적 증명이지만 충분히 설득력이 있다. 이것이 효과가 있으려면 우리는 유클리드의 평행선 공준을 가정할 필요가 있다. (평면에서 주어진 직선 위에 있지 않은 임의의 점을 지나면서 그 직선과 평행하는 직선은 기껏해야 한 개 그을 수 있다. 즉 직선은 그것과 평행하는 다른 직선에 절대 가까이 가지 않는다.)

그림 1.4에서 직선 1은 직선 2와 평행한다. 각 B=각 D이고, C=E라는 것은 분명하다(그러나 증명할 수도 있다). 그래서 D+A+E=B+A+C이다.

무한히 많은 소수가 있다는 것의 증명은 유클리드에게서 기인한다. 소수

의 수가 유한하다고 가정해보자. 즉 가장 큰 소수가 있다고 가정해보자.

 l이 가장 큰 소수라 하자. 유한히 많은 모든 소수를 취해 그것들을 모두 곱해 보라. 즉 $2 \times 3 \times 5 \times \ldots \times l$. 그렇게 곱해서 나온 수는 거대한 합성수이다. 그것을 c라고 부르자. 이제 c에 1을 더하라. p라 부르기로 하면 이 수는 $c+1$과 같다. p는 l보다 크며, 그래서 합성수이어야 하는데, 왜냐하면 l은 가장 큰 소수이기 때문이다. 그러면 p는 어떤 소인수들을 갖는다. 그러나 만일 2에서 l까지의 소수들 중 어떤 것으로 p를 나눈다면, 각각의 경우에 우리는 1의 나머지를 얻게 된다. 그래서 그러한 소수들 중 어떤 것도 p의 인수가 아니다. 그러므로 p 자체는 l보다 큰 소수이거나, 또는 p는 l보다 큰 소인수를 갖는다. 이것은 l이 가장 큰 소수라는 가정과 모순된다. 따라서 가장 큰 소수는 없다.

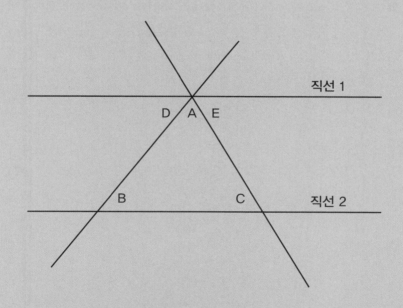

그림 1.4

## 배경 1.5   러셀의 역설과 다른 문제들에 대한 전문적 설명과 칸토어 집합론을 통한 짧은 여행

러셀의 역설: 집합은 제 자신을 포함할 수 있다. 예컨대 직관적으로 큰 집합들의 집합은 큰 집합이다. 대부분의 집합은 제 자신을 포함하지 않는다. 예컨대 공집합은 제 자신을 포함하지 않는다. 이제 제 자신을 포함하지 않는 모든 집합의 집합을 생각해보라. 그 집합을 S라 하자. S는 S의 원소인가? 만일 원소라면 S는 제 자신을 포함하지 않는다. 왜냐하면 S의 원소들은 제 자신을 포함하지 않는 집합들이기 때문이다. 반면에 만일 S가 제 자신을 포함하지 않는다면, S는 제 자신을 포함한다. 어떤 경우든 우리는 모순에 도달한다. 따라서 S와 같은 집합은 있을 수 없다.

왜 이것이 문제인가? 내포 공리(Comprehension Axiom)는 러셀이 사용하고 있었던 종류의 집합론의 절대적으로 중요한 부분이었다. 아무리 괴상하다 하더라도 속성의 특정화(specification)는 어떤 것이라도 어떤 집합을 특정한다고 말한다. 이것은 직관적으로 뻔해 보이는데, 왜냐하면 만일 그 특정화가 충분히 괴상하다 해도(이를테면 둥근 사각형들의 집합처럼) 우리는 여전히 어떤 집합, 즉 공집합을 얻기 때문이다. 러셀의 역설은 내포 공리가 올바르지 않다는 것을 증명한다.

집합론의 고안자 게오르크 칸토어는 언제나 제한 없이 더 큰 집합들이 있다는 것을 증명할 수 있었다. 역설에 대한 러셀의 증명과 유사한 논증을 사용하지만 그보다 훨씬 더 일찍(1884년) 이용해 칸토어는 임의의 집합의 부분집합들 집합이 그 집합 자체보다 더 많은 원소를 갖는다는 것을 입증할 수 있었다. 그래서 만일 우리가 자연수 같은 어떤 무한집합을 생각한다면, 우리는 이제 이 집합의 부분집합들 집합이 더 많은 원소를 갖는다는 것을 안다. 따라서 우리는 언제나 더 높은 수준의 무한성을 얻는다. 또한 역설적으로 전체집합은 없다—모든 것의 집합은 있을 수 없다. 그 집합은 제 자신보다 더 많은 부분집합을 가질 것이다. 이것은 예컨대 각 집합이 여집합—그 집합에 속하지 않는 것들의 집합—을 가져야 하기 때문에 우리를 짜증나게 만든다. 공집합의 여집합은 전체집합이어야 한다. 그러나 그런 집합은 존재하지 않는다. 문제들이 증가하는데, 이 문제들은 직관적으로 만족스러운 어떤 방법으로는 쉽게 해결되지 않는다.

## 배경 1.6　독일 관념주의와 브래들리와 맥타가트

독일 관념주의는 19세기에 이마누엘 칸트의 철학에서 자라나온 느슨한 학파였다. 주요 제창자는 피히테, 셸링, 헤겔이었으며, 세 사상가는 종종 서로 결부되었다. 철학에서 "관념주의"라는 용어는 보통 이원론과 유물주의 둘 다에 반대하는 견해를 의미한다. 관념주의자들은 이런저런 방식으로 모든 것이 정신적이거나 영적이라고 주장한다. 우주는 궁극적으로 물질이나 정신 외적인 에너지를 전혀 포함하지 않는다. 이런 것들은 망상이다. 매우 짧게 칸트는 경험 현상이 우리가 알 수 있는 유일한 것이라고 주장했지만, 그것은 우리가 알지 못하는 "사물 자체"(thing-in-itself)에 의해 야기되는데, 이 사물 자체는 비정신적인 것이면서 우리의 일부가 아니라고 주장했다(유물주의자들은 모든 것이 물질이거나 물리적인 것이라고 주장한다. 이원론자들은 두 종류의 실체, 즉 정신과 물질이 있다고 주장한다. 각각의 존재론적 이론은 저마다 문제가 있다).

　독일 관념주의자들은 칸트의 알 수 없는 사물 자체를 제거한다. 남아 있는 유일한 것은 우리의 정신적 현상들뿐이며, 이 현상들은 정신 자체에 의해 야기된다. 예컨대 피히테는 현상계를 이루는 우리의 표상이나 관념이나 정신적 심상이 우리의 자아, 또는 아는 주체에 원천을 가지고 있다고 주장하였다. 외부의 어떤 사물 자체도 관념을 산출하지 못한다. 헤겔과 다른 사람들은 다른 괴상한 사상을 제창했다. 헤겔에게 세계, 우주, 역사는 절대정신(Absolute Spirit)의 다양한 발전 단계의 현현(顯現)이었다. 독일 관념론자와 그 추종자들에게 개체성은 망상이었다.

헤겔은 피히테나 셸링보다 훨씬 더 많은 영향력이 있었으며, 19세기 말 무렵에는 이런저런 형태의 헤겔주의가 지배적인 철학이었다. 브래들리와 맥타가트는 영국의 헤겔주의자이자 관념주의자였다. 브래들리는 개별적인 것들의 실존을 부정했으며, 더 나아가 상식의 의견 모두를 부정했다. 맥타가트는 시간의 실재성을 부정한 것으로 유명했다. 그에게 우주는 사랑에 의해 하나로 통합되는 무시간적 영혼들로 구성되어 있다.

이것은 아주 단편적인 이야기에 지나지 않음을 염두에 둘 필요가 있다. 그러한 어떠한 단편적 이야기도 그 철학자들의 사상을 공정하게 평가할 수 없을 것이다.

## 더 읽을거리

프레게에 흥미가 있는 사람들에게 좋은 시작 지점은 *The Frege Reader*, edited by Michael Beany(Wiley-Blackwell 1998)이다. 이 책에는 프레게에 관한 방대한 더 읽을거리를 제시하는 부록도 있다. *Frege: An Introduction to the Founder of Modern Analytic Philosophy* by Anthony Kenny(Wiley-Blackewll 1997) 또한 유용한 책이다.

러셀의 자서전 *Russell Autobiography*(Routledge 1975)는 굉장한 읽을거리이다.

*The Cambridge Companion to Bertrand Russell*(Cambridge University Press 2003)은 러셀에 관한 학술 논문들을 찾기에 좋은 책인데, 그의 초기 연구

와 프레게, 무어, 비트겐슈타인과의 관계에 대해 특별히 강조하고 있다.

*Russell, Idealism, and the Emergence of Analytic Philosophy* by Peter Hylton(Oxford University Press 1990) 또한 영국 분석철학의 기원에 관한 훌륭한 자료이지만, 끈기를 가지고 힘들게 읽어야 할 책이다.

*The Philosophy of G. E. Moore*, Vol. IV of *The Library of Living Philosophers*, edited by Paul A. Schilpp(Open Court 1999). 이 책은 무어 철학의 여러 측면에 관해 이 책을 위해 글을 썼던 많은 지도적 철학자들의 논문을 싣고 있다. 이 책은 각 논문에 대한 무어의 응답도 싣고 있다.

또한 러셀에게 바치는 총서 책도 있다. *The Philosophy of Bertrand Russell*(*The Library of Living Philosophers Volume V*), edited by Paul A. Schilpp(Open Court 1971).

*Some Main Problems of Philosophy*(Collier 1953)는 무어가 1910-11년에 철학의 여러 분야에 대해 했던 20개의 강의록들로 이루어진 책이다.

무어에 관한 가치 있는 책은 *G. E. Moore* by Thomas Baldwin(Routledge 1990)이다.

*Origins of Analytical Philosophy* by Michael Dummett(Harvard University Press 1996)는 내가 제시한 주제에 대한 설명을 보완하면서 어떤 점에서 내 설명과 다른 책이다.

*Contemporary Readings in Logical Theory*(Macmillan 1967) edited by Irving M. Copi and James A. Gould는 형식논리학, 형식논리학의 역사, 발전, 그리고 다른 많은 측면에 관한 고전적 논문을 모아놓은 방대한 논문선집이다.

*Symbolic Logic by Irving Copi*(Prentice-Hall 1979)은 훌륭한 입문용 교과서이다.

# 2 비트겐슈타인, 비엔나 학단, 논리 실증주의

수학적 기질의 철학자들로 이루어진 커다란 학파를 창시하는 것이 내 오랜 꿈 중 하나였지만, 나는 내가 언젠가 그 꿈을 달성할 것인지 알지 못하오. 노턴에게 기대했지만 체력을 갖추지 못했고, 브로드는 괜찮지만 근본적으로 창의력이 없소. 당연히 비트겐슈타인이 바로 내 꿈이오.(러셀이 오톨라인 모렐 부인에게 보낸 편지, 1912년 12월 29일)

## 머리말

1920년대 비엔나에서 탄생한 논리 실증주의는 수학과 물리학의 진보에 기초한 아주 정력적인 형태의 철학이었다. 자연과학자와 사회과학자, 수학자, 철학자들이 함께 모여 논쟁을 벌였으며, 비엔나 학단이라고 불리게 된 모임 속에서 논리 실증주의 프로그램을 전개하였다. 비록 비엔나 학단이 1922년에서 1930년대 초까지 비할 바 없이 응집력 있는 집단이긴 했지만, 나치가 정권을 장악하자 논리 실증주의자들의 견해와 정신은 영어권 세계 전역으로 퍼져나갔고, 스칸디나비아를 넘어서 네덜란드, 폴란드까지 확산되었다. 논리 실증주의는 1960년대 초까지 분석철학의 지배적인 중심점이었으며, 분석철학의 많은 부분은 비엔나 학단의 핵심 교의들을 공격하고, 옹호하고, 다듬고, 의문시하는 일에 바쳐졌다. 비록 한때 그랬던 것만큼 핵심적이지는 않지만 오늘날에도 이 쟁점들은 여전히 계속해서 논쟁이 되고 있다. 논리 실증주의의 정신은 여전히 살아 있고, 어쩌면 약간 차분해진 형태로 살아 있지만, 여전히 살아 있다.

논리 실증주의는 몇 가지 원천에서 발생했다. 가장 중요한 원천 중에는 특별히 『논리철학론』(Wittgenstein 1961b/1921)에서 루트비히 비트겐슈타인이 해석한 논리주의를 포함하여 프레게와 러셀의 철학적 방법과 사상이 있었다. 초기 논리 실증주의자들 중 많은 사람이 과학자와 수학자였으므로 그들은 최근 물리학의 혁신적 발전, 특히 아인슈타인의 상대성 이론에서도 영감을 받았다. 비록 논리 실증주의자들이 전복시키는 일 외에 철학의 낡은 전통들에 특별히 흥미를 가졌던 것은 아니지만, 그들의 견해 중 많은 것은 고전적인 영국 경험주의자들과 물리학자 에른스트 마흐(Ernst Mach) 같은 좀 더 최근의 독일어권 경험주의자들로 되돌아가는 것이었다.[1]

러셀과 무어와 마찬가지로 비엔나 학단 회원들은 헤겔 식 독일 관념주의에 반발했다. 19세기 말부터 제1차 세계대전까지 독일인들(독일어권 오스트리아인, 스위스인, 체코인 등을 포함하여)은 철학, 수학, 과학에서 지배적인 세력이었다.[2] 철학에서 이 독일 전통에 대한 반발이 왜 독일과 오스트리아에서 일어났는지를 설명하는 데에는 역사적 사건들이 도움이 된다. 독일과 오스트리아는 끔찍한 전쟁, 즉 제1차 세계대전에서 비참하게 박살이 났는데, 이 전쟁은 프러시아와 오스트리아의 사회와 정부의 모든 것을 전복시켰다. 많은 사람이 전쟁을 발발시키고 그 전쟁을 성공적으로 수행하지 못했다고 프러시아의 귀족정치 전통을 비난했다. 독일 철학에 기초를 둔 마르크스주의는 러시아를 접수했는데, 이것은 독일어권 국가들에게 실제적인 위협이었다. 철학자들은 거의 다른 모든 사람이 그랬던 만큼이나 프러시아 전통에 대해 지긋지긋해하며 넌더리를 냈다.[3]

1920년에 분위기는 헤겔 식 독일 관념주의와 프러시아의 이성주의적 형이상학, 특히 칸트와 그 추종자들이 대표하는 형이상학의 전통에 대한 반발과 잘 맞

---

1  비엔나 학단의 공식 이름은 "에른스트 마흐협회"(Ernst Mach Society)였다.
2  위대한 독일어권 과학자들 목록에는 물론 아인슈타인을 필두로 해서 엄청나게 많은 사람이 들어간다. 철학에서 그 목록은 라이프니츠에서 시작하여 이마누엘 칸트에게서 엄청난 활력을 얻고, 헤겔, 셸링, 피히테, 포이어바흐, 마르크스, 니체, 그리고 다른 많은 철학자까지 계속된다.
3  슬프게도, 밝혀진 대로 오스트리아와 독일의 모든 사람이 지긋지긋해했던 것은 아니었다. 그러나 여전히 프러시아의 영광이라는 희망을 품고 있었던 사람들은 최근의 패배로 몹시 자세를 낮추었다―나치가 그들에게 생기를 되찾게 할 때까지 낮추었다.

아떨어졌다.[4] 그렇지만 독일과 오스트리아의 분위기는 논리 실증주의자들의 공격의 강도에 완전히 들어맞지는 않았다. 당연한 일이지만, 실증주의자들과 비트겐슈타인은 그들 자신의 나라에서 미움을 받거나 무시되었다. 그들은 영국과 미국에서 더 좋은 대접을 받았다. 1938년쯤이면 논리 실증주의자들은 대부분 영국이나 미국으로 이주를 했다.

## 루트비히 비트겐슈타인과 『논리철학론』

비록 비엔나 학단의 회원은 아니었지만, 비트겐슈타인은 논리 실증주의자들의 견해의 발전에 결정적 영향을 미쳤다. 그는 또한 나중에 논리 실증주의, 그리고 특히 『논리철학론』(흔히 *Tractatus*로 불림)에 펼쳐진 그 자신의 철학에 대한 주요 비판자 중 한 사람이 되기도 했다. 따라서 우리는 철학 연구자들이 비트겐슈타인에 대해 "전기 비트겐슈타인"(early Wittgenstein)과 "후기 비트겐슈타인"(later Wittgenstein)으로 나누어 부르는 것을 보게 된다. 이 장에서 전기 비트겐슈타인은 비엔나 학단과 다른 논리 실증주의자들 및 그들의 동맹자들을 따라 묘사될 것이다. 후기 비트겐슈타인은 나중 장들에서 논리 실증주의 프로그램의 문제와 그에 대한 비판, 그리고 논리 실증주의의 몰락에 대한 한 반응으로서 성장한 일상언어철학을 좀 더 직접적으로 살필 때 주연 역할을 하게 될 것이다.

비트겐슈타인은 분석철학자들에게 가장 영향력 있고, 가장 널리 읽히며, 가장 많이 연구된다(코넬대학교 도서관은 비트겐슈타인에 관한 책 452권을 목록에 올려놓고 있지만, 러셀에 관한 책은 139권만 올려놓았다). 만일 프레게가 분석철학의 개척자이고 러셀이 분석철학의 아버지라면, 비트겐슈타인의 저작들은 척추를 제공한다. 그렇다면 얼마나 기이하고 삐걱대는 척추인가! 그냥 비교해본다면, 러셀은 평생 수십 권의 철학 책과 수백 편의 논문과 소책자를 출판하였다. 반면에 비트겐슈타인은 『논리철학론』과 짧은 소논문 한 편만을 출판했을

---

4    논리 실증주의자들 쪽에서의 이러한 반발에도 불구하고 그들은 19세기 말―그리고 20세기 초―독일 철학에서 정말이지 지배적 화두였던 칸트주의와 신칸트주의 철학에 영향을 받지 않을 수 없었다. 최근의 학문적 연구는 이 영향을 추적해왔다. 이 장 끝의 더 읽을거리를 볼 것.

뿐이고,『논리철학론』조차도 비트겐슈타인이 본래 인쇄되어 출판되는 것을 포기한 후에 겨우 출판되었다. 1951년 비트겐슈타인이 죽은 지 얼마 안 되어『철학적 탐구』(Philosophical Investigations)라는 제목으로 그의 메모와 써 둔 글들 모음집이 출판되었다. 그럼에도『논리철학론』과『철학적 탐구』는 분석철학자들, 그리고 다른 많은 사람들에게서도 성경의 지위를 얻었다. 성경의 책들과 마찬가지로 오늘날 많은 사람은 그 책들을 사랑하고 숭배하며, 다른 사람들은 의심스러워하며, 적지 않은 사람은 경멸적이다.

비엔나 학단 회원들은 일일이 한 줄씩 읽고 토론할 정도로『논리철학론』에 찬사를 보냈다. 그 책은 논리 실증주의자들의 기본 프로그램을 규정하는 데 도움이 되었던 지성적 지지를 제공했다. 그렇지만『논리철학론』은 이 역할을 했다고 하기에는 이상한 책이다. 그 책은 짧으며, 논증들도 모자라다. 그 책은 압축적인 경구 식 표현을 이용한 독특한 예언자적 문체로 쓰였다. 그 책은 신비주의 요소를 가지고 있으며, 곳곳에서 거의 이해 불가능한 것에 가까운 표현들로 전개되고 있는 것처럼 보인다. 그럼에도 불구하고 논리 실증주의자들이『논리철학론』에서 받아들였던 것을 파악하지 않고는 논리 실증주의와 그 뒤 분석철학의 발전에 대한 진정한 이해가 가능하지 않다.[5]

비트겐슈타인의 초기 삶과 철학적 발전 이야기는 열성적인 팬들 사이에서는 전설 같은 이야기이다.

비트겐슈타인은 비엔나의 매우 부유하고 교양 있는 집안 출신이었다. 그의 아버지는 오스트리아에서 가장 성공한 기업인 중 하나였다. 두드러지지 않고 평범하면서도 슬픈 유년시절을 보낸 후(비트겐슈타인의 형 두 명이 자살을 했고, 그도 종종 자살 충동에 사로잡혔다), 비트겐슈타인은 물리학에 흥미를 갖게 되었다. 아버지의 조언으로 그는 잉글랜드로 옮겨 맨체스터대학교에서 프로펠러를 포함한 공학 문제들에 관해 공부했다. 그러다가 그는 물리학보다 수학에 더 흥미를 갖게 되었으며, 러셀의『수학의 원리들』을 공부하면서 수학철학으로

---

5 나는 "논리 실증주의자들이『논리철학론』으로부터 받아들였던 것"이라고 말하는데, 이는『논리철학론』이 실제로 철학적으로 담고 있는 것이 무엇인가에 관한 주장들이 여전히 격렬한 불일치의 주요 원인이기 때문이다.

관심의 방향을 돌렸다. 비트겐슈타인은 독일을 방문한 기간에 프레게에게 조언을 구했고, 프레게는 케임브리지에 있는 러셀에게 가서 배우라고 권했다. 러셀은 이내 비트겐슈타인의 철학 재능을 알아보았고, 그에게 공학을 단념하고 논리학과 수학의 토대에 전념하라고 강권했다. 그래서 비트겐슈타인은 1912년 케임브리지대학교 트리니티칼리지의 신입생이 되었고, 러셀과 비트겐슈타인은 이내 가까운 친구가 되었다. 비트겐슈타인은 당시 케임브리지의 많은 유명 인사들과도 지적 접촉을 했는데, 이들 중에는 무어, 그 당시 지도적인 경제학자 존 메이너드 케인즈(John Maynard Keynes), 유명 수학자 G. H. 하디(G. H. Hardy)도 있었다.

　비록 케임브리지 안팎에서 남은 생애를 보냈지만, 비트겐슈타인은 거기서 결코 행복하지 않았다. 그는 대학의 학문적 환경에 불편을 느껴서 가끔 유럽의 먼 지방들로 도망치곤 했다. 그는 아일랜드와 노르웨이의 해변을 특히 좋아했다. 1914년 비트겐슈타인은 노르웨이의 한 협만(峽灣)의 먼 지점에서 철학, 그리고 프레게와 러셀의 논리학을 단순화하고 개선하는 법에 관한 그의 새로운 사상을 연구하면서 살고 있었다. 그는 화이트헤드와 러셀의 『수학원리』의 근본원리에 관해 특히 관심이 있었다. 일생동안 그는 노트에 방대한 분량의 글을 썼다. 노르웨이에서 쓴 이 초기 노트들은 『논리철학론』의 어려운 구절들을 해석하기 위한 실마리로 비트겐슈타인주의자들에 의해 연구되고 샅샅이 검토되고 있다.

　제1차 세계대전이 시작되자 비트겐슈타인은 오스트리아 군대에 입대했다. 공학을 공부한 배경 덕분에 그는 포병 장교로 임명되었다. 그는 실전에 참가했고, 몇 차례 훈장도 받았다. 그는 또한 책 형태로 내놓기 위해 그의 많은 메모를 종합하고 정리하기 시작했다. 이것은 결국 *Logisch-Philosophische Abhandlung* (『논리철학론』)으로 출판되었다. 오스트리아가 군사적으로 그리고 사회적으로 붕괴되고 있었기 때문에 비트겐슈타인은 비엔나에서 보낸 휴가 기간에 『논리철학론』의 원고를 완성했다. 1918년 11월 3일 그는 그의 전 부대원과 함께 이탈리아인들의 포로가 되었다. 전쟁의 이 시점에서 오스트리아-헝가리의 상황은 가망이 없었고, 오스트리아-헝가리군의 전 사단들은 이탈리아인들에게 항복하고 있었다. 포로수용소에 들어갔을 때 비트겐슈타인은 배낭에 『논리철학론』 원고 사본을 두 개 가지고 있었고, 그는 어떻게든 사본을 하나는 러셀, 하나는 프레게에게 보내려 했다. 1919년 석방되자 그는 비엔나로 돌아왔고, 아버지의 죽음으로 상속받은 큰 재산을 기부했으며, 초등학교(grammar school) 선생이 되는 양성 과정을 밟기 시작했다. 그는 자신이 철학의 모든 미해결 문제를 해결했다고 생각했다. 철학에서 할 일은 아무것도 남아 있지 않았다.

그 책의 불명료하고 어려운 문체와 압축된 형태로 표현된 논리학에 관한 혁명적 사상을 감안하면, 비트겐슈타인이 그의 걸작을 출판해줄 출판사를 찾지 못했다는 것은 쉽게 이해할만한 일이다. 러셀이 그 책의 출판을 돕기 위해 서론을 썼지만, 비트겐슈타인은 그 서문을 싫어했으며, 실제로는 러셀의 잘못된 해석과 부드러운 비판에 마음이 상했다. 비트겐슈타인에게는 이때가 실망스러운 시기였다. 그는 프레게에게 사본을 보냈지만, 프레게는 극히 비판적이었고, 불과 몇 쪽만 읽고 포기한 것이 분명했다. 출판사를 찾는 데 최종적으로 실패한 후 비트겐슈타인은 1920년 7월에 러셀에게 편지를 썼다. "지금은 나는 그 책을 출판하기 위해 추가 조치를 하지 않을 겁니다. 그러니 그 책은 완전히 선생님 마음대로 하시지요. 선생님이 원하는 것은 무엇이든 해도 됩니다. (그 책의 어떤 것을 바꾸려 할 경우에만 그 변경이 선생님이 한 것임을 표시하면 됩니다)"(Monk 1990, 184쪽에서 인용)

이 사태가 비트겐슈타인에게 얼마나 비극적이고 좌절감을 낳게 하는 것이었을까. 그는 『논리철학론』이 새로운 논리학의 본성을 명료하게 드러내는 일에서 커다란 진보를 이루었다고 생각했고, 좀 더 오만하게 모든 철학적 문제를 해소했다고 생각했는데, 이 생각은 정당하지 않은 것이 아니었다. 그럼에도 그 책은 무시되었다. 1921년 『논리철학론』은 마침내 독일의 잘 알려지지 않은 정기간행물 잡지로 출판되었다. 케임브리지대학교 출판사에서 거절당한 후 그 책은 러셀이 쓴 서론과 함께 영역본으로 키건 폴 사(Kegan Paul)에 의해 출판되었다. 1924년쯤 『논리철학론』의 비트겐슈타인 사상은 비엔나에서 열심히 논의되고 있었다. 지금 이 책의 표준판은 루틀리지와 키건 폴 사(Routledge and Kegan Paul)에 의해 독일어 쪽과 영어 쪽이 서로 면해 있는 형태로 출판된다. 이 책을 쓸 때 나는 내가 소장하고 있는 책을 내 컴퓨터 바로 옆에 놓아두었다.

『논리철학론』에서 비트겐슈타인의 문체는 연설적이면서 경멸적인 어조이다. 당신은 그가 한 어떤 주장을 "알아듣고" 승인하거나 승인하지 않거나 둘 중 하나다. 도움을 받을 수 있는 논증이 별로 많지 않고 논의도 거의 없기 때문이다. 비트겐슈타인의 개성 또한 그 비슷했다. 기질적으로 그는 비엔나 학단 회원들이나 철학자들 일반과 거리가 멀었는데, 이들은 서로 논쟁을 벌이고, 서로 방해하며, 무자비할 정도로 서로 꾸짖고 자극한다. 철학은 이러한 소크라테스 식 의견교환을 통해 번창한다. 비트겐슈타인은 예언자나 앞을 내다보는 사람과 더 비슷했는데, 그들의 선언은 찬미의 침묵 속에서 숙고되어야 한다. 물론 이런 태도는 많은 철학자를 짜증나게 했으며, 그래서 비트겐슈타인에게는 찬미자만큼이나 많은 비방자가 있었다. 자신의 생각 중 많은 것을 『논리철학론』에서 받아들였음에도 불구하고 카르납조차 비트겐슈타인과 사이가 좋지 않았는데, 비트겐슈타인은 비엔나 학단의 여러 회원을 만났지만, 오래지 않아 카르납과 함께 만나는 것을 거절했다. 그의 자서전에서 카르납은 비트겐슈타인에 대해 설득력 있는 이야기를 들려준다.

사람들, 그리고 이론적 문제라 하더라도 문제들에 대한 그의[비트겐슈타인의] 관점과 태도는 과학자보다는 창조적인 예술가의 관점과 태도와 훨씬 더 유사했다. 우리는 거의 종교적 예언자나 앞을 내다보는 사람의 관점과 태도와 유사했다고 말할 수도 있다. 그가 어떤 특수한 철학적 문제에 관해 자신의 견해를 표현하기 시작하면, 우리는 종종 바로 그 순간 그 안에서 나타나는 내적 투쟁, 즉 그가 강렬하고 고통스러운 긴장 아래서 어둠을 뚫고 광명으로 나아가려고 했던 투쟁을 느꼈는데, 이런 투쟁은 그의 마음을 가장 잘 나타내는 얼굴 표정에서도 볼 수 있었다. 오랜 분투노력 후 종종 마침내 답이 나왔을 때 그의 진술은 새로 창조된 예술작품이나 신의 계시처럼 우리 앞에 서 있었다. 그가 자신의 견해를 독단적으로 주장했다는 것은 아니다. 비록 『논리철학론』의 표현들 중 어떤 것들이 마치 의심 가능성이 전혀 없다고 말하는 것처럼 들린다 할지라도, 그는 종종 자신의 진술들이 부적합하다는 느낌을 표현하곤 했다. 그러나 그가 우리에게 남긴 인상은 마치 신적 영감을 통한 것처럼 그에게 통찰이 일어났다는 것이었고, 그래서 우리는 그 통찰에 대한 어떠한 소박한 논평이나 분석도 신성모독이 된다고 느끼지 않을 수 없었다(Carnap 1963, 25-6쪽).

비트겐슈타인은 초등학교에서 가르치는 일에 착수했는데, 이는 그가 그도 다른 누구도 철학에 더 이상의 어떤 기여를 할 수 없다고 믿었기 때문이었다. 그렇지만 그는 성공적인 학교선생은 아니었고, 그래서 곧 그 일을 그만두었다. 그는 비엔나에서 그의 누나를 위해 건축 일을 좀 했으며(그림 2.1), 이따금씩 철학을 논의하기 위해 비엔나 학단 회원들과 만났다.

1929년 비트겐슈타인은 케임브리지로 돌아와서 러셀과 무어가 심사한 『논리철학론』으로 박사학위를 받았다. 몇몇 친구의 질문 공세 때문에 비트겐슈타인은 자신의 사상에 대해 진지하게 의문시하기 시작했다. 이 시기에 그의 노트와 강의들은 그가 『논리철학론』으로부터 멀어졌음을 보여준다. 당시 케임브리지에 있었던 유명한 이탈리아 경제학자 피에로 스라파(Piero Sraffa)는 가장 도전적인 질문을 제기했다. 러셀의 도움으로 비트겐슈타인은 트리니티칼리지의 연구원직을 얻었는데, 이 일은 이미 그가 전 재산을 기부해버렸기 때문에 그에게 필요했던 일이었다. 그의 강의록과 노트는 『논리철학론』과 논리 실증주의로부터 멀어지는 데 중추적인 역할을 했는데, 이것들은 비공식적으로 유포되다가 그가 죽은 후에야 출판되었다.

그렇지만 이 장에서 우리의 관심사는 『논리철학론』과 그 영향에 대한 것이다. 『논리철학론』은 간단히 요약하기가 불가능하지만, 그 책의 핵심은 논리학에 관한 비트겐슈타인의 사상을 언어철학과 수학의 토대 문제에 적용한 것이다. 비록 두드러지게 독창적이고 당황스럽게 하는 것이긴 하지만, 그의 사상은 프레게와 러셀 작업을 확장한 것이면서 단순화한 것이다. 그렇지만 비트겐슈타인은 긴 도출 과정에 빠져들지 않는다. 공리도 없고, 증명도 없고, 기호논리학도 거의 없는데, 비록 그의 사상이 기호논리학이 오늘날 대학들에서 가르쳐지는 방식의 기본원리를 제공한다 할지라도 그렇다.

비트겐슈타인은 세계를 표상하기 위해서 언어와 사고가 어떤 것이어야 하는

**그림 2.1** 비트겐슈타인이 누나를 위해 설계를 도운 비엔나 집. 오늘날 이 집은 불가리아 대사관 문화부가 차지하고 있다.

지를 이해하는 데 관심이 있었다. 세계는 실제 사태들로 이루어지지만, 언어 또한 비실제적인 사태들을 표상할 수 있어야 한다. 대상들이 결합될 수 있는 가능한 모든 방식은 가능한 사태를 형성한다. 우리가 세계에 관해 생각하고 세계에 관해 언급할 수 있기 위해서는 사고와 언어, 그리고 언어와 세계 사이에 근본적인 구조의 유사성, 또는 구조의 동일성이 있어야 한다. 이 구조는 형식논리학에 의해 표상된다. 비트겐슈타인의 지침이 된 생각은 프레게와 러셀을 포함하여 이전의 모든 철학자가 가정했던 것처럼 논리학이 세계나 사고나 심지어 언어에 관한 추상적이거나 근본적인 사실이나 진리를 기술하지 않는다는 것이다. 논리학은 사실에 대한 진술을 전혀 제공하지 않는다. 사실에 대한 진술을 가능하게 만드는 것은 바로 틀이나 골격이다.

비록 비트겐슈타인이 "논리 원자주의"라는 용어를 결코 사용하지 않았지만, 그의 견해는 러셀의 견해와 유사하다. (앞 장 55-56쪽을 볼 것.) 비트겐슈타인은 원자사실이나 원자사태, 또는 단순사실이나 단순사태가 존재하는데, 그것들 각각은 다른 모든 것들과 논리적으로 독립적이라고 주장했다. 원자명제는 원자사태를 표상한다. 모든 중합명제나 복합명제는 원자명제들의 진리함수로 구성된다. 이 진리함수들은 진리치표로 설명된다. 논리학 강좌를 수강하는 모든 학부생은 아마 그 강좌 첫 주 수업에서 진리치표에 관해 배울 것이다.[배경 2.1—진리치표, 항진명제, 기타 『논리철학론』의 논리적 관념들에 대한 전문적 소개] 『논리철학론』에서 처음 도입된 그 생각은 단순하고 우아하며, 철학, 수학, 공학, 컴퓨터프로그래밍에서 수많은 적용사례를 발견해왔다.

항진명제와 자체모순명제는 진리함수의 한계 사례이다. 항진명제는 어떤 명제들로 구성되든 간에 결국은 옳게 되는 종합문장이다. 예컨대 p이거나 p가 아니다, 만일 p라면 p이다, 만일 p라면, q라면 p이다 형식의 문장들은 항진명제이다. 이 명제들은 오늘날 "$p \vee \sim p$", "$p \supset p$", "$p \supset (q \supset p)$"로 기호화된다.[6] 자체모순명제는 그저 항진명제의 부정이다. 그래서 예컨대 "$\sim(p \vee \sim p)$"와 "$\sim(p \supset p)$"는 "$p \& \sim p$"(p이고 p가 아니다)처럼 자체모순명제이다. 요점은 항진명제와 자체모순명제를 순전히 형식적인 기계적 절차—진리치표—에 의해 알아볼 수 있다는 것이다. 또한 비트겐슈타인에 따르면, 항진명제와 자체모순명제는 아무런 정보를 포함하지 않는다는 의미에서, 다시 말해 사실을 표상하거나 그리지 않는다는 의미에서 의미가 없다. 나는 당신이 좋아하는 주제에 관해 끝없이 항진명제들을 말할 수 있는데, 각각의 항진명제는 옳을 것이다. 그러나 끝내 당신은 시작할 때처럼 그 주제에 관해 아무것도 알지 못하게 될 것이다. 항진명제는 모든 사태와 양립가능하며, 그래서 아무런 정보도 포함하지 않는다.

논리학과 수학의 신비를 제거하기 위해 비트겐슈타인이 진리치표를 사용한 일은 논리 실증주의자라는 기관차에 연료를 공급했다. 비트겐슈타인에 따르면, 프레게, 러셀, 화이트헤드는 수학이 논리학으로부터 도출될 수 있다는 것을 보여주는 일에서 빛나는 업적을 완성했지만, 그들은 자신들이 무슨 일을 했는지 충분히 파악하지 못했다. 프레게와 러셀은 여전히 자명성과 순수 이성에 관한 생각들 주변을 떠돌고 있었다. 비록 러셀이 수학이 분석적이라고 주장하긴 했

---

6   비트겐슈타인은 『논리철학론』에서 어색한 형태의 기호화를 사용하였다. 오늘날의 대학 강좌에서 사용되는 기호들은 러셀의 『수학원리』의 기호들에 더 가깝다.

지만, 그는 처음에는 이것의 함의를 깨닫지 못했다. 러셀은 여전히 지적으로 만족스러운 어떤 종류의 확실성을 갈망하고 있었던 반면에, 비트겐슈타인에 따르면 유효한 유일한 확실성은 공허하고 형식적이다.

　근대 전체를 통해, 그리고 그 이전조차도 철학자들은 분석적 "지식", 그리고 그것과 확실성의 관계에 대해 약간 혼란에 빠져 있었다.[7] 비트겐슈타인의 『논리철학론』이 나오기까지는 누구도 실제로 분석명제가 사실적 내용을 전혀 포함하지 않으며, 실제로 지식을 전혀 표상하지 않는다고 생각하지 않았다. 분석명제가 제공하는 확실성이 무엇이든 간에 그것은 지식의 지지 근거가 되기에는 가치가 없다. 비트겐슈타인에 따르면, 분석명제는 항진명제이며, 그래서 그것의 순수 형식적 구조로부터 자명성을 얻는다. 분석명제는 전통적 의미에서 공리가 아니다. 뿐만 아니라 비트겐슈타인의 경우에 그러한 공리들은 없다. 모든 논리적 명제는 똑같다. 어떤 명제가 항진명제인지 아닌지는 그 명제가 다른 좀 더 기초적인 명제들로부터 도출됨으로써 결정되는 것이 아니라 기계적인 진리치표 시험을 수행함으로써 결정된다. 그래서 수학은 성격상 순수하게 항진적(동의어반복적)이다. 수학적 명제는 어떤 사실도 표상하지 않고 어떤 내용도 갖지 않으며, 그 비슷한 모든 논리적 명제는 한 사실적 명제를 그로부터 따라 나오는 다른 사실적 명제로 변형시킬 수 있게 해주는 일에서만 유용하다. 앞 장에서 보았듯이, 『논리철학론』의 사상을 연구한 후 러셀은 수학에 대한 비트겐슈타인의 수축적 견해를 마지못해 승인하게 되었다. 논리학과 수학의 모든 공리, 공준, 정리는 항진명제이다. 그것들은 겉으로는 몹시 깊고 심원한 것처럼 보이지만, 적절히 분석하면 우리는 그것들이 공허하다는 것을 깨닫는다.

　비록 비트겐슈타인이 『논리철학론』에서 경험주의를 전혀 언급하지 않고, 또 경험주의 프로그램에 흥미가 없는 것처럼 보인다 해도, 논리학에 대한 그의 분석은 경험주의를 뒷받침했다. 그래서 비엔나 학단의 가장 중요하고 영향력 있는 회원이었던 루돌프 카르납은 "논리학의 동의어반복적 특성"(The Tautologi-

---

7　현대논리학의 선구자 격에 해당하는 논리학을 개발한 라이프니츠는 모든 옳은 명제는 분석적인데, 충분한 시간을 들이기만 한다면 그것들이 순수 이성에 의해 연역될 수 있다고 주장하였다.

cal Character of Logic)이라는 제목의 절에서 다음과 같이 말한다.

> 새로운 논리학[논리철학론]을 기초로 하여 논리적 문장들의 본질적 특성이
> 명료하게 인식될 수 있다. 이것은 논란이 되는 철학적 물음들의 명료화는 물
> 론이고 수학적 지식에 대한 이론에 대해서도 아주 큰 중요성을 갖게 되었다.
>   논리학에서 기본문장과 도출문장 사이의 통상적 구별은 임의적이다. 어떤
> 논리적 문장이 다른 문장들로부터 도출되는지는 중요하지 않다. 그 문장의
> 타당성은 그것의 형식으로부터 인식될 수 있다.
>   . . .
>   논리학의 모든 문장은 동의어반복적(tautological)이어서 내용이 없으므로
> 우리는 그것들로부터 실재의 필연적이거나 불가능한 것에 관한 추리를 끌어
> 낼 수 없다. 따라서 형이상학을 순수 논리학에 기초를 두려는 시도는 보증되
> 지 않는다는 것이 증명되는데, 이런 시도는 주로 헤겔과 같은 체계의 특징을
> 이루고 있다. 논리학의 한 분과로서의 수학 또한 동의어반복적이다(Carnap
> 1959b/1930, 141-2쪽).

탁월한 수학자이자 비엔나 학단 회원이었던 한스 한(Hans Hahn)이 쓴 논문의
한 구절에서 수학이 경험주의에 대해 야기하는 문제가 명료하게 진술된다.

> 경험주의는 명백히 극복할 수 없는 난점에 직면한다. 즉 경험주의는 논리적
> 진술과 수학적 진술의 진정한 타당성을 어떻게 설명해야 하는가? 관찰은 나에
> 게 일시적인 것만을 드러내며, 관찰된 것의 너머에 도달하지 못한다. 하나의
> 관찰된 사실로부터 또 다른 관찰된 사실로 이끌 묶음 끈이 없으며, 미래의 관
> 찰이 이미 이루어진 관찰과 똑같은 결과를 갖도록 강요할 묶음 끈도 없다. 그
> 렇지만 논리학과 수학의 법칙들은 절대적인 보편적 타당성을 주장한다 ….
> 그래서 다음 결론이 불가피해 보인다. 즉 논리학과 수학의 명제들은 절대적
> 인 보편적 타당성을 가지고 있으며 필연적으로 확실하므로, 다시 말해 그것
> 들이 말하는 대로 되어야 하고 달리 될 수 없으므로, 이 명제들은 경험으로

부터 도출될 수 없다. 그러므로 우리 지식체계에서 논리학과 수학이 갖는 엄청난 중요성에 비추어 볼 때 경험주의는 돌이킬 수 없을 정도로 논박되는 것처럼 보인다. (Hahn 1959/1933, 149-50쪽)

한은 계속해서 경험주의가 처한 이 딜레마에 대한 응답을 제시한다.

> 요약하면 이렇다. 우리는 두 종류의 진술, 즉 사실에 관해 무언가를 말하는 진술과 단지 사실에 대한 낱말들의 적용을 지배하는 규칙들이 서로 의존하는 방식을 표현할 뿐인 진술을 구별해야 한다. 후자 종류의 진술을 항진진술이라 부르기로 하자. 그런 진술은 대상에 관해 아무것도 말하지 않으며, 바로 그것 때문에 확실하고, 보편적으로 타당하고, 관찰에 의해 논박불가능하다. 반면에 전자 종류의 진술은 확실하지 않고 관찰에 의해 논박가능하다. 논리학의 모순율과 배중률 또한 예컨대 "어떤 것도 붉으면서 푸르지 않다"는 진술과 마찬가지로 항진진술이다.
>
> . . .
>
> 만일 내가 논리학의 역할을 어느 정도 명료하게 밝히는 데 성공했다면, 이제 나는 수학의 역할에 관해서도 아주 간단하게 말할 수 있다. 수학의 명제는 논리학의 명제와 정확히 똑같은 종류의 명제이다. 그것들은 동의어반복적이며, 우리가 언급하고자 하는 대상들에 관해 아무것도 말하지 않는다(Hahn 1959/1933, 157-8쪽).

비록 한도 카르납도 이 인용구들에서 비트겐슈타인을 언급하지 않았지만, 그들은 이런 생각을 『논리철학론』에서 도출했다는 것을 기꺼이 인정했을 것이다. 『논리철학론』의 원래 진술들은 훨씬 더 무뚝뚝하다.

6.1   논리학의 명제들은 항진명제이다.

6.11  그러므로 논리학의 명제들은 아무것도 말하지 않는다(그것들은 분석명제이다).

6.2 수학은 논리적 방법이다.

　　수학의 명제들은 방정식이며, 그렇기 때문에 사이비명제이다.

6.22 논리학의 명제들이 항진명제들로 보여주는 세계의 논리를 수학은 방정
　　식들로 보여준다.

　　(Wittgenstein 1961b/1921)

『논리철학론』은 일련번호가 붙은 진술들로 써졌다. 주요 명제들에는 정수가 할당된다. 소수점 이하 숫자들은 논평 순서를 보여준다. 그래서 6.22는 6.2에 대한 논평 또는 6.2의 정교한 설명이다(어떤 숫자도 소수점 이하 네 자리를 넘어가지 않는다). 7개 명제에 정수가 할당되었다. 이 명제들은 명료하게 설명되어야 할 주요 명제들이다. 이 7개 명제는 목록을 작성할 가치가 있다.[8]

1. 세계는 성립할 수 있는 경우들 전체다.
2. 실제로 성립한 경우—실제 사실—는 실제로 존재하는 사태들이다.
3. 사실들의 논리적 그림이 사고이다.
4. 사고는 의미 있는 명제이다.
5. 명제는 요소명제들의 진리함수이다(요소명제는 제 자신의 진리함수이다).
6. 진리함수의 일반 형식은 $[\bar{p}, \bar{\xi}, N(\bar{\xi})]$이다.
　　이것이 명제의 일반 형식이다.
7. 우리는 말할 수 없는 것에 관해서는 말하려 하지 말아야 한다.

명제 7은 책 전체의 마지막 문장이다.

비트겐슈타인의 『논리철학론』은 논리 실증주의자들과 다른 사람들에게 논리학과 수학의 위협에 대해 응수하는 방식을 보여주었는데, 그럼에도 불구하고 『논리철학론』에는 경험주의자를 불안하게 만들 요소가 많이 있다. 지식의 원천

---

8　따라서 위에 인용된 6.1은 6 아래서 첫 번째 수준의 논평이다 등등.

으로서의 경험의 세속성과 지저분함과 정합하지 않는 것처럼 보이는 논리학의 절대성, 임시성 결여, 신성시 느낌이 있다. 비트겐슈타인은 윤리적 발언이나 신비적 발언이 인지적으로 유의미하는 것을 부정하면서도 신비주의와 윤리학을 존경하는 태도로 언급한다. 『논리철학론』에서 발췌한 다음 인용구들은 비트겐슈타인 태도의 분위기를 느끼게 한다.

> 6.41　세계의 의미는 세계의 바깥에 있어야 한다. 세계 속에서는 존재하는 모든 것은 있는 그대로 존재하고, 또 일어나는 모든 것은 일어나는 그대로 일어난다. 세계 속에는 가치가 없다.―그뿐 아니라 혹시 가치가 세계 속에 들어온다면, 그것은 전혀 가치 없는 것으로 바뀔 것이다.
> 　　　…
> 6.42　그래서 윤리학의 명제들 역시 있을 수 없다.
> 　　　명제는 사실보다 더 고귀한 것을 결코 표현할 수 없다.
> 6.421　윤리가 언어로 표현될 수 없다는 것은 분명하다.
> 　　　윤리는 지성을 초월해 있는 것이다.
> 　　　(윤리학과 미학은 완전히 똑같은 것이다.)
> 6.522　정말로 언어로 표현할 수 없는 것들이 있다. 그것들은 제 자신을 스스로 보여준다. 그것들은 신비스러운 것이다.
> 　　　(Wittgenstein 1961b/1921)

논리 실증주의자들은 "명제"로 우리가 인지적 의미를 갖는 진술을 의미한다고 가정한다면 윤리적 명제나 미학적 명제가 없다는 데 동의할 것이다. 반면에 논리 실증주의자들과 그 추종자들과 동맹자들[9]은 윤리가 초월적이라는 주장을 좋아하지도 않고 이해하지도 못하는데, 나도 그렇다. 논리 경험주의자들 또한 신

---

**9**　보통은 현대 경험주의자나 논리 경험주의자로 하나로 묶이는데, 왜냐하면 그들 모두가 모든 세세한 내용까지 비엔나 학단을 따르지는 않으며, 많은 사람은 "실증주의"라는 용어가 역사적으로 케케묵은 생각이 딸려 있다고 생각해서 분열을 일으키고 사람들을 화나게 만든다고 판단하기 때문이다.

비로운 것이 제 자신을 스스로 드러낸다는 견해를 거부했다. 이것이 바로 그들이 반대했던 것이다. 그들은 신비주의는 흥미로운 심리적 상태를 반영하지만 그것뿐이라고 주장했다. 그들은 신비주의가 "더 고귀한" 어떤 것을 드러낸다는 것을 부정할 것이다. 어쨌든 신비롭거나 윤리적이거나 "더 고귀한" 어떤 것은 철학의 영지 안에 있지 않을 것이다. 비트겐슈타인과 논리 실증주의자들은 적어도 그것에 관해서는 일치한다.

비록 비트겐슈타인이 『논리철학론』에서 "형이상학"이라는 낱말을 결코 사용하지 않고, "형이상학적"이란 말만 세 번 사용하는데, 그 중 논리 실증주의자들에게 적절한 의미로는 단 한 번만 사용한다 할지라도, 다음 인용구는 실증주의자들의 프로그램—형이상학 거부—의 핵심 특징을 슬쩍 비추고 있다.

> 6.53   철학의 올바른 방법은 참으로 다음과 같아야 할 것이다. 그 방법은 오직 말로 표현할 수 있는 것, 즉 자연과학의 명제들—철학과 전혀 관계없는 어떤 것—만을 말하고, 그 다음에는 다른 누군가가 형이상학적 주장을 할 때마다 그 사람이 자신의 명제들 속의 어떤 기호에 의미를 부여하는 데 실패했다는 것을 그에게 증명해주는 것이다. 비록 그 방법이 다른 사람에게 만족스럽지 않다 할지라도—그는 우리가 그에게 철학을 가르치고 있다는 느낌을 받지 못할 것이다—, 이 방법이야말로 엄밀히 말해 올바른 유일한 방법이다.
>
> (Wittgenstein 1961b/1921)

비트겐슈타인은 전통적 형이상학, 그리고 실제로는 전통 철학의 모든 것의 거부에 대한 그의 근거를 진술한다.

> 4.11    옳은 명제들 전체가 자연과학 전부(또는 모든 자연과학의 집대성)이다.
> 4.111   철학은 자연과학들 가운데 하나가 아니다.
>          · · ·
> 4.112   철학의 목표는 사고를 논리적으로 명료하게 하는 것이다.

> 철학은 신조 체계가 아니라 탐구 활동이다.
> 철학적 작업은 전적으로 해명 작업으로 이루어진다.
> 철학은 '철학적 명제들'을 만들어내고 끝나는 것이 아니라 오히려 명제들을 명료하게 만드는 작업으로 끝난다. (Wittgenstein 1961b/1921)

이것이 바로 논리 경험주의자들이 채택한 철학관이다. 철학자들의 임무는 명제를 분석하고 해명하며, 과학의 언어를 명료화하며, 종잡을 수 없는 형이상학적 사고의 모든 흔적을 뿌리 뽑으며, 그것들을 비판에 노출시키는 것이다. 카르납의 초기 논문 제목, 즉 "언어에 대한 논리적 분석을 통한 형이상학 제거"(The Elimination of Metaphysics through Logical Analysis of Language)는 이 철학관을 간명하게 정리하고 있다.

비엔나 학단은 형이상학에 대한 타협하지 않는 공격으로 악명이 높다. 물론 이 형이상학 "제거"는 윤리학과 신학에까지 확장되며, 비트겐슈타인이 말한 것처럼 자연과학 이외의 다른 모든 것에까지 확장된다. 당연히 많은 비과학자는 이 공격이 그들을 약 올리고, 비위에 거슬리게 하며, 마음을 어지럽힌다고 판단했다. 이런 판단이 논리 실증주의자들을 성가시게 했는가? 전혀 그렇지 않았다. 철학자들은 쇠파리(gadflies)가 되게 되어 있다. 만일 우리가 누군가를 성가시게 하지 않는다면, 우리는 우리 할 일을 하고 있지 않은 것이다. 설령 우리가 비엔나 학단의 회원 자격을 얻지 못하거나 논리 실증주의자들에 동의하지 않는다 할지라도, 대부분의 철학자는 그들이 형이상학자, 신학자, 윤리학자들에게 공정하게 도전했다고 느낀다.

## 역사에 대한 짧은 언급: 비엔나 학단과 그 동맹자들

비엔나 학단의 원래 회원들 가운데 오직 한 사람 헤르베르트 파이글(Herbert Feigl)만이 철학자로 훈련 받았다. 사실상 파이글은 1931년 그 집단의 신조들에 "논리 실증주의"라는 이름을 붙였다. 그 집단의 지도자 모리츠 슐리크(Moritz Schlick)는 막스 플랑크(Max Planck) 밑에서 수련 받은 물리학자였다. 수학자

쿠르트 괴델(Kurt Gödel)도 그 집단과 만났다. 다른 회원들에는 한스 한이 있었는데, 한은 그의 이름을 따서 만든 많은 정리와 결과를 발표했다. 오토 노이라트(Otto Neurath)는 경제학자였고, 필립 프랑크(Phillip Frank)는 물리학자였으며, 프리드리히 바이스만(Friedrich Waismann) 또한 물리학자였다. 루돌프 카르납(Rudolf Carnap)은 그 집단에 늦게 합류했으며, 물리학자이자 철학자로 훈련 받았다. 그는 20세기의 가장 중요하고 영향력 있는 철학자들 중 한 사람이 되었으며, 그 집단의 토론에서 생겨난 논리 경험주의의 지도적인 대표자였다.

비엔나 학단은 베를린에 한스 라이헨바흐(Hans Reichenbach)가 이끄는 지부를 두었는데, 라이헨바흐는 에른스트 캇시러(Ernst Cassirer), 다비트 힐베르트(David Hilbert), 막스 플랑크, 막스 보른(Max Born)과 함께 공부했던 철학자였다. 칼 헴펠(Carl Hempel)도 베를린 학단 회원이었는데, 그는 지도적인 20세기 철학자가 되었다. 그는 카르납을 제외하면 아마 논리 경험주의(그가 도입하고 선호한 용어)의 대표자(그리고 비판자)로 가장 뛰어난 사람이었을 것이다. 유명 과학철학자이자 정치철학자 칼 포퍼(Karl Popper)도 비엔나 학단 변두리에 있었다. 비엔나 학단의 논리 실증주의자들은 스칸디나비아, 호주, 뉴질랜드, 미국에 많은 추종자가 있었는데, 이들은 전도사로서 미개한 무리들에게 저들의 교의를 확산시킨다. 거룩한 임무는 원주민들에게 형이상학에 대한 죄의식을 느끼게 하는 것이었다.

## 형이상학 제거와 논리 실증주의 프로그램

영국 철학자 A. J. 에이어(A. J. Ayer)는 가장 잘 알려져 있고 가장 유명한 논리 실증주의의 대표적 해설자이다. 그는 비록 비엔나 학단의 회원이 아니었고 독일인을 거의 이해하지 못했지만,[10] 1936년 출판된 에이어의 책『언어, 진리, 논

---

10 옥스퍼드 출신 A. J. 에이어와 하버드 출신 W. V. O. 콰인이 비엔나 학단을 방문했었다. A. J. 에이어는 1933년 한 해를 비엔나 학단과 만나는 것으로 보냈다. 콰인은 1932년에 비엔나를 방문했지만, 카르납을 따라 프라하로 갔다. 콰인과 카르납은 철학적으로는 사이가 좋지 않았지만

리』(*Language, Truth and Logic*)는 다른 어떤 텍스트보다도 영어권 나라들에서 비엔나 학단의 사상을 대중에 전파하는 데 많은 일을 했다.『언어, 진리, 논리』(Ayer 1946/1936)는『논리철학론』과 비엔나 학단의 사상을 명료하고, 직접적이고, 종종 무뚝뚝한 문체로 요약하고 약간 단순화한 책이다(주의해야 할 점: 지금 많은 사람은 에이어에서 유래된 논리 실증주의의 견해가 다채롭고 잡다하며 창조적인 견해들 가족의 캐리커처라고 주장할 것이다. 그럼에도 불구하고 이 "캐리커처"는 비엔나 학단에 대한 최근 연구자들이 의문을 제기했던 시기인 지난 20여 년 전까지 논리 실증주의의 표준적 견해였다(더 읽을거리를 볼 것). 역사적 중요성을 감안하면, 내가 여기서 제시한 설명은 본질적으로 바로 그 표준적 견해이다. 표준적 견해는 논리 실증주의자들 자신을 포함하여 에이어, 콰인, 그리고 다른 사람들에게서 유래된 것이다. 에이어, 콰인, 그리고 표준적 견해의 다른 옹호자들은 비엔나 학단 회원들과 막역한 사이로 알고 지낸 사람들이거나 회원들 자신이었다. 그래서 나는 그들의 이야기에 캐리커처 요소가 지나치게 많지 않다는 것을 믿는다. 그들의 이야기가 세밀하게 조사하면 수정될 것이라는 것은 의심할 여지가 없지만, 세밀한 조사와 수정의 주제가 되는 것은 바로 그 이야기인 것이다.)

단순한 문체와 의심스러운 논변에도 불구하고『언어, 진리, 논리』는 20세기 철학의 고전이다. 그 책은 다른 어떤 철학 학술 서적보다도 많은 부수가 팔렸다. 그 책은 여전히 출판되고 있고, 널리 읽히고 인용되고 있으며, 신진 철학자들의 실전 사격 연습용으로 사용된다. 나는『언어, 진리, 논리』를 대학 신입생 때 읽었는데, 그 책은 내 인생을 바꾸었거나, 또는 적어도 철학에 관한 내 사고방식을 바꾸었다. 그리고 나는 내 동료들 사이에서 그렇게 영향 받은 유일한 사람이 아니었다.

에이어의『언어, 진리, 논리』의 첫 문장은 "철학자들이 벌여온 전통적 논쟁들 대부분은 성과가 없을 뿐만 아니라 아예 해결될 가망조차 없는 논쟁이다"이라

---

가까운 친구로 남아 있었다. 에이어와 콰인 또한 철학적으로 서로 달랐는데, 에이어는 논리 실증주의의 열정적인 지지자였던 반면에, 콰인은 지도적인 비판자였다.

는 것이다(Ayer 1946/1936, 33쪽). 이 문장은 제1장 "형이상학의 제거"에서 따온 것이다. 논리 실증주의자들이 강조한 핵심 특징은 형이상학에 대한 그들의 공격이 실용적인 것이 아니라는 것이었다. 그 공격은 의미론적이거나 논리적인 것이었다. 에이어에 따르면, "우리는 단순히 초월적 형이상학 체계가 만들어지는 방식을 비판하는 것만으로는 그 체계를 전복시킬 수 없다. 그 체계를 전복시키는 일에 필요한 것은 오히려 그 체계를 실제로 이루고 있는 진술들의 본성을 비판하는 것이다"(Ayer 1946/1936, 34쪽). 형이상학자들의 발언은 무의미하다는 것, 즉 인지적 내용이 없다는 것이 발견된다. 카르납에 따르면, 그 발언들은 글자 그대로의 의미를 가지고 있지 않다. "모든 가치철학과 규범적 이론을 포함한 형이상학의 영역에서 논리적 분석은 이 영역에서 주장되는 진술들이 완전히 무의미하다는 부정적 결과를 낳는다"(Carnap 1959a/1932, 60-1쪽). 논리 실증주의자들은 형이상학에 대한 자신들의 논리적 또는 의미론적 제거가 실재 세계 문제를 해결하지 못하는 형이상학자들의 무능, 어떤 결과에 대해서도 일치된 의견에 도달하지 못하는 그들의 무능, 또는 인간 지성의 약점이라고 가정된 것에 관한 심리적 주장들에 대해 일치된 의견에 도달하지 못하는 그들의 무능과 같은 실용적 고찰에 기초한 어떠한 형이상학 공격보다도 더 견고하고 결정적이라고 생각했다.

　실증주의자들의 제거는 인기를 얻었다. 그것은 어쨌든 철학을 싫어했던 강한 의지의 과학자와 수학자들에게 특히 매력이 있었다. 그들은 이것이 심오한 사고인 양 하는 중세의 사이비과학의 흔적을 말끔히 청소하는 유익한 방식이라고 느꼈다. (1970년대 중반 소장 교수 시절 나는 "형이상학 입문"이라는 제목의 강좌를 가르칠 것을 제안했다. 이 새로운 강좌의 신설에는 비철학자들로 구성된 학부 교과과정위원회의 승인이 필요했다. 그 강좌의 승인은 "그런 주제는 없다. 형이상학은 제거되었다"는 것을 근거로 거부되었다. 내가 좀 솔직하지 못하게 형이상학의 역사—알다시피 플라톤, 아리스토텔레스, 데카르트, 뭐 그런 녀석들—를 가르치려 한다고 설명했을 때에야 비로소 위원회는 그 결정을 바꾸었다.)

　논리학에 기초한 형이상학(그리고 윤리학, 미학, 신학) 공격은 철학의 가장

유명한 슬로건 중 하나가 된 것─검증가능성 유의미성 기준(verifiability crite-
rion of meaningfulness)─으로 정제되었다. "우리는 한 문장에 대해서 주어진
어떤 사람이 그 문장이 표현하고자 하는 명제를 검증하는 방법을 알 경우에, 그
리고 오직 그 경우에만, 그 문장이 그 사람에게 실제로 사실적 의미를 갖는다고
말한다. . ."(Ayer 1946/1936, 35쪽). 물론 이 기준은 여러 가지 방식으로 제한
될 필요가 있다. 검증이 결정적일 필요가 없으며, 그렇지 않을 경우 어떤 일반
명제도 유의미하지 않을 것이다. 또한 검증과 연관된 실제적 문제도 있을 수 있
으며, 그래서 어떤 명제는 원리적으로 검증가능하기만 해도 될 필요가 있다. 기
하학과 논리학을 포함하여 수학의 진술들은 (비트겐슈타인에게는 실례이지만)
에이어와 카르납에 따를 때 유의미하지만, 항진명제이다. 그래서 검증가능성
유의미성 기준의 좀 더 완전하고 신중한 버전은 다음과 같이 진행될 것이다.
"만일 명제로 추정되는 어떤 것이 원리적으로 약하게 검증가능하거나, 또는 항
진명제이거나 자체모순명제라면, 그리고 오직 그 경우에만, 그것은 유의미하
다." "약하게 검증가능하다"는 결정적으로 검증가능한 것일 필요가 없음을 의
미하며, "원리적으로"는 검증의 실제적 한계를 피하려는 것이다.

형이상학자, 윤리학자, 미학자, 신학자의 발언들 대부분은 이 기준을 충족시
키지 못하며, 그래서 무의미하다. 또는 논리 실증주의자들은 그렇다고 주장하
였다.[11]

이것은 논리 실증주의 프로그램의 첫 번째 주된 부분이다.


검증가능성 유의미성 기준에 의거한 형이상학, 윤리학, 미학, 신학의 제거.

형이상학의 제거는 뻔한 난문제를 남긴다. 만일 형이상학자(윤리학자, 신학자
등)의 발언이 글자 그대로 무의미하다면, 이 "학문 분야들"의 거대 역사는 어떻
게 설명될 수 있는가? 우리는 그것들, 즉 무의미한 헛소리 추구에 대대로 이어

---

11    나는 늦게까지 논리 실증주의자들에 대한 비판을 꾹 참고 있다. 이 모든 신조는 비트겐슈타
인, 콰인, 일상언어철학자들의 집중 포화를 받았다. 그러한 비판들은 이 책에서 그들 자신의 장들
을 요구하고 다음 두 장에서 개관이 될 정도로 분석철학의 전개 과정에서 중요한 역할을 했다.

져 내려오는 지성들이 바친 헌신적 노력을 어떻게 설명할 수 있는가?

논리 실증주의자들이 제시한 답은 형이상학자들이 언어에 의해 홀렸다는 것인데, 이 답은 또 다시 『논리철학론』에 기초를 두고 있다(윤리와 종교는 생물학적으로, 심리학적으로, 또는 계급 탄압의 도구로서 마르크스주의/레닌주의 방식으로 설명될 것이다).

우리는 이미 앞 장에서 언어에 의한 홀림의 한 예를 보았다. 철학자들은 표층 문법에 의해 겉보기에 언급하는 것처럼 보이는 각각의 용어가 언급대상을 가져야 한다고 가정하도록 오도되었다. 만일 "산타클로스"나 "캐나다 대통령"처럼 어떠한 "실재적" 언급대상도 입수할 수 없다면, 존재성을 갖지만 물리적 실재성은 갖지 않는 "비실재적인" 것이 있어야 한다. 한정기술에 대한 러셀의 분석은 논리 실증주의자들에 따르면 철학이 마땅히 해야 하는 것을 보여준 범형이었다. 그의 분석은 언어에 대한 논리적 분석에 의해 형이상학적 난문제를 해소시켰다.

"5와 9 사이에 소수가 있다" 같은 진술들 때문에 철학자들은 수와 같은 덜 의심스러운 대상들의 진정한 실존을 믿는 쪽으로 이끌렸다. 수는 물리적 대상이 아니다. 그래서 수는 시공간 바깥의 형이상학적 대상으로서 영원히 그리고 완전하게 실존하는 추상적 대상임에 틀림없다. 이제 우리는 우리의 형이상학적 발견에 갑작스럽게 도취된다. 그것은 비엔나 학단의 신비성 제거 기획이 우리의 언어적 착각으로부터 우리를 구할 때까지 진행된다. 프레게, 러셀, 화이트헤드는 우리가 수 같은 존재자를 가정할 필요가 없다는 것, 또는 오히려 수에 대한 언급이 논리와 집합 또는 속성에 관한 언급으로 번역될 수 있다는 것을 보여주었다. 비트겐슈타인은 존재론적 또는 언급적 중요성이 전혀 없는, 오직 형식적 항진명제들로만 구성된 언급에 대한 그의 분석을 통해 최종적인 신비성 제거를 완성한다.

논리 실증주의자들은 모든 형이상학적 신비화가 언어에 의해 야기된 혼동에 의존했다고 믿었다. 기본 문제는 명시적으로 진술되지 않지만 널리 스며 있는 가정인데, 이 가정은 모든 용어가 언급대상을 가져야 한다는 것이다. 따라서 예컨대 영어에서 모든 형용사는 명사로 만들어질 수 있다. 우리는 "붉음"(redness), "빠름"(quickness), "아름다움"(beauty), "정의"(justice)를 갖고 있다. 나는 지난 일요일 오후에 TV를 보는 동안 이 문장을 들었다. "와이드 리시버의 빠름은 그에게 점수를 올릴 수 있게 해줄 것입니다." 그 문장의 주어는 빠름이다. 우리 모두는 초등학교에서 명사가 사람, 장소, 사물을 나타낸다는 것을 배웠다. "빠름"은 사람이나 장소가 아니며, 그래서 어떤 사물이어야 한다. 그러나 어떤 종류의 사물인가? 아하! 보여줄 수는 없지만 알려질 수는 있는 추상적 대상들을 가진 형이상학자들을 입장시켜라. 잠깐만! 와이드 리시버의 빠름은 보여줄 수 있고, 나는 그것을 보았지만, 정의는 보여줄 수 없다. 그러나 빠름 자체는 빠른 사람들이나 빠른 대상에 반대되는 것으로서 보여줄 수 있는가? 빠름 자체는 우리가 빠른 것들의 도움을 받아 이해하는 보편자이다. 이런 종류의 실이 어떻게 겉보기에 심오한 사고—또는 헛소리—의 끝없는 단락들을 파생시킬 수 있는지를 이해하기는 쉽다. 기호논리학에서 표현이 되면 "빠름" 같은 용어는 문장의 주어가 못될 것이다. 그런 용어는 술어로만 나타난다. 비록 러셀이 때로 속성과 보편자를 실재하는 존재자 자체로 취급한다 할지라도, 비트겐슈타인의 일차질서 기호논리학에서는 그것들이 술어 문자로만 나타난다.

실존에 대한 처리는 기호논리학이 어떻게 형이상학적 난문제를 구원하는지 보여주는 또 다른 예이다. 터무니없는 많은 형이상학적 사고가 존재와 실존을 다루는 데 바쳐졌는데, 이 사고들은 존재와 실존을 마치 심오한 형이상학적 속성인 것처럼 다루었다. 존재의 본성은 무엇인가? 그리고 훨씬 더 매혹적으로 비존재(Not Being)의 본성은 무엇인가? 이런 종류의 물음들은 우리를 한밤중에 끝없이 숙고하도록 만들었다. 이 모든 것은 논리적 기호체계—특히 양화사—에 주목하면 제거된다(또는 논리 실증주의자들에 따르면 제거되어야 한다). "얼룩말들이 실존한다"는 주장을 생각해보라. 이 주장은 "얼룩말들이 달린다"가 달림이라는 속성을 얼룩말들에 귀속시키는 것과 마찬가지로 얼룩말들이 실존함이라는 속성을 갖는다는 직접적 주장인 것처럼 보인다. 표면적 유사성에도 불구하고 이 두 문장은 논리적으로 매우 다르다. "실존"은 전혀 속성이 아니다. 그것은 양화사로 표현된다. "얼룩말들이 달린다"는 "$\forall x(Zx \supset Rx)$" 같은 기호법으로 번역된다. 임의의 x에 대하여 만일 x가 얼룩말이라면 x는 달린다(이것이 옳은지에 대해서는 걱정하지 말라. 우리는 그것의 형식에만 관심이 있다). 한편 "얼룩말들이 실존한다"는 "∃xZx"로 번역된다. x가 얼룩말인 그러한 x가 있다. 두 문장의 대비는 이보다 더 명백할 수 없다. 같은 맥락에서 "유니콘들은 실존하지 않는다"를 생각해보라. 이것을 형이상학적인 것으로 처리하지 말고, 어떤 것이 어떻게 실존하지 않음이라는 속성을 가질 수 있는지 생각해보라. "실존하지 않음"(not existing)은 비실존(non-existence)이라는 속성을 갖는가, 아니면 그저 실존이라는 속성을 결여하는가? 이러한 형이상학적 물음들은 아무 데도 가지 못한다(아뿔싸! 아무 데도 없음(nowhere)은 어디에 있는가?). 이러한 헛소리를 제거하라. 그냥 당신의 2학년 논리학 수업을 떠올려보고 그것을 기호화해보라. ～∃xUx. 형이상학? 흥! 만일 당신이 실존이 속성이라고 주장한다면, 그것은 개체의 속성이 아니라 속성들의 속성이다. 그것은 적어도 한 사물이 어떤 속성을 가질 때 그 속성이 갖는 속성이다. 따라서 예컨대 신이 실존한다(또는 실존하지 않는다)고 말하는 것은 이치에 닿지 않는다. 논리 실증주의자들은 형이상학의 보석을 "제거했으며", 이런 식으로 신 실존에 대한 존재론적 논증을 제거했다. [배경 2.2—존재론적 논증, 실체, 속성 등] 에이어는 무신론자가 신의 실존을 부정하기 때문에 자신이 무신론자가 아니라고 주장했는데, 에이어는 신의 실존을 부정하는 것은 당연히 신의 실존을 주장하는 것만큼이나 무의미하다고 주장했다. 에이어의 견해에서는 신의 실존을 주장하거나 부정하는 것은 무의미하다.

이제 우리는 약간 숨이 찬 상태로 논리 실증주의자들의 두 번째 주요 신조에 도달했다.

> 형이상학적 난문제의 원인은 언어의 표층 문법이다. 그것의 치료법은 논리적 분석이다.

논리 실증주의자들의 단언에도 불구하고 형이상학에 대한 그들의 공격을 유발하는 것에는 지적 까다로움 이상의 것이 있었다. 우리는 칸트 이후 독일 관념주의가 프러시아의 오만한 태도의 냄새를 풍긴다는 것을 이미 지적하였다. 그래서 노이라트처럼 마르크스주의에 기운 비엔나 학단 회원들은 형이상학을 전통 종교와 동맹을 맺은 반동적인 계급 탄압의 도구라고 생각했다. 아이러니컬하게도 논리 실증주의자들은 또 다시 그들이 형이상학적 견해로 분류하곤 했던 변증법적 유물론에 대한 그들의 저항 때문에 부르주아 이데올로기 이론가라고 비난을 받았다. 마르크스주의자들과 공산주의자들은 『유물론과 경험비판론: 반동적 철학에 대한 비판적 논평』(*Materialism and Empirio-Criticism: Critical Comments on a Reactionary Philosophy*, 1909)이라는 책에서 선동적인 스타일로 경험주의에 대해 맹렬한 공격을 가하고 있는 레닌을 따랐다. 『유물론과 경험비판론』은 마르크스-레닌주의 철학의 고전으로 생각되었고, 소련에서는 1970년대 한참 들어서까지 읽을 것이 요구되었다. 경험주의에 대한 레닌의 극히 적대적인 공격은 비엔나 학단에서 비롯된 논리 경험주의에 대해서도 모질게 적용되었다. 비엔나 학단 회원 모두가 반파시스트이자 정치적 자유주의자였고, 몇몇 사람은 마르크스주의자나 사회주의자였다는 사실은 볼셰비키들로부터 전혀 공감을 얻지 못했다.

세 번째와 네 번째 신조는 앞의 인용구들로부터 익히 알 수 있는 것이다.

> 논리학과 수학은 오직 항진명제들로만 이루어진다. 이것들은 언급적 내용이 전혀 없는 형식적 진리들이다.

이 신조는 좀 더 일반적인 신조로 만들 수 있다.

> 필연적이거나 선천적인 모든 명제는 항진명제이다. 우연적이거나 후천적인 모든 명제는 종합명제이다. 분석적으로 옳은 = 항진적 = 선천적 = 필연적. 종합적 = 후천적 = 우연적. 선천적 종합명제는 없다.

비엔나 학단과 그 추종자들의 다섯 번째 주요 신조 또한 『논리철학론』에서 미리 예상되어 있다. 이것은 과학의 통일 신조이다.

과학의 모든 것은 단일한 자연법칙과 사실들 집합과 함께 단일한 통일된 체계로 이루어진다. 심리과학이나 사회과학에서 별도의 방법이나 체계는 없다.

통일과학 관념은 다른 점에서는 논리 경험주의와 연관되지 않았던 많은 사상가에게 영향을 미쳤다. 카르납, 찰스 모리스(Charles Morris), 노이라트는 『국제 통일과학백과사전』(*International Encyclopedia of Unified Science*)의 편집 발행을 맡았는데, 이 책은 논리 경험주의적 관점을 다듬고 공표하는 논문들을 간행하였다. 이 총서의 책들은 최근에 이르기까지 간행되었는데, 비록 나중에 발행된 판들이 논리 경험주의에 대해 의심스러워하는 견해를 취하고 있음에도 불구하고 그랬다. 예컨대 두 번째 책은 토머스 쿤의 고전이자 영향력 있는 저작 『과학혁명의 구조』(*The Structure of Scientific Revolutions*, 원래 1962년에 출판됨)를 싣고 있는데, 이 저작은 논리 실증주의자들과는 매우 다른 과학관을 취하고 있다(다음 장을 볼 것).

논리 경험주의의 여섯 번째 주된 신조─환원주의─는 논란이 된 견해들 집단이며, 비엔나 학단 내부에서조차 대경실색하게 하는 쪽으로 이끌었다.

환원주의는 한 종류의 대상에 관한 언급을 아마도 더 단순한 다른 종류의 대상에 관한 언급으로 "환원하거나" 번역하는 프로그램이다. 예컨대 우리는 논리주의자들이 수학을 논리학으로 환원한다고 주장했던 것을 보았다. 환원된 "대상들"(entities)은 더 기본적인 것들로부터 구성된다. 환원주의는 부분적으로 러셀의 유명한 슬로건들 중 하나에서 영감을 받았다.

과학적 철학함에서 최고의 격률은 이것이다.

가능한 곳이라면 어디서든 구성체들은 추리된 대상들로 대치되어야 한다. (Russell 1914, 155쪽)

때로 에이어, 카르납, 그리고 몇몇 다른 사람들이 채택한 실증주의자들의 한 환원주의 버전은 책상과 의자 같은 물리적 대상에 관한 언급이 지각에 주어진 요소들에 관한 언급으로 환원된다는 것이다. 주어진 요소의 가장 뻔한 후보는 감각자료이다. 마찬가지로 러셀에게 일상적인 물리적 대상들은 기술에 의해서만 알려지는 추리된 대상들일 텐데, 이 추리된 대상들은 감각자료로부터 구성된 것들로 대치된다.

물론 단 한 문장이라 할지라도 그러한 번역은 일찍이 완성되지 않았다. 러셀은 그러한 환원이 이상으로 남아 있다고 진술한다.

물리적 대상에 관한 모든 유의미한 진술이 원리적으로 감각자료에 관한 동등한 진술로 번역가능해야 한다는 견해는 현상주의(phenomenalism)라 불린다. 현상주의적 환원에 관한 가장 야심찬 시도는 카르납이 떠맡았다. 그의 책 『세계의 논리적 구조』(*The Logical Structure of the World*, 1928년 독일어로 출판되었으며, 보통 "*the Aufbau*"로 알려짐)는 카르납이 "자기심리적 토대"(autopsychological foundation)라 부르는 것을 기초로 과학의 언어를 구성하려는 야심찬 지속적 시도이다. 그는 1967년 번역본 서문에서 그의 기획을 기술한다. "주된 문제는 직접적으로 주어진 것을 언급하는 개념들을 기초로 모든 지식 분야의 개념들에 대한 합리적 재구성의 가능성과 관계되어 있다"(Carnap 1967/1961, v쪽.) 이것이 바로 실증주의자들의 경험주의의 핵심 특징일 것이다. 그 프로그램의 부정적 측면은 형이상학의 제거였다. 직접 경험을 기초로 한 모든 지식, 즉 자연과학의 재구성은 긍정적 측면일 것이다. 철학자들 사이에서 지배적인 견해는 그 기획이 실패였다는 것이었다. 카르납조차도 이러한 평결을 승인하게 되었다.

명백한 문제들에도 불구하고 A. J. 에이어는 『언어, 진리, 논리』에서 현상주의를 명시적으로 채택한다. 그는 직접적 내성을 포함시키고 싶어 하기 때문에 "감각자료"가 아니라 "감각내용"(sense contents)이라는 용어를 사용한다. "우리는 '바깥의' 직접 자료뿐만 아니라 '내성적' 감각의 직접 자료까지 언급하기 위하여 ['감각내용']을 사용할 것이다. …"(Ayer 1946/1936, 53쪽)

> 반대로 우리는 물체가 감각내용에 의해 정의될 수밖에 없다는 것을 알고 있는데, 왜냐하면 임의의 물체가 실존한다는 것이 어쨌든 가장 약하게라도 검증될 수 있는 것은 어떤 감각내용들의 출현에 의해서만 이루어지기 때문이

다. 그러므로 우리는 지각에 대해 현상주의적 "지각이론"이 올바른지 다른 어떤 종류의 이론이 올바른지를 탐구해야 하는 것이 아니라 오직 어떤 형태의 현상주의 이론이 올바른지를 탐구해야 한다는 것을 깨닫게 된다(Ayer 1946/1936, 53쪽).

현상주의는 경험주의자들에게는 이론적으로 반드시 필요했던—또는 그런 것처럼 보였던—이상이었다.[12]

에이어와 논리 실증주의자들에 따르면, 현상주의는 버클리의 주관적 관념주의에 영감을 받기는 했지만 관념주의의 일종은 아니다. [배경 2.3—관념에 대한 로크, 버클리, 흄의 생각과 버클리의 주관적 관념주의] 모든 종류의 관념주의는 형이상학적 "이론"이며, 그래서 검증불가능한 것이며, 그래서 인지적으로 무의미한 것으로 생각될 것이다. 반면에 현상주의는 오로지 언어에 관한 주장이다.

"책상"이라는 기호는 감각내용을 나타내는 어떤 기호들로 정의될 수 있다.… 그리고 이 말은 앞에서 보았던 것처럼 "책상"이라는 기호를 포함하는 모든 문장이 … 그 기호를 포함하지도 않고 그 기호의 동의어들 중에 어떤 것도 포함하지 않으면서 감각내용을 나타내는 어떤 기호들만을 포함하는 같은 언어의 문장들로 번역될 수 있다는 말과 동등하다. 이것은 책상에 관해 무언가를 말하는 것은 언제나 감각내용에 관해 어떤 것을 말하는 것이라는 말로 느슨하게 표현될 수 있는 사실이다. … 예컨대 "나는 지금 책상 앞에 앉아 있다."는 문장은 원리적으로 책상에 대해 언급하지 않고 오직 감각내용들만 언급하는 문장으로 번역될 수 있다(Ayer 1946/1936, 64쪽).

---

**12** 현상주의는 장기간에 걸쳐 성행했으며, 아마 아직도 완전히 죽은 것은 아닐 것이다. 현상주의적 환원은 저명한 하버드 철학자 넬슨 굿맨(Nelson Goodman)이 마지막까지 지속적으로 시도했다. 비록 1930년대에 그 작업을 시작하긴 했지만, 그는 1951년에 그의 유명한 책 『현상의 구조』(*The Structure of Appearance*)를 출판했다. 이 책은 카르납의 『세계의 논리적 구조』의 문제들을 수선해 좀 더 세련된 현상주의적 환원을 계속하려는 시도였다.

그리고 마지막으로 에이어는 다음과 같이 말한다.

> 그러나 사실상 우리는 감각내용들은 어떤 방식으로도 그것들이 구성하는 물체의 부분들이 아니라는 것을 살펴보았다. 물체가 감각내용들로 환원될 수 있다는 말의 의미는 단지 물체가 논리적 구성체이고, 또 감각내용들은 그 논리적 구성체의 요소라는 것이다. 그런데 이 명제는 앞에서 명확하게 밝혔던 바와 같이 물체에 관해 무언가를 말하는 것은 언제나 감각내용들에 관해 어떤 것을 말하는 것과 동등하다고 진술하는 언어적 명제이다(Ayer 1946/1936, 140-1쪽).

추측컨대 현상주의 신봉자들은 감각내용을 언급하는 현상주의 언어를 통일과학의 통일된 언어가 되게 하려고 했을 것이다.

비엔나 학단의 일부 회원들, 특히 마르크스주의에 경도된 회원들은 언제나 이 현상주의를 승인할 수 없었다. 노이라트는 과학에서 약간의 추가 조치와 함께 물리적 대상을 언급하는 일상언어로 환원에 대해 훨씬 더 견고한 근거를 제공할 수 있다고 느꼈다. 이 신조는 현상주의의 주요 경쟁 신조인 물리주의 판 신조이다.

> 대체로 일상생활 언어의 수정들로부터 도출할 수 있는 통일과학의 통일된 언어는 물리학의 언어이다.
>     . . .
> 과학은 일상생활의 진술을 변형시키려고 노력한다. 그 진술들은 우리에게 물리주의적 성분과 물리주의적 이전 성분으로 이루어지는 "덩어리"로 제시된다. 우리는 그 진술들을 "단일화"된 물리주의적 언어로 대치한다. (Neurath 1959/1931, 287-8쪽)

카르납 또한 『세계의 논리적 구조』에서 물리주의가 현상주의에 대한 합법적 대안이라고 주장했다. 물리주의는 현상주의와 다른 목적에 기여할 것이라는 것이다.

물리주의는 현상주의를 자신의 머리 위에 두거나, 또는 오히려 그 자신이 발로 되돌아간다. "감각내용"은 신경생리학적 과정과 행동에 의해 물리적으로 정의될 것이다. 심리학과 사회학의 모든 것은 살아 있는 인간 신체의 행동과 신경생리학적 과정에 대한 기술에 의해 물리학으로 번역될 것이다. 다음 장에서 살펴보겠지만, 카르납은 현상주의와 물리주의를 둘 다 수용할 철학에 대한 접근방식을 명확히 표명하였다. 환원주의와 적절한 환원적 기반을 제공할 수 있는 것에 걸친 분투노력은 철학자들 사이에서 오늘날까지 계속되고 있다.

마지막으로 우리는 논리 실증주의자들의 일곱 번째 주된 신조에 이르게 된다. 이 신조는 윤리학과 관계되어 있기 때문에 충분한 논의는 제8장에 가서 하게 될 것이다.

윤리적 발언은 인지적 내용은 없지만 태도와 정서를 표현하는 것이다.

"그러나 우리가 통상 윤리적 판단을 내린다고 말할 수 있는 모든 경우에 관련된 윤리적 낱말의 기능은 순전히 '정서적'이다. 윤리적 낱말은 어떤 대상들에 관한 느낌을 표현하는 데 사용되는 것이지 그 대상들에 관한 어떤 주장을 하려는 것이 아니다."(Ayer 1946/1936, 108쪽). 예컨대 누군가가 "도둑질은 그릇된 짓이다"고 말할 때 이것은 "나는 도둑질이 역겹다고 느끼며, 나는 당신이 도둑질에 대해 나와 똑같은 태도를 가질 것을 권한다." 비슷한 어떤 것을 의미한다. 이 견해는 "정서주의"(emotivism)라 불리게 되었으며, 논리 실증주의의 다른 주요 신조들과 달리 오늘날에도 여전히 철학자들이 진지하게 생각하는 살아 있는 선택지이다.

논리 실증주의의 환원주의 신조와 마찬가지로 정서주의는 비엔나 학단 회원 모두가 승인했던 것은 아니었다. 그들 모두는 윤리학이 규범적일 수 없다는 것은 승인했다. 윤리학은 검증가능한 가치판단을 만들어낼 수 없었다. 철학적 윤리학자들이 성취하기 위해 가장 열망할 수 있었던 것은 윤리적 언어에 대한 분석, 윤리적 개념들과 우리의 사회 체계에서 그것들의 역할에 대한 해명일 것이다.

왜냐하면 만일 윤리학이 정당화를 제공한다면, 방금 설명된 의미에서만 그렇기 때문이다. 즉 절대적이 아닌 상대적인 가언적 방식으로만 그렇기 때문이다. 윤리학은 어떤 판단이 어떤 규범에 대응한다는 것을 보여주는 정도만큼만 그 판단을 "정당화한다." 그런데 이 규범 자체는 "올바르거나" 정당화되는 규범인데, 그렇다는 것을 그 자체로 홀로 보여줄 수도 없고 결정할 수도 없는 규범이다(Schlick 1962/1930, 17쪽).

슐리크는 우리의 도덕체계와 감정의 중심에 행복에 대한 욕구가 놓여 있다고 주장했지만, 공리주의는 검증불가능하다고 하여 단호히 거부했다. 대신 그는 근본적인 도덕적 원리로 "행복할 준비를 갖추어라!"를 제안했다. 도덕적 이상은 행복에 대한 우리의 개인적이고 집단적인 능력을 최대화하는 것이다. 슐리크는 우리가 이 원리를 합리적으로 논증을 통해 주장할 수는 없고, 정의로서 제안할 수 있을 뿐이라고 말한다. "나는 이 정의를 승인하는 것이 실용적이라고 주장하는데, 왜냐하면 그것이 확립하는 목표가 사실상 인류에 의해 가장 높이 평가받는 것이기 때문이다." (Schlick 1962/1930, 197쪽). 이 말에 대한 나의 정서적 반응은 이것이다. 즉 "나는 이것을 좋아한다! 나는 행복할 준비를 갖추고 싶으며, 나는 당신이 똑같은 태도를 채택하기를 권한다."

## 비엔나 학단의 서거

1936년쯤이면 비엔나 학단은 이미 분열되고 있었다. 논리 실증주의자들은 오스트리아와 독일을 떠나고 있었다. 그렇게 된 데에는 부분적으로 철학적 이유가 있지만 근본적으로는 정치적 이유가 있었다. 비엔나 학단, 그리고 그와 동맹을 맺은 베를린 학단의 모든 회원은 자유주의자이거나 사회주의자이거나 마르크스주의자였으므로 나치즘의 발흥은 그들의 모국에서 그들을 불안하게 만들었다.[13] 명백한 위험 앞에서 분명하게 불안 수준을 높인 1936년의 비극적 사건

---

13   1936년 카르납은 시카고대학교로 건너갔다가 결국은 여러 해 동안 캘리포니아대학교 로스

은 이전에 가르쳤던 학생에게 모리츠 슐리크가 살해당한 사건이었다. 재판에서 그 학생은 자신이 종교와 도덕에 대한 슐리크의 유대인 특유의 오만한 태도에 감정을 상했다고 주장했다(슐리크는 유대인도 아니었다!). 그 지방 나치당원들은 범인을 열정적으로 편들면서 그를 영웅으로 만들었다. 10년 형을 선고받았던 그는 겨우 2년이 지난 뒤 가석방되었으며, 오스트리아 나치당에 가입했다.

현대 경험주의자들은 그들 자신의 가장 통찰력 있는 비판자가 되는 특권을 누린다. 비엔나 학단의 원래 회원들 중 누구도 1930년대 중반 이후 자신들의 주요 신조들을 옹호하는 일을 계속하지 않았다. 대신 그들은 자신들의 철학적 정력을 자신들이 이전 시기에 가졌던 견해들 중 조야하고 지나치게 단순화된 견해라고 생각했던 것을 멀리하는 일에 바쳤다. 오직 A. J. 에이어만이 세부적인 것이 아니라면 적어도 취지에서라도 논리 실증주의의 근본원리들을 옹호하는 일을 완강하게 계속했다. 그는 많은 욕설과 경멸을 경험했으며, 오늘날에도 여전히 분석철학자들 사이에서 애매한 평판을 받고 있다. 곧 살펴볼 것처럼, 에이어보다 더 재치 있고 더 영리한 J. L. 오스틴(J. L. Austin)은 에이어의 현상주의에 대해 경멸적이고 조롱하는 논박의 글을 썼다. 그리하여 에이어는 어느 정도 철학의 웃음거리, 또는 대신 매 맞는 아이가 되었다. 철학자로서의 품위를 유지하려는 분투에도 불구하고 에이어는 유명인사가 되었으며, 상류사회 파티들에서 인기가 있었다. 그리고 그는 언제나 거침이 없었다. 에이어는 언젠가 뉴욕의 부자들 파티에서 마이크 타이슨과 (성공적으로!) 맞짱을 떴다—말인즉슨 그렇다—는 이야기가 전해진다. 마이크 타이슨은 나중에 유명해진 젊은 모델(나오미 캠벨)을 괴롭히고 있었다. 에이어가 타이슨에게 멈출 것을 요구하자 그 권투선수가 말했다. "내가 누군지 알아? 난 세계 헤비급 챔피언이야." 이에

---

앤젤레스캠퍼스(UCLA)에서 학생들을 가르치면서 보냈다. 한스 라이헨바흐 또한 터키로 이주한 뒤 UCLA에서 학생들을 가르쳤다. 헤르베르트 파이글 또한 미국으로 이주해 아이오와, 그다음에는 미네소타 교수단의 일원이 되었다. 바이스만과 노이라트는 영국으로 이사했는데, 거기서 비트겐슈타인, 러셀, 그리고 다른 사람들의 환영을 받았다. 에이어는 이미 런던으로 돌아와 있었다. 헴펠은 1937년 베를린을 떠나 프린스턴에서 1964년 명예교수로 퇴직할 때까지 탁월한 경력을 쌓았으며, 1984년까지 피츠버그대학교의 선도적인 과학철학과에서 가르쳤다. 필립 프랑크는 1938년 오스트리아를 떠나 하버드에서 물리학 교수직을 맡았다.

대해 에이어가 응수했다. "그럼 난 전직 윈체스터대학교 논리학교수야. 우리 둘 다 각자 분야에서 굉장한 사람들이군. 이 일에 대해 이성적인 사람들처럼 이야 기해보는 게 어때?" 그래서 에이어와 타이슨은 이야기를 시작했고, 그러는 동 안 나오미 캠벨은 슬그머니 그 자리를 빠져나갔다는 것이다.

타이슨이 그 자신의 감각내용들로부터 이루어진 구성체라는 에이어의 확신 이 그의 용기를 부채질했다는 것은 의심할 여지가 없다.[14]

## 논리 실증주의자들의 영향

논리 실증주의자들의 신조들, 특히 에이어가 해설한 신조들을 조롱하는 일은 쉽고 재미있는 일이다. 그럼에도 불구하고 비엔나 학단은 철학자, 자연과학자, 사회과학자들 사이에 광범한 영향을 미쳤다.

논리 실증주의자들의 영향은 자연과학과 사회과학의 조작주의(operational-ism)와 도구주의(instrumentalism) 신조들과 심리학의 행동주의(behavior-ism)에서 명백히 드러난다. 물론 그 영향은 양방향으로 진행되었다. 과학자들 또한 철학자들에게 영향을 미쳤다. 사상은 이쪽저쪽으로 왔다 갔다 하면서 흘 렀던 것이다.

1920년대에서 1950년대 한참 무렵까지 대다수 과학자는 어떤 형태의 조작주 의를 받아들였다. 조작주의는 과학 용어들에 적용된 일종의 검증주의이다. 이 신조는 과학자들이 사용하는 모든 용어가 관찰가능한 결과를 낳으면서 수행될 수 있는 조작들에 의해 정의되어야 한다는 원리에 의존한다. 물리학의 조작주 의는 노벨상 수상 물리학자 퍼시 브리지먼(Percy Bridgman)이 주창한 것으로 가장 유명하다. 영향력 있는 그의 책 『현대물리학의 논리』(*Logic of Modern Physics*, 1927)에서 브리지먼은 모든 물리적 대상, 과정, 속성이 관찰을 통해 이 해할 수 있는 결과를 산출하는 조작과 절차들에 의해 정의될 수 있어야 한다고

---

14    그녀의 호전적 이력을 감안하면 나는 나오미 스스로 타이슨을 다룰 수 있었고, 에이어의 개 입이 필요 없었을 것이라는 느낌을 가지고 있다.

주장했다. 검증주의와 조작주의는 동시에 나란히 전개되었으며, 서로 지지했다. 20세기 중반 무렵에는 물리학과 나머지 자연과학, 그리고 경제학, 운영연구(operations research), 경영학 등을 포함한 사회과학의 모든 종류의 개념을 "조작할 수 있게 하려는" 시도가 유행이었다. "조작할 수 있게 하다"(to operationalize)는 이제 영어의 표준 동사이며, 모든 연구와 경영에 기초가 되는 과정을 가리킨다.[15]

검증주의는 양자물리학의 근본원리였으며, 1950년대에도 여전히 신봉되었다. 막스 보른에 따르면,

> [하이젠베르크는 (1925년에)] 물리적으로 관찰가능한 사실들과 대응하지 않는 개념과 그림들이 이론적 기술에서 사용되면 안 된다고 주장하는 철학적 원리로 고르디우스의 매듭(알렉산드로스 대왕이 칼로 잘랐다고 하는 그리스 신화 속의 매듭. "대담한 방법을 써야만 풀 수 있는 문제"라는 뜻의 속담으로 쓰이고 있음―옮긴이)을 잘랐다. (Born 1955a, 258쪽)

보른은 현대물리학의 위대한 성공을 검증주의 덕으로 돌리고 있다.

> 현대물리학은 가능한 경험을 넘어선 구별을 언급하는 개념들이 물리적 의미가 전혀 없으며, 그래서 제거되어야 한다는 방법론적 원리를 적용함으로써 가장 위대한 성공을 이루었다. (Born 1955b, 4쪽)

양자물리학의 기초가 되는 인식론에 대한 표준 해석은 검증주의이다.

심리학의 행동주의는 검증주의에 의해 엄청난 추진력을 갖게 되었다. 19세기 이래 심리학자들은 인간과 동물의 행동을 음미하고 있었다. 20세기에는 부분적으로 검증주의의 영향 덕분에 더 많은 방법론적 전환이 이루어졌다. 방법

---

15 그저 한 예로 "조작주의란 모호한 개념들을 구체적 관찰들로 이루어지는 변수 형태로 측정 가능한 개념으로 만들기 위해 정의하는 과정이다." (en.wikipedia.org/wiki/Operationalize).

론적 행동주의는 심리학이 행동에만 관계해야 한다는 견해이다. 내적 정신상태들은 공적으로 관찰가능한 것이 아니며, 그래서 유의미한 과학적 기술이나 탐구의 대상이 되지 못한다. 직접적인 검증주의적 형태의 행동주의는 화, 사고, 의도와 같은 내적 상태와 사건을 언급하는 모든 정신적 용어가 공적으로 관찰가능한 행동에 의해 정의될 수 있어야 한다는 견해이다. 여기 들어 있는 기본 착상은, 내성가능한 내적인 정신적 사건과 과정이 공적으로 관찰가능하지 않은 반면에, 외적인 행동은 관찰가능하고, 측정가능하며, 공적으로 검증가능하다는 것이다. 이를테면 화의 "내적인" 현현(顯現)은 검증가능하지 않으므로 그것들을 언급하려는 모든 시도는 무의미할 것이다. 그런데 "화"라는 낱말은 유의미하다. 그래서 그 낱말은 언어적 행동을 포함하여 "외적인" 공적으로 관찰가능한 행동을 가리켜야 한다. 이 견해는 온갖 종류의 문제를 야기하는데, 왜냐하면 화라는 나의 내적 사건이 물론 나에 의해 관찰가능하고 검증가능하기 때문이다. 따라서 우리는 일인칭 심리적 보고와 삼인칭 심리적 보고를 구별해야 하며, 그것들의 다양한 의미와 검증을 구별해야 한다. 행동주의의 명백한 난점들과 "내적인 것"에 대한 명백한 부정에도 불구하고 행동주의는 인지과학 혁명이 일어나기까지 사회과학자들 사이에서 인기가 있었는데, 인지과학 혁명은 여전히 진행 중이다.

내 느낌으로는 대부분의 철학자와 과학자가 조작주의와 행동주의가 엉터리 사변과 난해한 독일 형이상학에 대한 반작용으로서 유익하며, 논리 실증주의자들의 태도가 여전히 어떤 맥락에서 유용하다고 느낀다. 그럼에도 불구하고 논리 실증주의자들의 신조들 모두에 찬성하는 사람은 더 이상 없으며, 넓은 적용 사례들에도 불구하고 자연과학이나 심리학에서 조작주의나 행동주의가 아직도 주류로 생각되는 것도 아니다. 실제로는 1950년대 이래 철학의 발전과 여러 과학의 방법론의 발전의 많은 것은 논리 실증주의자들의 신조들에 대한 비판이 동력이었다. 이것은 다음 세 장의 주제다.

**배경 2.1** 진리치표, 항진명제, 기타 『논리철학론』의 논리적 관념들에 대한 전문적 소개

기본 진리함수들은 "아니다", "또는", "그리고", "만일 … 라면, … 이다", "만일 … 라면, 그리고 오직 그 경우에만, … 이다"다.

P가 임의의 명제인 경우에 P가 그르면 P가 아니다는 옳고, P가 옳으면 P가 아니다는 그르다. P 또는 Q는 P가 옳거나 Q가 옳거나 둘 다 옳으면 옳고, P와 Q 둘 다 그르면 그르다 등등. 이 진리함수들은 "진리치표"(truth-tables)라 불리는 표로 정리될 수 있다.

| P | P가 아니다 |
|---|---|
| t | f |
| f | t |

| P | Q | P 또는 Q |
|---|---|---|
| t | t | t |
| t | f | t |
| f | t | t |
| f | f | f |

| P | Q | P 그리고 Q |
|---|---|---|
| t | t | t |
| t | f | f |
| f | t | f |
| f | f | f |

| P | Q | 만일 P라면, Q |
|---|---|---|
| t | t | t |
| t | f | f |
| f | t | t |
| f | f | t |

| P | Q | 만일 P라면, 그리고 오직 그 경우에만, Q |
|---|---|---|
| t | t | t |
| t | f | f |
| f | t | f |
| f | f | t |

보통 이 함수들은 기호화된다. 예를 들어 P가 아니다는 ~P로, P또는Q는 P∨Q로, P그리고Q는 P&Q로, 만일 P라면, Q는 P⊃Q로, 만일 P라면, 그리고 오직 그 경우에만 Q는 P ↔ Q로 기호화된다. 그다음에는 더 크고 더 복잡한 형식문들을 구성할 수 있다. 항진명제들은 어떤 경우든 자동으로

옳게 되도록 구성된다.

| P 또는 P가 아니다 | P | P가 아니다 | P∨~P |
|---|---|---|---|
| | t | f | t |
| | f | t | t |

| 만일 P라면, 만일 Q라면 P | P | Q | Q⊃P | P⊃(Q⊃P) |
|---|---|---|---|---|
| | t | t | t | t |
| | t | f | t | t |
| | f | t | f | t |
| | f | f | t | t |

물론 무한히 많은 다른 항진명제들도 구성할 수 있다. 항진명제는 아무런 정보도 포함하지 않는다. 항진명제는 어떤 것도 "그리지" 않는데, 왜냐하면 그것들은 모든 것을 "그리기" 때문이다. 비트겐슈타인의 핵심 주장들 중 하나는 수학의 명제 같은 필연적 명제들이 결국은 항진명제라는 것이다.

**배경 2.2**  ## 존재론적 논증, 실체와 속성 등

전통적 형이상학에 따르면, 실체는 그저 개별 사물에 불과하다. 아리스토텔레스는 "개별적인 인간이나 말"이라고 말한다. 속성(특성, 성질)은 흰, 둥근, 나무로 된, 키 큰, 무거운 등 같은 실체의 양상이다. "그 말은 희다"는 그 실체—그 말—가 흼이라는 속성을 갖고 있다고 말한다. 이 말은 지시된 말이 실제로 희다면, 그리고 오직 그 경우에만, 옳다. 앞에서 살펴보았던

것처럼, 지시된 것으로 가정된 실체가 "현재 프랑스 왕은 대머리다"에서처럼 실존하지 않을 때 문제들이 나타나기 시작한다. 이 문제들은 우리가 실존을 실체들의 속성으로 취급할 때 도를 더하기 시작한다. 우리는 어떤 것에 대해서도 실존을 부정할 수 없는 것처럼 보인다. "현재 프랑스 왕은 실존하지 않는다"는 실존하지 않는 지시된 실체에 대해 주장하는 것처럼 보인다. 그러나 우리는 어떻게 실존하지 않는 실체를 지시해 그것에 관해 무언가를 말할 수 있을까? 이런 문제들은 이 장 본문에서 설명했던 것처럼 기호논리학과 한정기술에 대한 러셀의 처리에 의해 제거된다(이 시간에도 다른 문제들은 해결되지 않은 채로 남아 있다. 예컨대 우리는 소설 속 인물들에 관해 이해할 수 있게 이야기한다).

약 AD 1000년 경 캔터베리의 성 안셀무스가 처음 소개한 신 실존에 대한 존재론적 논증은 실존을 속성으로 취급하는 일에 의존하는 선천적 논증이다. 존재론적 논증에 관한 책과 논문들은 작은 도서관을 다 채울 정도로 많은데, 이것은 아무도 이 논증 때문에 신앙을 갖지 않을 것이기 때문에 놀라운 일이다. 로마 가톨릭교회조차도 그 논증을 거부한다. 아주 간단하게 안셀무스는 신이 우리가 능가할 수 없는 존재라고 주장한다. 신은 위대함을 만드는 (great-making) 모든 속성(힘, 지혜, 자비 같은)을 최대한도로 가져야 한다. 이 말은 정의에 의해 옳다―즉 그것은 신의 직무에 대한 기술이다. 신보다 덜 위대한 존재들에는 이 기술을 적용할 필요가 없다. 이제 안셀무스는 "그 직무 기술을 충족시키는 존재가 실제로 있는가, 아니면 그것은 그저 관념, 즉 신화인가?"라고 묻는다. 그는 그것이 단순히 관념이나 신화일 수 없다고 답하는데, 왜냐하면 실존 자체가 위대함을 만드는 속성이고, 그래서 신은 위대함을 만드는 모든 속성을 가져야 하므로 신은 실존해야 하기 때문이다. 프레게에서 유래하고 기호논리학에 기초를 둔 논리 실증주의의 응답은 실존은 (일차질서) 속성이 전혀 아니며, 그래서 위대함을 만드는 속성일 수 없다는 것이다. [또한 좀 더 전문적 논의로는 배경 6.7―존재론적 논증을 볼 것]

**배경 2.3** **관념에 대한 로크, 버클리, 흄의 생각과 버클리의 주관적 관념주의**

이성주의자들은 많은, 대부분의, 또는 모든 관념이 경험에서 유래할 수 없기 때문에 본유적(innate)이라고 주장했다. 예컨대 점, 선, 원 등과 같은 기본적인 기하학적 대상들에 대해 우리는 감각경험을 전혀 가지지 않는다. 이 완전한 대상들의 모든 물리적 현실태는 불완전하다. 무한 규모를 포함하는 어떠한 관념—신 관념 같은—이라도 우리와 모든 피조물이 유한하기 때문에 경험에서 유래할 수 없다.

존 로크는 우리가 결코 경험할 수 없는 것들에 대한 관념도 경험에서 유래한 관념들을 혼합하고 빼고 비교함으로써 여전히 경험에서 유래한다고 응수했다. 대부분의 관념은 단순관념들로부터 구성된 혼합관념이거나 복합관념이다. 로크의 견해는 정신에 대한 일종의 화학적 이론이다(현대화학 창시자 중 한 사람인 로버트 보일(Robert Boyle)이 로크와 친한 친구였다). 화합물이 원소들로 구성되는 것과 마찬가지로 우리의 혼합적 관념들 역시 요소관념들로 구성되는데, 이 요소관념들은 모두 감각인상에서 유래한다. 예컨대 유니콘 관념은 우리가 이미 보았던 말과 뿔 관념에 기초를 두고 있는데, 우리는 우리의 상상 속에서 그 관념들을 혼합하거나 결합한다. 신 관념은 우리 자신에 대해 갖고 있는 관념, 그리고 이 관념에 "무제한으로"를 혼합한 데서 유래한다.

데이비드 흄과 조지 버클리 둘 다 어떤 관념도 본유적이지 않다는 데 대해 로크에 동의했다. 관념은 모두 감각인상들로부터 유래하며, 복합관념은 단순관념들로부터 구성된다. 버클리는 더 나아가 오직 관념들만이 존재한다고 주장했다. 우리의 영혼과 신을 제외한 다른 어떤 것도 존재하지 않는다는 것이다. 특히 버클리는 물질 관념이 자체모순이라고 주장했다. 우주는 물질을 전혀 포함하지 않으며, 비물질적인 영혼들과 신만을 포함한다.

신은 유한한 영혼들이 상호작용할 수 있도록 모든 지각을 조화시킨다. 버클리의 이론은 일종의 관념주의이다. 그 이론은 헤겔의 절대적 관념주의와 대비하여 종종 주관적 관념주의라 불린다.

## 더 읽을거리

*Logical Positivism* edited by A. J. Ayer(Free Press 1959)은 논리 실증주의자들이 쓴 핵심 논문들을 수록하고 있다. 에이어가 쓴 서론은 이 운동에 대해 잘 개관하고 있다.

『논리철학론』에 관한 고전적 책은 G. E. M. Anscombe's *An Introduction to Wittgenstein's Tractatus*(Harper & Row 1959)이다.

학자들이 어떻게 다루었는지에 대한 아주 상세한 내용에 흥미가 있는 사람들에게는 Max Black's *A Companion to Wittgenstein's Tractatus*(Cornell University Press 1964)가 있다.

살아 있는 철학자들 총서(The Library of Living Philosophers)는 에이어와 카르납에 관한 책도 출판했다. 이 책들은 이 사상가들의 삶과 사상에 관해 더 많이 알고 싶어 하는 사람들에게 매우 귀중한 자원이다. *The Philosophy of Rudolf Carnap*(*Library of Living Philosophers, Volume XI*), edited by Paul A. Schilpp(Open Court 1963)과 *The Philosophy of A. J. Ayer*(*Library of Living Philosophers, Volume X XI*), edited by Lewis E. Hahn(Open Court 1992).

비엔나 학단과 논리 실증주의의 표준 견해나 공인된 견해를 의문시하는 몇몇 독창적 논문이 좀 더 최근에 출판되었다. 실증주의자들이 선천적 종합명제와 형이상학을 거부했다는 것에 대해서는 일치하지만, 과학의 통일은 말할 것도 없고 경험주의, 환원주의, 인식론적 토대론에 대한 그들의 태도는 표준 견해에서 인정되는 것보다 더 미묘한 차이가 있고, 저마다 가지각색이었으며, 철학적으로 세련되어 있다는 것이다. 논리 실증주의에 대한 수정주의 견해는 예컨대 *Reconsidering Logical Positivism* by Michael Friedman(Cambridge University Press 1999)을 볼 것. 이 책에서 프리드먼의 서문과 서론은 비엔나 학단과 논리 실증주의에 대한 현재의 수정된 견해를 훌륭하게 개관하고 있다.

최근에 나온 유용한 논문 선집은 *The Cambridge Companion to Logical Empiricism*, edited by Alan Richardson and Thomas Uebel(Cambridge University Press 2007)과 *The Vienna Circle and Logical Empiricism: Re-Evaluation and Future Perspectives*, edited by Friedrich Stadler(Kluwer 2003)이다.

# 3 논리 실증주의에 대한 반응: 콰인, 쿤, 미국 실용주의

나로서는 전문가가 아닌 풋내기 물리학자로서 물리적 대상들을 믿지 호메로스의 신들을 믿지 않는다. 그리고 나는 다른 방식으로 믿는 것이 과학적 오류라고 생각한다. 그러나 인식론적 발판과 관련해서는 물리적 대상들과 신들은 정도만 다를 뿐이지 종류가 다른 것이 아니다. 두 종류의 대상 모두 문화적 가정으로서만 우리의 생각 속으로 들어온다. 물리적 대상이라는 신화는 경험의 흐름 속에서 다루기 쉬운 구조를 작동시키기 위한 장치로서 다른 신화들보다 더 효과가 있다는 것이 증명되어왔다는 점에서 대부분의 신화보다 낫다.(Quine 1961b/1951, 44쪽)

## 머리말

제2차 세계대전 이래, 그리고 1960년대와 1970년대가 한참 지날 때 분석철학의 주요 화두는 논리 실증주의와 비트겐슈타인 『논리철학론』의 사상을 폐지하는 것이었다. 논리 실증주의 프로그램은 실증주의자들 자신들과 실증주의에 공감했던 다른 사람들에 의해 공격을 받으면서 하나하나 전복되었다. 1930년대 중반 철학에 복귀했을 때 비트겐슈타인조차도 자신의 이전 견해를 공격하고 거부하고 세련되게 다듬는 데 그의 철학적 주의를 쏟았다. 오늘날 분석적 전통 안에서 연구하는 사람들은 여전히 실증주의자들을 움직이게 만들었던 핵심 쟁점들을 살피고 있지만, 젊은 철학자들 사이에서 좀 더 느긋하고 포용력 있는 분위기가 환영을 받는다. 어떤 철학자들은 논리 실증주의 프로그램의 부분들을 부활시키는 일까지 고려하고 있다. 이것은 논리 실증주의자들에게 동기 부여가

된 정신이 실제로 결코 폐기되거나 무너진 적이 없기 때문에 충분히 이해할만한 일이다. 밀고 나아갔을 때 실증주의 프로그램은 급속도로 쇠퇴했지만, 방법, 표준, 태도는 여전히 우리 곁에 남아 있다.

영국, 주로 옥스퍼드에서 논리 실증주의에 대한 공격은 여전히 러셀과 무어를 존경하는 철학자들이 수행했지만, 맨 먼저 영향을 발휘한 사람은 루트비히 비트겐슈타인이었다. 존 오스틴(John Austin), 길버트 라일(Gilbert Ryle), 그리고 옥스퍼드의 다른 철학자들은 철학적 문제를 "해결하는" 데 형식논리학을 사용하는 것을 반대했으며, 무어와 후기 비트겐슈타인에게서 유래하는 일상언어와 상식철학 쪽으로 움직였는데, 후기 비트겐슈타인은 철학적 문제를 해소하기 위해 기호논리학을 사용하는 일에 등을 돌렸다.[배경 3.1―전기 비트겐슈타인과 후기 비트겐슈타인의 구별 및 이 구별이 필요한 이유]

미국에서 실증주의에 대한 가장 가차 없는 비판자는 하버드대학교의 윌러드 밴 오만 콰인(Willard Van Orman Quine)이었다. 콰인은 비엔나에서 공부하고, 비엔나 학단과 만났으며, 카르납과 가까운 친구 사이였는데, 카르납은 에이어와 더불어 비엔나 학단이 허물어지는 순간에도 실증주의를 완강하게 옹호하면서 세련되게 다듬으려 시도했던 사람이었다. 카르납과 콰인 사이의 전설 같은 서신 왕래, 대화, 논쟁은 여러 해 동안 진행되었다. 분석철학에서 그가 미친 영향과 수준에서 볼 때 콰인은 분석철학의 창시자들, 즉 프레게, 러셀, 무어, 비트겐슈타인 바로 뒤에 가까스로 위치한다. 비록 콰인이 자신을 경험주의자라 칭하긴 했지만, 그의 철학은 미국 실용주의자들인 존 듀이(John Dewey)와 윌리엄 제임스(William James)의 전통에도 뿌리를 두었는데, 그런 까닭에 그는 분석철학의 주류에 미국적 향기를 추가했다. 비엔나 학단을 움직인 동기들에 반대하지 않았지만, 콰인과 그의 실용주의적 추종자들은 『논리철학론』과 실증주의자들의 기본 신조들에 대해 불만스러워했다.

이 장에서는 실증주의 프로그램과 그에 대한 콰인의 비판, 그리고 콰인의 작업에서 자라난 현대 실용주의를 논의할 것이다. 다음 장에서는 옥스퍼드 일상언어철학을 개관하게 될 것인데, 둘 다 비엔나 학단의 논리 실증주의라는 배경을 염두에 둘 때만 이해가 될 것이다.

논리 실증주의의 문제는 그것이 충분히 멀리 가지 못했다는 것, 즉 논리 실증주의가 그 자신의 경험주의적 이상에도 맞지 않았다는 것이었다. 논리 실증주의는 낡은 방식 철학의 잔존물을 너무 많이 가지고 있었다.[1] 논리 실증주의는 여전히 이성주의와 형이상학—논리 실증주의가 제거하려 했던 것—에 물들어 있었다. 감각자료 이론에 대한 의존, 이런저런 향기의 환원주의, 의미, 형식논리학, 엄격하게 적용되는 유의미성 원리는 논리 실증주의자들의 경험주의가 자존심을 지닐 수 있기 위해 삭제되거나, 또는 적어도 비판적으로 음미될 필요가 있었다. 콰인은 이 기획을 "경험주의를 깔끔하게 정리하는 일"이라 부른다. 논리 실증주의는 바로 그 일이 필요했다.

## 검증가능성 유의미성 기준의 서거

논리 실증주의의 와해에서 가장 오래 끈 고통스러운 이야기는 검증가능성 유의미성 기준—만일 어떤 발언이 항진명제(또는 자체모순명제)이거나 경험적으로 검증가능하다(또는 반증가능하다)면, 그리고 오직 그 경우에만, 그 발언이 유의미하다는 주장—의 변경, 수정, 그리고 궁극적 사망에 이르기까지의 역사이다(간결하게 표현하기 위해 앞으로 나오는 정식화들에서는 괄호 안 요소들을 감출 것이다). 이 원리는 논리 실증주의의 심장부 근처에 있었고, 가장 유명한 신조이다. 검증가능성 유의미성 기준이 없다면, 논리 실증주의는 그것이 가진 침 대부분과 비과학적인 안개들의 공기를 없애는 자신의 기운을 상실한다. 지도적인 과학철학자이자 비엔나 학단의 가장 완강한 동맹자 중 한 사람인 칼 헴펠에 따르면, "현대 경험주의의 근본원리는 모든 비분석적 지식이 경험에 기초를 두고 있다"는 견해이다(Hempel 1950, 41쪽). 헴펠이 지적한 것처럼, 이 근본 원리는 검증가능성 유의미성 기준을 논리적으로 함의하지 않지만, 검증가능성 기준은 경험주의의 근본원리가 적용되는 방식이다. 실증주의자들의 형이상

---

1   "실증주의"라는 용어조차도 낡은 19세기의 구식 유물론적 철학을 연상시킨다. 이런 이유 때문에 비엔나 학단의 추종자들 중 많은 사람은 "논리 경험주의"라는 호칭을 선호했다. 이 용어법은 약간 혼란스러울 수 있다. 콰인과 헴펠은 그들을 "현대 경험주의자들"로 칭한다.

학, 신학, 윤리학, 미학 제거는 심리학이나 인간 인지의 한계에 기초를 둔 것이 아니라 언어의 의미론에 기초를 두고 있다. 이것은 "논리 실증주의"와 "논리 경험주의"에서 "논리"(logical)의 의미 부분이다. 그것은 논리의 적용에 의한 형이상학 제거이다.

> 모든 가치철학과 규범적 이론을 포함한 형이상학 영역에서 논리적 분석은 이 영역에서 주장된 진술들이 완전히 무의미하다는 부정적 결과를 낳는다. 그로 인해 극단적인 형이상학 제거가 달성되는데, 이러한 제거는 그 이전의 반형이상학적 관점들에서는 가능하지 않았다(Carnap 1959a/1932, 61쪽).

카르납의 의기양양한 주장에도 불구하고 검증가능성 유의미성 기준의 기본적 문제는 그 기준이 만족스러운 방식으로 정식화될 수 없다는 것이다. 검증가능성 기준은 형이상학을 제거하면서 실증주의자들이 가장 좋아하는 자연과학을 보유하는 방식으로 정식화될 수 없다. 헴펠은 그 문제를 그의 고전적 논문 "인지적 유의성에 대한 경험주의적 기준: 문제와 변화"(Empiricist Criterion of Cognitive Significance: Problems and Changes, Hempel 1965)에서 진술한다 (이 논문은 Hempel 1950의 수정판 논문이다. "인지적 유의성에 대한 경험주의적 기준"은 검증가능성 유의미성 기준의 또 다른 이름이다).

> 나는 의미에 대한 경험주의적 기준의 일반적 취지가 기본적으로 건전하며, 그 사용에서 지나치게 단순화하는 경우가 많음에도 불구하고 그 기준의 비판적 적용은 전체적으로 계몽적이고 유익하다고 생각한다. 그렇지만 그 일반적 착상을 (a) 순수하게 논리적인 것에 대한 진술과 경험적 유의성에 대한 진술, 그리고 (b) 인지적 유의성을 갖는 진술과 갖지 않는 진술 사이에 예리한 구분선을 확립하는 정밀하고 일반적인 기준 형태로 재진술할 가능성에 관해서는 확신이 덜하다(Hempel 1950, 102쪽).

헴펠이 반신반의했던 것은 올바른 일이었다. (a)와 (b)를 만족시키는 일은 엄청난 노력에도 불구하고 결코 이루어지지 않았기 때문이다.

검증가능성 유의미성 기준의 파멸의 씨앗은 비트겐슈타인의 『논리철학론』에서 이미 나타났지만, 비엔나 학단 회원들은 이를 무시하였다. 철학의 유일한 올바른 방법이 형이상학적 문장들의 무의미성을 증명하는 것이라는 그의 주장 바로 다음에(제2장 98쪽을 볼 것) 비트겐슈타인은 다음과 같이 말한다.

> 6.54 내 명제들은 다음과 같은 방식으로 독자를 깨닫게 해줄 것이다. 나를 이해하는 독자는 누구나 내 명제들을 계단으로 이용하여 내 명제들을 넘어섰을 때 마침내 내 명제들이 세계에 관해서는 헛소리라는 것을 깨달을 것이다(독자는 말하자면 내 명제를 사다리처럼 딛고 올라간 다음에 그 사다리를 버려야 한다). (Wittgenstein 1961b/1921, 151쪽)

그 다음 문장은 20세기 철학에서 가장 유명한 문장 중 하나이다. 그것은 『논리철학론』의 마지막 문장이다.

> 7. 우리는 말할 수 없는 것에 관해서는 말하려 하지 말아야 한다.[2]

유감스럽게도 비트겐슈타인 『논리철학론』의 다른 불편한 측면들에 대해서 그런 것처럼 비엔나 학단 회원들은 이 충고를 결국은 분별없이 무시했다.

검증가능성 유의미성 기준은 헛소리이거나 미심쩍은 슬로건으로 간주되게 되었다. 검증가능성 유의미성 기준에 따르면, 인지적으로 유의미한 문장은 항진명제, 즉 분석명제이거나 경험적으로 검증가능한 문장이다. 이외의 다른 어떤 문장도 무의미하다. 그러나 이 기준은 이제 검증가능성 유의미성 기준 자체에 적용될 수 있다. 만일 이 기준 자체가 항진명제라면, 그 기준은 분석명제이며, 그래서 아무런 힘이 없다. 그 기준은 그저 어떤 사람이 어떤 용어들을 정의

---

2   이 문장은 어색한 영어 번역과 비교하여 시적이기 때문에 독일어 원문을 제시할 가치가 있다. *Wovon man nicht sprechen kann, darüber muss man schweigen.*

하기 위해 선택한 방식만을 나타낼 뿐이다. "유의미한"의 표준적 의미에 대한 진술로서 그 기준은 확실히 올바르지 못하다. 한편 그 기준은 경험적 명제, 적어도 옳을 어떤 가망이 있는 경험적 명제도 아니다. 따라서 검증가능성 유의미성 기준은 결국은 그 기준이 제거하려 했던 형이상학적 헛소리 자체의 예가 되는 셈이다.

이에 대한 응답으로 에이어, 카르납, 헴펠은 검증가능성 유의미성 기준 자체가 인지적으로 무의미하다는 데 동의하지 않을 수 없었고, 그래서 결과적으로 그 기준이 제안, 즉 권고임을 시사했다. 그러나 형이상학적 숙고나 도덕적 이론 구성을 하고 싶어 하는 누군가가 왜 이 권고를 승인해야 하는지는 대답되지 않은 채로 남아 있었다. 물론 그들은 그 권고를 승인하지 않을 것이고, 승인하지 않았다. 자기 언급 문제로는 검증가능성 유의미성 기준 홍보 운동을 끝내기에 충분치 않았지만, 다른 전문적 문제들도 있었다. 1950년대가 한참 진행 중일 때 좀 더 사람들의 마음을 끄는 즐거운 철학적 스포츠들 중 하나는 검증가능성 유의미성 기준의 어떤 특정 정식화에서 전문적 결함을 찾아내는 것이었다. 그 기준의 어떤 옹호자가 어떤 전문적 반론에 대처하기 위해 그 기준을 수정하곤 했는데, 그러면 그 다음에는 또 다른 비판자가 새로운 정식화에서 또 다른 전문적 결함을 찾아내곤 했다. 다행히 우리는 그 에피소드를 간추릴 필요가 없다. 그 에피소드에 관한 여러 권의 풍부한 문헌이 있는데, 그 중 많은 것이 헴펠 논문에서 탐사된다. 1960년대쯤이면 미처 뉴스를 접하지 못한 소수 몇 명의 성질 급한 2학년 철학 전공자들을 제외하고는 누구도 더 이상 검증가능성 유의미성 기준을 받아들이지 않았다. 부끄럽지만 나도 그들 사이에 속해 있었다는 것을 인정한다. 나는 아직도 그 실망감을 완전히 극복하지 못했다.

검증가능성 유의미성 기준의 서거에 대한 좀 더 유망한 반응 중 하나는 그 기준을 반증 원리(principle of falsification)로 대치하려는 칼 포퍼(Karl Popper)의 시도였다. 포퍼는 비엔나 학단 회원들과 똑같은 시기의 비엔나 철학자이자 사회이론가였지만, 포퍼는 그들과 제휴하지 않았다. 그는 자신을 "공식적 반대자"로 생각했다. 그렇지만 철학적 기질에서 포퍼는 비엔나 학단과 가까웠으며, 주류가 아니라도 언제나 분석철학의 흐름 속에 있었다.

검증가능성 유의미성 기준에 대한 반대 외에 논리 실증주의자들 및 다른 많은 분석철학자들로부터 포퍼를 구별해주는 또 다른 핵심 쟁점은 그가 비트겐슈타인을 충분히 우상화하지 않았다는 것이다. 포퍼는 자신을 우상화했다.

대부분의 비엔나 학단 회원과 마찬가지로 포퍼는 나치즘으로부터의 피난자였다. 비록 그가 기독교인으로 양육되었고, 그의 부모 모두 자신들을 기독교인이라고 생각했지만, 그의 가계는 유대계였다. 나치에게는 그것이 충분히 유대적인 것이었으며, 포퍼의 이야기는 개략적으로 독일과 오스트리아의 다른 많은 지도적인 철학자와 과학자들 이야기와 비슷하다. 먼저 그는 뉴질랜드로 이주했다가 그 뒤 1946년 영국으로 옮겼는데, 여기서 그는 런던정경대학(London School of Economics) 철학교수가 되었다. 영국에서의 삶은 포퍼에게 잘 맞았다. 그는 1965년 칼 포퍼 경(Sir Karl Popper)이 되었다.

포퍼의 반증 원리 배후의 착상은 검증가능성에 초점을 두는 대신 우리는 어떤 주장이나 이론을 반증할 관찰들만을 살펴야 한다는 것이다.

> 따라서 분명히 다른 구획 기준이 필요했다. 그래서 나는 어떤 이론적 체계에 대한 논박가능성이나 반증가능성을 구획 기준으로 삼아야 한다고 제안했다 (비록 내가 이 제안을 내놓기 전에 여러 해가 경과했지만). 내가 여전히 지지하는 이 견해에 따르면, 어떤 체계가 관찰과 충돌할 수 있는 관찰들을 만들 경우에만 그 체계는 과학적인 것으로 간주된다. 그리고 체계는 실제로 그러한 충돌을 산출하려는 시도들, 즉 그 체계를 논박하려는 시도들에 의해 시험된다. 따라서 시험가능성은 논박가능성과 똑같은 것이며, 그래서 마찬가지로 구획 기준으로 간주될 수 있다(Popper 1963, 256쪽).

과학적이려면 이론은 원리적으로 반증가능해야 한다. 우리는 어떤 시험들이 그 이론을 논박할 것인지 알아야 한다. 자신의 원리를 적용하여 포퍼는 마르크스주의가 반증불가능하다고 논했던 것으로 유명하다. 한편 마르크스주의자들은 언제나 자신들의 이론이 과학적 이론이라고 열성적으로 주장하였다. 논쟁은 우호적이지 않았다. 경험주의자들은 마르크스주의를 비과학적이라고 했던 반면에, 마르크스주의자들은 경험주의를 특히 현상주의와 연결될 경우에 반동적인 부르주아 교의라고 하여 비난했다(제2장, 108-9쪽을 볼 것). 마르크스주의의 공식 철학은 변증법적 유물주의였는데, 형이상학적, 또는 더 나쁘게 종교적이라는 이유로 포퍼가 마르크스주의에 가한 공격은 좌파들 사이에서 인기가 없었다. 결국은 마르크스주의자들이 맞고 포퍼는 틀린 것으로 드러났다. 마르크스주의는 반증가능하다. 마르크스주의의 핵심 교의들 대부분은 역사에 의해 반증되었다. 나중에도 포퍼는 공산주의에 대한 공격을 계속했는데, 공산주의가 민주주의와 자유와 모순된다고 주장했다. 대신 그는 자유민주주의에 기초한 "열린사회"(open society)를 지지했다(포퍼의 정치철학에 대한 논의는 제8장, 415-6쪽을 볼 것).

아 슬프게도 반증가능성 기준은 검증가능성 기준과 똑같은 종류의 문제에 봉착한다. 주된 반론은 과학적 이론이나 주장이 포퍼가 그리는 것처럼 보이는 직접적 방식으로 시험가능하거나 반증가능하지 않다는 것이다. 포퍼도 다윈의 자연선택 이론이 자신의 시험을 통과하지 못한다는 것을 인정하였다. 그 이론은 결정적 실험을 허용하지 않는다. 포퍼에 따르면, 그 이론은 유용한 형이상학이다. 이것은 그 자체로 그의 기준을 결딴내기에 충분하다. 그렇지만 문제는 좀 더 체계적이다. 과학적 이론과 주장들은 시험과 시도들이 개별 이론이나 주장이 아니라 전체 망하고만 관계되는 방식으로 믿음과 이론들의 전체 망에 걸려든다고 콰인은 주장하였다(이 주장은 아래에서 자세히 논의된다). 포퍼의 반증가능성 기준은 여전히 너무 좁고 너무 형식적이며 너무 엄밀하다. 만일 우리가 그의 반증가능성 기준을 적용한다면, 다윈 이론과 변증법적 유물주의가 그런 것처럼 너무 많은 것이 비과학적 이론이 될 것이다.

그렇지만 포퍼의 반증가능성 기준은 검증가능성 기준만큼 엄밀하지 않다. 포퍼는 그의 기준을 결코 유의미성 기준으로 삼으려 의도하지 않는다. 포퍼에 따르면, 시험가능성은 과학과 형이상학을 구획하거나 구별하는 데 도움이 되지만, 형이상학은 무의미하지 않으며, 단지 비과학적일 뿐이다. 포퍼는 검증가능성과 논리 실증주의에 대해 비판적이다.

간단히 말해 내 기본신조는 이런 것이 된다. 즉 과학과 형이상학의 구획이
의미와 무의미의 구획과 일치한다는 것을 보여주려는 루돌프 카르납의 거듭
된 시도는 실패해왔다. 그 이유는 '의미'나 '뜻'(또는 검증가능성이나 귀납
적 확증가능성 등)이라는 실증주의적 개념이 이 구획을 달성하는 데—단지
형이상학이 과학이 아니라고 해서 무의미할 필요가 없기 때문에—부적당하
다는 것이다. 모든 변형된 형태에서 무의미성에 의한 구획은 너무 좁으면서
동시에 너무 넓은 것이 되는 경향을 보여 왔다. 모든 의미와 모든 주장에 대
한 것으로서는 그 구획은 과학적 이론들을 무의미한 것으로 배제하는 경향
이 있었던 반면에, '이성신학'(rational theology)으로 알려진 형이상학 부분
조차도 배제하지 못한다(Popper 1963, 253쪽).

이 말은 검증가능성 기준의 실패에 대한 공정한 진술이다.

## 분석/종합 구별에 대한 콰인의 거부

분석/종합 구별 또한 논리 실증주의 프로그램에서 핵심 역할을 한다. 이 구별은
검증가능성 유의미성 기준에 대한 진술—"명제로 추정되는 것은 항진명제이거
나 경험적으로 검증가능하다면, 그리고 오직 그 경우에만, 유의미하다."[3]—에
서 역할을 한다. 그 구별은 또한 앞장에서 설명한 논리 실증주의자들 프로그램
의 첫 번째, 세 번째, 네 번째 부분들에서도 역할을 하는데, 콰인은 그 구별이
실증주의자들의 환원주의와도 밀접하게 연관되어 있다고 주장하였다. 이 부분
들은 다음과 같다.

검증가능성 유의미성 기준에 의한 형이상학, 윤리학, 미학, 신학의 제거.

---

3  이 논의의 목적상 "항진명제"와 "분석적으로 옳은 명제"는 똑같은 것을 의미하며, 대부분 맥
락에서 두 표현은 콰인이 지적하는 차이가 있다 할지라도 상호 교환가능하게 사용될 수 있다. 또
한 우리는 다른 지적이 없는 한 "분석적"이 "분석적으로 옳은"을 의미하도록 사용할 것이다.

> 논리학과 수학은 오직 항진명제들로 이루어진다. 이것들은 언급 내용이 전혀 없는 형식적 진리들이다.

> 필연적이거나 선천적인 모든 명제는 항진명제이다. 우연적이거나 후천적인 모든 명제는 종합명제이다. 분석적으로 옳은 = 항진적 = 선천적 = 필연적. 종합적 = 후천적 = 우연적. 선천적 종합명제는 없다.

이 모든 것들은 논리 실증주의, 그리고 일반적으로 논리 경험주의에 대해 명확하게 들어맞는 것들이다.

검증가능성 유의미성 기준과 달리 분석/종합 구별은 직관적이고 유용하며, 거의 비위에 거슬리지도 않는다. 다소간에 현대적 형태의 분석/종합 구별은 칸트에 의해 대중화되었으며, 그의 시대 이래로 철학자와 논리학자들에 의해 널리 사용되었다. 그리고 검증가능성 유의미성 기준과 달리 분석/종합 구별은 비경험주의자와 경험주의자 모두 똑같이 열심히 사용하였다. 그 구별은 우호적 태도를 지니는지와 상관없이 철학자들의 기본 장비의 일부가 되었고, 그런 상태로 남아 있다.

콰인은 그 구별의 호소력을 쾌히 인정하지만, 그 구별을 가정할 때 경험주의자들이 형이상학에 빠져들고 있다고 주장한다.

> 그러나 그것의 선천적 합당함에도 불구하고 분석진술과 종합진술의 경계선은 전혀 그어지지 않았다. 어쨌든 그어야 할 그러한 구별이 있다는 것은 경험주의자들의 비경험적 독단, 즉 형이상학적 신조이다(Quine 1961b/1951, 37쪽).

검증가능성 기준의 경우에서처럼 논리 실증주의자들은 그들 자신의 동조자들에 의해 형이상학적이라고 비난받았다. 만일 이 점에 관해 콰인이 올바르다면, 현대 경험주의자들은 그들의 전체 프로그램을 다시 세워야 한다. 콰인의 도전은 무시될 수 없다.

   논리 실증주의에 대한 콰인의 비판은 그의 고전적 논문 "경험주의의 두 가지 독단"(Two Dogmas of Empiricism, Quine 1961b/1951)을 통해 가장 잘 알려져 있다. 이 논문은 분석철학 역사에서 가장 널리 읽히고, 인용되고, 다시 인쇄된 논문이다.[4] "경험주의의 두 가지 독단"은 콰인이 경험주의의 "독단들"에 대한 그의 비판을 상세히 전개한 일련의 논문과 저작들 중 단 한 편의 논문일 뿐이지만, "경험주의의 두 가지 독단"의 출판은 경험주의에 공감하는 사람들이 논리 실증주의 프로그램에 가한 공격의 전환점이었다.

   첫 단락에서 콰인은 그의 목표를 분명하게 진술한다.

   현대 경험주의는 대부분 두 가지 독단에 의해 조건지어져왔다. 하나는 분석적인, 즉 사실 문제와 무관하게 의미에 근거를 둔 진리들과, 종합적인, 즉 사실에 근거를 둔 진리들 사이에 근본적인 어떤 틈이 있다는 믿음이다. 다른 독단은 환원주의, 즉 각각의 유의미한 진술이 직접 경험을 언급하는 용어들로 이루어진 어떤 논리적 구성체와 동등하다는 믿음이다. 나는 두 독단 모두 근거가 없다고 주장할 것이다(Quine 1961b/1951, 20쪽).

이른바 두 가지 "독단" 중 두 번째 독단—환원주의—은 논리 실증주의자들 프로그램의 여섯 번째 부분이다. 독단이기는커녕 그것은 적어도 현상주의적 형태로 비엔나 학단 회원들에 의해 논쟁이 벌어졌었다. 맞다. 에이어 같은 논리 경험주의의 어떤 핵심 인물들은 일찍이 카르납이 그랬던 것처럼 현상주의적 환원주의를 받아들였지만, 그들은 그것에 관해 독단적이지 않았다. 그렇지만 앞에서 살펴보았던 것처럼 첫 번째 "독단"은 논리 실증주의의 전체 철학에 근본적이다. 비엔나 학단 회원들은 그것을 결코 의문시하지 않았다.

   콰인의 논문 같은 유명하고 존경받는 원천으로부터 우리는 "아하! 놀라워라! 대단한 통찰력이군!"처럼 숨을 헐떡거리면서 맞이하는 논증에 기초를 두고 분

---

4   이 논문에 필적할 수 있는 유일한 논문은 러셀의 "지시에 관하여"(On Denoting)일 것이다. 구글 학술검색(Google Scholar)에 따르면, 콰인 논문은 3660건의 온라인 인용사례를 기록한 반면에, 러셀 논문은 겨우 2430건을 기록하고 있다.

석/종합 구별의 폭파를 기대할 것이다. 아이러니컬하게도 콰인의 "두 가지 독단"(보통 그렇게 불림)에서 그러한 논증들은 전혀 발견되지 않는다. 철학자들은 여전히 그의 논증들이 무엇인지—전제들과 추론뿐만 아니라 결론에 대해서까지—논쟁을 벌이고 있다. 콰인은 분석명제가 아예 없다고 주장했는가, 아니면 분석명제라는 개념이 이치에 닿지 않는다고 주장했는가?

콰인 논증들의 일반적 착상은 세부 내용들이 논쟁이 된다 할지라도 이해할 만하다. 여러 가지 전문적 고찰을 통해 콰인은 분석성 개념이 명료해질 수 없거나, 그렇지 않으면 그 명료화 작업이 순환적이라고 주장한다. 분석성 개념을 설명하기 위해서는 철학자들은 동의성(synonymy) 같은 다른 개념들에 호소해야 하는데, 이 다른 개념들은 가망이 없을 정도로 불명료하거나, 도로 분석성 개념에 의존한다.

지금은 약간 구식이 되었지만 철학자들이 가장 좋아하는 분석명제의 예는 "모든 총각은 미혼이다"이다. 분석성은 어떻게 설명되는가? 그것은 "총각"이라는 낱말에 대한 정의 + 표준 논리학에 달려 있다. 정의상 "총각"이라는 용어는 "미혼 남자"와 동의어이다. 그러나 그 용어들이 동의어라는 말은 무엇을 의미하는가? 그것들이 똑같은 것을 의미한다는 것을 의미한다. 다시 말해서 "모든 총각은 미혼 남자이다"는 분석적이다. 이렇게 되면 우리는 악순환에 빠지게 된다.

> 분석성은 처음에는 의미의 영역에 호소함으로써 가장 자연스럽게 정의될 수 있는 것처럼 보였다. 세밀하게 다듬다 보면 의미에 대한 호소는 동의성이나 정의에 대한 호소로 대체되었다. 그러나 정의는 이룰 수 없는 환상임이 드러났고, 동의성은 분석성 자체에 대한 선행 호소에 의해서만 가장 잘 이해되는 것임이 드러났다. 그래서 우리는 분석성 문제로 되돌아가게 된다(Quine 1961b/1951, 32쪽).

콰인에 따르면, 이 순환을 끊을 방법이 전혀 없다.

분석/종합 구별에 대한 콰인의 공격은 실은 실증주의자들이 사용한 의미 개념에 대한 공격인데, 이 의미 개념은 실증주의자들이 전통 철학과 상식으로부터 무비판적으로 물려받은 것이었다. "두 가지 독단"과 다른 유명한 저작들에서 콰인은 순수하게 의미론적으로(언어적으로 또는 약정적으로) 어떤 용어와 연관해서 그 용어의 의미인 개념이나 관념이 있다는 견해를 공격한다. 이 상식적 견해에 따르면, 언어적 의미는 비언어적인 경험적 사실들과 예리하게 구별된다. "궐련"(cigarette)에 대한 정의를 생각해보라.

> 궐련: 흡연을 의도하여 종이로 싸서 가느다랗게 말은 잘게 썬 담배. 또한 비슷하게 말은 또 다른 물질(마리화나 같은). (메리암웹스터 영영사전(Merriam-Webster Dictionary))

추측컨대 이 인용구는 "궐련"이라는 낱말의 의미를 제시할 것이다. 또한 추측컨대 이 인용구는 분석명제들을 산출할 것이다. 예컨대 "궐련은 흡연을 의도한 것이다."를 들 수 있다. 한편, 궐련에 관한 경험적 사실은 예컨대 궐련을 피우는 일이 폐암을 일으킨다는 것이다. 이 사실은 "궐련"에 대한 정의로부터 따라 나오지 않는다. 그 사실을 입증하는 데에는 경험적 요구가 요구되었다. 아무도 궐련이 흡연용인지 연구하지는 않을 것이다. 그것은 정의에 의해 옳다. 이것이 바로 콰인이 이의를 제기하는―이의를 제기할 뿐만 아니라 욕하는―구별이다.

> 나의 현재 제안은 임의의 개별 진술의 진리성에서 언어적 성분과 사실적 성분에 대해 말하는 것이 헛소리이며, 많은 헛소리의 근원이라는 것이다. (Quine 1961b/1951, 42쪽)

이것을 우리에게 납득시키는 일은 콰인에게는 어려운 일일 것이다. 그 구별은 많은 예에 의해 뒷받침되는 상식적 구별이며, 그 구별이 많은 헛소리의 원천이라는 주장은 잘해봤자 과장된 이야기인 것처럼 보인다.

그럼에도 불구하고 콰인의 주장은 더 깊이 반성해보면 전혀 설득력이 없는 것이 아니다. 만일 우리가 "정의"의 부분들이 경험적인 것처럼 보인다고 생각한다면—예컨대 비슷하게 말은 또 다른 물질(마리화나 같은)—, 우리는 어느 정도 분석성의 문제라는 관념에 도달할 수 있다. 마리화나를 포함하는 "궐련"의 외연이 "궐련"이라는 용어의 원래 의미의 남용인가, 확장인가, 부분인가? 그리고 궐련들이 종이로 싸여 있다는 주장조차도 그저 일반적인 경험적 주장 아닌가? 그 주장이 실제로 분석적인가? 궐련은 종이 이외의 다른 물질들로 만들어질 수 없는가? 실제로는 그런 것들이 있지 않은가? 얇은 종이로 싸여진 궐련? 또는 그런 것들이 있다고? 이것은 경험적 물음 아닌가? 그리고 어쨌든 "종이"에 대한 정의는 정확히 무엇인가? 우리는 "궐련"의 순수한 언어적 의미 요소들과 궐련에 관한 경험적 사실들이나 일반진술들을 구별하는 일의 어려움을 깨닫기 시작한다. 이렇게 해서 "궐련"이라는 용어가 순수 언어적 의미를 갖는다는 생각은 점점 약해지기 시작한다.

철학자들이 종종 여전히 "분석적"과 "종합적"이라는 용어들을 사용하고 있고, 많은 사람이 정의에 의한 진리와 경험적 진리의 구별을 승인한다 할지라도, 우리는 떳떳한 마음에서 그렇게 하는 것이 아니다. 어쨌든 지금은 누구도 분석/종합 구별이나 언어적 의미라는 개념이 실증주의자들이 그것들을 통해 하려고 했던 모든 일을 할 수 있다고 믿지 않는다.

## 독단 없는 콰인 식 경험주의

### 전체론

콰인은 전혀 반경험주의자가 아니다. 콰인은 논리 실증주의자들보다는 덜 독단적이고 더 실용적인 경험주의자로 보이는 쪽을 선호할 것이다. 나중에 쓴 글의 인용문을 보면 콰인의 말은 러셀처럼 들린다. 콰인은 "상대적 경험주의"라는 용어를 사용한다.

상대적 경험주의의 격률: 감각적 증거로부터 당신이 필요로 하는 것보다 더 나아가는 모험을 하지 말라. 우리는 물질에 대한 언급을 감각에 대한 언급으로 번역하는 낡은 희망을 버렸을 때 극단적 경험주의를 버렸다. 그러나 상대적 형태의 경험주의는 여전히 자천하고 있다(Quine 1974, 138쪽).

이 콰인 식 경험주의는 세부적으로 어떻게 생겼는가? 이 점에 대해 무언가 생각에 도달하려면 우리는 두 번째 "독단"—환원주의라는 "독단"—에 대한 콰인의 비판을 살펴보아야 한다. 이 독단을 제거함으로써 우리는 상대적 경험주의와 지지될 수 없는 극단적 경험주의를 구별할 수 있다.

콰인에 따르면, 두 독단은 상호교환가능한 것이며, 똑같은 오류에 기초를 두고 있다.

> 환원주의라는 독단은 … 다른 독단, 즉 분석명제와 종합명제 사이에 틈이 있다는 주장과 밀접하게 연관되어 있다. … 한 독단은 다른 독단을 분명히 이런 식으로 지지한다. 어떤 진술의 확증과 파기에 대해 말하는 것이 일반적으로 의미 있다고 간주되는 한, 무슨 일이 생기더라도 사실상 공허하게 확증되는 제한된 종류의 진술에 대해 말하는 것 또한 의미 있는 것처럼 보인다. 그리고 그러한 진술이 분석적이다.
>   두 독단은 근본적으로 동일하다. (Quine 1961b/1951, 41쪽)

콰인에 따르면 그러한 해악은 유의미성의 단위가 진술이라는 견해에 의해 야기된다.

철학은 지속적으로 의미 기반의 폭을 넓히는 일을 봐왔다. 로크와 흄 같은 고전적 경험주의자들은 개별 용어를 유의미성의 단위로 간주하였다. 각각의 용어는 그것의 의미를 이루는 감각적 개념이나 관념과 연관되었다. 예컨대 "금"은 "펴질 수 있고 썩지 않는 노란 금속"이라는 복합개념을 명명했다. 프레게, 그리고 그를 따라 러셀과 비트겐슈타인은 어떤 용어가 진술의 맥락에서만 의미를 갖는다—그 진술이 의미의 단위다—고 주장했다. 콰인에 따르면, 우리는 여전히 더 나아가야 한다.

러셀이 사용한 정의 개념[예컨대 한정기술에 대한 그의 분석]은 이미 언급했던 것처럼 로크와 흄의 불가능한 용어 단위의 경험주의에 비해 진전이었다. 러셀 때문에 용어가 아니라 진술이 경험주의적 비판의 책임을 떠맡을 수 있는 단위로 인정받게 되었다. 그러나 내가 지금 강조하는 것은 진술을 단위로 간주할 때조차도 우리가 모눈종이의 눈금을 너무 세밀하게 그렸다는 것이다. 경험적 유의미성의 단위는 과학 전체이다(Quine 1961b/1951, 42쪽).

비엔나 학단의 현대 경험주의자들과 그 동맹자들은 "모눈종이의 눈금을 너무 세밀하게" 그렸기 때문에 독단적 어려움에 처하게 되었다. 콰인의 반론은 진술이 개별적으로는 검증되거나 반증될 수 없다는 것, 또는 심지어 개별적으로는 의미도 가질 수 없다는 것이다. "경험적 유의미성의 단위는 과학 전체이다"라는 그의 견해는 "전체론"(holism)이라 불린다. 전체론은 콰인 철학의 기초이다. 그것은 논리 실증주의에 대한 그의 비판과 그의 좀 더 건설적인 견해들의 원천인데, 이에 대해서는 간단하게 기술할 것이다.

콰인은 자칭 경험주의자이며, 그래서 그에 따를 때 경험은 믿음의 조정과 지식의 달성에서 결정적 역할을 한다. 그 역할은 실증주의자들이 그렸던 진술 단위 검증(또는 심지어 포퍼주의자의 반증)이 아니다. 콰인에 따르면, 경험은 개별 진술들의 진리성이나 허위성을 직접적으로 결정하지 않는다. 콰인에 따르면, 실증주의자들과 다른 현대 경험주의자들은 지식의 전체론적 특성을 인식하지 못했다.

지리와 역사의 아주 우연적인 문제들에서부터 원자물리학, 또는 심지어 수학과 논리학의 가장 심오한 법칙들에 이르기까지 이른바 우리의 지식이나 믿음들 전체는 가장자리를 따라서만 경험과 충돌하는 인공 직물이다. 또는 비유를 바꾸자면, 전체 과학은 경험을 경계 조건으로 가진 힘의 장과 비슷하다. 바깥둘레 경우들에서 경험과의 충돌은 그 장의 내부에서 재조정된다. 우리의 진술들 중 어떤 것들에 대해 진리치가 재배분된다. 어떤 진술들에 대한 재평가는 논리적 상호연관 때문에 다른 진술들에 대한 재평가를 수반한다— 논리 법칙들은 다시 단지 그 체계의 또 다른 어떤 진술, 즉 그 장의 또 다른

어떤 요소들일 뿐이다. (Quine 1961b/1951, 42쪽)

믿음의 망, 즉 지식이나 과학의 모든 것의 단일 망은 콰인 식 전체론에 대한 뿌리 은유(root metaphor)이다.

## 콰인-뒤엠 논제

믿음의 망은 물론 기하학적으로 구성된 거미의 둥근 거미줄이 아니라 약간 무질서한 혼합체이다. 더 나아가 사람들마다, 또는 문화의 계층들마다 약간은 서로 다른 망을 가질 수 있다. 믿음의 망에는 널리 분산된 여러 복합적 요인이 있다. 망이나 망들이 경험과 조정되고, 맞추어지고, 조화를 이루는 방식, 그리고 내적 충돌이 일어날 때 그것들이 해결되는 방식은 기계적이거나 형식적인 과정이 아니다. 급박한 상황에 대처하기 위해 어떤 진술들과 어떤 지식 조직 부분들이 조정되는지는 경험이나 다른 어떤 것에 의해 결정되지 않는다. 그 체계 내에서 움직일 수 있는 것의 여지가 많이 있다.

전체론에 따르면, 경험은 그 망의 가장자리에서만 망과 만난다. 다루기 까다로운 경험들을 수용하기 위한 그 체계의 조정은 어떠한 직접적인 방식으로도 결정되지 않는다. 우리는 관찰이 우리가 기대한 방식대로 일어나지 않을 때 그 체계를 어떻게 조정해야 할지에 관해 많은 선택지를 가지고 있다.

> 그러나 전체 장은 임의의 단일 반대 경험에 비추어 어떤 진술들을 재평가해야 하는지에 대하여 많은 선택의 폭이 있을 정도로 경계 조건, 경험에 의해 완전히 결정되지 않는다. 어떠한 특정 진술들도 전체로서의 장에 영향을 미치는 평형에 대한 고려를 통해 간접적으로 연관되는 경우를 제외하면 그 장의 내부에 있는 어떠한 특정 진술들과도 연관되어 있지 않다(Quine 1961b/1951, 42-3쪽).

논리학과 수학의 법칙들조차도 수정에서 면제되지 않는다. 직접 경험에 관한 진술들도 명백히 모순되는 관찰에 의해 직접적으로 반증가능하지 않다. 무엇이든 언제나 다 가능성이 있거나, 또는 다소 형식적으로 무엇이든 다 수정 가능성이 있다. 신성불가침한 것은 없다. 즉 분석적인 것도 선천적인 것도 순수하게 관찰적인 것도 신성불가침한 것이 아니다.

> 개별 진술의 경험적 내용에 대해 말하는 것은 오도적인데, 만일 그 진술이 그 장의 경험적 바깥 경계에서 멀리 떨어져 있는 것이라면 특히 그렇다. 더 나아가 우연적으로 경험에 달려 있는 종합진술과 무슨 일이 일어나든 성립하는 분석진술의 경계를 그으려 하는 것은 어리석은 일이 된다. 만일 우리가 그 체계의 다른 곳에서 아주 철저하게 조정을 감행한다면 어떤 진술이라도 무슨 일이 일어나든 간에 옳을 수 있다. 바깥 경계에 아주 가까이 있는 진술조차도 망상에 호소함으로써, 또는 논리적 법칙이라 불리는 종류의 어떤 진술들을 수정함으로써 다루기 까다로운 경험에 직면해서도 옳을 수 있다. 반대로 같은 이유로 어떤 진술도 수정에서 면제되지 않는다. 배중률이라는 논리법칙조차도 양자역학을 단순화하는 수단으로 수정하자고 제안되었다. (Quine 1961b/1951, 43쪽)

이론이나 지식 수정에 대한 이 견해는 "콰인-뒤엠 논제"(Quine-Duhem Thesis)[5]에 기초를 두고 있다. 콰인-뒤엠 논제는 임의의 이론이 어떠한 관찰이라도 수용할 수 있다는 주장이다. 포퍼가 주장했던 것에도 불구하고 과학적 이론은 반증 증거로 가정되는 것에 의해 직접적으로 논박될 수 없다. 그러한 반증 증거는 그 이론이 아닌 다른 곳을 변화시킴으로써 언제나 수용될 수 있다. 예컨대 그 이론을 뒷받침하는 가정, 논리, 또는 지적 환경에서 수용안들이 만들어질 수 있다. 더 나아가 어떤 관찰이라도 무한한 수의 서로 다르면서 부정합하는 이론들에 의해 수용되거나 설명될 수 있다. 따라서 과학적 이론들은 근본적으로 관찰 증거에 의해 미결정된다. 이론에 대한 검증과 반증은 언제나 사태가 어떻

---

5   피에르 뒤엠(Pierre Duhem)은 19세기 말에서 20세기 초의 이른 시기까지 활동했던 프랑스 물리학자이자 과학철학자였는데, 오늘날 분석철학자들 사이에서는 일차적으로 그의 이름을 딴 논제 때문에 알려져 있다.

게 작동하는지에 관한 수많은 보조 가정과 가설에 의존한다. 이론을 바꾸는 것이 아니라 오히려 이 가정이나 가설들이 관찰을 수용하기 위해 재조정될 수 있다. 관찰들 자체 또한 이론 적재적(theory laden)이므로―그것들은 감각기관의 장비나 기능, 또는 사람들 집단 사이의 협동에 의존한다―, 관찰은 평가절하되거나 재해석될 수 있다. 이렇게 해서 콰인-뒤엠 논제와 전체론은 서로 지지하고 서로 설명한다.

### 근본 번역의 비결정성

콰인은 의미에 대한 또 다른 습격용으로 콰인-뒤엠 논제를 사용하였다. 그의 가장 유명한 책『말과 사물』(*Word and Object*, Quine 1960)에서 콰인은 번역을 어떤 형태의 이론 구성으로 취급한다. 그는 우리에게 그가 "근본 번역"(radical translation)이라 부르는 것에 관해 생각해보라고 요구한다. 인류학자나 언어학자는 완전히 무관한 미지의 언어의 번역을 시도하고 있다. 번역자는 전적으로 피조사자들의 행동을 관찰하는 일과 그들이 하는 말소리를 경험하는 일에 의존한다. 언어학자가 자신의 번역에 착수할 때 그는 토착민 낱말 의미에 대한 이론을 만들고 있다. 그 언어학자는 피조사자가 토끼가 뛰어갈 때 "가바가이"(Gavagai)라고 말하는 것을 주목하고, "'가바가이'는 '토끼'를 의미한다."고 적는다. 하지만 잠깐만! 좀 천천히 생각해보자.

> 왜냐하면 '가바가이'를 생각해보라. 이 용어가 적용되는 대상들이 결국은 토끼가 아니라 단순히 토끼가 움직이는 단계들이거나 짧은 시점의 토끼 단면인지를 누가 아는가? 어느 경우든 '가바가이'에 대한 동의를 불러일으키는 자극 상황은 '토끼'에 대해서도 똑같을 것이다. 또는 어쩌면 '가바가이'가 적용되는 대상은 토끼의 분할되지 않은 모든 부분일 수도 있다. … '가바가이'와 '토끼'의 자극 의미가 같다는 사실로부터 그 언어학자가 가바가이는 있는 그대로의 지속적인 토끼라는 결론으로 비약할 때, 그는 그저 토착민이 토끼에 대해 간단한 일반명사로 표현하고, 토끼가 움직이는 단계나 토끼의 부분들에 대해서는 간단한 일반명사로 표현하지 않을 정도로 우리와 충분히

닮았다는 것을 당연시하고 있다. (Quine 1960, 51-2쪽)

콰인은 "가바가이"가 의미하는 것에 관해 문제의 사실이 없다는 것을 암시하고 싶어 한다.

이 점은 번역 일반에 적용된다.

> 한 언어를 다른 언어로 번역하기 위한 편람은 다양한 방식으로 만들어질 수 있는데, 이 방식들 모두 담화 성향들 전체와 양립가능하지만, 서로 간에는 양립불가능할 수 있다. 무수한 장소에서 그 편람들은 한 언어의 문장에 대한 그 편람들 각각의 번역들로서 아무리 느슨하다 하더라도 서로 그럴듯한 종류의 동등성이 전혀 성립하지 않는 다른 언어의 문장들을 제시하면서 갈라질 것이다. (Quine 1960, 27쪽)

이 번역 미결정성은 자료에 의한 이론의 미결정성이라는 좀 더 일반적인 미결정성의 표현이다.

> 문장들에 대한 근본 번역이 언어 행위에 대한 성향들 전체에 의해 미결정되는 것과 똑같은 정도로 우리 자신의 이론과 믿음 일반은 가능한 감각적 증거 전체에 의해 끝없이 미결정된다. (Quine 1960, 78쪽)

### 과학 혁명의 구조

콰인의 주장은 우리 모두가 우리 동네에 벽돌집들이 있다는 주장을 검증하거나 반증하는 법을 알고 있고, 누구도 어떤 토착민 낱말의 번역에 관해 불일치하지 않을 것이고, 불일치하지 않을 가능성이 높다는 의미에서 순수 이론적주장인 것처럼 보인다.[6] 충분히 맞는 이야기다. 그리고 콰인도 이것을 부정하지 않을 것이다. 그러나 자연과학에서는 상황이 그렇게 간단하게 진행되지 않았다.

---

6    모호성과 애매성을 제외하면 그렇다는 것인데, 이것은 특별하지도 않고 뉴스거리도 아니다.

유명한 역사가이자 과학철학자 토머스 쿤(Thomas Kuhn)은 과학적 이론 수정과 대치에서 상황의 경과가 콰인-뒤엠 논제와 콰인의 전체론이 시사한 것과 상당히 흡사한 방식으로 진행된다는 것을 증명하였다.

유명한 것이 정당하고 영향력을 발휘한 그의 책 『과학 혁명의 구조』(*The Structure of Scientific Revolutions*, Kuhn 1970/1962)에서 사용된 쿤의 어휘는 현대 과학철학과 문화라는 구조물에 통합되었다. 그래서 오늘날 "패러다임"(paradigm)과 "패러다임 전환"(paradigm shift)이라는 용어는 다소간에 쿤이 도입한 의미로 대중 매체를 포함한 모든 영역에서 널리 사용된다(그리고 오용된다).

쿤은 과학에서 이론 대치(그리고 일반적으로 지식의 성장) 과정이 잘못된 낡은 이론이 결정적 실험에 의해 검증되거나 반증되어 더 옳은 이론으로 대치되는 과정이라는 것을 부정한다. 그의 견해는 과학적 이론에 기초한 전체 세계관을 포함하는 낡은 패러다임이 새로운 패러다임으로 대치된다는 것이다. 이 패러다임 전환은 종종 지성적으로 폭력적 혁명이었다. 패러다임의 전복은 단순히 실험적 자료에 의해 결정되지 않는다. 그것은 종교, 삶의 방식, 기술적 진보, 사고방식, 그리고 과학적 삶의 다른 모든 면을 포함하는 다면적인 문화적 현상이다. 그 과정에는 확실히 실험 결과, 관찰, 그리고 관찰이 산출하는 자료가 포함된다. 이런 요인들은 무시될 수 없다. 그렇지만 실증주의자들이나 포퍼와 반대로 이 요인들은 보조적 역할을 하며, 전체론적인 방식으로 주변의 문화적 환경에 의존한다.

쿤의 역사 연구로부터 나타나는 과학관은 콰인의 과학관에 가까우며, 논리 실증주의자들에 대한 그의 비판을 뒷받침한다.

> 역사가에게는 적어도 검증이 이론과 사실의 일치를 확립하는 일이라고 주장하는 것이 거의 의미가 없다. 역사적으로 중요한 모든 이론은 사실들과 일치해왔지만, 더 많이 또는 더 적게 일치해왔을 뿐이다. 개별 이론이 사실들과 맞는지, 또는 얼마나 잘 맞는지의 물음에 대해서는 더 정확한 답이 없다. (Kuhn 1970/1962, 146쪽)

　　전형적으로 낡은 과학적 패러다임의 신봉자들은 실험이나 관찰의 결과에 의해 무너지지 않는다. 그들은 저승사자(grim reaper)에 의해 무너진다. 이전의 늙은 과학자들은 과학적 권력의 지위에서 지적 헌신이 덜한 젊은 동료들에 의해 대치된다. 젊은 과학자들은 새로운 패러다임을 받아들이는 것이 더 마음 편하다는 것을 발견한다. "그렇다면 과학자들은 어떻게 이러한 이행[한 패러다임에서 다른 패러다임으로]을 일으키는가? 답의 일부는 그들이 자주 그렇게 하는 것은 아니라는 것이다."(Kuhn 1970/1962, 150쪽). 쿤은 승인을 얻어 막스 플랑크 말을 인용한다.

> 새로운 과학적 진리는 반대자들을 설득하여 그들에게 깨닫게 만듦으로써 승리를 거두는 것이 아니라 오히려 반대자들이 결국은 죽기 때문에, 그리고 그 진리에 익숙한 새로운 세대가 성장하기 때문에 승리를 거두게 된다. (Kuhn 1970/1962, 151쪽)

　　서로 경쟁하는 과학적 패러다임들은 공약불가능하다(incommensurable). 이것은 서로 다른 패러다임에 속하는 성원들이 서로 부분적으로만 소통할 수 있음을 의미한다. 어느 쪽도 다른 쪽을 결정적 검증이나 반증을 통해 무너뜨릴 수 없다.

> 서로 경쟁하는 패러다임들의 옹호자들은 언제나 적어도 약간은 서로 어긋난 목적을 가지고 있다. 어느 쪽도 다른 쪽이 자기 주장의 정당함을 입증하는 데 필요로 하는 비경험적 가정을 모두 인정하지는 않을 것이다. … 비록 각자가 자신의 과학과 그 문제들을 보는 자신의 방식에 따라 상대방을 전환시키기를 희망할 수 있다 할지라도, 어느 쪽도 자기 입장이 옳다는 것을 증명하기를 희망할 수 없을 것이다. 패러다임들 사이의 경쟁은 증명에 의해 해결할 수 있는 종류의 싸움이 아니다. (Kuhn 1970/1962, 148쪽)

　　"물질"(matter)이라는 용어는 아리스토텔레스주의 물리학자에게 어떤 것을 의미하지만, 뉴턴주의 물리학자에게는 다른 어떤 것을 의미할 수 있고, 아인슈타인주의 물리학자에게는 또 다시 다른 어떤 것을 의미할 수 있다. "물질"이라는 용어의 영원히 고정된 의미는 없다. 과학적 용어는 이론, 그리고 궁극적으로 그 시대의 과학 전체에 끼워 넣어짐으로써 그 의미를 획득한다. 서로 다른 과학 학파에 속하는 성원들은 예컨대 물질에 관해 논의하면서 불일치할 때 서로 어긋난 이야기를 하고 있다. "서로 다른 패러다임의 옹호자들은 서로 다른 세계에서 장사를 한다."(Kuhn 1970/1962, 150쪽). 이것은 한 물리학자의 결정적인 반증 실험이 다른 물리학자에게는 단지 성가신 변칙 현상인 이유를 설명한다.

> 이전에 공간으로 의미했던 것은 필연적으로 평평하고, 균질하며, 등방성을 띠며, 물질의 존재에 의해 영향을 받지 않는 것이었다. 만일 그렇지 않았더라면, 뉴턴 물리학은 작동하지 않았을 것이다. 아인슈타인의 우주로 이행하기 위해서는 공간, 시간, 물질, 힘 등의 가닥을 가진 전체 개념적 망이 자연 전체에 맞게 바뀌고 포기되어야 했다. … 코페르니쿠스의 혁신은 단순히 지구가 움직인다는 것이 아니었다. 오히려 그것은 물리학과 천문학의 문제들을 통째로 새로 보는 방식이었다. … (Kuhn 1970/1962, 149쪽)

쿤의 작업 때문에 철학자들은 『논리철학론』 및 비엔나 학단과 그 추종자들의 검증주의적 견해가 비현실적인 이상화임을 승인하게 되었다. 과학에 대한 논리 실증주의자들의 생각은 과학적 "진보"의 지저분하고, 전체론적이고, "비과학적인" 본성을 무시한 공상이었다. "과학적"이라는 용어조차도 엄밀한 의미를 갖지 않는다. 마르크스주의가 과학적인지의 물음을 우리는 어떻게 해결해야 하는가? 그에 대한 논의는 가치판단, 전제가정, 문화적 편견들로 꽉 차 있다. 그 물음은 명료하고, 검증가능하며, 객관적인 답이 있는 물음이 아니다.

쿤의 책 『과학 혁명의 구조』는 『국제 통일과학백과사전』(*International Encyclopedia of Unified Science*) 총서의 제2권 제4호로 출판되었다.[7] 이것은 실증

---

7   논리 실증주의 프로그램의 다섯 번째 신조 부분을 생각해보라. 과학의 모든 것은 단일한 자

주의자들이 시작한 출판물 총서였다. 많은 실증주의자와 이전 회원들이 이 총서 출판을 위한 편집위원회 일을 맡았다. 이러한 아이러니는 그들 자신이 어느 정도 그들 자신의 철학적 패러다임을 전복시키는 일에 종사했으며, 그 일에 공감했음을 드러낸다. 이것은 이론 변화에 관한 쿤의 견해에 대해 반대실례인가? 실은 그렇지 않다. 역사에 대한 쿤의 분석은 자연과학에 적용하려는 것이었다. 러셀과 논리 실증주의자들의 희망에도 불구하고 철학은 과학이 아니다.

### 실용주의

만일 과학적 이론들이 자료에 의해 근본적으로 미결정된다면, 그것들은 어떻게 인준되는가? 과학자들은 어떤 이론을 채택해야 할지를 어떻게 결정하는가? 앞에서 살펴보았던 것처럼, 그 답의 일부는 문화적 편견들이지만, 이것이 전체 답일 수는 없다. 그 답은 과학의 성공을 설명되지 않은 채로 남기기 때문이다.

콰인과 쿤 둘 다 실용적 고려가 과학의 방향을 안내하고, 과학의 성공을 설명한다고 주장한다. 콰인에 따르면, 자연과학은 예측을 하기 위한 도구이다. 그것은 실재에 대한 『논리철학론』의 그림이 아닌데, 『논리철학론』의 그림은 자연세계를 얼마나 정확히 묘사하는지에 의해 판단되어야 한다. "경험주의자로서 나는 계속해서 과학의 개념적 도식에 대해 궁극적으로 과거 경험에 비추어 미래 경험을 예측하기 위한 도구라고 생각하고 있다."(Quine 1961b/1951, 44쪽). 과학은 도구이므로 과학은 우리가 어떤 도구를 판단하는 방식에 따라 판단된다. 얼마나 유용한가? 얼마나 효과가 있는가? 계획했던 일을 해내는가? 과학이라는 망에서의 변화는 그 변화가 그 도구를 개선하는지에 의해 평가된다. 더 쉽게 사용하게 만드는가? 그 체계의 예측 능력을 증가시키는가? 이런 생각은 실용주의이다. 우리는 도구를 의도한 일과 그 도구를 사용하게 될 사람들을 위해 만들며, 얼마나 잘 작동하는지에 의해 그 도구를 판단한다.

자료는 원료들이지만, 그것들을 가지고 우리가 하는 것은 가장 편리하고 가

---

연법칙과 사실들 집합과 함께 단일한 통일된 체계로 이루어진다. 심리과학이나 사회과학에서 별도의 방법이나 체계는 없다―또는 적어도 있어서는 안 된다.

장 유용한 조직화를 선택하는 문제이다. 콰인에 따르면, 특수 감각경험은 상식,[8] 지리학, 역사학 등을 포함한 과학 전체에 가장자리에서만 부딪힌다. 변칙적 경험들은 미결정되는 무한한 수의 여러 가지 다른 방식들 속에서 수용될 수 있다. 우리는 무엇을 변화시켜야 할지를 어떻게 선택하는가? 우리는 "경험-외적" 또는 "실용적" 가치라 불리게 된 것을 고려해야 한다. 가장 중요한 가치는 단순성, 보존성, 겸손함, 우아함, 성과 있음이다. 둘 이상의 서로 다른 가설들이 특수 자료 집합을 수용할 수 있지만, 우리는 가장 단순하고, 망의 나머지를 가장 적게 교란시키며, 보조 가정들을 최소로 만드는 등의 가설을 선택해야 한다. 이런 것 중의 어떤 것도 검증 논리에 의해 엄밀하게 또는 기계적으로 결정되지 않는다. 특수 사례에서 우리가 내리는 결정은 "다루기 까다로운 어떤 특수 경험을 수용하는 일에서 다른 것이 아니라 과학이라는 천의 한 가닥 실로 조정하려는 우리의 막연한 실용적 경향에 의존한다. 보존성은 바로 그러한 선택들에서 등장하며, 단순성 추구 역시 마찬가지다." (Quine 1961b/1951, 46쪽).

쿤은 논리 실증주의자들이 상상한 기계적 절차나 엄밀한 논리적 절차로부터의 일탈을 강조한다.

> 이론 선택에 대한 논쟁들은 논리적 증명이나 수학적 증명과 충분히 닮은 형태로 전개될 수 없다. … 그처럼 비교적 익숙한 신조에 관한 어떤 것도 설득당할 훌륭할 이유가 없다는 것이나, 그런 이유들이 궁극적으로 그 집단에 결정적으로 중요하지 않다는 것을 함의하지 않는다. 그것은 선택 이유들이 보통 과학철학자들이 열거한 이유들, 즉 정확성, 단순성, 성과 있음 등과 다르다는 것도 함의하지 않는다. 그렇지만 그것이 암시하는 것은 그런 이유들이 가치로 기능하고, 그래서 개별적으로 그리고 집단적으로 달리 적용될 수 있다는 것이다. … (Kuhn 1970/1962, 199쪽)

약간 사업 같은 소리로 들림에도 불구하고 실용적 고려는 합리성의 이상들에

---

8  "과학은 상식의 연속체이다." (Quine 1961b/1951, 45쪽).

반대되지 않는다. 콰인에게 실용적 고려는 합리성이 무엇인가 하는 것이다.

> 각각의 사람에게는 과학적 유산에다가 지속적인 감각 자극의 포화가 주어진
> 다. 그리고 그의 지속적인 감각적 자극을 맞추기 위해 그의 과학적 유산을
> 뒤트는 일에서 그를 안내하는 고려는 합리적인 경우에 실용적인 것이다.
> (Quine 1961b/1951, 46쪽)

콰인의(그리고 쿤의) 실용주의는 커다란 미국 실용주의 전통 안에 있다. [배
경 3.2—퍼스, 제임스, 듀이]. "실용주의"(pragmatism)라는 용어는 C. S. 퍼스
(C. S. Peirce)가 만들었지만, 가장 걸출하고 유명한 실용주의자는 지도적인 미
국 철학자 윌리엄 제임스였다. 윌리엄 제임스는 1842년 뉴욕에서 태어나 1910
년에 죽었다. 철학에서 영향력 있는 작업을 한 것 외에도 제임스는 걸출한 심리
학자였으며, 종교에 관한 중요한 저작들을 써냈다. 윌리엄 제임스는 그의 동생
이었던 소설가 헨리 제임스(Henry James, 1843-1916)와 혼동해서는 안 된다.

콰인과 마찬가지로 제임스는 스스로를 우선 무엇보다도 경험주의자라고 생
각했다. 제임스는 실용주의가 어떤 형태의 경험주의이지만, 좀 더 어려운 짐과
독단들을 벗어버린 경험주의라고 주장한다.

> 실용주의는 철학에서 완전히 익숙한 태도, 즉 경험주의적 태도를 대표하지
> 만, 내가 보기에는 지금까지 경험주의가 가정해왔던 것보다 더 극단적이고
> 덜 반대할만한 형태로 경험주의적 태도를 대표한다. 실용주의자는 전문 철
> 학자들이 애지중지하는 많은 상습적 습관에 단호하게 완전히 등을 돌린다.
> 그는 추상과 불충분성을 외면하고, 언어적 해결책을 외면하며, 나쁜 선천적
> 이유, 고정된 원리, 폐쇄된 체계, 가장된 절대자와 기원을 외면한다(James
> 1955/1907, 45쪽).

제임스는 비엔나 학단이 결성되기 이전에도 글을 잘 쓰고 있었지만(1907), 콰
인이 논리 실증주의와 대면한 무렵에도 문제가 되었던 것들은 별로 변하지 않

았던 것처럼 보인다. 그들은 그저 더 전문적이고 더 분명해졌을 뿐이었다. 그가 살았던 시대에 맞게 제임스의 글쓰기는 콰인보다 더 화려하고 덜 구체적이었지만, 콰인의 경험주의는 제임스와 미국 실용주의 전통 안에 있다. 콰인은 논리 실증주의보다는 더 극단적이고 덜 반대할만한 형태의 경험주의를 추구했다.

물론 경험주의는 그 기원이 유럽에 있지만, 실용주의 판 경험주의는 유일무이한 미국의 철학 운동이었다. 콰인은 다른 누구보다도 으뜸가는 20세기 미국 철학자이다. 그는 1908년 오하이오에서 태어났으며, 오벌린칼리지(Oberlin College)를 졸업한 뒤 윌리엄 제임스와 마찬가지로 전문가로서의 그의 거의 전 생애를 하버드대학교에서 보냈다. 알프레드 노스 화이트헤드가 하버드에서 콰인의 박사학위논문 지도교수였는데, 이는 부분적으로 그가 평생 수학과 수학적 논리학에 대해 흥미와 명민함을 지녔던 사실을 설명한다. 1956년에서 1978년까지 하버드대학교 철학교수로서의 지위 덕분에 콰인은 미국의 많은 지도적 철학자와 어울리면서 영향을 미칠 기회가 있었다. 그들 가운데 많은 사람(그러나 전부는 아님)이 그의 전체론과 실용주의를 채택하여 확장시켰다. 흥미롭게도 토머스 쿤 또한 오하이오에서 태어나 콰인이 박사학위를 받고 철학자로서의 생활을 시작하는 것과 똑같은 시기에 하버드에 있었다. 분명히 그들은 서로에게 영향을 미쳤다. 나중에 쿤은 캘리포니아대학교, 프린스턴대학교, 매사추세츠공과대학교(MIT)에서 자리를 잡았지만, 두 사람은 언제나 밀접하게 연결되어 있었다.

그의 가장 유명한 전임자들, 즉 러셀과 비트겐슈타인과 달리 콰인은 계속해서 책을 출판해냈고, 평생 동안 철학의 최전선에 남아 있었다. 콰인은 1978년 은퇴한 후에도 7권의 책과 수많은 논문을 펴냈다. 20세기 특급 철학자들 가운데 순전히 철학에 쏟은 정력과 책을 쓴 분량에서 콰인에 필적할 사람은 거의 없을 것이다. 나는 형식논리학, 집합론, 수학의 토대에 대한 콰인의 방대한 기고들에 대해서는 언급조차 하지 않았고, 여기서 그것들에 대해 논의할 수도 없을 것이다.

과학철학, 논리학, 수학철학의 여러 영역에 대한 그의 기여에도 불구하고 미국 실용주의를 다시 부활시킨 것은 철학에 대한 그의 가장 지속적 기여이다. 미국 실용주의는 일차적으로 유럽 논리 실증주의의 엄청난 힘 때문에 무시당하면서 인기를 잃었었다. 실증주의와 실용주의 사이의 이 싸움은 콰인과 카르납 사이의 의견교환 속에서 미국에서 재개되어 지속되었는데, 카르납은 시카고대학교에서 가르치다가 캘리포니아대학교 로스앤젤레스캠퍼스(UCLA)에서 가르치고 있었다. [배경 3.3─철학에서의 "전쟁"] 오늘날 논리 실증주의는 죽었고, 콰인 식 실용주의는 팔팔하게 살아 있다. 그 사실이 콰인이 카르납과 논리 실증주의자들보다 진리에 더 가까웠다는 것을 의미하는가? 실용주의자들은 이 물음의 말투가 암시하는 방식으로 진리를 객관화하는 데 주저할 것이다. 진리, 또는 과학의 기초가 되거나 과학과 독립된 진리(TRUTH)를 발견하는 제일철학이나 근본철학은 없다.

경험주의의 독단들에 대한 콰인의 공격의 한 가지 결과는 철학에 대한 재개념화이다. 콰인은 철학을 자연과학과 연속된 것으로 본다. "그것들[경험주의의 두 가지 독단]을 버리는 일의 한 가지 효과는 … 사변적 형이상학과 자연과학 사이의 가정된 경계선을 흐리는 것이다. 또 다른 효과는 실용주의 쪽으로의 이동이다."(Quine 1961b/1951, 20쪽). 지식에 대한 탐구는 과학에서 구현되며, 그 탐구는 실용적으로 추구된다. 철학과 철학함은 그 기획의 부분이며, 우리 철학자들은 우리가 할 수 있는 기여를 한다. 철학이 과학과 제휴하는 일은 철학자들에게 명확한 실제적 일을 제공하는 것처럼 보이지만, 동시에 철학의 허세를 감소시킨다. 논리 실증주의자들과 마찬가지로 콰인과 미국 실용주의자들은 전통 철학을 폐물이 된 문제를 해결하려 하는 허망한 기획으로 간주했다. 콰인은 철학사에는 별로 흥미가 없었다. 그는 곧잘 "철학사를 공부하는 사람들이 있고, 그 다음에는 정말로 철학을 하는 사람들이 있지."라고 말하곤 했다. 그는 또한 "과학철학은 충분히 철학이야."라고 말한 것으로도 유명하다(Quine 1966a/1953, 149쪽).

## 형이상학과 과학

콰인은 형이상학에 대해 실증주의자들보다는 관대했지만, 콰인에게 어떠한 전통적 형이상학자에게라도 위안을 제공할만한 요소는 전혀 없다. 콰인과 그의 추종자들은 비엔나 학단의 열정적 태도, 즉 "우리는 형이상학 조짐이 보이는 것이면 무엇이건 가차 없이 제거해야 한다."는 식의 열정적 태도를 갖지 않았다. 콰인은 다음과 같은 말로 상황을 진정시킨다. "실제로 어떤 존재론을 채택해야 하는지의 물음은 여전히 열려 있으며, 빤한 조언은 관용과 실험 정신이 다."(Quine 1961a/1948, 19쪽). 실증주의자들이 무의미하다고 하여 거부했을 많은 것이 결국은 과학이라는 망의 부분인 것으로 판명되며, 그래서 의심스러운 의미이론들을 기초로 하여 거부되지 않는다. 우리는 콰인이 사변적 형이상학과 자연과학의 구별을 흐리는 일을 찬성하면서 언급하는 것을 이미 살펴보았다. 그래도 여전히 콰인은 그 이름 아래서 행해지는 형이상학을 허용하지 않는다는 점에서 충분히 실증주의적 정신을 가지고 있었다. 그런 까닭에 그는 "존재론"을 장려한다. 그의 저작들 어디에서도 그는 그와 같은 것으로서의 형이상학을 권하지 않으며, 그는 과학자들의 작업과 무관한 어떤 형이상학도 허용하지 않을 것이다.

콰인은 존재론에 초점을 맞추는 일을 카르납으로부터 물려받았다. "경험주의, 의미론, 존재론"(Empiricism, Semantics, and Ontology, Carnap 1956b/1950)라는 제목의 유명한 논문에서 카르납은 두 종류의 물음—내적 물음과 외적 물음—을 구별한다. 카르납에 따르면, 존재론적 쟁점들은 외적 물음인데, 이것은 그 물음들이 의미론—어떤 종류의 용어들을 사용해야 하는지—에만 관계된다는 것을 의미한다. 외적 물음에 대한 답은 옳거나 그른 것이 아니다. 외적 물음에 대한 "답"은 발견이 아닌 결정이다. 외적 물음은 사실 물음인 것처럼 오도적으로 표현된다.

속성, 집합, 수, 명제들이 있는가? 이런 것들의 본성과 이와 관계된 문제들을 좀 더 명료하게 이해하기 위해서는 무엇보다도 실존이나 대상들의 실재성에 관한 두 종류의 물음 사이의 근본적 구별을 깨달아야 한다. 만일 누군가가 새로운 종류의 대상에 관해 그의 언어로 말하고자 한다면, 그는 새로운 규칙에 따라 말하는 새로운 방식의 체계를 도입해야 한다. 우리는 이 절차를 문제의 새로운 대상들에 대한 언어 체계(framework) 구성이라 부를 것이다. 그리고 이제 우리는 두 종류의 실존 물음을 구별해야 한다. 첫째, 그 체계 내부의 새로운 종류의 어떤 대상들의 실존에 대한 물음인데, 우리는 이 물음을 내적 물음이라 부른다. 둘째, 전체로서의 대상들 체계의 실존이나 실재성에 관한 물음인데, 이 물음은 외적 물음이라 불린다. 내적 물음과 그에 대한 가능한 답은 새로운 형태의 표현들에 의거해 명확하게 표현된다. 그 답은 해당 체계가 논리적 체계인지 사실적 체계인지에 따라 순수 논리적 방법이나 경험적 방법에 의해 찾을 수 있다. 외적 물음은 면밀한 검토가 필요한 문제성 있는 물음이다(Carnap 1956b/1950, 206쪽).

카르납에 따르면, "수들이 있는가?" 같은 물음은 내적 물음을 의도할 수 있는데, 그 경우에 일단 우리가 수들에 대한 언급을 허용하는 어떤 언어 형태를 채택하고 나면 답은 뻔하다. 그 물음이 전체 수학 체계에 관한 외적 물음으로 제기되면, 그 물음은 의미가 없다. 그 물음은 사이비 물음이다. 이것이 바로 물리적 대상들이 있는지, 명제들, 속성들, (호메로스의 신들?) 등등이 있는지와 같은 전통적인 존재론적 물음들에 대한 카르납의 접근방식이다.

여기서 내적 물음은 일반적으로 경험적 탐구에 의해 대답되는 경험적 물음이다. 반면에 물리적 공간과 물리적 시간의 실재성에 대한 외적 물음은 사이비 물음이다. '(실제로) 공간-시간 점들이 있는가?' 같은 물음은 애매하다. 그 물음은 내적 물음을 의도한 것일 수 있다. 그러면 긍정의 답은 물론 분석적이고 하나마나할 정도로 뻔한 것이다. 또는 그 물음은 외적 의미로 물으려고 한 것일 수 있다. '우리 언어에 그러저러한 형태들을 도입할까요?' 이 경우에 그 물음은 이론적 물음이 아니라 실용적 물음, 즉 주장이 아니라 결정의 문제이며, 그래서 제시된 표현은 오도적일 것이다(Carnap 1956b/1950, 213쪽).

카르납은 현상주의자와 물리주의자 사이의 논쟁(제2장, 111-2쪽을 볼 것)이 외적 물음에 관한 논쟁이라고 주장하였다. 그는 이 논쟁이 실용적 논쟁임을 시사하였으며, 그래서 우리가 어떤 목적에는 현상주의, 다른 목적에는 물리주의를 채택할 수 있음을 시사하였다.

우리는 콰인이 카르납의 접근방식을 승인했을 것이라고 가정할 수도 있는데, 왜냐하면 어떤 언어 체계를 채택할 것인지에 관한 결정이 카르납에 따를 때 실용적 결정이기 때문이다. 비록 콰인이 "아무도 내 철학적 사고에 카르납 이상으로 영향을 미친 사람은 없었다."(Quine 1966b/1951, 126쪽)고 말하면서 카르납을 최고로 평가했다 할지라도, 그는 카르납에게 동의하지 않는다. 콰인은 언어적 약정에 기초하여 카르납이 내린 사실적 진술과 사이비 진술의 구별을 거부하였다. 콰인은 내적 물음과 외적 물음의 구별도 허용하지 않았을 것이다. 그는 카르납이 주장한 것처럼 어떤 내적 물음들에 대한 답이 분석적이라는 데 대해서도 확실히 동의하지 않았을 것이다. 실용주의 요소들에도 불구하고 카르납은 여전히 논리 실증주의자들의 기본 입장을 개선하고, 설명하고, 명료하게 드러내는 일을 가지고 연구하고 있었다.

> 여기서 역사에 대한 짧은 언급을 끼워 넣을 수 있다. 우리가 여기서 외적 물음이라 불러온 물음들의 비인지적 특성은 비엔나 학단이 이미 파악하고 강조하였다.… (Carnap 1956b/1950, 215쪽)

카르납은 분석/종합 구별이나 엄밀한 의미 개념에 관한 의심, 또는 존재론적 물음이 과학의 다른 어떤 물음들만큼이나 경험적 물음이라는 콰인의 주장에 직면하지 않는다.

콰인은 카르납의 용어법을 사용할 수 없다. 왜냐하면 그는 그 구별을 거부하기 때문이다. 다음 인용구는 "존재론에 관한 카르납의 견해에 대하여"(On Carnap's Views on Ontology)—콰인이 카르납의 사상을 공격했던 몇몇 글 중 하나—에서 따온 것이다.

> 나는 "경험주의의 두 가지 독단"이라는 최근 논문에서 분석진술과 종합진술 사이의 구별에 관한 내 염려를 표명했으며, 여기서 그 단계들을 되풀이하지는 않을 것이다. 여기서는 단지 그 귀결을 강조하고 싶다. 즉 만일 분석진술과 종합진술 사이에 적절한 구별이 없다면, 존재론적 진술[외적 물음]과 실

존에 대한 경험적 진술[내적 물음] 사이에 카르납이 강조하는 대비에 대해 남아 있는 기초가 전혀 없다는 것이다. 그러면 존재론적 물음은 자연과학의 물음과 동등한 처지에 처하게 된다(Quine 1966b/1951, 134쪽).

카르납에게 "(실제로) 공간-시간상의 점들이 있는가?" 같은 내적 물음은 분석적인 답을 얻을 수 있는 반면에, 외적 물음은 사이비 물음이라는 것을 다시 떠올려 보라. 만일 우리가 분석/종합 구별을 거부한다면, 카르납의 구별은 사라진다. 카르납이 외적 물음으로 상상했을 것과 내적 물음으로 상상했을 것 모두 결국은 "동등한" 것이 된다. 그 물음들은 콰인에 따르면 자연과학의 경험적 물음들이다.

## 자연화된 인식론

인식론에 대한 콰인의 접근방식은 그가 형이상학을 다루는 방식과 비슷하다. 인식론이나 인식론에 남아 있는 것은 형이상학 및 형이상학에 남아 있는 것과 마찬가지로 자연과학의 부분이다. 콰인은 인식론을 경험적 심리학에 포함시킬 것을 제안한다. "두 가지 독단"보다는 아주 조금 덜 유명하고 덜 영향력 있었지만, 그의 논문 제목은 이런 생각을 간명하게 표현하고 있다. "자연화된 인식론"(Epistemology Naturalized, Quine 1969).

인식론이 자연과학의 부분이라는 콰인의 견해는 형이상학에 대한 그의 견해보다 훨씬 더 많은 영향력이 있었다. 인간이 어떻게 믿음에 도달하고 어떻게 지식을 얻는지에 관한 물음이 심리학의 물음이라는 주장은 그럴듯하며, 분석/종합 구별을 포함하는 좀 더 논쟁의 여지가 있는 쟁점과 독립적이다. 콰인은 시들어가는 전통 철학의 손아귀로부터, 그리고 형이상학을 따라 인식론을 제거하려는 사람들로부터 인식론을 구하고 있다.

카르납과 비엔나 학단의 다른 논리 실증주의자들은 이미 "형이상학"이라는 용어를 무의미성을 함축하는 것으로서 경멸적 의미로 사용되게 압박하였다. 그리고 '인식론'이라는 용어는 그다음이었다. 비트겐슈타인, 그리고 주로 옥스퍼드의 그의 추종자들은 치료, 즉 인식론적 문제들이 있다는 망상을 지닌

철학자들을 치료하는 일에서 철학의 남은 일거리를 찾았다.[제4장을 볼 것]

그러나 나는 이 대목에서 비록 새로운 무대와 명료해진 격위에서이긴 하지만 오히려 인식론이 여전히 진행된다고 말하는 것이 더 유용할 것이라고 생각한다. 인식론, 또는 그 비슷한 어떤 것은 단지 심리학의 한 장에 속하며, 그래서 자연과학의 한 장에 속한다. 인식론은 자연 현상, 즉 물리적 인간 주체를 연구한다(Quine 1969, 82쪽).

여기서 또 다시 콰인은 미국 실용주의 전통 안에 있다. 듀이는 콰인의 자연화된 인식론을 예비하였다. 듀이 또한 과학이 실재를 거울처럼 비추는 것이 아니라 미래 예측적인 것으로 보는 콰인의 과학관을 암시한다(듀이는 콰인의 말을 사용하지 않으며, 대신 그는 "반사작용"(reflection)에 대해 언급하며, 그것을 인간 진화와 연결시킨다).

반사작용은 환경에 대한 간접적 반응이며, 간접성의 요소 자체는 엄청나게 복잡해질 수 있다. 그러나 그것은 생물학적 적응 행동에 기원을 갖고 있으며, 그것의 인지적 측면의 궁극적 기능은 환경 조건들에 대한 미래 예측적 제어이다. 그러므로 지능의 기능은 환경의 대상들을 모사하는 것이 아니라 오히려 미래에 이 대상들과 좀 더 효과적이고 좀 더 유익한 관계를 확립할 수 있는 방식을 고려하는 것이다(Dewey 1973/1922, 54쪽).

많은 사람은 심리학이 인식론의 전부인지 의문시하겠지만, 콰인은 느긋하면서 관대하다. 그의 주요 관심사는 인식론(그리고 형이상학)이 경험과학에 선행해서, 그리고 경험과학과 독립적으로 진행되는 토대론적 기획이라는 전통적 견해에 도전하는 것이다. 그리고 그렇게 될 때 여전히 낡은 인식론자들이 했던 종류의 일들을 할 수 있는 여지가 있게 될 것이다.

그러한 연구는 여전히 심지어 낡은 [인식론적] 합리적 재구성 비슷한 어떤 것까지도 포함할 수 있는데, 그러한 재구성이 어느 정도로 실행가능하든 간에 그렇다. 왜냐하면 상상의 구성체는 기계적 자극이 제공하는 것과 흡사한 방식으로 실제 심리적 과정들에 대한 힌트를 제공할 수 있기 때문이다. 그러나 낡은 인식론과 이 새로운 심리적 무대의 인식론적 기획 사이의 눈에 띄는 차이는 이제 우리가 경험심리학을 자유롭게 이용할 수 있다는 것이다. (Quine 1969, 83쪽)

그리고 자연과학 또한 철학적 인식론을 자유롭게 이용할 수 있다. 매력적인 이미지로 콰인은 인식론과 자연과학이 서로를 포함하는 것으로 상상한다.

낡은 인식론은 어떤 의미에서 자연과학을 포함하려고 열망한다. 그래서 낡은 인식론은 어떻게든 감각자료로부터 자연과학을 구성할 것이다. 반대로 새로운 무대의 인식론은 심리학의 한 장으로 자연과학에 포함된다. 그러나 낡은 포함 역시 그 나름대로 타당한 채로 남아 있다. … 따라서 서로 다른 의미의 포함이긴 하지만 상호 포함이 있는 셈이다. 즉 인식론은 자연과학에 포함되고, 자연과학은 인식론에 포함된다. (Quine 1969, 83쪽)

여기에 들어 있는 기본 착상은 인식론이 과학적 과정 자체를 연구하는 과학을 대표한다는 것이다. 이것은 순환이지만 악순환은 아니다. 콰인이 종종 되풀이하는 은유에 따르면, 과학은 선원들이 바다를 항해하는 동안에 재건하고 수리해야 하는 배와 같다.[9]

## 콰인 이후 미국 실용주의자들: 넬슨 굿맨, 리처드 로티, 힐러리 퍼트넘

지도적인 많은 미국 철학자는 콰인과 밀접하게 연관되어 있었으며, 콰인의 전

---

9 이 은유는 비엔나 학단의 오토 노이라트에게서 나온 것이다.

체론과 실용주의에 이런저런 방식으로 영향을 받았다. 그들 가운데 가장 두드러진 인물은 넬슨 굿맨(Nelson Goodman), 리처드 로티(Richard Rorty), 힐러리 퍼트넘(Hilary Putnam)이다. 오직 로티와 퍼트넘(그리고 그의 이력 후반에서만)만이 자신들을 실용주의자로 칭하는 것을 좋아할 것이지만, 각자는 미국 실용주의 전통에 신세를 지고 있다. 그들은 전통적인 철학적 물음들에 대한 거부를 공유하고, 실재를 거울처럼 반영하는 과학으로 구체화되는 절대적 진리 개념을 의심스러워한다. 그들은 논리 실증주의자들의 허세를 부수는 일을 즐긴다.

종종 그렇게 불렸던 것처럼 저명한 신실용주의자들 각각은 미국에서 태어나 거기에서 교육받았다. 매사추세츠 주 니덤에서 태어난 넬슨 굿맨은 하버드대학교에서 석사와 박사 학위를 받았고, 콰인과 엇갈리게 거기서 철학교수를 하다 말다 했다. 그는 콰인보다 나이가 많았지만, 미술관을 운영하고 예술가로서의 삶을 사느라 몇 년 동안 철학을 쉬었다. 뉴욕 시에서 태어난 로티는 콰인과 가장 덜 연관되어 있었고, 하버드에서 보낸 시간이 전혀 없었지만, 종종 콰인을 자신의 사상에 커다란 영향을 준 인물로 거론한다.[10] 시카고에서 태어난 힐러리 퍼트넘은 콰인의 가까운 동료였으며, 하버드에서 여러 해 동안 철학교수로 지냈다. 그는 2011년인 지금 이 집단에서 유일하게 살아 있는 인물이다. 운 좋게도 그는 하버드대학교 명예교수이자 미국 철학의 거물 원로이며, 정당하게 존경받는다.

콰인과 굿맨은 둘 다 제2차 세계대전 중에 미군 정보부에서 복무했다. 곧 알게 될 것처럼, 영국의 그들 세대 동료들 중 많은 사람도 영국군의 다양한 분과에서 복무했지만, 대부분 정보부에서 복무했다. 그들 중 어떤 사람들은 대단히 흥미로운 군대 경력을 가지고 있었으며 퍼트넘과 로티는 전쟁에 나가기에는 너무 어렸다.

제2차 세계대전은 인식론과 형이상학에 대해 제1차 세계대전과 똑같은 종류

10    그도 그럴 것이 로티는 1910년 이래 거의 모든 철학자를 주요한 영향을 준 인물로 거론한다. 로티는 광범위한 절충주의자가 아니라면 아무것도 아니다. 그는 한때 자신이 첨단 유행하는 연구들에 대한 일시적 교수라고 빈정댄 적도 있었다.

의 식별가능한 영향을 미치지 않았다. 그렇지만 나치와 제2차 세계대전의 한 가지 결과는 많은 독일 및 오스트리아 철학자가 영어권 나라들로 이주한 것이었다. 우리는 논리 실증주의자들의 영향을 과소평가해서는 안 된다. 미국의 신실용주의자들 각각은 철학적으로 전기 비트겐슈타인과 논리 실증주의의 분위기에서 형성되었다. 콰인, 퍼트넘, 로티는 카르납과 함께 공부했다. 콰인은 비엔나로 여행을 가서 카르납을 따라 프라하로 갔다. 퍼트넘은 캘리포니아대학교 로스앤젤레스 캠퍼스(UCLA)에서 카르납과 라이헨바흐와 함께 공부했다. 굿맨은 카르납의 영향을 받았는데, 특히 그의 초기 작업에 영향을 받았다. 이 나라에 카르납, 헴펠, 그리고 다른 철학자들이 등장한 것은 미국 철학에 엄청난 혜택이었다.

비엔나 학단 회원들과 달리 미국 실용주의자들은 함께 모이거나, 성명서를 발표하거나, 학파의 기본방침 비슷한 어떤 것을 가졌던 운동의 일원이 아니었다. 그들 각자는 사고, 글쓰기, 문체에서 지독히도 독립적이고 개인주의적이었다. 실용주의 사상의 일부는 전통 철학과 그 전통적 선입견들에 대한 불손한 태도이며, 성명서나 프로그램을 닮은 모든 것에 대한 저항이다. 미국 신실용주의자들은 서로 잘 알았고, 콰인에게서 영향을 받았는데, 특히 콰인의 전체론과 실용주의에 영향을 받았다. 그리고 그들은 전통 철학과 카르납에 대해 반발하고 있었는데, 카르납을 존경했음에도 불구하고 그랬다. 그것을 넘어서면 그들은 공통점이 거의 없었다.

신실용주의자들이 공유한 가장 두드러진 화두는 진리 대응론에 대한 거부이다. [배경 3.4—진리에 대한 대응론, 정합론, 실용론] "실용주의자들에게 옳은 문장은 실재와 대응하기 때문에 옳은 것이 아니며, 그래서 설령 대응한다손 치더라도 주어진 문장이 어떤 종류의 실재와 대응하는지에 관해 염려할 필요가 없다—그 문장을 옳게 '만드는' 것에 관해 염려할 필요가 없다."(Rorty 1982, xvi쪽).『논리철학론』과 반대로 우리는 어떤 문장을 옳게 만드는 한 종류의 것— 그 문장이 대응하는 사실이나 객관적 사태—을 찾을 필요가 없다. "진리-제조자들"(truth-makers)은 우리의 목적과 기획만큼 다종다양하다.

## 로티

전형적인 자칭 실용주의자 로티는 철학과들을 넘어서서 유명해졌다. 그는 다른 인문학자들, 특히 문학 학과들에 속한 인문학자들 사이에서 커다란 추종자 무리가 있었다. 그의 실용주의에 일치되게 그는 학문 분야로서의 철학에 관해 미덥지 않아 한다. 기회가 주어지면 그는 철학과들의 문을 닫고 철학자들에게 좀 더 유용한 일을 하라고 했을 것이다. 어쨌든 그는 이런 취지의 것들을 말했다. 이것은 그의 분석적 동료들 사이에서 그의 작업을 문화 뚜쟁이질이라고 기각하려는 경향이 있다는 사실을 설명하는 데 도움이 된다.

로티의 "문화 뚜쟁이질"(cultural pandering)은 대화에 대륙철학자들을 참여시키고 포함시키려는 일이다. 다른 누구보다도 더 로티는 분석철학—특히 그것의 실용주의적 날개—과 대륙철학 사이의 틈에 다리를 놓기 위해 노력해왔다.

이러한 화해에는 무언가가 있다. 실용주의자들이 전통 철학의 "패러다임"을 극복해 새 열쇠로 물음들과 대화를 다시 짜려고 했던 것과 마찬가지로, 주요 대륙철학자들 역시 플라톤에서 시작하는 서양 형이상학 전통의 잔존물들을 삭제하는 데 열중하고 있었다. 그리고 앞에서 언급했던 것처럼, 분석적 전통과 대륙적 전통은 둘 다 근대주의적 경향을 보이는 철학자들을 포함한다.

로티는 분석적 진영과 대륙적 진영의 주요 차이가 특히 과학에 대해 서로 다른 태도를 고집한다는 것임을 부정하지 않았다. 로티에 따르면, 분석철학자들은 과학과 수학을 존중하는 경향이 있고, 그것들에 의해 영감을 받는다. 앞에서 살펴보았던 것처럼, 분석철학자들은 그들이 다루는 쟁점들 중 많은 것을 과학철학과 수학의 토대에 대한 그들의 작업으로부터 얻었다. 반면에 대륙철학자들은 그들이 전통적인 플라톤주의 형이상학을 불신하고 싫어하는 것만큼이나 과학을 불신하고 싫어한다. 하이데거와 사르트르는 근대 과학과 기술을 혐오했다. 니체를 따라 그들은 과학을 플라톤주의 형이상학의 연속체로 본다. 그들은 근대 기술이 개체성과 자유를 파괴한다고 주장한다.

화해를 도모하려는 로티의 시도에는 유감스럽게도 과학에 대한 이러한 태도의 차이는 그가 깨닫는 것보다 더 심층적으로 진행된다. 그것은 단순히 문체와 경향의 문제가 아니다. 만일 미국 실용주의가 자연과학을 진리와 지식에 대한 가장 신빙성 있고 성과 있는 방식으로 받아들이지 않는다면, 미국 실용주의는 뿌리에서부터 아무것도 아니고 옳지도 않다. 윌리엄 제임스와 존 듀이는 둘 다 과학과 기술에 종사했고, 최고로 높은 존경심을 가지고 그것들을 따랐다. 자연 과학은 바로 실용주의가 관계하는 것이며, 실용주의는 자연과학으로부터 나온 다. 과학에 대한 서로 다른 태도는 대륙철학자들과 분석적 실용주의, 그리고 분 석철학자들 일반 사이의 커다란 간격을 나타낸다.

아이러니컬하게도 대륙철학자들은 논리 실증주의자들을 연상케 하는 과학관 을 공유하는 것처럼 보인다. 또는 오히려 나는 그들 둘 다 극단적 과학관—논 리 실증주의자들의 경우에는 과찬, 대륙철학자들의 경우에는 두려움과 경멸— 에 빠져 있다고 말해야 한다고 생각한다. 쿤과 콰인은 과학이 절대적 진리에 더 욱더 접근해가는, 독립적 실재에 대한 엄밀하게 조직화된 기술이라는 생각을 극복하려 하였다. 그래서 그들은 대륙적 과학관을 플라톤주의의 형이상학을 개 작한 것으로서 소박하며 충분한 지식이 없다고 헐뜯으려 할 것이다. 대륙인들 은 결코 존재하지 않았던 제도를 공격하고 있다. 제임스, 듀이, 콰인은 과학을 문화 현상으로 보았는데, 이 문화 현상은 얼마나 잘 "실재"를 비추는지에 의해 서가 아니라 널리 퍼져 있는 서로 다른 가치와 이해 집합에 의해서 판단된다.

로티는 또한 정신과 지식을 거울로 보는 은유를 폐지시키기 위해 노력했다. 그의 주저 『철학과 자연의 거울』(*Philosophy and the Mirror of Nature*, Rotry 1979)에서 그는 정신, 그리고 그에 따른 과학적 지식을 외부의 독립적인 물리 적 실재에 대한 그림 같은 표상을 포함하는 것으로 보는 서양의 지배적인 전통 적 견해를 비판한다. 사고와 언어에 의해 실재를 비추려는 시도는 부정합한 노 력이기 때문에 가망이 없다. 그것은 플라톤과 아리스토텔레스에게 물려받은 계 몽운동의 유물이다. 우리는 이 비추기를 비트겐슈타인의 그림이론에서도 본다. 검증가능성에 초점을 모은 논리 실증주의자들도 어느 정도 비트겐슈타인으로 부터 그 생각을 물려받았지만, 압력을 받으면 그들은 그 은유를 형이상학적이 라 하여 거부했을 가능성이 높다. 퍼트넘, 굿맨, 로티는 전통적 과학관을 엄밀 한 형식적 방법에 의해 고정된 법칙 같은 세계에 대해 더욱더 정확한 그림이나 거울에 도달하려는 시도라 하여 폐지하려고 노력했다. 그들은 어쨌든 궁극적 진리에 더 가까이 가고, 더 정확한 그림에 도달하는 쪽으로 진행된다고 보는 과학관을 거부했다. 실용주의에 관한 1922년 논문에서 듀이는 다음과 같이 말한다. "제임스의 말은 그것의[실용주의의] 내용을 아주 잘 정리하고 있다. 즉 ''과학'이 외부로부터 정신에 강제되는 것이며, 그래서 우리의 이해는 과학의 구성물들과 아무런 관계가 없다는 대중적인 생각은 완전히 불합리하다.'"(Dewey 1973/1922, 53-4쪽). 우리는 듀이와 제임스에서 콰인과 쿤을 거쳐 퍼트넘, 굿맨, 로티에 이르기까지 이런 생각의 잘 정의된 노선을 추적할 수 있다.

그렇지만 후기 미국 실용주의자들을 구별되게 하고, 그들을 대륙인들과 좀 더 마음이 맞는 사람들로 만들어줄 한 가지 측면은 콰인, 전기 비트겐슈타인, 비엔나 학단과 달리 그들이 과학을 지식의 전부를 포함하는 것으로 보지 않는다는 것이다. 가치 적재적인 것으로서의 그들의 과학관이 주어지면 실용주의자들은 전기 비트겐슈타인과 논리 실증주의자들보다 비과학적 노력들에 대해 좀 더 관대하다. 로티, 굿맨, 퍼트넘은 과학 바깥의 분야들 또한 앎의 방식이라고 주장하였다. 미술, 음악, 문학, 도덕, 그리고 어쩌면 종교까지도 지식의 망에 기여한다.

> 지식의 영역이 '과학'의 영역보다 더 넓다는 것을 인정하는 지식관은 내가 보기에 우리가 우리 자신이나 과학에 대해 제정신의 인간적 견해에 도달하고자 한다면 문화적 필수품인 것처럼 보인다. (Putnam 1978, 5쪽)

일단 우리가 진리 대응론과 그것이 동반하는 형이상학적 실재 개념의 덫에서 벗어난다면, 우리는 지식이 외부 실재의 거울이라는 생각을 버린다. 이것은 물론 우리가 문학과 예술을 무엇보다도 실용적 가치를 지닌 인지적 내용을 제시하는 것으로 볼 수 있는 길을 열어준다.

그래도 여전히 과학은 여왕이다. 과학에 대한 실용적 태도는 과학에 대한 존경과 칭찬에 기초를 두고 있다. 퍼트넘이 표현한 바에 따르면, 반전통적 과학관이야말로 유일하게 제정신인 과학관이자 인간적인 과학관이다. 신실용주의자들은 논리 실증주의자들의 엄밀한 이론을 부수고, 그렇게 함으로써 과학을 그 친구들—과학에 비현실적인 형식적 구조를 부과하고 싶어 했던 친구들—로부터 구하려 하였다.

### 굿맨

전통적 과학관의 엉킨 실을 풀려는 넬슨 굿맨의 기고는 그가 겸손하게 명명한 "귀납의 새로운 수수께끼"(new riddle of induction)였다. 굿맨은 이 논문을 1950년대 초에 발표했는데, 이 논문 때문에 재빨리 유명인사가 되었다. 단순한 수수께끼 이상으로 그 논문은 과학철학에서 대격변을 일으켰다. 경험적 귀납에 의해 진행되는 과학적 방법은 전통적 과학관의 핵심 요소들 중 하나지만, 귀납의 논리는 언제나 문제들로 포위되어 있었다. 연역논리에 반대되는 것으로서 확증의 논리—귀납논리—는 결코 성공적으로 형식화된 적이 없었다. 귀납의 몇몇 성가신 퍼즐이나 역설("수수께끼들")이 표면화되었는데, 이것들 각각은 더욱더 정교하고 전문적인 해결책이 필요한 것들이었다. 카르납과 헴펠 둘 다 이러한 수수께끼들을 다루기 위해 순수하게 기계적이거나 통사론적인 귀납적 확증 방법을 전개하려 했다. [배경 3.5—귀납 대 연역과 귀납의 전통적 문제들] 형식논리학에 대한 실증주의자들의 신앙에 맞게 그들은 귀납논리의 문제가 기호논리학을 만지작거림으로써 해결될 수 있다고 생각했다.

굿맨은 그러한 모든 시도를 일소해버렸다. 그는 모든 순수 기계론적 귀납논리학체계를 무너뜨리는 술어들을 고안할 수 있었는데, 이 술어들은 이해할 수는 있지만 약간 부자연스러운 술어들이었다.

> 필요한 것처럼 보이는 것이 단지 [귀납적] 확증에 대한 우리의 정의가 무심코 인정하는 몇몇 소수의 기묘하고 원치 않는 사례들을 배제하는 방식에 지나지 않는 한, 그 문제는 그다지 어렵거나 그다지 절박한 것처럼 보이지 않을 수 있다. 우리는 우리 정의에서 미미한 결함을 찾을 것이며, 필요한 수정들이 참을성 있게 차례대로 일을 해내야 할 것이라고 충분히 기대한다. 그러나 또 다른 어떤 예들은 우리의 현재 난점이 훨씬 더 중대한 종류의 것임을

보여줄 것이다(Goodman 1965/1955, 73쪽).

굿맨이 지어낸 가장 유명한 술어는 "녹파색"(grue)이다. 만일 어떤 대상이 t(미래의 어떤 특정 시점, 이를테면 2030년 3월 30일 미국 동부 여름시간 오후 2시) 이전에 처음 검사되었는데 녹색이라면, 또는 t 이전에 처음 검사되지 않았는데 푸른색이라면, 그리고 오직 그 경우에만, 그 대상은 녹파색이다. 이제 우리가 임의로 선택한 t 이전에 시간이 잘 가고 있는데, 우리는 에메랄드를 발견하고 그것들 다발을 검사하는 장소에서 지내고 있다고 하자. 그것들 각각은 당연히 녹색이다. 이것은 모든 에메랄드가 녹색이라는 귀납을 지지한다(그것은 모든 에메랄드가 녹색이라는 주장을 확증하지만, 물론 그 주장을 절대적으로 증명하지는 못한다. 그것이 바로 그 논증이 연역이 아니라 귀납인 이유이다).

그러나 잠깐만! 에메랄드에 대한 우리의 관찰은 모든 에메랄드가 녹파색이라는 귀납 또한 지지한다. 그 관찰은 모든 에메랄드가 녹파색이라는 주장을 확증하는 것이다. 관찰된 각각의 에메랄드는 녹색이고 t 이전에 처음 검사된 것이며, 그래서 녹파색이다. 이것은 분명히 문제인데, 왜냐하면 만일 우리의 지지된 귀납이 모든 에메랄드가 녹파색이라는 것을 확증한다면, t가 흘러갈 때 우리는 새로 검사되는 모든 에메랄드가 푸른색이기를 기대해야 하기 때문이다. 이것은 약간의 설명이 필요하다. 만일 우리가 t 직후에 어떤 에메랄드를 검사하고, (우리의 녹파색-귀납을 기초로 하여) 그것이 녹파색이기를 기대한다면, 우리는 그것이 t 이전에 검사되지 않았다는 것을 알기 때문에 우리는 그것이 푸른색이기를 기대해야 한다. 그것은 t 이전에 검사되었는데 녹색이거나, 또는 그것은 푸른색이다.

곤란한 점은 물론 그것은 푸른색이 아니며, 우리는 그것이 푸른색이기를 기대하지 않는다는 것이다. "녹파색"에 대한 귀납은 미친 짓이다. 유감스럽게도 아주 복잡한 통사론적 형식화들 중 어떤 것도 귀납이 "녹파색"에 대해서는 효과가 없지만 "녹색"에 대해서는 효과가 있는 이유를 설명하지 못한다. 굿맨은 그처럼 지어낸 술어들을 기초로 "우리에게는 다시 한 번 어떤 것이라도 모든 것을 확증한다는 관용할 수 없는 결과가 남게 된다. 이러한 난점은 적당한 때에 다루어야 할 성가신 지엽적 문제로 제쳐놓을 수 없다."고 결론짓는다(Good-man 1965/1955, 75쪽).

"녹파색" 수수께끼에 대해 독자에게 확실히 나타나는 반응은 귀납이 "녹파색" 같은 지어낸 인공적 술어에 대해 효과가 없지만 귀납은 결코 그런 것을 의도한 것이 아니었다는 것이다. 귀납은 "녹색" 같은 자연스러운 술어에 대해서만 효과가 있게 되어 있었다. 이 말은 완전히 올바르다. 그것이 바로 굿맨의 논증의 주된 요점이다. 정상인은 누구도 녹파색-같은 술어를 사용하지 않겠지만, 그것은 논리학이나 형이상학의 결과가 아니라 우리에 관한 자연적 사실이다.. "녹파색"과 "녹색"은 논리적으로 동등하다. 형식적 체계의 관점에서는 "녹파색"은 "녹색"만큼이나 훌륭한 술어이다. 형식적 체계들은 "자연스러운" 술어와 "지어낸" 술어의 차이를 인식하지 못한다. 굿맨은 놀랍게도 "녹색"과 관련된 우리의 모든 귀납이 어떻게 "녹파색"에 대해서도 행해질 수 있는지 보여주는데, 비록 "녹파색"과 관련된 귀납이 훨씬 더 복잡할 것이라 하더라도 그렇다. "녹색"은 "녹파색"에 비해 전혀 논리적 우선권을 갖지 않는다.

굿맨의 예는 몹시 부자연스럽고 전문적인 것처럼 보일 수 있으며, 그 자체로서는 어쩌면 그리 많은 효과를 갖지 못할 것이다. 요점은, 분석/종합 구별, 검증 가능성 유의미성 기준에 대한 콰인의 공격과 결합하여 그것이 논리 실증주의자들과 그 동맹자들의 기계적이고, 엄밀하고, 형식적인 접근방식의 파산을 보여주는 데 도움이 되었다는 것이다. 이리하여 철학적 문제들에 대한 좀 더 실용적이고 절충적인 접근방식이 불가피해 보이게 되었으며, 심지어 이롭고 건전해 보이게 되었다.

굿맨은 귀납 친화적인 술어와 가설을 "투영가능한"(projectible) 술어와 가설이라고 부르고, 귀납에 좋지 않은 "녹파색" 같은 술어를 "투영가능하지 않은"(nonprojectible) 술어라 부른다. 문제는 투영가능한 술어와 투영가능하지 않은 술어를 구별할 방법을 정의하거나 기술하는 것이다. 이 일은 어떠한 통사론적인 기계적 방식으로도 행해질 수 없다. 또 다시 실용적 조건들이 작동하기 시작해야 한다.

귀납적으로 올바른 범주들은 과학 일반에 대해 올바른 범주들과 일치하는 경향이 있다. 그러나 목적의 변화는 관련된 종류의 변화라는 결과를 낳을 수 있다. (Goodman 1978, 128쪽)

마지막 말을 특히 주목할 필요가 있다. 우리가 자연에서 인식하는 종류들은 부분적으로, 또는 어쩌면 심지어 대부분 우리 목적들의 결과일 것이다.

### 퍼트넘

힐러리 퍼트넘은 1954년에서 현재에 이르기까지 출판되는 거대한 총서에서 철학의 거의 모든 주제에 관해 의견을 표명하고 논증들을 제시해왔다. 그는 또한 그런 주제들에 관해 자신의 입장을 여러 차례 바꿔왔다. 퍼트넘은 자신에 대해 가장 가차 없는 비판자 중 한 사람이었다. 뒤에 나오는 장들에서 우리는 형이상학의 부활에서 그가 한 중요한 역할과 심리철학에 대한 그의 독창적인 기여를 기술할 것이다. 1980년대에 그는 그런 영역에서 자신의 사상에 대해 불만족하게 되었다. 그래서 그는 자신이 "내재적 실재론"(internal realism)이라 불렀던 형태의 실용주의를 전개하였다(그는 그 견해를 "실용적 실재론"이라고 부르고 싶었다고 말했다).

퍼트넘은 두 가지 철학적 관점, 즉 외재주의적 관점과 내재주의적 관점을 구별한다. (이 구별은 카르납의 외적 물음과 내적 물음의 구별과 아주 먼 관계가 있을 뿐이다.)[11] 퍼트넘의 내재주의적 관점은 콰인과 실용주의자들에게서 영향을 받은 것이다.

먼저 외재주의적 관점에 대한 그의 기술을 보자.

---

[11]  퍼트넘의 용어법은 인기를 얻지 못했으며 이중으로 혼란스러운데, 왜냐하면 그 용어법은 올바르지 못하게 카르납에게서 유래할 뿐만 아니라 "외재주의"는 부분적으로 퍼트넘의 논증들에 기초한 완전히 다른 이론을 명명하는 데 널리 사용되었기 때문이다. (제7장 375-6쪽을 볼 것.) 그 구별에 대해 그가 제시하고 있는 더 잘 알려지고 덜 혼란스러운 용어법은 형이상학적 실재론자와 반실재론 내지 비실재론의 구별이다. 아 유감스럽게도 "실재론" 또한 철학과 일상언어에서 여러 가지 다양한 의미로 사용된다.

이 관점들 중 하나는 형이상학적 실재론의 관점이다. 이 관점에 따르면, 세계는 정신에 독립적인 대상들의 고정된 어떤 전체로 이루어진다. 그래서 '세계가 존재하는 방식'에 대한 하나의 옳고 완전한 기술이 있다. 진리는 낱말이나 사고-표시들과 외적인 사물들 및 사물들 집합 사이의 어떤 종류의 대응관계를 포함한다. 나는 이 관점을 외재주의적 관점이라 부를 텐데, 왜냐하면 그것이 가장 좋아하는 관점이 신의 눈 관점이기 때문이다(Putnam 1981, 49쪽).

우리가 언젠가 하나의 옳고 완전한 기술에 도달하리라고 믿을 이유는 없지만, 그럼에도 불구하고 외재주의에 따르면 이유가 있다. 그것이 바로 과학이 목표로 하는 것이다.

내재주의적(또는 반실재론적) 관점은 정신에 독립적인 진리에 대한 이 믿음을 거부한다.

내가 옹호할 관점은 명백한 이름을 갖고 있지 않다. … 나는 그 관점을 내재주의적 관점이라 부를 텐데, 왜냐하면 세계는 어떤 대상들로 구성되는가?라는 물음이 어떤 이론이나 기술 안에서 물을 수 있는 유일하게 이치에 닿는 물음이라고 주장하는 것이 바로 이 견해의 특징이기 때문이다. 전부는 아니지만 많은 내재주의적 철학자는 더 나아가 세계에 대한 하나 이상의 '옳은' 이론이나 기술이 있다고 주장한다. 내재주의적 견해에서 '진리'는 어떤 종류의 (이상화된) 합리적 승인가능성—우리의 믿음들 서로 간의, 그리고 우리의 믿음들과 우리의 경험과의 어떤 종류의 이상적인 정합성인데, 이는 그러한 경험들 자체가 우리의 믿음체계에서 표상되기 때문이다—이지 정신에 독립적이거나 담화에 독립적인 '사태'와의 대응이 아니다. 우리가 알 수 있거나 유용하게 상상할 수 있는 신의 눈 관점이란 없다. 다양한 이해와 목적을 반영하는 실제 사람들의 다양한 관점만이 있을 뿐인데, 그들의 기술과 이론들은 바로 이 다양한 이해와 목적에 공헌한다(Putnam 1981, 49-50쪽).

이 인용구의 마지막 절은 실용주의에 대한 정의—"다양한 이해와 목적을 반영하는 실제 사람들의 다양한 관점만이 있을 뿐인데, 그들의 기술과 이론들은 바로 이 다양한 이해와 목적에 공헌한다."—로 기능할 수도 있다. 퍼트넘은 모든 형태의 상대주의나 주관주의에 대한 그의 거부를 강조하고 싶어 하기 때문에 그의 견해를 "내재적 실재론"이라 부른다. 비록 대부분의 철학자가 그의 내재주의적 관점을 "실재론적"이라 부르는 데 대해 난처한 기색을 보일 것이라 해도, 우리의 이론들에는 "실재론"이라는 용어를 적당하게 만들기에 충분할 정도의 경험적 제약조건이 있다고 주장한다. 솔직히 이것은 퍼트넘 쪽에서 어느 정도 철학적 케이크를 먹고 있으면서도 그것이 없어지지 않은 채로 갖고 있기를 원하는 일이다.

퍼트넘의 견해는 콰인의 전체론과 인식론적 자연주의에서 영향을 받은 것이다.

> 내재주의는 '어떻게 해도 좋다'(Anything goes)고 말하는 간편한 상대주의가 아니다. 우리의 개념들이 개념화에 의해 전혀 오염되지 않은 어떤 것에 '걸맞는지' 묻는 것이 이치에 닿는다는 것을 부정하는 일과, 개개의 모든 개념적 체계가 다른 개개의 모든 체계만큼 좋다고 주장하는 것은 전혀 별개의 일이다. 만일 누군가가 실제로 그렇게 믿는다면, 그래서 만일 그들이 창밖으로 뛰쳐나가 하늘을 날아 움직일 수 있다고 말해주는 어떤 개념적 체계를 고를 정도로 충분히 바보 같다면, 그들은 생존해 있을 정도로 충분히 운이 좋을 경우에 후자 견해의 약점을 단번에 볼 것이다. 내재주의는 지식에 대해 경험적 입력들이 있다는 것을 부정하지 않는다. 지식은 내적 정합성을 제외하면 제약조건이 전혀 없는 이야기가 아니다. 그러나 내재주의는 그것들 자신이 어느 정도 우리의 개념들에 의해, 즉 우리가 그것들을 보고하고 기술하기 위해 사용하는 어휘에 의해 구체화되지 않는 어떤 입력들, 또는 모든 개념적 선택과 무관한 오직 하나의 기술만을 허용하는 어떤 입력들이 있다는 것을 부정한다. 여러 세대의 인식론자들에게 지식의 출발점으로서 아주 소중한 우리 자신의 감각에 대한 우리의 기술조차도 많은 개념적 선택에 무척 영향을

받는다(그 문제에서는 감각들 자체가 영향을 받기 때문에). 우리의 지식이 기초를 두고 있는 입력들 자체는 개념적으로 오염되어 있다. 그러나 오염된 입력들이라도 없는 것보다는 낫다. 만일 오염된 입력들이 우리가 가진 것 전부라면, 그래도 우리가 가진 것 전부는 꽤 많은 것을 증명해왔다.

어떤 진술, 또는 어떤 진술들 전체 체계—어떤 이론이나 개념적 도식—를 합리적으로 승인가능한 것으로 만드는 것은 대부분 그것의 정합성과 맞음, 다시 말해 '이론적'이거나 덜 경험적인 믿음들 서로 간의 정합성, 그리고 그런 믿음들과 더 경험적인 믿음들의 정합성, 그리고 또한 경험적 믿음들과 이론적 믿음들의 정합성이다. 내가 전개할 견해에 따르면, 우리의 정합성과 승인가능성 개념은 우리의 심리학과 깊이 뒤섞여 있다. 그 개념들은 우리의 생물학과 우리의 문화에 의존하며, 그 개념들은 '가치중립적인' 것이 전혀 아니다. 그러나 그것들은 우리의 개념들이며, 실재하는 어떤 것에 대한 개념들이다. 그 개념들은 설령 신의 눈 관점의 형이상학적 객관성이 아니라 할지라도 어떤 종류의 객관성, 즉 우리를 위한 객관성을 정의한다. 인간적으로 말해 객관성과 합리성은 우리가 가진 것이다. 그것들은 우리가 가진 것이라 하더라도 없는 것보다는 낫다(Putnam 1981, 54-5쪽).

퍼트넘의 과학철학에 미친 콰인의 영향은 다음 인용구에서도 명백히 드러난다. 이 인용구는 콰인의 전체론적 과학관에 대한 훌륭한 기술이다.

내가 말해온 것은 우리가 어떤 과학적 이론의 승인가능성을 결정하는 절차가 전체로서의 그 과학적 이론이 어떤 '장점들'을 보이는지 아닌지와 관계가 있다는 것이다. 나는 과학적 이론을 구성하는 절차가 문장 단위로 과학적 이론을 검증하는 절차로는 올바르게 분석될 수 없다고 가정하고 있다. 나는 과학에서 검증이 전체론적 문제, 즉 '법인체로서의' 경험의 시험에 대처하는 것은 바로 전체 이론적 체계들이며, 전체 문장들 체계가 그 경험의 시험에 얼마나 잘 대처하는가의 문제는 궁극적으로 약간은 직관적 문제인데, 이 문제는 전체 인간 심리를 형식화하는 일이 일어나지 않는 한 형식화될 수 없는 문제라고 가정하고 있다(Putnam 1981, 133쪽).

우리는 길게 인용된 위 인용구들로부터 퍼트넘의 내재적 실재론이 다소간에 카르납과 콰인의 종합 같은 것임을 알게 된다. 콰인으로부터 퍼트넘은 전체론을 받아들였고, 카르납으로부터는 존재론이 어떤 이론이나 체계에 상대적이거나 내재적이라는 생각을 받아들였다. ("세계는 어떤 대상들로 구성되는가?는 어떤 이론이나 기술 안에서 물을 수 있는 유일하게 이치에 닿는 물음이다."(위에서 인용).)

퍼트넘은 공상적이지만 매력 있는 은유와 슬로건을 곧잘 사용한다. 그의 내재적 실재론의 위상에 대해 그가 좋아하는 표현들 중 하나는 "정신과 세계는 함께 정신과 세계를 구성한다."(Putnam 1981, xi쪽)는 것이다. 그렇지만 내재주의에 대한 퍼트넘의 옹호는 슬로건과 프로그램의 발표보다 훨씬 더 많은 것으로 이루어진다. 콰인과 굿맨과 마찬가지로 그는 자신의 견해를 뒷받침하기 위해 종종 기호논리학에 기초를 둔 전문적이고 세련된 논증을 제시한다. 그리고 콰인과 굿맨의 논증과 마찬가지로 퍼트넘의 전문적 논증들은 대부분 부정적이다. 그는 그가 초기 경험주의자들, 특히 논리 실증주의자들과 그 추종자들의 엄밀하고 기계적인 견해라고 여기는 것—엄밀한 의미 개념, 문장 단위 검증 개념, 환원주의, 과학과 다른 형태의 지적 삶의 엄밀한 구별—을 부순다.

퍼트넘은 가치를 다루는 방식에서 콰인과 의견이 갈라진다. 콰인은 실증주의자들과 가치를 멸시하는 태도를 공유했다. 그는 어느 쪽인가 하면 도덕에 대해 조야한 행동주의 이론을 가지고 있었다. 반면에 퍼트넘은 가치를 진지하게 취급한다. 그는 실증주의자들에게 거의 분석/종합 구별만큼이나 소중한 사실/가치 구별이 지지될 수 없다고 주장하였다. 우리의 기술, 이론, 판단은 가치들로 흠뻑 젖어 있다. "잔인한"과 "친절한" 같은 일상어들은 기술적이고 경험적으로 적용가능하지만, 평가적이기도 하다. 어떤 사람에 대해 잔인하다고 말하거나 어떤 행동에 대해 잔인하다고 말하는 것은 도덕적 판단을 내리는 것이다. 우리의 낱말들 중 엄청난 수의 것들이 가치 적재적이다. "합리적", "논리적", "비합리적"처럼 사실적인 것처럼 들리는 용어들조차도 평가적이다.

우리가 사실과 가치를 독립적인 것으로 생각할 때 우리는 전형적으로 '사실'을 어떤 물리주의적이거나 관료주의적인 특수용어로 생각하고, '가치'는 가장 추상적인 가치 용어들, 예컨대 '좋은', '나쁜' 같은 가치 용어들로 진술된다고 생각한다. 사실로부터 가치의 독립성은 사실들 자체가 대략 '배려심이 없고', '자신만 생각하고', '돈을 위해서는 무엇이라도 하려 하는' 것일 때 유지하기가 더 어렵다(Putnam 1981, 139쪽).

나는 퍼트넘이 실증주의자의 가치 배제로부터 가치를 구한 일을 철학에 대한 자신의 가장 중요한 기여라고 생각할 것이라고 믿는다. 이것은 이전의 경험주의 철학과의 근본적 단절을 기록하는 일이다.

## 경험주의의 세 번째 독단

로티는 신실용주의자들 속에 도널드 데이비드슨(Donald Davidson)을 포함시키는데, 이는 데이비드슨이 "분석철학의 전체론적 '실용주의화' 요소. . ."[12]에 대한 커다란 기여자이기 때문이라고 그는 말한다.(Rorty 1982, x ix쪽). 데이비드슨은 하버드에서 훈련을 받고 콰인과 밀접하게 연관된 또 다른 미국 철학자이지만, 그는 실용주의 지지자보다는 반대자로 보일 가능성이 더 높다(제5장에 데이비드슨의 일대기 정보를 포함하여 그에 관한 훨씬 더 많은 정보가 있는데, 특히 언어철학과 심리철학에 대한 그의 기여에 관한 정보가 있다). 퍼트넘과 로티와 달리 데이비드슨은 "실용주의자"라는 라벨을 명백히 거부한다(그리고 마찬가지로 "반실재론자", "경험주의자", "초월적 관념주의자" 등의 라벨도 거부한다).

---

12    나는 데이비드슨이 "전체론적"이라는 라벨에 동의할 것이라고 생각하지만, 그는 고전적 진리 개념에 너무 초점을 둔 나머지 "실용주의화"라는 라벨에 마음이 편할 수 없었다. 데이비드슨이 한 작업의 많은 것은 형식논리학에 대한 알프레드 타르스키(Alfred Tarski)의 기여, 특히 타르스키가 형식적 체계들 속에서 진리 개념을 해명한 일에 기초를 둔 언어, 사고, 행위에 대한 체계적 접근방식이었다. 실제로 데이비드슨은 철학에 대한 그의 접근방식을 진리에 대한 타르스키의 작업에 근거하여 구성하였다.

데이비드슨은 경험주의의 세 번째 독단을 폭로했다고 주장한다. 그는 쿤은 물론이고 콰인 자신도 부지불식간에 이 독단에 찬동했다고 비난한다. 1974년 미국철학회(American Philosophical Association) 회장단 연설의 제목은 "경험주의의 세 번째 독단"(The Third Dogma of Empiricism)[13]이었다. 데이비드슨의 비판은 콰인을 겨냥한다. 데이비드슨에 따를 때 경험주의의 세 번째 독단은 우리가 경험의 자료를 조직하는 개념적 도식을 갖고 있다는 생각이다.

> 나는 도식과 내용, 즉 조직하는 체계와 조직되기를 기다리는 어떤 것의 이 두 번째 이원론[첫 번째 이원론은 분석/종합]이 이해가능하고 옹호가능하게 만들어질 수 없다는 것을 강조하고 싶다. 그것 자체가 경험주의의 독단이다. (Davidson 1985e/1974, 189쪽)

콰인과 다른 사람들은 확실히 개념적 도식에 의거해 이야기한다. 비판을 위해 데이비드슨이 인용한 중요한 콰인 진술은 "두 가지 독단"에서 따온 것이다. "경험주의자로서 나는 계속해서 과학의 개념적 도식을 궁극적으로 과거 경험에 비추어 미래 경험을 예측하기 위한 도구로 생각하고 있다."(Quine 1961/1951, 44쪽). "내재주의는 … "으로 시작하는 퍼트넘에게서 따온 긴 인용구는 우리의 개념적 체계나 도식, 우리의 개념적 선택 등에 관한 몇 가지 언급을 포함한다. 데이비드슨에 따를 때 특히 문제가 되는 것은 과학이 경험들을 조직하고 예측하기 위한 개념적 도식이라는 생각이다.

데이비드슨은 그가 도식과 내용이라는 "독단"에서 생긴다고 믿는 개념적 상대주의 때문에 고민한다. 개념적 상대주의는 자료나 감각인상들, 즉 어떤 종류의 기본사실들이 있다는 생각에 기초를 두고 있다. 이런 것들은 다른 도식들에 의해 달리 조직화되는 내용들이다. 개념적 상대주의의 문제들 중 한 가지는 서로 다른 개념적 도식들이 서로의 용어들로 번역될 수 없다는 것을 함의하는 것

---

[13]  나중에 "개념적 도식이라는 관념에 대하여"(On the Very Idea of a Conceptual Scheme)라는 제목으로 다시 인쇄되었다(Davidson 1985e/1974).

처럼 보인다는 것이다. 서로 다른 개념적 도식들의 신봉자들은 실제로 서로를 이해할 수 없다. 데이비드슨은 특히 터무니없는 개념적 상대주의자의 예로 쿤을 거론하는데, 이는 쿤이 서로 다른 과학적 패러다임들이 공약불가능하다고 주장했기 때문이다.

　데이비드슨은 개념적 상대주의의 문제를 다른 언어가 우리 자신의 언어로 일률적으로 번역될 수 없다는 문제에 빗댄다. 그러나 데이비드슨은 우리 언어로 번역불가능한 "언어"는 우리가 일찍이 언어로 지각할 수 있는 어떤 것이 아니라고 주장한다. 우리는 소리를 듣거나 표시를 볼 수 있지만, 그것들을 언어적인 것으로 인식할 수 없다. 마찬가지로 우리 개념적 도식과 너무 다른 개념적 도식은 우리가 개념적 도식으로 인식할 수 없다. 어떤 도식이 우리에 의해 개념적 도식으로 인식되기 위해서는 우리가 이해할 수 있도록 우리 개념적 도식과 충분히 중복되는 요소가 있어야 하는데, 이 경우에 그 개념적 도식은 실제로는 우리 개념적 도식과 다른 개념적 도식이 아니다. 어쩌면 우리는 우리와 다른 개념적 도식을 갖는다고 가정된 사람들과 불일치하겠지만, 어떤 것에 관해 누군가와 불일치하기 위해서는 우리는 거의 다른 모든 것에 관해 그와 일치해야 한다고 데이비드슨은 논한다.

　이것은 개념적 도식이라는 개념이 부정합하다는 것이 아니라 그저 우리 인간들이 오직 하나의 개념적 도식만을 갖는다는 것을 보여주는 것 아닌가? 데이비드슨은 이 생각을 예상하고, 그것을 거부한다. "모든 인류—적어도 언어의 모든 화자—가 공통된 도식과 존재론을 공유한다는 영광스러운 뉴스를 발표하는 것도 똑같이 잘못된 일일 것이다. 왜냐하면 만일 우리가 도식들이 서로 다르다는 것을 이해가능하게 말할 수 없다면, 우리는 그 도식들이 하나라는 것도 이해가능하게 말할 수 없기 때문이다."(Davidson 1985e/1974, 198쪽).

　이 세 번째 독단의 폭로는 데이비드슨에 따르면 경험주의의 죽음을 의미한다(그리고 나는 그가 실용주의도 그럴 운명이라는 말을 기쁘게 추가할 것이라고 가정한다). 도식과 내용이라는 독단은 "그 자체로 경험주의의 독단, 즉 세 번째 독단이다. 이 독단은 세 번째 독단이자 어쩌면 마지막 독단일 텐데, 왜냐하면 만일 우리가 그것을 포기한다면, 경험주의로 불리기 위해 남아 있는 독특한 어떤 것이 있는지가 분명하지 않기 때문이다."(Davidson 1985e/1974, 189쪽).

데이비드슨은 그의 주장을 "어쩌면"과 "분명하지 않다" 등의 말을 곁들여 에둘러서 조심스럽게 표현하고 있지만, 데이비드슨에 대한 응답에서 콰인은 그의 주장을 진지하게 받아들인다. "세 번째 독단이라는 관념에 대하여"(On the Very of a Third Dogma)라는 제목의 논문에서 콰인은 데이비드슨에게 실용주의적 응답을 제시한다. 실용주의자는 진리 개념에 관해 미심쩍어하는데, 데이비드슨이 그런 것처럼 진리 개념에 많은 비중을 둘 경우에 특히 그렇다. 콰인은 데이비드슨이 말하는 많은 것을 인정하지만, 그것이 그의 실용적 경험주의 또는 상대적 경험주의에 피해를 입히는 일을 피해 간다. 데이비드슨 주장에 대한 콰인의 받아치기는 "경험이나 표층 자극의 적절한 역할은 진리의 기초로서가 아니라 보증된 믿음의 기초로서 하는 역할이다."는 것이다(Quine 1981a, 39쪽).

> 만일 경험주의가 진리에 대한 이론으로 해석된다면, 데이비드슨이 세 번째 독단으로 경험주의에 귀속시키는 것은 올바르게 귀속시킨 것이고, 포기하는 것이 올바르다. 그런 까닭에 진리에 대한 이론으로서 경험주의는 더 이상 가능하지 않으며, 귀찮은 것을 떨쳐버리게 되어서 속이 시원하다. 그렇지만 증거에 대한 이론으로서 경험주의는 실제로 두 가지 낡은 독단을 뺀 채로 우리에게 남아 있다. (Quine 1981a, 39쪽)

콰인의 요점은 경험은 여전히 지식의 유일한 신빙성 있는 원천, 또는 콰인의 표현에 따르면 "보증된 믿음"의 유일한 신빙성 있는 원천으로 인식된다는 것이다. 콰인의 생각은 우리가 실용주의적 또는 경험주의적 진리이론에 관해 말하는 것을 멈추고, 대신 우리가 무엇을 믿는 일이 정당화되는지, 그리고 어떻게 행동하는 것이 합리적으로 행동하는 것인지에 초점을 맞추어야 한다는 것이라고 나는 생각한다. 궁극적으로 우리가 갖는 믿음들에 대한 최고의 증거, 그리고 어쩌면 유일한 증거는 인류의 공통 경험인데, 특히 자연과학이 해석하는 방식의 인류의 공통 경험이다. 이 많은 것은 여전히 경험주의의 독특한 특징이다. 그것은 고전적인 영국 경험주의자들이나 논리 실증주의자들의 견해만큼 자극적이거나 극단적이거나 혁명적이지 않다. 그러나 구식의 인식론적 · 형이상학적 전제 가정들을 제거한 경험주의는 제대로 된 소리를 내는 음향기이다. 콰인이 말한 바에 따르면, 경험주의는 "실제로 어느 정도 깔끔하게 정리되기를 원했고, 그것을 해왔다."(Quine 1981a, 39쪽). 이 "깔끔하게 정리함"의 과정은 비엔나 학단 이후 분석철학의 주요 화두였다. 주된 요소들은 실용주의, 전체론, 자연화된 인식론이었다. 그것은 아무런 대가도 바라지 않고 좋아서 하는 일이었다.

## 배경 3.1   전기 비트겐슈타인과 후기 비트겐슈타인의 구별 및 이 구별이 필요한 이유

이것은 여러 곳에 있는 텍스트의 자료들을 정리한 것이다. 전기 비트겐슈타인(대략 1911년에서 1922년까지)은 『논리철학론』이 대변한다. 이 책은 우리의 관념, 언어, 세계 사이의 동일 구조라는 생각에 기초한 몹시 형식적인 체계로 이루어져 있다. 언어는 세계의 사실들을 표상하거나 그릴 수 있는데, 왜냐하면 언어와 세계가 공유하는 공통 구조가 있기 때문이다. 마찬가지로 언어는 언어와 우리의 사고 사이에 구조의 공통성이 있기 때문에 우리의 관념을 표현할 수 있다. 그리고 우리의 사고는 또한 세계와 구조의 공통성이 있기 때문에 세계를 표상할 수 있다. 그 구조는 논리이며, 특히 프레게가 개발하고 러셀이 약간 능률적으로 단순화한 형태로 완성한 형태의 현대 기호논리이다. 이것은 일종의 논리 원자주의이다.

『논리철학론』을 출판한 후 비트겐슈타인은 모든 철학적 문제를 해결하고/제거했다고 생각해서 철학을 떠났다. 그렇지만 그는 철학을 오랫동안 멀리할 수 없었는데, 얼마 되지 않아 케임브리지의 친구들이 그의 『논리철학론』 이론이 너무 조야하다는 것을 설득하였다. 그리하여 비트겐슈타인은 남은 생애(대략 1930년에서 1951년 사망할 때까지)를 자신의 『논리철학론』 이론을 비판하는 데 전념했다. 그의 연구방식과 문체는 완전히 변했다.

이제까지 그는 대부분 격언 형태로 짧은 단락의 글을 썼다. 그는 기호논리학을 전혀 사용하지 않았고, 형식주의를 미심쩍어했다. 언어에 대한 그의 이론은 완전히 달라졌다. 실재나 사실에 대한 그림 대신에 진술의 의미는 실제 삶 속에서 그 진술의 사용이었다. 도구들과 마찬가지로 언어의 요소들의 목적은 일을 하는 것이었고, 그 일들 중 오직 한 가지가 어떤 경우에 그림 그리기일 수 있지만 보통은 아니었다. 오히려 언어는 청자들에게 어떤 반응을 유도하고, 우리의 활동들을 조정하는 일 등을 하는 데 사용된다. 후기 비트겐슈타인은 아무것도 출판하지 않았지만, 노트에 방대한 분량의 글을 썼고, 강의를 했으며, 소집단의 학생들을 만났는데, 그들 중 많은 사람이 지도적인 철학자가 되었다. 비트겐슈타인의 노트들 중 어떤 것들은 비공식적으로 복사되어 사적으로 유포되었다. 그가 죽은 지 얼마 안 되어 후기 비트겐슈타인의 고전적 저작―『철학적 탐구』가 출판되었다.

따라서 비트겐슈타인의 전기 삶, 문체, 사상과 철학에 대한 그의 후기 접근방식 사이에는 중요한 대비가 이루어진다.

---

**배경 3.2** 퍼스, 제임스, 듀이

찰스 샌더스 퍼스(1839-1914), 윌리엄 제임스(1842-1910), 존 듀이(1859-1952)는 콰인이 등장할 때까지 가장 유명한 미국 철학자들이다.

퍼스는 무엇보다도 수학자, 논리학자, 과학자였다. 그는 철학에 온갖 다양한 기여를 했는데, 이 기여들은 체계에 의해서보다는 명민함과 통찰력에 의해 특징지어진다. 그는 철학에서 지속되어온 두 가지 주된 사상, 즉 오류가능주의와 실용주의에 기여했다. 오류가능주의는 우리 믿음들 중 어떤 것이라도 그를 수 있다는 견해이다. 이 견해는 절망과 회의주의에 빠지지 않으면서도 인식론적 겸손함의 요구를 나타내는 것이다. 비록 퍼스가 "실용주의"라는 용어를 만들긴 했지만, 그는 실용주의자가 아니었다.

헨리 제임스의 형인 윌리엄 제임스는 심리학, 종교, 철학에 대한 고전적 저작들을 쓴 사람으로 유명했다. 그는 걸출한 미국 실용주의자이다. 퍼스와 제임스 둘 다 하버드대학교와 밀접하게 연관되어 있었다. 제임스는 1873년에서 죽을 때까지 하버드 교수단의 일원이었다.

듀이는 철학의 여러 분야에 관한 대저들을 써서 출판하였다. 그는 또한 저널리스트이자 교육개혁가로도 활동했다. 그는 지도적인 대중 지성인이었다. 20세기 후반부에 듀이의 명성은 빛을 잃었다. 제임스와 퍼스가 철학자로서 더 흥미롭고 중요한 사람으로 생각되었다. 듀이는 자신의 철학을 "실용주의"가 아니라 "도구주의"로 칭했지만, 그는 제임스와 함께 지도적인 미국 실용주의자들 중 한 사람으로 생각되고 있다.

## 배경 3.3  철학에서의 "전쟁"

철학적 의견 교환은 우호적으로 진행된다고 가정되기 때문에 전투나 전쟁 유비는 어쩌면 어울리지 않을 것이다. 철학자들은 논쟁에서 이기는 것이 아니라 함께 진리를 추구하는 데 헌신한다. 철학적 논쟁의 "패자"는 진리에 대해 더 가깝거나 더 명료한 시각을 갖게 된다면 더 이상 패자가 아니다. 철학의 변증적 본성은 지성을 갖춘 적들이 모두 계몽을 추구할 것을 요구한다. 철학에서는 언제나 불일치가 창궐하며—그것은 언제나 논쟁을 벌이고 질문을 하는 소크라테스 식 기획의 본성이다—, 그래서 한편으로 제한된 의미에서 승자와 패자를 말하는 것은 어울리지 않는 것이 아니다. 전투나 전쟁 유비는 철학적 적들이 서로 싸워서 자신들의 적을 지적으로 패배시키려 시도해야 하기 때문에 적당한 유비이다. 기본 착상은 그렇게 함으로써 그들이 진리에 도달하거나 계몽 상태에 이를 것이라는 것이다. 진리를 추구하는 철학자들은 다른 것을 수용하거나 승인하는 태도를 채택할 수 없으며, 그렇지 않을 경우 우리는 결코 어느 곳에도 이르지 못할 것이다. 법학자들이 정의에 이르는 길이 피고 측 변호사와 검사 간의 싸움에 의해 이루어진다고 믿는 것처럼, 철학자들은 진리에 이르는 길이 변증적 싸움과 전투에 의해 이루어진다고 믿는다. 비록 이것이 전통적인 지배적 철학관이라 할지라도, 모든 철학자가 이것을 승인하는 것은 아니다. 어떤 여성주의 철학자들은 자신들이 철학적 진보를 비전투적인 협동을 기초로 해서 가능하다고 본다는 의미에서 철학에 대한 전투 은유를 거부한다. 러셀과 논리 실증주의자들 또한 철학을 객관적 결과물을 가진 협동적인 학문적 기획으로 재설정하려 하였다. 철학이 논리학과 언어에 대한 형식적 분석으로 제한되는 한, 이런 시도는 적당한 일이다.

## 배경 3.4  진리에 대한 대응론, 정합론, 실용론

진리 대응론은 표상에 대한 『논리철학론』의 견해와 유사하다. 만일 어떤 명제가 독립적 실재를 표상하거나 "그림 그린다"면, 그 명제는 옳다고 판단되고, 그렇지 않으면 그 명제는 그르다고 판단된다.

진리 정합론은 진리성이 어떤 체계에 맞음의 문제라는 견해이다. 만일 어떤 명제가 그 명제가 속한 체계의 나머지 명제들과 정합하거나 맞는다면, 그 명제는 옳다. 만일 그 명제가 승인된 다른 명제들과 상충한다면, 그 명제는 그르다.

진리 실용론은 만일 어떤 명제가 유용하다면, 즉 실제로 일을 해낸다면,

옳다는 견해이다. 실패한 명제는 무용하다. 우리는 이것을 허위라 부른다.

철학자들은 이 세 이론에 대해 온갖 종류의 수정안과 조합안을 제안하였다. 그러나 어떤 안도 만족스러운 것으로 확립되지 않았다. 이 이론들 각각은 심각한 문제가 있다. 진리의 본성은 여전히 철학자들 사이에 격렬한 철학적 불일치가 일어나는 영역이다.

## 배경 3.5   귀납 대 연역과 귀납의 전통적 문제들

연역논리학: 이것은 기호논리학 강좌에서 배우는 표준적인 종류의 형식논리학이다. 연역추리는 전제들의 진리성이 결론의 진리성을 수반하는 추리로 정의된다. 예를 들면 다음과 같다. 모든 인간은 죽는다. 소크라테스는 사람이다. 그러므로 소크라테스는 죽는다. 또 다른 예로는 다음을 들 수 있다. 만일 P라면 Q이다. Q가 아니다. 그러므로 P가 아니다.

귀납논리학: 이것은 전제들이 결론을 수반하지 않지만 결론을 옳음직하게 만드는 추리에 대한 연구이다. 우리는 귀납논리학을 형식화하는 데 성공하지 못했다. 귀납논리학은 개연성이론과 통계학으로 합병된다. 귀납의 몇 가지 유명한 역설이 있다. 우리는 A들을 검사함으로써 "모든 A는 B이다" 같은 일반진술을 지지한다. 만일 검사된 개개의 모든 A가 B라면, 이것은 그 일반진술을 지지한다. 그러나 그것은 그 일반진술을 증명하지는 못하는데, 왜냐하면 다음번 A가 B가 아닐 수 있기 때문이다.

헴펠에게서 기인하는 낡은 "귀납의 수수께끼"가 있는데, 이 수수께끼는 확증의 역설이나 까마귀 역설이라 불린다. 연역논리에 따르면, "모든 A는 B이다"는 "모든 비B는 비A이다"와 논리적으로 동치이다. 그래서 전자에 대한 지지 근거는 동등하게 후자에 대한 지지 근거가 되어야 한다. 모든 까마귀(또는 갈가마귀)는 검은 것이라는 주장을 생각해보라. 우리가 더 많은 까마귀를 검사하여 그것들이 검다는 것을 발견함에 따라 이것은 이 주장에 대한 우리의 확신을 증가시킨다. 그렇지만 그 주장이 "모든 검지 않은 것은 까마귀가 아니다"와 동치임을 주목하라. 그래서 까마귀가 아닌 각각의 검지 않은 것은 모든 까마귀가 검다는 주장을 지지한다. 그래서 우리는 눈처럼 흰 해오라기들(그것들은 검지 않은 것들이다)을 검사하고, 그것들이 까마귀가 아니라고 결정함으로써 모든 까마귀가 검다는 주장을 똑같이 잘 지지할 수 있다. 우리는 모든 까마귀가 검다는 주장을 지지하기 위해 어떤 까마귀도 살필 필요도 없다. 이것은 물론 우스운 일이지만, 현재 그 역설에 대한 유효한 어떤 명료한 해결책도 없다.

## 더 읽을거리

*The Philosophy of W. V. Quine*(*Library of Living Philosophers, Volume XVIII*) edited by Paul Schilpp and Lewis E. Hahn(Open Court 1982)은 지도적 철학자들이 쓴 탁월한 많은 논문과 콰인의 응답을 수록하고 있다.

*The Web of Belief*(Random House 1978) by Quine and J. S. Ullian은 입문용 교과서로 쓰였지만, 그 속에 콰인의 철학이 많이 들어 있다.

콰인에 관한 많은 유용한 책들 중에는 *Quine: Language, Experience and Reality* by Chrisopher Hookway(Stanford University Press 1988)와 *The Philosophy of W. V. Quine: An Expository Essay* by Roger Gibson (University Press of Florida 1982)가 있다. 깁슨은 콰인에 관한 다른 여러 권의 가치 있는 책을 쓰거나 편집해왔다.

*Criticism and the Growth of Knowledge*(Cambridge University Press 1970) edited by Imre Lakatos and Alan Musgrave는 쿤의 작업에 관해 지도적

인 과학철학자들이 쓴 초기의 영향력 있는 논문선집이다. 이 책은 쿤이 쓴
서문과 응답을 포함하고 있다.

퍼트넘의 *The Many Faces of Realism*(Open Court 1987)은 퍼트넘의 실용적
실재론을 둘러싼 여러 주제에 대해 논의하고 있는 책이다.

*Realism with a Human Face*(Harvard 1992)는 퍼트넘이 쓴 흥미로운 논문들
을 모은 또 다른 책이다.

로티는 이제 생존철학자들 총서 중 한 권에 이름을 올리고 있다. *The Philoso-
phy of Richard Rorty*(*The Library of Living Philosophers, Volume XXXII*)
edited by Randal E. Auxier and Lewis Edwin Hahn(Open Court 2009).

*A Companion to Pragmatism* edited by John R. Shook and Joseph
Margolis(Wiley-Blackwell 2009)은 퍼트넘과 로티, 그리고 다른 많은 지
도적 철학자들의 흥미로운 논문들을 수록하고 있다. 이 책은 또한 원래 미
국 실용주의자들이 쓴 몇 편의 논문들도 싣고 있다.

# 4 옥스퍼드 일상언어철학과 후기 비트겐슈타인

우리의 언어는 고대 도시, 즉 작은 길들과 광장들, 낡은 집과 새 집들, 여러 시기를 거치면서 확장된 집들로 이루어진 미로로 이루어진 고대 도시로 간주될 수 있다. 그리고 이 미로는 똑바르고 가지런한 거리들과 동일한 형태의 집들이 있는 다수의 새 교외지역들로 둘러싸여 있다.(Wittgenstein 2009/1953, 11e쪽, #18)

## 머리말

제2차 세계대전 기간과 전쟁 직후에 영국 분석철학의 중심은 케임브리지대학교에서 옥스퍼드로 옮겨갔다. 분석철학계의 세 명의 스타 버트런드 러셀, G. E. 무어, 루트비히 비트겐슈타인은 더 이상 케임브리지에서 활동하지 않았다. 러셀은 주류 철학에서 벗어났다. 무어는 1939년 66세 나이로 교수직에서 은퇴했다. 그 후 그는 거의 글을 쓰지 않았다. 비트겐슈타인은 여전히 활동하고 있었지만 더 이상 케임브리지에서 활동하지 않았으며, 그의 영향은 무어가 그랬던 것처럼 옥스퍼드에서 가장 강력하게 발휘되었다. 비트겐슈타인은 무어의 교수직을 물려받았지만, 1947년 사직하여 케임브리지에 남았다가 아일랜드에서 살았다. 영국에 사는 독일인과 오스트리아인들에게는 분명히 어려운 시기였던 전쟁 기간에 비트겐슈타인은 런던의 한 병원에서 일했다. 옥스퍼드에서는 1940년대 말과 1950년대에 새로운 분석철학자 집단이 등장하였다. 그들 가운데 지도적인 인물로는 존 오스틴(John Austin), 길버트 라일(Gilbert Ryle), 피터 스트로슨(Peter Strawson)이 있었다.

케임브리지에서 옥스퍼드로의 변화는 지역 이동에 따른 변화 이상이었다. 옥스퍼드 철학자들의 철학적 정향은 케임브리지 철학자들과 달랐고, 그에 반대되었다. 옥스퍼드 철학자들은 영국 엘리트들의 전통적 교육 방식인 라틴어와 그리스어로 훈련을 받았던 반면에, 러셀과 비트겐슈타인은 수학과 형식논리학에 대한 그들의 배경 때문에 그들의 철학적 작업을 하게 되었다. 여러 가지 특징이 전후 옥스퍼드 철학자들의 사고를 특징짓지만, 그들을 통합시키는 화두는 철학에서 형식주의에 대한 거부였다. 이 추세는 러셀과 비트겐슈타인『논리철학론』의 작업은 물론이고 카르납 같은 비엔나 학단의 그들 추종자들을 겨냥하였다. 비록 기호논리학에 능통하고 식견이 있긴 했지만, 옥스퍼드 철학자들은 형식논리학과 형식적 언어에 대한 연구가 철학적 문제에 대한 해결책을 제시할 수 있다는 생각을 거부하였다. 뿐만 아니라 그들은 기호논리학을 철학적 지성이 빠지기 쉬운 매력적 덫으로 간주하는 경향이 있었다. 러셀, 『논리철학론』, 논리실증주의자들의 형식주의에 대한 그들의 공격은 부분적으로 G. E. 무어의 상식철학에 영향을 받았지만, 주된 영감은 비트겐슈타인이 그 자신의 『논리철학론』에 대해 가한 공격에서 받았다. 옥스퍼드 철학자들은 상식에 의존했다기보다는 비과학적이고 비학술적인 담화에서 말해지고 사용되는 것으로서의 자연언어에 의존하고 있었다. 그들은 일상언어에 초점을 맞추었다. 그래서 그들은 "일상언어철학자들"(ordinary language philosophers)이라고 불리게 되었다. 철학적 문제들에 대한 그들의 영향력 있는 연구방식은 "일상언어철학"이나 "옥스퍼드 일상언어철학", 또는 그냥 간단히 "옥스퍼드철학"으로 불렸다.

옥스퍼드 철학자들은 일상언어를 대단히 섬세하고 솜씨 있게 검토하였으며, 그들의 관찰들 중 어떤 것들은 사람들을 계몽시켜주고, 사람들을 끄는 매력이 있었다. 그렇지만 그들 바로 앞에는 "일상언어에 대한 연구를 통해 어떻게 철학적 통찰에 이르고, 어떻게 철학적 물음들을 해결하거나 해소할 수 있는가?"라는 물음이 놓여 있다. 이 물음은 중요한 도전이다. 기본적 응답은 이렇다. 우리는 낱말의 사용을 탐구함으로써 개념들을 조명한다. 예컨대 "우리는 '알다'와 그 동족의 낱말들이 나타나는 문장들의 용법을 연구함으로써 지식 개념을 탐구한다."(Malcolm 1951, 336쪽). 그러한 탐구는 사실들에 대한 지식을 증가시키지 않겠지만, 예컨대 지식, 확실성, 믿음 사이의 차이를 이해하는 데 도움이 될 것이다. "지식이 무엇인지 결정하는 한 가지 방식은 무엇보다도 '알다'(to know)라는 동사의 표준 사용이나 하는 일이 무엇인지 결정하는 일이다."(Weitz 1953, 189쪽).

그저 다른 예로 당신이 의도들(intentions)의 본성을 포함하는 철학적 문제들을 탐구하고 싶다고 해보자(똑같은 말이 지식, 확실성, 믿음, 사고, 행위, 감각, 정서 등에도 적용될 것이다). 만일 당신이 의도가 무엇인지 알고 싶다면, "의도"(intention)라는 용어와 "의도하다"(intend), "의도하는"(intending, 지망하는), "지향적"(intentional, 의도적, 고의적) 같은 동족어들의 사용을 탐구하라. 우리가 "의도"와 그 동족어들의 올바른 사용을 발견하거나, 또는 오히려 밝힐 때 우리는 의도 개념을 해명하게 될 것이고, 그래서 의도들의 본질적 본성을 해명하게 될 것이다. "본질은 문법에 의해 표현된다."(Wittgenstein 2009/1953, 123e쪽). 낱말은 개념을 표현한다. 철학에서 우리의 문제에 대한 해결책은 개념들에 대한 해명에서 나올 것이다.

일상언어철학의 가장 유명하고 영향력 있는 적용사례 중 하나는 엘리자베스 앤스컴(Elizabeth Anscombe)의 책 『의도』(Intention, Anscombe 1969/1957)였다. 앤스컴은 비트겐슈타인의 절친한 친구이자 헌신적인 학생이었다. 그녀는 그의 『철학적 탐구』를 번역하였으며, 그가 죽은 후 그의 유저(遺著) 관리자 중 한 사람이 되었다.

앤스컴의 책은 우리가 일상용어를 어떻게 사용하고, 의도들에 관해 어떻게 언급하는지에 대해 면밀하면서도 통찰력 있게 검토하고 있는 책이다. 그녀는 철학자들에게 영향을 미치고, 행위철학의 전체 분야를 만든 통찰들에 도달한다.

예컨대 앤스컴은 관찰에 의한 지식과 우리의 의도들 속에서 구체화되는 실천적 지식(practical knowledge)을 구별한다. 그녀는 식료품 가게 주변에서 내가 산 것의 목록을 작성하면서 나를 따라 오는 사람과 내 장보기를 결정하기 위해 내가 만든 식료품 목록을 내가 사용하는 것의 차이를 생각해보라고 요구한다. 만일 내가 산 것이 내 목록과 일치하지 않는다면—나는 내가 사려고 의도한 일반 우유 요구르트 대신 무지방 요구르트를 가지고 집에 온다―, 우리는 그 목록이 잘못되었다고 말하는 것이 아니라 구입 행위가 잘못되었다고 말한다.

> 손에 장보기 목록을 가지고 시내를 돌아다니는 남자를 생각해보자. 이제 이 목록과 그가 실제로 산 것들의 관계는 그의 아내가 그에게 목록을 주었든 그 자신이 그 목록을 작성했든 간에 똑같음이 분명하다. 그리고 목록이 주변에서 그를 따라다니는 탐정이 만든 것인 경우에는 목록과 그가 산 것들 사이에 다른 관계가 있다는 것도 분명하다. 만일 그가 그 목록을 직접 만들었다면, 그 목록은 의도의 표현이다. 만일 아내가 목록을 그에게 주었다면, 그 목록은 주문의 역할을 한다. 그렇다면 탐정의 기록은 공유하지 않지만, 주문에서 일어나는 일과 의도에서 일어나는 일 사이의 동일한 관계는 무엇인가? 그것은 바로 이것이다. 만일 그 목록과 남자가 실제로 산 것들이 일치하지 않는다면, 그리고 만일 이것, 그리고 이것만으로 실수가 된다면, 그 실수는 목록에 있는 것이 아니라 그 남자의 행위에 있다(만일 그의 아내가 "봐요, 버터라고 썼는데, 당신은 마가린을 사왔잖아요"라고 말한다면, 그가 "저런 실수를! 우리가 올바르게 썼어야 했어."라고 말하면서 목록의 그 낱말을 "마가린"으로 바꾸었어야 한다고 대답하는 일은 거의 없을 것이다). 반면에 만일 탐정의 기록과 그 남자가 실제로 산 것이 일치하지 않는다면, 잘못은 기록에 있다. (Anscombe 1969/1957, 56쪽)

행위에서 발휘되는 실천적 지식은 이론적 지식(관찰에 기초한 목록이 대표하는)과 다르다. 앤스컴은 이론적 지식과 달리 실천적 지식은 알려진 대상들로부터 도출되지 않는다고 말한다. 의도적으로 행동할 때 우리는 우리가 그것을 관찰하기 때문이 아니라 의도하기 때문에 우리가 하고 있는 것을 안다.

앤스컴이 입증하고 있는 영향력 있는 주장들 중 하나는 우리 일상언어의 많은 것이 기술적이지 않으며, 외부의 사태와 대응하거나, 외부의 사태를 반영하거나, 외부의 사태로부터 도출되는 것을 의도하지 않는다는 것이다. 오히려 그것은 외부의 사태를 변화시키거나, 제어하거나, 영향을 미치기를 의도한다는 의미에서 실천적이다(이와 연관해서 또한 이 장 뒷부분에서 언어행위(담화행위, speech acts)에 관한 오스틴의 견해를 볼 것). 이것은 『논리철학론』의 의미 그림이론에 대한 직접적 도전이다.

책 말미에 앤스컴은 자발적(voluntary) 행위와 의도적 행위를 구별한다. 그 구별은 정교하며—예컨대 단순한 낙서는 자발적 행위지만 의도적 행위는 아닌 것으로 기술될 것이다—, 여러 가지 양상을 갖고 있다. 마지막에 그녀는 "그렇지만 모든 의도적 행위는 자발적 행위이기도 하다. … 의도적 행위 또한 우리가 그것들을 '하는 일'을 후회할 때처럼 다른 관점에서 보면 비자발적인 것으로 기술될 수 있다. 그러나 '꺼리는'(reluctant)이 통상 더 많이 사용되는 낱말이다."고 말한다(Anscombe 1969/1957, 90쪽).

앤스컴은 또한 일상언어에 의존하여 원함(wanting), 희망함(wishing), 기대함(hoping)을 구별한다. 당신은 불가능하다는 것을 아는 것이라도 무엇이든 희망할 수 있다. 예컨대 나는 2 더하기 2가 4와 같지 않기를 희망할 수 있다. 그러나 나는 그것을 기대할 수는 없다. 이것은 심리적 어려움이 아니라 언어적 또는 문법적 어려움이다. 원함과 기대함 사이의 차이는 원함이 무언가를 얻으려 노력함을 수반한다는 것이다.

일상적 개념들에 대한 분석은 경험적 언어학이나 심리학의 과학적 실습이 아니다. 일상적 사용은 경험적 심리학이나 언어학이 시작되기도 전에 이미 제 자리를 잡은 것임에 틀림없다. 만일 그런 것이 있다면 "의도"라는 용어의 과학적 사용은 우리가 어머니 슬하에서 배운 일상적 사용들에 기생적이다. 이것은 검사와 여론조사를 포함하는 경험적인 언어적 탐구도 아니다. 우리 각자는 우리 언어의 유능한 화자이자 사용자이다. 우리가 그 언어와 개념들을 공유하는 한, 우리는 우리 자신의 언어적 직관을 사용하여 함께 철학에 성과 있게 종사할 수 있다. 우리가 사용하는 관련 있는 직관들은 의도들이 무엇인지에 관한 우리의 직관들이 아니다. 이 직관들은 혼란스러울 가능성이 높으며, 의심스러운 원천들로부터 도출될 가능성이 높다. 우리가 출발점으로 삼는 직관들은 일상의 비철학적 맥락, 즉 우리의 언어가 작동하는 맥락에서 우리가 말할 것에 관한 우리의 직관이다. 이 직관은 강력하고, 능동적이며, 우리들 사이에 공유되는 것이다.

우리가 용어들의 일상적 사용을 살핌으로써 철학적 문제들을 탐구하기 시작할 때 우리는 철학자들이 사용한 용어 중 많은 것이 일상적 사용이 없거나, 있다 하더라도 그것들의 일상적 사용은 철학자들이 사용해온 방식과 다르다는 것을 깨닫게 된다. 이것 때문에 우리는 그런 용어들에 대한 철학적 사용이 혼란스럽게 뒤죽박죽이거나 공허하다는 의심에 이르게 된다. 형식논리학을 사용하여 그 문제를 정화하려는 시도는 수학적 명료성이라는 망상을 만듦으로써 문제를 악화시킬 뿐이다. 역사적으로 유명한 철학자들의 실패에 대한 해결책은 일상적 맥락에서 일상적 용어들의 일상적 사용으로 되돌아가는 것이다. 이것은 케케묵은 많은 철학적 폐물을 청소하는 청정 공기를 갖는 일이다.

일상적 맥락의 일상언어에 대한 흥미에 맞게 옥스퍼드 철학자들은 수학철학과 과학철학에 대해 케임브리지 철학자들과 논리 실증주의자들보다는 훨씬 흥미가 덜했다. 대륙의 실존주의 짝들과 마찬가지로 옥스퍼드 철학자들은 문학, 예술, 정치에서 영감을 얻었다. 몇몇 일상언어철학자들은 다른 분야들에서도 중요한 인물이 되는 데까지 나아갔다. 이사야 벌린(Isaiah Berlin)은 지도적인 대중 지식인이자 정치사상가가 되었다. 아이리스 머독(Iris Murdoch)은 젊었을 때 일상언어철학에서 귀중한 연구를 하긴 했지만 소설가로 명성을 얻었다.

옥스퍼드 철학자들은 철학에서 형식주의에 반대했지만, 다른 곳에 그것을 사용하는 일을 반대하지는 않았다. 오스틴, 라일, 스트로슨, 그리고 다른 옥스퍼드 철학자들은 제2차 세계대전 중에 영국 정보부에서 일했다. 라일은 그의 철학 공부 때문에 독일어에 유창했는데, 이것은 정보부 일에 유용하다는 것을 증명하는 것이었다. 오스틴은 특히 신중하고 요구가 많은 사람이었으며, 곧 주요 부서들의 전문가가 되었다. "계급이 높은 그의 상관들은 매우 빠르게 그가 모든 정보부 분과 업무에서 걸출한 권위자였다는 것을 알게 되었다. … "(Warnock 1969, 8쪽). 다른 철학자들도 전쟁 중 암호 해독에 그들의 언어적 감수성을 이용했다.

콰인과 미국 신실용주의자들의 경우에서처럼 옥스퍼드 일상언어철학자들은 프레게, 러셀, 전기 비트겐슈타인, 카르납, 논리 실증주의에 맞서 싸운 것으로 보일 수 있다. 일상언어철학자들은 사변적 형이상학에 대한 실증주의자들의 공격에 공감했지만, 검증과 형식논리학에 대한 그들의 교조주의적 사용에는 반대했다. 일상언어철학자들은 철학을 일차적으로 낱말의 일상적 사용에 대해 검토하고, 이 탐구의 결과를 철학적 문제들에 적용하며, 표현의 일상적 사용을 무시해서 전통 철학자들이 빠졌던 오류를 폭로함으로써 개념들을 해명하는 것으로 보았다.

이 장의 나머지에서 우리는 형식주의에 대한 옥스퍼드 철학자들과 비트겐슈타인의 공격, 이 공격이 기초를 둔 언어철학, 지각과 심리철학에 관한 문제들에 대한 일상언어 방법의 적용을 더 자세히 살필 것이다.

## 형식주의에 대한 공격—스트로슨과 라일

옥스퍼드 철학자들은『수학원리』의 논리학을 사용하는 일이 철학에서 다른 방법들을 대체해야 한다는 생각을 거부했다. 일상언어철학자들은 철학에서 형식논리학에 대한 의존이 명료성, 정밀성, 과학적 결과라는 환상을 제공했다고 느꼈다. 러셀은 어떤 반격의 글에서 바로 그런 용어들로 기호논리학의 사용을 정당화한다.

> 그들[옥스퍼드 일상언어철학자들]은 상식적 담화가 일상생활뿐만 아니라 철학에도 충분히 훌륭하다고 확신한다. 반대로 나는 상식적 담화가 모호성과 부정확성으로 꽉 차 있다고 확신하며, 정밀하고 정확해지려는 모든 시도는 어휘와 통사론 모두와 관련하여 상식적 담화의 수정을 요구한다고 확신한다. 누구나 물리학과 화학과 의학이 각각 일상생활의 언어가 아닌 언어를 요구한다는 것을 인정한다. 나는 왜 철학만 정밀성과 정확성에 대한 유사한 접근방식이 금지되어야 하는지 알지 못한다(Russell 1957, 387쪽).

라일에 따르면, 러셀의 접근방식의 오류는 형식과 내용을 혼동한 것이다. 철학은 골치 아프며, 철학이 직면하는 골치 아픈 문제들은 수학적 공식으로 해결

될 수 없다.[1] 수학이 도시 계획이나 경제 예측 문제를 해결할 수 없지만 그래도
유용할 수 있는 것과 마찬가지로, 기호논리학은 철학적 문제를 해결할 수 없지
만 경우에 따라 유용한 도구일 수 있다. 물론 철학자들은 정밀하고 정확하게 진
행할 필요가 있지만, 이것은 기호와 공식을 요구하지 않는다. 철학자들에게는
물리학자, 화학자, 의사의 정밀성이 아니라 사고와 논증의 정밀성과 정확성이
필요하다.

> 그러나 명백히 전투는 훈련으로 환원될 수 없고, 제도법은 기하학으로 환원
> 될 수 없으며, 무역은 매출 결산으로 환원될 수 없다. 철학적 문제들에 대한
> 처리는 논리 상항들에 관한 정리들 도출이나 정리들 적용으로 환원될 수 없
> 다. 철학자는 부득이하게 '비형식논리학'이라 불릴 수 있는 것을 행하고 있
> 으며, 그의 문제, 그의 결과, 그의 절차들이 형식화되어야 하거나 형식화될
> 수 있다는 주장은 군인, 제도사, 무역업자에 관한 대응하는 주장들만큼이나
> 몹시 상궤를 벗어난 것이다(Ryle 1962, 123-4쪽).

　　제1장에서 살펴보았던 것처럼, 기호논리학의 방법의 본보기가 되는 결과는
한정기술에 대한 러셀의 분석이다. 이 방법은 철학적 문제들을 해결하고, 신비
화를 제거하며, 모호한 언어와 사고를 명료화하는 것처럼 보였다. 러셀의 추종
자들은 『수학원리』의 기호논리학 방법을 사용한 문제 해석만이 이러한 결과를
제공할 수 있다고 주장하였다. 결과적으로 철학에서 형식적 방법에 대한 옥스
퍼드 철학자들의 공격은 러셀의 분석에 초점을 맞추게 되었다.
　　스트로슨은 러셀의 한정기술 이론에 도전하면서, 그리고 그와 더불어 철학적
문제를 해결하는 러셀의 전체 연구방식에 도전하면서 일상언어철학 운동의 지
도자로 등장했다. "언급에 관하여"(On Referring, Strawson 1971/1950)에서
스트로슨은 기호논리학이 아니라 일상언어와 용법에 기초를 두고 한정기술에

---

1　여기서 우리는 논리학 이외의 철학 분야들을 가리키고 있다. 20세기 초 이래 논리학은 러셀
식 기호논리학이다.

대한 대안의 설명을 제시한다. 러셀의 "지시에 관하여"가 케임브리지 형식주의 학파를 위한 것이었다면, 스트로슨의 "언급에 관하여"는 옥스퍼드 일상언어철학을 위한 것이었다.

스트로슨은 러셀의 이론이 형식논리학에 의해 오도된 것의 직접적 결과라고 논한다. 스트로슨은 그의 논문에서 기호를 전혀 사용하지 않는다. 사실상 그는 어떠한 기호적 형식문(formulas), 심지어 러셀의 형식문까지도 인용하지 않는데, 이는 마치 그가 그것들의 존재 자체가 그의 원문을 더럽힐 것처럼 느끼는 것처럼 보인다. 옥스퍼드 철학자들은 일상언어 또한 우리를 오도할 수 있다는 것을 인식했지만,[2] 치료책은 논리적 형식문의 대입이 아닌 철학적 분석이다.

러셀 이론에 따르면, "현재 프랑스 왕은 현명하다"는 현재 프랑스 왕이 없으면 그르다. 스트로슨에 따르면 이 진술은 그르지 않다. 오히려 이 진술은 진리치를 결여한다. 다시 말해 이 진술은 옳지도 그르지도 않다. 이것은 그 자체로 고전적인 기호논리학을 대놓고 모욕하는 것인데, 기호논리학의 근본 가정은 모든 진술이 옳거나 그르다(그리고 둘 다는 아님)는 것이다. 스트로슨의 방책은 사소한 전문적 조정안이 아니다. 그것은 러셀의 형식논리학을 탈선시키려는 시도이다.

> 우리가 그렇게 부르는 것처럼 단순한 진리치 틈새들—스트로슨의 말로 진리치 물음이 제기되지 않는 사례들—의 발생은 허용된다면 연역이론에 귀찮은 말썽거리를 추가할 것이다. (Quine 1960, 177쪽)

스트로슨은 "현재 프랑스 왕은 현명하다"에 대해 다음과 같이 말한다.

> … 그것은 그것을 사용하는 사람이 정말로 무언가에 관해 언급할 경우에만 옳거나 그른 주장을 하는 데 사용될 것이다. 만일 그것을 발언할 때 그가 어

---

2  라일은 "체계적으로 오도하는 표현들"(Systematically Misleading Expressions, Ryle 1968/1931)이라는 그의 초기 논문에서 많은 실례의 목록을 올리고 있다.

떤 것에 관해서도 언급하지 않는다면, 그의 사용은 진정한 사용이 아니라 가짜 사용이거나 사이비 사용이다. 그는 옳거나 그른 주장을 하고 있지 않은데, 비록 그가 그런 주장을 하고 있다고 생각할 수 있다 할지라도 그렇다. 그리고 이것은 [러셀의] 기술이론이 치명적으로 올바르지 못한 답을 제시한 난문제에 대해 올바른 답을 제시하는 길을 가리킨다(Strawson 1971/1950, 182쪽).

스트로슨은 일상용법에 호소하여 이 주장들을 뒷받침한다.

[현재 프랑스 왕은 현명하다]라는 문장에 관해 러셀이 말할 그른 것들은 무엇인가? 그것들은 다음과 같다.

(1) 이제 그 문장을 발언할 누구라도 옳은 주장을 하거나 그른 주장을 하고 있을 것이다.
(2) 그가 주장할 것의 그 부분은 현재 오직 한 사람의 프랑스 왕이 실존한다는 것이다.

나는 이 두 진술이 올바르지 못하다고 생각할 몇 가지 이유를 이미 제시하였다. 이제 어떤 사람이 사실상 당신에게 완전히 진지한 분위기에서 '프랑스 왕은 현명하다'고 말한다고 해보자. 당신은 '그것은 옳지 않다'라고 말할까? 나는 당신이 그렇게 말하지 않을 것이 완전히 확실하다고 생각한다. 그러나 그가 당신에게 방금 그가 말한 것이 옳다고 생각하는지 그르다고 생각하는지, 당신이 그가 방금 말한 것에 동의하는지 동의하지 않는지 당신에게 묻는다고 해보자. 나는 당신이 약간 주저하면서 어느 쪽도 아니라고 말하고 싶을 것이라고 생각한다. 다시 말해 그의 진술이 옳은지 그른지의 물음은 전혀 제기되지 않는데, 왜냐하면 프랑스 왕 같은 사람이 전혀 없기 때문이다(Strawson 1971/1950, 183쪽).

우리가 현재 프랑스를 통치하는 왕이 없다는 것을 안다고 가정한다면 우리가 반응할 방식에 관해 스트로슨이 한 말은 올바른 것처럼 보인다(그러나 이것에 대해서는 263쪽을 볼 것). 그리고 그만큼 확실히 러셀은 우리가 실제에 있어 반응할 방식에 관해 스트로슨과 불일치할 필요가 없다. 그렇다면 왜 러셀은 그것 때문에 곤란을 겪지 않는가? 스트로슨에 따르면, 형식논리학자들은 그들의 형식주의에 심취해 있기 때문에 오도된다. 그들은 거의 무의식적으로, 만일 그것이 그들의 형식체계들에서 성립한다면, 우리의 소박한 반응과 상관없이 그것이 자연언어에서도 이런저런 방식으로 성립해야 한다고 가정한다. 앞에서 지적했던 것처럼, 『수학원리』 같은 형식체계들에서 진술은 옳거나 그르거나 해야 하며, 둘 다일 수는 없다. 그래서 러셀에게 "현재 프랑스 왕은 현명하다" 같은 진술은 옳거나 그르거나 해야 한다. 스트로슨에 따르면, 이것은 형식적 방법에 대한 무비판적 승인 때문에 철학에 몰래 스며든 오류이다.

> 언급에 대한 [일상의 언어적] 약정은 논리학자들에 의해 무시되거나 잘못 해석되어왔다. 이러한 무시의 이유를 알기란 어렵지 않다. … (1) 정의에 대한 대부분 논리학자들의 선입견, (2) 형식체계들에 대한 어떤 논리학자들의 선입견. … 수학과 형식논리학에 대한 선입견의 영향은 라이프니츠와 러셀의 경우에서 가장 분명하게 보인다(Strawson 1971/1950, 189쪽).

스트로슨이 염두에 두었지만 언급하지 않았던 좀 더 최근의 예들에는 확실히 루돌프 카르납이 포함될 것이다. 러셀이 주류 철학을 떠난 후 카르납은 철학에서 형식적 방법과 기호논리학 사용의 최고 옹호자가 되었다(다음 두 장에서 그의 영향력 있는 기고들을 더 자세히 살펴보게 될 것이다). 1947년 카르납은 『의미와 필연성: 의미론과 양상논리학에 대한 연구』(*Meaning and Necessity: A Study in Semantics and Modal Logic*, Carnap 1956a/1947)라는 제목의 책을 출판했는데, 이 책은 철학에 형식적 방법을 적용하는 일에 열심인 철학자들 세대를 위해 방법을 제공하고 문제를 설정하려는 것이었다. 당연히 이 철학자들은 옥스퍼드 일상언어철학자들을 경멸했다. 그런 감정은 상호 간에 있었다.

그 책이 출판된 지 얼마 안 되어 라일은 카르납의 『의미와 필연성』에 대한 논평을 썼다. 라일이 카르납에게 극구 퍼부은 조롱은 그의 옥스퍼드 동료들의 태도를 대표하는 것이다.

> 그[카르납]는 여전히 인공 "언어"(언어가 아니라 암호)를 구성하기 좋아하며, 여전히 서툴게 그의 형식문을 섞어 쓰는데, 이는 그것이 영어 화자들에게 말로 다 할 수 없는 고딕체 문자들이기 때문이다. 그러나 이 암호화된 형식문의 해설적 중요성은 쇠약해진 것처럼 보인다. 뿐만 아니라 나는 그 형식문들이 의식으로서의 가치 이상을 갖는다는 것을 전혀 납득할 수 없다. 그것들은 모호성, 애매성, 단순한 혼동을 거르는 체로 기능하지 않으며, 축약 표현이나 증명들의 형식화로도 사용되지 않는다. 계산들 없는 계산체계는 불필요한 대수학인 것처럼 보인다. 명백성이 절실히 요구되는 경우에 그것은 좋은 속기 식 대체물도 아니다(Ryle 1949a, 69쪽).

라일은 카르납 견해의 실질적 부분들, 특히 그의 의미이론에 대해 자세히 비판한다(다음 절에서 우리는 의미에 관한 생각들이 일상언어철학자들과 형식주의자들을 얼마나 심하게 갈라놓았는지 보게 될 것이다). 그러나 라일은 그저 엄밀성을 추구한다고 자부하는 카르납의 태도를 조롱하는 일을 싫어하지 않았다.

> 표현을 "이름"으로 말하는 대신 그는 그것들에 협박하는 듯한 제목 "지명자"(designators)를 부여한다. (그는 "… 자"(… tor)로 끝나는 낱말을 만드는 것을 좋아한다. 그는 "기술"(descriptions) 대신 "기술자"(descriptors), "술어"(predicates) 대신 "술어자"(predicators), "함수"(functions) 대신 "함수자"(functors)라고 말하며, "개념자"(conceptor), "추상자"(abstractor), "개체자"(individuator) 등을 가지고 상황을 더 골치 아프게 만드는 기획을 만지작거린다. 그러나 그의 두 주요 낱말 "지명자"와 "술어자"가 가능하다면 전통적으로 "명사"(term)와 "술어"(predicate)라는 낱말에 부착된 훨씬 더 큰 애매성과 모호성을 지닌 채 사용되기 때문에, 나는 논리적 명명법에 대한 미래

의 실습은 우리 제목들의 임무보다는 접미사에 덜 집중하게 되리라고 기대
한다.) (Ryle 1949a, 71쪽)

　라일의 논평을 마무리하는 두 단락은 카르납과 그의 형식적 방법에 대한 라
일의 경멸을 잘 정리하고 있다.

　　이 책에 대한 나의 주요 인상은 이 책이 철학적 천진난만함으로 무장한 전
문적 궤변의 놀라운 혼합물이라는 것이다. …
　　철학자와 논리학자들에게 미친 카르납의 영향은 매우 강하다. 철학과 논
리학에서 의미론적 문제의 중요성은 과소평가될 수 없다. 그것은 내가 이 문
제들에 대한 해결이 그가 범한 잘못들이 유포됨으로써 방해를 받는 것을 두
려워하기 때문인데, 이 잘못들은 내가 권위 있는 것으로 간주되기 시작한 견
해를 가진 사상가의 논문을 몹시 질책하듯이 논평해온 잘못들이다(Ryle
1949a, 76쪽).

불쌍한 라일에게는 슬프게도 카르납이 『의미와 필연성』에서 개척한 방법과 사
상은 권위를 부여받으며 성장했고, 오늘날까지 분석철학에서 계속해서 핵심이
되고 있다. 1940년대에서 1960년대까지 엄청난 영향과 인기를 누렸음에도 불
구하고 라일이 미친 적극적 영향은 감소해왔다. 반면에 분석성 및 다른 쟁점들
에 관해 콰인과 벌인 싸움에서 명백히 패배했음에도 불구하고 카르납은 중요하
면서도 영향력 있는 인물로 남아 있다.

## 언어철학—오스틴과 비트겐슈타인

철학적 문제를 해결하는 데 형식적 방법 사용의 옹호자들과 그것을 거부하는
옥스퍼드 철학자들 사이의 불일치는 단순히 방법론에 관한 불일치가 아니다.
그 불일치는 언어, 사고, 실재의 본성에 관한 견해들과 관련하여 뿌리가 깊다.
　『논리철학론』 이전에 쓴 노트에서 비트겐슈타인은 "내가 쓴 모든 것이 중심

으로 삼는 커다란 문제는 이것이다. 세계에 선천적 질서가 있는가, 그리고 있다면 그것은 무엇으로 이루어지는가?"(Wittgenstein 1961a/1915, 53e쪽). 러셀이 제창하고 비트겐슈타인의 『논리철학론』에서 구체화된 논리 원자주의 철학에 따르면, 그 답은 "그렇다! 그러한 질서가 있으며, 그것은 논리적 구조로 이루어진다."이다. 논리 원자주의의 한 가지 기본 전제가정은 언어와 세계, 언어와 사고, 그래서 사고와 세계 사이에 구조의 동일성이 있다는 것이다. 이 구조의 동일성 때문에 우리는 세계에 관해 생각할 수 있고, 언어로 우리의 사고를 표현할 수 있다. 언어, 사고, 세계는 같은 구조, 같은 골격을 갖는다. 이 구조는 기호논리학에 의해 표상된다. 비트겐슈타인은 그것을 "모든 것을 포괄하는 세계-반영하는 논리"(Wittgenstein 1961a/1915, 39e쪽)라고 부른다. 형식주의자들은 『수학원리』의 논리학이 언어, 사고, 실재의 공통 구조를 포착했다고 믿었다. "논리 원자주의에 대해 제시될 수 있는 가장 간단한 설명은 세계가 러셀의 수학적 논리학의 구조를 갖는다는 것이다."(Urmson 1956, 6쪽)

유감스럽게도 언어와 사고가 세계를 표상하는 능력은 잠재적인 것일 뿐이다. 일상적 사고와 담화는 엉성하고 느슨하며, 세계의 투명한 순수성을 정확히 표상하기에는 맞지 않다. "붉은"과 "키 큰" 같은 일상용어들은 모호하며, 우리 언어의 많은 것이 정밀하지 못하다. 우리는 "P는 Q보다 사실들에 더 옳다."(P is truer to the facts than Q) 같은 것들을 말한다. 사고와 언어는 기호논리학에 의해 조직화될 필요가 있다. 그것들은 꼭 세속적인 실제적 일을 위해서가 아니라 철학과 과학의 고상한 교화적 목적을 위해 완전해질 필요가 있다. 형식주의자들에 따르면, 기호논리학에 의한 그러한 조직화만이 철학적 문제들의 해결과 해소를 허용할 것이다. 따라서 기호논리학으로 구성된 이상언어만이 세계의 구조를 정확히 반영할 수 있다.

기호논리학이 언어, 사고, 세계의 동일 구조를 표상하므로 프레게, 『수학원리』에서 러셀, 『논리철학론』에서 비트겐슈타인이 도입한 도구들을 가진 탐구는 사물의 궁극적 본성에 이르는 길이다. "명제들은 실재의 논리적 형식을 보여준다. 그것들은 그것을 드러낸다."(Wittgenstein 1961b/1921, 51쪽, #4.121). 기호논리학의 배치는 철학이 과학적인 것이 되고 가치 있는 무언가를 수행하기 위한 최고의 기회이다.

일상언어철학자들과 후기 비트겐슈타인은 이 견해를 거부한다. 『철학적 탐구』에서 비트겐슈타인은 선천적 질서라는 관념을 망상이라고 부른다. 자신의 『논리철학론』 견해의 특징들을 언급하면서 비트겐슈타인은 다음과 같이 쓰고 있다.

> 96. 다른 망상들은 여기서 우리가 말한 특수한 것을 합병하는 다양한 방면에서 생긴다. 사고, 언어는 이제 우리에게 세계의 독특한 상관물, 그림으로 나타난다. 이 개념들, 즉 명제, 언어, 사고, 세계는 하나 뒤에 다른 것이 일렬로 서 있으며, 각자는 각자와 동등하다. …

> 97. 생각은 후광으로 둘러싸여 있다.—그것의 본질, 논리는 질서를 나타낸다. 즉 세계의 선천적 질서를 나타낸다. 다시 말해 세계와 생각이 공통으로 가져야 하는 가능성들의 질서를 나타낸다. 그러나 이 질서는 아주 단순한 것이어야 하는 것처럼 보인다. 그것은 모든 경험에 선행하며, 모든 경험 속으로 퍼져야 한다. 어떤 경험적 흐림이나 불확실성도 그것에 따라붙을 수 없다(Wittgenstein 2009/1953, 49e쪽).

논리 원자주의, 그리고 언어와 세계 및 언어와 사고의 동일 구조라는 생각을 무너뜨리기 위해서 옥스퍼드 철학자들과 비트겐슈타인은 언어와 사고에 대한 형식주의자들의 이론을 공격했다. 우리는 이 절에서 언어에 대한 대안의 견해에 초점을 맞출 것이다. 다음 절에서는 사고와 다른 정신적 현상에 대한 대안의 견해를 검토할 것이다.

전기 비트겐슈타인은 의미 그림이론을 신봉했는데, 이 이론은 동일 구조 견해에 깔끔하게 맞는다. (제3장 176쪽을 볼 것). 그림이론에 따르면, 진술들은 가능한 사실들을 직접 표상함으로써 의미를 얻으며, 그러한 사실들과 똑같은 복잡성을 가지고 있다. 진술은 사실에 대응할 때 옳고, 그렇지 않으면 그르다. 라일은 용어의 의미에 대한 합동이론(congruent theory)이 프레게, 러셀, 카르납, 그리고 다른 형식주의자들에게서 기인하는 것으로 본다. 라일은 이 이론을 "파이도"-파이도 이론("Fido-Fido Theory)이라 부른다.

> 러셀과 마찬가지로 프레게는 "E"라는 표현이 무엇을 의미하는가라고 묻는 것이 "파이도"가 파이도와 맺는 관계를 "E"가 무엇과 맺고 있는가라고 묻는 것이라는 전통적 믿음을 (아마 밀로부터 직접적으로) 물려받았다. 임의의 표현의 의미는 그 표현이 고유명인 사물, 과정, 사람, 대상이다(Ryle 1949a, 69쪽).

라일은 이것을 "기괴한 이론"(grotesque theory)이라 부른다. 라일은 다소 억제되지 않은 비판을 전개하지만, 스트로슨, 오스틴, 후기 비트겐슈타인은 "파이도"-파이도 이론이 엄청나게 틀렸다는 데 동의할 것이다.

형식주의자들의 의미이론의 근본 문제는 형식주의자들이 언어 요소의 모든 것이 그림그리기나 명명하기를 위해 작동한다고 가정한다는 것이다. 비트겐슈타인이 그의 『철학적 탐구』를 "파이도"-파이도 이론의 한 버전을 표현하는 아우구스티누스에게서 따온 인용구로 시작한 것은 유명한 일이다. 아우구스티누스는 자신이 윗사람들로부터 낱말들이 어떤 대상들을 나타내는지 배움으로써 언어를 배웠다고 진술한다. 비트겐슈타인은 낱말들이 실제로 이런 방식으로 기능하는 다양한 언어게임을 구성한다. 그렇게 한 것의 목적은 이것이 언어와 그 언어가 기능하는 방식에 대한 단순하고 소박한 견해라는 것이다. 부자연스럽고 단순화된 상황에서만 낱말은 겨우 사물을 나타낼 것이다. 비트겐슈타인과 일상언어철학자들은 그림이론이 한 종류의 기능에만 초점을 맞추어 언어의 모든 것이 그런 방식으로 기능한다고 가정했다고 주장하였다(실천적 지식 대 이론적 지식에 대한 앤스컴의 분석에 대한 앞의 논의를 다시 떠올려보라).

비트겐슈타인과 오스틴에 따르면, 낱말, 진술, 발언은 일반적으로 다양한 일을 하기 위한 도구들이다. 명명하기와 그림그리기는 언어 사용자들이 그들의 발언을 통해 수행하는 엄청난 수의 일들 중 두 가지에 불과하다. 비트겐슈타인과 오스틴은 전통적 의미 개념이 구식이고 오도적이라는 데 대해 콰인에 동의할 것이다. 그들은 우리가 형식주의자들의 의미(meaning)를 제거하고 대신 사용(use)을 생각할 것을 촉구한다. 옥스퍼드 철학자들의 통렬한 슬로건은 다음과 같다.

> 43.  "의미"라는 낱말의 사용 사례들의 커다란 집합에 대하여—비록 모든 집합에 대한 건 아니지만—이 낱말은 이런 식으로 설명될 수 있다. 즉 낱말의 의미는 언어에서 그 낱말의 사용이다(Wittgenstein 2009/1953, 25e쪽).

"의미는 곧 사용이다."는 반형식주의자들의 외침이었다. 어떤 낱말을 올바르게 사용하는 법을 아는 것은 그 의미를 아는 것이다. 어떤 낱말이나 어구를 올바르게 사용하는 법을 아는 것은 올바른 사용의 규칙과 약정을 아는 것이다. 규칙과 약정은 그림이나 사물이 아니다. 규칙과 약정은 제도와 관습의 사회적 맥락에서만 존재한다.

> 어떤 규칙을 따르고, 보고를 하고, 주문하고, 체스 게임을 하는 것은 관습들(용법들, 제도들)이다.
>   어떤 문장을 이해한다는 것은 어떤 언어를 이해한다는 것을 의미한다. 어떤 언어를 이해한다는 것은 어떤 기술에 정통했다는 것을 의미한다. (Wittgenstein 2009/1953, 87e쪽, #199)

도구 유비는 비트겐슈타인의 언어철학에서 결정적 역할을 한다. 서로 다른 방식으로 작동하는 서로 다른 많은 종류의 도구가 있는 것과 마찬가지로, 언어를 사용해서 하는 서로 다른 많은 일이 있으며, 낱말과 어구가 그러한 일들을 수행하기 위해 작동하는 서로 다른 많은 방식이 있다.

> 11.  연장통 속에 있는 도구들을 생각해보라. 망치, 펜치, 톱, 드라이버, 자, 아교냄비, 접착제, 못, 나사가 있다. 낱말의 기능은 이 대상들의 기능만

큼이나 다양하다. (그리고 두 경우에 유사성들이 있다.)

물론 우리를 혼동하게 하는 것은 우리가 담화에서 듣거나, 써졌거나 인쇄된 것에서 볼 때 낱말들의 한결같은 외양이다. 왜냐하면 그것들의 사용은 그다지 뻔한 것이 아니기 때문이다. 우리가 철학을 하고 있을 때는 특히 그렇다!

12. 그것은 기관차 조종실을 살펴보는 것과 같다. 거기에는 다소간에 모두 같아 보이는 핸들들이 있다(이것은 당연한데, 왜냐하면 그것들은 모두 조종된다고 가정되기 때문이다). 그러나 하나는 크랭크 핸들인데, 이 핸들은 연속해서 움직일 수 있다(그것은 어떤 밸브를 여는 일을 통제한다.) 또 다른 것은 스위치 핸들인데, 이 핸들은 작동 위치가 두 개밖에 없다. 즉 그 핸들은 끄기나 켜기 둘 중 하나이다. 세 번째는 제동레버 핸들인데, 세게 잡아당길수록 그만큼 제동이 잘 걸린다. 네 번째는 펌프 핸들이다. 이 핸들은 앞뒤로 움직이는 한에서만 효과가 있다. (Wittgenstein 2009/1953, 10e쪽)

형식주의자는 "확실히 개개의 모든 낱말은 어떤 것을 나타내야(stand for) 한다. 그것은 유용하기 위해서는 어떤 것을 나타내야(signify) 한다. 그 낱말이 나타내는 것이 그 낱말의 의미이다. 도구들이 어떤 것을 개조하는 데 기여한다는 특징을 공통으로 가지고 있는 것과 마찬가지로, 나타냄은 유의미한 낱말들이 공통으로 가지고 있는 어떤 것이다."라고 응답할 수 있다.

13. 만일 우리가 "언어의 개개의 모든 낱말은 어떤 것을 나타낸다."고 말한다면, 우리가 정확히 어떤 구별을 만들려 하는지 설명하지 않는 한 우리는 지금까지 무엇이 됐건 아무것도 말하지 않은 셈이다. (물론 우리가 루이스 캐럴의 시에서 나타나는 것 같은 '의미 없는' 낱말들이나 노래 속 "트랄랄라" 같은 낱말들로부터 … 언어의 낱말들을 구별하고 싶어 했을 수도 있다.

14.   누군가가 "모든 도구는 어떤 것을 개조하는 데 기여한다. 그래서 망치
      는 못의 위치를 변화시키고, 톱은 판자의 모양을 개조한다 등등."이라
      고 말했다고 해보자.—그렇다면 자, 아교냄비, 못이 개조하는 것은 무
      엇인가?—"어떤 사물의 길이에 대한 우리의 지식, 아교의 온도, 상자
      의 견고함이다."—표현들의 이러한 동화(同化)에 의해 어떤 것이라도
      얻어질까? (Wittgenstein 2009/1953, 10e쪽)

아마 그렇지 않을 것이다.

비트겐슈타인은 언어의 요소들의 사용이 규칙들이 지배하는 게임의 수들과
비슷하다는 것을 강조하기 위해 "언어게임"(language game)이라는 용어를 사
용하는데, 이것은 우리 삶의 전체 망—"삶의 형태"(form of life)—의 일부이다.
이런 생각은 『논리철학론』의 의미 그림이론에 대한 직접적 공격이다. 거기서
의미는 낱말과 진술의 형식적 속성인데, 이 형식적 속성은 어떠한 사용과도 무
관하다. 의미는 그림그리기 관계에 의해 낱말과 진술에 부여된다. 나의 정확한
사진은 그 자체로 나의 사진이며, 그것이 활용되는 사용이나 그것이 나타나는
맥락과 구별된다. 때로 언어는 그와 비슷하지만, 대부분은 그렇지 않다. 능동적
삶의 맥락에서만 기호들은 의미를 갖는다. "432. 모든 표시는 홀로는 죽은 것처
럼 보인다. 그것에 생명을 제공하는 것은 무엇인가?—사용에서 그것은 살아난
다."(Wittgenstein 2009/1953, 128e쪽). 사용은 끝이 없을 정도로 다종다양하
다—우리의 능동적 삶만큼이나 다종다양하다.

23.   그러나 얼마나 많은 종류의 문장이 있는가? 이를테면 주장, 물음, 명
      령?—셀 수 없을 정도로 많은 종류가 있다. 우리가 "기호", "낱말", "문
      장"이라고 부르는 것들 모두에 대해 서로 다른 셀 수 없을 만큼 많은
      종류의 사용이 있다. 그리고 이러한 다양성은 딱 한번만 주어져서 고정
      되는 어떤 것이 아니다. 그러나 우리가 말하는 것처럼, 새로운 언어 유
      형들, 새로운 언어게임들이 생기며, 다른 것들은 폐물이 되어 잊히게
      된다. (우리는 수학에서의 변화들로부터 이것에 대한 거친 그림에 도달

할 수 있다.)

"언어게임"이라는 용어는 여기서 언어의 말하기(speaking)가 어떤 활동의 일부, 또는 삶의 형태의 일부라는 사실을 강조하기 위해 사용된다. … [비트겐슈타인은 여기서 언어 사용의 15가지 다른 예를 나열한다] ―언어 도구들과 그것들이 사용되는 방식의 다양성, 낱말과 문장의 종류의 다양성과, 논리학자들이 언어의 구조에 관해 말해왔던 것을 비교하는 것은 흥미롭다(이것에는 『논리철학론』의 저자도 포함된다). (Wittgenstein 2009/1953, 14e-15e쪽)

비트겐슈타인에 따르면, 낱말이 한 가지 것을 나타낸다는 형식주의자들의 가정은 오류이다. 예컨대 "게임"이라는 낱말이 게임임이라는 속성을 나타낸다고 가정하는 것은 기괴한 과도한 단순화이다. 대부분의 일반명사는 "가족 유사성"(family resemblance) 낱말들이다. 우리가 게임이라 부르는 서로 다른 종류의 활동들과 "게임"이라는 낱말의 서로 다른 종류의 사용들을 생각해보라. 우리가 게임이라 부르는 모든 것에 공통적인 것은 전혀 없고, 게임의 본질도 없으며, 게임이 되기 위한 필요충분조건도 없다. 다양한 가닥의 실과 유사성들이 "게임"이라는 낱말에 대한 우리의 사용의 밑에 놓여 있지만, 모든 것에 공통하는 한 가닥 실은 없다.

67.  나는 이런 유사성들을 특징짓는 표현으로 "가족 유사성"보다 나은 표현을 생각할 수 없다. 왜냐하면 가족의 일원들 사이의 다양한 유사성―체격, 용모, 눈 색깔, 걸음걸이, 기질 등등―은 똑같은 방식으로 서로 부분적으로 겹치면서 교차하기 때문이다.―그래서 나는 '게임들'은 가족을 형성한다고 말할 것이다(Wittgenstein 2009/1953, 36e쪽).

"게임" 같은 낱말 또한 그것들이 나타나는 새로운 사례들에 창조적으로 적용될 수 있다는 의미에서 모호하며, 열린 구조(open-textured)를 가지고 있다. 어떤 정의도 어떤 것이 게임인지 아닌지를 단호히 결정하지 못한다. 프레게와 러셀은 모호성과 열린 구조를 일상언어의 결함이라고 생각했다. 그래서 그들은 어떠한 모호성도 그들의 이상언어를 감염시키는 일을 허용하지 않을 것이다. 각각의 용어는 완전히 정밀한 딱 하나의 의미를 가질 것이다. 그러나 모호성과 열린 구조는 인간이 사용할 수 있는 어떤 언어에서도 필수적인 것이다. 이런 것들은 언어의 결함이 아니다.

> 71.　우리는 게임 개념이 경계가 흐릿한 개념이라고 말할 수 있다.—"그러나 흐릿한 개념이 도대체 개념인가?"—선명하지 않은 어떤 사진이 도대체 어떤 사람의 그림인가? 하지만 선명하지 않은 그림을 선명한 그림으로 대치하는 것이 정말이지 언제나 이점인가? 선명하지 않은 그림도 종종 바로 우리가 필요로 하는 것 아닌가? (Wittgenstein 2009/1953, 38e쪽)

　형식주의자들의 기획은 가망 없는 기획이다. 언어를 완전하게 만드는 일, 즉 이상언어를 만드는 일은 능동적이고 참여적인 사람들로서의 우리의 삶에 대한 투쟁이다. 원자명제는 없으며, 있을 수도 없다. 단순성은 언제나 어떤 맥락, 어떤 목적에 상대적이다. 또 다른 은유를 사용하여 비트겐슈타인은 구석에 있는 대빗자루가 어떤 목적에서는 하나의 단순한 대상이지만, 다른 목적에서는 솔이 달린 막대기 복합체라고 말한다. 비트겐슈타인은 이상언어를 만들려는 러셀의 시도에 대해 "우리는 우리의 손가락으로 갈기갈기 찢어진 거미줄을 수리해야 하는 것처럼 느낀다."(Wittgenstein 2009/1953, 51e쪽, #106)고 말한다.
　언어와 의미는 필연적으로 우리의 능동적인 나날의 생활에서 표현들의 사용을 위한 규칙과 약정을 따르는 일을 포함한다. 어떤 언어를 안다는 것은 그 언어를 지배하는 규칙들을 적용할 수 있다는 것인데, 비록 우리가 그 규칙들을 명확히 표현할 수 없다 할지라도 그렇다. 그러나 비트겐슈타인은 이 규칙들이 공적인 규칙이어야 한다고 주장한다. 어떠한 사적 언어도 가능하지 않은데, 왜냐하면 어떠한 사적 규칙도 가능하지 않기 때문이다. 비트겐슈타인의『철학적 탐구』의 가장 유명한 부분은 그의 사적 언어 논증 부분인데, 여기서 그는 사적 언어가 불가능하다고 논한다. 이것은 사소한 주장이 전혀 아니다. 그것은 러셀의 논리 원자주의에 대한 직접적 공격이다. 러셀은 논리 원자주의의 언어가 "대체로 한 화자에게 사적일 것이다."(Russell 1971/1918, 198쪽)라고 주장하였다. 러셀은 궁극적으로 모든 의미는 감각자료 같은 직접적으로 알려지는 것들의 이름과 힘 같은 보편자들로 분석될 수 있어야 한다고 주장했다.

이와 반대로 비트겐슈타인은 언어가 본질적으로 공적이라고 주장한다. 언어는 사적일 수 없다는 것이다. 그의 논증은 몇 단계를 포함한다. 언어의 어떤 항목, 이를테면 낱말의 사용의 경우에 체스 게임에서 올바른(허용되는) 수와 올바르지 못한(허용되지 않는) 수가 있는 것과 마찬가지로 올바른 사용과 올바르지 못한 사용의 구별이 있어야 한다. 규칙은 어떤 수가 올바르고 어떤 수가 올바르지 않은지, 어떤 것이 허용되고 어떤 것이 허용되지 않는지를 결정한다. 따라서 낱말의 올바른 사용은 필연적으로 규칙 따르기를 포함한다. 그러나 사용자가 그 규칙을 올바르게 따르는지 따르지 않는지는 공적으로 검사가능해야 한다. 그 사용이 올바른지 올바르지 않은지를 단 한 사람의 사용자만 결정하는 사적 규칙은 전혀 규칙이 아니다. 그 사용자가 결정하는 것은 무엇이든 자동으로 올바르다. 그 사용자가 행하는 것은 무엇이든 사적 규칙에 일치한다. 이것은 올바른 사용과 올바르지 못한 사용 사이의 구별이 전혀 없기 때문에 가짜 규칙일 뿐이다.

> 202. 그것이 바로 '규칙 따르기'가 실제인 이유다. 그리고 우리가 어떤 규칙을 따르고 있다고 생각한다는 것은 그 규칙을 따른다는 것이 아니다. 그리고 그것이 바로 어떤 규칙을 '사적으로' 따르는 것이 가능하지 않은 이유다. 그렇지 않으면 우리가 어떤 규칙을 따르고 있다고 생각하는 일은 그 규칙을 따르는 일과 똑같을 것이다. (Wittgenstein 2009/1953, 87e-88e쪽)

그러나 현재 경우[어떤 표시가 어떤 사적 감각을 나타내는 사적 언어]에 나에게는 올바름의 기준이 전혀 없다. 우리는 나에게 올바르게 보이면서 진행되는 일은 무엇이건 올바르다고 말하는 것을 좋아한다. 그리고 그 것은 여기서 우리가 '올바르다'에 관해 언급할 수 없다는 것을 의미할 뿐 이다(Wittgenstein 2009/1953, 99e쪽, #258).

비트겐슈타인의 사적 언어 논증은 지속적으로 맹렬한 탐구와 논쟁의 대상이 되 어왔다. 만일 그 논증이 건전하다면, 그 논증은 논리 원자주의(적어도 논리 원 자주의가 러셀이 주장하는 사사성(privacy)을 포함할 때), 현상주의, 그리고 언 어나 지식의 근거를 개인 정신의 내용에 두려는 다른 모든 시도에 대한 논박이 된다.

스트로슨과 오스틴 둘 다 사용으로서의 의미 관점을 받아들였다. 스트로슨은 "나는 표현의 사용을 지배하는 약정들을 설명하고 예증한다. 이것은 정말로 그 표현의 의미를 제시하는 일이다."(Strawson 1971/1950, 182쪽)라고 말한다. 오스틴은 사용으로서의 의미 슬로건을 해설하는 전문적이고 정교한 접근방식 을 펼치는 데까지 나아갔다. 반면에 스트로슨은 이 장 뒷부분에서 살피게 될 "기술 형이상학"(descriptive metaphysics)에 열정을 쏟았다.

오스틴은 책 한 권 분량 정도의 연구서를 전혀 출판하지 않았지만—그의 유 일한 출판물은 빛나는 논문들이었다—, 그가 진행한 연속 강의 두 편은 1960년 그의 때 이른 죽음 후에 출판되었다. 『말과 행위: 오스틴의 언어철학, 의미론, 화용론』(How to do Things with Words)라는 책은 1955년 그가 하버드에서 행 한 〈윌리엄 제임스 강연〉(William James Lectures)의 내용을 모아 편찬하였다. 편집인은 오스틴의 절친한 친구이자 동료이고, 또한 저명한 일상언어철학자인 J. O. 엄슨(J. O. Urmson)이었다. 엄슨과 G. J. 워녹(G. J. Warnock)은 오스틴 의 논문 선집을 편집해 출판하였고, 오스틴이 불과 49세의 나이로 암으로 인한 비극적 죽음을 맞자 그에게 바치는 찬사의 글을 썼다. 엄슨과 워녹은 옥스퍼드 에서 오스틴 주변에 모여 그의 일상언어철학에 감복했던 철학자 집단의 일원이 었다.

오스틴은 설득력 있고, 매력적이고, 재기가 흘러 넘쳤으며, 일상언어에 대한 정밀한 탐구들에 엄청난 열정을 바쳤다. 그와 그의 동료들은 매우 미세한 구별들에 매료되었다. 언어적 세밀함에 그 집단이 기울인 신중한 주의의 예이자 옹호로서 오스틴은 우리는 "우연히"(by accident)와 "실수로"(by mistake)를 구별할 수 있다고 지적하였다. 이 구별은 종종 얼버무려진다.

> 사람들은 몹시 당황하거나, 또는 곤란한 상황에서 몹시 벗어나고 싶기 때문에 '거의 뭐든지' 말할 것이다. '그것은 실수였어', '그것은 우연이었어.' 라고—이런 말들이 얼마나 쉽게 대수롭지 않게 나타날 수 있는가, 그리고 심지어 함께 사용될 수 있는가. 그러나 한두 이야기, 그리고 모든 사람은 그 말들이 완전히 다르다는 데 동의할 뿐만 아니라 심지어 스스로 그 차이가 무엇이고, 각각이 무엇을 의미하는지 발견할 것이다. [이 대목에서 오스틴은 다음을 각주로 삽입한다.] 당신이 당나귀를 가지고 있고, 나도 가지고 있는데, 그것들이 같은 벌판에서 풀을 뜯어먹고 있다. 그러던 중 내가 내 당나귀가 싫증이 난다고 생각하는 날이 온다. 나는 그것을 쏴버리기 위해 가서 총을 겨눈 후 방아쇠를 당긴다. 그 짐승이 즉시 쓰러진다. 나는 희생자를 검사하고, 그것이 당신의 당나귀라는 것을 발견하고 기겁한다. 나는 유해를 가지고 당신의 집 앞에 가서 말한다—뭐라고 말했을까? '여보게, 참으로 미안하네… 내가 자네 당나귀를 우연히 쏴버렸네' 라고? 또는 '실수로' 라고? 그런 다음 다시 나는 전처럼 내 당나귀를 쏘러 가서 겨냥한 후 방아쇠를 당긴다—그러나 내가 총을 쏠 때 짐승들이 움직이는데, 기겁하게도 이번에도 당신의 당나귀가 쓰러진다. 또 다시 나는 당신의 집 앞에 간다—내가 뭐라고 말할까? '실수로' 라고? 또는 '우연히' 라고? (Austin 1961/1956-7, 132-3쪽)

오스틴은 많은 주제, 예컨대 진리, 타인의 정신에 대한 지식, 감각자료(다음 절에서 보게 될 것처럼), 자유의지와 결정론에 관해 이 비슷하게 솜씨 있게 글을 썼다. 그의 접근방식은 언제나 솜씨 있음, 일상언어에 대한 면밀한 주의, 전통철학에 대한 수축적 태도로 특징지어진다. 그러나 오스틴의 가장 영구적 기여는 언어행위(speech act)라는 개념을 도입한 것이다.

〈윌리엄 제임스 강연〉을 하기 전 오스틴은 "수행적 발언"(Performative Utterances)이라는 제목의 논문에서 그의 사고 노선을 암시하였다. 비트겐슈타인, 라일, 스트로슨과 마찬가지로 오스틴은 오로지 언어의 기능을 진술하거나 기술하는 일에만 배타적으로 주의를 기울인 전통 철학자들의 태도에 비판적이다. "우리는 어떤 발언—즉 우리가 말하는 어떤 것—의 유일한 임무, 즉 흥미로운 유일한 임무가 옳게 되는 것이나 적어도 그르게 되지 않는 것이라는 것을 다소간에 당연한 것으로 가정하는 철학자들을 발견하기 위해 철학사를 그리 멀리까지 거슬러 올라갈 필요가 없었다."(Austin 1961b, 221쪽). 오스틴은 많은 유의미한 발언이 어떤 사건의 발생을 보고하는 역할이 아니라 실제로는 그 사건을 수행하는 역할을 한다고 지적한다. 예컨대 "나는 … 할 것을 약속합니다"(I promise that … ), "약속합니다"(I do … )(결혼식에서), "나는 이 배를 … 라고 명명합니다"(I name this ship … )(배 명명식에서), "경고하는데… "(I warn you… ), "선고합니다… "(I sentence you… )라고 말하는 경우다. 이런 것들 중 어떤 것을 발언하는 일은 행위—약속하기, 결혼하기, 명명하기, 경고하기, 선고하기—를 수행하는 것이다. 그리고 물론 그러한 다른 예들은 많다. 오스틴은 이런 종류의 발언을 "수행적 발언"이라 부른다. 수행적 발언의 목적은 어떤 종류의 내적 사건이나 심적 사건—의도의 내적 작용—에 대한 옳거나 그른 보고를 만드는 것이 아니라 문제의 행위를 수행하는 것이다. 수행적 발언은 옳음이나 그름으로 판단되는 것이 아니라 다른 기준에 의해 판단된다. 효과적이기 위해서는 수행적 발언은 적당한 환경에서 적당한 사람에 의해 적절한 방식으로 수행되어야 한다. 내가 "나는 당신에게 벌금 10달러를 낼 것을 선고합니다."라고 말할 수 있지만, 내가 적당한 상황에 있는 재판관이 아닌 한 어떤 행위도 수행되지 않는다. "진술은 … 옳거나 그른 것이다. 반면에 수행적 발언은 적절하거나 적절하지 못한 것이다."(Austin 1961b, 234쪽).

그러나 이제 진술과 수행적 발언의 이 구별도 결국에는 별로 효용에 닿지 않을 것이다. 똑바로 세밀한 구별에 도달하는 일에 관해 오스틴보다 더 까다로운 사람은 없다. 그는 진술하기, 기술하기, 주장하기 역시 언어행위라고 지적한다. 우리는 "나는 … 라고 진술한다", "나는 이것에 의하여 … 를 기술한다", "나는 …를 주장한다"라고 말할 수 있는데, 이런 말들은 예컨대 "나는 … 라고 약속한다"에 필적하지만, 진술하기, 기술하기, 주장하기 행위들을 수행하고 있다.

> 진술하기 사례, 그리고 마찬가지로 기술하기와 보고하기 사례의 경우에 우
> 리가 해야 하는 것은 그것들을 그 기초가 되는 주춧돌로부터 떼어놓는 것,
> 즉 그것들이 우리가 수행적이라고 언급하고 말해온 이러한 다른 모든 언어
> 행위 못지않게 언어행위라는 것을 깨닫는 것이다(Austin 1961b, 236-7쪽).

오스틴은 또한 그런 말들의 주춧돌로부터 "옳다"와 "그르다"를 떨어뜨리기 위
해 고심한다. 우리가 수행문을 적절하거나 적절하지 못함, 정당화되거나 정당
화되지 않음, 정확하거나 정확하지 못함 등으로 평가하는 방식은 "옳다"나 "그
르다"를 바래서 사라지게 한다.

> '옳다'와 '그르다'는 그저 우리가 말하는 것과 사실들 사이의 관계와 이런저
> 런 관계가 있는 서로 다른 평가들의 전체 차원에 대한 일반적 라벨이다. 그렇
> 다면 만일 우리가 우리의 진리와 허위 관념에 대해 느슨하게 완화시킨다면,
> 우리는 사실과 관계해서 평가될 때 진술들이 충고, 경고, 평결 등의 조각들과
> 결국은 그렇게 많이 다르지 않다는 것을 알게 될 것이다(Austin 1961b, 237-8
> 쪽).

이렇게 해서 언어행위는 언어의 본질로서 정체를 드러낸다. 그리고 우리는 "P
는 Q보다 사실에 더 옳다"(P is truer to the facts than Q)는 말이 왜 완전히 훌
륭하고 유용한 의미를 갖는지 알게 된다.

　오스틴은 무언가를 말할 때 우리가 서로 다른 많은 일을 하고 있다고 지적한
다. 『말과 행위』에서 오스틴은 발언이 가질 수 있는 힘을 자세히 검토한다. 어
떤 발언의 발언행위나 발언력(locutionary act or force)은 전통적 용법에서 그
발언의 뜻, 그 발언의 의미이다. 어떤 발언의 수행행위나 수행력(illocutionary
act or force)은 우리가 그런 의미로 활용하는 사용, 즉 그 발언을 가지고 우리
가 하는 것이다.

우리가 발언행위를 수행할 때 우리는 담화를 사용한다. 그러나 이 경우에 우리는 정확히 어떤 방식으로 그 담화를 사용하고 있는가? … 나는 이 새로운 두 번째 의미에서 어떤 행위의 수행을 '수행적'(illocutionary) 행위의 수행, 즉 어떤 것을 말함이라는 행위의 수행에 반대되는 것으로서 어떤 것을 말함 속에서 행하는 행위의 수행으로 설명했다. 그리고 나는 여기서 문제가 되는 언어의 여러 가지 다른 유형의 기능에 대한 신조를 '수행적 힘들' 신조라 칭할 것이다. (Austin 1962, 99쪽)

그 다음에는 성취행위나 성취력(perlocutionary or force)이 있다. 어떤 것을 말할 때 우리는 어떤 귀결이나 결과를 산출한다. 이것은 성취행위이다. 예를 들어 내가 "버스 타. 운전하지 마."라고 말한다고 해보자. 발언행위: 나는 버스를 타고 운전을 하지 말라는 것을 의미하는 어떤 것을 말했다. 수행행위: 나는 버스를 타라고 조언하거나 제안하거나 권고했다. 성취행위: 나는 버스를 타라고 누군가를 설득했다(그가 내 조언, 제안, 권고에 따랐다고 가정한다면). 이 모든 것은 다소 복잡하고 전문적이며, 그 책이 진행되면서 더 많고 더 자세한 구별과 범주들이 도입된다. 이 모든 것은 일찍이 비트겐슈타인이 찬성했을 것보다 더 전문적이고 더 형식적이다. 한편 오스틴은 비트겐슈타인을 칭찬하지 않았으며, 여러 차례 그에 대한 경멸을 표현했다. 오스틴은 "무어가 우리 사람이다."(Moore is my man)라고 말했다.

오스틴의 용어와 구별은 분석철학의 철학적 유산의 일부가 되었다. 언어행위라는 개념은 철학 바깥의 언어학, 사회과학, 문예비평에서 널리 사용된다. 이 개념은 이제 학계의 특수 전문용어의 일부이다.

## 심리철학―라일, 스트로슨, 비트겐슈타인

옥스퍼드 일상언어철학의 가장 유명하고 가장 인기 있는 저작은 라일의 『정신개념』(The Concept of Mind, Ryle 1949b)이었다. 나는 "이었다"고 과거형으로 말하는데, 그 이유는 출판된 후 일, 이십년 간 돌풍을 일으키긴 했지만 라일의 책과 라일이 주장한 입장이 심리철학의 중심무대에서 사라져버렸기 때문이다. 그럼에도 불구하고 그가 마지못해 일종의 행동주의임을 인정했던 그의 입장은 철학과 심리학 모두에서 이런저런 형태로 중요하고도 널리 주장된 견해이다. 마음과 사고의 본성에 관한 일상언어철학자들과 후기 비트겐슈타인의 철학적 견해는 모두 행동주의 쪽으로 기우는 경향이 있다.

행동주의의 매력은 당시 유일한 대안이 데카르트의 이원론과 동일론(identity theory) 밖에 없었다는 것이었다. 문제가 있긴 했지만 행동주의는 호소력이 있는데, 왜냐하면 그 대안들보다 낫기 때문이다. 이원론은 전통 형이상학과 전통 종교의 냄새를 모두 풍긴 반면에, 동일론은 매우 옳을 성 싶지 않으면서 전문적 문제들을 해결하지 못하는 일로 고민에 빠진다는 것 외에도(274쪽을 볼 것) 과학자들 발밑에서 비참하게 숭배를 드리고 있다는 죄를 범했다. 동일론의 철학적 옹호자들보다 훨씬 더 신중함으로써 과학자들이 그러한 숭배를 청한 것도 아니었다. [배경 4.1―이원론, 행동주의, 동일론] 옥스퍼드 일상언어철학자들과 후기 비트겐슈타인은 전통 형이상학을 거부했고, 전통 종교에 관해 미심쩍어했으며, 자연과학에 인상을 받지 않았다. 따라서 이원론도 동일론도 승인할 수 없는 것이었다. (또한 이원론과 동일론에 대한 구체적인 철학적 반론들에 대해서는 제5장을 볼 것.) 이런 상황이 행동주의를 남게 만들었다.

그렇지만 행동주의 또한 더럽혀져 있다. 심리학의 한 프로그램으로서 행동주의는 그 동기를 부분적으로 논리 실증주의자들의 검증가능성 기준에서 끌어냈다. 타인의 행동은 공적으로 관찰가능하지만, 그들의 내적인 정신상태는 그렇지 않다. 행동주의의 또 다른 문제는 정신에 대한 어떠한 상식적 견해와도 너무 동떨어져 있다는 것이다. 라일과 비트겐슈타인은 기껏해야 어색한 행동주의자들이다. 이에 비해 스트로슨은 행동주의를 거부한다. 이원론과 동일론에 대한 라일과 비트겐슈타인의 거부는 그들을 그들이 행동주의와 닮았다고 인정한 입장들로 어색하게 후퇴하도록 만들었다. "이 책[『정신 개념』]의 일반적 방향은 의심할 여지없이, 그리고 무해하게 '행동주의적'이라는 낙인이 찍힐 것이다."(Ryle 1949b, 327쪽). 비트겐슈타인 또한 자신의 사상이 행동주의적이라고 생각된다는 것을 인정했다. "307. '그럼에도 불구하고 당신은 위장된 행동주의자인가? 그럼에도 불구하고 당신은 기본적으로 인간 행동을 제외한 모든 것이 허구라고 말하고 있지 않은가?" 그는 그의 가상의 대화 상대방에게 답한다. "만일 내가 허구에 대해 말한다면, 그것은 **문법적 허구**에 대해 말하는 것이다."(Wittgenstein 2009/1953, 109e쪽). (우리는 그가 "문법적 허구"로 의미하는 것을 간단히 살펴볼 것이다.)

　라일은 『정신 개념』 시작 부분에서 이원론에 대한 공격에 착수한다. 이 유명한 책의 으뜸가는 가장 영향력 있는 장은 "데카르트의 신화"라는 제목이 붙어 있다. 라일이 이원론자들에게 귀속시키는 신화를 그는 "일부러 욕하면서" "기계 속 유령"의 신화라고 부른다(Ryle 1949b, 15-16쪽). 기계는 인간 신체이다. 유령은 인간 정신이다. "유령"은 물론 으스스한 어떤 것이면서 실은 존재하지 않는 어떤 것을 암시하려는 것이다. 어원적으로 라일의 조어법은 영어 낱말 "ghost"가 정신이나 영혼을 의미하는 독일어 "Geist"와 관계가 있기 때문에 아주 교묘하다. 라일의 핵심 요점은 정신이 사물이 아니라는 것이다. 즉 철학적 의미에서 실체가 아니라는 것이다. 우리의 신체는 사물, 즉 물질적 사물이지만, 우리의 정신은 사물이 아니며, 비물질적인 사물도 아니고, 어떠한 것도 아니다. 우리는 우리의 언어 때문에 정신이 사물이라고 가정하도록 오도된다. 명사 "정신"을 갖고 있기 때문에 우리는 그것이 어떤 사물을 나타낸다고 가정한다. 거기에는 또 다시 낱말이 어떤 사물을 나타내야 한다고 가정하는 널리 퍼져 있는 오류가 있다. 정신이 물리법칙을 따르는 물질적인 것일 수는 없으므로 정신은 물리적 인과법칙에서 자유로운 비물질적인 것이어야 한다고 가정할 때 이 오류는 심화된다.

　라일은 이 잘못―정신이 어떤 것을 나타낸다고 보는 일―이 그가 범주착오(category mistake)라고 부르는 유형의 근본적 혼동의 예라고 주장한다.

　　그것[기계 속 유령 신화]은 하나의 커다란 잘못이자 특별한 종류의 잘못이다. 즉 그것은 범주착오이다. 그것은 정신적 삶의 사실들을 마치 하나의 논리적 유형이나 범주(또는 유형이나 범주들 범위)에 속하는 것처럼 나타내는데, 실은 그것들이 또 다른 논리적 유형이나 범주에 속할 때 그렇게 나타낸

다. (Ryle 1949b, 16쪽)

누군가가 우리 대학을 방문하여 대학을 보여주기를 원한다고 해보자. 우리는 교실을 돌아다니고, 거기서 열리는 강의들을 견학하며, 실험실, 극장, 기숙사, 식당 등을 방문한다. 우리의 방문객이 "좋아요, 교실, 교수 연구실, 기숙사, 실험실 등을 봤어요. 하지만 난 대학을 보고 싶어요. 대학은 어디 있죠?"라고 말한다. 그 방문객은 범주착오를 범했다. 잘못은 대학이 교실, 기숙사 등과 함께 또 다른 것이라고 가정하는 것이다. "대학은 그저 그가 이미 본 모든 것이 조직되는 방식이다."(Ryle 1949b, 16쪽). 당연히 우리는 일상생활에서 이처럼 바보 같은 범주착오를 범하지 않지만, 추상적인 철학적 물음들을 숙고할 때 우리는 그러한 혼동에 빠지기 쉽다.

라일은 사람들이 생각하고, 감정과 감각을 가지며, 머릿속으로 착상을 얻는다는 것 등등을 부정하고 싶어 하지 않는다.

> 예컨대 나는 거기서 정신적 과정들이 발생한다는 것을 부정하고 있지 않다. 긴 나눗셈을 하는 일은 정신적 과정이며, 농담을 하는 것도 정신적 과정이다. 그러나 나는 '거기서 정신적 과정들이 발생한다.'는 어구가 '거기서 물리적 과정들이 발생한다.'와 똑같은 종류의 것을 의미하지 않는다고 말하고 있다. … (Ryle 1949b, 22쪽)

우리가 행위나 담화를 기술하기 위해 "지적인", "생각이 깊은", "영리한", "통찰력 있는" 등과 같은 정신적 용어들을 사용할 때, "우리는 공공연한 행위와 발언을 결과로 내놓는 신비로운 비전(秘傳)의 사건들을 언급하고 있지 않다. …"(Ryle 1949b, 25쪽). 오히려 우리는 공공연한 행위와 발언이 행해지는 방식들을 기술하고 있다. "우리는 그러한 공공연한 행위와 발언들 자체를 언급하고 있다."(Ryle 1949b, 25쪽). 대학이 교실, 강의, 교수단, 기숙사, 행정실 등의 조직화이지 별도의 것이 아닌 것과 마찬가지로, 우리의 정신은 별도의 것이 아니라 우리 행동의 조직화이다. 정신적 용어들은 행동함의 방식을 가리킨다.

… 어떤 사람의 정신에 대해 말할 때 우리는 특별한 격위를 가진 사건들의
두 번째 극장에 대해 말하는 것이 아니라 그의 한 삶의 사건들 중 어떤 것들
이 정돈되는 어떤 방식들에 대해 말하고 있다(Ryle 1949b, 167쪽).

행동함의 방식들 모두를 직접적으로 명백히 드러낼 필요는 없다. 만일 내가
프랑스 바닐라 요구르트가 맛있다고 생각한다면, 이것이 내가 언제나 공공연한
방식으로 행동할 것임을 의미할 필요는 없다. 그러나 라일에 따르면, 나는 적어
도 내가 직접적으로 명백히 드러낼 수는 없지만 그런 방식들로 행동할 성향을
가져야 한다. 성향이란 어떤 조건 아래서 명백하게 나타나는 특성이나 행동을
보이는 경향이다. 유리가 깨지기 쉽다고 말하는 것은 일정한 조건과 사건들이
주어지면 부서질 것이라고 말하는 것이다. 내가 프랑스 바닐라 요구르트가 맛
있다고 생각한다고 말하는 것은 일정한 조건과 사건들이 주어지면 내가 일정한
방식으로 행동할 것이라고 말하는 것이다. 그렇지만 그 연관은 엄밀하지 않다.
유리가 다양하고 무수히 많은 다른 방식으로 깨질 수 있는 것처럼, 나는 요구르
트에 관한 내 생각을 무수히 많은 다른 방식이지만 전형적인 방식으로 나타낼
수 있다. 물론 행동은 언어적 행동도 포함한다.
  정신적 용어는 개념적으로 행동과 행동 성향에 근거를 두고 있다. 이것이 바
로 논리 행동주의이다. "욕구", "두려움", "믿음" 같은 정신적 용어를 이해한다
는 것은 그 용어가 행동과 행동하려는 성향에서 명백히 나타나는 방식을 이해
한다는 것이다. 행동과 성향들은 눈 위 발자국들이 사슴의 존재에 대한 증거가
되는 방식으로 정신적 상태에 대한 증거는 아니다. 우리는 행동으로부터 정신
적 상태를 추리하지 않는다. 정신적 용어는 행동과 행동하려는 성향에 대한 기
술이다.

우리가 사람들을 정신적 술어들로 특징지을 때 우리는 우리가 방문하는 것
이 금지된 의식의 흐름 속에서 일어나는 유령 같은 어떤 과정들에 대해 시험
불가능한 추리를 하고 있지 않다고 이 책을 통하여 주장된다. 우리는 그런
사람들이 그들의 눈에 띄는 공적인 행동의 부분들을 행하는 방식을 기술하

고 있다(Ryle 1949b, 50-1쪽).

스트로슨이 그의 유명한 책 『개체』(Individuals, Strawson 1963/1959)에서 지적하듯이 라일이 옹호하는 종류의 행동주의는 이원론에 내재된 회의주의를 피한다는 이점이 있다. 정신적 용어에 대한 행동주의적 의미의 호소력은 행동이 관찰가능하다는 것이다. 만일 정신적 용어가 사적인 내적 정신적 사건을 가리킨다면, 우리는 타인의 정신 문제라는 수렁에 빠진다. "[이원론으로부터] 다른 누군가가 일찍이 말했거나 행한 것에 대해 누구도 조금도 이해하지 못한다는 결론이 따라 나올 것이다."(Ryle 1949b, 53쪽). 이원론의 경우에 우리는 타인과 타인의 정신에 관한 회의주의를 피할 수 없다. [배경 4.2—타인의 정신 문제] "580. '내적 과정'은 바깥의 기준을 필요로 한다."(Wittgenstein 2009/1953, 161e쪽).

그렇지만 스트로슨은 행동주의자들이 정신적 용어의 일인칭 사용을 설명할 수 없기 때문에 행동주의를 거부한다. 우리는 우리의 행동을 기초로 감각과 마음의 상태를 우리 자신에게 귀속시키지 않는다. 비록 타인이 어떤 정신상태에 있다는 것의 기준이 타인의 행동이라 할지라도, 우리 자신의 정신상태에 관한 우리의 일인칭 진술에서는 행동이 그런 역할을 하지 않는다. 나는 예컨대 나의 행동을 기초로 "나는 어지럽다"거나 "나는 졸립다"고 판단하지 않는다(비록 어떤 경우에 행동에 대한 자신의 관찰이 관련이 있을 수 있다 할지라도). 정신적 용어가 두 가지 다른 의미—이인칭과 삼인칭 맥락에서 사용될 때의 의미와 일인칭에서 사용될 때의 의미—를 갖는다고 가정하는 것은 불필요한 말썽거리를 끌어들인다. 스트로슨은 정신적 용어가 한 가지 의미를 갖는다고 주장한다.

··· 그것들[정신적 술어들]은 똑같은 개인에게 자기-귀속시킬 수 있는(self-ascribable) 것이면서 동시에 타인-귀속시킬 수 있어야(other-ascribable) 한다는 것이 본질적 요소라 할 수 있는데, 이때 자기-귀속은 타인-귀속의 기초가 되는 관찰적 기초를 통해 이루어지는 것이 아니라 또 다른 기초를 통해 이루어진다. 이[정신적] 술어들은 두 종류의 의미를 갖는 것이 아니다. 오히

려 그것들이 두 종류의 귀속 방식을 갖는다는 것, 즉 그것들을 귀속시키는 두 방식 모두 완전히 합당하다는 것이 의미에 필수적이다(Strawson 1963/1959, 107쪽).

스트로슨은 각각의 이점을 포함하도록 이원론과 행동주의의 종합안을 만들려 한다. 그는 사람이 우리의 개념적 도식의 "원초적"(primitive) 항목이라고 논한다. 사람의 특별한 특징은 무게와 위치 같은 물질적 술어(스트로슨이 "M-술어"라 부르는)와 "어지럽다"나 "붉은 조각을 본다" 같은 심리적 술어("P-술어"라 불리는) 모두가 그에게 귀속될 수 있다는 것이다.

> 사람이라는 개념은 의식의 상태를 귀속시키는 술어와 육체의 특성 및 물리적 상황 등을 귀속시키는 술어가 둘 다 어떤 유형의 개별 대상에 똑같이 적용될 수 있는 경우에 바로 그러한 유형의 대상이라는 개념으로 이해된다. 나는 … 이 개념이 원초적이라고 말했다…(Strawson 1963/1959, 101쪽).

사람은 그의 신체나 그의 정신과 같은 것이 아니며, 둘의 조합도 아니다. 사람 개념이 원초적이라고 말하는 것의 의미는 그것이 다른 어떤 것으로 분석될 수 없다는 것이다. 이것 역시 마찬가지로 러셀의 논리 원자주의에 반대된다. 러셀의 경우에 나 자신을 포함하여 사람 개념은 복합적이다. 사람은 감각자료들로부터의 논리적 구성체이다.

P-술어의 자기-귀속은 우리가 그것을 타인들에게도 귀속시킬 수 있을 것을 요구한다. 스트로슨은 내가 적당한 경우에 타인들에 대해 유사한 것을 말할 수 있지 않은 한 나 자신에 대해서도 예컨대 "나는 어지럽다"라고 말할 수 없을 것이라고 주장한다.

> 우리가 우리 자신의 의식상태를 귀속시키는 것과 똑같은 논리적 유형의 다른 개별 대상들에게 우리가 의식상태나 경험을 귀속시키지 않는 한, 또는 귀속시킬 준비가 되어 있고 귀속시킬 수 있지 않은 한, 우리 자신의 의식상태나 경험

을 무언가에 귀속시키는 문제는 없게 될 것이다. (Strawson 1963/1959, 100
쪽)

"똑같은 논리적 유형"의 개체들은 이미 살펴보았던 것처럼 사람들이다. 우리는
P-술어를 타인들에게 귀속시킬 수 있어야 할 뿐만 아니라 올바르고 참되게 귀
속시킬 수 있어야 한다.

> 분명히 특별한 유형, 즉 M-술어와 P-술어 모두를 소유하는 유형의 확인가
> 능한 개체에 대해 언급하는 것은 원리적으로 그런 유형의 임의의 개체에 관
> 하여, 그리고 임의의 P-술어에 관하여 그 개체가 그 P-술어를 소유하는지
> 말하는 어떤 방식이 있지 않은 한 아무런 의미가 없다. 그리고 어떤 P-술어
> 들의 경우에 그렇게 말하는 방식들은 어떤 의미에서 P-술어들의 귀속에 대
> 한 논리적으로 적합한 종류의 기준을 형성해야 한다(Strawson 1963/1959,
> 103쪽).

타인의 경우에 논리적으로 적합한 기준은 그들의 언어적 행동을 포함한 그들의
행동을 포함한다.

스트로슨 입장의 이점은 인상적이다. 그 입장은 이원론에 대한 논박이면서
타인의 정신 문제를 해결한다. 사람은 기계 속 유령이 아니며, 별도의 두 실체
로 구성되지도 않는다. 사람은 물질적 속성과 심리적 속성을 모두 가진 단일 실
체이다. 우리는 타인의 정신을 의심할 수 없는데, 왜냐하면 우리는 정신적 속성
을 타인들에게 귀속시키는 데 대한 논리적으로 적합한 관찰가능한 기준을 가지
기 때문이다.

스트로슨의 입장은 영향력이 있었지만, 완전히 만족스러운 것은 아니었다.
그는 그의 이점들을 너무 쉽게 얻는다. 스트로슨의 입장에서 본질적 요소라고
할 수 있는 원초적 사람 개념에 대한 호소는 간편한 장치인 것처럼 보인다. 러
셀은 언젠가 이렇게 비꼬았다. "우리가 원하는 것을 '가정하는'(postulating)
방법은 많은 이점이 있다. 그 이점은 정직한 노력을 훔치는 것의 이점과 똑같은

것이다."(Russell 1919, 71쪽). 물론 스트로슨은 그가 사람 개념을 가정하고 있다는 것을 부정할 것이다. 오히려 그는 자신이 우리의 개념적 도식의 중심에서 철학적 분석을 통해 그 개념을 발견하고 있다고 주장할 것이다.

우리의 개념적 도식에서 사람 개념을 발견함으로써 스트로슨은 살금살금 걸어서 다시 형이상학적 바다로 들어간다. 그의 책『개체: 기술 형이상학 시론』에서 스트로슨은 기술 형이상학과 수정 형이상학을 대비시킨다. "기술 형이상학은 세계에 관한 우리의 사고의 실제 구조를 기술하는 것으로 만족하며, 수정 형이상학은 더 나은 구조를 산출하는 것과 관계가 있다."(Strawson 1963/1959, xiii쪽). 기술 형이상학은 확장된 형태의 개념적 분석이다.

그것[기술 형이상학]은 철학적, 또는 논리적, 또는 개념적 분석이라 불리는 것과 어떻게 달라야 하는가? 그것은 의도의 종류에서는 다르지 않지만 범위와 일반성에서 다르다. 우리의 개념적 구조의 가장 일반적인 특징들을 드러내려고 함으로써 그것은 좀 더 제한적이고 부분적인 개념적 탐구보다 당연시되는 정도가 훨씬 덜할 수 있다. (Strawson 1963/1959, xiii쪽)

사람 개념에 대한 분석은 스트로슨의 책에서 가장 유명하고 가장 영향력 있는 부분이지만, 그는 많은 어려운 주제와도 씨름하는데, 그런 주제들 중에는 신체에서 분리된 의식의 가능성 문제와 우리가 온전한 청각 세계에 대해 생각할 수 있는지 등의 문제가 있다.

그러나 그것이 형이상학인가? 형이상학에 대한 BBC 방송 토론에서 라일은 스트로슨의 기술 형이상학이 단연코 형이상학이 아니며, 스트로슨이 수정 형이상학이라 부르는 것조차 형이상학적인 것이 되는 데 미치지 못한다고 주장한다. "하지만 보통은 어떤 철학자가 바로 개념적 수정 임무에 대한 기여 때문에 형이상학자로 평가되지는 않을 겁니다."(Ryle 1957, 144쪽). 나는 이 말을 할 때 라일이 러셀과 전기 비트겐슈타인을 염두에 두지 않았을까 하고 생각한다. 그들을 개념적 수정주의자로 보는 것은 무방하겠지만, 그들은 형이상학자라고 불리는 데에는 움찔할 것이다. 비트겐슈타인은 확실히 그럴 것이다. 그렇다면 라일에 따를 때 이른바 적절한 형이상학자가 무엇을 행할 것을 기대할 법한가?

> 통상 형이상학자에게 기대되는 것은 그가 보이지 않는 것들의 실존과 발생
> 을 주장하고, 이 주장에 대해 순수 철학적 또는 개념적 이유를 제시해야 한
> 다는 것이다. 만일 그가 존재론자가 아니라면, 그는 형이상학자가 아니다.
> 좀 더 구체적으로, 형이상학자는 실존에 관한 결론을 주장할 것으로 널리
> 기대되는데, 이 실존에 관한 결론은 신학에 속하거나 적어도 신학적으로 흥
> 미로운 것이다(Ryle 1957, 144쪽).

제6장 "형이상학의 부활"에서 우리는 적어도 분석철학에서 형이상학 부활의
중심에 있는 가능세계 형이상학이 신학적으로 흥미로운 적용사례를 갖는 한 라
일이 올바르다는 것을 보게 될 것이다. 스트로슨의 기술 형이상학과 달리 그것
은 라일 기준에 따를 때 진정한 형이상학이다.

(의사) 행동주의자로서 라일과 비트겐슈타인은 둘 다 스트로슨이 주장하듯
이 정신상태에 대한 일인칭 귀속 문제에 직면하지 않을 수 없다. 비트겐슈타인
은 일인칭 귀속을 기술이나 언급적 진술로 동화시키지 말라고 강조한다. 오히
려 우리의 일인칭 정신적 진술은 그러한 정신상태에 대한 학습된 표현이라는
것이다. "내 발을 다쳤다"(My foot hurts)고 말하는 것은 이를테면 우리가 의사
의 진단을 받은 경우에 보고일 수 있다. 그렇지만 대부분의 일상적 사용에서 우
리는 울음 및 다른 원초적 형태의 고통 행동을 낱말을 사용하는 일이 대신한다
는 것을 배웠다. "고통의 언어적 표현은 울음을 대신한다.…"(Wittgenstein
2009/1953, 95e쪽, #244).

> 한 가지 가능성이 있다. 즉 낱말은 감각의 원초적, 자연적 표현과 연관되며,
> 그것 대신 사용된다. 아이가 상처를 입고 운다. 그러면 어른들이 아이에게
> 이야기해서 그에게 절규를 가르치고, 나중에 문장을 가르친다. 그들은 그 아
> 이에게 새로운 고통-행동을 가르친다.
> "그렇다면 당신은 '고통'이라는 낱말이 울음을 의미한다고 말하고 있는

가?—그 반대다. 고통의 언어적 표현은 울음을 대신하며, 그것을 기술하지 않는다. (Wittgenstein 2009/1953, 89e쪽)

라일은 정신적 상태의 일인칭 자기 귀속을 "공언"(avowals, 公言)이라 부른다.

> 이제 '나는 원한다', '나는 기대한다', '나는 의도한다', '나는 싫어한다', '나는 우울하다', '나는 궁금하다', '나는 짐작한다', '나는 배고픔을 느낀다'처럼 자연히 터득한 많은 발언은 … 내가 다른 곳에서 '공언'이라 불렀던 것을 구체적으로 표현한다. 그리고 그것들의 문법은 그것들이 자기-귀속으로 나타나는 모든 문장을 잘못 해석하도록 유도한다. 그러나 그 일차적 사용에서 '나는 … 을 원한다'는 정보를 전달하는 데 사용되는 것이 아니라 요구를 하기 위해 사용된다. … 일차적 사용에서 '나는 … 을 미워한다'와 '나는 …을 의도한다'도 화자에 관한 사실을 청자에게 말할 목적으로 사용되지 않는다. … 그것들은 반감을 품거나 단호한 의지의 마음 상태에 있는 사람의 발언들이다. 그것들은 증오와 결심에서 말해진 것들이지 증오와 결심에 관한 일대기적 지식을 전개하기 위해 말해진 것들이 아니다(Ryle 1949b, 183-4쪽).

종종 공언은 오스틴의 의미에서 수행문이다. "나는 희망한다", "나는 그것을 사랑한다", "나는 그것을 미워한다", "나는 그것을 후회한다", "나는 그것을 두려워한다"는 종종 정신상태의 보고가 아니라 행위를 수행하는 것들이다. 그 결과는 성취력이다. "나는 그 그림을 사랑한다"는 칭찬의 담화 행위, 또는 어쩌면 요구의 담화 행위이다. 그것은 내부의 사랑하는 정신상태의 보고가 아니다.

그러나 확실히 나는 나 자신의 정신상태를 직접적으로 알며, 그 지식을 보고할 수 있다. 비트겐슈타인은 "지식"의 문법이 이 철학적 주장을 뒷받침한다는 것을 부정한다. 우리는 오류 가능성이 있는 경우에, 즉 단순히 믿는 일과 앎 사이에 차이가 있을 경우에 지식에 대해 말할 수 있을 뿐이다. 우리 자신의 감각의 경우에 우리는 그러한 대비를 발견할 수 없다. "우리는 '나는 믿는다'나 '나는 의심한다'고 말할 수 있을 경우에도 '나는 안다'고 말한다. 그리고 우리가 확신할 수 있을 경우에도 그렇게 말한다"(Wittgenstein 2009/1953, 232e쪽).

246. 내 감각들은 어떤 의미에서 사적인가?―글쎄, 내가 실제로 고통 중에 있는지는 나만 알 수 있다. 다른 사람은 추측할 수 있을 뿐이다.―한 가지 방식에서 이 말은 그르고, 다른 방식에서는 헛소리이다. 만일 우리가 "알다"는 낱말을 정상적으로 사용되는 방식대로 사용하고 있다면 (그리고 우리가 어떻게 다른 방식으로 그 낱말을 사용해야 하는가?), 타인들도 아주 자주 내가 고통 중에 있는지 안다.―맞다. 그럼에도 불구하고 내가 나 자신을 확실히 아는 것은 아니잖은가!―나에 대해서 (아마 농담하는 경우를 제외하면) 내가 고통 중에 있다는 것을 내가 안다고 전혀 말할 수 없다. 그것은―아마 내가 고통 중에 있다는 것을 제외하면―무엇을 의미한다고 가정되는가?

… 내가 그것들[내 감각들]에 대해 배운다고 말해질 수 없다. 나는 그것들을 가지고 있다. 이 만큼은 옳다. 즉 타인에 관해 그들이 내가 고통 중에 있는지 의심한다고 말하는 것은 이치에 닿는다. 그러나 나 자신에 관해 그렇게 말하는 것은 이치에 닿지 않는다(Wittgenstein 2009/1953, 95e-96e쪽).

내가 어떤 것을 알았는지는 증거가 나를 뒷받침하는지 나와 모순되는지에 달려 있다. 왜냐하면 우리가 고통을 갖는다는 것을 안다고 말하는 것은 아무것도 의미하지 않기 때문이다. (Wittgenstein 1969/1951, 66e쪽, #504)

비트겐슈타인은 우리가 고통을 가지고 있고 상처를 입었다는 것, 우리가 감각과 느낌을 갖는다는 것을 부정하지 않는다. 그는 내가 내부의 정신적 상태를 갖는다는 것을 부정하지 않는다. 정말이지 그가 부정하는 것은 "내부의"(inner)가 언어게임에서 무언가 역할을 한다는 것이다. 그것은 전혀 돌지 않는 바퀴이다.

그의 가장 유명한 은유 중 하나에서 비트겐슈타인은 우리 각자가 다른 누구도 들여다 볼 수 없는 상자를 갖고 있다고 상상해보도록 요구한다. 이것은 비트겐슈타인의 심리철학과 언어철학에서 핵심 구절들 중 하나이다.

> 글쎄, 누구나 자신이 그 자신의 경우에서만 고통이 무엇인지 안다고 말하지 않는가!—누구나 우리가 "딱정벌레"라 부르는 어떤 것이 들어 있는 상자를 가지고 있다고 해보자. 아무도 다른 사람의 상자를 들여다 볼 수 없으며, 누구나 자신의 딱정벌레를 살펴봄으로써만 딱정벌레가 무엇인지 안다고 말한다.—여기서 모든 사람이 자신의 상자에 다른 어떤 것을 가지는 일이 완전히 가능할 것이다. 우리는 심지어 그런 것이 끊임없이 변하고 있다고 상상할 수도 있다.—하지만 그럼에도 불구하고 이 사람들의 "딱정벌레"라는 낱말이 어떤 사용을 갖는다면 어떤가?—만일 그렇다면, 그것은 어떤 사물의 이름으로 사용되지 않을 것이다. 상자 속 그것은 전혀 언어게임에 속하지 않는다. 심지어 어떤 것으로서 속하지도 않는다. 왜냐하면 그 상자는 아예 텅 비어 있을 수도 있기 때문이다.—아니, 우리는 상자 속 그것을 '완전히 쪼개버릴' 수 있다. 그렇게 되면 그것이 무엇이든 간에 그것은 소멸된다.
>
> 다시 말해서 만일 우리가 '대상과 이름' 모델에 근거하여 감각 표현의 문법을 해석한다면, 그 대상은 부적절한 것으로 고려 대상에서 삭제된다.
>
> (Wittgenstein 2009/1953, 106e-107e쪽, #293)

상자 속 딱정벌레는 비트겐슈타인이 앞에서 인용한 구절에서 언급한 문법적 허구이다.

비트겐슈타인은 좀 더 도발적인 진술들 중 하나에서 고통 감각이 어떤 것이 아니며, 아무것도 아닌 것도 아니라고 말한다. 그렇다면 그것이 무엇인가? 문법적 허구이다.

> 304. "그러나 당신이 확실히 고통이 있는 고통 행동과 고통 없는 고통 행동이 차이가 있다는 것을 인정할까?"—인정하는가? 더 큰 어떤 차이가

있을 수 있는가?—"그러나 당신은 거듭 감각 자체가 아무것도 아니라는 (Nothing) 결론에 도달한다.—전혀 그렇지 않다. 그것은 어떤 것 (Something)이 아니지만, 아무것도 아닌 것도 아니다! 결론은 아무것도 아닌 것이 말해질 수 있는 것이 전혀 없는 어떤 것과 똑같은 일을 만들 것이라는 것뿐이다. 우리는 여기서 우리에게 스스로 강요하는 경향이 있는 문법을 거부했을 뿐이다(Wittgenstein 2009/1953, 108e-109e쪽).

비트겐슈타인의 문법 사용과 문법적 허구 개념은 그의 심리철학이 그의 언어 철학과 얼마나 밀접하게 연관되어 있는지를 가리킨다. 그의 사적 언어 논증의 주된 요점은 이원론자가 언어를 설명할 수 없다는 것이다. 이원론자에게 언어, 심지어 사적 언어는 불가능하다. 만일 낱말 의미가 정신 속 "내부의" 사적 관념 이라면, 누구도 다른 누군가가 의미하는 것을 알 수 없으며, 나는 내 기억이 끊 임없이 나를 속일 수 있기 때문에 내가 의미하는 것도 알 수 없다.『철학적 탐 구』제I절의 마지막 단락에서 비트겐슈타인은 다음과 같이 진술한다. "그리고 어떤 정신적 활동이 어떤 것을 의미한다고 부르는 것보다 잘못된 것은 없다! 다 시 말해서 우리가 혼동을 일으키는 일에 착수하지 않는 한."(Wittgenstein 2009/1953, 181e쪽, #693). 언어는 우리의 사회생활 맥락에서만 가능하다.

비트겐슈타인의 사적 언어 논증과 그의 심리철학의 많은 특징은 계속해서 영 향력이 있지만 널리 승인되지는 않는다. 이원론은 비록 라일과 그의 팬들이 매 장시켰다고 생각했지만 오늘날 약간의 주의를 받고 있다. 라일은 그의 행동주 의를 후회하게 되었고, 그것을 거부하고 이원론도 거부하게 되었다.

다른 많은 사람과 마찬가지로 나는『정신 개념』이 의례적으로 정신을 생각이 그득한 것으로서 다루었다는 것을 한탄하였다. 그러나 나는 최근 이 특수 주 제에 몹시 집중하고 있는데, 이는 이 주제가 곧바로 여전히 다루기 어려우면 서 계속해서 여러 갈래로 뻗어나간 미로인 것으로 드러났다는 단순한 이유 에서이다. 그 주제에 잠깐만 직면해보아도 그것이 분명한 사실임을 아는 데 충분하며, 왜 어떠한 행동주의적 색깔의 사고도 효과가 없을 것인지, 그리고 또한 왜 어떠한 데카르트 색깔의 설명도 효과가 없을 것인지 아는 데 충분할 것이다. (Ryle 1971, xii쪽)

다음 장에서 우리는 심리철학자들이 동일론에 빠지지 않으면서 이원론과 행동주의 둘 다의 서거를 어떻게 다루려 했는지 살펴보게 될 것이다.

그렇다면 비트겐슈타인은 행동주의자였는가?

281. "그러나 당신이 말하는 것은 결국은 이것, 즉 예컨대 고통 행동이 없으면 고통도 없다는 것과 매한가지 아닌가?—그것은 이것과 매한가지다. 즉 오직 살아 있는 인간과 살아 있는 인간과 닮은 것(살아 있는 인간처럼 행동하는 것)에 대해서만 우리는 말할 수 있다는 것이다. 그것은 감각을 가진다. 그것은 본다. 그것은 눈이 멀었다. 그것은 듣는다. 그것은 귀가 먹었다. 그것은 의식적이거나 무의식적이다(Wittgenstein 2009/1953, 103e쪽).

나에게 이 말은 분명하게 "그렇다"라고 답하기에 충분할 정도로 아주 정밀하지는 않아 보인다.

## 감각자료 이론에 대한 거부

이제 우리는 감각자료 이론이 반형식주의자들의 언어철학 및 심리철학과 양립 불가능하다는 것을 이미 알 수 있다. 감각자료 이론에 대한 가장 직접적인 일상 언어학파 공격은 오스틴의 『감각과 감각가능대상자』(*Sense and Sensibilia*, Austin 1964)이다. 『언어와 행위』처럼 『감각과 감각가능대상자』는 오스틴 자신이 쓰지도 출판하지도 않았다. 그 책은 오스틴이 남긴 메모와 원고들을 모아 워녹이 재구성한 것이었다.

오스틴 공격의 표적은 에이어이다. 이로 인해 에이어는 약간의 쓴소리를 뱉어내게 되었다. "그[오스틴]는 내 책[『경험적 지식의 토대』(*Foundations of*

*Empirical Knowledge*)에 대해 특별히 다소 경멸적인 방식으로 공격한다. 그가 언제나 빈틈없이 공정한지 물을 수도 있다."(Ayer 1969, 284쪽). 에이어는 철학 대중이 오스틴을 편들고 있으며, 감각자료 이론이 그의 공격에 압도되었다는 것을 인정한다. 그는 어느 쪽이냐 하면 슬픈 패배자이다. "그가 [감각자료 이론을 논박하는 데] 성공했다는 것을 그토록 많은 철학자에게 납득시킬 수 있었다는 것은 그의[오스틴의] 기지와 그의 개성의 강점을 나타내는 증거이다."(Ayer 1969, 308쪽).

비록 『감각과 감각가능대상자』가 감각자료라는 개념의 평판을 떨어뜨리는 데 다른 어떤 저작보다도 많이 기여했다 할지라도, 감각자료 이론의 서거는 단순히 오스틴의 유명한 기지와 철학적 예리함 때문만은 아니었다. 감각자료 이론—러셀, 무어, 카르납, 그리고 다른 논리 실증주의자들에게서 두드러지게 나타나는 이론—은 많은 지도적 철학자들로부터 공격을 받았다. 라일은 그의 『정신 개념』의 한 절을 감각자료 이론을 다루는 데 바쳤다. 그는 일상언어를 기초로 하여 그 이론을 완전히 거부했다.

> 이 모든 논증의 언어적 귀결은 우리가 '감각의 대상'(object of sense), '감각가능한 대상'(sensible object), '감각자료'(sensum), '감각자료'(sense-datum), '감각내용'(sense-content), '감각장'(sense field), '감각가능대상자'(sensibilia) 같은 표현들을 사용하지 않는다는 것이다. 따라서 인식론자의 타동사 '감각하다'(to sense)와 그의 접주는 듯한 '직접 의식'과 '익숙함'은 비축하도록 되돌려 보낼 수 있다. (Ryle 1949b, 221쪽)

미국 철학자 윌프리드 셀라스(Wilfrid Sellars)는 감각자료에 관해 또 다른 공격을 수행하였다. 그의 고전적 논문 "경험주의와 심리철학"(Empiricism and the Philosophy of Mind, Sellars 1973/1956)은 감각자료 이론과 주어진 것의 신화에 대한 길고도 어려운 비판 논문이다.[3] 셀라스는 자세한 논증들을 기초로 다음

---

3   이것은 라일에 대한 찬성을 나타낸다. 셀라스는 라일과 그의 논문의 기계 속 유령의 신화에

과 같이 주장하는데, 그의 논증들 중 많은 것은 일상언어로부터 끌어낸 것이다.

> … 인식적 사실들이—원리적으로라도—현상적[감각자료]이든 행동주의적
> 이든, 공적이든 사적이든 간에 비인식적 사실들로 나머지 없이 분석될 수 있
> 다는 생각은 … 근본적 잘못—윤리학에서 이른바 "자연주의적 오류"라 불리
> 는 오류의 잘못 조각—이라고 나는 믿는다. [자연주의적 오류에 대한 논의는
> 제8장을 볼 것.] (Sellars 1973/1956, 475쪽)

이것은 카르납과 논리 실증주의자들의 현상주의에 대한 공격이다. 카르납은 초기 저작에서 자신의 기획을 다음과 같이 기술한다. "주된 문제는 직접적으로 주어진 것을 언급하는 개념들을 기초로 하여 모든 지식 분야의 개념들에 대한 합리적 재구성의 가능성과 관계되어 있다."(Carnap 1967/1925, v쪽).『세계의 논리적 구조』(The Logical Structure of the World)라는 제목의 그의 책은 바로 그런 방식으로 감각자료로부터 세계를 구성하려는 시도이다. 카르납은 자신이 과학적 철학(scientific philosophy)에 대한 러셀의 최고 격률, 즉 추리된 대상들을 논리적 구성체로 대체하라는 격률에서 동기를 받았음을 명시적으로 진술한다(65쪽을 볼 것). 그렇지만 셀라스의 비판은 약간 늦게 나왔다. 카르납은 이런 종류의 기획, 적어도 현상주의 형태의 이런 종류의 기획을 부분적으로 노이라트가 제시한 비판을 기초로 하여 이미 포기했었다.

　셀라스 논문은 여기서 간단히 요약하는 일조차 불가능할 것이다. 라일을 연상시키지만 라일보다 훨씬 더 정교하게 논증된 셀라스 기본 주장들 중 하나는 감각자료 이론가들이 그들의 목적에 적합한 어떠한 언어나 개념적 구조를 전혀 갖지 않는다는 것이다. 예컨대 "그 넥타이는 나에게 붉은 것처럼 보인다."나 "그 넥타이는 붉게 보인다." 같은 표현들은 기초 감각을 보고하는 데 사용되는 것이 아니라 넥타이 색깔의 현상에 관한 어떤 의문이 관찰 맥락에서 적당하다

대해 포괄적으로 논의하고 있다. 그는 라일의 행동주의는 의문시한다. 셀라스는 1930년대에 로즈 장학생(Rhodes Scholar)으로 옥스퍼드에서 공부하였다. 그는 라일과 비트겐슈타인의 영향을 받았다.

는 것을 가리키는 데 사용된다—너무 어두워서 색깔을 분명하게 볼 수 없다거나, 창에서 묘한 광선이 들어온다. 감각자료 이론가들은 그들의 이론을 표현하기 위해서는 일상언어의 풍부한 부분들을 필요로 하지만, 그들은 부정합하다고 할 수 있을 정도로 일상적 의미를 왜곡시키는 것으로 끝낸다. 영향력 있었던 셀라스의 기본 논점은 우리가 인식적으로 오염되지 않은 순수 자료의 원천에 접근하지 못한다는 것이다. 우리가 가진 자료가 무엇이든 간에, 감각이든 다른 것이든 간에, 우리에게 "주어진" 것은 무엇이든 간에 그것은 우리에게 이미 이론 적재적인 것으로 나타난다. 앞 장에서 살펴보았던 것처럼, 이것은 퍼트넘이 그의 내재적 실재론을 제창하면서 강조한 논점이다.

그렇지만 셀라스가 주어진 것의 신화를 윤리학의 자연주의적 오류에 동화시킨 것은 유감스럽다. 1950년대쯤이면 철학자들은 자연주의적 오류를 더 이상 진짜 오류라고 생각하지 않았다.

감각자료 이론을 무너뜨리는 또 다른 방식은 로데릭 치섬(Roderick Chisholm)이 제안했다. 치섬은 보통은 정향상 분석적인 미국 철학자였지만, 철학적 유행과 무관하게 자신의 생각대로 철학을 했다. 심지어 그는 여러 저작을 통해 그의 분석적 동료들에게 인기가 없는 대륙철학자들에게 전념하기도 했다. 그는 철학의 주요한 모든 분야에서 독창적이고 폭넓은 연구를 정밀하게 전개했다. 철학 해설가이자 철학 선생으로서 치섬은 타의 추종을 불허하는 사람이었다. 그는 전 생애를 브라운대학교에서 보냈다.

치섬은 감각함에 대한 부사이론(adverbial theory of sensing)을 제안했다. 이 이론의 요점은 감각자료를 언급하지 않고도 지각이라는 주관적 경험을 기술할 수 있다는 것이다. 이것은 감각자료, 현상(appearances or seemings) 같은 미심쩍은 것들을 언급하지 않고도 감각에 관해 언급할 수 있게 해줄 것이다. 치섬에 따르면, 감각자료들이 하는 것처럼 현상을 대상으로 취급하는 일은 몇 가지 난문제로 이끈다. 예컨대 만일 우리가 어떤 닭이 나에게 반점이 있는 것으로 보인다면, 그 현상은 명확한 수의 반점을 갖는가? 만일 그 현상이 대상이라면, 그것은 반점을 공유할 수 있는가? 그것은 내가 관찰하지 않는 속성들을 갖는가? 그리고 나는 나의 현상들을 관찰하는가? 이와 같은 난문제들이 바로 감각자료 이론을 매장시키는 데 기여했다.

물론 사물들은 우리에게 어떤 방식으로 나타난다. 우리는 주관적 감각을 가진다. 문제는 우리가 "x는 나에게 푸르게 보인다."로부터 "내가 가지고 있는 푸른 현상이 있다."로 미끄러져 들어갈 때 발생한다.

> 그러므로 위의 어구 (1) [x가 S에게 … 하게 보인다]가
>
> (2) x는 S에게 … 현상을 제시한다(x presents a … appearance to S)
>
> 로 변형될 때 우리는 조심해야 한다.
>
> 왜냐하면 (2) 형식의 진술들은 우리를 현혹시킬 정도로 "존은 메리에게 값비싼 선물을 바친다."(John presents an expensive gift to Mary)와 비슷하기 때문인데, 이때 형용사는 그 다음에 따라 나오는 명사가 지목한 것에게 어떤 속성을 귀속시킨다. "x는 S에게 … 현상을 띤다"(x takes on a … appearance for S), "S는 x의 … 현상을 감각한다"(S senses a … appearance of x), "S는 x에 속하는 … 감각자료에 익숙하다"(S is acquainted with … sense-datum belonging to x)의 어구들은 (2)의 변형들로 생각될 수 있는데, 똑같이 오도적이다. 그 밖에 현상이 무엇이든 간에 그것들은 "어떤 주체에 대한 대상들"이 아니다(Chisholm 1957, 116-17쪽).

지각에 대한 철학적 분석에서 현상, 그래서 감각자료에 대해 말하고 싶은 유혹을 피하는 방법은 우리가 "x는 S에게 푸르게 보인다."를 의역하는 방식에서 조심하는 것이다. 치섬은 철학적 의역으로서 명백히 어색한 표현 "S에게 x에 의해 푸르게 나타난다."(S is being appeared to bluely by x)를 제안한다. 치섬에 따르면, 이렇게 제안된 부사적 의역은 "주체에 대한 대상"으로서의 현상에 대한 언급을 피하는 이점이 있다. 이렇게 해서 그것은 대상들을 불필요하게 증가시키는 일을 피한다. "그러나 우리가 나타남(appearing)에 의거해 말할 때 우

리는 원래의 외적 대상들만을 갖게 된다. 그래서 우리는 대상들을 증가시키는 일을 피하고, 감각자료의 격위와 소재에 관한 난문제들을 피한다."(Chisholm 1950, 102쪽). 게다가 푸르게 나타남 같은 지각적 상태는 주체가 그에게 나타나는 방식에 관해 틀릴 수 없다는 점에서 자현적(self-presenting, 自現的)이라고 치섬은 주장한다. 치섬은 그러한 자현적 상태를 기반으로 해서 인식론을 구성한다. 유감스럽게도 부사적 의역은 인위적이며, 간신히 이해할 수 있을 정도이다. 만일 우리가 냄새나 들림 같은 다른 감각들에 대해 부사적 의역을 시도한다면, 그 결과는 이해할 수 없는 것들이다. 치섬은 감각함에 의거해 좀 더 자연스럽게 들리는 의역을 제공하려 시도했지만, 철학자들은 일반적으로 그의 부사적 이론을 채택하지 않았다.

감각자료 이론에 대한 오스틴의 공격은 치섬이나 셀라스의 공격보다 더 이해하기 쉽고 더 통렬했으며, 결과적으로 더 인기 있고, 그래서 궁극적으로 더 효과가 있었다.

오스틴은 그가 공격할 이론에 대해 간명한 진술을 제시한다.

> 일반적으로 진술된 일반적 신조는 이와 같이 진행된다. 우리는 물질적 대상들(물질적인 것들)을 결코 보거나, 또는 달리 말해 지각하지(또는 '감각하지') 않으며, 또는 우리는 어쨌든 그 물질적 대상들을 결코 **직접적으로** 지각하거나 감각하지 않으며, 오직 감각자료(또는 우리 자신의 관념, 인상, 감각자료(sensa), 감각지각, 지각 등등)만을 지각하거나 감각한다(Austin 1964/1959, 2쪽).

감각자료 이론가들이 감각자료의 필요성을 뒷받침하기 위해 사용해온 핵심 논증들 중 하나는 착각에 의거한 논증이다. 31쪽의 제1장에 나온 **체크무늬 그림자** 착각을 다시 생각해보라. 영역 A와 B는 물리적으로는 똑같지만, 우리는 다른 어떤 것들을 보고 있다(여기서 아마 우리는 치섬의 부사적 이론의 호소력을 알 수 있을 것이다. 우리는 "우리에게 A와 B에 의해 다르게 나타난다."고 말하는 것이 더 나을 수 있다). 감각자료를 제외하고 이것들 외에 달리 어떤 것이 있을 수 있겠는가? 에이어는 부분이 물에 잠겼을 때 굽어보이는 곧은 막대를 예로 사용한다. 그 이미지는 굽은 막대이므로 우리가 직접적으로 보고 있는 것은 진짜 곧은 막대일 수 없다. 감각자료 이론가는 이러한 종류의 사례들로부터 일반화를 하고 싶어 한다. 지각 과정에서 우리가 직접적으로 의식하는 대상은 절대로 물리적 대상이 아니라는 것이다. 그것은 우리와 그 대상 사이의 중간물이다. 그것은 대상에 있는 것이 아니라 우리 "안에" 있다. 그것은 바로 감각자료이다. 우리의 지각적 세계는 감각자료로 구성된 지각의 베일이다. 우리는 타인을 포함하여 물리적 대상을 절대로 직접 감각할 수 없다.

오스틴의 반응은 자세히 인용할 가치가 있다. 이때는 오스틴이 한참 잘 나가던 시절이다.

> 허 참, 그 막대가 처음부터 '굽어보이는' 가? 나는 우리가 그렇다는 데 동의할 수 있다고 생각하며, 그것을 기술하는 더 좋은 방법을 가지고 있지 않다. 그러나 물론 그것은 정확히 굽은 막대, 즉 물 밖으로 굽은 막대처럼 보이지 않는다 ―기껏해야 그것은 부분이 물 속에 잠긴 다소 굽은 막대처럼 보인다고 말할 수 있다. 무엇보다도 우리는 막대가 부분적으로 잠긴 그 물을 보지 않을 수 없다. 그래서 이 경우에 망상적이라고 가정되는 것은 정확히 무엇인가? 막대가 곧지만 때로 굽어보인다는 생각에서 잘못된 것은 무엇이며, 희미하게라도 놀랄 만한 것은 무엇인가? 만일 어떤 것이 곧다면 그것은 틀림없이 모든 상황에서 내내 곧아 보여야 한다고 누군가가 가정하는가? 분명히 아무도 진지하게 이렇게 가정하지 않는다. 그렇다면 여기서 우리가 저지른다고 가정되는 실수는 무엇이며, 난점은 무엇인가? 왜냐하면 물론 그것은 난점―더 나아가 감각자료의 도입이라는 꽤 근본적 해결책을 요구하는 난점―이 정말로 있다고 암시되기 때문이다. 그러나 우리가 이런 식으로 해결하기 위해 끌어들이는 문제는 무엇인가?
>
> 그런데 이 경우에 우리는 당신이 어떤 것을 보고 있다는 말을 듣는다. 그리고 '만일 이 어떤 것이 어떤 물질적인 것의 부분이 아니라면' 그것은 무엇인가? 그러나 이 물음은 실은 완전히 미친 물음이다. 물 아래 조각이 아니라

막대의 곧은 부분은 아마 물질적인 것의 부분일 것이다. 우리는 그것을 보지 않는가? 그리고 물 아래 조각은 어떤가?—우리는 그것 역시 볼 수 있다. 그 점에서는 우리는 물 자체도 볼 수 있다. 사실상 우리가 보는 것은 부분적으로 물에 잠긴 막대이다. 그리고 이것이 문제를 제기하는 것처럼 보여야 한다는 것—우리가 보고 있는 것에 관해 문제가 제기되어야 한다는 것—은 특히 이 상한 일인데, 왜냐하면 이것은 결국 단지 우리가 시작한 상황에 대한 기술일 뿐이기 때문이다. 다시 말해서 우리가 어떤 막대, 즉 부분이 물 아래 있는 '물질적인 것'을 보고 있다는 것은 처음부터 일치했었다. (Austin 1964/1959, 29-30쪽)

오스틴은 그 감각자료 이론가—이 경우에 에이어—를 곤란하게 하고 있다. 불쌍한 사나이는 그의 착각에 의거한 논증을 가지고 출발도 할 수 없다. 현실적인 옛날 영국 사람의 상식이 이 많은 폐물을 청소해줄 것이다.

나는 시대를 거슬러서 G. E. 무어의 "관념주의 논박"(1959/1903)에서 따온 인용구로 오스틴의 논증을 정리할 수 있다고 생각한다.

나는 공간 속에서 물질적인 것들의 실존을 나 자신의 감각으로 직접 의식한다. 그리고 각각에 관해 내가 의식하는 것은 정확히 똑같다—즉 어떤 경우에는 물질적인 것, 그리고 다른 경우에는 내 감각이 실제로 실존한다. 따라서 물질적인 것에 관해 던져야 할 물음은, 우리의 감각에 대응하는 무언가가 실존한다고 가정하는 데 대해 우리는 어떤 이유를 가지고 있는가라는 것이 아니라 물질적인 것들이 실존하지 않는다고 가정하는 데 대해 우리가 갖는 이유가 무엇인가이다. 왜냐하면 그것들의 실존은 우리 감각들의 실존과 정확히 똑같은 증거를 갖기 때문이다.[4] (Moore 1959/1903, 30쪽)

오스틴은 "우리가 어떤 막대, 즉 '물질적인 것'을 보고 있다는 것은 처음부터

---

4    무어는 나중에 이 직접적 실재론을 거부하고 감각자료 이론을 받아들였다.

…일치했다."고 말한다. 감각자료 이론가는 왜곡되거나 오도된 언어를 사용하지 않고는 그의 문제나 쟁점을 출범시킬 어떠한 견인차도 얻을 수 없다. 오스틴은 감각자료를 옹호하는 다른 논증들도 일상언어와 상식에 대한 솔직한 호소를 통해 처리하는데, 이는 착각에 의거한 논증을 다룰 때와 유사하다.

지각의 베일 이야기는 오스틴이 지적한 것처럼 많은 전통 철학에 공통적이다. 이와 관련해 그는 로크, 버클리, 흄, 칸트를 거론한다. 에이어는 이 낡은 이야기에 단지 전문적인 것처럼 들리는 새로운 언어적 엔진을 달아주었을 뿐이었다.

> 그런데 물론 이 매우 낡은 이야기에 대한 에이어의 해설은 매우 최신식이며, 매우 언어적이다(또는 어쨌든 그 해설이 써졌을 때는 그랬다). … 그렇지만 이미 살펴보았던 것처럼 이 상대적 세련됨이 에이어가 전통적 논증들에 섞인 거의 모든 낡은 신화들과 잘못들 전체를 꿀꺽 삼키지 못하게 막지는 못한다. (Austin 1964/1959, 105쪽)

이 인용구가 가리키듯이, 오스틴의 궁극적 표적은 단순히 감각자료 이론이 아니라 전통적 인식론의 기획 자체이다. 그 전체 전통은 존재하지 않는 문제를 해결하려는 전통이었다. 또 다시 "신화들"을 사용하고 있음을 주목해보라. 전통 철학은 철학자들이 자신들을 겁먹게 하고, 자신들의 상식과 현재 소용이 닿는 자신들의 일상적 언어 사용을 버린 다른 사람들을 겁먹게 하는 신화들 모음이다. "왜냐하면 철학적 물음은 언어가 휴가를 갈 때 제기되기 때문이다."(Wittgenstein 2009/1953, 23e쪽, #38).

셀라스와 비트겐슈타인처럼(그러나 치섬은 아님) 오스틴은 지식이 토대를 갖는다거나 필요로 한다는 생각을 거부한다.

> 왜냐하면 설령 우리가 어떤 특정인이 어떤 특수 장소와 시간에서 아는 것이 토대와 상부구조의 배치 속으로 체계적으로 분류될 수 있다는 매우 위험하고 불필요한 가정을 한다 할지라도, 똑같은 것이 지식 일반에 대해서도 행해

　　　질 수 있다고 가정하는 것은 원리적으로 잘못일 것이다. 그리고 이것은 어떤
　　　것에 대한 증거가 무엇인가, 확실한 것은 무엇인가, 의심스러운 것은 무엇인
　　　가, 증거를 필요로 하거나 필요로 하지 않는 것은 무엇인가, 검증될 수 있거
　　　나 검증될 수 없는 것은 무엇인가라는 물음들에 대해 일반적 답이 있을 수 없
　　　기 때문이다. 지식론은 그러한 답의 근거를 찾는 일인데, 그러한 것은 없다.
　　　(Austin 1964/1959, 124쪽)

이 모든 말에서 오스틴의 요점은 감각자료가 실존하지 않는다(또는 실존한다)
는 것이 아니다. 오스틴과 셀라스의 요점은 감각자료가 그것들이 한다고 했던
일―경험적 지식의 토대를 제공하는 일―을 하지 못한다는 것이다. 그리고 어
쨌든 어떤 방식으로도 그 일의 필요나 여지는 없다.
　　비록 일상언어철학자들이―에이어와 카르납이 그토록 좋아했던―감각자료
를 거부하긴 했지만, 옥스퍼드 철학자들은 논리 실증주의자들의 기획을 확장하
고 있었다. 오스틴, 라일, 스트로슨, 후기 비트겐슈타인, 그리고 그들의 제자들
은 사변적 형이상학의 마지막 남은 찌꺼기를 제거하고 있었으며, 여전히 실증
주의자들을 홀렸던 전통적 인식론의 문제들을 제거하거나 기각시키고 있었다.
실증주의자들과 마찬가지로 일상언어철학자들은 철학의 문제들을 언어와 그
오용에 뿌리를 둔 것으로 보았다. 그렇지만 실증주의자들과 달리 그들은 해결
책이 형식논리학에 의해 언어를 재편성하는 것이라고 생각하지 않았다.

## 일상언어철학의 유산

일상언어철학은 사회의 변화를 반영하는 것이었다. 옥스퍼드 철학자들과 후기
비트겐슈타인은 논리 원자주의자들과 논리 실증주의자들보다 더 개방적이고,
더 인도적이며, 덜 조직화된 방식으로 철학에 접근했다. 그들의 방법은 전통적
인 방법과 문제를 일소하고, 그런 방법과 문제들을 신화라 부르며, 전통 철학의
헛소리로 가득한 전문적인 단선적 논변을 피함으로써 더 느슨하면서 훨씬 더
현대주의적인 형태의 철학을 대변했다. 이것은 양차 세계대전 후 불황에 빠졌

다가 그 뒤에는 미국과 소련 간의 무시무시한 핵 교착상태를 경험한 사람들에게 호소력이 있었다. 1960년의 젊은 지식인들은 후기 비트겐슈타인과 오스틴의 주문이 자신들을 황홀케 한다는 것을 발견했다. 그것은 기호논리학, 그리고 논리 원자주의나 언어의 논리적 통사론의 전문적 내용들보다 그들을 더 도취하게 하는 철학이었다. 나는 원자주의자들과 환원주의자들이 가졌던 층을 이루는 언어관이 1960년대에 한물 간 계층적 사회관을 반영했다고 주장할 때 너무 멀리 나가지 않았는지 의심한다. 어쨌든 그들의 언어관은 그런 식으로 생각될 수 있고, 그래서 별로 달갑지 않은 것으로 판단되었다.

옥스퍼드 철학자들이 전통적인 철학적 문제들을 일소하려는 논리 실증주의 프로그램을 증강하려 했음에도 불구하고, 일상언어철학은 담화를 검토하는 일을 장려하고, 그래서 많은 활동 영역—종교, 정치, 윤리, 예술, 문예—의 개념들과 "삶의 형태"를 검토하는 일을 장려했다는 점에서 포용력이 있었다.

> 이처럼 더 풍부한 종류의 언어 사용에 대한 인식은 새로운 시대의 징표 중 하나이다. 비록 언제나 완벽하게 실현된 건 아니지만, 이제 그 경향은 '사람들이 윤리적, 과학적, 형이상학적 언어를 사용하거나, 지식을 주장하거나, 믿음을 표현하거나, 약속을 하거나, 공감을 표현할 때 그들이 하는 일은 무엇인가?' 같은 물음들을 그것들 모두를 소수 몇 개의 선천적 범주에 맞추지 않고도 물을 수 있게 될 것이다(Urmson 1956, 172쪽).

미국에서는 많은 철학자가 옥스퍼드 철학자들과 비트겐슈타인의 영향을 받았다. 존 설(John Searle)은 오스틴의 언어철학을 확장하고 해설하는 데 많은 에너지를 바쳤다. 그의 책『언어행위』(Speech Acts, Searle 1969)는 언어행위 이론 및 미해결의 철학적 문제들을 해소하는 데 있어서 그 이론의 적용에 대해 자세히 설명하고 있는 역작이다. 스탠리 캐벨(Stanley Cavell)의 논문 "우리는 우리가 말하는 것을 의미해야 하는가?"(Must We Mean What We Say?, Cavell 1964/1958)는 일상언어철학의 방법에 대해 대단히 칭찬하면서 옹호하고 있는 논문이다. 캐벨은 그의 논문의 이 구절에서 일상언어철학의 포용성과 세부적

내용을 모두 포착하고 있다.

> 그들[철학적으로 당혹스러움에 빠진]이 깨닫지 못했던 것은 자신들이 말하고 있었다는 것, 또는 자신들이 실제로 말하고 있었다는 것이며, 그래서 자신들이 의미했던 것을 알지 못했다는 것이다. 이 정도로 그들은 자신들을 알지 못했으며, 세계를 몰랐다. 물론 나는 일상적 세계를 의미한다. 그것은 존재하는 것 전부가 아닐 수 있지만, 충분히 중요하다. 도덕은 그 세계 속에 있으며, 힘과 사랑도 마찬가지다. 예술과 어떤 지식의 부분(세계에 관한 것을 이야기하는 부분)도 마찬가지다. 종교도 마찬가지다(신이 어디에 있든). 어떤 수학과 과학은 의심할 여지없이 그 세계에 있지 않다. 이것이 바로 "수"나 "신경증"이나 "질량"이나 "대중사회" 같은 용어들에 대한 우리의 일상적 사용만을 듣는 경우에 그런 용어들이 의미하는 것을 알아내지 못하게 되는 이유이다. 그러나 당신은 우리가 어떤 행위에 대해 그것이 자발적이라고 말해야만 하는 때가 언제인지 알지 못하는 경우에 자발적 행위가 무엇인지 결코 알지 못할 것이다(Cavell 1964/1958, 109쪽).

이 포용성과 실증주의적 수축성의 전복의 결과 중 하나는 철학적으로 중요한 분야로서 윤리학을 다시 도입한 것이었다. 이에 대한 충분한 논의는 제8장까지 기다려야 하겠지만, 몇몇 옥스퍼드 철학자는 윤리적 언어에 대한 분석에 종사했다. 이러한 노력을 한 철학자들 중 지도자들로는 R. M. 헤어(R. M. Hare), H. L. A. 하트(H. L. A. Hart), 찰스 L. 스티븐슨(Charles L. Stevenson)이 있었다. 처음에는 이 노력이 "메타윤리학"—도덕적 담화의 논리에 대한 탐구—으로 시장에 나왔다. 그러나 곧 좀 더 사실적인 도덕철학이 생겨났다. 신기원을 이룬 논문 "현대 도덕철학"(Modern Moral Philosophy, Anscombe 1968/1958))에서 엘리자베스 앤스컴은 도덕적 사고의 방향을 아리스토텔레스의 덕 윤리학 쪽으로 바꾸는 데 기여했다.

캐벨, 설, 그리고 다른 철학자들의 노력에도 불구하고 일상언어철학은 1960년대 말 내리막길을 걸었다. 오스틴과 비트겐슈타인의 이른 죽음은 그러한 쇠퇴를 부추겼다. 다른 원인들은 행동주의와 사용으로서의 의미 신조가 한 번 의 열풍을 넘어선 것에 대한 불만이었다. 다음 장에서 살펴보게 될 것처럼, 이러한 불만은 강한 반동을 불러일으켰으며, 철학에서 새로운 사상과 방법의 발전으로 이끌었다. 논리 실증주의자들의 경우에서와 마찬가지로 그 반동은 원래 운동만 큼 많은 결실을 낳았다.

  콰인과 미국 신실용주의자들과 일상언어철학자들은 논리 실증주의자들의 통 치를 종식시켰다. 일상언어철학자들은 지식의 토대에서 감각자료를 제거했으 며, 지식이 그러한 토대를 가질 수 없고, 그러한 토대를 필요로 하지 않는다는 것을 알게 하는 데 도움이 되었다. 그렇지만 콰인도 일상언어철학자들도 철학 자들의 핵심 관심사로서의 인식론을 제거하지 못했다. 그들은 분석철학에서 형 식적 철학과 형식논리학의 사용도 제거하지 못했다. 다음 두 장에서 살펴보게 될 것처럼, 철학에서 형식적 방법은 점점 더 중요성을 띠게 되었다. 일상언어철 학의 쇠퇴 이래로 분석철학은 더 절충적 태도를 취하게 되었다. 일상언어 유형 논증들은 형식논리학과 함께 사용되며, 주요 통찰과 진보로 이끌었다. [배경 4.3—게티어 문제와 맥락주의 및 다른 예들] 옥스퍼드 철학의 전성기 이래로 어떠한 커다란 전포괄적 운동들도 분석철학을 지배하지 못했다. 라일의 기대를 충족시킬 형이상학, 심지어 사변적 형이상학도 더 이상 금기 영역이 아니다. 그 것은 제6장의 주제가 될 깜짝 놀랄만한 부활을 경험했다. 옥스퍼드 운동 이후 의 분석철학은 대체로 그 운동과 콰인 때문에 더 포용력 있고, 더 포괄적이며, 더 절충적 태도가 되었다.

### 배경 4.1 이원론, 행동주의, 동일론

데카르트가 도입한 정신/신체 이원론은 두 종류의 실체, 즉 신체와 정신이 있다는 견해이다. 이 실체들은 본성상 서로 다르며, 서로 다른 법칙에 따른다. 사람은 정신과 동일하다. 정신은 신체에 거주하지만 꼭 그럴 필요는 없다. 정신은 순수 영적 존재자—신체에서 분리된 의식—로 실존할 수도 있었다. 이원론자의 중대한 문제는 정신과 신체가 어떻게 상호작용할 수 있는지를 설명하는 일이다. 또 다른 문제는 타인의 정신 문제이다. (배경 4.2 —타인의 정신 문제를 볼 것)

행동주의는 몇 가지 다른 형태로 나타난다. 방법론적 행동주의는 심리학자들이 단지 행동만을 연구해야 한다는 사상이다. 여기서 우리의 논의와 관련 있는 논리적 행동주의나 철학적 행동주의는 모든 정신적 낱말과 개념이 순수 행동주의적 용어로 정의될 수 있다는 견해이다. 우리는 "생각함", "의도함", "사랑함", "봄" 등으로 언어적 행동을 포함한 행동에 관한 어떤 것을 의미한다. 행동주의의 중대한 문제는 일인칭 정신적 진술의 사용을 설명하는 일이다. 그런 진술은 행동에 기초를 두고 있지 않은 것처럼 보인다.

동일론은 모든 정신적 사건, 상태, 과정이 신경물리학적 사건, 상태, 과정이라는 주장에 의존한다. 각각의 정신적 사건은 신경계의 어떤 물리적 사건과 동일하다. 동일론이 미친 이론이라고 생각하는 나의 "정신적" 사건은 실은 내 뇌의 전기-화학적 사건이다. 동일론의 중대한 문제는 의식의 주관적 경험을 설명하는 일이다. 제5장에 동일론과 그 문제들에 관해 훨씬 더 많은 논의가 있다.

**배경 4.2** 타인의 정신 문제

고전적 정신/신체 이원론자인 데카르트에 따르면, 나는 정신이거나 영혼이다. 나는 신체와 밀접하게 관계되어 있긴 하지만 물리적 속성을 전혀 갖지 않는다. 이 말은 우리 각자, 또는 의식적인 사람이면 누구든 해당된다. 내가 보거나 들을 수 있는 모든 것은 또 다른 신체이며, 그 신체가 만드는 소리들이다. 나는 또 다른 사람과 결코 직접적 접촉을 할 수 없다. 그렇다면 나는 타인들이 있다는 것을 어떻게 아는가? 그러한 모든 신체는 내가 말할 수 있는 한 좀비일 수도 있다. 그리고 만일 타인이 있다면, 나는 그들이 무엇을 생각하고, 느끼고, 감각하는지 결코 말할 수 없다. 그들의 정신, 사고, 감정, 정신상태는 나에게는 불투명하다.

　타인의 정신 문제에 대해 제안된 한 가지 해결책은 유비에 의거한 논증이다. 나는 어떤 방식으로 행동할 때 내가 어떻게 느끼는지 안다. 그래서 나는 타인이 똑같은 방식으로 행동할 때 그의 정신에서 유사한 일이 진행된다고 추론할 수 있다. 나는 그의 행동을 볼 수 있으며, 그래서 나 자신과의 유비에 의해 그의 정신상태에 대해 추론할 수 있다. 대부분의 철학자는 유비에 의거한 논증이 성공하지 못한다는 데 동의한다. 유비 추론이 효과가 있으려면 당신은 두 가지 이상의 사례에 접근할 수 있어야 한다. 그러나 타인의 정신 문제의 경우에 나는 오직 한 사례—나 자신—만 접근할 수 있으며, 그래서 효과가 없을 것이다.

　라일과 오스틴은 그 문제를 기각한다. 오스틴은 특히 신랄하다.

맨체스터에서 한 강연자가 그 문제의 진짜 난제, 즉 '나는 내가 톰이 화가 나 있다는 것을 안다고 말해서는 안 되는데, 왜냐하면 나는 그의 감정을 내성하지 못하기 때문이다.'는 난제는 그대로 남아 있다. 그리고 이것은 의심할 여지없이 많은 사람이 난색을 표하는 문제이다. 내가 내놓으려고 하는 견해의 요점은 단순히 다음과 같다.

(1) 물론 나는 톰의 감정을 내성하지 않는다(만일 우리가 톰의 가정을 내성한다면, 우리는 꽤 곤란한 상태에 빠져야 한다.)
(2) 물론 나는 정말로 때로 톰이 화가 나 있다는 것을 안다.
그러므로
(3) '나는 톰이 화가 나 있다는 것을 어떻게 아는가?' 라는 물음이 '나는 톰의 감정을 어떻게 내성하는가?' 를 의미한다고 가정하는 것(왜냐하면 알다시피 그것이 앎이 되거나 되어야 하는 바로 그런 종류의 것이기 때문에) 은 단지 잘못 짚는 것이다(Austin 1961c/1946, 83-4쪽).

이것이 바로 논리적 행동주의의 동기가 된 종류의 추론이다.

---

**배경 4.3**   게티어 문제와 맥락주의 및 다른 예들

일찍이 철학의 전체 영역에서 만들어진 가장 짧은 논문에서 에드문트 게티어(Edmund Gettier, 1963)는 그의 3쪽짜리 논문을 통해 지식이 정당화된 옳은 믿음으로 정의될 수 없다는 것을 증명하였다. 게티어는 믿음이 옳고 정당화되지만 우연의 일치에 의해 옳기 때문에 지식이 되지 못하는 예들을 제시하였다. 스미스가 어떤 일자리에 응모를 했는데, 그는 "존스가 그 일자리를 얻게 될 것이다"라는 정당화된 믿음을 갖는다(어떻게 정당화되는지는 문제가 되지 않는다). 그는 또한 "존스가 그의 주머니에 동전을 10개 가지고 있다."는 정당화된 믿음을 갖고 있다. 그래서 스미스는 (정당하게) "그 일자리를 얻게 될 사람은 주머니에 동전을 10개 가지고 있다."고 결론짓는

다. 사실상 존스는 그 일자리를 얻지 못한다. 대신 스미스가 그 일자리를 얻는다. 그렇지만 스미스 또한 (순전한 우연에 의해) 그의 주머니에 동전을 10개 가지고 있었는데, 그는 이 사실을 깨닫지 못한다. 그래서 "그 일자리를 얻게 될 사람의 주머니에는 동전이 10개 들어 있다."는 그의 믿음은 정당화되고, 옳다. 그러나 그것은 지식처럼 보이지 않는다. 비록 게티어 문제를 다루는 인식론자들이 종종 우리가 말할 것에 관해 쓰지 않는다 할지라도, 그들은 일상언어에서 구체화된 일상적 지식 개념을 분석하고 있다. 그들은 우리가 누군가가 어떤 것을 안다고 말할 때 그것에 관한 우리의 직관을 가지고 그렇게 주장한다. 지식에 관해 명료한 생각에 도달하려는 철학자들의 시도는 뻔해 보이면서 옥스퍼드 철학자들이 좋아할 언어이론으로 이끌었는데, 설령 그들이 그 이론을 정식화하는 데 형식적 방법을 사용하는 일에 대해 미심쩍어한다 할지라도 그렇다. 맥락주의는 맥락 속에서만 이해될 수 있다고 주장한다. 그래서 중요한 철학 용어들은 어떤 맥락에 상대적으로 이해될 수 있을 뿐이라고 주장한다. 그들이 가장 관심을 갖는 맥락은 비철학적 맥락이다.

크립키와 퍼트넘은 고유명과 자연종 용어에 관한 대담한 이론들을 옹호하기 위해 우리의 일상적인 언어적 직관을 사용하면서 동시에 세련된 형식 논리학을 사용하기도 했다. 이런 문제들은 제7장의 주제이다.

## 더 읽을거리

비트겐슈타인 후기 철학에 관한 문고판들이 많이 있다. 내가 가장 좋아하는 것 중 하나는 데이비드 피어스(David Pears)의 〈현대의 거장〉(*Modern Masters*) 총서로 출판된 책이다. 피어스는 옥스퍼드 학파의 지도적 인물이었다. 그의 책 *Ludwig Wittgenstein*(Viking Press 1970)은 또한 전기 비트겐슈타인도 다룬다.

노먼 맬컴(Norman Malcolm)의 회고록 *Ludwig Wittgenstein, A Memoir*(Oxford University Press 1966)은 그 자체로 고전이면서 대부분의 사람이 비트겐슈타인에 대해 갖는 견해를 제공한다.

*Readings in the Philosophy of Language*(Prentice-Hall 1971) edited by Jay Rosenberg and Charles Travis는 전적으로 분석적 언어철학에 초점을 맞춘 책이며, 많은 고전적 논문을 수록하고 있다.

*Ryle: A Collection of Critical Essays*(Doubleday 1970) edited by Oscar P. Wood and George Pitcher는 라일 철학에 대한 많은 논문을 수록하고 있다. 기고자들에는 오스틴, 에이어, 스트로슨, 엄슨, 워녹이 포함되어 있다.

*Symposium on J. L. Austin*(Routledge and Kegan Paul 1969) edited by K. T. Fann은 오스틴과 그의 철학에 관한 26편의 독창적 논문 선집이다. 기고자들에는 에이어, 엄슨, 워녹, 스트로슨, 피어스, 설, 그리고 다른 지도적 철학자들이 포함되어 있다.

*The Philosophy of P. F. Strawson*(*The Library of Living Philosophers*, Volume XXVI) edited by Lewis E. Hahn(Open Court 1998)은 또 다른 매우 귀중한 책이다.

*Philosophy of Mind: A Contemporary Introduction by John Heil*(Routledge 1998)은 이원론, 행동주의, 동일론, 그리고 그 뒤의 정신에 대한 이론들 및 그 이론들의 모든 난점에 대한 매우 훌륭한 입문서이다.

# 5 일상언어철학에 대한 반응: 논리, 언어, 정신

> 별들에 대한 연구가 우리에게 더 이상 세계 사건들의 과정을 예측할 수 없게 해준 다고 불평하는 일만큼이나 철학이 더 이상 실제적 문제를 해결하지 못한다고 불 평하는 것은 분별 있는 일이 아니다.(Grice 1989b, 179-80쪽)

1960년대 일상언어철학이 쇠퇴하기 시작한 이래로 어떠한 단일 운동이나 단일 학파도 분석철학을 지배하지 못했다. 분석철학자들은 형이상학을 포함한 철학 의 모든 분야에서 연구를 시작했으며, 다양한 방법을 사용하였다. 일상언어 논 증들은 형식논리학과 결합되었다(그리고 지금도 결합된다.) 형식적 방법에 경 도된 철학자들은 우리의 언어적 직관에 호소한다. 반면에 미학이나 감정에 대 해 연구하는 저자들은 수학적 논리학의 방법을 사용한다. 이러한 추세는 오늘 날까지 이어지고 있다. 최근 어떤 분석철학자들은 19세기 독일 관념주의에 흥 미를 갖게 되었으며, 또 어떤 분석철학자들은 데카르트의 이원론과 이성주의를 소생시키려 하고 있다. 부주의함과 불명료한 채로 허세부리는 것을 제외하고는 어떤 것도 금기시되지 않는다.

   1960년대 이래 분석철학은 영향력과 글쓰기 스타일 노선에 의해서보다는 공 유된 신조와 방법에 의해 덜 규정되어왔다. 논쟁이 되는 문제는 옥스퍼드 철학 자들의 쇠퇴 이후 분석철학에 통일된 어떤 전통이 지속되었는지 하는 것이다. 이 장에서 논의하는 철학자들은 "분석적"이라는 표제에 속하는데, 왜냐하면 그 들은 오스틴, 비트겐슈타인, 라일, 스트로슨이 매달렸던 것과 똑같은 문제들에 초점을 두었으며, 그들은 프레게, 러셀, 비트겐슈타인, 콰인에서 유래한 물음과 방법들을 가지고 연구하고 있기 때문이다. 그들은 자신들, 그리고 자신들과 논쟁을 벌이는 사람들을 분석적 전통에 있는 것으로 보았다. 종종 지독하기도 했던 이들 간의 불일치는 그 분석적 전통 내의 일이었다.

자신들의 주의 대부분을 아낌없이 기울인 일상언어철학을 가지고 철학자들이 만족하지 못했던 두 분야는 언어철학과 심리철학이었다. 감각자료에 대한 일상언어철학자들의 공격, 특히 오스틴의 공격은 성공적이었으며, 도전을 받지 않은 채로 진행되었다.

분석철학자들이 가장 두드러지고 인상적인 진보를 이루었던 분야는 언어철학이었다. 이 진보는 옥스퍼드 철학자들이 피한 형식적 방법들을 적용한 데서 기인했다. 형식적 방법은 라일, 비트겐슈타인, 스트로슨 및 그들 추종자들의 공격을 견뎌냈는데, 이는 쿠르트 괴델과 알프레드 타르스키의 작업, 카르납의 형식적인 철학적 작업에서 기인하는 수학과 논리학의 토대 문제에서의 진보 때문이었다. 언어철학은 라일이 카르납에게 퍼부은 종류의 경멸을 디딤돌에 대한 분노의 발길질처럼 보이게 만드는 정도의 세련된 수준에 도달했다. 형식적 언어철학은 노엄 촘스키에게서 기인하는 언어학의 혁명적 발전이 부채질했다. 형식적 세련화와 과학적 언어학의 결합은 언어철학에 철학자들이 그동안 꿈을 꿔왔을 뿐인 종류의 수학적·과학적 허가증을 제공했다. 특별한 진보를 이룬 분야는 맥락적 특징에 대한 형식적 처리와 화용론에서였다. 스트로슨과 다른 사람들이 주장했던 종류의 언어 사용 측면은 형식적 방법으로 해명될 수 없었다. [배경 5.1―프레게, 괴델, 타르스키, 촘스키는 분석철학자인가?]

## 제1부 형식논리학과 언어철학

### 괴델과 타르스키

쿠르트 괴델(Kurt Gödel)과 알프레드 타르스키(Alfred Tarski)는 둘 다 나치의 습격을 피해 도망친 망명자였다. 괴델은 비엔나 학단 회원이었던 수학자였다

(그러나 비엔나 학단의 견해를 공유하지는 않았다). 그는 1940년 미국으로 건너가 1947년에 미국 시민이 되었다. 괴델은 미국에서의 그의 전 생애를 뉴저지 프린스턴 고등연구소(Institute for Advanced Study)에서 보냈는데, 여기서 그는 아인슈타인과 가까운 동료로 지냈다. 그러던 중 비록 물리학, 수학, 논리학에 계속해서 중요한 기여를 하긴 했지만, 괴델은 정신적으로 점점 더 불안정해지게 되었다. 결국 그는 1978년 절식으로 인하여 죽었다.

타르스키는 제2차 세계대전 이전의 활발한 폴란드 논리학자들 단체의 지도자였던 폴란드 유대인이었다. 그는 나치가 폴란드를 침공하기 직전인 1939년 폴란드를 떠나 미국으로 건너갔다. 1940년 그는 카르납, 콰인, 러셀, 그리고 다른 지도적 철학자들과 함께 하버드에 있었다. 그는 고등연구소에서 괴델과 함께 어느 정도 시간을 보낸 다음, 캘리포니아대학교 버클리캠퍼스로 갔는데, 거기서 교직경력 나머지를 보냈다.

카르납, 괴델, 타르스키, 러셀, 그리고 다른 많은 사람들은 1930년대 말 유럽의 대격변—유럽에는 재앙이지만 미국 철학에는 은혜였다!—의 결과로 미국으로 건너갔다. 카르납, 괴델, 러셀, 타르스키 같은 사람들의 존재 때문에 미국에서는 철학에 대한 형식적 접근방식들이 꽃을 피웠다. 옥스퍼드와 후기 비트겐슈타인은 그에 비하면 영향력이 훨씬 덜했다.

괴델은 그의 완전성 정리와 불완전성 정리 모두로 철학적 논리학자들에게 가장 잘 알려져 있다. 이 말은 이상하게 들린다. 우리는 어떤 것과 그 반대의 것을 동시에 증명할 수 없다. 물론 우리는 증명할 수 없다. 괴델의 완전성 정리는 우리가 기호논리학 과정에서 배우는 종류의 꽤 단순한 어떤 논리체계가 어떤 공리들 집합의 개개의 모든 논리적 귀결을 도출하는 데 적합하다는 것을 입증한다. 이것은 우리가 알만한 가치가 있다. 그것은 만일 어떤 논증의 전제들 같은 어떤 진술이나 진술들 집합이 (기호체계로 적절하게 번역될 때) 제안된 결론 같은 또 다른 진술을 논리적으로 함의한다면, 우리는 우리 기호논리학의 증명 규칙을 사용하여 이것을 논리적으로 증명할 수 있다는 것을 의미한다.[배경 5.2—기호논리학의 정합성과 완전성]

괴델의 불완전성 정리는 어떤가? 공리체계들은 논리학자들의 흥미를 끄는 속성을 가지고 있다. 그 공리들이 정합적인가? 정합적이지 않다면 우리는 그 공리들로부터 어떤 진술과 그 부정을 모두 증명할 수 있다. 그것은 아주 나쁜 일이 될 것이다. 공리들이 서로 독립적인가? 독립적이 아니라면 우리는 그것들 모두를 필요로 하지 않는다. 그것들이 완전한가? 이 말은 여러 가지 것을 의미할 수 있지만, 보통 "그 공리들이 그것들이 기술하려 하는 대상들에 관한 개개의 모든 진리를 수반하는가?"를 의미한다. 이것에 관해 가장 쉽게 생각하는 방식은 그 공리체계에서 표현될 수 있는 개개의 모든 진술이 증명가능한지 반증가능한지 묻는 것이다. 괴델의 완전성 정리는 어떤 공리들 집합의 개개의 모든 논리적 귀결이 증명가능하다고 진술한다. 그가 1931년에 증명한 괴델의 불완전성 정리는 산술학이나 수론의 공리들이 되기에 충분할 정도로 복잡한 체계들에 대하여 증명가능하지도 반증가능하지도 않은 진술들이 있다고 진술한다(공리들이 정합적이라고 가정한다면). 이런 진술들은 보통 산술학의 결정불가능한 명제들이라고 불린다. 본질적으로 이것은 자연수들에 대해 옳지만 증명불가능한 산술학의 진술들이 있음을 의미한다. 그 진술들은 옳지만 산술학 공리들의 논리적 귀결이 아니다.

괴델의 결과는 놀랄만한 함의를 갖는 것처럼 보인다. 그것은 프레게와 러셀의 비틀거리는 논리주의 프로그램에 최종적으로 치명타를 가했다. 산술학은 논리학과 집합론으로 환원될 수 없다. 수학에서 증명은 우리의 유일한 검증 방법이므로 그것은 어떤 수학적 사실들이 인간 지식의 범위를 넘어서 있다는 것을 보여준다.[1] 괴델의 완전성 증명은 아무도 놀라게 하지 않았다. 그렇지만 그의 불완전성 증명은 사람들의 정신 속 가구를 재배치시켰다.

20세기 수학적 논리학의 엄청나게 많은 주요 발전들은 다양한 방식으로 거짓말쟁이 역설의 변형들에 의존해왔다. "그 진술은 그르다." 이 진술은 그르다면 옳고, 옳다면 그르다. 누구라도 왜 그런 진술을 만들고 싶어 할까? 아무도 그런 진술을 만들고 싶어 하지 않지만, 자기언급이 가능한 경우에는 언제나 그

---

1  비록 괴델이 이것을 승인하지는 않았음에도 불구하고 그렇다. 그는 이성주의 쪽으로 경도되어 있었으며, 증명이 유효하지 않은 어떤 영역들에서 수학자들은 지적 직관을 이용할 수 있다고 주장했다.

런 일이 일어날 수 있다. 자기언급이라는 거짓말쟁이 역설 유형 문제들은 러셀의 역설의 기초인데, 이 역설은 프레게를 절망시키고, 화이트헤드와 러셀의『수학원리』의 실패한 복잡성들로 이끌었다. 이 문제들은 괴델이 그의 불완전성 증명을 만드는 데 사용되었다. 그리고 곧 보게 될 것처럼 타르스키의 작업에서도 핵심 역할을 했다.

괴델의 불완전성 증명 관념은 비록 그가 사용한 전문적 장치들이 독창적인 것이라 해도 단순하다. 괴델은 산술학이 자신들에 대해 증명가능하지 않다고 말하는 진술들을 포함한다는 것을 보여주었다. "나는 증명가능하지 않다"는 진술은 증명가능하지 않다면 옳고, 증명가능하다면 그르다. 그래서 만일 산술학이 정합적이라면(어떤 그른 진술도 증명가능하지 않다면), 증명가능하지 않은 옳은 진술들이 있다. 괴델에게 방책은 그러한 진술이 수론의 언어로 표현될 수 있다는 것을 보여주는 것이었다. 그는 수학과 논리학에서 널리 사용되게 된 괴델 수 매기기(Gödel numbering)라 불리는 기법을 고안했다. 수론 언어의 개개의 모든 산술학적 진술은 독특한 자연수가 주어지는데, 이것은 온갖 종류의 까다롭고 전문적인 수학적 방책들을 통해 행해지지만 효과가 있다. 증명들 같은 수론의 진술들 집단 또한 독특한 수들이 주어질 수 있고, 그래서 수론 언어의 개개의 모든 진술은 독특한 괴델 수를 가지며, 개개의 모든 증명 역시 독특한 괴델 수를 갖는다. 괴델은 다음과 같은 수론 언어의 진술들을 표현하였다. "괴델 수 n을 가진 진술의 증명에 대한 괴델 수가 있다." 그리고 좀 더 흥미로운 것으로 "괴델 수 m을 가진 진술의 증명에 대한 괴델 수는 없다." 이 두 번째 진술은 괴델 수 m이 나타내는 진술에 대한 증명이 없다고 말한다. 이 두 번째 진술 또한 어떤 괴델 수를 갖는다. 그 수를 j라고 말하기로 하자. 그러면 우리는 m이 있는 곳에 j를 넣을 수 있으며, "괴델 수 j를 가진 진술의 증명에 대한 괴델 수는 없다"를 얻는다. 그렇다면 이것은 "나에 대한 증명은 없다"를 말한다. 더 나아가 우리는 불완전성이 공리들에 더 많은 공리들을 추가함으로써, 또는 심지어 "나에 대한 증명은 없다"를 추가함으로써 수선될 수 없다는 것을 쉽게 알 수 있다. "나에 대한 증명은 없다"고 말하는 증명불가능하지만 옳은 또 다른 진술이 여전히 잠복해 있게 될 것이다.

"나에 대한 증명은 없다"는 별로 흥미로운 진술이 아닐 수 있지만, 현재의 방법이 주어졌을 때 결정불가능하다는 것을 보여준 몇 가지 흥미로운 수학적 명제가 있다. 또 다른 잘 알려진 주장—2보다 큰 모든 수는 두 소수의 합이라는 것(골드바흐의 추측)—은 거의 확실히 옳지만, 누구도 그것에 대한 증명을 발견하지 못했다. 소수에 관한 다른 단순한 진술들 또한 증명을 거부해왔다. 괴델은 또한 수론의 공리들의 정합성이 수론 내에서 증명될 수 없다는 것도 입증하였다. 괴델의 결정불가능성 결과는 수론뿐만 아니라 집합론에도 적용될 수 있는데, 이 집합론에서 결정불가능한 진술들 중 약간에는 실수들의 무한수가 얼마나 큰지에 관한 진술들이 포함되어 있다. [배경 5.3—무한집합과 연속체 가설]

깜짝 놀랄만한 일이긴 하지만, 괴델의 실제적 결과는 그가 그것을 증명하면서 전개한 기법들보다 덜 중요하다. 그는 산술학 진리들 집합이 정리들 집합, 즉 증명가능한 진술들 집합보다 더 복잡하다는 것을 보여주었다. 이것은 복잡성을 기술하는 데 형식적 기법들을 요구했다. 이 기법들은 논리학, 수학, 컴퓨터과학, 언어철학에서 결정적으로 중요한 적용사례들을 가져왔다. 예컨대 괴델이 전개한 재귀(recursion) 개념은 곧 보게 될 것처럼 언어학과 철학에서 핵심 역할을 했다. 대상들 집합이나 진술들 집단은, 만일 각각의 항목이 이론적으로 유한수 규칙들의 적용에 의해 유한수 단계들을 통해 유한 기수의 항목들로부터 도달될 수 있다면, 재귀적이다(설령 무한하다 할지라도). 예컨대 만일 어떤 체계가 유한히 많은 공리를 가지고 있고, 증명들이 유한히 많은 단계를 가져야 한다면(기하학과 산술학의 공리체계들에서처럼), 정리들 집합은 재귀적이다. 괴델은 산술학의 진리들 집합이 재귀적이지 않음을 보여주었다. 재귀와 계산가능성의 연관은 분명하다.

타르스키 또한 재귀 개념을 사용했다. 타르스키는 형식적 체계들에 대하여 "진리"에 대한 재귀적 정의를 제시하는 법을 보여주었다. 물론 이미 살펴보았던 것처럼, 자기언급을 허용할 정도로 충분히 복잡한 형식적 체계들에 대하여 그러한 정의는 가능하지 않다. 그런 체계들은 언제나 역설과 모순에 굴복할 것이다. 모든 자연언어에 대해서도 그런 상황이 성립한다.

타르스키는 뻔한 이치라고 할 수 있는 것에서 시작한다. 즉 만일 P라면, 그리고 오직 그 경우에만 "P"가 옳다. P가 한국어의 평서문으로 대치되면 우리는 예컨대 다음 문장을 얻는다.

만일 눈이 희다면, 그리고 오직 그 경우에만 "눈은 희다"는 옳다.

이제 이 문장은 소박하다 싶을 정도로 단순해 보인다. 그러나 실은 그렇지 않다. 첫째, 이 문장은 어떤 진술이 그것이 옳다는 진술과 논리적으로 동치임을 보여준다. 이것은 그 자체로 진리성 개념을 신비성을 제거하고 명료화하는 데 도움이 된다. 둘째, 승인가능한 어떠한 진리이론이라도 그 귀결로서 "만일 P라면, 그리고 오직 그 경우에만 "P"가 옳다."는 형식의 도식을 가져야 할 것이다. 셋째, 이 도식은 거짓말쟁이 역설로부터 어떻게 모순이 발생하는지를 보여준다.

이 쪽에 진하게 인쇄된 유일한 문장은 옳지 않다. 이 문장을 S라 하자.

진리 도식에 따르면, 만일 이 쪽에 진하게 인쇄된 유일한 문장이 옳지 않다면, 그리고 오직 그 경우에만 S는 옳다. 그러나 S는 이 쪽에 진하게 인쇄된 유일한 문장이다. 그래서

만일 S가 옳지 않다면, 그리고 오직 그 경우에만 S는 옳다.

따라서 그 자신의 문장들에 관해 옳거나 그르다고 언급하기에 충분한 자원을 가진 모든 체계나 언어는 부정합하게 될 것이다. 그러한 체계나 언어에서는 그 체계나 언어의 어떠한 술어 T도 옳은 문장들에 대해 전혀 성립하지 않는다. 그래서 진리성은 정의될 수 없다.

타르스키의 해결책은 그가 표현한 바에 따르면 형식적 체계들이 그 자신의 진리-술어를 포함하는 것을 금지시키는 것이다. 만일 어떤 언어 문장들의 진리

성이나 허위성에 관해 언급하고자 한다면, 우리는 또 다른 체계나 언어를 사용해야 한다. 우리가 언급하는 언어는 대상언어(object-language)라 불린다. 우리가 대상언어를 언급하기 위해 사용하는 언어는 메타언어(meta-language)라 불린다. 타르스키가 도입한 대상언어와 메타언어의 구별은 논리학, 철학, 언어학에서 근본적 구별이 되었다.

> 우리는 진리성에 대한 정의 문제, 그리고 좀 더 일반적으로 의미론 분야의 모든 문제를 논의할 때 두 가지 다른 언어를 사용해야 한다. 이 언어들 중 첫 번째는 "언급되는" 언어이며, 전체 논의의 주제인 언어이다. 우리가 추구하는 진리성에 대한 정의는 이 언어의 문장들에 적용된다. 두 번째 언어는 우리가 첫 번째 언어를 "언급하는" 언어이며, 이 언어를 통해 우리는 특히 첫 번째 언어에 대하여 진리성에 대한 정의를 구성하려 한다. 우리는 첫 번째 언어를 "대상언어", 두 번째 언어를 "메타언어"라 칭할 것이다. (Tarski 1949/1944, 60쪽)

이 인용구는 신기원을 이룬 타르스키의 논문 "의미론적 진리성 개념"(The Semantic Conception of Truth, Tarski 1949/1944)에서 따온 것이다. [배경 5.4─통사론, 의미론, 화용론] 타르스키의 목표는 의미론을 과학적이고 수학적인 기초 위에 두려는 것이었다. 증명 개념은 괴델과 다른 사람들에 의해 수학적으로 탐구되고 형식화되었다. 타르스키에 따르면, 진리성 개념과 다른 의미론적 개념들은 여전히 형식화되지 않은 원시적 상태에 있다. 타르스키는 형식적 체계들에 대하여 진리에 대한 수학적으로 엄밀한 재귀적 정의를 제시하는 법을 보여 주었다. 그 방법은 이해하기가 어렵지 않은데, 비록 늘 그렇듯 세부 내용에서는 까다롭다 할지라도 그렇다. 기호논리학을 공부하는 학생들은 적형문(well-formed formula, 適形文)에 대한 재귀적 정의에 익숙하다. 이것은 통사론이다. P, Q, R 등은 적형문이다. 만일 P가 적형문이라면, ~P 역시 적형문이다. 만일 P와 Q가 적형문이라면, P∨Q도 적형문이다. 만일 P와 Q가 적형문이라면, P&Q 역시 적형문이다. 만일 P와 Q가 적형문이라면, P⊃Q 역시 적형문이다. 이 규칙들로부터 구성되지 않는 어떤 것이라도 적형문이 아니다. 자유변항과 속박변항을 가진 양화사에 이르게 되면 상황이 약간 더 복잡해진다. 우리는 또한 여전히 통사론의 영역 내에서 증명에 대한 재귀적 정의를 제시할 수 있다.

타르스키의 재귀적인 의미론적 진리성 정의는 기본적으로 적형문에 대한 정의를 따른다. 문제는 그가 진리성 개념을 사용할 수 없다는 것인데, 왜냐하면 그것이 바로 정의되는 것이기 때문이다. 대신 그는 더 기초적인 개념, 즉 만족 개념을 사용한다. 그럼에도 불구하고 사태를 진정시키고 나면, 이 개념의 기본 착상은 만일 P가 옳지 않다면, 그리고 오직 그 경우에만 ~P가 옳다는 것, 만일 P가 옳거나 Q가 옳다면, 그리고 오직 그 경우에만 P∨Q가 옳다는 것 등이다. 또 다시 양화사의 경우에 상황은 약간 더 복잡해진다. 사실상 양화사들은 꽤 복잡해진다. 이것은 타르스키가 만족 개념을 사용해야만 했던 또 다른 이유이다. 그래서 그는 양화된 진술들에 대하여 진리성을 정의할 수 있었다. 적어도 현재 형태로 그 생각은 보편양화사—예컨대 ∀xRx—는 만일 R이 양화사들의 범위인 모델, 영역, 가능세계의 모든 것에 의해 만족된다면, 그리고 오직 그 경우에만 옳다는 것이다. 이 모든 것은 논리학, 언어철학, 형이상학, 그리고 다른 모든 형식적 분야에서 연구하는 사람들에게 필수불가결한 기초도구가 되었다. 그리고 덧붙인다면 그것은 비트겐슈타인의 『논리철학론』의 핵심 주장을 명료하게 드러낸다. 비트겐슈타인은 논리적 관계와 사실들이 진술될 수 없고 제 자신을 보여줄 수 있을 뿐이라고 주장했다. 어떤 점에서 그가 옳았다. 그것들은 대상언어로 진술될 수 없지만, 메타언어로 진술될 수 있다. 메타언어에 관한 사실들은 메타메타언어로 진술될 수 있다 등등.

## 데이비드슨

1960년대와 1970년대에 지도적인 분석철학자 중 한 사람으로 등장한 도널드 데이비드슨(Donald Davidson)은 타르스키의 진리 정의들이 언어철학의 근본 문제들에 대한 해결과 해소의 열쇠를 제공한다고 주장한 것으로 유명하다. 데이비드슨은 논쟁의 여지가 없는 두 가지 사실에서 시작한다. 1) 언어는 학습가능해야 한다. 2) 어떤 언어를 말하는 우리는 잠재적으로 무한한 수의 서로 다른 문장들을 만들고 이해할 수 있다. 우리는 전에 결코 본 적이 없었던 임의의 문장들의 의미를 파악할 수 있다. 실제로 우리가 매일 해석하는 문장들은 대부분 예컨대 이 책의 문장들처럼 우리가 전에 보거나 들어본 적이 없는 문장들이다. 그러한 문장들에 대해서는 어떤 한계도 정할 수 없다. 언어에 관한 이 사실은 촘스키도 강조하고 있으며, 곧 보게 될 것처럼 언어 학습에 관한 행동주의적 접근방식에 말썽거리를 제기한다. 그래서 철학자와 언어학자의 한 가지 임무는 우리의 이 능력이 어떻게 가능한지 설명하는 것이다.

> 나는 어떤 언어의 화자들이 임의의 표현의 의미나 의미들을 (만일 그 표현이 의미를 갖는다면) 효과적으로 결정할 수 있으며, 이것이 어떻게 가능한지를 보여주는 것이 의미이론의 핵심 임무라고 가정해왔다(Davidson 1985a/1967, 35쪽).

데이비드슨에 따르면, 우리의 언어는 유한한 규칙들 집합에 따라 복잡한 것들(예컨대 복합문장들)을 만들기 위해 결합된 유한 수의 기초 항목들로 이루어져야 한다. 프레게가 처음 강조한 근본 원리는 문장 같은 복잡한 항목이 그 성분이 되는 항목들의 의미의 함수라는 것이다. 이것은 구성성 원리(principle of compositionality)라 불린다. 잠재적 조합들은 무한하지만 우리는 그 조합들을 해독할 수 있는데, 왜냐하면 복잡한 항목들의 의미는 단순한 항목들의 의미의 함수이기 때문이다. 다시 말해서 자연언어의 구조는 재귀적이다. 데이비드슨에 따르면, 의미론적 재귀의 형태는 형식적 체계에 대한 타르스키 유형의 진리 정의와 유사하다. 어떤 자연언어에 대하여 의미이론은 타르스키 진리이론과 유사하다. 데이비드슨의 착상은 의미이론이 중합문장 같은 복잡한 항목들에 대해 단순문장들 같은 더 단순한 항목들에 의거해, 그리고 단순문장들은 낱말들에 의거해 진리성 조건을 제공할 것이라는 것이다. 이것은 데이비드슨에 따르면 의미를 해명하는 일에서 언어철학이 나갈 수 있는 한도이다. 즉 우리가 할 수 있는 최대한도는 학습가능한 언어의 재귀적 구조를 보이는 것이다.

나는 어떤 언어에 대한 진리이론이 최소한도이지만 중요한 점에서 우리가 원하는 것을 한다고 주장한다. 즉 독자적으로 유의미한 모든 표현의 의미를 그것들의 구조에 대한 분석을 기초로 제시한다고 주장한다. 그리고 한편으로 어떤 자연언어의 의미론적 이론은 형식화된 언어에 대해 타르스키가 제안한 일반적 노선을 따라 그 언어에 대하여 진리성 개념에 대한 설명을 제공하지 않는 한 적합한 것으로 생각될 수 없다. (Davidson 1985b/1968, 55쪽)

요약하자면 "나의 현재 관심사는 … 자연언어에 대한 임의의 의미이론(의미론)에 대해 진리성에 대한 재귀적 설명을 제공할 것을 요구하는 일의 일반적 관련성과 생산성을 촉구하는 것이다."(Davidson 1985b/1968, 57쪽)

　타르스키에 대한 호소에도 불구하고 데이비드슨의 방법은 타르스키의 방법이 아니다. 타르스키는 그러한 이론이 자연언어에 대해 제시될 수 없다고 주장했다. 자연언어들은 그 자신의 진리 술어를 포함할 수 있으므로 그것들은 자기언급으로 인한 역설에 빠지게 되어 있다. 물론 데이비드슨도 이 점, 그리고 형식언어에 대하여 진리 정의를 제시하는 일에서 생기지 않을 다른 많은 문제를 인식하고 있다. 자기언급 외에 자연언어들은 인용문, 믿음, 희망, 욕구에 관한 문장, 시제, 지시사 같은 특징들을 포함한다. 데이비드슨 프로그램이라고 불리는 프로그램은 이런 문제들 모두를 다루는 일과 관련되어 있었다. 많은 철학자가 공감하면서 이 일에 합류했다. 기본 착상은 언어의 구조, 또는 적어도 언어의 다양한 측면들의 구조를 해명하는 데 일차질서 기호논리학의 자원을 사용하는 것이었다. 이 기획에 위대한 창의력이 아낌없이 발휘되었다. 이 기획은 "의미는 사용이다"는 슬로건의 가치를 손상시켰던 논리학자들을 위한 위대한 작업이었다. 데이비드슨주의자들에게는 "의미는 진리성 조건들이다."

　데이비드슨은 양화사 "모든", "약간의", "아무것도 … 아닌"의 의미들이 기호논리학에 의해 충분히 해명될 수 있다는 프레게의 신기원을 이룬 증명에 자극을 받았다. 우리는 또한 "또는", "그리고", "아니다", "만일 … 라면, …이다"의 의미가 적어도 어떤 사용들에서 어떻게 형식적 수단들에 의해 해명될 수 있는지 살펴보았다(비록 일상언어철학자들은 이것을 의문시했지만 말이다. 이 점에 대해 더 자세한 내용은 곧 살펴볼 것이다). 의미론에 대한 데이비드슨의 접근방식은 의미에 대해 미심쩍어했던 철학자들에 호소하였다. 진리성 조건들은 객관적이고, "저기 바깥에 있으며"(out there), 외연적인 것이다. [배경 5.5—내포와 외연, 비외연적 맥락의 문제] 반면에 의미는 존재론적으로 의심스럽다. 그렇지만 이것은 의미에 대한 데이비드슨의 반론이 아니었다.

> 의미이론에서 의미에 대한 나의 반론은 의미가 추상적이라거나, 그것들의 동일성 조건이 불명료하다는 것이 아니라 그것들이 증명된 사용을 전혀 갖지 않는다는 것이다(Davidson 1985a/1967, 21쪽).

근본 착상은 자연언어의 구조를 해명하는 데 오로지 일차질서 술어 기호논리학의 자원들만을 사용하는 것이다. 데이비드슨의 프로그램은 전통 철학자들의 허세를 의문시한 사람들에게 호소하는, 철학에 대한 검소하고, 형식적이고, 최소주의적인 접근방식이다. 그 프로그램은 또한 철학자들에게 손에 넣을 수 있는 결과를 가진 과학적인 것처럼 보이는 작업을 제시했다.

의미로서의 진리성 조건에 대한 데이비드슨의 호소는 유의미한 진술이 검증 가능한 진리성 조건을 가져야 한다고 주장했던 논리 실증주의자들을 생각나게 한다. 데이비드슨과 실증주의자들 사이의 한 가지 차이는, 실증주의자들이 진리성 조건들이 경험적인 것이며, 궁극적으로 직접 관찰에 의해 설명될 수 있다고 주장했다는 것이었다. 데이비드슨은 그러한 언질을 전혀 주지 않았다. 뿐만 아니라 데이비드슨은 의미에 대해 경계가 흐릿하다고 주장하는 콰인의 견해는 물론이고 콰인의 반실증주의적 전체론 버전을 받아들인다.

> 우리는 예전에 문장의 부분들이 그것들이 나타나는 문장들의 의미에 체계적으로 기여한다는 존재론적으로 중립적 의미에서를 제외한다면 문장의 부분들이 의미를 갖는다고 가정하지 않기로 결정했다. 의미를 가정하는 일은 아무 고기도 잡지 못하므로 그 통찰로 되돌아가기로 하자. 그 통찰이 지시하는 한 가지 방향은 의미에 대한 어떤 전체론적 견해이다. 만일 문장들이 그 의

미를 그 문장들의 구조에 의존한다면, 그리고 우리가 그 구조에서 각 항목의 의미를 그 항목이 역할을 하는 문장들 전체로부터의 추상을 통해서만 이해한다면, 우리는 그 언어의 개개의 모든 문장(그리고 낱말)의 의미를 제시함으로써만 임의의 문장(또는 낱말)의 의미를 제시할 수 있다. 프레게는 문장의 맥락에서만 낱말이 의미를 갖는다고 말했다. 같은 취지에서 그는 그 언어의 맥락에서만 문장(그리고 그렇게 해서 낱말)이 의미를 갖는다는 말을 보탤 수도 있었을 것이다(Davidson 1985a/1967, 22쪽).

데이비드슨은 타르스키에 신세진 만큼이나 콰인에게도 많은 신세를 지고 있다. 그는 카르납, 러셀, 타르스키가 하버드에 있던 때인 1940년에 그 대학에서 콰인의 제자였다. 그때 하버드(그림 5.1)는 형식적 철학의 세계 중심지였는데, 데이비드슨은 자연스럽게 형식적 철학을 익히게 되었다.

[하버드에서] 대학원생으로서 카르납의 저작을 읽은 일은 내가 전통적인 철학적 문제들이 논리학의 형식적 자원들을 이용해 명료하고 통찰력 있게 다루어질 수 있다는 것을 납득하는 데 도움이 되었다. 1940년 카르납은 하버드에서 가르쳤다. 나는 그의 강의에 참석했고, 짧게나마 그를 만나기도 했다. 버트런드 러셀, 타르스키, 그리고 물론 콰인이 그 해에 모두 거기에 있었다(Davidson 1999, 34쪽).

철학은 꽃을 피우고 있었지만 전쟁 역시 그랬다. 데이비드슨은 1942년 해군에 입대하여 지중해 연안에서 근무했다. 그는 이탈리아의 시칠리아, 안찌오, 살레르노 침공에 참여했다. 전쟁 후 그는 뉴욕의 퀸즈칼리지에서 가르쳤다. 1951년부터 1967년까지 그는 스탠포드대학교에 있었는데, 거기서 카르납과 타르스키에게 조언을 구할 수 있었다(두 사람 또한 캘리포니아에 있었다). 그 뒤 데이비드슨은 프린스턴, 록펠러, 캘리포니아대학교 버클리캠퍼스에서 자리를 얻었다. 그는 많은 상을 수상했으며, 세계 도처를 강의와 세미나를 하면서 여행했다. 데이비드슨은 많은 저작을 출판했으며, 언어철학 외에도 철학의 많은 분야

**그림 5.1**  하버드대학교 에머슨 홀. 철학과는 하버드 야드(Harvard Yard)에 있는 이 홀 건물 전체를 차지하고 있다. 윌리엄 제임스 시대로부터 이곳은 미국에서 철학의 중심지였다. 사진 제공 엘런 어서.

에 기여했다(심리철학에 대한 그의 기여는 이 장의 뒷부분에서 그려질 것이다). 처음에 그는 옥스퍼드 철학자들의 행위철학 설명을 무너뜨린 논문 때문에 유명해졌다. 앤스컴 같은 비트겐슈타인 추종자들은 믿음과 욕구에 의거한 행위 설명들이 인과적 설명과 예리하게 구별되어야 한다고 주장해왔다. 데이비드슨은 이유가 곧 원인이며, 믿음과 욕구에 의거한 행위 설명은 인과적 설명이라고 독창적으로 논했다. 기호논리학을 이용한 사건에 관한 담화에 대한 그의 분석은 그러한 기법의 모델이며, 똑같이 영향력이 있다.

데이비드슨이 포괄적으로 탐구했던, 콰인에게서 유래한 또 다른 주제는 근본 번역(radical translation)이었다(143-144쪽을 볼 것). 그는 그것을 근본 해석이라 불렀는데, 이는 그것이 토착민 언어의 번역 편람을 만드는 일뿐만 아니라 그 외에도 다른 사람의 믿음, 행위, 감정에 대한 해석도 포함하기 때문이다.

> 우리는 화자가 믿는 것을 알지 못하고서는 언어적 활동을 해석하기를 바랄
> 수 없으므로, 그리고 그의 믿음과 의도에 대한 선행 발견에 기초하여 그가 의
> 미하는 것에 대한 이론을 발견할 수 없으므로, 나는 무에서 발언들을 해석할
> 때—근본 해석을 할 때—우리가 어떻게든 믿음에 대한 이론과 의미에 대한 이
> 론을 동시에 산출해야 한다고 결론짓는다(Davidson 1985d/1974, 144쪽).

피조사자의 행동을 관찰함으로써 해석자는 피조사자 언어에 대하여 진리이론
을 표현할 수 있어야 한다고 데이비드슨은 주장한다. 우리는 피조사자가 언제
어떤 발언이 옳다고 주장하는지를 말할 수 있어야 한다는 것이다.

물론 해석하는 일은 근본적으로 불확정적이게 될 것이다. 올바른 하나의 이
론은 없을 것이다.

> 중요한 것은, 만일 의미와 믿음이 내가 주장한 대로 맞물려 있다면, 각각
> 의 믿음이 명확한 대상을 갖는다는 생각, 그리고 각각의 낱말과 문장이 명확
> 한 의미를 갖는다는 생각은 성공적 이론의 목표를 기술할 때 우리가 호소할
> 수 없다는 것이다. (Davidson 1985d/1974, 154쪽)

해석하는 일은 데이비드슨 판 자비의 원리(principle of charity)가 안내한다.[2]
우리는 낯선 언어와 화자를 그 화자의 믿음들 거의 모두가 우리의 믿음과 일치
하는 방식으로 해석해야 한다. 다시 말해서 어떤 언어의 임의의 화자는 우리 시
각에 따르면 대체로 올바름에 틀림없다.

> 이 방법은 믿음과 의미의 상호의존성 문제를 가능한 한 믿음을 일정한 것
> 으로 유지함으로써 해결하면서 의미 문제를 해결하려는 것이다. 이 일은 물
> 론 올바른 것에 대한 우리 자신의 견해에 따라 그럴싸하게 가능한 경우에 낯

---

2   논리학입문 과정에서 맥락과 우리가 가진 다른 정보가 주어지면 우리는 논증을 언제나 가장
이치에 닿게 만드는 방식으로 해석해야 한다고 가르친다.

선 문장들에 토착민 화자들을 올바르게 만드는 진리성 조건들을 할당함으로써 달성된다. 그 절차를 정당화하는 것은 불일치와 일치가 똑같이 대규모 일치의 배경에서만 이해가능하다는 사실이다.… 만일 우리가 어떤 생물의 발언들과 다른 행동을 대체로 정합성 있는 믿음들 집합을 나타내는 것이면서 우리 표준에 의해 옳은 것으로 해석할 방식을 발견할 수 없다면, 우리는 그 생물을 합리적이고, 믿음을 가지며, 무언가를 말하는 것으로 간주할 이유가 없다(Davidson 1985c/1973, 137쪽).

데이비드슨은 인식론적 상대주의, 그리고 서로 다른 개념적 도식들이 있다는 널리 주장된 견해—데이비드슨에 따르면 다른 많은 사람 중에서 특히 콰인, 쿤, 퍼트넘이 주장한 견해—에 반대 주장을 하기 위해 자비의 원리를 이용한다. 만일 화자들이 대규모로 일치한다면, 우리 모두는 하나의 개념적 도식을 공유해야 한다. 이것은 개념적 도식 개념이 언어, 사고, 지식에 대한 그림에서 삭제된다는 것을 의미한다(이 점에 대해 더 자세한 내용은 172-76쪽을 볼 것). 데이비드슨은 심지어 철학적 회의주의를 반대하는 논증을 지키기 위해서도 자비의 원리를 이용한다.

철학의 본성이겠지만, 데이비드슨의 모든 주장과 논증은 도전을 받았다. 1970년대와 1980년대 지도적인 영국 철학자가 된 마이클 더미트(Michael Dummett)는 옥스퍼드의 올소울즈칼리지(All Souls College)에서 데이비드슨과 정면승부를 벌인 것으로 유명했는데, 데이비드슨은 거기서 1973-74학년도를 보냈었다. 데이비드슨은 옥스퍼드를 여러 차례 방문하였고, 1970년 명성 있는 〈존 로크 강좌〉(John Locke Lectures)를 진행했으며, 수년에 걸쳐 다른 다양한 강좌와 세미나를 진행했다—적 영토의 심장부 한복판에서! 만일 당신이 철학 문화에 관해 무언가를 좀 안다면, 당신은 그가 쇄도하는 반대논증과 비판들 세례를 받음과 동시에 마음 속 깊은 곳에서 우러나오는 존중, 명예, 찬사를 받았음을 알 것이다(그러나 나는 카르납이 라일 시대에 똑같은 호의적 대접을 받았는지 전혀 확신하지 못한다).

데이비드슨과 더미트는 함께 진리에 관한 공동 세미나를 진행했다. 일상언어철학에 반드시 공감하지는 않았지만, 더미트는 자신이 지도적 해설자였던 프레게의 사상을 통합함으로써 진화된 형태의 옥스퍼드 방법을 표현했다. 데이비드슨은 더미트와의 대결을 다음과 같이 기술한다.

> 그 세미나는 명백히 옥스퍼드 공동체에 의해 일종의 검투사 싸움으로 간주되었는데, 많은 군중이 그 싸움을 지켜보았다. 첫 번째 회기에서 나는 나의 "진리와 의미"의 요점을 개략적으로 진술했다. 의미이론이 어떤 것이어야 하는지에 관한 더미트의 두 논문이 담당한 부담은 그의 반응이었으며, 그 세미나의 나머지 대부분을 차지했다(Davidson 1999, 53쪽).

데이비드슨의 프로그램에 대한 더미트의 반론은 복잡하며, 언급된 논문들 내에서조차 변화가 있었다. 더미트는 "의미는 곧 사용이다"는 슬로건에서처럼 사용이 무시될 수 없다고 주장하고, 형식적 의미이론을 제한한다. 그는 다소 뻔한 논제를 제기한다. 진리이론이 어떻게 정보를 제공하는 것일 수 있는가? "만일 눈이 희다면, 그리고 오직 그 경우에만 '눈은 희다'가 옳다" 같은 문장들은 발언자가 "눈은 희다"가 의미하는 것을 알지 못하고도 알려질 수 있고 발언될 수 있다. 확실히 "'눈은 희다'는 눈이 희다는 것을 의미한다."는 진술은 옳지만, 우리가 그것이 표현되는 메타언어를 이미 이해하지 않는 한 그 진술은 정보를 제공하지 못하는 것처럼 보인다. 어떤 문장을 이해하기 위해서는 우리는 단순히 인용부호를 제거하는 것에 지나지 않는 일이 되는 형식적 진리성 조건들을 내뿜을 수 있을 것이 아니라 소통 맥락에서 그 문장을 올바르게 사용할 수 있어야 한다.

이 시점에서 데이비드슨은 전체론에 호소할 것이다. 어떤 문장에 관해 그 문장을 다시 열거함으로써 진리이론의 문장들은 하나마나할 정도로 뻔한(trivial) 것이 된다. 그러나 만일 우리가 일찍이 어떤 언어에 대하여 화자들의 행동에 의해 해석된 기초 용어들과 함께 그 언어의 구성 구조를 나타내는 전체 진리이론을 가지고 있다면, 우리는 하나마나할 정도로 뻔하지 않은 어떤 것을 가질 것이며, 그것은 우리가 할 수 있는 한 의미에 관한 많은 것을 나타낼 것이다.

데이비드슨과 그의 추종자들, 또는 그 문제에 대해 다른 누구라도 그러한 이론이 어쨌든 실제로 표현될 수 있다고 생각했는가? 물론 그렇지 않았다. 그렇다면 만일 우리가 그러한 이론을 가질 희망이 전혀 없다면 의미이론이 어떤 형태를 취해야 하는가에 대한 이 모든 말다툼의 요점은 무엇인가? 더미트에 따르면,

> 임의의 한 언어에 대하여 [데이비드슨이 제안하는 종류의] 의미이론 구성은 실제적 기획으로 간주되는 것이 아니다. 그러나 그것은 언젠가 우리가 그러한 구성을 수행할 수 있게 하는 일반 원리들을 공표할 수 있을 때 우리가 철학자들을 당혹스럽게 했던 의미에 관한 문제들의 해결에 도달할 것이라는 생각이다. (Dummett 1975, 97쪽)

철학자의 의미에서 의미는 지식, 믿음, 사고 같은 개념이 아니다. 그것은 우리의 일상적 활동들과 얽힌 개념이 아니라 인생과 함께 성장한 개념이다. 그것은 언어를 연구하거나, 사전을 만들거나, 시를 번역하는 사람들의 인공물이다. 그럼에도 의미 개념은 철학, 특히 분석철학의 핵심 주제였으며, 데이비드슨처럼 콰인에게 영향을 받은 사람들에 따르면 많은 해악을 끼쳤다. 의미들이 철학적으로 어떻게 표상되고 어떻게 기술되어야 하는지에 대한 견해에 도달하는 일은 의미들이 무엇인지, 또는 무엇이 아닌지를 명료하게 드러내려면 먼 길을 가야 한다.

데이비드슨의 작업은 어떤 의미에서 일상언어철학에 대한 반응인가? 데이비드슨은 오스틴이나 비트겐슈타인에 관해서는 직접적으로 말한 것이 거의 없었다. 데이비드슨과 카르납과 다른 형식적 방법 옹호자들의 반응은 진술된 것이 아니라 오히려 보이게 나타났다. "우리가 하고 있는 것을 살펴보라. 그 다음에 형식적 방법들이 가치 있는지 판단하라."

더미트는 옥스퍼드인들이 카르납과 그의 방법에 대해 가졌던 경멸적 태도를 기술하는데, 이는 라일로부터 받아들인 것이다. "분석철학이 체계적일 수 있는가, 그리고 체계적이어야 하는가?"(Can Analytical Philosophy be Systematic, and Ought it to Be?)라는 제목의 논문에서 더미트는 다음과 같이 말한다.

> 한편 [미국에서 카르납에게 영향을 받은 사람들보다] 후기 비트겐슈타인이
> 나 오스틴이 지배하는 영국 철학계에서 이 물음에 대한 답은 '아니오'가 울
> 려퍼지고 있었다. 그들에게 철학을 체계적으로 하려는 시도는 그 주제의 특
> 성에 대한 완전히 잘못된 생각에 근거한 원시적 오류였다(Dummett 1978,
> 438쪽).

형식주의를 공격한 스트로슨의 논문에 대한 반응으로 카르납은 회유적인 태도
를 보인다. 그는 절충주의에 대해 변명한다. "나는 굿맨이 언어분석가[일상언
어철학자들]가 그에게 '어떤 이유에선지 적대적 동맹자라면 귀중하고 존중할
만한 사람'으로 보인다고 말할 때 그의 느낌을 공유한다."(Carnap 1963, 940
쪽). 카르납은 계속해서 다음과 같이 말한다.

> 우리 모두는 철학적 문제들에 대해 훌륭한 분석적 연구를 수행하는 것이 중
> 요하다는 데 동의한다. 누구나 그에게 가장 가망 있는 것처럼 보이는 방법에
> 따라 이 일을 할 수 있다. 미래는 두 방법[일상언어철학 대 형식주의] 중 어
> 떤 것, 또는 각각의 많은 변형들 중 어떤 것, 또는 둘 다의 조합이 최선의 결
> 과를 제공한다는 것을 보여줄 것이다(Carnap 1963, 940쪽).

옥스퍼드 일상언어철학에 대한 형식주의자들의 반응이 바로 이것이다. 즉 "우
리의 결과로 우리를 판단하라."

그렇다면 분석철학자들은 어떻게 판단해왔는가? 형식적 방법, 형식논리학
사용, 수학적 모델, 과학적 언어학의 결과는 분석적 언어철학과 철학의 다른 분
야들에서 널리, 그리고 효과적으로 사용되었고, 계속해서 사용되고 있다.

그럼에도 불구하고 일상언어철학은 카르납의 도전에 의해 패배했다기보다는
무시되었다(그리고 어느 정도 흡수되었다). 카르납의 변명, 즉 "우리의 결과로
우리를 판단하라"는 변명은 입회한 모든 사람이 무엇을 결과로 간주할 것인지,

그리고 그 결과를 어떻게 평가할 것인지에 대해 일치할 경우에만 적용가능하다. 후기 비트겐슈타인, 라일, 오스틴, 스트로슨은 철학적 결과라는 생각을 카르납과 공유하지 않았다. 더미트가 말하듯이, 비트겐슈타인주의자들과 오스틴주의자들에 따르면, 카르납의 작업은 "그 주제의 특성에 대한 완전히 잘못된 생각에 근거를 두고" 있었다. 그리고 나는 카르납이 그의 목표와 비트겐슈타인의 목표의 차이를 이해하지 못하지 않았을까 우려한다. 비트겐슈타인은 철학에서 그의 목적을 다음과 같이 진술한다. "철학에서 당신의 목적은 무엇인가?—파리병에서 나오는 길을 파리에게 보여주는 것"(Wittgenstein 2009/1953, 110e쪽, #309). 파리에게 파리병에서 나오는 길을 보여주는 일은 카르납이 합법적인 철학적 기획으로 인정할 종류의 일이 아니다. 비트겐슈타인은 재귀적 진리성 개념에 기초한 더 나은 양상논리학이론이나 의미에 대한 형식화가 파리병에서 나오는 출구라고 생각하지도 않았을 것이다. 카르납과 비트겐슈타인은 철학의 목표, 방법, 본성에 관해 근본적으로 다른 생각을 가지고 있다. 일상언어철학자들, 특히 비트겐슈타인과 그의 추종자들은 철학이 정보를 제공하는 것이 아니라 일차적으로 변형시킬 힘을 갖는 것이라고 생각했다.

## 그라이스

폴 그라이스(Paul Grice)는 옥스퍼드 일상언어철학자들과 밀접하게 연관된 옥스퍼드 철학자였다. 그라이스는 옥스퍼드에서 교육을 받고 거기서 1967년까지 가르치다가 그 해에 캘리포니아로 이사하여 버클리에서 일자리를 얻었다. 그는 분석-종합 구별에 대한 콰인의 기각을 의문시하는 유명한 논문을 스트로슨과 공동으로 썼고, 스스로 옥스퍼드 학파의 일원이라고 생각했으며, 일상언어철학의 어떤 측면들을 설명하고 옹호하는 데 어느 정도 노력했다. 그럼에도 불구하고 그라이스는 다른 어떤 비판자보다도 일상언어철학의 평판을 손상시키는 데 더 많은 일을 했다. 일상언어철학에 대한 그의 비판은 말하자면 내부자 소행이었다.

일상언어철학에 가장 타격을 준 그라이스의 논증들은 하버드에서 적당하게 해설되었다. 1967년 그라이스는 하버드의 〈윌리엄 제임스 강연〉을 진행했다.

비록 이런 것들이 매우 영향력 있긴 했지만, 1989년까지는 그 내용이 출판되지 않았다. 그것들은 비트겐슈타인의 노트와 유사한 방식으로 비공인 판으로 사람들에게 돌려졌다.

그라이스의 연속 강연의 제목은 "논리와 대화"(Logic and Conversation)이다. 그라이스는 어떤 발언의 논리적 함의를 포함하여 그 발언의 문자 그대로의 의미와 그 발언이 대화에서 종종 강력하게 암시하는 다른 의미들을 구별하려 했다. 사람들은 종종 문자 그대로의 의미와 다른 힘을 갖는 것들을 말한다. 누구나 "누구나 안다 …."라는 표현이 어떻게 남용되고 어떻게 문자 그대로 간주되지 않는지 안다. 수영장에는 "수영장에 들어가기 전에 샤워를 할 것이 요구됩니다."라고 써진 위협 표지판이 있다. 누군가가 진짜로 소수성(疏水性)이 아닌 한 그들은 이미 여러 차례 샤워를 했다(그리고 만일 그들이 정말로 소수성이라면, 그들이 왜 수영장에 들어갈 것인가?). 그래서 그 표지판은 무의미하다. 그러나 그렇지 않다. 그 표지판은 "직전"이나 "이 표지판을 읽은 후 수영장에 들어가기 전"을 의도하는 것으로 이해되지만, 그 표지판은 그것을 문자 그대로 의미하지 않는다. 그라이스는 그러한 많은 비언어적 암시나 의미에 대해 주의 깊게 자세한 분석을 제시하였다. 그는 그것들을 (논리적 함의에 반대되는 것으로서) 관례적 또는 대화적 함축(conventional or conversational implicatures)이라 불렀다. 일상언어철학자들은 어떤 발언의 의미와 그 발언의 다른 맥락적, 관례적, 대화적 함축을 구별하지 못했다. 일상언어철학자들이 주목하는 사용-의미들 중 많은 것은 결국에는 발언의 문자적 의미의 부분이 아니라 함축들과 더 느슨하게 관계되어 있다.

그라이스에 따르면, 대화는 몇 가지 대화 규범들에 의해 지배된다. 그런 규범들에는 "해당되게 하라", "맥락이 요구하는 만큼 정보를 제공해라", "당신이 그르다고 믿는 것을 말하지 말라" 등 같은 규범들이 있다. 우리는 화자들이 이 규범들을 따른다고 가정한다. 우리는 자연스럽게 어떤 화자의 발언을 그 규범들에 맞출 것이다. 그라이스는 대화적 함축을 예증하기 위해 몇 가지 예를 제시하였다.

A: 나는 휘발유가 다 떨어졌어.

B: 저 모퉁이를 돌면 주유소가 있어.


(해설: B는 주유소가 열려 있고 휘발유를 판다고 생각하지 않는 한, 또는 그 것이 가능하다고 생각하지 않는 한 "해당되게 하라"는 격률을 어기고 있을 것이다. 그래서 그는 주유소가 있거나, 적어도 열려 있을 수 있다는 것 등을 함축한다)(Grice 1989a/1967, 32쪽).


언제 이것을 한 번 시도해보라. 파티에서 모든 사람이 인사불성이 되기 전에 술 잔치를 벌이는 동료 참가자들에게 "나는 문으로 들어왔어요"라고 말해보라. 당 신의 청자들은 다른 누군가가 어떻게 방으로 들어갈 것인지 알아내기 위해 몸 부림칠 것이다. 이때 가정은 당신은 당신의 진술이 옳고 해당이 된다고 믿는다 는 것이다. 만일 그 방이 완전히 정상이고, 모든 사람이 언제나 그 문으로 들어 간다면, 왜 당신은 그렇게 말할까? 당신의 진술은 문자 그대로는 옳지만, 대화 규범을 위반하기 때문에 괴상하다는 사실을 주목할 필요가 있다.

그라이스는 함축이 작동하고 있는지를 결정할 방법을 제시한다. 가장 중요한 것은 함축은 논리적 함의와 달리 소멸될 수 있다는 것이다. 휘발유 예에서 화자 는 모순을 범하지 않고도 "하지만 주유소가 안 열렸어"라고 말할 수 있다.

형식주의에 대한 공격에서 스트로슨과 다른 사람들은 기호논리학이 논리적 연결사들의 의미를 포착하는 데 실패했다고 주장했다. 예컨대 형식논리학에서 P & Q는 Q & P와 동치이다. 그렇지만 영어(한국어) 용법에서 이것들은 종종 동치가 아닌 것처럼 보인다. 예컨대


1) 보브는 병에 걸렸고, 그는 병원에 갔다.

2) 그는 병원에 갔고, 보브는 병에 걸렸다.


가장 악명높은 것으로 "만일 … 라면, 그렇다면 … 이다"의 기호논리학 번역은 표준적 의미로부터 크게 일탈한 것처럼 보인다. P⊃Q는 P가 그르거나 Q가 옳

을 때는 언제나 옳다. 그래서 예컨대

　　3) 만일 존이 걸어가고 있다면, 그는 모임에 늦을 것이다.

는 만일 존이 차를 몰고 가고 있거나 걷는 것 이외의 다른 어떤 것을 하고 있다면 옳다. 이것은 3의 의미에 대한 우리의 감과 맞지 않는 것처럼 보인다.

　대화적 함축은 이러한 의미의 분기들 중 많은 것 또는 모든 것을 설명할 수 있다. 예 2에서 보브가 병원에서 병에 걸렸다는 암시는 함축이다. 그것은 그 진술의 문자 그대로의 의미의 일부가 아니다. 그 암시는 소명될 수 있다. 즉 "그는 병원에 갔고, 보브는 병에 걸렸지만, 그 순서대로 일어난 일은 아니었다." "만일 … 라면, … 이다"의 의미나 의미들이라는 주제는 복잡하며, 엄청나게 많은 문헌이 그것을 다루는 데 바쳐졌다. 그래서 이 문제를 직접 해결하는 간단한 방법은 없지만, 그라이스는 "만일 … 라면, … 이다"의 경우조차도 기호논리학과 일상언어의 의미상의 분기는 대화적 함축으로 설명될 수 있다고 예리하게 주장하였다. 그의 분석은 "그리고", "또는", "만일 … 라면, … 이다"의 (많은 표준적 사용에서) 문자 그대로의 의미들이 기호논리학이 그것들에 할당한 의미들이라는 견해를 지지한다. 스트로슨은 문자 그대로의 의미와 함축을 구별하는 데 실패하였다.

　그라이스는 또한 일상언어철학의 중심 생각—러셀의 한정기술 이론에 대한 스트로슨의 대안—도 검토하였다. 일상적 용법을 기초로 스트로슨이 "그 X는 Y이다" 형식의 진술이 X가 무언가를 언급하지 못할 때 진리치를 결여한다고 주장했던 것을 다시 떠올려보라. 러셀은 만일 X가 언급하지 못하거나 독특하게 언급하지 못한다면 그 진술은 그르다고 주장하였다(53-4쪽과 190-1쪽을 볼 것). 스트로슨 논증의 일부는 만일 X가 실존하지 않는다는 것을 알았다면 아무도 "그 X는 Y이다"고 말하지 않았을 것이라는 것이다. 그라이스는 예컨대 "현재 프랑스 왕은 대머리가 아니다"의 사용이 비록 화자가 프랑스에 현재 왕이 없다는 것을 알았다 할지라도 적당할 수 있음을 지적한다. 두 사람이 현재 프랑스 왕이 대머리인지 아닌지 열심히 논쟁을 벌이고 있다고 해보자. 나는 알면서 일부러 그들의 논쟁을 방해하고, "현재 프랑스 왕은 대머리가 아니다—왜냐하면 프랑스 왕이 없기 때문에!"라고 주장한다. 그래서 스트로슨은 완전히 올바를 수 없다. (192쪽의 스트로슨에게서 따온 인용구를 다시 살펴보라.) 우리는 때로 아무것에도 맞지 않는다는 것을 아는 한정기술을 사용한다. 한정기술과 함축에 포함된 문제들은 꽤 복잡한데, 그라이스는 한정기술에 관한 스트로슨의 견해를 논박하거나, 심지어 논쟁한다고 주장하지 않았다.[3] 후대의 철학자들은 스트로슨에 반대하여 러셀의 분석을 옹호하기 위해 그라이스의 함축 개념을 사용하려 해왔다.

　일상언어철학자들은 또한 러셀의 유일성(uniqueness) 조건을 비웃었다. 일상언어에서 만일 내가 "책상 위에 책이 있다"(The book is on the table)고 말한다면, 나의 진술은 세계 도처에 많은 책상 위에 많은 책이 있기 때문에 반증되지 않는다. 확실히 일상언어철학자들은 내가 "오직 하나의 책이 있고, 오직 하나의 책상이 있으며, 그 책이 그 책상 위에 있다"를 의미하지 않는다고 주장하였다. 그래서 그들은 러셀이 올바를 수 없다고 주장했다. 그러나 나의 진술은 수영장에서의 진술과 비슷하다. 맥락이 주어지면 청자들과 화자들은 내가 오직 하나의 책이 있고 그 책이 그 책상 위에 있다고 주장하는 것이 불합리할 것임을 이해한다. 그래서 나는 특정 책을 염두에 두어야 하며, 그 맥락에서 나의 청자가 내가 어떤 책을 언급하고 있는지 안다고 믿어야 한다. 나는 러셀이 주장하는 것처럼(그리고 문자 그대로 간주된다면 무의미할 것이다) 정보를 전달하기 위해 문자 그대로는 그른 진술을 사용하고 있다. 그 정보는 바로 문자 그대로의 의미가 아니라 맥락적 특징 때문에 전달된다.

　그라이스의 분석은 일상언어철학자들이 전개한 다른 많은 논증과 고찰들을 무장해제하는 데 기여했다. 예컨대 라일과 다른 사람들은 일상적인 자발적 행위 개념이 어떤 것이 행위에 관해 틀렸을 때만 적용된다고 주장했다. 철학자들

---

3　스트로슨에 대한 러셀주의자의 반응을 함축에 기초하여 개관한 그의 논문에서 그라이스는 각주로 시작한다. "이 논문은 이 영역과 다른 철학적 영역들에서 나의 친구이자 이전의 제자이자 이전의 옥스퍼드 동료이자 공동연구자 피터 스트로슨 경의 작업에 대한 존경을 표하기 위해 쓴 것이다."(Grice 1989c, 269쪽). 여러 해 전 그라이스와의 개인적 대화에서 나는 그에게 "그래서 스트로슨과 러셀 중 누가 옳습니까?"라고 물었다. 그는 조금도 주저하지 않고 "물론 러셀이지요."라고 답했다.

은 정상적 범위를 넘어서서 그 개념을 부적절하게 확장시켜왔다.

> 보통사람들, 판사, 부모, 선생은 일반적으로 '자발적'(voluntary)과 '비자
> 발적'(involuntary)이란 낱말들을 한 가지 방식으로 적용하는 반면에, 철학자
> 들은 종종 그 낱말들을 전혀 다른 방식으로 적용한다는 것을 주목해야 한다.
> 가장 일상적 사용에서 '자발적'과 '비자발적'은 소수 몇 가지의 신축성을
> 가지고 행해서는 안 되는 행동들에 적용되는 형용사로 사용된다. 우리는 누
> 군가의 행동이 그의 잘못이었던 것처럼 보일 때에만 그 행동이 자발적인지
> 아닌지 논의한다(Ryle 1949b, 69쪽).

만일 내가 어느 날 저녁 안락한 의자에 앉아 편안하게 책을 읽고 있다면, 내가
자발적으로 그렇게 하고 있는지 묻는 일은 매우 이상하다. 내가 거기서 자발적
으로 책을 읽으면서 앉아 있다고 말하는 것은 내가 그렇게 하는 일과 관련하여
무언가가 잘못되었거나 의심스럽지 않은 한 무의미하거나 헛소리를 하는 것처
럼 보인다. 그 이상함이나 명백한 무의미성은 맥락적 특징과 대화적 함축의 결
과이다. 무언가가 잘못되었다는 암시는 함축이다. 내가 의자에서 자발적으로
책을 읽으며 앉아 있다는 주장은 유의미하며, 내가 문으로 들어왔다는 진술과
마찬가지로 (보통) 문자 그대로 옳다.

이 마지막 주장은 앞 장에서 인용했던 캐벨의 주장에 대해 의심을 제기한다.
"그러나 만일 당신이 우리가 어떤 행위에 대해 언제 자발적이라고 말해야 하는
지 알지 못한다면, 당신은 자발적 행위가 무엇인지 결코 알아내지 못할 것이
다."(Cavell 1964/1958, 109쪽). 그라이스가 명료하게 밝혔듯이 일상언어철학
자들이 인식하지 못했던 문제는 "우리가 말해야 하는 것"에 관한 대화적 제약
조건들과 문자 그대로의 의미 측면을 구별하는 문제이다. 이러한 인식의 실패
는 일상언어철학자들 논증의 많은 것의 기초를 무너뜨린다. 만일 내가 어떤 행
위에 대해 그것이 지루하고 부적절하기 때문에 그 행위가 자발적이라고 말해서
는 안 된다면, 이것은 자발적 행동이 무엇인지에 대해 전혀 조명하지 못한다.

## 카르납—의미와 필연성

루돌프 카르납의 『의미와 필연성』(*Meaning and Necessity*)은 라일이 퍼부은 경멸을 받을 만한 것이었는가? 더미트는 그렇지 않다고 생각하게 되었다.

> 물론 라일이 우리에게 거부하라고 가르쳤던 카르납은 진짜 카르납의 모습을 풍자한 것이었다. 그러나 이 편견은 너무 강해서 나로서는 카르납의 저작들에서 연구할 가치가 많이 있다는 것을 깨닫는 데 여러 해가 걸릴 정도였다. (Dummett 1978, 437쪽)

그렇지만 더미트의 약간 잘난 체하는 어조는 그가 그의 반데카르트주의적 편견에서 완전히 회복되었는지 궁금증을 남긴다. 어쨌든 라일의 카르납은 풍자적 모습이라는 점에서 더미트는 올바르다.

『의미와 필연성』을 요약하면서 카르납은 "이 책의 주요 목적은 언어에서 의미에 대한 분석 방법, 그래서 의미론적 방법을 전개하는 것이다."라고 말한다 (Carnap 1956a/1947, 202쪽). 그의 야심은 실제로는 다소 더 온건하다. 그 작업의 요점과 기여는 내포와 외연 개념을 부활시키고, 그 개념들을 다양한 형식적 체계들에 의해 의미론의 어떤 전문적 난문제들에 적용하는 것이다. [배경 5.5—내포와 외연, 비외연적 맥락의 문제] 프레게, 러셀, 콰인 또한 비외연적 맥락 문제에 대해 전문적 해결책을 제시했다. 카르납은 내포와 외연 개념을 이용한 그의 해결책이 매우 제한된 어떤 방식에서 더 낫다—진리에 더 가까운 것이 아니라 더 단순하고 이용하기가 더 쉽다는 점에서 더 낫다—고 주장한다.

카르납 책의 가장 영향력 있는 부분은 사실상 그의 내포/외연 방법이 아니라 그의 양상논리학 체계인데, 이 체계는 오늘날 표준으로는 원시적이다. (양상논리학은 필연성과 가능성을 나타내는 기호를 추가함으로써 표준 기호논리학을 확장한다. 양상논리학에 대한 포괄적 논의는 제6장 제1절을 볼 것). 다음 장에서 살펴볼 것처럼, 양상논리학의 진보는 엄청난 영향을 미쳤는데, 카르납의 『의미와 필연성』은 그러한 진보를 진척시키는 데 도움이 되었다.

『의미와 필연성』에서 카르납이 제시한 형식적 체계들은 자연언어를 기술하려는 것이 아니었다. 카르납은 그 체계들이 심지어 자연언어 개념들을 해명한다고 주장하는 것도 주저한다. 『의미와 필연성』 부록에서 그는 다음과 같이 말한다. "우리의 해명은 … 자연언어가 아니라 의미론적 언어체계들을 언급할 것이다. 그것은 현대논리학에서 제시된 철학적으로 중요한 개념들에 대한 해명 대부분, 예컨대 타르스키의 진리성 해명과 이 특성을 공유한다."(Carnap 1956a, 222쪽). 그는 자신의 해명을 철학적 적용에 제한되는 것으로 간주했다.

> 명시적인 통사론적 규칙과 의미론적 규칙과 함께 기호논리학과 구성된 언어체계의 사용은 가장 정교하고 가장 효과적인 [해명의] 방법이다. 철학적 해명에 대하여 이 방법의 사용은 특수한 사례들에서만 권할만한 것이지 일반적으로 권할만한 것은 아니다(Carnap 1963, 936쪽).

앞 장에서 라일이 카르납의 접근방식을 비판하면서 다음과 같이 썼던 내용을 다시 떠올려 보라.

> … 명백히 전투는 훈련으로 환원될 수 없고, 제도법은 기하학으로 환원될 수 없으며, 무역은 매출 결산으로 환원될 수 없다. 철학적 문제들에 대한 처리는 논리 상항들에 관한 정리들 도출이나 정리들 적용으로 환원될 수 없다. (Ryle 1962, 123-4쪽)

나는 카르납이 이 말에 불일치했을 것이라고 상상할 수 없다. 그는 훈련이 군사교육을 위한 어떤 형태의 단련과 준비이고, 기하학이 지도 제작에 필수불가결한 것과 마찬가지로 형식적 체계들의 구성은 철학의 어렵고 당혹스러운 물음들과 싸우는 사람들에게 유용하고, 심지어 필수불가결하다고 말했을 것이다.
라일의 비판은 때로 카르납 자신을 포함하여 형식주의 쪽으로 경도된 철학자들이 그들의 형식적 체계의 맥락을 잊어버리고, 사소한 전문적 내용에 마음을 빼앗기게 될 때 더 적절하다. 지도적인 현대 논리학자 솔 크립키(Saul Kripke)

에 따르면, "확실히 공중에 형식적 성들을 지으려는 철학적 경향을 검사하는 데
는 작은 상식이 필요하다."(Kripke 1976, 414쪽).[4]

크립키는 무제한적 형식주의의 위험을 설득력 있게 정리한다.

> 근래에 어떤 영어권 철학계, 특히 영국의 철학계는 철학적 물음들에 대한
> 형식적·논리적 기법의 적용가능성을 매우 과소평가해왔다고 이야기되어 왔
> 다. … 나는 여기서 현대논리학이 한 진정한 철학적 기여를 옹호할 필요가
> 거의 없다. 어느 정도까지는 추가 다시 다른 방향으로 흔들려온 것처럼 보이
> 며, 다른 종류의 경고의 말이 요구된다. 논리적 탐구는 분명히 철학에 유용
> 한 도구일 수 있다. 그렇지만 그것들은 사용된 형식적 자료의 기초개념들과
> 전문적 세부내용 모두에 대한 철저한 이해는 물론이고, 형식주의의 철학적
> 중요성에 대한 민감성과 상식의 관대한 혼합으로 채워져야 한다. 형식주의
> 가 일상적인 철학적 추론의 능력을 넘어서는 방식으로 철학적 결과를 대량
> 으로 산출할 수 있다고 가정해서는 안 된다. 철학에 대한 수학적 대체물은
> 없다. (Kripke 1976, 416쪽)

## 촘스키

노엄 촘스키(Noam Chomsky)는 언어학 분야에 혁명을 일으켰으며, 현대 인지
과학의 창시를 도왔다. 그렇지만 촘스키는 분석철학의 전통에 있는 사람이 아
니다. 그는 이성주의를 옹호하고 경험주의를 거부했는데, 경험주의는 이런저런
형태로 분석철학의 심장부 근처에 남아 있었다. 어떤 형태의 경험주의로서 행
동주의는 촘스키로부터 특히 열띤 공격을 받았다. 앞 장에서 나는 비트겐슈타
인이 이원론자가 언어를 소통 형태로 설명할 수 없다는 것을 예리하게 보여주
었다는 것을 강조했다. 촘스키는 행동주의자가 언어를 배우는 우리의 능력을

---

4    우리는 다음 장에서 크립키, 그리고 논리학과 철학에 대한 그의 기여에 대해 더 많이 살펴볼
것이다.

설명할 수 없다고 재미있게 논했다. 촘스키는 언어 학습이 본유적이며, 정상적인 모든 인간은 이미 뇌에 배선된(hard-wired) 보편문법을 가지고 태어난다고 주장했다. 그는 자신의 이론을 그 이성주의적 토대를 가리킴으로써 데카르트식 언어학이라고 불렀다.

촘스키의 본유성 가설은 논란이 되었지만, 언어에 대한 행동주의 이론들에 대한 그의 습격은 행동주의를 매장시키는 데 기여했다. 행동주의 프로그램을 수행하려는 가장 진지한 시도는 B. F. 스키너의 책 『언어 행동』(Verbal Behavior)이었다. 스키너는 저명한 하버드 심리학자이자 콰인의 친구였다. 콰인의 행동주의적 경향은 상당 부분 스키너 덕택이었다. 스키너의 책에 대한 촘스키의 유명한 논평은 행동주의의 사망기사들에 두드러지게 등장한다.

행동주의는 어쨌든 쇠퇴했다. "논리 행동주의자"로 가정되는 라일과 비트겐슈타인조차도 주저하고 삼가는 태도를 보였으며, 행동주의에 대해 결코 만족하지 않았다. 라일은 앞 장에서 살펴보았던 것처럼 그의 행동주의적 경향을 후회했다. 비트겐슈타인은 자신이 어떠한 철학적 신조에도 동의하지 않았다고 말했으며, 자신이 행동주의에 언질을 주고 있다는 비난에 대해 약간 완곡하게 자신을 변호했다. 논리 행동주의는 그럴듯한 신조였던 적이 결코 없었다. 행동과 행동하려는 성향에 의거한 정의는 일찍이 정식화된 적도 없고 정식화될 수도 없었다. 프랑스 바닐라 요구르트에 대한 욕구에 대한 기준이 될 종류의 행동과 성향은 그 욕구 자체가 그런 것처럼 너무 다종다양하다. 심지어 단순한 지각이나 감각조차도 행동으로 명백히 표현되는 방식은 다른 정신상태들에 의존한다. 만일 내가 프랑스 바닐라 요구르트 컵을 욕구한다면, 나는 그 안에 맛있는 요구르트가 좀 들어 있다고 믿고, 해야 할 더 긴급한 일이 없을 경우에만 냉장고 문을 열 것이다 등등. 행동주의자는 행동을 설명하기 위해 다른 정신상태들에 호소할 필요가 있다. 더 나아가 사고와 공상은 내적이고 사적인 것이며, 결코 외적인 어떤 것으로 명백히 드러날 필요가 없다. 행동주의는 검증주의의 인공물이었으며, 검증주의가 폐기되면서 그 수명이 다했다. 행동주의는 콰인의 언어철학에서 여전히 흐릿하게 메아리치고 있지만, 촘스키는 그것을 가라앉혔다.

아이들은 매우 한정된 행동적 자원들로부터 놀라울 정도로 빠르게 언어를 배운다. 부족하고 한정된 입력 원천이 주어지면 대여섯 살 정도의 정상적인 아이는 문법적으로 말할 수 있고, 새로운 문장들을 표현하며, 그 문장들을 이해한다. 이런 일은 단순히 반복과 자극/반응을 기초로 해서는 배울 수 없다.

> 우리는 끊임없이 새로운 낱말 두름을 읽고 들으며, 그것들을 문장으로 인식하고, 그것들을 이해한다. 우리가 문장으로 수용하고 이해하는 새로운 사건들이 형식적(또는 의미론적이거나 통계적인) 유사성이나 문법적 틀의 확인이라는 어떤 단순한 개념에 의해 우리에게 익숙한 사건들과 관계되어 있지 않다는 것을 보여주는 것은 쉽다(Chomsky 1980/1959, 59쪽).

예컨대 "존이 떠나는 것은 쉽다"(John is easy to leave)와 "존이 떠나기를 열망한다"(John is eager to leave)는 문장은 표면적으로는 유사하지만(문자 3개 항에서 다를 뿐이다), 구조와 의미에서는 완전히 다르다. 그런 예들은 끝없이 늘릴 수 있다.

> 언어 사용의 창조적 측면을 "유비"나 "문법적 유형들"에 귀속시키는 것은 이 용어들을 명료한 의미 없이, 그리고 언어적 이론의 전문적 용법과 관계없이 완전히 은유적인 방식으로 사용하는 것이다. 그것은 지성적 행동을 어떤 신비스러운 종류의 "힘들"이나 "성향들"의 발휘라고 보는 라일의 기술, 또는 정상적인 창조적 언어 사용을 "일반화"나 "습관"이나 "조건화"에 의거해 설명하려는 시도 못지않게 공허하다. 이런 용어들로의 기술은 만일 그 용어들이 전문적 의미 비슷한 어떤 것을 가지고 있다면 올바르지 못하며, 그렇지 않으면 몹시 오도적이다. … (Chomsky 1966, 22-3쪽)

스키너에 대한 그의 1959년 논평에서 촘스키는 자연언어가 형식적 논리체계와 비슷하다는 견해의 원초적 버전을 제시했는데, 이 버전은 나중에 데이비드슨과 아주 밀접하게 연관되었다.

아이가 일련의 문장을 산출하는 몹시 복잡한 메커니즘을 구성할 수 있다는 견해를 승인하기란 쉽지 않은데, … 이 메커니즘은 추상적인 연역적 이론의 속성들 중 많은 것을 가지고 있다. 그럼에도 이것은 화자, 청자, 학습자의 행위에 대한 공정한 기술인 것처럼 보인다(Chomsky 1980/1959, 59쪽).

일상언어철학자들은 언어의 본성을 우리 활동들의 좌표와 소통을 위한 도구로서의 그 역할에 의해 결정되는 것으로 간주하였다. 특히 비트겐슈타인은 언어의 목적이 우리의 사고를 표현하는 것이라는 견해에 반대하였다. 반면에 촘스키는 바로 이 견해를 받아들인다. 그는 언어가 여러 가지 목적과 사용을 가지고 있다고 주장하지만, 그가 도구주의적 언어이론이라고 부르는 것에 반대한다. 촘스키는 여러 곳에서 여러 가지 다른 방식으로 "언어는 본질적으로 사고의 표현으로 기여한다."고 말해왔다(Chomsky 1977, 88쪽). 데이비드슨도 마찬가지로 이와 매우 가까운 견해에 이르게 된다. "생각하기에 대한 말하기의 의존은 명백한데, 왜냐하면 말한다는 것은 사고를 표현한다는 것이기 때문이다."(Davidson 1985f/1975, 155쪽). 이것은 일상언어철학으로터 단순히 방법론적으로 분기하는 것이 아니라 가장 예리하고 가장 철학적으로 분기하는 지점이다. 왜냐하면 다음 단계가 멀리 있지 않기 때문이다. 그래서 언어의 구조는 사고의 구조, 그리고 세계의 구조와 동형이다. 여기서 우리는 옥스퍼드 철학자들과 후기 비트겐슈타인이 반대했던 견해, 즉 논리 원자주의자들로부터 익숙한 견해를 갖게 된다. 다음은 "형이상학에서 진리의 방법"(The Method of Truth in Metaphysics)이라는 제목의 데이비드슨 논문의 처음 두 문장이다.

어떤 언어를 공유할 때 … 우리는 그 상당한 특징들에서 옳음에 틀림없는 세계에 대한 그림을 공유한다. 이로부터 우리 언어의 상당한 특징들을 명백하게 드러낼 때 우리는 실재의 상당한 특징들을 명백하게 드러낸다는 결론이 따라 나온다. (Davidson 1985g/1977, 199쪽)

나는 데이비드슨의 이 진술이 그 대담성에서 깜짝 놀랄 만하고 영감을 주는 바가 있다고 판단한다. 그것은 "논리 원자주의 철학"(The Philosophy of Logical Atomism)의 러셀과 『논리철학론』의 비트겐슈타인의 정신이다. 그것은 또한 회의주의와 모든 종류의 탈구조주의적 상대주의를 부정하며, 철학자들이 언어에 대해 기울여왔던 열정적 주의를 한 가지 방식—오스틴이나 비트겐슈타인과 다른 방식—으로 설명한다. 일상언어철학자들은 우리의 개념들에 이르기 위해 언어의 일상적 사용을 탐구했지만, 그들은 이 개념들이 형이상학적 실재에 관한 절대적 진리, 또는 보편적 진리라고 주장하지 않았다. 그 개념들은 유용하기 때문에 우리의 개념들이지만, 다른 삶의 방식을 가진 다른 사람들은 다른 개념들을 가질 수도 있었을 것이다. 우리의 일상적 개념들은 실재의 심오한 형이상학적 본성을 표현하기 때문이 아니라 이전 철학자들에 의해 남용되어왔기 때문에 조명할 필요가 있다. 논리 실증주의자들과 마찬가지로 일상언어철학자들은 그들이 데이비드슨이 앞의 인용구에서 표현한 종류의 형이상학적 중독이라고 보았던 것을 피했다.

다음 장에서 살펴보게 될 것처럼, 비록 분석철학자들이 일상적 개념들을 남용하는 일에 대해 조심할 것을 배웠다 할지라도, 그들은 데이비드슨과 형식논리학의 발전에 영감을 받아 새로운 형이상학적 도취감을 누렸다.

## 제2부 심리철학

### 기능주의

만일 행동주의가 옳을 성 싶지 않다면, 왜 일상언어철학자들은 행동주의를 가지고 시시덕거렸을까? 한 가지 이유는 그들이 여전히 검증주의를 가지고 시시덕거리고 있었다는 것이다. 또 다른 이유는 행동주의에 대한 대안들이 훨씬 덜 매력적이었다는 것이다. 동일론자들은 정신적 사건, 상태, 과정이 우리 신경계의 물리적·화학적 과정에 지나지 않는다고 주장한다. 이 견해는 상식과 일상언어 제약들에 위배된다. 예컨대 종종 나는 다른 사람의 정신상태를 알지만, 그의 신경생리계에서 어떤 일이 일어나고 있는지 모른다. 나 자신의 감각에 대한 나의 일인칭 공언은 시비불가능하지만, 확실히 나는 그런 주장을 할 때 내 뇌 상태에 대한 의식에 호소하지 않으며, 뇌 상태는 어떤 방식으로도 언어적으로 관련이 없다. 더 나아가 동일론은 신경생리학자들 발아래 비굴하게 무릎을 꿇는 것처럼 보이는데, 이것은 과학자들이 차례로 특히 환영하지 않았던 우상숭배이다. 일상언어철학자들은 그러한 과학 숭배를 미심쩍어했다. 이원론 역시 우리가 살펴보았던 것처럼 심각한 문제들을 가지고 있다. 타인의 정신은 알 수 없는 것이 될 것이고, 이원론자는 비물리적인 정신이 어떻게 물리적 신체와 상호작용할 수 있는지 설명할 길이 없다. 더 나아가 비트겐슈타인이 주장했던 것처럼, 이원론자는 언어에 대해서도 설명할 길이 없다. 이원론자의 언어는 소통 불가능한 사적 의미를 가진 사적 언어가 될 텐데, 이것은 전혀 언어가 아니다. 마지막으로 이원론은 전통 종교에 기여하는데, 이 전통 종교는 일상언어철학자들에게 전체적으로 자연과학보다 더 인기가 있는 것이 아니었다. 비과학적인 이원론과 달리 행동주의는 20세기 전반기에 과학적 심리학에서 핵심 방법론이었다. 그것은 충분히 과학적이었지만, 동일론처럼 너무 많이 과학적이지는 않았다.

셜록 홈즈가 말했던 바에 따르면, "만일 하나를 빼고 모든 이론이 제거되었다면, 아무리 그럴듯하지 않다 하더라도 남아 있는 한 이론만이 옳음에 틀림없다." 이원론, 동일론, 그러면 유일한 대안으로 행동주의만이 남는다.[5]

홈즈의 격언은 우리가 모든 이론을 살펴보았다고 확신하는 한 훌륭한 격언이다. 1960년대에 힐러리 퍼트넘(Hilary Putnam)과 데이비드 루이스(David Lewis)가 이끈 심리철학자들은 유물주의와 잘 맞고, 이원론과 양립가능하며(비록 이것이 중요한 것은 아니었지만), 행동주의의 후손인 새로운 대안을 전개했다. 기능주의(functionalism)는 행동주의와 동일론의 문제를 수선하려는 시도

---

5   이것은 어떤 철학자들이 왜 행동주의에 끌렸는지에 대한 설명이다. 많은 분석철학자는 동일론을 받아들였으며, 특히 일상언어철학이 그 쪽으로 기울음에 따라 그렇게 했다. 철저한 이원론자는 있다손 치더라도 거의 없었다. 오늘날 여전히 나는 대부분의 분석철학자가 데카르트의 이원론을 파산한 이론으로 간주한다고 생각한다.

에서 탄생했는데, 심리철학을 지배하게 되었다.

행동주의의 문제는 관찰가능한 행동과 행동하려는 성향만을 이용하여 정신적 용어를 정의하는 것이 가능하지 않다는 것이다. 행동주의는 정신적 상태에 대한 호소를 그만둘 수 없다. 동일론의 문제는 일상언어철학자들을 괴롭혔던 문제보다 훨씬 더 심각한 것으로 판명되었다. 동일론자들이 생각했던 종류의 과학적 동일성은 법칙 같은(law-like) 것이어야 한다—즉 똑같은 정신상태는 똑같은 물리적 상태와 내내 동일해야 한다. 이것은 유형-유형 동일론이라 불린다. [배경 5.6—유형/개별자 구별과 과학적 동일성] 인간은 고통을 경험하고 욕구를 가지며, 개와 고래도 마찬가지다. 그러나 우리의 뇌들은 다르며, 그래서 근저의 물리적 상태들은 달라야 한다. 또한 인간 뇌들은 크기와 구조에서 상당히 다르다. 그래서 고통, 배고픔, 두려움 등은 각각 그 자신의 구체적인 신경생리학적 상태 유형과 동일할 수 없다. 이것은 다수 실현가능성(multiple realizability)이라 불린다. 고통은 근저의 물리적 상태나 과정의 한 유형과 동일시될 수 없다. 고통은 다수로 실현된다. 인간에게서 고통의 근저에 있는 신경생리학적 과정들은 이를테면 고래에게서 고통의 근저에 있는 과정들과 다르다. 확실히 더 복잡한 정신상태들이 다수로 실현가능하다.

> 마지막으로 그 가설[동일론]은 뇌 상태 이론가가 단순히 고통이 어떤 뇌 상태라고 말하고 있지 않음을 깨달을 때 여전히 더 야심적인 것이 된다. 그는 물론 개개의 모든 심리적 상태가 뇌 상태라고 주장하는 데 관심이 있기 때문이다. 따라서 만일 우리가 포유동물과 낙지 모두에 명료하게 적용될 수 있지만 그 물리-화학적 '상관물'이 두 경우에 다른 하나의 심리적 술어(이를테면 '배고픈')라도 발견할 수 있다면, 뇌 상태 이론은 붕괴되었다(Putnam 1975a/1967, 436-7쪽).

프랑스 바닐라 요구르트에 대한 욕구 같은 복잡한 정신상태는 서로 다른 사람들의 서로 다른 물리적 상태들에 의해, 그리고 다른 시간에 같은 사람의 다른 물리적 상태들에 의해 실현될 가능성이 높다. 따라서 동일론에 요구되는 물리적 상태와 정신적 상태 사이의 법칙 같은 연관은 발견되지 않는다.

기능주의는 정신적 상태(사건, 속성, 과정)가 뇌 상태와 동일하지 않으며, 정신상태가 행동하려는 성향도 아니라고 주장하는 견해이다. 오히려 정신상태는 어떤 유기체의 기능적 상태라는 것이다. 기능적 상태는 그것이 하는 것 및 다른 정신상태들과의 관계에 의해 정의된다. 그것은 특수한 조건 아래서 유기체의 행동을 야기하거나 초래하는 상태로, 동물의 행동 체제에서 특수한 인과적 역할을 하는 상태이다.

지도적인 분석철학자이자 기능주의의 초기 제창자 데이비드 루이스는 그 이론에 대해 간명한 기술을 제시한다(데이비드 루이스에 대해서는 다음 장에서 더 살펴볼 것이다).

> 우리의 견해는 고통 개념, 또는 실제로 다른 어떤 경험이나 정신상태 개념이 어떤 인과적 역할을 차지하는 상태라는 것, 즉 전형적인 어떤 원인과 결과를 가진 상태라는 것이다. 그것은 어떤 자극에 의해 야기됨에 적당하고, 어떤 행동을 야기함에 적당한 상태 개념이다. 또는 더 나은 것으로, 다른 정신상태들에 더하여 자극에 의해 어떤 방식으로 야기됨에 적당하고, 다른 어떤 정신상태들을 결합함으로써 공동으로 어떤 행동을 야기하는 데 적당한 상태 개념이다… .
>
> 만일 고통 개념이 어떤 인과적 역할을 차지하는 상태 개념이라면, 그 역할을 차지하는 것은 무엇이건 고통이다(Lewis 1980, 218쪽).

이 인용구의 핵심 진술은 반복해서 말할 가치가 있다. 즉 "고통이란 다른 정신상태들에 더하여 자극에 의해 어떤 방식으로 야기됨에 적당하고, 다른 어떤 정신상태들을 결합함으로써 공동으로 어떤 행동을 야기하는 데 적당한 상태이다."(다른 정신상태들도 이런 방식으로 고통과 비슷하다.) 따라서 기능주의자는 어떤 정신상태를 다른 정신상태들에 더하여 자극을 입력받고, 그 입력과 다른 정신상태들 모두에 의존하는 출력을 산출하는 상태로 간주한다. 사실상 그 상태는 유기체의 전체 정신상태에 더하여 어떤 입력을 받고, 출력을 산출한다

―그리고 출력들 또한 그 유기체의 정신상태에 따라 변할 수 있다. 이것은 행동주의에 대한 개선안이다. 행동주의 또한 어떤 방식으로 정신상태를 기능으로 보지만, 그 기능은 매우 단순한 기능이다. 그것은 자극을 입력받고, 행동을 출력한다(또는 어떤 자극을 입력받아 어떤 출력을 산출하려는 성향이다). 이것 역시 너무 단순하다―어떤 입력이 주어지면 행동이라는 출력은 언제나 그 유기체의 다른 정신상태들에 의존한다. 프랑스 바닐라 요구르트에 대한 내 욕구 이야기는 그 욕구가 행동이라는 결과를 낳는다면 다른 정신상태들과 결합해야 하며, 그래서 그러한 다른 정신상태들이 그 행동을 결정하는 데 도움이 될 것임을 보여주었다. 그래서 어떤 자극이 주어지면 행동이라는 출력은 그 유기체의 다른 욕구, 믿음, 두려움 등에 따라 달라질 것이다. 행동주의자들은 진짜 내적 정신상태를 가정하지 않고는 이것을 설명할 수 없는데, 그렇게 하는 것은 행동주의를 포기하는 것이다. 기능주의자에게 정신상태는 그들이 행동주의자들에게 한 것처럼 단순히 행동과 행동하려는 성향에 대한 재기술이 아니라 유기체의 진정한 내적 상태이다.

기능주의는 컴퓨터 혁명에 영감을 받았다. 퍼트넘 같은 기능주의자들은 자신들의 이론을 전개하기 위해 컴퓨터 유비를 이용한다. 퍼트넘에 따르면, 우리는 튜링기계(Turing machines)이다.[6] [배경 5.7―앨런 튜링과 튜링기계] 컴퓨터는 단순히 입력을 받아 출력을 토해내는 것이 아니다. 출력은 입력에 더하여 그 기계를 작동시키고 있는 프로그램―그 기계 상태―에 의존한다. 그래서 컴퓨터는 입력을 받고, 그 전체 기계 상태가 주어지면 출력을 산출한다. 이것은 행동주의자의 그림보다 우리 정신이 작동하는 방식에 대한 훨씬 더 나은 그림이다. 주어진 입력을 가지고 우리가 하는 것은 우리가 그 입력을 받을 때 우리의 전체 정신적 체계에 달려 있다.

[기능주의는] … 심리적 상태들을 그 행동적 결과에 의해서뿐만 아니라 그

---

**6**  루이스 판 기능주의는 루이스가 컴퓨터 프로그램에 대한 유비를 강조하지 않았다는 점에서 퍼트넘 판 기능주의와 약간 다르다.

상호연관들의 특성에 의해 구별할 수 있게 해준다. 이것은 기계 틀 상태들의 동일성 기준이 입력과 출력에 대한 그것들의 관계는 물론이고 서로에 대한 그것들의 관계를 인정하기 때문이다(Block and Fodor 1980/1972, 241-42쪽).

따라서 입력 I, 정신상태 $S_1$의 경우에 다른 정신상태들 $S_2$, $S_3$, $S_4$가 있으면 출력 B를 산출할 것이다. 내가 발가락을 채어 부상을 입었다는 사실이 주어지면, 만일 내가 고통을 느낀다면, 그리고 만일 내가 냉장고에 얼음이 있는데 그 얼음이 고통을 완화시킬 것이라고 믿는다면, 그리고 고통을 완화시킬 필요보다 더 긴급한 필요가 없다면, 나는 얼음을 꺼내려 냉장고 쪽으로 갈 것이다.

   … 이것은 그 기계가 언제나 해당 조건('고통')에 있는 것을 피할 것임을 의미하지 않는다. 그것은 그것을 피하지 않는 일이 좀 더 매우 가치 있는 어떤 목표의 달성에 필요하지 않은 한 그 조건이 피해질 것임을 의미할 뿐이다. 그 기계(이 경우에 유기체)의 행동은 감각적 입력뿐만 아니라 전체 상태(즉 다른 가치들, 믿음 등)에도 달려 있을 것이므로, 그러한 조건에 있는 유기체가 행동해야 하는 방식에 관해 무언가 일반적 진술을 만들려는 것은 가망없는 일인 것처럼 보인다…. (Putnam 1975a/1967, 438쪽)

컴퓨터는 다수 실현가능성의 완벽한 예를 제공한다. 몇 개의 다른 컴퓨터들은 각각 처음 10개의 소수를 계산할 수 있다. 각각의 컴퓨터는 다른 하드웨어에서 프로그램을 작동시키고 있다. 물론 그 하드웨어는 몹시 변화무쌍할 수 있다. 컴퓨터는 톱니바퀴들로 이루어지고 전자 부품들을 전혀 가지지 않을 수 있다. 매킨토시는 델컴퓨터 등과 다르지만, 그것들은 각각 처음 10개의 소수를 계산할 수 있다. 사실상 현대 컴퓨터의 복잡성이 주어지면, 컴퓨터는 십중팔구 계산을 할 때마다 전기 과정에 의해 처음 10개의 소수를 달리 계산할 것이다. "처음 10개 소수를 계산하는" 컴퓨터 상태나 과정은 다수로 실현가능하다.
   컴퓨터 상태와 과정은 다른 수준에서 기술될 수 있다. 한 수준—기능적 수준—에서 우리는 그 컴퓨터가 "처음 10개의 소수를 계산하고 있다"고 말할 수 있다. 전기공학자는 이번에는 기초적인 저차 수준의 실리콘 칩들에서 그 컴퓨터가 이 과정을 행하고 있다고 설명할 수 있다. 기능적 수준과 저차 수준 사이의 엄밀한 상관관계는 전혀 발견되지 않는다. 또 다른 시간이나 또 다른 컴퓨터에서는 저차 수준 과정들이 처음 10개의 소수를 계산할 때 달라질 것이다.

우리 정신상태들을 실현하는 우리 신경계의 신경생리학적 과정들은 실리콘 칩들의 수준과 비슷하다. 입력 "10"이 주어지면, 컴퓨터는 특수한 기능적 체제에 있을 때 처음 10개의 소수를 보여줄 것이다—예컨대 그 컴퓨터는 n이라는 수가 입력으로 주어지면 2에서 시작하여 순서대로 여러 개의 소수를 계산하여 그것들을 출력으로 나타내도록 프로그램되었다. 이 수준에서 컴퓨터의 작용과 상태는 입력, 프로그램, 컴퓨터의 기능적 체제의 결과이다(컴퓨터가 그 프로그램을 작동시킬 수 있어야 한다). 어떤 프랑스 바닐라 요구르트를 먹어치우려는 내 욕구는 처음 n개의 소수를 계산하는 데 이르는 컴퓨터 프로그램과 비슷하다. 입력—나는 냉장고에서 프랑스 바닐라 요구르트 통을 본다—이 주어지면, 그 욕구는 내가 처한 다른 기능적 상태들이 주어졌을 때 일정한 방식으로 행동함이라는 출력을 산출한다. 나는 그 통을 움켜잡고, 그것을 연다 등등. 이런 식으로 정신상태는 입력(다른 정신상태들일 수도 있는)을 받고 출력을 산출한다. 출력은 입력에 더하여 그 유기체의 다른 정신상태들에 의존한다. 그래서 똑같은 입력과 똑같은 정신상태가 다른 시간에는 다른 출력을 낳을 수 있고, 십중팔구 다른 출력을 낳을 텐데, 왜냐하면 그 유기체의 기능적 체제 나머지가 다를 것이기 때문이다. 예컨대 만일 내가 후식용으로 요구르트를 남겨놓고 있음을 상기한다면, 나는 지금 그것을 먹어치우지 않고 옆으로 제쳐놓을 것이다.

그렇다면 기능주의 배후의 기본 착상은 정신상태가 기능적인 컴퓨터 상태와 비슷하다는 것이다. 정신상태는 "하드웨어"에 의해 다수로 실현가능하다. 정신상태는 출력을 산출하는 상태, 또는 입력과 유기체의 다른 정신상태들에 의존하는 출력을 산출하는 상태이다. 정신상태의 본성은 그것이 이 일을 하는 특유의 방식에 의해 결정된다.

기능주의는 주어진 정신상태가 특수한 근저의 신경생리학적 상태에 의해 언제나 실현될 것을 요구하지 않는다는 점에서 동일론에 대한 개선안이다. 기능주의는 처리과정이 모두 꼭 컴퓨터와 마찬가지로 궁극적으로 하드웨어에 의존한다고 주장할 수 있다는 점에서 여전히 유물론자들의 기질에 맞는다. 정신상태는 유기체의 물리적 상태들과 동일하지 않지만, 물리적 상태들에 수반된다. [배경 5.8—수반] 기능주의는 어떤 정신상태가 특수한 행동이나 행동하려는 성향에 의해 정의되지 않는다는 점에서 행동주의에 대한 개선안이다. 기능주의는 궁극적으로 입력이 감각적인 것이고 출력이 행동이라는 점에서 실망한 행동주의자들에게 환영을 받는데, 비록 그 사이에 많은 일이 진행되었다 할지라도 그렇다.

## 기능주의에 대한 반론—박쥐와 중국어 방

동일론과 마찬가지로 기능주의는 우리 정신적 삶의 주관적 본성에 대한 설명을 남기기 때문에 공격받았다. 의식은 기능적 설명에서 역할을 하지 않는다. 이 점은 컴퓨터 유비에 의해 명백해진다. 의식, 즉 고통 같은 정신상태의 주관적 측면—철학자들은 이것을 감각질(qualia)이라 부른다—은 컴퓨터 작동에서 아무런 역할을 하지 않는데, 왜냐하면 컴퓨터는 우리가 아는 한 감각질을 전혀 가지지 않기 때문이다. 어떤 감각을 고통 감각으로 만드는 특수한 특성은 그 감각이 느끼는 방식, 즉 그것의 독특하고 불유쾌한 주관적 측면이다. 만일 어떤 유기체가 고통의 역할을 이행하지만 감각질을 결여하는 기능적 기계 상태에 있다면, 그 유기체는 고통을 경험하지 않을 것이고, 고통 감각을 가지지 않겠지만, 기능주의는 그 유기체가 감각질이 빠져 있는 것과 상관없이 고통 중에 있다고 말한다. 이것이 기능주의자들에게는 수수께끼 같은 난문제이다.

   퍼트넘이 동일론을 논박하기 위해 낙지를 언급했으므로 공평하게 말하자면 반기능주의자들 또한 기능주의를 공격하기 위해 하등동물들에 호소할 수도 있다. 영향력 있는 논문 "박쥐가 된다는 것은 어떤 것인가?"(What Is It Like to Be a Bat?, Nagel 1980/1974)에서 토머스 네이글(Thomas Nagel)은 동일론도 기능주의도 정신성(mentality)을 설명할 수 없다고 주장한다.

그것[경험의 주관적 특성]은 정신적인 것에 대해 최근에 고안된 익숙한 환원
적 분석들 중의 어떤 것에 의해서도 포착되지 않는데, 왜냐하면 그런 분석들
모두는 그것의 부재와 논리적으로 양립가능하기 때문이다. 그것은 기능적
상태나 지향적 상태에 대한 어떤 설명 체계에 의해 분석될 수 있는 것이 아
닌데, 왜냐하면 이런 상태들은 아무것도 경험하지 않음에도 불구하고 사람
들처럼 행동하는 로봇이나 자동기계에 귀속될 수 있기 때문이다(Nagel
1980/1974, 160쪽).

우리 모두는 박쥐들이 경험을 갖는다고 믿는다고 네이글은 주장한다. 또한
우리가 알다시피 박쥐는 음파 탐지를 통해 사냥하고 길을 찾는다. 우리는 음파
탐지를 통해 지각하는 것이 어떤 것인지를 모르므로 우리는 고작 태어날 때부
터 장님이자 귀머거리가 된다는 것이 어떤 것인지를 생각할 수 있을 뿐 박쥐가
된다는 것이 어떤 것인지 생각할 수 없다. 우리는 이론적으로 박쥐의 신경생리
학적 상태에 대한 객관적인 과학적 기술을 제시할 수 있고, 어쩌면 박쥐 정신성
에 대한 기능적 분석을 제시할 수 있겠지만—적어도 여기서의 난점들은 실제
적 난점들이다—, 이것 중의 어떤 것도 박쥐가 된다는 것이 어떤 것인지 이해
하는 데 도움이 되지 않는다. 네이글은 신경생리에 대한 기술과 기능적 분석들
이 정신성의 본질적 특징—즉 그것이 어떤 것인지—을 빠뜨린다고 결론짓는
다. 그것들은 의식—감각질—을 빠뜨린다. 네이글에 따르면 의식을 설명하지
않는 심리철학은 불가사의로 남게 된다.

만일 우리가 정신에 대한 물리적 이론이 경험의 주관적 특성을 설명해야 한
다는 것을 인정한다면, 우리는 현재 이용가능한 어떠한 생각도 이 일이 행해
질 수 있는 방식의 단서를 제공하지 못한다는 것을 인정해야 한다. … 만일
정신적 과정이 실제로 물리적 과정이라면, 본래적으로 어떤 물리적 과정들
을 겪는 것과 비슷한 어떤 것이 있다. 그러한 것이 실제로 성립한다는 것은
불가사의로 남는다. (Nagel 1980/1974, 165쪽)

네이글은 그의 논문의 마지막 단락에서 철학자들이 경험의 주관적 특성을 기술하고, 그래서 경험과 신경생리학적 실현을 관계 맺게 하는 방식을 준비하기 위해 새로운 종류의 현상학을 개발할 것을 제안한다. 그렇지만 내가 아는 한 누구도 이 경로를 추구한 사람은 없었다.

동일론, 기능주의, 그리고 이와 밀접하게 연관된 AI(인공지능) 기획에 대한 또 다른 공격은 존 설이 제안한 많이 논의된 사고실험—중국어 방이라 불리는—에 기초를 두고 있다.[7] 설의 결론은 기능주의가 정신성에 본질적인 어떤 것을 빠뜨린다고 주장한다는 점에서 네이글의 결론과 비슷하다. 설의 사고실험은 어떤 체계가 튜링 시험(Truing test)을 통과하지만 아무것도 이해하지 못한다는 것을 보여주기 위한 것이다. 튜링 시험은 컴퓨터과학의 개척자 중 한 사람인 앨런 튜링이 인공지능의 성공에 대한 조작적 시험으로 도입하였다. 튜링은 원래 1950년 『마인드』에 실린 그의 "계산기계와 지능"(Computing Machinery and Intelligence)이란 논문에서 그것을 기술했다. 다음은 약간 단순화된 형태의 시험이다. 한 방에 정상적인 사람이 숨겨져 있고, 다른 방에 컴퓨터가 시험되고 있다. 그 컴퓨터는 글로 써진 질문과 비평에 응답하도록 프로그램되었다. 우리는 질문을 제기하고, 두 방의 점거자들과 대화에 참여한다. 그들은 답을 하고, 글로 써지는 형태로 대화한다. 만일 우리가 어떤 것이 컴퓨터이고 어떤 것이 사람인지 시종 가려낼 수 없다면, 컴퓨터는 시험을 통과한다. 물론 지금까지 어떤 실제 컴퓨터도 튜링 시험을 통과할 수 없다. 튜링의 견해는 그 시험을 통과하는 기계는 중대한 왜곡 없이 생각하는 것으로 기술될 수 있다는 것이다. 그 기계는, 만일 (관련된 모든 점에서) 정상적인 사람과 구별불가능하다면, 다시 말해서 그 입력과 출력이 정상적인 생각하는 사람과 기능적으로 구별불가능하다면, 기능주의자의 의미에서 기능적으로 생각할 것이다.

설은 우리에게 그가 중국어 기호들 묶음이 가득 찬 봉쇄된 방 안에 있다고 상상해보도록 요구한다. 설은 중국어를 전혀 모르지만, 가는 홈을 통해 새로운 중국어 기호가 들어오면 어떻게 중국어 기호들을 출력해야 하는지에 관한 영어로

---

7   앞 장에서 설이 언어행위론에 대한 북미 해설자이기도 하다는 사실을 상기해볼 것.

된 지침서를 가지고 있다.

> 또한 잠시 후 내가 중국어 기호들을 조작하는 일에 대한 지침서를 따르는 데
> 아주 익숙해지고, 프로그래머들이 외부의 관점에서―즉 내가 갇혀 있는 그
> 방 바깥의 누군가의 관점에서―질문에 대한 나의 답이 토착민 중국인 화자
> 들의 답과 전혀 구별불가능하게 되는 프로그램들을 쓰는 데 아주 익숙해진
> 다고 가정해보라. 그러면 내 답들만을 살펴보는 누구도 내가 중국어 낱말을
> 말하지 않는다고 말할 수 없다(Searle 1981, 355쪽).

다시 말해서 중국어 방에 있는 설은 비록 중국어 낱말을 이해하지 못한다 할지
라도 튜링 시험을 통과할 것이다.

설에 따르면, 중국어 방 사고실험은 두 가지를 증명한다. 하나는 튜링 시험이
생각, 지능, 이해, 또는 그 비슷한 어떤 것에 대한 시험이 아니라는 것이다. 컴
퓨터도 튜링 시험에 통과할 수 있지만 아무것도 이해하지 못하기 때문이다. 다
른 하나는 어떠한 순수 기능적 설명도 생각, 이해, 지능의 본성을 포착할 수 없
다는 것이다.

> 그러나 나는 정말로 어떤 기계의 작용이 오로지 형식적으로 정의된 요소들
> 에 대한 컴퓨터적 과정들에만 의거해 정의되는 경우에, 즉 그 기계의 작용이
> 컴퓨터 프로그램의 예화로 정의되는 경우에, 그 기계에 우리가 그러한 것(영
> 어나 중국어를 이해하는 일)을 부여할 수 없다고 말하는 것에 대한 매우 강
> 한 논증들을 안다. 그것은 내가 영어를 이해할 수 있고, 다른 형태의 지향성
> 을 가질 수 있는 컴퓨터 프로그램의 예화이기 때문이 아니다 . … 내가 아는
> 한 그것은 내가 어떤 생물학적 … 구조를 가진 어떤 종류의 유기체이기 때문
> 이다… . (Searle 1981, 367쪽)

네이글과 설의 논문은 빗발치는 논쟁을 초래했다. 설의 1980년 논문 "정신,
뇌, 프로그램"(Minds, Brains, and Programs)은 분석철학 역사상 아마 두 번

째로 가장 많이 인용된 논문일 것이며, 네이글의 논문 역시 그 순위에서 그리 멀리 떨어져 있지 않다(가장 많이 인용된 첫 번째 논문은 콰인의 "경험주의의 두 가지 독단"이다). 설의 논문은 철학은 물론이고 인지과학의 고전이다.

　비록 반응들 대부분이 부정적이긴 했지만, 이 논문들은 기능주의의 호소력을 꺾었다. 퍼트넘은 스스로 기능주의를 포기했다.

> 1960년 무렵부터 시작하여 나는 심리철학에서 정신과 디지털컴퓨터의 유비에 기초한 견해를 전개하였다. 나는 내 견해에 "기능주의"라는 이름을 부여하고, 그 이름 아래 그 견해는 현대 심리철학에서 지배적 견해—어느 날 정설—가 되었다. … 하지만 컴퓨터 유비—그것을 "정신에 대한 컴퓨터적 견해"나 "기능주의"나 또는 당신이 원하는 것으로 부르기로 하자—는 결국은 "정신상태의 본성은 무엇인가?"라는 물음에 답하지 못한다(Putnam 1994, 441쪽).

　기능주의 옹호자들은 네이글과 설의 도전에 대해 적합한 응답을 결정하지 못했다. 그들은 퍼트넘의 변절에도 불구하고 기능주의를 포기하지도 않았다. 어떤 사람들은 극단적 해결책을 채택했다. 그들은 감각질을 부정했다. 따라서 우리는 박쥐가 된다는 것이 어떤 것인지를 생각할 수 없는데, 왜냐하면 생각하는 그러한 것이 없기 때문이다. 그리고 내가 된다는 것이 어떤 것인지 같은 것도 없다! 만일 그것이 구제책이라면, 기능주의는 구할 가치가 없다.

　그렇지만 기능주의자들은 네이글과 설에 대해 좀 더 합리적인 응답을 가지고 있다. 의식과 감각질은 부정할 수 없으며, 지금까지 기능주의자들은 그것을 설명할 수 없었다. 하지만 그것들은 또한 다른 누구도 설명할 수 없다. 그것들은 과학적인 유물주의적 견해를 채택하는 모든 사람에게 불가사의이다. 우리는 의식을 유물주의적 존재론에 맞출 방법을 전혀 알지 못한다. 우리는 수세기 전부터 데카르트가 우리에게 웃으면서 신호를 보내고 있다는 것을 아는가? 기능주의자들은 말한다. "첫 번째 말썽거리 조짐에 당황하지 말라. 이원론은 여전히 더 나쁜 문제들을 가지고 있고, 의식에 대한 설명도 가지고 있지 않다. 우리는 겨우 정신과학의 시작 단계에 있을 뿐이다. 이 시점에서는 의식과 감각질이 어떻게, 그리고 언제 기능적으로 설명되거나, 다른 어떤 방식으로 과학적 원리들과 정합할 수 있는지, 또는 과연 그렇게 설명되거나 정합할 수 있는지를 아무도 알지 못한다."

불행하게도 기능주의는 이 장 마지막 절에서 살펴볼 것처럼 과학의 방향에서 초래되는 또 다른 말썽거리 "조짐"을 가지고 있다.

## 변칙적 일원론

변칙적 일원론은 데이비드슨이 제안하고 옹호하는 버전의 동일론이다. 변칙적 일원론의 장점은 그것이 유형 동일론(type identity theory)의 문제를 피하는 개별자 동일론(token identity theory)이라는 것이다. 변칙적 일원론은 정신상태의 다수 실현가능성에 의해 무너지지 않는다. 데이비드슨은 좌절한 유물주의자들에게 기능주의 외에 또 다른 대안을 제시한다.

데이비드슨은 그의 논문 "정신적 사건들"(Menatl Events, Davidson 1980/1970)을 난문제에서 시작한다. 그는 다음 세 원리가 옳지만 부정합한 것처럼 보인다고 주장한다.

어떤 정신적 사건들은 물리적 사건들과 인과적으로 상호작용한다. 예컨대 욕구, 의도, 믿음을 갖는 일은 발가락을 채었을 때 약간의 얼음을 얻기 위해 냉동장치로 가는 일처럼 나에게 신체적 운동들을 야기한다. 채임은 나에게 고통(그리고 마비)을 느끼는 일을 야기한다.

"두 번째 원리는 인과관계가 있는 경우에 자연법칙이 있어야 한다는 것이다. 즉 원인과 결과로 관계된 사건들은 엄밀한 결정론적 법칙들의 지배를 받는다." (Davidson 1980/1970, 108쪽. 고딕체 추가)

"세 번째 원리는 정신적 사건들을 예측하고 설명할 수 있게 만드는 엄밀한 결정

론적 법칙들이 없다는 것이다." (Davidson 1980/1970, 108쪽. 고딕체 추가)
이 원리는 정신적인 것에 대한 변칙론이다.

데이비드슨은 이 난문제에 대해 언뜻 보기에 이 난문제보다 더 당혹스러운 해
결책을 제안한다.

> 세 원리에 대해서는 정신적인 것과 물리적인 것에 대해 내적 모순을 전혀
> 포함하지 않고, 세 원리를 논리적으로 수반하는 견해를 기술함으로써 서로
> 간에 모순이 없다는 것을 보여줄 것이다. 이 견해[변칙적 일원론]에 따르면,
> 정신적 사건은 물리적 사건과 동일하다. (Davidson 1980/1970, 109쪽)

데이비드슨에게 사건은 시기를 추정할 수 있는 단일 개별자이다. 그래서 변
칙적 일원론에 따르면, 각각의 정신적 사건은 특수한 물리적 사건, 즉 추정컨대
어떤 유기체의 뇌에서 일어나는 신경생리학적 사건과 동일하다. 이것이 바로
개별자 동일성이다.
　두 번째 원리와 세 번째 원리는 여전히 첫 번째 원리와 상충하는데, 이것이
어떻게 그 난문제를 해결하는가?
　사건은 여러 가지 다른 방식으로 기술될 수 있다. 개개의 모든 특수 사건이나
작용은 여러 가지 다른 기술의 지배를 받는다. 예컨대 내가 팔을 들어 올리는
일은 동의안(動議案)에 찬성하는 일이면서 동시에 무지몽매한 바보들을 패배
하도록 돕는 일, 내 왼팔을 들어 올리는 일, 내 권리들을 발휘하는 일, 내가 어
떤 근육들을 수축시키는 일, 2007년 8월 3일 오후 4시 30분에 열정적으로 내
왼팔을 들어 올리는 일 등이기도 하다. 동의안의 파기라는 사건도 학장과의 싸
움의 시작, 오랫동안 증오에 찬 과정의 종말, 교수회관 213호실에서 2007년 8
월 3일 오후 4시 30분에 일어났던 사건 등이기도 하다.
　데이비드슨에 따르면, 모든 사건은 물리적 사건이지만, 어떤 물리적 사건들
(우리 신경계의 어떤 신경생리학적 사건들 같은)은 정신적 기술도 갖는다. 어
떤 정신적 용어가 들어맞는—정신적 기술을 갖는—사건은 정신적 사건이다.

인과법칙은 특별한 기술들 아래서만 사건들을 인과적으로 연결시키지만, 모든 기술 아래서 그 사건들에 대해 들어맞는 것은 아니다. 예컨대 나는 1월 3일 내 이메일에 기술된 사건이 1월 4일 내 이메일에 기술된 사건을 야기했다고 올바르게 보고할 수 있다. 어떤 자연법칙도 기술된 사건들을 이메일에서 언급된 것으로 연결시키지 않는다. 1월 3일 내 이메일에 기술된 사건은 내가 플로리다의 햇볕 때문에 축 늘어져버렸다는 것이다. 1월 4일 내 이메일에 기술된 사건은 내가 햇볕에 까맣게 탔다는 것이다. 법칙은 정말이지 그러한 사건 유형들을 연관시킨다. 그렇지만 1월 3일 내 이메일에 기술된 사건이 정말로 1월 4일 내 이메일에 기술된 사건을 야기했음을 주목할 필요가 있다. 데이비드슨은 인과관계는 어떻게 기술되든 간에 사건들 사이에 성립하는 관계이지만, 법칙은 자연과학의 지배를 받을 수 있는 방식으로 기술될 때의 사건들에만 적용된다고 결론짓는다. 정신적 사건은 그 정신적 기술 아래서 법칙 같은 규칙성들의 지배를 받지 않는다. 그러나 정신적 사건이 정말로 물리적 사건인 한 정신적 사건은 물리적 사건을 야기하고, 그 반대도 마찬가지다. 정신적 사건들은 물리적 사건을 야기하므로 정신적 사건은 물리적 사건이다.

> 동일성의 증명은 쉽게 따라 나온다. 정신적 사건 m이 물리적 사건 p를 야기했다고 하자. 그러면 어떤 기술 아래서 m과 p는 엄밀한 법칙을 예화한다. 이 법칙은 오직 물리적 법칙일 수 있다. … 그러나 만일 m이 어떤 물리법칙의 지배를 받는다면, m은 물리적 기술을 갖는데, 이것이 m이 물리적 사건이라고 말하는 것이다. 물리적 사건이 정신적 사건을 야기할 때도 유사한 논증이 작동한다. (Davidson 1980/1970, 117쪽)

마지막으로 우리에게는 개개의 모든 정신적 사건이 어떤 물리적 사건의 원인이나 결과라는 전제만이 필요할 것이다. 전제들이 주어지면 이것이 바로 변칙적 일원론에 대한 증명이다.

데이비드슨의 해결책은 독창적이지만, 독창성은 철학적 지혜와 똑같은 것이 아니다. 데이비드슨은 자신의 해결책이 불가사의한 것이며, 세 원리 중 어떤 것이라도 거부하면 필요하지 않을 것임을 부정할 것이라고 나는 생각하지 않는다. 첫 번째 원리는 의심할 수 없지만, 다른 두 원리는 미심쩍다. 데이비드슨의 핵심 요점은 당신이 세 원리를 승인하면서—많은 철학자가 그렇게 한다—여전히 정합성 있게 어떤 형태의 동일론을 채택할 수 있다는 것이다. 그 점에 관해서는 그가 올바르며, 어떤 철학자들에게는 이것이 가치 있는 결과이다.

## 정신적 인과의 문제

변칙적 일원론은 정합적이지만, 또 다른 심각한 문제—기능주의를 포함하여 모든 형태의 비환원적 유물주의에 도전하는 문제—로 고민한다(앞에서 언급했던 것처럼, 유물주의는 기능주의자들에게는 선택지지만, 거의 모든 기능주의자가 유물주의자이다) 일단 철학자들이 환원적 유물주의, 즉 유형 동일론을 포기하고 나면, 기능주의는 변칙적 일원론이 그랬던 것처럼 비환원적 유물주의자가 되는 길을 제시했다.

  김재권(Jaegwon Kim)은 정신적 인과 문제를 명확히 표현한 가장 끈질긴 철학자였다. 1989년 미국철학회(American Philosophical Association) 회장 연설 "비환원적 유물주의의 신화"(The Myth of Nonreductive Materialism)에서 김재권은 유물주의자들이 환원론—유형 동일론—이나 제거론—감각질, 의식, 다른 정신적 사건들을 부정하려는 필사적 조치—을 붙들고 있다고 주장한다. 하지만 기능주의자들과 데이비드슨이 제안한 종류의 비환원적 유물주의는 결국은 정신적 사건, 상태, 속성, 과정이 물리적 사건, 상태, 속성, 과정을 야기하고 그것들에 의해 야기된다는 사실을 수용할 수 없다는 것이다.

  정신적 인과 문제는 데이비드슨의 첫 번째 원리에 의해 초래된다. 정신적 사건은 물리적 사건을 야기하고, 물리적 사건에 의해 야기된다. 김재권은 비환원적 유물주의자들이 정신적 인과에 관해 가망이 없을 정도로 뒤얽혀 있다고 주장한다. 김재권은 그가 유물주의자들이 부정할 수 없다고 주장하는 두 가지 주장에 의존해 자신의 주장을 펼친다.

물리적인 것의 인과적 폐쇄: "시간 t에 어떤 원인을 갖는 모든 물리적 사건은 t에 어떤 물리적 원인을 갖는다."(Kim 1989, 43쪽)

확실히 데이비드슨과 다른 비환원적 유물주의자들은 이 원리를 승인할 것이다.

물리적 영역의 인과적 폐쇄의 포기가 유물주의자에게 선택지인가? 나는 그렇게 생각하지 않는다. 다시 말해 폐쇄 원리를 거부하는 것은 물리적 현상에 대한 환원불가능한 비물리적 원인을 받아들이는 것이다. 그것은 데카르트의 상호작용적 이원론으로 역행하는 일일 것이다…. (Kim 1989, 47쪽)

배제 원리: 만일 어떤 사건이 물리적 원인을 갖는다면, 그 사건은 또한 정신적 원인을 갖지 않는다.

정신적 원인과 물리적 원인이 각각 물리적 결과의 독립적인 충분 원인일 수 있을까? 그렇게 되면 그 제안은 물리적 결과가 중복결정된다(overdetermined)는 것이다. 그래서 만일 그 물리적 원인이 발생하지 않았다면, 정신적 원인이 그 자체로 그 결과를 야기했을 것이다. 이 그림은 또 다시 불합리하다…. (Kim 1989, 44쪽)

유물주의자들은 이에 동의해야 할 것이다. 자연이 광범위하고 체계적인 인과적 중복결정에 종사한다는 생각은 자연의 경제라는 우리의 기초적 생각을 위반한다. 어떤 종류의 심오한 설명 없이 단지 어떤 철학적 입장을 구하기 위해 배제 원리를 부정하는 일은 선택지가 아니다. 그리고 김재권의 원리들 중 어떤 것을 부정하는 것은 비과학적인 일이 될 것이다. 현대 유물주의자가 원하는 마지막 것은 비과학적이라는 오명을 뒤집어쓰는 것이다.

물리적인 것의 인과적 폐쇄와 배제 원리는 정신적 사건이 물리세계에서 해야 할 인과적 역할이 없다는 것을 논리적으로 수반한다. 다시 말해 정신적 사건은 물리적 운동을 초래할 인과적 힘이 없다. 이것은 데이비드슨의 첫 번째 원리를 위반한다. 이 결과는 승인할 수 없다. 이것이 바로 정신적 인과의 문제이다.

그렇다면 데이비드슨은 실제로 이 논증의 희생양인가? 데이비드슨의 변칙적 일원론에 따르면 각각의 정신적 사건은 물리적 사건임을 떠올려 보라. 그래서 변칙적 일원론은 김재권의 정신적 인과 문제를 피하기 위한 맞춤형 이론이다. 정신적인 것은 물리적인 것이기 때문에 그 물리적인 것과 인과적 관계를 맺게 된다. 여기서 어떠한 중복결정도 작용하지 않는데, 왜냐하면 정신적 사건은 물리적 사건을 야기함과 다른 사건이 아니기 때문이다. 정신적 사건은 다른 형태의 기술 아래서의 사건일 뿐이다.

불행하게도 데이비드슨은 김재권의 수중에서 그렇게 쉽게 헤어날 수 없다. 정신적 인과 문제는 속성들을 포함하는 것으로 다시 표현될 수 있다. 어떤 사건은 그 속성들의 인과력에 의해 다른 사건을 야기한다. 물에 바위를 떨어뜨리는 일은 물 튀김을 야기하는데, 이는 그 바위가 밀도가 높음, 무거움 등의 속성을 가지기 때문이다. 그래서 그 떨어뜨리는 사건은 무거운 물체가 떨어뜨려짐 등의 속성을 가졌던 것이다. 만일 어떤 사건의 물리적 속성이 인과관계를 설명하는 데 충분하다면, 어떤 사건의 정신적 속성의 역할은 없다.

기능주의자들은 정신적 속성과 물리적 속성을 구별하는데, 이는 정신적 속성이 물리적 수준에서 다수로 실현되기 때문이다. 정신적 속성은 유기체의 물리적 속성에 수반된다(supervene). 그러나 데이비드슨은 똑같은 노선을 가지고 깨작거리고 있다.

> 비록 내가 기술한 입장이 심물 법칙들이 있다는 것을 부정한다 할지라도, 그 입장은 정신적 특성들이 어떤 의미에서 물리적 특성들에 의존적이거나 수반된다는 견해와 정합적이다(Davidson 1980/1970, 111쪽).

우리가 물리적 속성과 정신적 속성의 구별을 허용하자마자—이 견해는 속성 이원론이라 불린다—우리는 정신적 인과의 문제를 피할 수 없다. 데이비드슨은 정신적 사건이 물리적 특성과 다른 정신적 특성을 갖는다는 것을 부정해야만 하게 되어 있다. 그렇지 않으면 그는 기능주의자들과 같은 배를 탄 처지에 있다. 만일 물리적 속성이 모든 인과적 작용을 행하고 있고, 모든 인과적 힘을 제공하고 있다면, 정신적 속성이 제공할 것은 아무것도 없다. 정신적 속성은 물리세계에서 설명적 역할을 전혀 하지 못할 것이다. 정신적 속성은 부수현상일 것이다.

정신적 인과 문제는 유물주의자들을 특히 성가시게 한다. 철학자들은 처음에는 유물주의 쪽으로 움직였는데, 이는 데카르트 식 이원론이 정신계와 물리계가 어떻게 상호작용할 수 있는지에 대해 아무런 설명을 제시하지 못하기 때문이었다. 유물주의자들은 유형 동일론과 행동주의가 유지될 수 없는 이론으로 증명되었을 때 속성 이원론 같은 좀 더 세련된 형태의 존재론 쪽으로 이동해야만 했다. 그런데 그들은 자신들이 데카르트 식 실체 이원론자들과 똑같은 정신/신체 상호작용 문제를 붙들고 씨름하고 있음을 발견한다. 김재권에 따르면, 속성 이원론자들은 실체 이원론자들보다 더 나을 것이 없다. 만일 데이비드슨의 변칙적 일원론이 정말로 정신적 인과 문제를 피한다면, 그것은 그 견해를 유물주의자들에게 몹시 매력적으로 보이게 만들 것이다.

정신적 인과 문제와 의식 문제는 오늘날 심리철학의 핵심 문제들이다.

---

**배경 5.1**   프레게, 괴델, 타르스키, 튜링, 촘스키는 분석철학자인가?

이 시기 동안, 그리고 현재에 이르기까지 프레게의 평판과 영향력은 계속해서 커져 왔다. 이제 그는 세계사적인 철학자들 속에 포함된다. 괴델, 타르스키, 촘스키 또한 분석철학에 커다란 영향을 미쳤다. 그럼에도 불구하고 나는 이 네 사람 중 누구도 "분석철학자"로 부르기를 주저한다. 프레게, 괴델, 타르스키는 수학자로 훈련받았고, 수학 학술지들에 논문을 게재했다. 촘스키는 언어학자이고, MIT에서 언어학 및 철학과의 언어학 교수로 명부에 올라 있다. 프레게는 논리학에 혁명을 일으켰는데, 이 논리학은 전통적인 철학의 분야이다. 그는 또한 현대 언어철학을 창시하기도 했다. 괴델과 타르스키는 근본적으로 수학적 논리학에 기여했다. 이런 주저함에도 불구하고 나는 그들을 내 주요 분석철학자 목록에 포함시키고(내가 그들을 분석철학자로 생각하지 않음을 가리키는 별표와 함께), 그들이 분석철학에 미친 영향 때문에 그들의 작업에 지면을 할애한다. 튜링은 수학자였으며, 컴퓨터과학 창시자들 중 한 사람으로 생각된다. 또 다시 나는 누구나 철학자라는 의미에서를 제외하고는 그를 철학자로 부르기를 주저한다.

## 배경 5.2  기호논리학의 정합성과 완전성

명제 기호논리학의 목적들 중 한 가지는 논증의 타당성을 평가하는 것이다. 우리는 진리치표를 이용해 이 일을 할 수 있다. (적절하게 기호화될 때) 논증은 만일 전제들이 옳은데 결론이 그르게 되는 식으로 T(옳음)와 F(그름)를 할당할 방법이 없다면, 그리고 오직 그 경우에만 타당하다. 기호논리학 교과서는 또한 증명이나 연역체계를 가지고 있다. 서로 다른 많은 연역체계가 있다. 연역체계를 통해 우리는 어떤 논증의 전제들로부터 그 논증의 결론을 연역할 수 있다. 어떤 체계들은 공리들을 가지고 있고, 또 어떤 체계들은 공리 없이 때우면서 그저 새로운 증명 노선을 작성하기 위한 규칙들을 가지고 있다 등등. 진리치표 방법은 모든 기호논리학 교재에서 똑같지만, 연역 방법이나 체계는 저마다 다르다. 기호논리학의 모든 연역체계는 정합적이어야 하고 완전해야 한다. 이것은 명제논리학에서 타당성에 관해 진리치표 방법과 똑같은 답을 제시한다는 것을 의미한다. 어떤 연역체계가 정합적이라는 것은 어떠한 부당한 논증도 증명가능하지 않다는 것을 의미한다. 그 체계가 완전하다는 것은 개개의 모든 타당한 논증에 대하여 그 체계를 이용하여 전제들로부터 결론의 연역이나 증명이 있다는 것을 의미한다. 특정 체계에 대하여 정합성을 증명하기는 쉽다. 어떤 체계가 완전하다는 것은 증명하기가 쉽지 않다. 괴델의 완전성 증명은 기호논리학의 표준 연역체계들이 완전하다는 것을 보여주는 방법을 제공했다.

또는 진리치표는 어떤 진술이 항진진술이라는 것, 즉 그 진술이 그 구성부분들에 대한 T와 F의 모든 할당에 대하여 옳게 된다는 것을 입증하는 데 사용될 수도 있다. 연역체계들은 항진진술들이 규칙에 따라 연역될 수 있도록 정식화될 수 있다. 항진진술들의 연역체계는 어떠한 비항진진술도 연역가능하지 않다면 정합적이다. 만일 개개의 모든 항진진술이 연역가능하다면, 그 연역체계는 완전하다. 진리함수적으로 타당한 개개의 모든 논증에 대하여 유일한 항진진술이 대응한다.

이것은 가장 기본적인 설명이다. 이런 개념들을 연구하는 데 흥미가 있는 독자들은 장 말미의 더 읽을거리에 제시된 저작들을 참고해야 한다.

## 배경 5.3  무한집합과 연속체 가설

모든 무한집합이 똑같은 농도(cardinality)―기본적으로 크기―를 갖는 것은 아니다. 실수의 농도는 엄밀히 말해 정수의 농도보다 크다. (실수는 유리수와 무리수로 구성되어 있다.) 정수는 셀 수 있는 반면에 실수는 셀 수가 없다. 실수는 선분의 점들을 나타내며, 그래서 연속체라 불린다. 개개의 모든 두 점 사이에는 무한히 많은 점들이 있다. 일반적으로 임의의 집합 S의 멱집합 $P^S$는 엄밀히 말해 집합 S보다 더 큰 농도를 갖는다. (집합의 멱집합은 그 집합의 모든 부분집합의 집합이다.)

연속체 가설은 "엄밀히 말해 정수의 농도와 실수의 농도 사이의 농도를 가진 집합은 없다"는 것이다. 1940년 괴델은 연속체 가설이 (집합론이 정합적이라고 가정하면) 표준 집합론을 이용해 반증될 수 없다는 것을 보여주었다. 1963년 시카고대학교 수학자 폴 코언(Paul Cohen)은 연속체 가설이 똑같은 기초로부터 증명될 수 없다는 것을 보여주었다. 이것을 통해 연속체 가설의 독립성이 확립되었다.

## 배경 5.4   통사론, 의미론, 화용론

이 용어들은 형식적 언어와 자연언어의 특징을 기술하는 데 사용되는 용어들이며, 철학 어휘사전의 표준 항목이 되었다. 어떤 언어의 통사론은 그 언어의 문법과 다른 순수 구조적 특징들이다. 기호논리학에서 통사론에는 적형문을 만드는 규칙들이 포함된다. 어떤 형식적 체계의 통사론에는 또한 연역이나 증명 규칙이 포함된다. 기본 착상은 통사론이 의미, 진리, 해석에 대해 전혀 언급하지 않고 형식적으로 기술될 수 있다는 것이다. 어떤 체계나 언어의 의미론은 그 체계의 기호들에 대한 해석, 그리고 모델이나 세계 같은 그 체계 바깥의 것들과 그 기호들 사이의 관계를 포함한다. 통사론은 문법과 증명이고, 의미론은 의미, 언급, 진리이다. 수학적 이론들 같은 형식적 체계들에서 적형문과 증명 개념은 통사론적 개념이고, 진리 개념, 즉 보통 어떤 모델에서 진리 개념은 의미론적 개념이다. 진리치표는 의미론적 방법이다. 증명 이론은 증명들을 수학적으로 연구하는 반면에, 모델 이론은 진리를 연구한다. 이 이론들은 둘 다 논리학과 메타수학의 매우 발달한 분야들이다.

화용론은 최근에 와서야 겨우 형식적 연구가 등장했다. 화용론은 언어의 모든 사회적·맥락적 특징을 포함한다. 언어행위론과 그라이스의 대화적 함축은 언어의 화용론 범주에 속한다.

내가 "래리는 오늘 정시에 수업에 참가했다."(Larry made it to class on time today)고 말한다. 통사론: 이것은 문법에 맞는 영어(한국어) 문장이다. 의미론: 이 문장의 의미와 진리 조건들, "래리"에 대한 언급 등등. 화용론: 내가 이렇게 말하는 것이 래리가 종종 수업에 늦는다는 것을 암시하는 맥락을 쉽게 상상할 수 있다.

일상언어철학 비판자들은 일상언어철학자들이 의미론과 화용론을 구별하지 못했다고 주장했다.

## 배경 5.5  내포와 외연, 비외연적 맥락의 문제

"할머니" 같은 어떤 용어의 내포는 보통 그 용어를 정의하는 속성이나 속성들—이 경우에 부모의 어머니임—로 생각된다. 할머니라는 용어의 외연은 그 용어가 올바르게 적용되는 모든 것, 그리고 그것들만을 포함한다. 이것은 오직 실제 할머니들만을 포함하거나 가능한 모든 할머니들을 포함할 수 있다. 외연은 종종 가능세계들에 따라 상대화된다. (가능한 개체와 가능세계에 대한 논의는 다음 장을 볼 것.) 내포와 외연 개념은 일반명사를 살필 때 가장 명료하게 드러나지만, 프레게와 카르납은 그것들을 다른 많은 종류의 용어와 문장에 적용했다. 프레게는 내포를 "뜻"(sense), 외연을 "지시대상"(denotation)이라 불렀다. 프레게와 카르납에게 문장의 내포(뜻)는 그 문장이 표현하는 명제이고, 외연은 그 문장의 진리치이다.

철학자들은 외연적 맥락과 비외연적인 내포적 맥락을 구별한다. 외연적 맥락에서 어떤 용어는 언급대상이나 진리치의 변화 없이 임의의 동등한(즉 똑같은 외연을 갖는) 용어로 대체될 수 있다. 예컨대 빌 클린턴=미국의 42대 대통령. "미국의 42대 대통령은 탄핵되었다." "빌 클린턴은 탄핵되었다." 진리치 변화는 없다. 프레게는 이 일이 비외연적 맥락에서 이루어지는 것이 아님을 지적한 것으로 유명하다. 예컨대 "랠프는 빌 클린턴이 탄핵되었다고 믿는다"는 옳을 수 있고, "랠프는 미국의 42대 대통령이 탄핵되었다고 믿는다"는 그를 수 있다. 많은 비외연적 맥락이 있다. 예컨대 "필연적으로"는 그런 맥락을 만든다. "필연적으로 빌 클린턴은 빌 클린턴이다"는 옳지만, "필연적으로 빌 클린턴은 미국의 42대 대통령이다"는 그르다. 다른 가능세계에서는 누군가 다른 사람이 42대 대통령이다. 비외연적 맥락은 철학자들에게 난문제를 야기하는데, 왜냐하면 비외연적 맥락에서 어구의 내포와 외연을 어떻게 해석해야 할지가 명료하지 않기 때문이다. 프레게, 러셀, 콰인, 그리고 다른 사람들은 이것에 관해 서로 다른 이론들을 전개했다. 『의미와 필연성』에서 카르납은 다른 사람들보다 더 단순하다고 주장했던 그 자신의 해결책을 제시했다. 그의 이론은 외연적 맥락에서는 프레게의 이론과 똑같지만, 비외연적 맥락의 어구의 해석에서는 프레게와 다르다.

## 배경 5.6  유형/개별자 구별과 과학적 동일성

{개 개 고양이 고양이} 괄호 안에는 낱말 개별자가 네 개 있지만, 낱말 유형은 오직 두 개만 있다. 특정 시간과 공간에서의 특정 번개는 개별자이다. 그것은 특수 전기 방전이다. 이것은 개별자-개별자 동일성이다. 번개는 대기에서의 전기 방전이다. 열은 분자 운동이다. 금은 원자번호 79번 원소이다. 이런 것들은 유형-유형 동일성들이다. 그것들은 어떤 사물 유형이 무엇인지를 말해준다. 과학자들이 발견하기를 기대하는 종류의 동일성은 대

부분 유형-유형 동일성이다. 예컨대 에이즈의 원인은 HIV(인간 면역 결핍 바이러스)이다. 그러나 어떤 흥미로운 과학적 발견들은 개별자-개별자 동일성들이다. 예컨대 공룡 절멸의 원인은 칙술루브(Chicxulub) 운석의 영향이었다.

## 배경 5.7  앨런 튜링과 튜링기계

앨런 튜링(Alan Turing)은 수학자이자 컴퓨터과학자였다. 그는 제2차 세계대전에서 독일군의 비밀 암호를 해독함으로써 전쟁에 총력을 기울인 영국군을 위해 결정적 역할을 했다. 튜링에게는 현대 컴퓨터와 그 컴퓨터 작동을 위한 프로그래밍 기법을 발명한 공로가 수여된다.

튜링기계는 추상적이거나 이론적인 컴퓨터이다. 그 기계는 보통 사각형 모양으로 칸 표시가 되어 있는 긴 종이줄, 그리고 헤드, 즉 어떤 시간에 그 줄을 따라 한 칸의 앞뒤로 움직이는 장치를 포함하는 것으로 그려진다. 그 장치는 그것이 보고 있는 칸에서 무엇을 보는지에 따라 무엇을 해야 할지에 관한 명령을 받는다. 기호들의 수는 매우 제한될 수 있다. 그저 1만으로도 그 기계는 작동할 것이다. 튜링기계는 수학적으로 매우 정밀하게 기술될 수 있으며, 그동안 매우 자세하게 연구되어왔다.

누구라도 연필과 종이 조각을 가지고 그 기계를 작동시킬 수 있다. 다음은 두 수를 더하는 법에 대한 약식 기술이다. 입력은 1들의 열, 하나의 빈칸, 그 다음에 또 다른 1들의 열이다. 1들의 두 열은 두 수가 함께 더해진다는 것을 나타낸다. 출력은 1들의 하나의 열이 될 하나의 수—그것들의 합—가 될 것이다. 다음은 그 프로그램이다. 테이프의 처음에서 시작하라. 테이프를 따라 오른쪽으로 옮겨라. 만일 당신이 1을 본다면, 오른쪽으로 한

칸 옮겨라. 빈 칸을 볼 때까지 계속하라. 1을 인쇄하라. 칸들이 1들을 포함하는 한 계속해서 오른쪽으로 옮겨라. 또 다른 빈 칸에 이르면, 왼쪽으로 한 칸 옮긴 다음, 그 칸의 1을 지워라. 멈춰라. 끝. 당신의 테이프는 하나의 1들 줄이 원래 두 줄의 합과 똑같다는 것을 보여줄 것이다.

놀랍게도 튜링기계는 계산가능한 것이면 무엇이든 계산할 수 있다. 이론적으로. 만일 당신이 이를테면 연필과 종이를 이용하는 튜링기계를 통해 처음 10개의 소수를 계산하고 싶다면, 당신은 종이철을 가지고 많은 인내심을 발휘하기만 하면 될 것이다. 하지만 그 절차는 꽤 단순할 것이다.

퍼트넘에 따르면, 우리의 정신적 상태는 튜링기계로 기술될 수 있다. "나는 (1)전체 인간은 튜링기계이고, (2)인간의 심리적 상태는 튜링기계 상태라는 가설을 옹호해왔다…." (Putnam 1975b, 298쪽). 이것이 바로 퍼트넘의 기능주의의 기초이다. 그는 이 견해를 포기했다.

---

**배경 5.8** **수반**

수반(supervenience)은 의존 관계이다. 다른 특성, 속성, 성질에 수반되는 특성, 속성, 성질은 다음 의미에서 엄밀하게 그것들에 의존한다. 만일 A 속성들이 B 속성들에 수반된다면, B 속성들에서의 차이 없이는 A 속성들에서의 차이도 있을 수 없다. 애초에 수반의 예는 가치이론에서 나왔다. 만일 두 그림이 미적 속성들—예컨대 그것들이 얼마나 좋은지—에서 다르다면, 그것들은 다른 어떤 물질적 속성들—예컨대 그것들이 어떻게 생겼는지—에서도 달라야 한다. 그것들은 미적 속성에서를 제외하고는 물질적으로 동일할 수 없고, 구별불가능한 것일 수 없다.

비환원적 유물주의자들(그들이 유형-유형 동일론을 포기했기 때문에 비환원적이다)은 보통 정신적인 것이 물리적인 것에 수반된다고 주장한다. 만일 두 사람이 정신적 속성들에서 다르다면, 그들 사이에는 어떤 신경생리학적 차이가 있어야 한다. 그것들은 정확히 똑같은 유형의 신경생리학적 상태일 수 없다. 물론 다수 실현가능성 때문에 두 사람은 정확히 똑같은 유형의 정신상태에 있을 수 있지만, 정확히 똑같은 유형의 신경생리학적 상태에 있을 수는 없다.

수반은 지금은 서로 다른 많은 맥락에서 널리 사용되는 철학의 전문 개념인데, 여러 가지 다른 형태를 취하고 있다.

## 더 읽을거리

James Newman and Ernest Nagel(NYU Press, new edition 2008)의 *Gödel's Proof*는 유명한 불완전성 증명에 대해 읽어볼만한 소개서이다.

*The Philosophy of Donald Davidson*(Library of Living Philosophers, Volume XXVII) edited by Lewis E. Hahn(Open Court 1999).

촘스키와 언어학 및 철학에 대한 그의 기여에 대해 읽어볼만한 소개서로는 〈현대의 거장〉 총서로 출판된 존 라이언스(John Lyons)의 *Noam Chomsky*(Viking Press 1970)가 있다.

그라이스의 두 고전적 논문은 스트로슨과 공저한 "In Defense of a Dogma"(*The Philosophical Review* 1956)와 "Meaning"(*The Philosophical Review* 1957)이다. "Meaning"은 특히 영향력이 있었다. 두 논문 모두 분석적 언어철학에서 다른 많은 고전적 논문들과 함께 *Readings in the Philosophy of Language*(Prentice-Hall 1971) edited by Jay Rosenberg and Charles Travis에서 재발행되었다.

마이클 더미트 또한 〈생존철학자 총서〉로 출판된 책이 있다. *The Philosophy of*

*Michael Dummett*(*Library of Living Philosophers*, *Volume XXXI*) edited by Randall E. Auxier and Lewis E. Hahn(Open Court 2007).

분석적 심리철학에 대해 탁월한 두 개관서가 있다. *Philosophy of Mind* by John Heil(Routledge 1998)와 *Philosophy of Mind* by Jaegwon Kim(Westview Press 1998).

# 6 형이상학의 부활

우리는 각각의 세계를 개체들의 영역, 즉 그 세계에 실존하는 개체들의 영역과 연관시켜야 한다. 형식적으로 우리는 어떤 양화 모델 구조(q. m. s.)를 H의 정의역이라 불리는 집합 ψ(H)를 각각의 H∈K에 할당하는 함수 ψ와 함께 어떤 모델 구조(G, K, R)로 정의한다. 직관적으로 ψ(H)는 H에 실존하는 모든 개체들의 집합이다. 물론 ψ(H)가 서로 다른 독립변항들 H에 대해 똑같은 집합일 필요가 없다는 것을 주목할 필요가 있는데, 이는 직관적으로 실재하는 세계 이외의 다른 세계들에서 실제로 실존하는 어떤 개체들이 없는 반면에 페가수스 같은 새로운 개체들이 나타날 수 있는 것과 마찬가지다.(Kripke 1971/1963, 65쪽)

## 양상논리학

최근 분석철학 역사에서 가장 주목할만한 발전은 분석철학자들을 위한 분야로서 형이상학—전통 형이상학—의 부활이다. 20세기 중반의 어떠한 철학 관찰자도 논리 실증주의자들이 제거했다고 상상한 종류의 형이상학에 분석철학자들이 연구 공세를 펼치는 상황을 상상하지 못했을 것이다. 비엔나 학단 전성기 이래로 억눌렸던 철학적 에너지가 방출되면서 둑이 무너졌다. 형이상학 부활의 일차적 원인은 1960년대의 형식적 양상논리학의 발전이었다. 또 다시 분석철학의 큰 파도가 형식논리학의 발전들에 의해 야기되었던 것이다.

양상논리는 필연성과 가능성의 논리이다. 양상논리학들은 표준 명제논리학이나 양화논리학에 필연성과 가능성을 나타내는 새 기호들을 추가함으로써 전개된다. 통상적 기호는 필연성을 나타내는 □와 가능성을 나타내는 ◇이다. 따라서

□P("상자 P"라고 읽는다)는 P가 필연적으로 옳다는 것을 의미한다. ◇P("다이아몬드 P"라고 읽는다)는 P가 가능적으로 옳다는 것을 의미한다. 표준 일차 질서 술어논리학과 달리 양상논리학의 서로 다른 많은 비동치 체계들은 주의를 끌기 위해 경쟁을 벌이는데, 논리학자들은 설령 있다손 치더라도 어떤 체계가 올바른지에 대해 합의에 이르지 못했다.

또 다른 하버드 철학자 C. I. 루이스(C. I. Lewis)는 현대 양상논리학의 창시자이다. 루이스는 1918년에 펴낸 그의 초기 기호논리학 교재에서 몇 가지 다른 양상논리학 체계를 구별하였다. 루이스는 양상논리학 체계들 S1-S5를 구별하였고, 다른 사람들이 이내 추가 체계들을 추가하였다. 그 체계들은 그것들이 공리나 정리로 포함시키는 양상 명제들에서 달랐다. 가장 중요한 체계들은 루이스의 S4, S5, 그리고 B(수학자 L. E. J. 브라우어(L. E. J. Brouwer)의 이름을 따서 지은 체계)였다. S4, S5, B는 기초 부분은 공유하지만, S4는 공리 □P⊃□ □P를 추가하고, B는 P⊃□ ◇P를 추가하며, S5는 ◇P⊃□ ◇P를 추가한다. S4와 B는 다르지만, S5는 S4와 B를 둘 다 포함한다. S5는 가장 포괄적인 양상체계이며, 철학자와 논리학자들이 대부분 사용하는 체계이다. 다양한 양상체계들의 세목들은 여기서 우리에게 문제가 되지 않을 것이다. 관련이 있는 경우에 우리는 그저 S5를 사용하고 있다고 가정할 것이다. [배경 6.1—양상체계 S5] (더 자세한 것에 흥미가 있는 사람들은 이 장 말미에 제시된 더 읽을거리에서 출처를 발견할 것이다).

우리가 초점을 맞출 필요가 있는 요점은 서로 다른 다양한 양상논리학 체계들이 개발되었다는 것과, 논리학자들이 어떤 체계가 올바른지, 또는 심지어 그 체계들의 차이가 반영하는 것이 무엇인지에 대해 합의에 이르지 못했다는 것이다. 더 나아가 양상논리학은 진리함수적이지 않다. □P는 P가 옳아도 그를 수 있다. 이것은 P가 우연적으로 옳지만 필연적으로 옳지는 않은 경우에 성립할 것이다. P의 진리치를 아는 일은 그 자체로 우리가 □P의 진리치를 알 수 있도록 허용하지 않는다. 『의미와 필연성』에서 카르납은 양상논리학에 대해 원시적이지만 영향력 있는 의미론을 개발하였다. 카르납의 양상논리학 체계는 모든 필연성이 곧 분석성이라는 실증주의자들의 의심스러운 견해를 재연한다. 그는

□P를 P가 분석적이라는 것을 의미하고, ◇P를 P가 자체모순이 아니라는 것을 의미하는 것으로 취급했다(모든 양상체계에서 ◇P는 ~□~P와 동치이고, □P는 ~◇~P와 동치이다. 가능적으로 P는 P가 아니라는 것이 필연적인 것이 아님을 의미한다. 그래서 카르납의 체계에서 "가능한"은 "분석적으로 그른 것이 아닌"을 의미한다). "지구는 하나의 위성을 가지고 있다"는 문장은 옳지만 분석적이지 않다. 따라서 ◇지구는 하나의 위성을 가지고 있지만, ~□지구는 하나의 위성을 가지고 있다. 되풀이하자면 □는 진리함수적이지 않다.

양상 체계들 중의 어떤 것이 올바른지를 아무도 모른다는 사실에도 불구하고, 양상논리학은 유용하면서 흥미로우며, 심지어 절대적으로 중요한 것처럼 보였다. 아무 신문이나 살펴보라. 그 신문은 "… 일지 모른다"(may), "… 일 수도 있었다"(might), "… 할 수 있었다"(could), "해야 한다"(must), "…할 필요가 없다"(need not), "해야 했다"(had to) 등 같은 양상 용어들을 사용한 문장들로 채워져 있다. 우리의 언어와 사고는 할 수 있었던 것, 할 수 없었던 것, 했어야 하는 것 등에 관한 개념들로 채워져 있다. 그러한 개념들에 대한 분석과 조직화는 풍요로운 논리적 연구 분야―진리조작사 "아니다", "그리고", "또는", "만일 …라면,… 이다"와 양화사 "모든", "약간의"의 논리를 완성한 후 다음 논리적 단계―가 될 가망이 있는 듯 했다. 더 나아가 다른 체계들은 필연성과 가능성의 논리와 유사하다. 논리학자들은 해야 한다를 나타내는 기호와 함께 윤리학에 대해 양상논리학 유형의 체계들을 개발했고, 믿음과 지식을 나타내는 기호들과 함께 인식론에 대해 양상논리학 유형의 체계를 개발했고, 시제 논리학(이전과 이후)을 개발했으며, 몇 가지 다른 적용사례들을 발견했다. 양상논리학은 또한 달리는 표현하기가 어려웠을 구별들을 설명하는 데에도 유용하다. 예컨대 나는 당신에게 "cannot"을 분리하지 말도록 권한다. 그것은 한 낱말이어야 한다. 그것은 "can not"과 다른 어떤 것을 의미한다. 나는 가게에 갈 수 없다(I cannot go to the store) = ~◇S. 나는 가게에 가지 않을 수도 있다(I can not go to the store) = ◇~S.

양상논리학의 무질서는 슬픔의 원천이다. 논리학자들과 수학자들은 불확실성을 좋아하지 않는다. 물론 철학자들은 불확실성에 이골이 나 있고 그것을 번성하게 하지만, 그들의 형식적 체계들에서 그렇게 하는 것은 아니다. 어떤 주제에 대한 서로 다른 형식적 체계들의 존재 자체는 만일 그 실제 종사자들이 차이들이 무엇을 나타내고, 그들이 그 차이들을 어떻게 나타내는지 안다면 그리 큰 문제가 아닐 것이다. 경쟁하는 양상체계들의 문제는 논리학자들의 직관과 반성이 그 체계들 사이에서 결정하는 일에 도움이 될 수 없고, 그 차이들이 무엇을 나타내는지에 대해서도 통찰을 얻을 수 없다는 것이다. 논리학자와 철학자는 필연적 진리는 무슨 일이 일어나든 옳으며, 모든 가능한 상황이나 세계에서 옳다는 모호한 생각을 공유한다. 그것이 카르납의 체계에서처럼 분석적인 것과 똑같은 것인가? 우연적 진리는 옳지만, 필연적으로 옳지는 않은 진리이다—그것은 만일 상황이 달랐다면 그를 수도 있었다. 그것이 분석적이지 않고 자체모순이 아니라는 것과 똑같은 것인가? 만일 그렇다면, 이것은 분명치 않은 것을 통해 불명료한 것을 정의하는 일인 것처럼 보인다.

카르납은 그가 상태 기술(state descriptions)이라 부른 것—모든 것에 대한 완전한 정합적 기술—을 활용했다. 개개의 모든 완전한 정합적 문장들 집합은 상태 기술이다. 상태 기술은 가능세계에 대한 언어적 표현이다. □P는 P가 개개의 모든 상태 기술에서 성립한다는 것을 의미하고, ◇P는 P가 적어도 한 상태 기술에서 성립한다는 것을 의미한다. 카르납은 분명치 않고 형이상학적인 어떤 것—가능세계나 전체 사태—을 명료하고 명확한 어떤 것—상태 기술—로 대치하려 하고 있었다. 카르납이 가능세계를 상태 기술로 바꾼 이 대치는 그가 실질화법(material mode of speech)에서 형식화법(formal mode of speech)의 번역이라고 생각했던 것의 예이다. [배경 6.2—실질화법 대 형식화법, 의미론적 상승] 카르납에 따르면, 과학적 철학자가 되기 위해서는 사물, 속성, 또는 가능세계를 포함하여 철학적으로 그런 것들과 관련된 것은 무엇이든 언어에 관한 진술로 대치해야 한다. 1937년 책『언어의 논리적 통사론』(*The Logical Syntax of Language*)에서 카르납은 여러 쪽에 걸쳐 실질화법에서 형식화법으로의 그러한 번역을 제시한다. 예컨대 "달은 사물이다, 5는 사물이 아니라 수다"(실질화법). " '달' 은 사물-낱말이다(사물-이름), '5' 는 사물-낱말이 아니라 수-낱말이다." (형식화법)(Carnap 1937, 297쪽). 카르납은 "형식화법으

로의 번역가능성은 모든 철학적 문장에 대한 시금석을 형성한다."고 주장한다
(Carnap 1937, 313쪽). 그는 우리에게 가능세계에 관한 진술(실질화법)을 상
태기술에 관한 진술(형식화법)로 번역하라고 했을 것이다. 카르납은 철학에서
실질화법 진술들이 무진장한 혼란으로 이끄는 반면에 형식화법 진술은 그 혼란
이 과학적으로 일소될 수 있게 한다고 주장하였다. 종종 그 문제는 어떤 종류의
언어를 채택해야 하는지에 관한 결정에 지나지 않는 것으로 드러났다. 명료성
을 추구한 카르납의 시도에도 불구하고 양상논리학의 상황은 명료성의 전형인
고전적인 일차질서 술어논리학과 달리 계속해서 분명치 않은 상태로 남아 있
었다.

자칭 양상논리학자들의 실망에 더하여 당시 지도적인 분석철학자 W. V. 콰
인은 양상논리학에 반대하였다. 콰인에 따르면, 양상논리학은 유해무익하다ㅡ
"현대 양상논리학은 죄를 잉태했다"(Quine 1966d, 175쪽). 무엇보다도 제3장
에서 살펴보았던 것처럼, 콰인은 카르납의 분석성 개념을 거부했고, 그래서 그
개념을 표상하는 일에 기초한 논리적 체계는 처음부터 실패할 운명이었다. 콰
인은 또한 양상 조작사 □와 ◇를 양화사와 결합시키는 일에도 반대했다. 그렇
게 결합하는 것의 문제들은 우리가 어떤 양화 맥락을 양화하는 ∃x □ (x)7) 같
은 양화문장들에서 가장 잘 지적된다. 양화 양상논리학에 대한 콰인의 반대는
양상논리학자들을 잠시 좌절시켰다가 엄청난 수의 응수를 내놓도록 이끌었는
데, 이것은 다시 양상논리학을 발전시키고 양상논리학을 점점 더 세련되게 다
듬도록 이끌었고, 콰인의 최악의 두려움을 현실화ㅡ추방된 형이상학의 소생ㅡ
하는 쪽으로 이끌었다.

콰인은 양화 양상논리학에 대해 다양한 전문적 반론을 전개했는데, 이에 대
해 양상논리학자들은 전문적 응수와 해결책을 가지고 다루었다. 그러나 콰인의
근본적 반론은 양상 맥락들에 대해 양화하는 일은 불가피하게 본질주의로 이끈
다는 것이다. 양화 양상논리학에 포함된 종류의 본질주의ㅡ아리스토텔레스 식
본질주의ㅡ는 훌륭한 구식 형이상학이다.

그러나 또 다른 [양화 양상논리학의] 귀결이 있는데, 특히 인상적인 귀결,

즉 아리스토텔레스 식 본질주의이다. 이것은 어떤 사물의 특성들(즉 속성들과 관계들) 중의 어떤 것들은 (만일 언급된다 하더라도 그 사물이 언급되는 언어와 완전히 독립적으로) 그 사물에 본질적이고, 다른 것들은 우발적이라는 신조이다. 예컨대 인간이나 말하는 동물이나 깃털 없는 두 발 동물(왜냐하면 그것들은 사실상 모두 똑같은 사물들이므로)은 단순히 인간으로서가 아니라 그 자체로서 본질적으로 이성적이며, 우발적으로 두 발이고 말을 한다. (Quine 1966c/1953, 173–4쪽)

만일 양상 맥락에 대한 양화가 강요된다면, 명백히 아리스토텔레스 식 본질주의로의 이러한 복귀가 요구된다. 어떠한 이름으로 불리든 아니든 대상 자체는 그 특성들 중의 어떤 것들은 필연적으로 갖고, 다른 것들은 우연적으로 갖는 것으로 보여야 한다. (Quine 1961c, 155쪽)

[배경 6.3—본질 대 우유]  콰인에게 이것은 양화 양상논리학과 양상논리학 일반의 자격을 박탈하기에 충분한 것이다. "[양화 양상논리학은] . . . 아리스토텔레스 식 본질주의라는 형이상학적 정글로 되돌아가도록 이끈다."(Quine 1966c/1953, 174쪽). "그래서 카르납과 루이스는 말하지 않았지만 나는 결론적으로 양화 양상논리학에 대해 그만큼 더 나쁘다고 말한다. 그리고 그것은 양화되지 않은 양상논리학에 대해서도 그만큼 더 나쁘다는 것을 함의한다. . . ."(Quine 1961c, 156쪽).

양상 맥락에 대해 양화하는 일이 본질주의로 이끈다는 콰인의 논증은 다른 기술들이 대상들에 적용된다는 사실에 의존한다. 콰인이 든 유명한 예는 행성들의 수가 포함된다.

행성들의 수=9.

이 동일성이 시대에 뒤떨어진 것이라는 사실은 교훈이 되지만, 이 동일성이 양상논리학에 제기하는 문제는 바뀌기 쉬운 천문학의 진리들과 아무 관계가 없다. 양상문장을 생각해보라.

$$\exists x \,\square\, (x \rangle 7)$$

만일 우리가 "$\square\,(x \rangle 7)$"에서 "x"에 "9"를 대입한다면, 우리는 다음 옳은 진술을 얻는다.

$$\square\,(9 \rangle 7)$$

우리는 진리치의 변화 없이 같은 대상에 임의의 이름을 대입할 수 있어야 한다. 그렇지만 이것을 하면 우리는 다음의 허위를 얻는다.

$$\square\,(행성들의 수 \rangle 7)$$

(확실히 가상의 또 다른 행성이 명왕성이 그랬던 것처럼 행성의 지위를 박탈당할 수도 있다.) 이것은 □가 비외연적 맥락을 만든다는 것을 실증한다. 콰인이 표현한 바에 따르면, 양상 맥락은 언급적으로 불투명하다. [배경 6.4—식별불가능한 것들의 동일성, 대입성, 언급적 불투명성, 그리고 외연적인 것 대 내포적인 것에 관한 더 자세한 내용] 이 상황을 의미 있게 만드는 유일한 방식은 수 9, 즉 그 대상 자체가 필연적으로 7보다 크다고 주장하는 것이지만, 그것은 우연적으로만 행성들의 수가 되었을 뿐이다. 이것은 콰인이 그토록 강경하게 거부한 본질주의이다.

　　콰인은 "그런 식으로 필연적임이나 가능적임은 일반적으로 해당 대상의 특성이 아니라 그 대상을 언급하는 방식에 달려 있다"고 주장한다(Quine 1961c, 148쪽). 콰인에 따르면, 기술들은 필연성이나 우연성을 함의하지만 대상 자체를 함의하지 않는다. 비록 콰인이 채택한 건 아니지만 이것을 표현하는 한 가지 방식은 양상성이 사물양상(*de dicto*, 事物樣相)이 아니라 오직 언표양상(*de re*, 言表樣相)일 뿐이라는 것이다. 언표양상은 낱말이나 담화에 대한 것을 의미하고, 사물양상은 사물 자체에 대한 것을 의미한다. 콰인은 사물양상을 거부한다. 유명한 구절에서 그는 우리에게 사물양상에 관한 그의 당혹감을 느끼게 하려고 시도한다.

> 어쩌면 나는 적당한 당혹감을 다음과 같이 불러일으킬 수 있다. 수학자들은 생각건대 필연적으로 이성적이라고 말할 수 있고, 필연적으로 두 다리를 갖는 것은 아니라고 말할 수 있다. 그리고 자전거 타는 사람들은 필연적으로 두 다리를 갖고 있다고 말할 수 있고, 필연적으로 이성적인 것은 아니라고 말할 수 있다. 그러나 자신의 기이한 행각들 중에 수학과 자전거 타기 모두를 고려하는 개인은 어떤가? 이 구체적인 개인은 필연적으로 이성적이고 우연적으로 두 다리를 갖고 있는가, 또는 그 반대인가? 자전거 타는 사람들에 대해 반대되는 것으로서 표면에 나타나지 않게 수학자들을 분류하는 일, 또는 그 반대로 분류하는 일에 대해 특별한 편견을 가지지 않고 우리가 그저 그 대상에 대해 언급적으로 이야기하고 있는 한, 그의 속성들 중 어떤 것들은 필연적인 것, 또 어떤 것들은 우연적인 것으로 등급 매기는 일에 의미 비슷한 것은 없다. 맞다. 정말이지 그의 속성들 중 어떤 것들은 중요한 것으로 간주되고, 또 어떤 것들은 중요하지 않은 것으로 간주된다. 어떤 것들은 영구적인 것으로 간주되고, 또 어떤 것들은 무상한 것으로 간주된다. 그러나 필연적이거나 우연적인 것으로 간주되는 것은 전혀 없다.
>   이상하게도 필연적 속성과 우연적 속성 사이의 바로 그러한 구별에 대해서는 철학적 전통이 존재한다. 그 구별은 '본질'과 '우연', '내적 관계'와 '외적 관계' 같은 용어들 속에서 살아 있다. 그것은 우리가 그 기원을 아리스토텔레스에게 돌리는 구별(그러한 것이 아리스토텔레스에게 귀속시키는 일에 대한 벌이므로 학자들에 의해 반박되기 쉬운 구별)이다. 그러나 아무리 유서가 깊은 것이라 해도 그 구별은 확실히 옹호될 수 없다. (Quine 1960, 199-200쪽)

물론 콰인은 양상논리학 및 그에 따라붙는 본질주의를 거부하는 일에서 멈추지 않았다. 그는 이미 살펴보았던 것처럼 특성(속성, 관계), 명제, 의미 같은 모든 내포적 대상을 거부했다. 콰인은 일차질서 술어논리학에다가 집합론을 더한 것이 철학과 과학에 적합하다고 주장했다는 의미에서 외연주의자였다.

> 그러한 [외연적] 언어는 고전 수학, 그리고 실제로는 일반적으로 과학적 담화에 적합할 수 있는데, 후자가 반사실적 조건진술이나 '필연적으로' 같은 양상 부사 같은 논쟁이 되는 장치를 포함하는 경우를 제외하고는 그렇다. (Quine 1961b/1951, 30쪽)

속성(집합 대신), 의미, 명제, 사물양상 같은 내포적인 모든 것은 형이상학으로 이끈다.

> 속성, 명제, 논리적 양상에 대해 자유롭게 말하는 논리학자, 의미론자, 분석철학자 대부분은 그들 자신이 너그럽게 봐주는 일이 거의 없을 어떤 형이상학적 입장을 그런 것들이 함의한다는 것을 감지하지 못하고 있음을 무심결에 드러낸다. (Quine 1961c, 157쪽)

그러나 그들은 그것을 너그럽게 봐주었다!—양화 양상논리학, 속성 등을 포기한 것이 아니라 오히려 그들은 노골적으로 형이상학자가 되었다. 그들은 제멋대로 사물양상을 사용했고, 다양한 형태의 본질주의를 받아들였으며, 일반적으로 무제한적 내포논리학의 환희를 누렸다. 그리고 우리는 여전히 그렇게 하고 있다. 가장 놀랄 만한 일은 자기혐오의 창궐이 분석철학을 전혀 전염시키지 못했고, 부끄러움이나 당황스러워하는 모습이 거의 없었으며, 그 형이상학의 모든 것에 관해 약간만 주저하는 태도를 보였다는 것이다. 분석철학자들은 형이상학의 만개를 즐겼고, 계속해서 즐기고 있다.

우리(나는 내가 이 학파에 속하기 때문에 "우리"라고 말한다) 대부분은 양심의 가책을 겪지 않았을 뿐만 아니라 오히려 의기양양한 태도를 보인다. 내 견해는 아리스토텔레스 식 본질주의가 직관적이고 상식적이며, 콰인과 달리 옹호될 수 있다―유령이 나올 것처럼 무시무시한 것이 아니라―는 것이다. 우리가 분석철학을 걸리적거리게 했던 형이상학에 대한 제약들을 포기했을 때 우리는 안도감과 상쾌함을 느꼈다. 그렇지만 형이상학을 받아들일 때 우리는 명료성, 조심성, 주의 깊은 연속 추론에 대한 헌신을 포기하지 않았고, 과학과 수학에 대한 존중을 포기하지도 않았다.

　내포적 대상들에 대한 콰인의 반대는 그것들이 명료한 동일성 기준을 결여했다는 것이다. 콰인이 자주 되풀이하는 슬로건은 "동일성 없이는 존재자도 없다"는 것이다.

> 우리는 그런 종류의 대상에 대해 승인할만한 개별화 원리를 가지고 있는 한에서만 집합, 물리적 대상, 속성, 또는 다른 온갖 종류의 대상에 대해 승인할만한 개념을 갖는다. 동일성 없이는 존재자도 없다(Quine 1981b/1975, 102쪽).

콰인에 따르면, 우리는 물리적 대상들(공간적 위치와 시공상의 연속성), 집합들(같은 원소를 갖는 집합들은 동일하다)에 대해서는 개별화 원리를 갖고 있지만, 속성들에 대해서는 그런 원리를 갖고 있지 않다. 속성이나 관계들은 예컨대 삼각형과 삼변형, 심장을 가짐과 신장을 가짐처럼 정확히 똑같은 원소들을 갖지만 서로 다를 수 있다. 콰인에 따르면, 우리는 속성들이 언제 같거나 다른지에 대한 기준을 전혀 가지고 있지 않다. 그가 "두 가지 독단"에서 논증했던 것처럼 의미와 명제에 대해서도 똑같은 말이 성립한다. 같은 이유로 콰인은 현실화되지 않은 가능자들(unactualized possibles)도 거부한다.

> 예컨대 그쪽 출입구에 있는 가능한 뚱뚱한 사람을 생각해보라. 그리고 또 그쪽 출입구에 있는 가능한 대머리인 사람을 생각해보라. 그들이 똑같은 가능한 사람인가, 아니면 두 명의 가능한 사람인가? 우리는 어떻게 결정하는가? 그쪽 출입구에 얼마나 많은 가능한 사람이 있는가? 뚱뚱한 사람들보다 가능한 홀쭉한 사람들이 더 많은가? 그들 중 얼마나 많은 사람이 서로 닮았는가?

… 이런 요소들은 거의 시비불가능하다. (Quine 1961a/1948, 4쪽)

분석적 형이상학자들은 콰인의 논증에 대해 다양한 방식으로 응수했다. 그들은 사람과 물리적 대상의 동일성 기준이 콰인이 가정한 것만큼 명료하지 않다고 지적했다. 철학자들은 사람의 동일성과 물리적 대상들의 시간적 재확인(reidentification)에 대해 당혹스러워 해왔다. 종종 우리는 어떤 대상이 과거의 대상과 같은지 다른지에 관해 명료한 답을 갖고 있지 않다. [배경 6.5—테세우스의 배] 그러나 우리는 물리적 대상들에 대해서는 이 물음을 잘 처리한다. 만일 우리가 콰인의 혹평을 따른다면, 우리는 집합을 제외한 모든 것을 제거해야 할 것이다(어떤 철학자들은 그것을 제안했다). 게다가 속성들의 동일성 조건에 대한 연구가 행해졌고, 이 연구는 오늘날에도 여전히 살아 있는 주제이다. 이것이 두 손 들고 콰인의 쌀밥과 양배추 수프라는 교도소 식단(즉 집합, 일차질서 논리학, 소리들 두름, 진리치, 시공상의 점, 어쩌면 물리적 대상들까지)을 따르려 하는 것보다 더 나은 방책이다.[1]

콰인의 혹평을 거부하면서 철학자들이 마음에 거리낌이 없었던 또 다른 이유는 서로 경쟁하는 양상논리학 체계들의 본성을 명료화하는 일에서 솔 크립키(Saul Kripke)가 해낸 극적 진전이었다. 솔 크립키는 조숙한 천재였다—그리고 어른이 되어서도 천재이다. 그는 1940년 네브라스카 주 오마하에서 태어났다. 고등학교에 다니던 시절 이미 그는 양상논리학에 관한 중요한 전문 논문들을 출판했다. 그가 논리학에서 또 다른 중요한 연구를 했을 때 그는 하버드대학교 학부생이었다. 나중에 그는 하버드대학교, 록펠러대학교, 프린스턴대학교에서 학생들을 가르쳤으며, 지금은 뉴욕시립대학교에서 가르치고 있다. 크립키는 콰인 이래 지도적인 미국 철학자였으며, 우리가 곧 살펴볼 것처럼 철학의 여러 분야에 뚜렷이 기여했다.

---

1    물론 어떤 철학자들은 적어도 어느 정도까지 기꺼이 콰인의 긴축 방책을 따르려 했다. 우리는 제5장에서 데이비드슨이 의미라는 내포적 개념을 외연적 진리성 조건들로 대치하고 싶어 했다는 것을 살펴보았다. 그렇지만 또한 이미 살펴보았던 것처럼 데이비드슨은 형이상학적 경향을 가지고 있었다. 그와 콰인은 여러 가지 쟁점에 관해 불일치했다.

1963년 크립키는 『핀란드 철학』(*Acta Philosophica Fennica*) 지에 신기원을 이룬 논문 "양상논리학에 관한 의미론적 고찰"(Semantical Considerations on Modal Logic, Kripke 1971/1963)을 출판했다. 이 논문의 출판 이래로 양상논리학은 크립키의 전문적 연구 결과에 기초를 두어 왔다. 크립키의 방법은 다른 여러 논리학자가 독자적으로 비슷한 사상을 제시하고 있었다는 점에서 "그러한 기운이 감도는 분위기에서" 제시되었지만, 크립키의 방법이 명료하고 결정적이었다. 세세한 내용들 때문에 여기서 우리가 지체할 필요는 없다(흥미가 있는 사람들은 이 장 말미에 제시된 더 읽을거리에서 출처를 발견할 것이다). 이미 살펴보았던 것처럼, 직관적 착상은 □P가 P는 모든 가능세계에서 옳다는 것을 의미한다는 것이다. 크립키는 가능세계들 사이의 관계를 다양한 방식으로 재정돈함으로써 우리가 다양한 양상논리학들의 모델을 얻게 될 것임을 독창적으로 보여주었다. 그는 S4, B, S5 사이의 차이를 명료화하고, 골치 아픈 어떤 양상 형식문들의 의미 또한 명료화했다. 크립키는 양상논리학을 견고한 형식적 발판 위에서 작동시켰다. 크립키의 방법은 다른 논리학자들이 다른 내포논리학들을 형식화하는 데 사용하였다.

크립키에게 감사한 일이지만, 콰인과 다른 외연주의자들은 우리의 형이상학적 천국에서 우리를 몰아내게 되어 있지 않았다.

## 가능세계

가능세계는 이내 분석철학에서 매우 인기 있는 것(the "in" thing)이 되었다. 가능세계가 지구에서 멀리 떨어져 있거나 가까이 있는 것이 아님을 잘 주목할 필요가 있다. 그것은 우리 우주의 일부가 아니다. 가능세계는 사물들이 존재할 수 있었던 전체 방식이다. 가능세계는 시간의 모든 것과 공간의 모든 것을 포함한다. 시간의 시작부터 끝까지 실제 세계와 전체 실제 우주는 하나의 가능세계―실제 세계―이다.

가능세계와 가능세계 언급은 물론 양상 개념들을 분석하는 데 사용되었지만, 또한 다음에도 사용되었다.

가능세계 관념은 광범위한 주제에서 이해와 통찰을 약속하면서 동시에 제공해왔다고 나는 믿는다. 여기서 굉장한 것은 광의의 논리적 가능성, 즉 언표·양상과 사물양상 모두를 포함한 논리적 가능성이라는 주제이다. 그러나 다른 주제들도 있다. 즉 명제, 속성, 집합의 본성, 고유명과 한정기술의 기능, 반사실진술의 본성, 시간과 시간적 관계, 인과적 결정론, 철학적 신학에서 존재론적 논증, 신학적 결정론, 악의 문제. (Plantinga 1979b, 253쪽)

다음은 한 예이다. 콰인은 우리가 집합과 달리 속성들에 대한 동일성 기준을 가지고 있지 않다고 주장하였다. 그러나 가능세계를 통해서 우리는 그런 기준을 갖는다. 속성의 문제는 모든 그리고 오직 똑같은 사물이 두 가지 다른 속성을 가질 수 있다는 것이다. 우리는 그것들을 어떻게 차별화해야 하는가? 각각의 가능세계는 그 세계에 실존하는 대상들의 영역을 가지고 있다. 어떤 속성을 각각의 가능세계를 그 속성을 가지면서 그 세계에 실존하는 사물들 집합과 연관시키는 함수로 취급하라. 그렇게 되면 속성은 가능세계로부터 그 세계의 영역의 부분집합들에 이르는 함수이다. 만일 어떤 가능세계에서 속성들이 독특한 개체들 집합을 확연히 드러낸다면 그 속성들은 독특하다. 따라서 실제 세계에서 모든 그리고 오직 똑같은 사물들이 갖는 서로 다른 두 속성은 다른 가능세계들에서 그 속성들을 갖는 사물들에서 다를 것이다. 다시 말해서 속성들은 만일 그 외연이 달라질 수 있다면 다르다.

또 다른 예가 있다. 크립키, 플랜팅가와 함께 가능세계 의미론의 발전과 적용의 개척자인 데이비드 루이스와 로버트 스톨네이커(Robert Stalnaker) 두 사람 모두 가능세계를 반사실적 조건진술을 해석하는 데 사용했다. 반사실적 조건진술은 만일 다른 어떤 일이 일어나거나 일어나지 않았더라면 사실로 성립했을 것을 말한다. 예컨대 만일 네이더가 2000년에 대통령에 출마하지 않았다면, 고어가 대통령에 당선되었을 것이다. 이런 종류의 진술은 종종 유의미하고 유용하다. 반사실적 조건진술은 논리 실증주의자들에게 문제를 던진 셈인데, 왜냐하면 우리는 그런 진술을 검증할 수 없는 것처럼 보이기 때문이다. 앞의 인용구에서 콰인이 사실에 반하는 조건진술을 논쟁이 되는 장치로 기술한다는 사실을

다시 떠올려보라. 그러나 나는 2000년 선거에 관한 반사실적 진술과 나의 믿음
이 랠프 네이더에 대한 나의 태도에 영향을 미친다고 믿으며, 그래서 그것을 기
각하고 싶지 않다. 그렇다면 우리는 반사실적 진술을 어떻게 해석할 수 있을
까? 스톨네이커에 따르면,

> 가능세계라는 개념이 바로 우리가 필요로 하는 것이다. … 다음은 … 내가 제
> 안할 설명에 대한 최초의 근사치이다. A가 옳고, 그렇지 않을 경우 실제 세
> 계와 최소한도로 다른 가능세계를 생각해보라. "만일 A라면 B"는 그 가능세
> 계에서 B가 옳은(그른) 경우에 한해서 옳다(그르다). (Stalnaker 1991/1968,
> 33-4쪽)

　　스톨네이커의 기본 착상은 우리가 그 세계에서 네이더가 출마하지 않는다는
점을 제외하고는 실제 세계와 가장 닮은 가능세계를 생각한다는 것이다. 만일
그 세계에서 고어가 당선된다면, 그 반사실적 진술은 옳다. 스톨네이커의 가능
세계 분석은 반사실적 조건진술의 진리성 조건을 개념화하는 명료하고 간명한
방식을 제시한다.
　　루이스의 분석도 스톨네이커와 비슷하다. 그는 그의 1973년 책 『반사실적 진
술』(Counterfatuals)을 캥거루에 관한 재미있는 조건진술로 시작한다.

> '만일 캥거루들이 꼬리가 없다면, 그것들은 넘어졌을 것이다.'는 나에게는 이
> 비슷한 어떤 것을 의미하는 것처럼 보인다. 캥거루들이 꼬리가 없고, 꼬리가
> 없는 캥거루들이 허용하는 정도만큼 우리의 실제 사태와 닮은 임의의 가능
> 한 사태에서 캥거루들은 넘어졌다. 나는 이 노선을 따라 반사실적 조건진술
> 에 대한 일반적 분석을 제시할 것이다.
> 　　내 방법은 내포논리학의 가능세계 의미론에 대한 최근의 많은 연구에서
> 제시된 방법이다. (Lewis 1973, 1쪽)

루이스는 이 인용구에 대한 각주에서 특히 양상논리학에 대한 크립키의 의미론

을 인용한다.

  지도적인 분석적 종교철학자 앨빈 플랜팅가는 신학적 쟁점들에 대한 가능세계 의미론의 적용을 언급하는데, 그것이 바로 그가 특별히 초점을 맞춘 주제였다(우리는 이 장 뒷부분에서 그의 논증을 구경할 것이다). 가능세계는 17세기에 신학적 이유로 G. W. F. 라이프니츠가 철학에 처음 도입하였다.[2] 라이프니츠는 실제 세계가 모든 가능세계 중 최선의 세계라고 주장했던 것으로 유명하다. 창조 이전에 신은 모든 가능세계를 고려한다. 신은 전지하기 때문에 각각의 세계에 관해 처음부터 끝까지, 그리고 끝에서 끝까지 모든 것을 안다. 그러나 신은 어떤 세계를 현실화하기로 선택했을까? 신은 완전히 선하므로 최선이 아닌 것을 절대로 선택할 수 없다. 따라서 우리가 사는 실제 세계, 즉 신이 현실화하기로 선택한 세계는 모든 가능세계 중 최선의 세계이다. 양상논리학자들은 라이프니츠의 결론에 의해 계몽되기보다 더 당혹스러워했다. 플랜팅가조차도 그 결론을 거부했다. 다행히도 우리는 라이프니츠가 형이상학에 기여한 것을 이해하기 위해 이 세계가 모든 가능세계 중 최선의 세계인지 아닌지의 문제를 해결할 필요가 없다.

  플랜팅가는 내가 가능세계를 기술해온 방식, 즉 표준이 되는 가능세계 개념(canonical conception of possible worlds)을 불러들인다. 그것은 대략적으로 철학자들이 사용해온 기초 개념이기 때문에 표준적이다. 그 개념을 간단히 다시 정리해보자. 가능세계란 사태가 존재할 수 있었던 전체 방식이다. 각각의 세계는 그 세계에 실존하는 개체들의 영역을 갖는다. 그 영역들은 똑같은 것일 필요가 없다. 가능세계에 대한 표준적인 크립키 의미론에서 그 영역들은 똑같지 않다. 어떤 것들은 다른 어떤 가능세계들에서 실존하지만 실제 세계에서는 실존하지 않으며, 그 반대도 마찬가지다. 속성은 그러한 세계의 영역들에서 가능세계들로부터 개체들 집합에 이르는 함수들이다. 필연적 명제는 모든 가능세계에서 옳다(그리고 우리는 어떤-세계-에서-진리성에 대해 전문적인 타르스키

---

2  가능세계가 신학적 유산이라는 사실이 아마 콰인이 양상논리학과 가능자를 거부한 진술되지 않은 또 다른 이유일 것이다.

유형의 진리성 정의를 제공할 수 있다). 가능한 명제는 적어도 하나의 가능세계에서 옳다. 불가능한 명제는 어떤 가능세계에서도 옳지 않다. 우연적 명제는 어떤 세계들에서는 옳지만 다른 세계들에서는 그르다. 여기서 표준적 개념이 분석성에 대해 전혀 언급하지 않음을 주목할 필요가 있다. 이 개념은 언어에 관한 것이 아니다. 비록 우리가 가능세계 의미론에 대해 이야기한다 할지라도, 그것은 형이상학이다.

본질주의는 어떻게 되는가? 개체는 만일 그 개체가 실존하는 모든 세계에서 어떤 속성을 갖는다면, 그리고 오직 그 경우에만 본질적으로 그 속성을 갖는다. 개체는 만일 적어도 한 세계에서 어떤 속성을 갖고 다른 세계에서는 그 속성을 결여한다면, 그리고 오직 그 경우에만 그 속성을 우연적으로 갖는다. 추정컨대 나는 내가 실존하는 모든 세계에서 인간임이라는 속성을 갖는다. 나는 어떤 세계에서는 이타카에서 살음이라는 속성을 갖고 다른 세계들에서는 갖지 않는다. (그런데 여기서 자전거를 타는 수학자에 관한 콰인의 난문제에 대한 내 답이 있다. 그는 필연적으로 수학자가 아니고, 필연적으로 자전거 타는 사람도 아니다. 사실상 나는 어떤 인간도 필연적으로 수학자이거나 필연적으로 자전거 타는 사람이 아니라고 말할 것이다. 그래서 자전거 타는 수학자는 우연적으로 수학자이고, 우연적으로 자전거 타는 사람이다. 그래서 그는 필연적으로 이성적이지도 않고 필연적으로 두 다리를 갖는 것도 아니다. 그는 두 속성 모두 우연적으로 갖는다. 그는 만일 인간이 필연적으로 이성적이라면 필연적으로 이성적이겠지만, 슬프게도 우리는 그것이 옳지 않음을 안다. 콰인의 난문제는 언표양상과 사물양상의 구별을 이용해 분류될 수도 있다. 모든 남편은 필연적으로 결혼했다. 이것은 언표 필연성이다. 그 필연성은 "남편"이라는 언어적 기술에 부여된다. 그러나 남편인 나는 필연적으로 결혼한 것이 아니다. 사물로서의 나는 실제로 결혼한 다른 모든 개인과 마찬가지로 우연적으로 결혼했다).

필연적 존재는 모든 가능세계에서 실존하고, 우연적 존재는 어떤 가능세계에서는 실존하지만 다른 가능세계에서는 실존하지 않는다. 당신과 나는 우연적 존재이다. 결핍된 어떤 세계들은 우리를 결여한다. 만일 수들이 실존한다면, 그것들은 아마 모든 가능세계에서 실존할 것이다. 양화사들은 주어진 세계 안에서만 적용된다. ∃x(x는 얼룩말이다)는 실제 세계에서 얼룩말들이 발견되기 때문에 옳다. ◇∃x(x는 붉은 레몬이다)는 ∃x(x는 붉은 레몬이다)가 어떤 가능세계에서 옳다면, 그리고 오직 그 경우에만 옳다. ∃x◇(x는 붉은 레몬이다)는 어떤 실제 레몬이 어떤 가능세계에서 붉다면, 그리고 오직 그 경우에만 옳다. 다른 가능세계들에 관해 언급할 때 우리가 우리의 의미를 가진 우리의 언어를 사용하고 있음 또한 주목하라. 우리의 기호들, 즉 그러한 모양들은 다른 어떤 가능세계들에서는 다른 것들을 의미하지만, 그것은 우리의 관심사가 아니다.

그래서

$$∃x\ □\ (x〉7)$$

은 실제 세계 영역의 어떤 것이 모든 세계에서 7보다 크다면, 그리고 오직 그 경우에만 옳다. 이것은 수 9(그리고 무한히 많은 다른 수들)가 될 것이다.

$$□\ ∃x(x〉7)$$

은 모든 가능세계에서 어떤 것이 7보다 크다면, 그리고 오직 그 경우에만 옳다.

양화 양상논리학의 영향력 있는 초기 제창자 루스 바캔 마커스(Ruth Barcan Marcus)의 이름을 따서 바캔 공식(Barcan formula)이라 불리는 흥미로운 양상 공식이 있다.

$$∀x\ □\ Ax ⊃ □\ ∀xAx$$

이것은 소수 몇 개의 가정을 허용함으로써 S5에서 결국은 그른 것이 된다. 실제 세계의 모든 개체가 그것이 실존하는 모든 세계에서 A라고 가정해보라. 그러면 ∀x□Ax는 옳다. 이제 또한 다른 어떤 세계의 영역이 실제 세계에서 실존하지 않는 대상들을 포함하고, 그 세계에서 A가 아니라고 가정해보라. 그 세계에서 ∀xAx는 그르다. 그래서 ∼□∀xAx이다. 만일 가능세계들의 모든 영역이 똑같다면, 바캔 공식이 성립한다. 이 모든 것은 크립키에 의해 명료화되었다.

너무나 재미가 있으니까 표준이 되는 가능세계 개념의 또 다른 적용을 간단히 살펴보기로 하자. 당신은 결정론자일 수도 있다. 즉 당신은 모든 사건과 행동이 인과적으로 미리 결정되어 있으며, 우리는 자유로운 선택을 하지 않는다고 믿는다. 아, 그런데 당신은 가능세계에 감염되었기 때문에 당신은 오직 하나의 가능세계—실제 세계—만 있다고 주장함으로써 당신의 견해를 나타낸다고 생각한다. 표준이 되는 가능세계 개념은 결정론을 나타내는 좀 더 낫고 좀 더 융통성 있는 방식을 제시한다. 가능세계들은 각 세계에서 시간의 시작부터 시간의 끝까지 시간적으로 확장된다. 결정론은 어떠한 두 가능세계도 정확히 똑같은 최초의 어떤 길이 조각을 갖지 않는다는 견해이다. 다시 말해서 결정론은 세계들이 어떤 시점에 이르기까지 똑같다가 그 다음에 갈라질 수 없다는 견해이다. 사실상 그 세계들은 중복되었다가 그 다음에 갈릴 수 있는 것이 전혀 아니다. 깔끔하지 않은가?

표준이 되는 개념은 독창적이면서 철학과 논리학의 문제들을 조명하는 데 도움이 된다. 우리는 잠깐만 생각하면 그 개념을 이해하고, 라이프니츠, C. I. 루이스, 마커스, 카르납, 데이비드 루이스, 플랜팅가, 스톨네이커, 그리고 그 분야의 다른 연구자들(더 읽을거리를 볼 것), 그리고 특히 솔 크립키에게 감사하게 된다. 그리고 심지어 콰인조차도 묵례를 받을만하다. 그의 지속적 도전이 양상 논리학의 진보를 불러일으켰던 것이다.

## 표준이 되는 가능세계 개념의 문제

거대한 철학적 시각이기 때문에 표준이 되는 가능세계 개념은 당연히 수많은 문제가 제기된다.

최고라는 것(number one)은 그것이 최고로 형이상학적이라는 것이다. 대안의 가능세계들에 관한 주장은 논리 실증주의자들의 검증가능하다의 의미에서 검증가능하지 않다. 우리는 비실제 가능세계들을 관찰할 수 없다. 우리는 그 세계들로 여행할 수 없는데, 이는 우리의 우주선이 너무 느리기 때문이 아니다.

그래서 우리는 메타형이상학적인 인식론적 문제를 갖게 된다. 우리는 가능세계에 관해 제기되는 물음 같은 형이상학적 물음들을 어떻게 결정하는가? 논리 실증주의자들은 "당신은 그것을 결정할 수 없다. 그래서 그런 물음들은 무의미하다."고 말했다. 하지만 그 말은 옳지 않다. 그 물음들은 무의미한 것이 아니다. 그렇다면 우리는 어떻게 해야 하는가? 우리는 최선을 다해 진행하면 된다. 즉 우리의 직관, 우리의 상식, 우리가 공유하는 언어적 능력, 우리의 과학적이고 경험적인 지식, 우리의 사업 감각(business sense)을 이용한 논증을 통해 최선을 다해 진행하면 된다. 맞다. 우리는 어떤 의미에서 우리의 사업 감각을 이용한다. 철학자들은 일종의 지적 비용/편익 분석을 통해 일을 진행한다. 우리는 어떤 견해, 이론, 답이 지적으로 얼마나 비용이 들고, 그것이 어떤 수익을 제공하는지 묻는다. 이것은 비경험적 가치를 포함하는 콰인의 실용적 개념들로 되돌아가는 일이다.

의심할 여지없이 독자는 표준이 되는 개념이 우리에게 서로 구별되는 개개의 모든 속성들 쌍을 구별할 수 있게 해주지 않을 것임을 눈치 챘을 것이다. 표준이 되는 개념에 따르면, 속성은 세계로부터 그 영역 내의 집합들에 이르는 함수이다. 삼각형과 삼변형이라는 속성은 모든 가능세계에서 똑같은 대상들을 확연히 드러낼 것이며, 그래서 그것들은 같은 속성으로 간주될 것이다. 명제는 세계로부터 진리치에 이르는 함수이다. 필연적 명제들은 모든 가능세계에서 T 값을 얻으며, 그래서 그것들은 모두 똑같은 명제, 즉 각각의 세계를 T 값과 연관시키는 함수이다. 어쩌면 우리는 어깨를 으쓱하면서 이것과 함께 살 수 있다. 이것이 우리가 표준이 되는 개념의 이익을 위해 참을 수 있는 비용이다.

다른 문제들은 어깨를 으쓱하기가 그리 쉽지 않다. 우리는 우리 앞에 상호 연관된 몇 가지 형이상학적 물음을 가지고 있다. 가능세계란 정확히 무엇인가? 우리는 "사태가 존재할 수 있었던 전체 방식"이라고 말했다. 그러나 그것이 무엇인가? 가능세계는 실재하는 것인가 가상의 것인가, 또는 카르납이 말한 것처럼 상태 기술인가? 다른 가능세계들에서 개체들이 실제로 실존하는가? 출입구 쪽의 가능한 사람들에 관한 콰인의 염려는 합법적이지 않은가? 우리는 또한 통세계 동일성과 동일성 확인(trans-world identity and identification)이라는 골치 아픈 문제들도 가지고 있다. 만일 예컨대 내가 "만일 아리스토텔레스가 출생 무렵 스타기라를 휩쓸었던 전염병으로 죽었다면, 서양은 논리학과 형이상학이라는 학문을 개발하지 못했을 것이다."고 말한다면, 추정컨대 내 진술은 아리스토텔레스가 유아로 죽고, 그 다음에 뒤따라온 방식들로 달라졌다는 것을 제외하고는 기원전 384년이나 385년에 이르기까지의 실제 세계와 매우 유사한 가능세계가 있다고 말하는 것으로 해석되어야 할 것이다. 그러나 나는 아기 아리스토텔레스가 그 세계의 영역에 있다는 것을 어떻게 아는가? 그가 그 영역에 있다고 가정한다면, 나는 그 세계에서 아리스토텔레스를 어떻게 확인하는가? 나는 다른 누군가 대신 아리스토텔레스에 관해 언급하고 있다는 것을 어떻게 아는가? 우리는 다른 세계들 자세히 들여다보게 해줄 망원경이나 형이상학경(metaphysiscopes)을 가지고 있지 않다. 그리고 설령 그런 것을 가지고 있다 할지라도, 우리는 우리가 살펴보고 있는 것이 무엇인지를 어떻게 알 것인가?

이런 물음들에 대해 우리 시대의 지도적인 형이상학자—데이비드 루이스—가 논란이 되는 답들을 옹호하였다. 우리는 심리철학에서 루이스의 기능주의를 이미 만난 적이 있으며(275쪽을 볼 것), 앞에서 그의 반사실진술에 대한 이론을 지적하였다. 루이스는 또 다른 하버드대학교 출신 철학자이다. 그는 1967년 하버드에서 콰인 밑에서 박사학위를 받았다. 그러나 분명히 루이스는 콰인의 추종자는 전혀 아니었다. 그는 그의 선생과 철학적으로 직교(直交)하는 방향으로 나아갔다. 루이스는 생애의 대부분을 프린스턴에서 가르치는 일로 보냈다. 그는 2001년 60세 나이에 당뇨 합병증으로 죽었다. 루이스는 철학의 여러 분야에 많은 주목할 만한 기여를 했다—사실상 결정론에 대한 가능세계에 의거한 정의는 그에게서 기인한다. 그러나 루이스는 그의 양상 실재론(modal realism)으로 가장 잘 알려져 있다.

양상 실재론은 다른 가능세계들이 정확히 실제 세계만큼 실재적(real)이라는 견해이다. 그런 세계들에서 개체들은 정확히 실제 개체들만큼 실재적이며, 실제 개체들만큼 충분히 그리고 구체적으로 실존한다. 유일한 차이는 우리는 실제적인데, 그것들은 실제적이지 않다는 것이다. 우리는 이 세계, 즉 우리의 세계인 실제 세계에서 산다. 다른 사람들은 다른 세계들에서 살며, 그들에게 그들의 세계는 실제적이다.

　다른 가능세계들은 우리의 세계와 공간적으로 불연속적이지만, 루이스에 따르면 그것들은 다른 행성들과 거의 비슷하다.

> 　다른 방식들로 존재하는 다른 세계들이 있는가? 나는 있다고 말한다. 나는 다수의 세계 기본주장, 즉 양상 실재론을 옹호하는데, 이 기본주장은 우리의 세계가 많은 세계 중 하나의 세계에 지나지 않는다고 주장한다. 무수히 많은 다른 세계들, 일체를 포함하는 매우 포괄적인 다른 세계들이 있다. … 세계들은 멀리 떨어진 행성들 비슷한 어떤 것인데, 그것들 대부분이 단순한 행성들보다 훨씬 더 크고, 그것들이 멀리 떨어져 있지 않다는 점을 제외하고는 그렇다. 그것들은 가까이 있지도 않다. 그것들은 여기에서 공간적인 어떤 거리에 있는 것이 전혀 아니다. 그것들은 과거나 미래에 멀리 있는 것이 아니며, 그 문제에 관해서는 가까이 있는 것도 아니다. 그것들은 지금으로부터 시간적인 어떤 거리에 있는 것이 전혀 아니다. 그것들은 고립되어 있다. 다시 말해 서로 다른 세계들에 속하는 것들 사이에 시공간적 관계가 전혀 없다. 한 세계에서 일어나는 어떤 것이 다른 세계에서 일어나는 어떤 것을 야기하지도 않는다.
>
> …
>
> 　이 세계는 그것의 실존함의 방식에서 다른 세계들과 다른 것도 아니다.… 마찬가지로 어떤 것들은 여기 우리 세계에서 실존하고, 다른 것들은 다른 세계들에서 실존한다. 또 다시 나는 이것을 실존함에서의 차이가 아니라 실존하는 것들 사이의 차이로 간주한다. (Lewis 1986, 2-3쪽)

　루이스는 그의 양상 실재론을 옹호하는 데 대해 결정타를 매기는 논증을 가지고 있지 않다. 대신 그는 수익이 비용을 능가한다고 논한다.

> 　나는 [『다수의 세계에 관하여』(On the Plurality of Worlds)라는 그의 책] 첫

장을 만일 우리가 우리 분석에서 양상 실재론을 전제가정할 수 있다면 체계
적 철학이 더 쉽게 진행될 여러 가지 방식을 재검토하는 것으로 시작한다.
나는 수학에서 집합론의 유용성이 집합들이 있다고 믿을 훌륭한 이유인 것
과 마찬가지로, 이것이 양상 실재론이 옳다고 생각할 훌륭한 이유로 여긴다.
(Lewis 1986, vii쪽)

루이스에 따르면, 무한히 많은 다른 가능세계들과 그 세계들에서 실존하는 것
들의 병행 실존을 승인하는 일의 이득은 그럴 만한 가치가 있다. "그 이득들은
존재론적 대가를 치를 가치가 있다."(Lewis 1986, 4쪽).
『다수의 세계에 관하여』(Lewis 1986)에서 루이스는 양상 실재론에 대한 모
든 방식의 반론을 자세히 살핀다. 그가 맞받아칠 수 없음을 인정한 한 가지 반
론은 믿지 못하겠다는 듯한 시선이다.

나는 적절한 시험이 단순한 정직성 격률이라고 주장한다. 즉 가장 덜 철학적
이고 가장 상식적인 순간에 당신 자신이 믿을 수 없는 철학 이론을 절대 제
창하지 말라. …
믿지 못하겠다는 듯한 시선은 양상 실재론이 그 시험을 통과하지 못한다
고 말하려는 동작이다. 그것은 판단 문제인데, 미안하지만 나는 거기에 동의
하지 않는다. 나는 상식적 의견에 대한 나의 부정이 엄중한 것이라는 것을
인정하며, 그것을 중대한 비용으로 간주하는 것은 완전히 올바르고 적절하
다고 생각한다. 결정적이라고 하기에 충분할 정도로 중대한 것이려면 얼마
나 중대해야 하는가?―그것이 우리의 핵심 물음이지만, 나는 그것에 관해
무언가가 어떻게 말해질 수 있는지 알지 못한다. 나는 여전히 값비싸긴 하지
만 그 대가가 올바르다고 생각한다. 양상 실재론은 옳은 것으로 승인되어야
한다. 이론적 이익들 때문에 그렇게 할 가치가 있다(Lewis 1986, 135쪽).

어떤 견해의 비용과 이익을 살피기 위해서는 우리는 대안들을 살펴야 한다.
양상 실재론에 대한 대안은 양상 현실론(modal actualism)이다. 양상 현실론은

오직 실제 세계만이 실존한다고 주장하는 상식적 견해이다. 현실론을 정의하는 슬로건은 "실존하는 모든 것은 실제적이다."이다. 그렇다면 양상 현실론자들에 따르면, 다른 가능세계들과 그 세계들의 영역의 모든 것은 실제세계에서 발견 되는 것들로 구성되어야 한다.

현실론자들은 가능세계 형이상학의 영광들 중의 어떤 것도 포기하고 싶어 하지 않는다. 그것은 너무 무거운 비용일 것이다. 그래서 그들은 다른 가능세계들이 우리의 실제 세계에서 발견되는 것들로부터 어떻게 구성되는지를 설명하는 짐을 진다. 이것은 단파 수신기가 집 주변에서 발견되는 상식적 품목들로부터 어떻게 구성되는지를 설명하는 것의 유사물이다. 어쩌면 당신은 그 일을 할 수 있겠지만, 쉽지는 않을 것이다.

가장 유명하고 가장 엄격하게 옹호된 형태의 현실론은 플랜팅가의 현실론이다. 플랜팅가에 따르면, 가능세계는 사태들, 즉 최대한의 사태들이다. 이것은 사태가 문장이 아니라는 것을 제외하고는 카르납의 상태 기술과 비슷하다. 단순사태는 어떤 개체가 어떤 속성을 갖는 일로 정의된다. 그래서 힐러리 퍼트넘이 철학자임은 사태이다. 복합사태와 중합사태에는 다른 사태들이 포함된다. 힐러리 퍼트넘이 저명한 철학자임은 그가 철학자라는 사태를 포함한다.

> 그렇다면 최대한의 사태는 개개의 모든 사태 S에 대하여 S를 포함하거나 S를 배제하는 사태이다. 그리고 가능세계는 가능한 사태이면서 동시에 최대한의 사태이다. 표준이 되는 개념에 따르면, 이 가능세계들 중 딱 하나—α—가 그것이 포함하는 모든 사태가 실제적이라는 식의 차별성을 갖는다. (Plantinga 1979b, 258쪽)

어떤 가능한 사태들은 현실로 성립하며, 그래서 실제적이지만, 퍼트넘이 정치인임 같은 다른 사태들은 현실로 성립하지 않는다. 그럼에도 불구하고 그것들은 실존하며, 실제 세계의 부분이다. 그것들은 실제 사태들이지만 추상적 대상들이다.

물론 이 사태[예컨대 퍼트넘이 정치인임]가 실존하지 않는다거나, 단순히 그러한 사태가 없다는 것은 나의 주장이 아니다. 실제로 그러한 사태가 있으며, 그것은 당신의 가장 견고한 실제 사태들만큼 잔잔하게 실존한다. 그러나 그것은 현실로 성립하지 않는다. 즉 그것은 실제적이지 않다. 그렇지만 그것은 실제적일 수 있었으며, 사태가 적당히 달랐더라면 그것은 실제적이었을 것이다. 그것은 가능한 사태이다(Plantinga 1979b, 258쪽).

그래서 다른 가능세계들은 우리의 실제 세계에서 "잔잔하게"(serenely) 실존하는 추상적 대상들인 비실제적 전체 사태이다. 만일 어떤 세계가 어떤 대상이 어떤 속성을 가짐이라는 사태를 포함한다면, 그 대상은 그 세계에서 그 속성을 갖는다. [배경 6.6—추상적 대 구체적]

　현실론에 따르면, 모든 가능세계의 영역은 실제 세계의 영역에 포함된다. 그렇지만 확실히 우리는 어떤 가능세계들이 가능하지만 실제적이지 않은 개체들을 포함한다고 주장하고 싶어 한다. 현실론자가 이것을 어떻게 다룰 수 있을까? 개체 본질을 통해 다룰 수 있다. 본질이란 어떤 특수 개체가 되기 위한 필요충분조건이 되는 속성이나 속성들의 결합이다. 플랜팅가에 따르면, 본질들은 필연적으로 실존하지만 예화될 필요가 없다.

소크라테스는 우연적 존재이다. 그렇지만 그의 본질은 우연적이지 않다. 명제나 가능세계처럼 속성들은 필연적 존재들이다. 만일 소크라테스가 실존하지 않았다면, 그의 본질은 예화되지 않았을 것이지만, 비실존적이지는 않다. 소크라테스가 실존하는 세계들에서 소크라테스성(Socrateity)은 그의 본질이다. 소크라테스성을 예화함은 그에게 본질적이다. 그렇지만 소크라테스성은 소크라테스에 의해 예화됨이라는 속성을 본질적으로 갖지 않는다. 그것은 그가 실존하지 않는 세계들에서 그에 의해 예화되지 않기 때문이다. 물론 그런 세계들에서 그것은 전혀 예화되지 않는다.… (Plantinga 1979b, 268쪽)

그렇다면 이것이 바로 현실론을 지지하는 방식이다. 즉 모든 본질은 실존한다.

본질들은 실제 세계와 다른 모든 가능세계에서 추상적 대상들이다(이 대상들은 모두 다시 실제 세계에서 실존한다). 어떤 세계들에서 어떤 본질들은 예화되고, 또 어떤 본질들은 예화되지 않는다. 만일 본질 e가 세계 W에서 예화된다면, e를 예화하는 독특한 대상이 W에서 실존한다는 것은 W에서 옳다.

다른 가능세계들에서 본질은 실재론자들에게보다 현실론자들에게 다르다. 루이스에 따르면, 가능한 존재들은 우리가 우리 세계에서 실존하는 것만큼 구체적으로 다른 가능세계들에서 실존한다. 플랜팅가에게 존재들이 다른 가능세계들에서 실존한다고 말하는 것은 만일 그런 세계들이 실제적이었더라면 그런 존재들이 실존했을 것이라는 것을 의미한다.

> 어떤 대상 x가 어떤 세계 W에서 실존한다고 말하는 것은 만일 W가 실제적이었다면 x가 실존했을 것이라고 말하는 것이다. 좀 더 정확히 말하자면, 만일 W가 현실로 성립하는데 x가 실존하지 못하는 것이 불가능하다면, x는 W에서 실존한다. … 소크라테스가 W에서 실존한다고 말하는 것은 물론 소크라테스가 실존한다고 말하는 것이 아니라 W가 실제적이었다면 그가 실제적이었을 것이라고 말하는 것일 뿐이다(Plantinga 1974a, 46-7쪽).

그렇다면 플랜팅가는 실제로 실존하지 않는 대상들이 있을 수 있었다는 생각을 어떻게 포착할 수 있을까? 예컨대 나는 형이 있을 수 있었지만 형이 없다. 어떤 대안의 가능세계에서는 우리 형의 개체 본질이 예화되지만, 실제 세계에서는 예화되지 않는다고 플랜팅가는 말할 것이다. 어떤 대안의 가능세계는 본질이 예화되는 사태를 포함한다. 우리 형은 그 가능세계에서는 실존하지만 실존하지 않는다.

현실론은 부정 실존진술—어떤 것이 실존하지 않는다는 진술—을 다루는 멋진 방식을 제시한다. 양상 실재론은 부정 실존진술에 대해 문제가 있게 되어 있는데, 왜냐하면 어떤 것이 실존하지 않는다는 진술은 해당 사물이 그 영역의 부분이 아닌 세계에서만 옳을 것이기 때문이다. 하지만 그렇다면 도대체 어떤 것이 그것에 대해 옳을 수 있을까? 현실론의 경우에 이것은 전혀 문제가 아니다. "0은 실존하지 않는다"는 만일 0의 본질이 어떤 세계에서 예화된다면, 그리고 오직 그 경우에만 그 세계에서 옳다. "우리 형은 실존하지 않는다"는 우리 형의 어떠한 개체 본질도 예화되지 않는다는 것을 의미한다.

그렇지만 더 나은 것이 박수를 멈추게 한다. 현실론은 많은 개체 본질―모든 가능한 사람에 대한 본질, 그리고 더 많은 본질―을 필요로 하게 되어 있다. 현실론은 모든 가능한 대상에 대한 개체 본질들을 필요로 할 것이고, 어쩌면 불가능한 대상들에 대해서도 개체 본질들을 필요로 할 것이다. 우리는 둥근 사각형이 어떠한 가능세계에서도 실존하지 않는다고 말하고 싶을지도 모르겠다. 둥근 사각형의 본질은 어떤 가능세계에서도 예화되지 않는다. 이 본질들 모두는 실제 세계에서 실존하는데, 왜냐하면 실존하는 모든 것은 실제적이기 때문이다. 이것은 바로 콰인이 우리가 매달리고 있다고 주장했던 종류의 본질들의 "형이상학적 정글" 아닌가? 이것은 믿을 수 없다는 듯한 시선을 보낼 만한 것 아닌가? 현실론이 정말이지 양상 실재론보다 무언가 더 그럴듯한가? 실존하는 대안의 가능세계들과 가능한 개체들 대신에 우리는 실제 세계에서 예화되는 실존하는 사태와 본질과 예화되지 않는 실존하는 사태와 본질을 모두 갖는다. 이것은 실존하지만 비실제적인 세계들만큼이나 상식과 훌륭한 이유와는 거리가 먼 것처럼 보인다.

현실론자는 우리가 온갖 종류의 추상적인 수학적·기하학적 대상들의 제국을 승인한다고 지적함으로써 우리의 쉽사리 믿는 태도를 회복시키려 할 가능성이 높다. 집합론적 수준의 무한성은 상식이나 지각에 유효한 어떤 것이라도 재빨리 능가해버린다. (배경 5.3―무한집합과 연속체 가설을 볼 것, 292쪽.) 예컨대 유클리드 선분에서 임의의 두 점 사이에는 무한히 많은 점들이 끼워 넣어진다. 추정컨대 이 유클리드 점들은 정말이지 실존한다면 실제 세계에서 실존한다. 어떤 선분에서 점들 집합의 농도는 무한 정수의 농도보다 크다 등등. 만일 우리가 그러한 수학적 구성물들을 승인한다면, 그것들이 포함하는 본질들 등을 포함하여 추상적인 가능세계들은 왜 안 되는가?

아 슬프게도 가능세계와 달리 우리는 수학에서는 증명 방법들을 가지고 있는데, 설령 이 방법들이 모든 물음에 답하는 것은 아니라 할지라도 그렇다. 우리는 다소간에 수학적 대상들이 어떻게 구성되는지를 "볼" 수 있고, 대부분의 시간에, 또는 적어도 그 체계들을 배우는 데 시간을 들인다면 훌륭한 직관을 갖는다. 더 나아가 기하학과 수학은 필수불가결한 실용적 적용사례가 있다. 콰인이 지적했던 것처럼 우리는 가능한 우리 형이나 형들, 또는 예화되거나 예화되지 않는 임의의 다른 개체 본질들 같은 대상들에 관해 그러한 방법이나 직관이나 적용사례를 가지고 있지 않다. 솔직히 말해 나는 소크라테스성이 어떤 속성이나 속성들인지 모른다.

어쩌면 그것은 문제가 되지 않을 수도 있다. 어쩌면 우리가 필요로 하는 것은 이 본질들에 관한 모호한 생각뿐일 수도 있다. 확실히 나는 형이 있을 수도 있었다. 이에 대해 나는 그럴듯한 이야기를 말할 수 있다. 나는 그러한 이야기를 말하고 싶어 하는 데 대해 훌륭한 이유를 갖고 있을 수도 있다. 어쩌면 그것으로 충분할 것이다. 그리고 우리는 플랜팅가와 다른 현실론자들이 이것을 형이상학적으로 존중할 만한 것으로 만들기 위해 스릴 있는 세부내용들을 채워왔다는 것에 감사해야 한다. 나는 있었을지도 모르는 것, 있었을 수 있었던 것, 있었어야 했던 것, 있을 수 없었던 것 등에 관해 언급하고 생각하는 것을 포기하고 싶지 않다. 철학자들의 한 가지 임무는 그러한 언급과 사고의 근저에 있는 논리, 언질, 구조를 이해하도록 돕는 것이다. 우리는 이런 것들이 단순하고 상식적인 것이라고 가정할 이유가 없다.

나에게 플랜팅가 버전의 현실론은 우리 형(그리고 그런 식으로 엄청나게 많은 형들)이 다른 어떤 공간에서는 실존하지만 실제적이지 않다는 양상 실재론자의 주장보다 비용이 덜 들어간다. 나는 그것을 전혀 구입할 수 없다.

## 통세계 동일성과 동일성 확인

우리가 다른 가능세계들에서 다른 특성을 가지면서 실존하는 소크라테스나 우리 자신에 관해 언급하거나 생각할 때 우리는 거기서 소크라테스나 우리 자신을 어떻게 확인하는가? 나는 코넬대학교 철학과 대학원 대신 경영대학원에 갈 수도 있었다고 속으로 생각한다. 나는 주식 중개인이 되어 큰돈을 벌었을 수도 있었다. 나는 지금 분석철학의 역사를 쓰는 대신 주식시장 붕괴가 오는 것을 피하는 법에 관한 책을 쓸 수도 있었다(그 대가로 엄청난 선금이 나에게 지불되었다). 이 모든 것은 가능하다. 어떤 가능세계에서 나는 투자에 관한 베스트셀러를 쓰는 은퇴한 부자 주식중개인이다. 나는 이것을 어떻게 아는가? 왜 나는 그것을 믿는가? 여기서 더 중요한 것은 내가 정말로 그것을 확실히 믿는 이상 내가 그러한 다른 가능세계들에서 나 자신을 어떻게 확인하는가 하는 것이다. 나는 매우 다른 이력을 가졌고, 다른 여자와 결혼했으며, 다른 자식들을 두었고 (또는 어쩌면 아예 아이를 안 가졌을 것이다), 이타카의 수수한 집 대신 스카스데일의 맨션에서 살았을 것이다 등등. (나는 교편을 잡지 않은 것을 후회할까?) 아주 다르다. 하지만 나다. 허용가능한 가능성들은 꽤 극단적이다. 나는 중국의 황제나 북극 탐험가일 수도 있었다. 그러나 그 가능성들은 제한적이다. 나는 임의의 가능세계에서 1500년에 중국의 황제나, 1873년에 북극 탐험가일 수 없었다. 그것은 내가 아니었을 것이다. 나는 악어일 수도 없었다.

통세계 동일성(transworld identity) 문제는 우리가 또 다른 가능세계에서 누군가 다른 사람이 외모, 경력, 결혼, (그러나 아이들은 아니다!) 같은 분명한 나의 특성들을 모두 가지고 있지만 나는 아니라고 생각할 때 훨씬 더 예민해진다. 그러한 다른 가능세계들에서 나를 나로 만들고 그를 나로 만들지 않는 것은 무엇인가? 우리는 어떻게 매우 다른 나를 나로 확인하고, 실제로 나처럼 보이면서 나처럼 행동하는 또 다른 녀석을 내가 아닌 것으로 확인하는가?

우리가 아는 한 가지는 세계들을 통해 개체들을 어떠한 경험적 방법에 의해서도 확인하지 않는다는 것인데, 그 개체들은 관찰가능한 것이 아니기 때문이다. 그래서 우리가 갖는 한 가지 선택지는 단지 오직 한 세계에서만 대상이 실존한다고 주장함으로써 그 문제를 피하는 것이다. 플랜팅가는 이 선택지를 승인하지 않지만, 논박하기 위해 그것을 지지하는 논증을 진술한다.

그래서 만일 소크라테스가 둘 이상의 세계에서 실존한다고 가정하는 것이 이치에 닿는 것이라면, 그와 그 혼자가 그가 실존하는 세계들 각각에서 갖는 경험적으로 명백한 어떤 속성이 있어야 한다. 그런데 분명히 우리는 그러한

(a)                             (b)                             (c)

**그림 6.1** (a) 1940년대 중반 아이시절의 저자. (b) 1960년대 후반 젊었을 때의 저자. (c) 오늘날 저자.

어떤 속성도 알지 못하거나, 심지어 그러한 속성이 있다는 것도 알지 못한
다. 실제로 어떻게 그러한 속성이 있을 수 있는지 알기란 어렵다. 하지만 그
렇다면 통세계 동일성이라는 관념 자체는 실제로 이치에 닿는 것이 아니다
—그 경우에 우리는 오직 한 세계에서만 대상이 실존한다고 가정해야 한다.
(Plantinga 1979a, 152쪽).

이 논증을 논박하면서 플랜팅가는 먼저 우리도 시간을 통해 개체들을 확인하
는 유사한 문제를 가지고 있음을 지적한다. 그림 6.1의 (a), (b), (c)는 저자인
내 사진들을 보여준다. 첫 번째 사진은 1940년대 중반 무렵 꼬마시절 모습이
고, 그 다음은 1960년대 말 대학원생 시절 모습이며, 마지막은 명예교수로서의
지금 모습이다.

나는 유아로서의 나 자신을 알아볼 수 없었다. 우리는 어떤 사람이 그의 전
생애를 통해 지니는 것 중 우리가 동일성 확인을 위해 사용하는 경험적 확인 표
시를 전혀 알지 못한다. (나는 나의 DNA, 또는 그 문제에서는 나의 지문에 대
해서조차 아무것도 알지 못한다.) 어떤 사람의 실제적 동일성 확인이나 재확인
은 몹시 논란이 될 수 있다—히틀러, 엘비스 등. 그럼에도 우리는 대부분 수십
년에 걸친 사람들의 삶에 관해 말하고 생각하는 일을 잘 해낸다. 우리는 대안의
가능성들에 관해 언급하는 일도 똑같이 잘 한다.

따라서 내가 어떻게든 W에서 소크라테스를 확인할 수 있어야 한다―그를 명확히 골라낸다―는 주장은 하나마나할 정도로 뻔한 것이거나 혼동에 기초를 두고 있다. 물론 나는 W에서 실존하는 사람들―W가 실제적이었다면 실존했을 사람들―중에서 내가 누구를 언급하고 있는지 알아야 한다. 그러나 그 답은 분명히, 그리고 하나마나할 정도로 뻔하게 소크라테스이다. 그렇지만 그런 식으로 답할 수 있으려면 나는 W가 실제적이었다면 소크라테스가 어떻게 생겼을 것인지에 관해 그 이상 아무것도 알 필요가 없다(Plantinga 1979a, 154쪽).

다른 가능세계들에서 개체들은 그 실제 자신들과 똑같은 개체 본질을 가져야 한다. 다른 가능세계들에서 나인 사람은 누구든지 무엇이 됐건 나의 개체 본질을 가져야 하며, 다른 개체는 어떤 세계에서도 그것을 가질 수 없다. 우리는 어떤 개체 본질 전체를 충분히 알지 못하지만, 그것의 조금은 짐작할 수 있다. 이것이 가능성들이 제한적인 이유이다. 나는 나의 본질, 그리고 당신의 본질이 인간임을 포함한다고 짐작한다. 따라서 우리 중 누구도 임의의 가능 세계들에서 악어가 아니다. 나는 또한 악어가 본질적으로 악어라고 짐작한다. 따라서 어떤 가능세계에서도 당신이 아끼는 애완용 악어는 인간이 아니다. 더 나아가 나는 DNA와 태생에 관한 사실들이 인간들(그리고 악어들)에 본질적이라고 짐작한다. 그래서 나는 우리 부모님이 만나기 전에는 생존할 수 없었다. 내가 또 다른 가능세계에서 아리스토텔레스가 유아 때 죽었다고 말할 때 나는 그 다른 가능세계에서 그의 DNA, 태생 관계, 출생 사실들을 가진 바로 그 사람―실제로 논리학이라는 학문의 창시자였고, 서양의 과학과 철학 전통을 세우는 데 다른 많은 기념비적 기여를 했으며, 62세까지 살았던 사람―이 유아로 죽는다고 가정하고 있다.

물론 이 형이상학적 주장들 모두는 개체들의 시간적 재확인에 관한 주장들처럼 논쟁의 여지가 있다. 그럼에도 불구하고 그 최종 결론은, 만일 개체들이 대안의 가능세계들에서 실존한다면 그것들은 알려진 것이건 알려지지 않은 것이건 간에 그것들의 개체 본질 같은 것이 있어야 하고, 우리는 그것들의 본질이

무엇인지 정확히 모르고서도, 그리고 형이상학적 진용으로부터 그것들을 골라
낼 수 없어도 그것들을 언급할 수 있다는 것이다.

크립키는 우리가 학교에서 개연성(확률)을 포함하는 문제들을 다루었을 때
우리 모두 가능세계에 관해 배웠다고 지적한다. 우리는 두 개의 주사위를 가지
고 두 개 모두 6이 나올 개연성을 계산했다. "'가능세계들'은 크게 부풀린 학교
개연성의 소형 세계들(miniworlds)에 지나지 않는다"(Kripke 1980/1972, 18
쪽). 그 상황에서 그 주사위들이 우리 손에 있는 주사위들과 똑같은 대상인지를
우리가 어떻게 아는가 묻는 일은 미친 짓일 것이다. 개연성 문제를 풀 때 우리
는 대안의 가능한 상황들과 그 상황들 속에서 대상들을 약정한다.

> '가능세계'는 약정되는 것이지 강력한 망원경을 통해 발견되는 것이 아니다.
> 어떤 반사실적 상황에서 닉슨에게 어떤 일이 일어났을지에 관해 언급할 때
> 우리가 그에게 어떤 일이 일어났을지에 관해 언급하고 있다고 약정할 수 없
> 는 이유란 없다(Kripke 1980/1972, 44쪽).

통세계 동일성은 심원한 형이상학적 난문제는 아니다.

> 그 속성들에 의해 확인하는 것을 제외하고 또 다른 가능세계에서 이 책상을
> 어떻게 확인할 수 있는가라고 묻지 말라. 나는 수중에 그 책상을 가지고 있
> 고, 그것을 지시할 수 있으며, 그것이 또 다른 방에 있었을 수도 있었는지 물
> 을 때 나는 정의상 그것에 관해 언급하고 있다. 나는 망원경을 통해 그것을
> 본 후 그것을 확인할 필요가 없다. … 대상의 어떤 속성들은 그것들을 갖는
> 데 실패할 수 없었다는 점에서 그 대상에 본질적일 수 있다. 그러나 이 속성
> 들은 또 다른 세계에서 그 대상을 확인하는 데 사용되지 않는데, 왜냐하면
> 그러한 확인이 필요하지 않기 때문이다. (Kripke 1980/1972, 53쪽)

따라서 크립키와 플랜팅가, 그리고 다른 많은 사람은 통세계 동일성과 동일
성 확인 문제를 사이비 문제로 기각한다. 그런 문제는 대안의 가능세계를 약정

하는 우리의 능력과 의향에 달려 있다. 약정을 할 때 우리는 전체 세계들의 세부사항을 약정할 필요가 없고, 약정할 수도 없다. 우리는 그 세계들에서 우리의 목적에 필요한 부분들만을 기술하고, 나머지는 구체화하지 않은 채로 남겨둔다. 내가 어떤 대안의 가능세계에서 내가 주식 중개인이라고 말할 때 나는 다른 모든 것이 내가 주식 중개인임과 연관된 것들을 제외하고는 실제 세계에서의 모습과 아주 많이 똑같다고 가정한다.

한편 데이비드 루이스는 통세계 문제에 대한 이 늦추어진 방식을 수용할 수 없다. 실제로 루이스의 양상 실재론은 각각의 구체적 대상이 오직 하나의 가능세계에서만 실존한다는 견해를 승인하지 않을 수 없게 되어 있는데, 플랜팅가와 크립키는 이 견해를 거부한다(라이프니츠 또한 오직 하나의 가능세계에서만 인간이 실존할 수 있다고 주장했다). 루이스에 따르면, 다른 가능세계들은 구체적으로 실존하며, 그것들 속에서 보통의 공간적 대상들 또한 구체적으로 실존한다. 나는 동시에 두 개의 떨어진 장소에 구체적으로 실존할 수 없는 것과 마찬가지로 두 개의 다른 세계에서 구체적으로 실존할 수 없다. 어쨌든 루이스의 견해는 만일 대상들이 어떤 방식에서든 다른 것이라면 그러한 이중적 실존은 불가능하다는 것이다.

> 만일 실제로 험프리[1968년 민주당 대통령 후보 휴버트 험프리]—그 자신, 그의 전체—가 두 개의 다른 세계의 부분으로 이중생활을 한다면, 그의 본래적[비관계적] 속성들이 한 세계와 다른 세계를 다르게 하는 이치에 닿는 방식은 없다. (Lewis 1986, 201쪽)

루이스에 따르면, 다른 가능세계들에서 실존하는 대신에 대상들은 다른 세계들에서 부본(counterparts, 副本)을 가진다.

다른 세계들에서 나의 부본은 어떤 결정적 방식에서 나와 닮았지만, 다양한 비본질적 특징들에서 나와 다르다. 부본 이론에 따르면, 내가 철학박사 학위를 얻는 대신 경영대학원에 갈 수 있었다고 말하는 것은 또 다른 가능세계에서 나의 부본(또는 부본들)이 경영대학원에 간다는 것을 의미한다 등등. 그 다른 녀

석은 내가 아니지만, 나와 매우 비슷하다. 물론 그 또한 오직 하나의 가능세계
에서만 실존한다. 그래서 나는 이 세계에서 그의 부본이 될 가능성이 높다.[3]

> 어떤 사람들이 당신이 여러 개의 세계에 존재하는데, 그 세계들에서 당신은
> 약간 다른 속성들을 갖고 당신에게 약간 다른 일들이 일어난다고 말하는 경
> 우에, 나는 당신이 실제 세계에서 존재하고 다른 어떤 세계에서도 존재하지
> 않으며, 당신이 여러 개의 다른 세계들에서 부본들을 갖는다고 말하는 쪽을
> 택한다. 당신의 부본들은 중요한 점에서 내용과 맥락에서 당신과 꼭 닮았다.
> 그것들은 그것들 세계에 있는 다른 것들보다 당신과 더 꼭 닮았다. 그러나
> 그것들은 실제로는 당신이 아니다. 왜냐하면 그것들 각각은 그 자신의 세계
> 에 존재하고, 당신만이 실제 세계에서 여기 존재하기 때문이다. 게다가 무심
> 코 말하면, 우리는 당신의 부본들이 다른 세계들에서 당신이고, 그것들과 당
> 신은 똑같다고 말할지도 모른다. 그러나 이 똑같음은 오늘 당신과 내일 당신
> 사이의 똑같음이 문자 그대로의 동일성이 아닌 것과 마찬가지로 문자 그대
> 로의 동일성이 아니다. 당신의 부본들은 세계가 달랐더라면 당신이 그렇게
> 되었을 사람들이라고 말하는 것이 더 나을 것이다(Lewis 1979/1968, 111-12
> 쪽).

따라서 루이스에 따르면, 내가 2000년 선거를 숙고한 다음, 만일 네이더가 출
마하지 않았다면 고어가 당선되었을 것이라고 생각할 때, 나는 정확히 말해 네
이더와 고어에 관해 생각하고 있지 않다. 나는 실제 네이더와 유사한 사람이 출
마하지 않고, 그와 비슷한 누구도 출마하지 않으며, 실제 고어와 유사한 사람이
당선된다는 것을 제외하고는 실제 세계와 유사한 또 다른 세계의 부본들에 관
해 생각하고 있다.
　루이스의 부본 이론은 몇 가지 문제에 직면한다. 어떤 가능세계에서 아리스

---

3　그렇지만 확실히 그런 것은 아니다. 부본 관계는 동일성보다 느슨하다. 나는 다른 어떤 세계
들에서 하나 이상의 부본을 가지며, 나의 다른 세계의 부본은 마찬가지로 어떤 세계들에서 다수
의 부본들을 가진다. 루이스에 따르면, 부본 관계는 또한 대칭 관계도 아니다.

토텔레스가 유아 때 죽는다는 생각을 생각해보라. 이것은 아리스토텔레스의 부본이 유아 때 죽는다는 것을 의미한다. 그 세계에서 또 다른 녀석이 논리학을 창시하고, 아리스토텔레스가 했던 일들 중 많은 것을 하며, 심지어 아리스토텔레스처럼 보이고 그처럼 행동하며, 플라톤의 제자이다 등등을 가정해보라. 어떤 것이 아리스토텔레스의 부본인가, 아니면 양쪽 다 그의 부본들인가? 유아 때 죽은 녀석은 만일 우리가 그의 전 수명을 생각한다면 실제 아리스토텔레스와 그리 많이 닮지 않았다. 그래서 그 유사성은 단지 그의 부본 DNA, 출생 사실들, 태생에 있어야 한다. 루이스가 "그것들의 세계들에 있는 다른 것들보다 더 꼭" 나와 닮은 나의 부본에 대해 이야기할 때 그는 유사성을 어떻게 해석하는지 설명해야 한다. 우리가 가능하다고 생각하는 현실성과의 모든 차이를 수용하기 위해서는 어떠한 단순한 유사성 개념도 효과가 없을 것이다. 루이스는 바로 현실론자와 마찬가지로 알려지지 않고 알려질 수 없는 본질들에 호소해야 할 것이다. 이것은 루이스에게 더 나쁜 일인데, 왜냐하면 그는 이미 훨씬 더 무거운 존재론적 부담과 그럴듯함 부담을 가지고 있기 때문이다. 어쩌면 루이스는 다수 부본 관계들을 끌어들임으로써 이 문제를 처리할 수 있을지 모르지만, 그렇게 되면 그는 설명해야 할 것이 많다.

또 다른 문제는 부본 이론이 반사실적 사고의 독특한 예리함을 설명할 수 없다는 것이다. 나는 내가 할 수 있었지만 하지 않았던 몇 가지를 후회하며, 내가 했지만 하지 않을 수도 있었던 것들에 관해 유감스러워하거나 기뻐한다. 이런 것들은 이 세계와 다른 가능세계들에서 나에 관한 사고들이다. 크립키는 나와 닮은 다른 누군가가 하거나 하지 않은 것을 왜 내가 신경 써야 하는지 묻는다.

또 다른 가능세계에서 어떤 것의 부본은 그것 자체와 절대 동일하지 않다. 따라서 만일 우리가 '험프리가 당선될 수도 있었다(그가 이러저러하게 행동하기만 했다면)'고 말한다면, 우리는 다른 누군가, 즉 "부본"을 제외한 험프리에게 일어날 수도 있었던 어떤 것에 관해 언급하고 있지 않다. 그렇지만 아마 험프리는 그와 얼마나 많이 닮았든 간에 다른 누군가가 또 다른 가능세계에서 승리를 거두었을 것인지에 대해 신경을 덜 쓸 수 없었을 것이다. 따라서 루이스의 견해는 나에게는 그것이 대치하는 통세계 동일성에 대한 보통의 생각들보다 훨씬 더 괴상해 보인다. (Kripke 1980/1972, 45쪽)

플랜팅가 또한 부본 이론에 대해 이 노선을 취한다.

> 물론 부본 이론가는 소크라테스—α의 소크라테스[실제 세계]—가 의심할 여지없이 현명하지 않은 부본들을 갖는다고 응답할 텐데, 이것은 그가 현명하지 않을 수 있었다는 것을 진리로 만들기에 충분하다. … 그렇다면 그것이 어떻게 소크라테스 자신—α의 소크라테스—이 현명하지 않을 수 있었다는 주장과 관련이 있는가? 소크라테스와 많이 닮은 바보 같은 사람이 있을 수 있었다. 이 사실이 어떻게 소크라테스가 현명하지 않을 수 있었다는 것을 보여주는가? . . . 의심할 여지없이 소크라테스와 유사한 현명하지 못한 사람의 실존을 포함하는 가능한 사태가 있다. 그러나 이 사실은 소크라테스—소크라테스 자신—가 현명하지 못할 수 있었다는 진리와 완전히 무관하다. (Plantinga 1974a, 116쪽)

루이스는 현명하지 않은 부본을 갖는 일이 바로 현명하지 못함이 가능함이 의미하는 것이라고 응수할 것이다. 진술들은 언제나 문자 그대로 그것들의 의미를 지니는 것은 아니며, 그것은 양상 주장들에 대해서는 확실히 옳다. 그렇다 해도 양상 실재론자는 여전히 예리함 틈에 직면한다. 양상 사고와 진술의 의미에 대한 양상 실재론자의 설명은 그것들에 관한 사실들을 설명되지 않은 채로 남긴다.

루이스는 부본 이론에 언질을 주고 있으며, 그래서 그 이론이 가진 모든 문제가 양상 실재론이 이미 짊어지고 있는 무거운 비용에 추가된다. 양상 실재론과 그것에 수반되는 부본 이론을 거부하는 일은 대부분의 분석적 형이상학자가 밟아온 경로였다.

## 존재론적 논증의 양상 버전

존재론적 논증의 양상 버전은 영속적인 철학적 문제에 양상 논리학과 가능세계를 적용한 것의 좋은 예이다. 원래 1077년 경 안셀무스가 명확히 표현한 신의 실존에 대한 존재론적 논증은 그 이후 줄곧 철학의 전쟁터였다. [배경 6.7—존재론적 논증] 형이상학과 전통적 이성주의를 신봉하는 사람들은 그 논증을 지지하는 경향이 있다. 형이상학을 일축하고 경험주의 쪽으로 기우는 사람들은 그 논증을 논박하는 데 열중한다. 그래서 이 논증에는 많은 것이 걸려 있다. 만일 존재론적 논증이 건전하다면, 그 논증은 신의 실존을 연역적으로 증명한다. 그 증명은 선천적이며, 단순히 어떤 옛날 신의 실존이 아니라 전능하고, 전지하고, 완전히 자비롭고, 유일하고 등등의 신의 실존을 증명할 것이다. 세계사적으로 중요한 많은 철학자는 그 논증의 최신 버전들을 제시해왔다—가장 잘 알려진 것으로는 데카르트와 스피노자 버전. 칸트는 그 논증을 논박했다고 주장했다.

제4장에서 살펴보았던 것처럼, 라일에 따르면, 진정한 형이상학은 신학적 관심사와 관련성이 있어야 한다. 1970년대 분석철학계에서 일어났던 형이상학의 부활과 더불어 우리는 형이상학의 그러한 총아—존재론적 논증—의 부활을 기대할 것이다. 그리고 실제로 플랜팅가가 그 논증의 먼지를 털어내고 재단장하여 형식적인 양상 논리적 형식으로 그 논증을 제시했다.

최근에 이르기까지 대부분의 분석철학자는 칸트의 논박이 결정적이었다는 데 동의했다. 칸트는 실존은 술어가 아니므로 실존은 위대함을 만드는 속성이나 완전성이 될 수 없다고 논했다. 현대의 논리적 이론은 이 견해를 지지한다. 실존은 술어가 아닌 양화사들에 의해 표상된다. "얼룩말들이 실존한다"를 기호화하기 위해 우리는 "∃xZx"라고 쓸 것이다. 얼룩말은 술어이지 실존이 아니다. 논리 실증주의자들에 따르면, 기호논리학의 장점 중 하나는 그것이 실존의 신비성을 제거하고, 그럼으로써 존재론적 논증을 처리해버린다는 것이다.

1965년에 출판된 논문에서 노먼 맬컴(Norman Malcolm)은 칸트의 논박을 피하는 안셀무스 논증의 버전을 찾았다고 주장했다. 실존을 서술하는 대신에

이 버전의 존재론적 논증은 신의 필연적 실존을 서술하는 일에 기초를 두고 있다. 이것은 일차질서 외연적 양화논리학으로는 뇌관을 제거할 수 없는 존재론적 논증의 양상 버전이다.

> 다시 말해서 필연적 실존은 완전성이다. 그의[안셀무스의] 첫 번째 존재론적 증명은 만일 어떤 것이 실존한다면 그것이 실존하지 않을 때보다 더 위대하다는 원리를 사용한다. 그의 두 번째 증명은 만일 어떤 것이 필연적으로 실존한다면 그것이 필연적으로 실존하지 않을 때보다 더 위대한다는 다른 원리를 사용한다. (Malcolm 1965, 142쪽)

맬컴은 만일 신이 필연적으로 실존한다면 신은 실존한다고 올바르게 지적한다.

> "신이 필연적으로 실존한다"는 선천적 명제는 "신이 실존한다" 또한 선천적 명제로 이해된다면, 그리고 오직 그 경우에만 "신이 실존한다"를 논리적으로 함축한다. 이 경우에 두 명제는 동치다. 이런 의미에서 안셀무스의 증명은 신 실존에 대한 증명이다. (Malcolm 1965, 147쪽)

만일 우리가 필연적 실존이 완전성이 위대하게 만드는 속성이라는 것을 승인한다면, 그리고 신이 모든 완전한 것들이나 위대하게 만드는 속성들을 최대한도로 갖는다는 것을 승인한다면, 신은 필연적으로 실존한다. 만일 신이 필연적으로 실존한다면, 신은 실존한다. 신은 실제 세계의 영역에 있다. 따라서 신은 단순히 가능한 것이 아니라 실제적이다.

맬컴은 형식적 양상논리학이나 가능 세계 어휘를 사용하지 않았지만—그의 논문은 그 점에서는 약간 이른 편이었다, 플랜팅가는 형식화된 버전을 제시한다. 맬컴 버전의 한 가지 문제는 그 버전이 건전할 경우에 그것은 모든 가능세계에서 신이 실존한다는 것을 증명하지만, 그런 세계들에서 신의 탁월성에 관해서는 아무것도 말하지 않는다는 것이다. 맬컴 버전에 관한 한 신은 실제 세계에서 약하고 어리석을 수도 있다. 플랜팅가는 건전하다면 그의 논증이 단순히 신이 모든 가능세계에서 실존한다는 것이 아니라 신이 모든 가능세계에서 최고의 완전성을 갖는다고 것을 입증한다는 것을 확실히 하기 위해 신경 쓰고 있다.

플랜팅가에 따르면, 그리고 이것은 약정된 정의인데, 어떤 존재는 만일 어떤 세계에서 전능하고, 전지하고, 도덕적으로 완전하다면, 그리고 오직 그 경우에만 그 세계에서 최고의 탁월성을 갖는다. 또 다른 약정된 정의가 있다. 즉 어떤 존재는 만일 모든 세계에서 최고의 탁월성을 갖는다면, 그리고 오직 그 경우에만 최고의 위대성을 갖는다. 이제 그 논증은 다음과 같이 충분히 자세히 표현될 수 있다.

1.  최고의 위대성이 예화되는 가능세계가 있다.(기본 전제).
2.  G가 W에서 최고의 위대성을 예화하는 존재라 하자.(약정).
3.  G는 모든 가능세계에서 최고의 탁월성을 갖는다.(1, 2와 "최고의 위대성"에 대한 정의로부터).
4.  G는 모든 가능세계에서 전능하고, 전지하고, 완전히 선하다.(3과 "최고의 탁월성"에 대한 정의로부터).
결론:  G는 실제 세계에서 전능하고, 전지하고, 도덕적으로 완전하다.(4와 실제 세계가 가능세계라는 사실로부터).

G의 실존은 결론으로부터 직접적으로 따라 나오는데, "왜냐하면 분명히 어떤 존재는 주어진 어떤 세계에서 실존하지 않는 한 그 세계에서 전능할(또는 그 문제에서는 전지하거나 도덕적으로 완전할) 수 없기 때문이다."(Plantinga 1974b, 108쪽). G를 당신이 원하는 대로 불러도 좋다. 하지만 G는 신의 직무 기술에 들어맞는다.

존재론적 논증에 대한 플랜팅가의 양상 버전은 논란의 여지가 없는 S5 양상 원리에 의존한다.

$$\Diamond \ \Box P \supset \Box P$$

그리고 물론 □P⊃P이다.

더 단순한 용어들로 표현하면, 존재론적 논증의 양상 버전은 다음과 같다. 만일 신이 실존한다는 것이 가능하다면, 신은 실존한다. 만일 전능한 등등의 필연적 존재가 실존한다면, 그러한 존재는 실존한다. 신이 실존한다는 것은 가능하다. 그러므로 신은 실존한다.

이 논증은 성공적인가? 이 논증은 신의 실존을 증명하는가? 그렇지 않다. 플랜팅가조차도 그렇게 생각하지 않는다. 그 논증에 대해 플랜팅가가 주장하는 것은 그 논증이 신에 대한 믿음의 합리적 승인가능성―유신론의 합리적 승인가능성―을 확립한다는 것뿐이다. 플랜팅가는 우리가 결정적 전제인 (1)을 믿을수도 있지만, 그것을 믿는 일은 비합리적인 것이 아니라고 말한다.

맬컴은 그 논증을 지지하기 위해 한 걸음 더 나아가며, 플랜팅가가 놓쳤던 어떤 것을 콕 집어냈다.

> 안셀무스가 증명했던 것은 우연적 실존이나 우연적 비실존 개념이 신에 대해 전혀 적용될 수 없다는 것이다. 그의 실존은 논리적으로 필연적이거나 논리적으로 불가능한 것이어야 한다. 신의 실존이 필연적이라는 안셀무스의 주장을 거부하는 유일한 지성적 방식은 생각될 수 없는 것보다 위대한 존재로서의 신 개념이 자체모순이거나 무의미하다고 주장하는 것이다. (Malcolm 1965, 145쪽)

도덕적 버전의 존재론적 논증은 증명 책임을 전가한다. 만일 무신론자가 최고의 위대성을 갖는 존재의 실존을 부정하고 싶다면, 그는 단순히 그러한 존재가 어쩌다 실존하지 않는다고 주장할 수 없다. 무신론자는 신이 단순히 가능한 것이 아니라 실제적이지 않다고 주장할 수 없다. 무신론자는 최고의 위대성이 도저히 예화될 수 없다는 것을 실증해야 한다. 유신론자는 신이 적어도 가능하다고 주장한다. 그러면 양상논리학과 "신"에 대한 정의에 의해 신은 실존한다.

내가 아는 한 신 개념이 불가능하거나 자체모순이거나 무의미하다는 것을 실증하는 일은 아직 아무도 성공하지 못했다.

---

### 배경 6.1 양상체계 S5

양상체계 S5는 가장 일반적으로 사용되는 체계이다. 이 체계는 다른 S 체계들을 포함한다. S5에서 모든 양상 진리는 필연적이다. 따라서 $\diamond P \supset \square \diamond P$는 S5의 특색을 이루는 원리이다. 또한 $\diamond \square P \supset \square P$와 $\square P \supset \diamond \square P$도 S5의 원리들이다. S5에서는 되풀이되는 양상 기호들은 아무 관련이 없다. 가장 안 쪽의 양상 기호만이 문제가 된다. 그래서 예컨대 $\diamond \diamond \square \diamond \square P$는 $\square P$와 동치이다.

---

### 배경 6.2 실질화법 대 형식화법과 의미론적 상승

카르납에 따르면, 실질화법은 사물, 속성 등에 관한 것인 반면에 형식화법은 명사, 형용사 등에 관한 것이다. 실질화법은 혼란스러워서 철학을 마비 상태로 이끌었던 반면에, 물음을 형식화법으로 표현함으로써 우리는 진보를 할 수 있다. 다음은 카르납이 실질화법과 형식화법의 구별을 도입한 그의 1934년 고전 『언어의 논리적 통사론』에서 그가 든 예이다.

25a. 사물은 감각자료의 복합체이다.[실질화법]
25b. 사물–지칭이 나타나는 모든 문장은 사물–지칭이 나타나지 않지만 감각자료 지칭이 나타나는 문장들 집합과 동등하다.[형식화법]

26a. 사물은 원자들의 복합체이다.
26b. 사물–지칭이 나타나는 모든 문장은 (물리학의) 시공 좌표와 어떤 기술적 기능자들이 나타나는 모든 문장과 동등하다.

어떤 실증주의자가 기본주장 25a를 주장하고, 어떤 실재주의자가 기본주
장 26a를 주장한다고 해보자. 그러면 어떤 사물이 실제로 무엇인가라는 사
이비 물음을 놓고 끝없는 논쟁이 벌어질 것이다. 만일 우리가 형식화법으
로 옮긴다면, 이 경우에 두 기본주장을 조화시키는 것이 가능하다. … 왜냐
하면 사물-문장을 그와 동등한 문장으로 번역하는 다양한 가능성들은 서로
양립불가능한 것이 아니기 때문이다. 실증주의와 실재주의 사이의 논쟁은
그 기원이 전적으로 실질화법 사용에서 기인하는 사이비 기본주장들에 관
한 게으른 논쟁이다. (Carnap 1937, 301쪽)

콰인도 그가 의미론적 상승(semantic ascent)이라 부르는 유사한 방책에
찬성한다.

그러나 우리는 대상에 대한 언급으로부터 낱말에 대한 언급으로의 이동
을 인정한다. … 우리는 이것을 어떻게 설명할 수 있을까? 나는 충분히 내
가 의미론적 상승이라 부를 유용하고 많이 사용되는 방책에 대한 적절한 설
명을 통해 설명할 수 있다고 생각한다.

그것은 어떤 용어들로 언급하는 일로부터 그것들에 관해 언급하는 일로 옮
기는 것이다. 그것은 카르납이 거짓된 겉모습의 철학적 물음들을 제거하고 그
것들을 진짜 색깔로 제시한다고 생각한 이동이다. 그러나 카르납의 이 신조는
내가 승인하지 않는 부분이다. 내가 말하는 것처럼 의미론적 상승은 어디에나
적용된다. … 그러나 의미론적 상승이 대부분의 경우에서보다 철학적 연관에
더 유용하다는 것은 정말로 일어나는 일이다. … (Quine 1960, 271-2쪽)

독자에게 흥미로운 연습은 이 책을 읽으면서 분석철학자들이 그들의 견해
를 설명하면서 실질화법을 제쳐놓고 형식화법을 얼마나 자주 채택해왔는
지를 세보는 일일 것이다.

**배경 6.3** 본질 대 우유

일반적 본질(general essences or quiddities)은 종(kinds)의 본질이다. 개체 본질(individual essensce)이나 개체성(haecceities)은 개체의 본질이다. 종의 본질은 개체가 그 종의 원소가 되기 위해 가져야 하는 속성이나 속성들의 결합이다. 또한 오로지 그 종의 원소들만이 그 일반적 본질을 가질 수 있다. 어떤 종의 일반적 본질을 갖는 일은 개체들을 그 종의 원소가 되게 만드는 것이다. 어떤 종들에 대하여 우리는 그 본질들을 진술할 수 있다. 이 진술들은 그에 상응하는 일반명사의 정의이다. 예컨대 만일 어떤 개체가 어떤 부모의 어머니라면, 그리고 오직 그 경우에만 그것은 할머니이다. 자연종, 특히 생물학적 종에 대하여 본질을 진술하기란 언제나 쉬운 것이 아니다. 비트겐슈타인은 그의 가족 유사성 개념을 통해 일상적 종들이 일반적 본질을 갖는다는 것을 부정하였다.

개체 본질은 어떤 개체가 그 개체가 되기 위해 가져야 하는 속성이나 속성들의 결합이다. 다른 어떤 것도 그 개체 본질을 가질 수 없다. 개체는 자신의 개체 본질을 갖지 않을 수가 없다. 내가 개체 본질을 갖는 일은 나를 나로 만든다. 각각의 개체는 그것이 실존하는 모든 세계에서 그 본질을 가져야 한다. 개체 본질의 본성은 논란이 된다. 나는 나의 개체 본질이 무엇인지 모르고, 나는 다른 누군가의 개체 본질이 무엇인지도 모른다. 크립키는 개체의 기원이 그 본질에 본질적이라고 주장하였다. 어떠한 질적 속성들도 개체에 본질적일 수 없는데, 왜냐하면 이것들은 모두 서로 다른 가능세계들에서 저마다 가질 수 있고, 내가 가진 질적 속성이나 속성들 집합에 대하여 다른 어떤 개체가 그러한 속성들을 갖는 가능세계가 있기 때문이다. 그렇지만 다른 누구도 정확히 나의 기원을 가질 수 없다. 따라서 어떤 동물을 형성하는 정자와 난자는 그 동물에 본질적이다. 책상을 형성하는 나무 도막은 그 책상에 본질적이다. 이것으로부터 어떤 생물학적 유기체에 대하여 그 자연종의 원소가 된다는 것은 그 유기체에 본질적이다. 만일 이 말이 올바르다면, 나는 본질적으로 인간이다. 우리 딸의 고양이 펌킨은 본질적으로 고양이지만, 우연적으로 또는 우유적으로만 그녀의 애완동물일 뿐이다. 펌킨은 누군가 다른 사람의 애완동물이 될 수도 있었지만, 그것은 코뿔소가 될 수는 없었다.

## 배경 6.4 식별불가능한 것들의 동일성, 대입성, 언급적 불투명성, 그리고 외연적인 것 대 내포적인 것에 관한 더 자세한 내용

두 가지 원리: 만일 x=y라면, x의 모든 속성은 y의 속성이며, 그 반대도 마찬가지다. 이 원리는 논란의 여지가 없으며, 동일자들의 식별불가능성 원리라 불린다. 라이프니츠의 법칙, 즉 식별불가능한 것들의 동일성은 만일 x의 모든 속성이 y의 속성이고, 그 반대도 마찬가지라면, x=y라는 것이다. 여기서 "="는 동일성을 의미한다는 것을 주목하라. 2=유일한 짝수 소수.

만일 x=y라면, x의 임의의 이름이나 기술에는 진리치 변화 없이 y의 임의의 이름이나 기술이 대입될 수 있어야 한다. 어떤 맥락에서 이것은 성립하지 않는다. 나는 의회 수가 2와 같다고 믿을 수 있지만, 의회 수가 유일한 짝수 소수와 같다고는 믿지 않을 수 있다. 진리치에 전혀 영향을 미치지 않으면서 동등한 용어가 대입될 수 없는 맥락은 내포적 맥락, 또는 비외연적 맥락이라 불린다. (여기서 우리가 지체할 필요가 없는 전문적 차이가 있다). 콰인에 따르면, 그러한 맥락들은 언급적으로 불투명하다. 용어들은 내포적 맥락에서 그것들의 표준적 언급대상을 갖지 않는다. 내포적 맥락을 촉발하는 개념들은 내포적 개념이나 대상이라 불린다. 예컨대 의미는 내포적이다. "2"의 의미는 "유일한 짝수 소수"의 의미와 다르지만, 언급대상은 똑같다. 콰인 같은 외연주의자들은 내포적 맥락과 대상을 미심쩍어하는데, 왜냐하면 그것들은 일차질서 술어논리학으로 다룰 수 없기 때문이다. 외연주의자들은 의미를 좋아하지 않지만, 언급대상을 좋아한다.

외연주의자들에게는 유감스럽게도 내포논리학을 발전시키려는 많은 연구가 형식논리학자들에 의해 행해졌다. 양상 맥락은 내포적이다.

## 배경 6.5   테세우스의 배

테세우스의 배는 유명한 철학적 난문제이다. 배의 부분들은 원래 부분들이 하나도 안 남을 때까지 여러 해에 걸쳐 하나씩 유사한 부분들로 대치된다. 결국 모든 부분이 대치되었을 때 그 배는 같은 배인가 다른 배인가? 만일 다른 배라고 말한다면, 당신은 정확히 어떤 시점에서 낡은 배가 실존하지 않고 새 배가 실존하게 되는지 진술해야 한다. 추측컨대 비임의적인 그러한 시점은 없을 것이다. 만일 같은 배라고 말한다면, 잠시만 기다려라! 나는 대치된 후에 그 배의 모든 조각이 창고에 저장되었다고 당신에게 말해주는 것을 잊었다. 이제 우리는 이 모든 조각을 모아 배를 만든다. 이 배는 원래 배가 아닌가? 그러나 두 배 모두 같은 배일 수는 없다.

이 난문제는 부분들이 연속적으로 대치될 때 동일성 기준이 분명치 않음을 보여주려는 것이다.

## 배경 6.6  추상적 대 구체적

이 용어들은 철학 전문 용어이다. 구체적 대상은 시공간에서 실존한다. 그것은 공간적이고 시간적인 속성들을 갖는다. (만일 있다고 한다면) 추상적 대상은 시공간에서 실존하지 않는다. 예컨대 수는 보통 추상적인 것으로 생각되는 반면에, 책상과 의자는 구체적이다. 아마 어떤 대상들은 예컨대 사고처럼 시간에서만 실존할 뿐 공간에서는 실존하지 않을 것이다. 이런 대상들 또한 보통 추상적이거나 반추상적인(semi-abstract) 것으로 생각된다.

## 배경 6.7   존재론적 논증(주목: 제2장 말미에 존재론적 논증에 대한 또 다른 배경이 있다)

존재론적 논증의 여러 가지 다른 버전이 있다. (이 맥락에서 "존재론적"이라는 용어에 특별한 중요성은 없다. 학자들은 신의 실존을 주장하는 논증을 세 가지 다른 유형—존재론적, 우주론적, 목적론적—으로 나눈다. 안셀무스의 존재론적 논증 원래 버전은 모순에 의거한 논증이다.

(1) 신은 그보다 더 위대한 것을 생각할 수 없는 것이다.(정의에 의해)

(2) 신이 이해력 속에서 실존하지만 실재 속에서는 실존하지 않는다고 가정하자.(모순을 끌어내기 위한 가정)

(3) 이해력 속에서만 실존하는 것보다 이해력과 실재 모두에서 실존한는 것이 더 위대하다.(기본 전제)

(4) 만일 신이 이해력 속에서만 실존할 뿐 실재에서는 실존하지 않는다면, 우리는 신보다 더 위대한 존재, 즉 이해력 속에서 신과 비슷하지만 실재에서

실존하기도 하는 어떤 것을 생각할 수 있다.(3으로부터)

(5) 따라서 우리는 더 위대한 것을 생각할 수 없는 것보다 더 위대한 어떤 것을 생각할 수 있다.(4로부터)

(6) 따라서 신이 이해력 속에서 실존하지만 실재에서 실존하지 않는다는 가정은 모순으로 이끈다.

결론: 따라서 신은 이해력에서만 실존하는 것이 아니라 실재에서도 실존한다.(6으로부터)

이것이 도대체 무엇을 증명하는지, 또는 무엇을 증명하려고 하는지를 놓고 논쟁이 휘몰아쳤다. 만일 건전하다면 그것은 신이 실존한다는 것을 증명하는가, 아니면 일단 우리가 신이 최고 존재라는 것을 이해하고 나면 실존하지 않는 신을 생각할 수 없다는 것만을 증명하는가?

데카르트는 더 단순한 버전을 제시했다.

(1) 신은 모든 완전한 것을 가지고 있다.(정의에 의해)

(2) 실존은 완전한 것이다.(기본 전제)

결론: 신은 실존한다.(1과 2로부터)

## 더 읽을거리

양상논리학 및 그와 관계된 내포논리학들에 관한 교과서가 여러 권 있다. 내가 가장 유용하다고 판단한 책은 *An Introduction to Modal Logic* by G. E. Hughes and M. J. Cresswell(Methuen 1968)이다.

가능세계에 전념하고 있는 교과서는 *Possible Worlds: An Introduction to Logic and its Philosophy* by Raymond Bradley and Norman Swartz(Hackett

1979)이다.

마이클 룩스(Michael Loux)의 서론은 그의 논문선집 *The Possible and the Ac-tual: Readings in the Metaphysics of Modality*(Cornell 1979)의 주제들을 망라해 소개하면서 견문을 넓혀 주는 글이다. 이 논문선집에는 이 장에서 거론한 루이스, 플랜팅가, 스톨네이커의 논문이 실려 있다.

*Reference and Modality*(Oxford 1971) edited by Leonard Linsky는 크립키의 독창적인 "Semantical Consideration on Modal Logic"을 포함하여 이 장의 주제들에 관한 고전적 논문들을 수록하고 있는 유용한 논문 모음집이다.

*The Ontological Argument: From St. Anselm to Contemporary Philosophers* (Doubleday 1965) edited by Plantinga는 핵심적인 많은 역사적 자료와 현대의 자료를 포함하고 있다.

# 7 명명, 필연성, 자연종: 크립키, 퍼트넘, 도넬란

언어학적으로는 물론이고 철학적으로도 중요한 집합은 자연종과 연관된 일반명사 집합— 즉 우리가 설명적 중요성을 갖는 것으로 간주하는 것들의 집합인데, 이 집합의 정상적인 구별 특성들은 깊숙이 위치한 메커니즘에 의해 "결합되거나" 심지어 그것들에 의해 설명된다— 이다. 금, 레몬, 호랑이, 산(acid)은 그러한 명사들의 예이다. 나는 이 논문을 다음을 제안함으로써 시작하고 싶다. (1) 전통적인 의미이론들은 그러한 낱말의 속성들을 극단적으로 왜곡시킨다. (2) 카르납 같은 논리학자들은 이 전통적 이론들을 부적합성을 다 갖춘 채로 형식화한 것에 지나지 않는다. … 오스틴의 행복한 글귀로 철학자들, 논리학자들, "의미론 이론가들"이 함께 우리에게 제시했던 것은 "신화가 좀먹은 기술"(myth-eaten description)이다. (Putnam 1977b/1970, 102-3쪽)

## 머리말

양상논리학의 발전과 그 결과로 나타난 가능세계 형이상학에 대한 관심은 언어철학에 반영되었다. 그리고 언어철학의 발전은 분석적 형이상학의 사상에 영향을 미쳤다.

가장 자극적인 진전은 솔 크립키, 힐러리 퍼트넘, 키스 도넬란(Keith Don-nellan)의 언급이론의 연구에서 기인했다. 그들의 통찰은 참으로 혁명적이었는데, 왜냐하면 프레게 이후 죽—크립키와 퍼트넘과 다른 사람들이 1970년대 초 해체하기까지—모든 분석철학자가 가정하고 승인해왔던 낡은 전통적 언급이론을 거부하고 다른 것으로 대치했기 때문이다. 새로운 언급이론은 단순하고 강력하며, 전통 철학으로부터 물려받았던 분석적 프로그램에서 지금까지 논쟁의 여지가 없었던 많은 강령에 도전했다. 새 이론의 제창자들은 이름과 많은 일반 명사가 기술의 매개 없이 언급을 하며, "툴리우스는 키케로이다" 같은 동일성 진술이 옳다면 필연적이지만 분석적이지는 않으며, 가장 놀랄만한 것으로 흥미로운 많은 과학적 동일성과 일반적 주장들이 종합적이지만 필연적으로 옳고 후천적으로 발견된다고 논했다. 새 이론은 이런 식으로 양화 양상논리학과 양상성에 대한 가능세계 해석에 내재해 있는 본질주의에 대해 지지 근거를 제공했으며, 이것은 다시 본질주의로부터 지지 근거를 제공받았다. 이것은 형이상학과 언어철학 사이의 진정으로 유익한 상호작용의 예이다.

새 언급이론의 탄생에 가장 중요한 영향을 미친 것은 크립키의 눈부시게 독창적인 『명명과 필연성』(*Naming and Necessity*, Kripke 1980/1972)이었다. 다른 주요 기여는 퍼트넘의 "'의미'의 의미"(The Meaning of 'Meaning', Putnam 1975c)과 도넬란의 "언급과 한정기술"(Reference and Definite Descriptions, Donnellan 1977/1966)이었다.

## 의미와 언급에 대한 전통적 이론

새 언급이론에 대해 더 자세히 살피기 전에 우리는 전통적 이론의 주요 특징들을 검토해야 하는데, 우리는 이 특징들 중 많은 것에 이미 익숙해져 있어야 한다.

퍼트넘은 전통적 이론의 핵심을 다음과 같이 기술한다.

> 전통적 견해에 따르면, 이를테면 "레몬"의 의미는 속성들의 연언을 상술하는 일에 의해 제시된다. 이 속성들 각각에 대하여 "레몬들은 속성 P를 가지고 있다"는 진술은 분석적 진리이다. 그리고 만일 $P_1$, $P_2$, … , $P_n$이 그 연언에서 속성들 전부라면, "속성들 $P_1$, …, $P_n$ 모두를 가진 어떤 것이라도 레몬이다"도 마찬가지로 분석적 진리이다. (Putnam 1977a/1970, 103쪽)

"레몬" 같은 용어와 연관된 속성들의 연언은 "레몬"이라는 용어의 내포이다. (295쪽의 배경 5.5—내포와 외연, 비외연적 맥락의 문제를 볼 것.) 이 내포는 레몬이 된다는 것이 무엇인지를 결정한다. 따라서 전통적 이론들에 따르면, 내포는 외연을 결정한다. "레몬" 같은 용어를 이해한다는 것은 그 내포를 안다는 것이다. 이것이 레몬 개념이다. 레몬 개념은 레몬이 되기 위한 필요충분조건을 결정한다. "어떤 용어에 대응하는 개념은 바로 술어들의 연언이며, 그리고 … 어떤 용어에 대응하는 개념은 언제나 그 용어의 외연에 속하기 위한 필요충분조건을 제공해야 한다."(Putnam 1977b/1973, 119-20쪽). 카르납은 어떤 버전의 전통적 이론을 신봉했는데, 왜냐하면 그에게 "어떤 용어에 대응하는 개념은 (그 용어가 '완전한 의미'를 가지는 이상적인 경우에) 그 외연에 속하기 위한 (단순히 '필요충분조건'이라는 의미에서가 아니라 주어진 어떤 것이 그 외연에 속하는지 아닌지를 파악하는 방식이라는 강한 의미에서) 기준을 제공했기 때문이다."(Putnam 1977b/1973, 120쪽).

전통적 이론에 대한 좀 더 최근의 수정안들에 따르면, 많은 용어에 대하여 필요충분조건을 상술하는 일의 어려움 때문에 속성들의 군집(cluster)이 엄밀한 연언이 아니라 그러한 용어들과 연관된다. 우리는 승자와 패자가 있음, 재미있음, 득점과 실점을 포함함 같은 속성들의 연언을 통해 "게임"을 정의할 수 없는데, 왜냐하면 완전히 승인할 만한 게임들 중 어떤 것들은 이 특징들 중 어떤 것을 결여하기 때문이다. 군집이론에 따르면, 어떤 것은 이와 같은 속성들 군집으로부터 충분한 특징들을 갖기 때문에 게임이다. 군집이론가는 군집에서 그 용어를 적용하기에 충분한 어떤 속성이 있을 필요는 없지만, 전체를 취했을 때의 그 군집은 그 용어의 외연을 결정한다고 주장할 것이다. 많은 일상용어의 외연들에서 개체들 사이에 가족 유사성만이 있다고 주장하는 비트겐슈타인의 입장은 어떤 형태의 군집이론이다.

그렇다면 전통적 의미이론의 핵심 특징은 다음과 같다. 1) 각각의 유의미한 용어는 그와 연관된 어떤 의미, 개념, 내포, 특징들 군집을 갖는다. 이 의미는 그 용어가 이해될 때 알려지거나 마음에 떠오른다. 2) 의미는, 만일 어떤 것이 의미, 개념, 내포, 또는 군집이론의 경우에 충분한 특징들을 갖는다면, 그리고 오직 그 경우에만 그 용어의 외연에 속한다는 의미에서 외연을 결정한다. 3) 분석적 진리는 용어들의 의미에 기초를 두고 있다. 더 나아가 데이비드 흄에서 시작하여 논리 실증주의자들을 넘어서까지 지속된 것으로, 모든 필연성은 분석성으로 해석되거나 어떻게든 언어적 약정에 기초를 둔 것으로 해석되었다. 사물 양상은 어떤 종류의 언어 외적 필연성이었기 때문에 거부되었다. 어떤 용어의 내포는 명명된 종류의 사물의 본질인 것으로 간주되었다. "레몬"과 연관된 속성들의 연언은 레몬이 된다는 것이 무엇인지를 알려주고, 레몬들에 관한 필연적 진리들을 산출하므로 그것은 레몬의 본질이다. 물론 군집이론가는 이런 종류의 본질이 있다는 것을 부정할 텐데, 왜냐하면 어떤 용어의 외연의 모든 원소, 그리고 그 원소들만이 공유하는 속성이 있을 필요가 없기 때문이다. 그래도 하나로 합쳐서 생각했을 때 군집은 일종의 본질이다. 이것이 바로 비트겐슈타인이 "본질은 문법에 의해 표현된다"고 진술할 때 의미하는 것이다(Wittgenstein 2009/1953, 123e쪽).

전통적 이론가들은 그들의 처리 방식을 일상적인 고유명(proper names)에까지 확장했다. 크립키는 전통적 이론을 무너뜨리기 위해서 먼저 고유명에 초점을 맞추고, 그 다음에 그의 결과를 일반명사에 적용했다. 전통적 이론은 고유명에 적용했을 때 훨씬 덜 그럴듯하다. 그럼에도 불구하고 전통적 이론은 반대자가 없는 채로 군림했는데, 이는 대체로 아무도 대안을 생각할 수 없었기 때문이다—크립키가 생각하기 전까지.

전통적인 연언 이론가와 군집 이론가에 따르면, 각각의 유의미한 고유명은 기술들 집합과 연관되어왔다. 그 기술들, 또는 군집이론가의 경우에 충분한 양의 기술들을 만족시키는 유일한 것은 그 이름의 언급대상이다. 고유명을 사용할 때 우리가 의도하는 언급대상은 사용된 이름과 연관된 기술들에 의해 결정된다. 고유명에 적용된 전통적 연언 이론을 신봉했던 철학자들의 예로 크립키는 러셀과 프레게를 거론하는 반면에, 그는 비트겐슈타인과 설을 군집이론가의 예로 거론한다. 다음은 고유명에 관한 러셀의 견해이다.

'로물루스'(Romulus)라는 이름은 실은 기술이 아니라 일종의 생략된 기술이다. 그것은 이러저러한 일들을 행했고, 레무스(Remus)를 죽였으며, 로마를 세우는 등의 일을 한 사람을 나타낸다. 그것은 그 기술에 대한 생략형 표현이다. 또는 만일 당신이 원한다면, 그것은 "'로물루스'라 불렸던 사람'을 나타내는 생략형 표현이다(Russell 1959b/1924, 243쪽).

러셀에 따르면, 우리 일상언어의 이른바 고유명 모두는 위장된 기술이다.

　일반명사의 경우와 마찬가지로 어떤 이름과 연관된 확인 기술들의 연언이나 군집은 필연적 진리를 산출한다. 만일 우리가 "아리스토텔레스"로 의미하는 것의 일부가 "알렉산더 대왕의 스승"이라면, "아리스토텔레스는 알렉산더 대왕의 스승이다"는 필연적 진리이다. 비록 군집 이론가들이 임의의 한 기술이 아리스토텔레스에 대해 필연적이라는 것을 거부한다 할지라도, 설은 여전히 "아리스토텔레스"라는 이름과 연관된 군집이 산출하는 아리스토텔레스에 관한 필연적 진리들이 있다고 주장한다.

　　똑같은 주장을 달리 표현하기 위해 우리가 "도대체 우리는 왜 고유명을 갖는가?"라고 묻는다고 가정해보자. 개체들을 언급하기 위해 그러는 것이 분명하다. "맞다. 하지만 기술들도 우리를 위해 그 일을 할 수 있었다." 그러나 매번 동일성 조건을 상술하는 대가를 치러야만 언급이 이루어진다. 우리가 "아리스토텔레스"를 삭제하고, 이를테면 "알렉산더 대왕의 스승"을 사용하는 데 동의한다고 해보자. 그러면 언급된 사람이 알렉산더 대왕의 스승이라는 것은 필연적 진리이다―그러나 아리스토텔레스가 일찍이 교육에 종사했다는 것은 우연적 사실이다(비록 내가 아리스토텔레스가 통상 그에게 귀속되는 속성들의 논리적 합, 포괄적 선언을 갖는다는 것이 필연적 진리임을 암시하고 있다 할지라도). (Searle 1963, 160쪽)

　카르납, 설, 비트겐슈타인은 전통적 언급이론을 주장하거나 표현해왔다. 그들이 세부 내용들 중 어떤 것들에 관해 달랐던 반면에, 그들은 그 이론의 토대를 옹호하는 데 압박감을 느끼지 않았다. 대부분은 어떤 형태의 연언 이론이나 군집 이론이 옳다는 것을 당연시해왔다. 버클리, 흄, 밀, 논리 실증주의자들 같은 대부분의 경험주의자는 적어도 보통명사에 관해 전통적 이론을 주장해왔다. 분석적 언어철학자들 사이에서 전통적 이론은 크립키, 퍼트넘, 도넬란이 그 모든 것에 대해 의심을 제기했을 때에도 여전히 좀 더 정교하고 전문적인 수정안들을 고려하고 있었다.

## 전통적 이론에 대한 크립키와 도넬란의 비판: 이름과 기술

양상논리학과 가능세계 의미론의 발전은 이미 필연성에 대한 전통적 분석의 토대를 약화시키기 시작하고 있었는데, 왜냐하면 그것들은 사물양상에 열중하면서 진정한 언어 외적 본질을 필요로 했기 때문이다.

새 언급이론의 대담성은 그것이 단순히 전통적 이론을 세련되게 다듬은 이론이 전혀 아니라는 것이다. 그것은 의미와 언급에 대한 전통적 이론들의 토대와 상부구조를 완전히 거부하는 이론이다.

전통적 이론에 반대하여 크립키와 도넬란은 고유명이 동일성을 확인하는 기술들과 무관하게 언급한다는 것을 실증하였다.

도넬란의 주요 기여 중 한 가지는 동일성을 확인하는 기술들이 없는 경우에서뿐만 아니라 그 이름과 연관된 동일성 확인 기술이 그 이름이 언급하는 개체에 올바르게 적용되지 않는 경우에도 언급 관계가 일어날 수 있음을 보여준 것이었다. "언급과 한정기술"(Reference and Definite Descriptions)에서 그는 한정기술의 어떤 사용들에 관해 이 주장이 정당함을 보여준다. 도넬란은 한정기술의 두 가지 다른 사용—속성적(attributive, 귀속적) 사용과 언급적(referential) 사용—을 구별한다. 한정기술을 속성적으로 사용하고 있을 때 화자는 어떤 기술에 누가 맞는지나 무엇이 맞는지에 관해 필연적으로 어떤 생각도 갖지 않고도 그 기술에 맞는 사람은 누구든, 또는 그 기술에 맞는 것은 무엇이든 그것에 관한 무언가를 말하려 한다. 언급적 사용의 경우에 화자는 그가 말하려 하는 사람이 누구인지 또는 무엇인지에 관해 독립적으로 명확한 생각을 갖고 있으며, 그 기술을 그 개체를 언급하기 위해 사용한다. 언급적 기술은 단지 언급

을 달성하기 위한 도구이며, 설령 언급된 것이 그 기술에 맞지 않는다 할지라도
이 일을 하는 데 성공할 수 있다.

다음 두 경우에 "스미스 살인범"(Smith's Murderer)의 사용을 생각해보라.

먼저 우리가 악랄하게 살해당한 불쌍한 스미스를 우연히 발견한다고 가정해
보라. 잔인한 살해 방법과 스미스가 정말이지 아주 사랑스러운 사람이었다
는 사실로부터 우리는 "스미스 살인범은 미쳤어."라고 외칠 수도 있다. 더 단
순한 사례가 되도록 나는 아주 일상적인 의미에서 우리가 누가 스미스를 살
해했는지 모른다고 가정할 것이다. … 나는 이것이 한정기술의 속성적 사용
이라고 말할 것이다.

다른 한편으로

존스가 스미스 살인범으로 고소를 당하여 재판에 회부되었다고 가정해보라.
재판에서 존스의 괴상한 행동에 대해 심의가 벌어진다고 상상해보라. 우리
는 그의 행동에 대한 우리의 인상을 "스미스 살인범은 미쳤어."라는 말로 정
리할 수도 있다. 만일 누군가가 이 기술을 사용하여 누구를 언급하고 있는지
묻는다면, 여기서 답은 "존스"다. 나는 이것이 한정기술의 언급적 사용이라
고 말할 것이다(Donnellan 1977/1966, 46-7쪽).

"스미스 살인범"의 언급적 사용을 통해 화자는 설령 나중에 존스가 무고하다는
것이 밝혀진다 할지라도 존스를 언급하고 있다.[1]

도넬란의 요점은 아주 중요한데, 왜냐하면 기술들이 언제나 누가 됐건 또는

---

1  도넬란은 자신의 구별이 타당하다면 러셀과 스트로슨의 한정기술 이론 모두 올바르지 못하다
고 지적한다. "그렇다면 나는 러셀의 이론도 스트로슨의 이론도 한정기술 사용에 대해 올바른 설
명을 대표하지 못한다고 결론짓는다—러셀의 이론은 언급적 사용을 통째로 무시하기 때문이고,
스트로슨의 이론은 언급적 사용과 속성적 사용을 구별하지 못하고, 각각의 사용에 관한 진리들을
함께 섞기 때문이다(그른 어떤 것들과 함께). (Donnellan 1977/1966, 58쪽).

무엇이 됐건 어쩌다 그 기술에 들어맞는 것을 언급하는 것이 아니기 때문이다. 우리가 어떤 기술을 언급적으로 사용할 때 우리는 누가 됐든 어쩌다 그 기술에 들어맞는 사람을 언급하려는 것이 아니다. 오히려 우리는 명확한 어떤 개인을 염두에 두고 있다. 마찬가지로 어떤 이름을 사용할 때 우리는 누가 됐건 어떤 기술들 집합들 집합에 어쩌다 들어맞는 사람을 언급하고 있지 않은데, 비록 우리가 명명된 사람이나 장소나 사물이 그 기술에 들어맞는다고 믿을 수 있다 할지라도 그렇다. 어떤 이름을 사용할 때 우리는 언급적 기술처럼 그것을 어떤 기술들에 맞는지 아닌지와 상관없이 명확한 어떤 개인을 언급하기 위해 사용한다. 도넬란은 만일 이름이 속성적으로 사용된다면, 즉 누가 됐건 그 이름과 연관된 확인 기술에 맞는 사람을 언급한다면, 우리는 어떤 역설적 결과에 이르게 된다고 지적한다. 예컨대 만일 "탈레스" 같은 어떤 이름이 누가 됐건 "만물은 물이라고 주장했던 철학자"라는 동일성 확인 기술에 맞는 사람을 언급한다면, 사실상 아무도 이 견해를 주장하지 않았다고 할 경우에 우리는 탈레스가 실존하지 않는다고 말해야 한다. 하지만 그렇다면 도넬란은 묻는다. "아리스토텔레스와 헤로도토스가 언급했던 것은 누구인가? 확실히 우리는 '아무도 언급하지 않는다'고 결론짓는다. 내가 보기에는 우리가 탈레스가 우물 파는 사람이었고, 아리스토텔레스와 헤로도토스가 그가 한 일에 대해 속았다는 것을 발견해야 한다는 것이 이치에 닿는 것처럼 보인다."(Donnellan 1972, 374쪽). 따라서 우리는 "탈레스"라는 이름을 사용하여 탈레스를 언급할 수 있는데, 비록 어쩌면 우리가 제시할 수 있는 유일한 기술이 그에 대해 그르다 할지라도 그렇다.

크립키도 이름에 관해 똑같은 주장을 하며, 게다가 이름이 고정 지시어(rigid designator)라고 주장한다. "고정 지시어"는 이름이나 기술처럼 어떤 개체가 실존하는 모든 가능세계에 관하여 똑같은 개체를 언급하는 지시어를 의미하기 위해 크립키가 만든 용어이다. 만일 어떤 이름이 고정 지시어라면, 그것은 반사실적 상황을 기술하는 데 사용될 때 실제 세계를 기술하기 위해 사용될 때와 똑같은 개체를 언급한다. 이것은 통상 연관된 기술들의 어떤 목록을 만족시키든 못하든 간에 이름이 똑같은 개체를 언급한다는 것을 의미한다. 다른 가능세계들이나 가능한 반사실적 상황들에서 개체는 있다손 친다면 그 개체에 본질적인 속성들만을 필요로 한다. 이미 살펴보았던 것처럼, 고유명에 대한 전통적 이론은 적어도 보통 아리스토텔레스에 대해 믿어진 것들의 어떤 조합은 그에 대해 필연적으로 옳다는 것을 논리적으로 함의한다. 그렇지만 주의 깊게 생각해보면 이 생각은 의심스럽다. 우리는 예컨대 아리스토텔레스가 필연적으로 철학자이고, 필연적으로 알렉산더 대왕의 스승이며, 필연적으로 플라톤의 제자이다 등을 승인할 수 없다. 설의 설명과는 반대로 아리스토텔레스에 관한 통상적 믿음들의 집단이나 선언조차도 그에 대해 필연적이지 않다. 아리스토텔레스, 바로 그 사람은 어릴 때 그의 나라를 휩쓸었던 전염병으로 죽었을 수도 있었다. 그런 식으로 그가 죽는 일은 인류에게 커다란 손실이었겠지만, 적절한 조건이 주어지면 일어날 수 있었던 일들 중 하나이다.

> 어쩌면 역사철학의 어떤 견해들에서 인기가 있는 어떤 이론이 있는데, 이 이론은 결정론적이지만 동시에 역사에서 개인에게 커다란 역할을 할당할 수도 있다. … 그러한 견해에 따르면, 일단 어떤 개인이 태어나면 그가 여러 가지 위대한 일을 수행할 운명이라는 것은 필연적일 것이며, 그래서 아리스토텔레스가 서양세계에 커다란 영향을 미쳤던 사상을 산출했어야 한다는 것은 아리스토텔레스의 본성의 일부일 것이다. 그러한 견해가 역사나 위인의 본성에 대한 견해로서 어떤 장점이 있을 수 있든 간에 고유명에 대한 이론을 기초로 그것이 하나마나할 정도로 뻔하게 옳아야 하는 것은 아닌 것처럼 보인다. 아리스토텔레스가 일찍이 오늘날 통상 그에게 귀속되는 것들 중의 어떤 것, 즉 우리가 그토록 많이 찬탄하는 이 위대한 업적들 중의 어떤 것을 했다는 것은 우연적 사실인 것처럼 보인다(Kripke 1980/1972, 74-5쪽).

그것은 아리스토텔레스에 대해 필연적으로 옳은 것이 아니므로, 즉 그가 실존하는 모든 세계에서 옳은 것이 아니므로, 그가 철학자였다는 것, 그가 알렉산더 대왕을 가르쳤다는 것, 또는 보통 그에 대해 주장되는 것들의 어떤 조합 중 어떤 것이나 모든 것을 했다는 것과 관련해서 보면 이 속성들 중 어떤 것도 아리스토텔레스에게 본질적이지 않다. 아리스토텔레스가 "철학자이다", "알렉산

더 대왕을 가르쳤다" 등과 같은 어떤 기술들 집합을 만족시키든 않든 간에 아리스토텔레스는 아리스토텔레스이다. 따라서 "아리스토텔레스"라는 이름은 만일 고정 지시어라면 통상 "아리스토텔레스"와 연관된 기술들 중의 어떤 것을 그가 만족시키는지와 무관하게 그 사람을 언급한다.

　　고유명에 대한 전통적 이론에 반대하여 끌어들이는 다른 증거는 우리가 어떤 개인에 관해 통상 그에 관해 믿어지는 것들 중 실제 세계에서 옳은 것이 거의 없거나 전혀 없다는 것을 발견할 수 있다는 것이다. 예컨대 실제로 어떤 사람들이 주장해왔던 것처럼 우리는 셰익스피어가 그에게 귀속시키는 희곡들의 저자가 아니고, 문학적 소양이 있는 것도 아니었다는 것을 발견할 수도 있다. 우리는 괴델에 대해 그가 지금 괴델의 증명이라 불리는 것을 발견한 사람이 아니었고, 그가 수학자가 아니었으며, 거대한 어떤 사기가 행해졌다는 것을 발견할 수도 있다. 만일 전통적 이론이 올바르고, 이름이 고정 지시어가 아니라면, 즉 이름이 누가 됐건 또는 무엇이 됐건 통상 그것과 연관된 어떤 기술들에 맞는 것을 언급한다면, "괴델"은 누가 됐든 괴델의 증명을 발견한 사람을 언급하고, "셰익스피어"는 누가 됐든 『햄릿』, 『오셀로』 등의 저자였던 사람을 언급할 것이며, 그래서 우리가 셰익스피어가 그런 희곡들을 쓰지 않았다거나, 괴델이 괴델의 증명을 발견하지 않았다고 가정하는 것은 모순일 것이다. 물론 그러한 발견은 반대 증거가 제시될 가능성이 높지 않지만, 단순히 고유명의 의미론에 의해 배제되지 않는다.

　　더 나아가 나는 어떤 이름을 그 이름을 지닌 사람을 언급하는 데 사용하기 위해서 유일하게 언급하는 어떤 기술도 알 필요가 없다. 나는 데이비드 베컴에 관해 무엇을 아는가? 별로 많지 않다. 그는 스타 축구선수이고, 그는 영국인이며, 스페인에 있는 팀에서 경기한다고 나는 믿는다. 이런 것들은 베컴의 유일한 특징들이 아니다. 십중팔구 그는 "베컴"이라는 이름의 유일한 스타 축구선수이겠지만, 그렇지 않을 수도 있다. 그럼에도 불구하고 나는 그의 이름을 사용하여 베컴을 언급할 수 있다. 사실상 나는 정말로 그렇게 했다. 나는 또한 내가 베컴에 관해 믿는 것들 중 어떤 것 또는 모든 것이 사실상 그르다는 것을 발견할 수도 있다. 그리고 로물루스가 실제로 "로물루스"라고 불렸다는 러셀의 주장조차도 올바른가? 그 이름은 철자법과 발음의 진화를 거쳤으며, 그래서 우리의 이름은 의심할 여지없이 다른 원래 이름의 먼 친척 아닌가?

크립키가 주장하듯이 만일 이름이 고정 지시어라면, 두 용어 모두 이름인 동일성들은 필연적으로 옳다. 크립키 이전에 철학자들은 "샛별은 개밥바라기이다"(The Morning Star is the Evening Star)나 "헤스페러스(샛별)는 포스포러스(개밥바라기)이다"(Hesperus is Phosphorus)와 "툴리우스는 키케로이다" 같은 동일성들이 우연적이라고 주장해왔다.[2] 크립키에 따르면, 만일 "툴리우스"와 "키케로"가 고정 지시어라면, 그리고 만일 동일성 "툴리우스는 키케로이다"가 옳다면, 그 동일성은 필연적으로 옳은 것이지 우연적으로 옳은 것이 아니다. 만일 "툴리우스"와 "키케로"가 고정 지시어이고, 둘 다 실제 세계에서 같은 개체를 언급한다면, 고정 지시어는 모든 가능세계에서 같은 개체를 언급하기 때문에 "툴리우스"가 키케로 이외의 다른 개체를 언급하는 세계는 없게 될 것이다. 이것은 동일성 "툴리우스는 키케로이다"가 툴리우스가 실존하는 모든 세계에서 옳고, 그래서 필연적으로 옳다는 것을 의미한다. 크립키에 따르면, 고정 지시어들만을 포함하는 동일성 진술은 정말이지 옳다면 필연적으로 옳게 될 것이다. 비고정 지시어를 가진 동일성 진술은 일반적으로 우연적일 것이다. 예컨대 이중초점 렌즈의 발명자가 미국의 초대 체신부장관이었다는 사실은 우연적이다.

대부분의 철학자가 "헤스페러스는 포스포러스이다"와 "툴리우스는 키케로이다" 같은 동일성들이 우연적이라고 믿는 쪽으로 끌렸던 이유는 그것들이 분석적이지 않다는 것이다. 헤스페러스(샛별)가 포스포러스(개밥바라기)라는 것은 경험적 발견이었다. 확실히 이것들이 똑같은 천체라는 사실은 선천적이지 않다.

크립키는 언급된 동일성들이 분석적이거나 선천적이지 않다는 것을 기꺼이 인정하며, 사실상 그렇게 주장한다. 이런 사실에도 불구하고 그는 그것들이 필

---

2  주목할만한 예외는 루스 바캔 마커스인데, 그는 양상논리학에 대한 그의 형식적 연구를 기초로 그러한 동일성들이 옳다면 필연적이어야 한다고 주장했다. 이것은 크립키의 연구보다 앞선 것이었다.

연적으로 옳다고 주장한다. 크립키는 가장 최근의 현대 철학자들이 선천성이라는 인식론적 개념과 분석성이라는 언어적 개념으로부터 필연성이라는 형이상학적 개념을 구별하지 못했다고 주장한다. 만일 "필연적으로 옳다"가 모든 가능세계에서 옳다는 것을 의미하고, 선천적이라는 것이 경험과 무관하게 알 수 있다는 것을 의미한다면, 우리는 두 가지 다른 개념에 관해 이야기하고 있으며, 그 외연들은 똑같을 필요가 없다. 사실상 크립키는 "헤스페러스는 포스포러스이다"가 필연적으로 옳지만 선천적이지도 분석적이지도 않다고 주장한다. 물론 종합적인 필연적 명제가 있을 수 있다는 주장은 그 당시 대부분의 분석철학자에게는 깜짝 놀랄 만한 주장이었다.

　크립키가 필연성(형이상학적 개념)과 선천성(인식론적 개념)을 구별한 일, 그리고 그 두 개념과 분석성(언어적 개념)을 구별한 일은 분석철학의 위대한 획기적 사건들 중 하나이다. 크립키는 또한 그 개념들을 구별했을 뿐만 아니라 왜 어떤 주장들이 필연적이지만 선천적이지도 분석적이지도 않은지 보여주었다. 크립키는 또한 많은 과학적 동일성과 일반진술이 필연적이면서 후천적이라는 것을 설득력 있게 주장하였다(크립키는 또한 선천적이지만 우연적인 주장들의 예도 제시했다).

## 자연종 용어

전통적 의미이론과의 논쟁에서 새 언급이론의 두 번째 주된 특징은 고유명에 관한 통찰을 보통명사, 특히 "금", "물", "호랑이" 같은 자연종을 나타내는 명사들에까지 확장한 것이다. 크립키에 따르면, 그런 명사들은 고정지시어라는 점에서 고유명과 비슷하다. 만일 "금"이 고정 지시어라면, 그것은 언제나 피상적인 현상적 속성들과 무관하게 똑같은 물질을 언급한다. 더 나아가 금이 무엇인지는 어떤 속성들 목록에 의해 분석적으로 상술될 수 없는데, 왜냐하면 어떤 것의 속성들이 우리가 금의 피상적 속성들로 여기는 것과 아무리 많이 닮았다 할지라도 그 물질은 "금"에 의해 고정적으로 지시되는 것과 똑같은 종류의 물체가 아닌 한 금이 아닐 것이기 때문이다. "금"의 언급대상은 원자번호 같은 근원적 특성에 의해 결정될 텐데, 이 특성은 경험적으로 발견된다. 금이 원자번호 79를 가진 원소라는 것은 경험적 가설이지만, 만일 이 가설이 올바르다면 "금"은 원자번호 79를 가진 원소를 고정적으로 지시한다. 그 밖에 다른 어떤 것도 아무리 금과 닮았다 할지라도 금이 아니다.

노랑임은 그저 전통적 이론가가 "금"의 정의에 포함시킬 종류의 속성이다. 따라서 "금은 노랗다"는 분석진술일 것이다. 그렇지만 크립키는 그런 진술이 분석진술이 아니라고 주장한다. 우리는 금이 실제 세계에서 노랗지 않다는 것을 발견할 수 있다. 그러한 발견을 상상하기 위해서 우리는 우리 모두가 대규모 착각이나 그러한 어떤 것의 희생자였다고 가정할 수 있다. 그러한 가정은 이상하지만, 그 상황이 불가능한 것은 아니다. 자연종에 관한 그러한 진술들이 종합진술이라는 사실을 예증하는 퍼트넘에서 기인하는 한 가지 유명한 예는 그가 든 로봇 고양이 예다. 우리는 모든 고양이가 우리에 대해 스파이 노릇을 하도록 화성에서 보내진 로봇임을 발견하는 것을 상상할 수 있다. 이것은 생각가능한 일이므로 "고양이들은 동물이다" 같은 진술은 분석진술이 아니다. 덜 이상한 예는 "고래는 어류다"가 그르며, 그래서 분석진술이 아니라는 발견이었다. 만일 자연종에 관한 그러한 진술들이 분석진술이 아니라면, 우리는 속성들의 연언에 의해서는 자연종 용어들의 의미를 상술할 수 없다. 해당 종류의 예들이 그것들이 갖는 속성들을 갖는다는 것은 자연의 문제이지 언어의 문제가 아니다.

전통적 이론에 따르면, 어떤 용어와 연관된 개념은 가정컨대 일상적 고유명과 연관된 동일성 확인 기술들 집합처럼 기능한다. 새 언급이론은 있다손 친다면 자연종 용어와 연관된 기술들이 그 용어가 주어진 사례에 적용되는지 결정할 때 결정적 역할을 하지 않는다고 주장한다. 기껏해야 그러한 용어와 연관된 기술들은 명명된 종류의 것들을 골라내는 간편한 지침이지만, 그 기술들은 그 종류의 것이라는 것이 무엇인지를 결정하지 않는다. 그것의 원자 구조는 어떤 물질이 금인지를 결정한다. 마찬가지로 물은 $H_2O$이다. 어떤 물질은 올바른 화학 구조를 가질 경우에만 물이다. 생물학적 종류들은 생물학자들이 발견하는 발생적 구조나 다른 어떤 자연적 속성들에 의해 결정되며, 다른 자연종들은 마찬가지로 근원적 특성들에 의해 결정된다.

퍼트넘은 언급에 관한 새 사상을 자연종 용어에 적용하는 데 가장 중요한 영향을 미쳤다. 그는 예컨대 물이 모든 가능세계에서 $H_2O$라고 주장한다. 따라서 물은 필연적으로 $H_2O$이다. 이것은 $H_2O$가 아닌 어떤 것도 물이 아님을 의미하는데, 설령 그것이 우리가 물을 규정한다고 생각하는 피상적 특징들의 어떤 목록을 만족시킨다 할지라도 그렇다. 따라서 어떤 액체는 투명하고, 무색이고, 무미하고 등등일 수 있으면서도 $H_2O$가 아니라면 물이 아닐 수 있다.

퍼트넘은 그의 쌍둥이 지구 장치를 이용하여 이 입장을 옹호한다. 쌍둥이 지구는 그것의 호수와 강이 복잡한 어떤 화합물 XYZ로 채워져 있다는 것을 제외하면 지구와 꼭 닮았는데, 이 XYZ는 정확히 $H_2O$의 피상적 속성들의 모사물이다. 확실히 그러한 행성은 가능하다.[3]

> 이제 내가 물의 미세 구조—물은 $H_2O$라는 것—를 발견한다고 해보자. 이 시점에서 나는 내가 앞에서 물로 잘못 생각했던 쌍둥이 지구의 물질이 실은 물이 아니라고 말할 수 있게 될 것이다. 똑같은 방식으로 만일 당신이 실제 우주의 또 다른 행성이 아니라 물에 대한 "조작적 시험"을 통과하는 화학식 XYZ를 가진 물질이 있는 또 다른 가능한 우주를 기술한다면, 우리는 그 물질이 물이 아니라 단지 XYZ에 지나지 않는다고 말해야 할 것이다. 당신은 "물은 XYZ이다"인 가능세계가 아니라 단지 XYZ의 호수들이 있고, 사람들이 XYZ(그리고 물은 아님)를 마시며, 또는 그 비슷한 무엇이든 그런 가능세계를 기술하게 될 것이다(Putnam 1977b/1973, 30쪽).

따라서 물은 모든 가능세계에서 $H_2O$인데, 왜냐하면 어떤 것도 $H_2O$가 아닌 어떤 물질이 물이 되는 가능세계로 간주되지 않을 것이기 때문이다. 퍼트넘의 주장을 강화하기 위해 크립키가 제시하는 예는 황철광(fool's gold, 黃鐵鑛) 예다. 황철광(iron pyrites)은 여러 가지 점에서 금처럼 보이고 금처럼 작용하지만 금

---

**3**   만일 이것이 너무 괴상해 보인다면, 나는 몇 년 전 인공감미료 제품 슈가트윈(Sugar Twin)의 다음 광고를 떠올린다. "설탕처럼 생겼어요. 설탕 맛이 나요. 설탕처럼 측정해요."

이 아닌데, 왜냐하면 그것은 원자번호 79를 가진 원소가 아니기 때문이다. 사람들은 자연종에 대해 이런 식으로 생각한다. 나는 내 결혼반지가 단순히 금처럼 보이는 어떤 것이 아니라 금이기를 원한다.[4] 어떤 용어의 일상적 사용과 적용이 그 용어의 외연을 결정한다고 주장했던 일상언어철학자들은 그들의 일상언어를 오해했다. 크립키와 퍼트넘은 우리의 언어적 직관, 즉 적어도 이름과 자연종 용어에 관해 그들보다 더 잘 파악하고 있다.

자연종 용어와 분석적으로 연관된 어떤 기술을 만족시키는 일은 어떤 액체를 물로 만들거나, 어떤 금속을 금으로 만들지 못한다. 특수한 화학적 본성을 갖는 일이 물을 물로 만들고, 금을 금으로 만든다. 우리는 사기 당한 물질이 단순히 피상적으로 물과 닮았다고 해서 "물"이라고 명명될 권리가 없음을 이미 살펴보았다. 마찬가지로 어떤 물질은 그것이 $H_2O$인 한 다른 물줄기들과 닮지 않았다 할지라도 여전히 물일 수 있다.

> 한편 만일 이 물질[$H_2O$]이 우리가 지금 물이라고 부르는 것과 odn 다른 확인 표시와 함께 소련에서 발견했다고 주장되는 중합수 같은 또 다른 형태를 띤다면, 그것은 우리가 원래 물로 확인했던 외양을 가지지 않는다 할지라도 똑같은 물질이기 때문에 일종의 물이다.[5] (Kripke 1980/1972, 323쪽)

만일 크립키와 퍼트넘의 견해가 올바르다면, 어떤 자연종 용어와 연관된 기술들의 연언이나 집단은 그 용어를 적용하기 위한 필요조건도 충분조건도 아니다. 그렇다면 통상 자연종 용어들과 연관된 기술들의 역할은 무엇인가? 크립키는 용어의 언급대상을 고정시키는 일과 그 용어의 정의를 제시하는 일을 구별

---

**4**  "금은 금을 의미해야 한다. 사실상 이 도매상인들과 소매상인들이 팔고 있었던 것은 황철광에 지나지 않았다. 전문가로서의 훈련이나 시험 장치 없는 소비자들이 금 보석류가 진짜인지 아닌지를 알 방법이 없다." 『이타카 저널』(*The Ithaca Journal*, "Rochester jeweler fined for 'fool's gold'") 2001년 11월 23일자 뉴욕 주 검찰총장 엘리엇 스피처(Eliot Spitzer)의 말에서 인용.
**5**  중합수는 신화인 것으로 판명되었다. 그러한 물질은 없다—그러나 있을 수도 있었다. 어쨌든 우리는 크립키의 요점을 파악한다. 열대지방의 섬 주민들은 얼음이 물이라는 것을 배우고 놀랄 수도 있다.

한다. 용어의 언급대상을 고정시킬 때 우리는 청자가 우리가 염두에 두는 것을 골라내는 데 도움이 되는 기술을 제공한다. 그래서 예컨대 누군가에게 색깔어의 의미를 가르칠 때 나는 다음과 같이 말할 수 있다. "녹색으로 우리는 저기 있는 저 차 색깔을 의미한다." "저기 있는 저 차 색깔"은 "녹색"의 언급대상을 고정시키려는 것이지 "녹색"의 동의어를 제공한다는 의미에서 그 의미를 제시하는 것이 아니다. 나는 "녹색"이 저기 있는 저 차 색깔이 어떤 것이든 간에 그것으로 정의된다는 것을 의미하지 않았다. 만일 내가 이것을 의미했다면, 누군가가 그 차를 다른 색깔, 이를테면 빨강색으로 칠했을 경우에 "녹색"은 빨강색을 언급할 텐데, 왜냐하면 그 경우에 그 색이 그 차의 색깔이 되었기 때문이다. 어떤 용어의 언급대상을 고정시킬 때 나는 전통적 의미에서 의미가 아니라 그 용어의 언급대상을 제시한다고 간주되는 기술을 제공한다. 그 용어를 사용할 때 나는 명확한 종류의 것을 염두에 두고 있으며, 이제 청자가 그것을 골라내는 데 도움을 주기를 원한다. 자연종 용어와 연관된 기술들은 그 용어의 언급대상을 고정하는 기능을 하는 것이지 그 용어의 의미를 제시하지 않는다. 전통적 이론가들은 자연종 용어와 연관해서 제시된 기술들이 그 기술을 만족시키는 어떤 것이라도 그 용어의 외연에 속한다는 의미에서 그 용어를 정의하고 있다고 가정했다. 크립키에 따르면, 그러한 기술은 전형적으로 언급대상을 고정시키려는 것일 뿐이다.

우리는 크립키와 퍼트넘이 물이 필연적으로 $H_2O$라고 주장한다는 것을 이미 살펴보았다. $H_2O$는 물의 본성이다. $H_2O$는 물의 본질이다. "물"은 $H_2O$가 갖거나 갖지 않을 수 있는 피상적 속성들과 상관없이 $H_2O$를 고정적으로 지시한다. 결정적인 점은 "물은 $H_2O$이다"가 옳다고 가정한다면 필연적으로 옳지만 분석적이지 않다는 것이다. 크립키와 퍼트넘은 일상적 정의를 과학적 정의로 대치하고, 그래서 물을 투명한 무색의 액체로 정의하는 대신 $H_2O$로 정의하자고 제안하고 있는 것이 아니다. "현재 견해에 따르면 종 본질에 대한 과학적 발견들이 '의미의 변화'를 형성하는 것이 아님을 주목하라. 그러한 발견의 가능성은 원래 기획의 부분이었다."(Kripke 1980/1972, 138쪽). 만일 우리가 단지 "물"은 적어도 전통적 의미에서 전혀 정의를 갖지 않으며, 특수한 종류의 물질의 고

유명이라고 말한다면, 우리는 크립키와 퍼트넘의 입장에 근접할 것이다.

"물은 $H_2O$이다"와 "금은 원소이다"는 분석진술이 아니다. 그 한 가지 이유는 그것들이 각각 그른 것으로 판명될 수 있다는 것이다. 우리는 우리의 화학 이론들에 어떤 근본적 오류나 그 비슷한 어떤 것이 있고, 물이 다른 어떤 복잡한 화합물이라는 것을 발견할 수도 있다. 금에 대해서도 똑같은 종류의 일이 일어날 수 있다. 그러한 오류의 가능성이 있기 때문에 그 진술들은 분석진술이 아니다. 그러나 이제 우리에게는 수수께끼가 놓인 것처럼 보인다. 어떤 명제가 어떻게 필연적으로 옳으면서 가능적으로 그를 수 있는가? 그럴 수는 없다. 만일 우리가 최고로 정확하다면, 우리는 물이 만일 $H_2O$라면 물은 필연적으로 $H_2O$라고 말해야 한다. 만일 우리의 이론이 올바르고, 오류가 없으며, 물이 실제로 $H_2O$라면, 물은 필연적으로 $H_2O$이다. 물이 $H_2O$라는 것의 확실성은 잘 확립된 경험적 이론의 확실성이지 어떤 정의에 대한 지식으로부터 나오는 확실성이 아니다. 그것은 분석진술이 아니지만, 옳다면 필연적이다. 이것은 만일 물이 $H_2O$라면, 우리가 필연적이고 후천적이고 종합적인 명제의 예를 갖는다는 것을 의미한다.

이 점을 명료하게 하는 데 도움을 받으려면 우리는 형이상학적 양상과 인식적 양상을 구별해야 한다. "… 일지 모른다"(may), "… 일 수도 있었다"(might), "… 가 아닐 수도 있었다"(might not), "… 할 수 있었다"(could) 등 같은 양상용어들은 종종 형이상학적 필연성이나 가능성에 관한 주장이 아니라 우리의 지식이나 무지 상태를 가리키는 데 사용된다. 만일 예컨대 내가 골드바흐의 추측(Goldbach's Conjecture)이 그른 것으로 판명될 수도 있다고 말한다면, 나는 그것의 진리치에 대한 나의 무지를 표현하고 있다.[6] 어떤 신문이나 건강 관련 웹사이트에 있는 많은 진술은 양상 용어들로 경고한다. "요구르트는 암으로부터 보호해줄 수 있습니다."(Yogurt may offer protection against cancer). 우리 모두는 그런 진술들에 익숙하다. 이것은 어떤 가능세계에서 요구르

---

6  골드바흐의 추측은 2보다 큰 모든 짝수가 두 소수의 합이라는 주장이다. 이 주장은 증명되지는 않았지만, 거의 옳음이 확실하다.

트가 암으로부터 보호한다는 것을 의미하지 않는다. 이 형이상학적 진술은 옳지만 아무 관련이 없다. 요구르트에 관한 양상 진술은 증거에 관한 어떤 것을 표현한다. 우리가 물이 $H_2O$가 아니라는 것을 발견할 수 있다고 말할 때 나는 "할 수 있다"(could)를 그러한 발견이 현재 우리의 경험, 믿음, 세계관에 의해 절대적으로 배제되지 않는다는 인식론적 의미의 "할 수 있다"를 의미한다. 가능성의 형이상학적 의미에서는 만일 물이 실제 세계에서 $H_2O$라면 우리가 물이 $H_2O$가 아니라는 것을 발견하는 가능세계는 없다.

> 우리는 물이 $H_2O$가 아니라는 것을 납득할(그리고 그렇게 믿는 것을 합리적이게 만들) 경험을 갖는 일을 아주 잘 상상할 수 있다. 그런 의미에서 물이 $H_2O$가 아니라는 것은 생각가능한 일이다. 그것은 생각가능하지만, 가능하지는 않다! (Putnam 1977b/1973, 130쪽)

"물은 $H_2O$이다" 및 다른 유사한 진술들은 분석진술이 아닌데, 왜냐하면 그것들은 과학적 발견의 문제이지 정의의 문제가 아니기 때문이다. 우리는 물이 $H_2O$라는 것을 발견했다. 이것은 과학자들이—지금까지 가정되어왔던 대로 우연성들이 아니라—때로 필연적 진리들을 발견하고 있다는 것을 의미한다. 어떤 종류의 사물의 원자구조, 화학구조, 생물학적 구조에 대한 과학적 탐구는 그 종류의 본질에 대한 탐구이다. 그리고 이것은 비트겐슈타인이 그것에 관해 쓰고 있었던 어떤 언어적 본질이 아니라 그것들 속에 있으면서 우리, 우리의 언어, 개념들과 무관하게 자연종을 결정하는 자연적 본질이나 실재적 본질이다. 자연종의 본질을 발견하는 일은 과학의 임무 중 하나이다. "일반적으로 과학은 기본적인 구조적 특성을 탐구함으로써 그 종의 본성, 그래서 그 종의 (철학적 의미에서) 본질을 발견하려 한다."(Kripke 1980/1972, 138쪽). 과학자들은 사물의 본질을 알려고 하며, 그들은 점점 더 성공하고 있다.

여기서 나는 잠시 멈추어 솔 크립키에게 경의를 표하지 않을 수 없다. 나는 만일 내가 크립키의 『명명과 필연성』이 분석철학의 극치라고 말한다 해도 내가 너무 과장하고 있다고 생각하지 않는다. 분석성, 선천성, 필연성을 따로 떼어놓

은 일, "물은 H$_2$O이다", "호랑이들은 동물이다", "금은 원자번호 79번을 가진
원소이다" 같은 진술이 필연적, 후천적, 종합적이라는 것을 실증한 일을 포함한
크립키의 분석은 논리 실증주의와 콰인 실용주의의 변증적 종합이다. 그의 분
석은 그런 주장들에 대해 우연성을 인정하지 않고도 수정가능하다는 콰인의 주
장을 존중한다. 그의 분석은 그런 주장들이 필연적인 반면에 분석성에 관한 혼
동을 피한다는 논리 실증주의자들의 주장을 존중한다. 크립키의 분석은 양상논
리학의 성과 있는 적용이며, 그가 의존하는 우리의 일상적 직관의 깊은 표현이
다. 그것은 아리스토텔레스의 본질주의와 자연과학을 존중한다. 그것은 형이상
학과 물리학의 융합이다. 그가 정의로 사용된 기술과 언급을 고정하는 데 사용
된 기술을 구별한 것은 철학적 통찰의 걸작이다. 그 구별은 온갖 종류의 쟁점을
명료화한다. 나는 또한 다른 많은 사람들이 분석철학의 이 극치에 연관되어 다
양한 방식으로 그것을 예비했다는 것을 잠시 강조하지 않을 수 없다. 여기에는
당연히 퍼트넘과 도넬란이 포함될 것이고, 카르납, 루스 바캔 마커스, 앨빈 플
랜팅가, 데이비드 루이스가 포함될 것이며, 박차를 가한 인물로 당연히 콰인이
포함될 것이다. 그러나 다른 누구도 크립키가 했던 것처럼 그것을 하나로 종합
하고, 설득력 있고 강력하게 만들고, 많은 것들과 연결시키지는 못했다.

## 새 언급이론의 문제

### 인과론

만일 이름과 자연종 용어의 언급대상이 기술에 의해 결정되지 않는다면, 크
립키와 퍼트넘에 따를 때 그것은 어떻게 결정되는가? "물"이 H$_2$O를 지시하고,
"아리스토텔레스"가 아리스토텔레스를 지시한다는 것을 무엇이 결정하는가?

크립키, 퍼트넘, 도넬란에 따르면, 언급 관계는 인과적 또는 역사적 사슬에
의해 결정된다. 예컨대 어떤 이름이 어떤 언급대상과 연결될 수 있는 한 가지
방식은 다음과 같다. 이름은 "세례"나 현재 그 언급대상에 대한 최초의 사용을
통해 어떤 사람에게 주어진다. 그 다음에는 화자에서 화자로 넘겨진다. 우리가
올바른 종류의 인과 사슬을 가지고 있는 한, 즉 그 사슬의 나중 화자들이 그 이

름으로 앞의 화자와 똑같은 언급대상을 지시하기 위해 사용하려 하는 한, "세례 받은" 사람에 대한 언급은 그 이름의 사용을 통해 수행된다. 이런 식으로 그 이름의 최초의 언급대상에 대한 언급이 이루어질 수 있는데, 비록 그 이름의 나중 사용자가 그 언급대상을 유일하게 구체화하는 기술을 전혀 모른다 할지라도 그렇다.

이 유형은 오늘날의 유명한 역사적 인물들을 언급하기 위해 이름들을 사용하는 우리의 능력에 맞는 것처럼 보인다. 나는 데이비드 베컴에 관해 고작 그가 스타 축구선수이고, 영국인이며, 스페인 팀에서 활동한다는 것 이외에는 아무 것도 모를 수 있다. 나는 그를 언급할 수 있고, 정말로 그를 언급하는데, 왜냐하면 내가 그의 이름을 사용하는 것은 사회적, 역사적, 인과적 연결고리에 의해 바로 그 사람 자신과 연결되기 때문이다. "아리스토텔레스"에 대한 나의 사용에 대해서도 똑같은 말이 성립한다. 그런 사용들은 바로 그 사람 자신과 연결된다. 이것은 제1장에서 언급했던 난문제, 즉 더 이상 목전에 있지 않음에도 불구하고 우리가 조지 워싱턴이라는 이름의 사용을 통해 어떻게 조지 워싱턴을 언급할 수 있는지에 관한 난문제를 해결한다.

인과적 사슬 개념은 또한 많은 사람이 공유하는 이름이 어떻게 고정 지시어일 수 있는지도 설명한다. 확실히 무수한 사람이 "아리스토텔레스"라고 불려왔다. 이제 나의 사용은 어떻게 다른 누군가가 아닌 유명한 그리스 철학자를 골라내는가? 지금 나의 사용은 그러한 다른 사람들 중의 누구도 아니고 그 위대한 철학자와 인과적으로 연결되기 때문에 그 일을 해낸다. 나의 의도 또한 역할을 할 수 있다. 나의 "아리스토텔레스"라는 이름 사용에 내가 붙이는 언급을 고정시키는 기술들은 그(또는 다른 누구라도)에 대해 필연적으로 옳지 않고도 그 언급대상을 결정하는 데 도움이 된다.

퍼트넘과 크립키는 인과론을 자연종 용어에까지 확장한다. 퍼트넘은 우리가 물과 같은 어떤 물질의 좋은 예나 범형이라고 여기는 것들에 "세례를 주며(명명하며)", 그 다음에는 "물"을 그 범형과 똑같은 본성을 갖는 것은 무엇이든 그 것을 언급하기 위해 사용한다고 주장한다. 어떤 용어를 이런 식으로 도입할 때 우리는 우리가 명명하고 있는 그 물질의 본성을 미리 알 필요가 없다. 우리는 경험적인 과학적 탐구를 통해 그러한 지식에 이르기를 희망한다. 일단 도입되고 나면 그 용어는 각각의 연결고리에서 원래의 언급대상을 유지하면서 언급 사슬에서 사람에서 사람으로 건네진다. 퍼트넘은 범형에 의해 도입되고, 그 범형과 똑같은 근원적 본성을 갖는 것은 무엇이든 그것을 언급하려는 용어를 지표어(indexical term)라 부른다. "지표"(indexical)로 퍼트넘은 "나"(I), "이것"(this), "여기"(here) 등과 같은 지시사들에 그런 용어들을 빗대고 있음을 가리키려 한다. 퍼트넘의 의미에서 지표적인 용어는 크립키의 의미에서 고정 지시어이다.

만일 내가 용어들을 정의하고 있는 애덤인데, 내가 투명한 무색의 액체 잔을 지시하면서 "'물'로 나는 저 물질을 의미한다"고 말한다면, 그 잔 속 액체는 퍼트넘의 의미에서 범례로 기능하고 있다. 그렇지만 만일 그 잔의 물질이 염산으로 판명된다면, 나는 나의 "세례식"을 철회한다. 나는 지구의 강, 호수, 대양을 채우고 있는 것과 똑같은 어떤 물질을 지시하려 했기 때문이다.

퍼트넘이 자연종 용어가 지표어이고, 그래서 범형에 의해 도입된다고 말할 때, 그는 우리가 해당 용어를 통해 부를 때 모두가 일치할 어떤 것이고, 그 용어의 사용을 가르칠 때 예로 사용되는 어떤 것이라는 의미에서 범형을 의미하지 않는다. 일상언어철학자들의 좀 더 미심적은 방책들 중 하나는 범형 사례 논증이었다. 그 논증의 기본 착상은 만일 어떤 것이 어떤 용어의 사용을 가르칠 때 사용되는 예라는 의미에서 범형이라면, 그것은 필연적으로 그 용어의 외연에 포함되어야 한다는 것이다. 이런 종류의 논증은 경우에 따라 의지의 자유를 옹호하는 데 사용되었다. 만일 내가 어떤 사람의 행동의 특수 사례를 지시함으로써 자유로운 행위라는 용어의 사용을 가르친다면, 그리고 그것이 "자유로운 행위"라는 용어의 올바른 사용으로 생각된다면, 그 행위는 자유롭다고 불리는 것이 올바라야 하며, 그래서 자유롭다. 퍼트넘은 모든 범형이 이런 종류의 목적에 수 있다는 것을 부정한다. 설령 어떤 금속 조각이 "금"의 범형으로 기여하고, 우리 모두 그것을 "금"으로 부르는 일에서 일치하며, 그 용어의 사용을 가르칠 때 그 조각을 사용한다 할지라도, 우리는 여전히 우리가 틀렸다는 것을 발견할 수 있다는 것이다. 그것은 만일 다른 금 조각들과 충분히 닮지 않다면 결국 금이 아닌 것으로 판명될 수도 있다. 마찬가지로 우리는 문제의 행동이 자유롭지 않으며, 그래서 어떤 행동도 자유롭지 않다는 것을 발견할 수도 있다. 단순히 누군가가 마녀라는 데 모든 사람이 동의하고, 그래서 그를 "마녀"의 범형으로 지시한다고 해서 그것이 "마녀"가 정말로 아무것에나 적용된다는 것을 함의하지는 않는다.

인과론을 자연종 용어까지 확장한 것은 꽤 거칠며, 많은 문제를 해결되지 않은 채로 남긴다. 크립키는 퍼트넘과 많은 유사성을 지닌 설명을 한 후에 다음과 같이 말한다. "분명히 이 전체적 설명에는 인위적 요소들도 있다. 예컨대 어떤 것들이 원래 표본을 형성하는지 말하기는 어려울 수 있다. 금은 다양한 시대에 다양한 사람들에 의해 발견될 수도 있다. 그러나 나는 그러한 어떤 복잡한 일들이 그 그림을 근본적으로 바꿀 것이라고 느끼지 않는다."(Kripke 1980/1972, 139쪽)

### 자연종 용어의 언급대상

여전히 미해결된 한 가지 문제는 자연종 용어 같은 대규모 일반명사에 적용될 때 고정성을 어떻게 해석해야 하는가 하는 것이다. 이름 같은 개체 고정어는 그것이 실존하는 각각의 가능세계에서 똑같은 것에 적용된다. 형식적으로 그것은 똑같은 대상을 각각의 가능세계와 연관시키며, 그 외 아무것도 하지 않는 상수함수(constant function)이다. "아리스토텔레스"는 다른 모든 가능세계에서 실제 세계에서와 똑같은 인간을 언급한다. 우리는 고유명을 그것의 외연을 언급하는 것이라고 말할 수 있다. 고정 고유명은 모든 가능세계에서 똑같은 외연을 갖는다. "호랑이"는 고정 자연종 용어라고 가정된다. 자연종 용어의 외연은 그 용어가 올바르게 적용되는 것들의 집합이다. "호랑이"라는 용어의 외연은 호랑이들 집합이다. 유감스럽게도 이 집합은 세계마다 달라지는데, 왜냐하면 어떤 실제 호랑이들은 다른 어떤 가능세계들에서는 실존하지 않으며, 다른 가능세계들에 있는 어떤 호랑이들은 실제 세계에 실존하지 않기 때문이다. 따라서 가정컨대 고정 자연종 용어는 그 용어의 외연을 고정적으로 언급할 수 없는데, 왜냐하면 그 외연이 세계마다 달라지기 때문이다. 그렇다면 그것이 고정적으로 언급하는 것은 무엇인가? 한 가지 제안은 그것이 그 종이나 종류를 언급한다는 것이다. 이런 식으로 "호랑이"는 모든 가능세계에서 똑같은 종을 언급하고, "금"은 똑같은 원소를 언급하며, "물"은 똑같은 물질을 언급할 것이다. 이 해결책의 문제는 모든 일반명사, 심지어 자연종 용어가 아니고 그래서 크립키가 고유명에 동화시키려 하지 않았던 용어들까지도 결국은 고정 지시어가 되는 것으로 판명된다는 것이다. "총각"은 세계마다 똑같은 미혼자를 언급하고, "사냥꾼"은 똑같은 소일거리에 종사하는 사람을 언급하며, "연필"은 똑같은 종류의 필기도구를 언급할 것이다. 이것은 그저 우리가 사용하는 낱말들이 우리가 다른 가능세계들에 관해 이야기할 때 그것들의 의미를 보유한다는 사실을 반영하는 것처럼 보인다. 만일 모든 일반명사가 결국 고정 지시어가 된다면, 고정과 비고정의 구별은 그 의미를 상실한다. 자연종 용어는 특별한 것이 전혀 아니다. 크립키와 퍼트넘이 이 문제에 대해 답을 제공하지 않으면서 단칭명사를 넘어서서 일반적인 종 용어들에까지 고정성 개념을 확장한 것은 성급했다.

### 믿음에 관한 난문제

내포적 맥락에서 용어의 의미와 외연 문제는 철학자들을 괴롭혀왔다. 만일 이름들이 기술적 의미를 전혀 갖지 않고, 그것들이 인과 사슬에 의해 연결된 외연들만을 갖는다면, 우리는 왜

툴리우스=키케로

가 인지적 내용에서

툴리우스=툴리우스

와 다른지를 설명하는 일에 직면한다. 그 설명은 어떤 종류의 표현방식, 함축적 의미(connotation), 또는 이미지—즉 기술적 의미—를 포함해야 한다. 마찬가

지로 어떤 사람은 툴리우스가 카틸리나를 비난했다고 믿지만, 키케로가 카틸리나를 비난했다고는 믿지 않을 수도 있다. 의미를 사용하지 않고 우리가 이것을 어떻게 설명할 수 있을까? 똑같은 것을 고정적으로 지시하는 이름들은 내포적 맥락에서는 다르게 작용한다—즉 그것들은 진리치 변화 없이 모든 곳에서 대입가능하지 않다. 이것은 그 차이를 설명하기 위해 이름들에 따라 붙는 의미나 어떤 종류의 인지적 내용을 요구하는 것처럼 보인다. 그것들은 순전히 언급적인 것일 수 없다.

크립키는 믿음에 관한 이 난문제를 해결하기 위해 논문을 쓰는 일에 전념했는데, 이 난문제는 새 언급이론의 심각한 문제였다. 크립키는 그가 흔히 보여준 재능을 통해 그 문제가 특별히 그의 고유명 이론의 문제가 아니라 어떤 이론이라도 직면할 수밖에 없는 믿음에 관한 일반적인 미해결 문제라고 논한다.

일반명사의 고정성을 설명하는 문제와 믿음에 관한 난문제는 오늘날까지도 미결 문제로 남아 있다.

## 심리철학에 대한 새 언급이론의 적용

### 크립키의 동일론 반대와 퍼트넘의 행동주의 반대

표준적인 유형-유형 동일론 형태의 유물주의는 예컨대 "고통은 뇌 상태 S이다"는 명제가 우연명제라고 주장한다. (유형-유형 동일론에 대한 논의는 제2부 제5장을 볼 것). 앞에서 살펴보았던 것처럼, 크립키는 양쪽이 고정 지시어인 임의의 동일성 진술은 우연진술이 아니라고 논한다. 크립키에 따르면, "고통"과 "뇌 상태 S"는 고정 지시어이므로 동일성 "고통은 뇌 상태 S이다"는 (옳다면) 필연적이어야 하고, 우연적이지 않아야 한다. 이것은 만일 고통이 실제 세계에서 뇌 상태 S라면 고통은 그것이 실존하는 모든 세계에서 뇌 상태 S임을 의미하는데, 이는 만일 물이 실제 세계에서 $H_2O$라면, 물은 그것이 실존하는 모든 세계에서 $H_2O$인 것과 마찬가지다. 동일론자들은 "고통은 뇌 상태 S이다"가 분석명제가 아니기 때문에 우연명제라고 믿는 쪽으로 이끌렸다. 그러나 이것은 어떤 명제가 종합적 필연명제일 수 있는 가능성을 간과하고 있다.

왜 동일론자는 그저 만일 고통이 뇌 상태 S라면 고통은 필연적으로 뇌 상태 S라는 크립키의 주장을 인정함으로써 그에게 동의하면 안 되는가? 무엇보다도 동일론자는 물과 $H_2O$, 열과 분자운동의 과학적 동일성처럼 고통과 뇌 상태 사이의 과학적 동일성을 주장하고 싶어 한다. 그렇다면 동일론자는 해당 동일성이 옳다면 필연적이라는 데 전혀 동의할 수 없을까?

그렇지만 이 방책은 동일론자가 쉽게 이용할 수 있는 것이 아니다. 크립키는 고통과 어떤 뇌 상태 사이의 동일성이 필연적이지 않다고 가정할 이유들을 제시한다. 만일 그의 논증이 올바르다면, 유형-유형 동일론은 논박된다. 크립키의 논증은 동일론자가 다수 실현가능성에 대해 지니고 있음을 살펴보았던 문제들과 다르며, 그런 문제들과 무관하다.

크립키는 물이 $H_2O$라는 진술과 고통이 뇌 상태, 이를테면 뇌 상태 S라는 진술 사이에 비유사성이 있다고 지적한다. 물의 경우에 $H_2O$가 아닌 물 모사물이 있을 수 있다. 그러한 경우에 우리는 이 물 모사물이 물이 아니라고 말할 수 있다. 물처럼 보이고 물맛이 나는 모든 것이 $H_2O$라는 것은 어쨌든 사실이라면 우연적 사실이다. 한편 고통의 경우에는 상황이 다른데, 왜냐하면 어떤 것도 고통 모사물일 수 없기 때문이다. 만일 어떤 것을 고통처럼 느낀다면, 그것은 고통이다. 그러나 누군가가 그저 이 고통 느낌을 가지지만 그의 뇌가 상태 S에 있지 않을 수도 있지 않을까? 적어도 어떤 가능세계에서는 이런 일이 일어난다. 확실히 이런 일은 물리적으로나 생리적으로는 불가능하다 해도 형이상학적으로는 가능하다. [배경 7.1—물리적으로 가능한, 형이상학적으로 가능한, 논리적으로 가능한] 우리는 물과 $H_2O$의 경우에 설명을 가진 것처럼 이 명백한 우연성에 대해 설명을 갖고 있지 않다. 우리는 그 고통스러운 느낌에 대해 그것이 그 뇌 상태 없이 (그 가능세계에서) 일어나고 있다고, 즉 그것이 피상적으로 고통이지만 실은 고통이 아닌 것 같다고 말할 수 없다. 다른 한편으로 어떤 사람은 뇌 상태 S에 있으면서도 아무것도 느끼지 못할 수 있다. 또 다시 그러한 가능세계가 있는 것 아닌가? 동일론자는 비록 그 사람이 아무것도 느끼지 못한다 할지라도 뇌 상태 S에 있음이 필연적으로 고통 중에 있음이기 때문에 그가 고통 중에 있다고 말해야 하는 불편한 입장에 있다.

한편으로 감각과 뇌 상태의 동일성과 다른 한편으로 열과 분자운동의 동일성 사이의 가정된 유사성에 대해 말하면서 크립키는 다음과 같이 말한다.

분자운동과 열의 경우에 어떤 것, 즉 열 감각이 있는데, 이것은 외부의 현상과 관찰자 사이의 중개자이다. 정신적–물리적 사례에서는 그러한 중개자가 가능하지 않은데, 왜냐하면 여기서 물리적 현상은 내적 현상 자체와 동일한 것으로 가정되기 때문이다. … 만일 우리가 고통을 가졌다면 성립할 것과 똑같은 인식적 상황에 있다는 것은 정말로 고통을 갖는다는 것이다. 고통이 없는 경우에 성립할 것과 똑같은 인식적 상황에 있다는 것은 정말로 고통을 갖지 않는다는 것이다. 그래서 정신적 상태와 그에 대응하는 뇌 상태 사이의 작용의 명백한 우연성은 열의 경우에 성립되는 것과 같은 어떤 종류의 질적 유사물에 의해 설명될 수 없다. (Kripke 1980/1972, 151-2쪽)

크립키가 올바른가? 크립키의 논증은 "고통"이 고정 지시어라는 주장에 의해 표현된다. 그러나 이 점에 관해 그가 올바른가? 그 논증은 고통과 뇌 상태 S의 동일성이 옳으면서 후천적이라면 필연적일 종류의 과학적 동일성으로 제시되는 한 효과가 있다. 크립키는 고정성 개념이 어떻게 일반명사들에까지 확장되는지를 전혀 명료하게 밝히지 않으므로 "고통"이 고정 지시어인지는 전혀 명료하지 않다.

동일론자에게 말썽을 일으키는 것 외에 정신적 용어들의 고정성은 현대 버전의 철학적 행동주의에 반대하는 사람들에게도 무기를 제공하였다. 예컨대 퍼트넘은 "고통"과 "꿈꾸기" 같은 용어들에 대한 기준론적 분석을 공격하는 데 심리적 용어들의 고정성을 이용하였다. 만일 심리적 용어들이 자연종에 대한 고정 지시어라면, 그것들은 전통적 개념들을 포함하지 않는다. 내적 상태에 대한 외적 기준들은 기껏해야 그 내적 상태들에 대한 좋은 지시자이지 행동주의자들이 주장하는 것처럼 내적 상태 개념의 일부가 아닐 것이다. 과학자들은 내적 상태들에 대해 거친 외부의 행동보다 더 나은 지시자들을 발견할 수 있고 발견한다. 퍼트넘에 따르면, "꿈꾸기", "고통", "생각하기" 같은 용어들의 일상적 사용에 대한 연구는 이 용어들의 언급대상이 무엇인지만을 가리키며, 그러한 언급대상들의 본성에 관해서는 아무것도 가리키지 않는다. 즉 꿈꾸기, 고통, 생각하기에 관해서는 아무것도 가리키지 않는다. 우리는 이 용어들의 언급대상 자체를 연구해야 하는데, 이것은 경험적 탐구이다.

### 정신적 내용에 대한 외재주의

퍼트넘의 가장 유명한 소견 중 하나는 "네가 하고 싶은 대로 파이를 잘라라. '의미들'은 머릿속에 있지 않다!"는 것이다(Putnam 1977b/1973, 124쪽). 만일 퍼트넘이 올바르다면, 믿음들은 머릿속에 있지 않다! 정신적 내용에 관한 외재주의(externalism)는 어떤 종류의 정신적 상태들이 그 내용을 외부의 환경에 의존한다는 주장이다. 그것들의 본성은 그 상태들의 내재적 특성이나 기능적 역할에 전적으로 의존하는 것이 아니다. 외재주의는 대부분 형태의 기능주의와 정합적이지 않다. 우리가 처해 있는 정신적 상태는 그것들의 기능적 역할에 의해 결정되는 것이 아니라 우리 정신 바깥의 것들에 의해 결정된다.

분석철학자들은 언제나 외재주의의 어떤 예들을 의식해왔다. 어떤 사람은 P가 옳을 경우에만 P라는 것을 알 수 있다. 그래서 어떤 정신상태가 지식인지 단순한 믿음인지는 외부의 요인들에 달려 있다. 외재주의자들이 지적하는 종류의 예들은 믿음의 내용 자체가 외부의 환경에 의존하는 예들이라는 점에서 철학적으로 더 흥미롭다. 외재주의자들의 논증은 퍼트넘의 쌍둥이 지구 사고실험 같은 사고실험들에 기초를 두고 있다. 쌍둥이 지구에서 호수와 대양을 채우고, 수도꼭지에서 나오며, 갈증을 풀리게 만드는 물질이 $H_2O$가 아니라 XYZ라는 것을 제외하고는 표면적으로는 모든 것이 지구와 똑같다는 사실을 떠올려 보라. 추정컨대 쌍둥이 지구에는 물이 없고, 지구에는 XYZ가 없을 것이다.

화학과 쌍둥이 지구에 대해 무지한 지구상의 어떤 사람, 이를테면 뒤로 거슬러 올라가 1800년대의 어떤 사람이 "물은 현명한 사람의 유일한 음료이다."(Water is the only drink for a wise man)고 말한다고 해보자. 소로(Henry David Thoreau)가 이 말을 발언했을 때 그는 의심할 여지없이 진실했다. 그래서 소로는 물이 현명한 사람의 유일한 음료라고 믿었다. 따라서 그의 믿음의 진리성이나 허위성은 $H_2O$가 현명한 사람의 유일한 음료인지 아닌지에 달려 있다. XYZ만을 마시는 일의 현명함은 소로의 믿음과 무관하다. 쌍둥이 지구에서 소로의 쌍둥이가 "물은 현명한 사람의 유일한 음료이다"고 발언할 때 그는 물-쌍둥이에 관해 이야기하고 있는 것이지 물에 관해 이야기하고 있는 것이 아니다. H2O만을 마시는 일의 현명함은 소로-쌍둥이의 믿음과 무관하다. 두 믿음은 서로 다른 진리 조건을 가지며, 그래서 우리는 서로 다른 내용을 갖는다고 말할 수 있다. 가정상 소로와 소로-쌍둥이는 내재적 속성들을 통해 구별불가능하므로(소로-쌍둥이의 신체가 $H_2O$ 대신 XYZ를 포함한다는 것을 제외하면), 그들의 믿음의 차이는 그들에게 외적인 것들에 의존적이다. 만일 우리가 따개로 정신적인 것의 뚜껑을 따고 그들의 머리를 열어서 그들의 정신을 자세히 들여다볼 수 있다면, 그들은 정확히 똑같아 보일 것이다. 모든 심상과 내적 내용들은 정확히 똑같을 것이다. 기능적 조직도 똑같다. 따라서 외재주의자에 따르면, 믿음의 내용은 내적인 정신적 내용이나 기능적 조직에 의해 충분히 결정되지 않는다. 이것은 지향적인 정신적 상태의 일반적 특징이다. 그것은 믿음에 한정되지 않는다. 나는 물 잔을 기대하며, 나의 쌍둥이 지구인 역시 그러기를 희망한다. 하지만 아니다. 그는 그럴 수 없는데, 그는 주변에 어떤 물도 없기 때문이다. 그는 XYZ 잔을 기대한다. 우리는 서로 다른 물질을 기대하고 있다. 외재주의자들의 주장은 외재주의가 자연종을 포함하는 모든 지향적 정신상태에 적용된다는 것이다.

## 의미와 언급의 사회적, 문화적, 제도적 기초

여기서 더 크고, 훨씬 더 흥미로운 점은 비록 크립키와 퍼트넘이 결코 명시적으로 외재주의를 채택한 것―다른 철학자들에게 넘겨진 것―은 아니라 할지라도 그들이 의미와 언급의 사회적, 문화적, 제도적 기초를 강조한다는 것이다. 정신적 내용에 관한 외재주의는 이런 생각들의 연장이다.

  퍼트넘은 그가 언어적 분업이라 부르는 것을 강조한다. 그는 느릅나무와 너도밤나무를 구별하지 못한다. 우리 대부분은 전나무와 가문비나무를 구별하지 못한다. 내가 "전나무"와 "가문비나무"와 연결시켜온 모든 정신적 심상이나 관념들은 똑같다. 그럼에도 이것들은 확실히 나에게 똑같다는 것을 의미하지 않으며, 그것들은 똑같은 언급대상을 갖는 것도 아니다. 우리는 우리가 사용하는 많은 용어의 언급대상들을 결정하기 위해 전문가들에 의존한다. 우리는 자연종 용어들의 언급대상을 결정하는 일을 전문가들에게 미룬다. 나는 내가 사용하는 낱말들 "전나무"와 "가문비나무"가 서로 다르면서 올바른 언급대상을 갖도록 하기 위해 전나무와 가문비나무의 차이를 알 필요가 없으며, 그러기를 희망한다. 우리는 전문가들과 과학이라는 제도, 그리고 공인된 과학적 설명에 따라 그 용어들을 사용하려는 사람들의 공동체를 갖고 있는데, 설령 우리가 그것이 무엇인지 알지 못한다 할지라도 그렇다. 나는 그 공동체의 일원이며, 그래서 나는 그에 따라 그 용어들을 사용할 수 있다.

> … 어떤 이유에서든 금이 중요한 모든 사람은 '금'이라는 낱말을 획득해야 한다. 그러나 그는 어떤 것이 금인지 아닌지를 인식하는 **방법**을 획득할 필요가 없다. 그는 화자들의 특수 부분집합에 의존할 수 있다. 일반적으로 일반명과 연관해서 제시된다고 생각되는 특징들—그 외연의 성원이 되기 위한 필요충분조건들, 어떤 것이 그 외연에 속하는지를 인식하는 방식들 등—은 모두 **집단체로 생각되는** 언어 공동체에서 제시된다. 그러나 그 집단체는 '금'의 "의미"의 이 다양한 부분들을 알고 사용하는 "일"을 나누어서 한다.
> (Putnam 1977b/1973, 125쪽)

퍼트넘은 언어를 후기 비트겐슈타인을 생각나게 하는 방식의 도구로 생각한다. 비트겐슈타인과 마찬가지로 퍼트넘은 언어가 사회적 제도라는 것을 강조한다.

> 어떤 용어가 언어적 분업의 지배를 받을 때 그 용어를 획득하는 "평균적인" 화자는 그 외연을 고정시키는 어떤 것도 획득하지 않는다. 특히 그의 개인적인 심리적 상태는 확실히 그 용어의 외연을 고정시키지 않는다. 외연을 고정시키는 것은 그 화자가 속하는 언어적 집단체의 사회언어적 상태일 뿐이다.

우리는 세계에 두 종류의 도구가 있다는 것을 지적함으로써 이 논의를 정리할 수 있다. 한 사람이 사용할 수 있는 망치나 나사돌리개 같은 도구들이 있다. 그리고 사용하기 위해서는 많은 사람의 협동적 활동이 요구되는 증기선 같은 도구들이 있다. 낱말들은 너무 많이 첫 번째 종류의 도구 모델로 생각되어왔다(Putnam 1977b/1973, 126-7쪽).

크립키도 이름을 사용해 언급하는 우리의 능력에 관해 똑같은 종류의 주장을 한다. 그는 언어적 분업을 언급하지 않고, 심지어 승인하지도 않지만, 우리의 성공적인 이름 사용에 대해 공동체의 본질적 역할을 솜씨 있게 예증한다.

시장이나 다른 곳에서 이를테면 리처드 파인만(Richard Feynman)에 관해 들은 … 화자는, 비록 그가 누구에게서 처음 파인만에 대해 들었는지, 또는 아예 누구에게서 파인만에 대해 들었는지 기억하지 못한다 할지라도, 리처드 파인만을 언급할 수 있다. 그는 파인만이 유명 물리학자라는 것을 안다. 궁극적으로 그 사람 자신에게 이르는 어떤 전언의 경과가 그 화자에게까지 이른다. 그렇다면 그는 비록 파인만을 독특하게 확인할 수 없다 할지라도 파인만을 언급하고 있다. 그는 파인만 도표가 무엇인지 알지 못하고, 전자쌍 생성과 소멸에 대한 파인만 이론이 무엇인지 알지 못한다. 그것만이 아니다. 그는 겔만(Murray Gell-Mann)과 파인만을 구별하는 데에도 곤란을 겪어왔다. 그래서 그는 이런 것들을 알 필요가 없지만, 대신 파인만 자신에게까지 거슬러 올라가는 전언 사슬이 그가 사적으로 그의 연구에서 만든 어떤 의식에 의해서가 아니라 그가 연결고리마다 그 이름을 전하는 공동체의 일원이라는 사실에 의해 확립되어왔다. ''파인만'으로 나는 이러이러한 것과 저러저러한 것을 한 사람을 의미할 것이다.' (Kripke 1980/1972, 91-2쪽)

크립키는 용어의 언급이 지닌 이 사회적 측면을 기술한다.

일반적으로 우리의 언급은 우리 자신이 생각한 것뿐만 아니라 공동체의 다른 사람들, 그 이름이 어떤 것에 어떻게 이르게 되었는지의 역사, 그리고 그 비슷한 것들에 의존한다. 우리가 언급대상에 이르는 것은 바로 그러한 역사를 따름으로써이다(Kripke 1980/1972, 95쪽).

나는 비트겐슈타인이나 오스틴이나 스트로슨이 이런 견해들의 요지에 불일치할 것이라고 상상할 수 없다. 그래서 비록 새 언급이론이 의미와 언급에 대한 전통적 이론들과 예리하게 단절된다 할지라도, 그리고 그 전통적 이론들을 단순히 세련되게 다듬은 안이 아니라 할지라도, 새 언급이론은 또한 후기 비트겐슈타인, 오스틴, 스트로슨, 라일의 사상들의 측면에 대한 확장이고 개선이고 발전이기도 하다. 이 장 시작 부분에서 언급했던 것처럼, 새 이론은 양상논리학에 대한 형식적 의미론의 발전들에 기초를 두고 있다. 그렇다면 새 언급이론은 그 나름대로 형식적 철학과 일상언어철학의 변증적 종합이기도 하다.

**배경 7.1** **물리적으로 가능한, 형이상학적으로 가능한, 논리적으로 가능한**

우리는 물리적 가능성과 필연성을 형이상학적 가능성과 필연성으로부터 구별할 수 있으며, 두 가지를 논리적 가능성과 필연성으로부터 구별할 수 있다. 대안이 되는 물리적으로 가능한 세계들은 그 자연적 구조에 의해 실제 세계와 똑같을 필요가 있다. 그 세계들은 똑같은 자연법칙들을 가져야 한다. 형이상학적으로 가능한 세계들은 실제 자연법칙들이 주어지면 물리적으로 불가능한 세계들을 포함한다. 물리적으로 가능한 것보다 훨씬 더 많은 것이 형이상학적으로 가능하다. 형이상학적으로 가능한 것들과 관련된 유일한 한계는 모든 형이상학적으로 가능한 세계에서는 모든 것이 그것의 본질을 가져야 한다는 것이다. 논리적 가능성은 가장 넓은 범주의 가능세계들이다. 논리적 가능성과 관련된 유일한 한계는 논리적 무모순성이다.

우리는 물리적으로, 형이상학적으로, 논리적으로 가능한 세계들의 집합을 동심원들로 포개진 것으로 생각할 수 있다. 맨 안 쪽 원은 그저 물리적으로 가능한 세계들을 포함하고, 그 다음 원은 또한 형이상학적으로 가능한 세계들을 포함한다. 가장 포괄적인 원은 논리적으로 가능한 세계들이다.

내가 대서양을 헤엄쳐 건넌다는 것은 형이상학적으로 가능하지만, 물리적으로는 가능하지 않다. 그것은 또한 논리적으로 가능하다.

내가 악어가 된다는 것은 논리적으로 가능하지만(논리적 모순이 없음), 형이상학적으로는 가능하지 않으며(내가 본질적으로 인간이라고 가정한다면), 물리적으로는 확실히 가능하지 않다.

형이상학과 분석적 언어철학은 대부분 형이상학적 가능성과 필연성에 관계한다.

## 더 읽을거리

이 주제에 관해 내가 편집한 선집, 즉 *Naming, Necessity, and Natural Kinds* (Cornell 1977) edited by Stephen P. Schwartz에는 이 장에서 인용한 어떤 논문들을 포함하여 많은 고전적 논문들이 수록되어 있다.

"The Meaning of 'Meaning'" by Hilary Putnam은 *Language, Mind and Reality: Philosophical Papers, Vol. 2*(Cambridge University Press 1975)에 다시 인쇄되었다. "Dreaming and 'Depth Grammar'"는 퍼트넘이 꿈에 대한 맬컴의 일상언어 분석을 자세히 해부하고 있는 논문이다. 그 논문과 그가 쓴 다른 중요한 논문들이 그 책에 실려 있다.

Nathan Salmon의 *Reference and Essence*(Princeton University Press 1981)는

많은 주목을 받았다. 이 책은 크립키와 퍼트넘의 의미론 이론들과 그것들의 본질주의 사이의 관계를 아주 자세하게 검토하고 있다.

*Designation* by Michael Devitt(Columbia University Press 1981)은 크립키, 퍼트넘, 도넬란의 작업에 기초한 자연언어의 의미론에 대해 책 분량으로 자세히 다루고 있는 유용한 책이다.

*Language and Reality: An Introduction to the Philosophy of Language*(2nd edition) by Michael and Kim Sterelny(MIT Press 1999)는 전 분야에 대한 야심찬 개관서인데, 새 언급이론의 위치를 정하는 훌륭한 일을 하고 있다.

# 8 분석적 전통에서 윤리학과 메타윤리학

개인적 조언이나 충고를 하는 것이 윤리철학자의 임무는 아니다.(Moore 1960/1903, 3쪽)

## 머리말

지금까지 우리가 맞닥뜨렸던 분석철학의 위인들은 누구인가? 프레게는 선구자이다. 러셀, 무어, 비트겐슈타인은 창시자들이다. 카르납, 콰인, 데이비드슨, 크립키, 퍼트넘은 분석철학 중기의 거인들이다. 이 집단에서 윤리학에 대한 기여로 인식되는 유일한 인물은 G. E. 무어이다. 수십 년 간 그의 1903년 고전 『윤리학원리』(*Principia Ethica*)는 분석적 윤리학의 유일한 대표작이었다. 전기 비트겐슈타인, 카르납, 콰인은 진지한 철학적 탐구 분야에서 윤리학을 아웃시켰다. 논리 실증주의자들은 그들이 형이상학을 "제거했던" 것만큼 규범윤리학을 "제거하였다." 도덕적 문제들을 다루는 많은 대중 저작을 썼던 러셀조차도 도덕적 평가가 인지적 내용을 갖는다는 것을 부정했다. 이것은 표준적 견해였다.

··· "가치들"에 대한 물음은 전적으로 지식의 영역 밖에 있다. 다시 말해서 이런저런 것이 "가치"를 갖는다고 말할 때 우리는 우리의 감정이 달랐더라면 여전히 옳을 어떤 사실이 아니라 우리 자신의 정서에 대한 표현을 제공하고 있다. (Russell 1997/1935, 230-1쪽)

따라서 윤리학은 형이상학만큼이나 많이 옆으로 제쳐놓게 되었다. 분석철학자들은 윤리학을 진지한 철학적 노력을 기울일 가치가 있다고 생각하지 않았다. 그렇지만 형이상학과 달리 도덕은 없어도 되는 것이 아니다. 나는 우리가 형이상학에 관해 아무 견해도 지니지 않고도 살 수 있다고 가정한다. 하지만 우리는 올바른 것과 그릇된 것, 도덕적으로 좋거나 나쁜 것에 관해 절박한 견해를 갖지 않을 수 없다.

분석철학자들은 도덕을 영원히 무시할 수 없었다. 사람들, 즉 우리 모두는 무엇이 올바르고 그릇된지, 무엇이 정의롭고 부정의한지에 관해 추론할 것이다. 우리의 도덕적 견해는 우리가 행동하는 방식과 다른 사람들을 대하는 방식에 영향을 미친다. 우리는 도덕에 관해 열정에 차 있다. 이 열정과 이성은 철학적 반성에 의해 인도될 수 있고, 인도되어야 한다. 도덕적 문제들은 과학에 의해 대답될 수 없는데, 이것이 바로 실증주의자들이 도덕적 문제들을 문자 그대로 무의미하다고 거부한 이유이다. 좀 더 성숙한 견해는 이것이 그 분야를 철학과 종교에 길을 내준다는 것을 깨닫는 견해일 것이다. 그 견해에서는 도덕적 문제들이 무시되지 않을 것이다. 분석철학자들은 이 분야에서 기여하기 위한 필수 불가결한 도구들을 갖고 있다.

분석철학자들도 철학적 윤리학에 종사하라는 도덕적 명령에도 불구하고 그들은 좀처럼 그렇게 하지 않았다. 초기 분석철학의 핵심에 있었던 기호논리학과 경험주의는 윤리철학에 대해 많은 것을 제시하지 않았다. 초기 분석철학자들이 논리학과 언어철학에서 혁명을 일으켰던 반면에, 윤리학에서는 어떤 혁명도 도래하지 않았다. 분석철학자들이 형식논리학과 자연과학과 수학에 초점을 맞추었던 한 그들은 윤리학을 하는 일에 대해 공감하지 않았다. 일상언어철학자들이 형식주의와 과학-수학 숭배의 지배력을 깨뜨리기 시작했을 때에야 비로소 윤리학은 다시 분석철학자들이 다루는 분야가 되기 시작했다. 그들은 메타윤리학을 시작하고 은근히 실질 윤리학(substantive ethics)을 피함으로써 서서히 윤리학이라는 물에 발가락을 담그기 시작했다. [배경 8.1—윤리학과 메타윤리학의 구별] 나중에 그들은 용기를 내어 더 깊은 물에 들어가기 시작했다. 1960년대에 실질 윤리학은 1970년대와 1980년대 형이상학의 부활에 필적하는 부활을 경험하였다. 분석철학자들이 규범윤리학에 손이 미치기까지는 오랜 시간이 걸렸지만, 규범윤리학에 손을 댔을 때 그들은 그 일을 매우 즐겁게 했다. 윤리학은 많은 분과를 가진 철학의 주요 산업이 되었다. 금지된 것은 전혀 없었다. 20세기의 사반세기 후반과 21세기 초에 분석적으로 훈련 받은 철학자들은 의료윤리학, 환경윤리학, 동물의 권리 같은 응용 분야, 전쟁과 평화 연구 같은 정치적 문제, 페미니즘, 게이, 레즈비언 철학들 같은 성 문제에 주의를 기울였다.

분석적 윤리학자들은 분석철학의 도구들, 즉 표현의 명료성, 연속적 논변, 반대자들과의 명료하고 직접적인 변증적 의견교환을 이용해 윤리적 문제들에 전념한다. 다른 방식으로 보면 분석적 윤리학은 언어철학과 논리학보다는 분석철학 주류의 특별한 성격에 대해 덜 반성적이다. 윤리학을 하는 분석철학자들은 기호논리학을 많이 사용하지 않으며, 형식논리학이 윤리학의 연구에 주목할 만한 많은 기여를 하지도 못했다. 윤리학자들은 옛날 철학들의 전통 안에서 연구를 하고 있다. 분석적 윤리학자들은 규범윤리학을 할 때 그들의 영감, 문제들, 입장들에 대하여 프레게, 러셀, 비트겐슈타인보다는 오히려 아리스토텔레스, 칸트, 밀을 살펴왔다.

분석적 윤리학의 가장 독특한 분석적 측면은 논리 실증주의자들과 그 뒤의 윤리적 비인지주의자들이 도덕을 비인지적이라고 하여[1] 아웃시킨 것, 그리고 모든 주요 분석적 윤리학자들이 윤리학에 대해 비종교적 접근방식을 채택한 것이었다. 이것은 부분적으로 초기 분석철학자들의 경험주의, 친과학, 반형이상학적 정향의 유산이지만, 도덕의 근거를 마련하기 위해 종교에 호소하지 않았던 아리스토텔레스, 칸트, 밀에 뿌리를 둔 것이기도 하다.

## G. E. 무어의 『윤리학원리』

『윤리학원리』는 일차적으로 메타윤리학 저작이다. 무어는 자신의 기획을 좋은

---

[1]  도덕이 비인지적이라고 말하는 것은 도덕적 견해를 표현하는 문장들이 "전적으로 지식의 영역 밖에 있다"(Russell 앞의 인용구)는 것을 의미한다. 도덕적 견해들은 옳지도 그르지도 않다. 그것들은 "진리가 될 적성"(truth-apt)이 있는 것이 아니다.

것과 나쁜 것이 무엇인지를 결정하는 것이 아니라 윤리적 추론의 본성을 명료하게 밝히려는 시도라고 기술한다. "… 나는 윤리적 추론의 근본 원리들이 무엇인지 발견하려고 노력해왔다. 그리고 그 원리들의 사용에 의해 달성할 수 있는 어떤 결론의 확립이 아니라 이 원리들의 확립을 나의 주요 목표로 간주할 수 있다"(Moore 1960/1903, ix쪽). 그가 할 일은 술어 "좋다"를 정의하는 것인데, 왜냐하면 그것이 윤리학의 일차적 주제이기 때문이다. 행위의 올바름과 그릇됨은 이차적 주제이며, 좋음의 본성이 결정될 경우에만 대답될 수 있다. "그렇다면 이것이 우리의 첫 번째 물음이다. 좋다는 것은 무엇인가? 나쁘다는 것은 무엇인가? 그리고 이 물음(또는 이 물음들)에 대한 논의에 대해 나는 윤리학이라는 이름을 부여한다"(Moore 1960/1903, 3쪽).

"… 이 물음, 즉 '좋다'가 어떻게 정의되어야 하는가는 모든 윤리학에서 가장 근본적 물음이다."(Moore 1960/1903, 5쪽). 이것은 고전적 분석철학이다. 언어, 낱말, 의미에 초점을 맞추어라.

그러나 무어의 다음 방책은 우리로 하여금 그의 책에 대한 열의를 상실하게 할 정도로 깜짝 놀랄 만하다. 다음은 무어의 유명한 구절이다.

> 만일 '좋다는 것은 무엇인가?' 라는 질문을 받는다면, 내 답은 좋음은 좋음이며, 그것이 문제의 끝이라는 것이다. 또는 만일 '좋음은 어떻게 정의되어야 하는가?' 라는 질문을 받는다면, 내 답은 그것은 정의될 수 없으며, 그것이 내가 그것에 관해 말해야 할 것 전부라는 것이다. (Moore 1960/1903, 6쪽)

이것은 "'눈은 희다'는 만일 눈이 희다면, 그리고 오직 그 경우에만 옳다'는 타르스키의 정의와 똑같은 하나마나할 정도로 뻔한 소리의 분위기를 풍긴다. 그리고 타르스키의 진리성 정의처럼 "좋다"에 대한 무어의 비정의는 심원한 함의를 갖는다. 그것은 이전의 모든 윤리학에 대한 거부이다.[2] 이전 윤리학자들은

---

2   무어 외에도 "좋다"가 정의불가능하다고 주장한 소수 몇 명의 선구자들을 제외하면 그렇다. 이런 사람들로 무어는 특별히 헨리 시즈윅(Henry Sidgwick)과 프란츠 브렌타노(Franz Brentano)를 든다.

좋음을 쾌락, 우리가 그렇게 되기를 욕구하는 것, 자기실현, 또는 그 비슷한 어떤 것으로 정의하려 했다. 무어의 길은 이전 철학으로부터의 해방이다. "만일 내가 올바르다면, 누구도 이것이 바로 그 낱말의 의미라는 것을 구실로 '쾌락은 유일한 좋음이다' 나 '좋음은 바람직한 것이다' 같은 공리를 우리에게 몰래 떠맡길 수 없다."(Moore 1960/1903, 7쪽). 무어는 그의 책의 100쪽을 헛되이 "좋다"를 정의하려 했던 윤리학자들을 아웃시키는 데 할애한다. 그런 윤리학자들에는 좋음을 "더 진화됨"으로 정의한 허버트 스펜서(Herbert Spencer)의 다윈주의 윤리학, 존 스튜어트 밀의 공리주의, 칸트의 의무 윤리학이 포함된다. 무어에 따르면, 좋음은 노랑처럼 정의될 수 없는 단순속성이다. 노랑과 달리 좋음은 자연적 속성이 아니며, 감각에 의해 지각될 수 없지만, 도덕적 직관에 의해 이해된다. 술어 "좋다"가 지시하는 속성은 복합 속성이 아니다. 그것은 부분들이 없고, 비록 부분적으로 좋은 것들의 다른 속성들에 의존한다 할지라도 그것을 갖는 어떤 것의 부분이 아니다.

　"좋음"이 단순하고 정의불가능하다는 주장을 옹호하는 무어의 논증은 미결문제 논증(open question argument)이라 불리며, 많은 영향을 미치면서 논란이 되어왔다. 누군가가 "좋음"을 "쾌락"으로 정의하려 한다고 해보자. "쾌락은 좋은가?"라는 물음은 실질적인 미결문제이다. "쾌락은 좋다"는 하나마나할 정도로 뻔한 항진명제가 아니다. 그래서 "좋음"은 "쾌락"을 의미할 수 없다. 무어에 따르면, 누구든 "좋음"의 정의로 제시하는 것은 무엇이든 그것이 좋은 것인지의 미결문제를 인정할 것이다. 만일 우리가 "좋음"을 어떤 복합속성 P로 정의하려 한다면, 우리는 "P는 좋은가?"라고 분별 있게 물을 수 있다. "P는 좋다"는 만일 P가 단지 "좋음"의 의미라면 그랬을 경우처럼 동의어를 반복하는 항진명제가 아니다.

　　그러나 '쾌락(또는 그 비슷한 무엇이든 그것)은 어쨌든 좋은 것인가?' 라고 물을 때 실제로 그의 마음속에 있는 것에 대해 <u>스스로</u> 주의를 기울여 살피는 사람은 누구든지 자신이 단순히 쾌락이 유쾌한(pleasant) 것인지 궁금해 하는 것이 아니라는 것을 쉽게 납득할 수 있다. 그리고 만일 그가 제안된 정의 각각에 대해 연속적으로 이 실험을 시도한다면, 그는 모든 경우에 다른 어떤 대상과 함께 독특한 물음이 제기될 수 있는 연관성과 관련하여 그의 마음속에 독특한 대상을 가지고 있다는 것을 인식하기에 충분할 정도의 전문가가 될 수 있다. (Moore 1960/1903, 16쪽)

좋다. 그 실험을 해보자. 1982년 작 작품 속 인물과 동일한 이름의 영화 〈야만인 코난〉(Conan the Barbarian)의 앞부분 장면에서 코난은 수업 중에 그의 전사 스승에게서 가르침을 받는다.[3] 웅크리고 앉은 전사들에게 "좋다"를 정의하라는 질문이 주어진다. 한 덜떨어진 전사가 "좋은 것은 춤추고, 노래하고, 자유롭고, 즐기는 것입니다"고 말한다. 선생은 슬프게 머리를 가로젓는다. 마침내 코난이 큰 소리로 말한다. "좋은 것은 당신의 적들을 쳐부수고, 당신 앞에서 그들이 도망치는 것을 보며, 그들의 여자들의 통곡소리를 듣는 것입니다." 선생은 미소를 지으며 머리를 끄덕이면서 "맞다. 그것이 좋은 것이다."고 말한다. 무어의 실험이 효과가 있는 것처럼 보인다. 확실히 설령 당신이 실질적으로 코난에 동의한다 할지라도, 당신은 코난이 "좋음"에 대해 제안한 정의가 동의어 반복의 항진진술이라고 주장하지 않을 것이며, 그도 그렇게 주장하지 않을 것이다. "당신의 적들을 쳐부수는 것이 좋은 것인가…?"라는 물음은 미결문제이다.

만일 무어가 야만인 코난과 함께 전사 학교에 있었다면, 그는 "좋음은 단순하고, 정의불가능하고, 도덕적 직관에 의해 이해되는 비자연적 속성입니다. 그리고 그것이 바로 내가 그것에 관해 말해야 하는 것 전부입니다."고 대답했을 것이다. 나는 코난의 선생이 어떻게 반응했을지 궁금하다. 명백히 무어는 풍부한 개인적 매력과 설득력을 지녔다. 그는 전사들에게 무언가를 좀 가르칠 수도 있었을 것이다.

무어는 코난과 그의 스승이 자연주의적 오류(the naturalistic fallacy)를 범했다는 말을 보탰을 것이다. "자연주의적 오류"는 좋음과 임의의 복합적인 자연

---

3　나는 명백히 이 장면을 다시 상상했다. 어쨌든 여전히 예증이 되는 실험이기 때문에 그것은 무관하다. 코난은 아널드 슈워제네거(Arnold Schwarzenegger)가 멋지게 연기한다.

적(또는 비자연적) 속성을 동등시하려는 시도에 대해 무어가 붙인 이름이다.

> 노란 모든 것이 빛 속에서 어떤 종류의 진동을 산출한다는 말이 옳은 것과
> 마찬가지로, 좋은 모든 것이 또한 다른 어떤 것이기도 하다는 말도 옳을 수
> 있다. 그리고 윤리학이 좋은 모든 것에 속하는 그러한 다른 속성들이 무엇인
> 지 발견하려 한다는 것은 사실이다. 그러나 너무 많은 철학자들이 자신들이
> 그러한 다른 속성들을 지명할 때 자신들은 실제로 좋음을 정의하고 있으며,
> 이 속성들은 사실상 단순히 '다른' 것이 아니라 좋음과 절대적으로 그리고
> 완전히 똑같은 것이라고 가르쳐왔다. 나는 이 견해를 '자연주의적 오류'라고
> 부를 것을 제안하며, 이제 그것에 대해 무너뜨리려고 노력할 것이다. (Moore
> 1960/1903, 10쪽)

자연주의적 오류는 분석적 도덕철학의 핵심 주제들 중 하나였다. 문제는 "그것
이 실제로 오류인가?" "만일 그렇다면 그 오류는 정확히 어떤 무엇인가?" "그
리고 만일 오류라면 우리는 그것을 어떻게 피하는가?" 하는 것이다. "좋음"을
자연적 또는 비자연적 복합속성으로 정의하려 애쓰는 철학자는 누구라도 이런
물음들에 대해 응답이 있어야 한다. 무어에 따르면, "좋음"을 정의하려고 시도
하면서 칸트, 밀, 스펜서 외 다른 철학자들은 모두 자연주의적 오류를 범했으
며, 그래서 그들의 도덕철학들의 가치를 떨어뜨렸다. 실제로 내가 언급했던 것
처럼 그의 책은 그들의 실패를 폭로하는 데 초점을 맞추는 쪽으로 기울어져
있다.

그렇지만 무어는 마지막 두 장을 행위에 할애하고, 본래적 좋음(선)과 나쁨
(악)에 관한 자신의 견해를 진술하는 데 할애한다. "올바른 행위"나 "우리가 행
해야 하는 행위"는 무어에 따르면 과학적으로 정의될 수 있다. 그것은 최고의
좋음—최선의 결과—을 낳을 행위이다. 물론 실제적 문제로서 우리는 종종 어
떤 행위가 그런 행위인지를 알지 못한다. 어떤 것들이 본래적으로 좋은 것인지
의 물음에 대한 답은 뻔하며, 그래서 논쟁할 가치가 없다고 무어는 주장한다.
"실제로 일단 그 물음의 의미가 명료하게 이해되고 나면, 그 물음에 대한 답은

주요 개요만 보자면 상투적인 것처럼 보일 위험에 처할 정도로 너무 뻔해 보인다."(Moore 1960/1903, 188쪽). 그렇다면 그 답은 무엇인가? (만일 그렇게 뻔한 것이라면, 당신은 이미 그 답을 알고 있어야 한다.) 어쨌든 분명히 말해 두는데, 다음이 무어의 답이다.

아마 그 물음을 자문했던 누구도 예술이나 자연에서 아름다운 것에 대한 개인적 감정과 이해가 그 자체로 좋은 것이라는 것을 결코 의심하지 않았을 것이다. 또한 만일 우리가 엄밀히 말해 어떤 것들이 순수하게 그 자체로 가질 가치가 있는지 살핀다면, 누군가가 다른 어떤 것이 이 두 제목 아래 포함되는 것들로서 거의 그만큼의 커다란 가치를 갖는다고 생각할 것이라는 말도 개연적이지 않은 것처럼 보인다(Moore 1960/1903, 188-9쪽).

전통적 도덕에 대한 무어의 공격과 자연주의적 오류에 대한 그의 기술이 1903년 이래 도덕철학의 핵심 문제였던 반면에, 본래적 가치에 관한 그의 견해는 그 뒤의 분석철학에 거의 영향을 미치지 못했다. 한편『윤리학원리』마지막 장에서 선언한 무어의 적극적인 윤리적 주장들은 그의 동시대인들 사이에서 상당한 추종자가 있었다. 블룸즈버리그룹(Bloomsbury Group)은 대체로 현대주의 작가와 예술가들로 이루어진 느슨한 집단이었는데, 그들은 런던의 블룸즈버리에서 만남을 가졌다. 그 집단의 "성원들" 중에는 현대주의 소설가 버지니아 울프(Virginia Woolf)와 세계적으로 뛰어난 경제학자 중 하나인 존 메이너드 케인스(John Maynard Keynes)도 있었다. 무어의『윤리학원리』는 사실상 그 집단의 철학 성경으로 기능했다. 준보헤미안 현대주의자들로서 그들은 전통적 도덕에 대한 무어의 거부를 좋아했다. 그들은 또한 마지막 장을 특별히 (아름답고 감수성이 풍부한 연인에 대한) 개인적 관계들의 본래적 가치와 미에 대한 예술가적 이해의 본래적 가치를 강조한 것으로 받아들였다. 지식인과 예술가연하는 에드워드주의자들에게는 무어의 이런 주장이 바로 자신들을 위한 것이었는데, 이때는 제1차 세계대전이 그들의 아늑한 세상을 산산조각내기 12년 전이었다.

## C. L. 스티븐슨의 비인지주의

무어의 직관주의는 몇 가지 문제가 있다. 1) 우리는 정의불가능한 단순한 비자연적 속성으로 가정된 속성—좋음—을 어떻게 이해하는가? 2) 만일 우리가 그 속성을 이해한다면, 그러한 속성은 왜 우리에게 동기를 부여하거나 흥미로워야 하는가? 그러한 속성은 도대체 왜 이를테면 노랑임보다 더 가치 있는가? 3) 만일 본래적 좋음이 자명한 것이라면, 사람들이 틀림없이 그런 것처럼 그것에 관해 불일치할 때 우리는 어떻게 해야 하는가? 무어의 견해는 더 이상의 윤리적 추론을 차단하는 것처럼 보인다.

　"좋음"의 정의불가능성을 주장할 때 무어는 우리에게 세 가지 선택지가 있다고 진술한다. 즉 "좋음"은 단순속성을 나타내거나, 복합속성을 나타내거나, 무의미하다는 것이다. 무어의 미결문제 논증에 설득되지만 그의 직관주의의 명백한 문제들에 실망한 철학자들은 여전히 연구대상으로 네 번째 선택지를 갖고 있다. 비인지주의자들은 처음 두 대안을 거부하지만, "좋음"이 무의미하다고도 말하지 않을 것이다. 그들은 그것이 단순속성이든 복합속성이든 어떤 속성을 나타낸다는 것을 부정하고, 대신 그것이 비인지적 의미, 즉 정서적 의미를 갖는다고 주장한다. 이런 식으로 그들은 자연주의적 오류를 피하면서 동시에 정의불가능한 속성들에 대한 도덕적 직관에 물려 들어가는 일을 피한다.

　이 장 첫 단락의 러셀 인용구는 정서주의(emotivism)의 좋은 예이다. 우리는 이와 유사한 견해를 에이어가 옹호했던 것을 제2장에서 살펴보았는데, 그 견해는 논리 실증주의 프로그램의 일부였다. 가장 세련된 형태의 정서주의는 1930년대에서 1960년대까지 일련의 논문과 책을 통해 미국 철학자 C. L. 스티븐슨(C. L. Stevenson)이 전개했는데, 특히 1944년 출판된 그의 고전적 책 『윤리학과 언어』(*Ethics and Language*)에서 전개하였다. 스티븐슨은 자신의 기획을 에이어와 카르납의 비인지주의를 진척시키는 것으로 간주했다.

　　그러나 이 책[『윤리학과 언어』]은 카르납, 에이어, 그리고 다른 사람들의 분석에서 공격할 것보다 옹호할 것이 훨씬 더 많다고 판단한다. 이 책은 그들의 견해에 자격을 부여하려 할 뿐이다. … 이 책은 "정서적"이 그 자체로 경멸적인 정서적 의미를 가질 필요가 없다는 것을 분명하게 하기를 희망한다. 그리고 특히 이 책은 윤리적 판단들이 그것들의 정서적 의미 외에 가질 수 있는 복합적인 기술적 의미를 강조한다(Stevenson 1944, 267쪽).

스티븐슨에 따르면, 윤리적 진술에 대한 분석은 기술적 요소와 명령적 요소를 포함한다. 그가 작업 모델이라 부르는 그의 예비적 설명은 다음과 같다.

> (1) "이것은 그릇되다"는 나는 이것에 대해 찬성하지 않는다. 그러니 잘 해라를 의미한다.
> (2) "그는 이것을 해야 한다"는 나는 그가 이것을 하지 않은 채 두는 것을 찬성하지 않는다. 그러니 잘 해라를 의미한다.
> (3) "이것은 좋다"는 나는 이것을 찬성한다. 그러니 잘 해라를 의미한다.
> (Stevenson 1944, 21쪽)

이 작업 모델은 다양한 이유 때문에 제한될 필요가 있다. 윤리적 주장들은 모호하고, 맥락에 의존적이다 등등. 그것들은 또한 여기서 외견상으로 보이는 것보다 기술적 의미를 더 많이 포함할 수 있다.

그 작업 모델이 사람들이 도덕에 관해 어떻게 불일치하고 어떻게 추론할 수 있는지를 설명한다는 사실을 주목할 필요가 있다. 나는 당신이 어떤 것에 대해 찬성한다는 당신의 주장에 대해 논쟁하는 것이 아니라 이유들을 가지고 당신의 태도를 바꾸려 할 수 있다. 우리는 명령에 대해 이유를 묻는다. 만일 "문 닫아라!"라는 말을 듣는다면, 문을 닫을 이유를 묻는 일은 상궤에서 벗어난 일이 아니다. 내가 "왜 내가 이것에 대해 찬성해야 하지?"라고 묻는 일은 이치에 닿는 일이며, 생각과 이유를 서로 교환하는 일의 시작일 수 있다. 따라서 스티븐슨에 따르면, 비인지주의자는 도덕에 관한 냉소주의로 환원되지 않는다.

그렇지만 추론은 거기까지만 진행될 수 있다. 스티븐슨에 따르면, 도덕적 불일치는 사실에 관한 불일치지만, 본질적으로 태도의 차이도 포함한다.

윤리적 논증들은 보통 믿음의 불일치를 포함한다. 그러나 그것들은 또한 태도의 불일치도 포함한다. 그리고 태도 불일치의 눈에 띄는 역할은 우리가 깨닫든 깨닫지 못하든 보통 윤리적 논증들의 구별 특징으로 간주하는 것이다. (Stevenson 1949, 589쪽)

이것은 윤리적 논쟁들이 언제나 인지적 방법들을 통해 해결될 수 있는 것이 아님을 의미한다. "그러나 과학의 순수 지성적 방법들, 그리고 실제로는 모든 추론의 방법은 가치에 관한 논쟁을 해결하는 데 불충할 수 있다. …"(Stevenson 1949, 592쪽).

윤리적 담화의 목적은 기술하는 것이 아니라 영향을 미치는 것이다.

의심할 여지없이 윤리적 판단들에는 언제나 약간의 기술 요소가 있지만, 이것이 전부는 결코 아니다. 윤리적 판단들의 주요 사용은 사실을 가리키는 것이 아니라 어떤 영향을 만들어내는 것이다. 단순히 사람들의 관심사를 기술하는 대신에 그것들은 사람들의 관심사를 변화시키거나 강화할 수 있다. 그것들은 그 관심사가 이미 존재한다는 것을 진술하는 것이 아니라 어떤 대상에 대한 관심사를 권한다. (Stevenson 1959/1937, 269쪽)

스티븐슨이 도덕적 진술을 영향을 미치려는 사용에 의거해 다룬 일은 그를 자연주의적 오류를 피할 수 있게 해준다.

나는 내 분석이 미결문제에 관한 무어의 반론에 답한다는 말을 보탤 것이다. 어떤 것이 과학적으로 알려질 수 있는 어떤 속성들을 가질 수 있든 간에 이 성질들을 갖는 어떤 것이 좋은지 묻는 일은 정말로 언제나 가능하다. 그것이 좋은지 묻는 것은 영향을 묻는 것이다. 그리고 내가 어떤 대상에 관해 알 수 있는 것이 무엇이든 간에 나는 여전히 꽤 적절하게 그 대상에 대한 나의 관심사와 관련하여 영향을 받게 되는지 물을 수 있다(Stenvenson 1959/1937,

280쪽).

물론 인지주의자들은 비인지주의에 관해 비판할 것이 많다고 판단했다. 비인지주의자들이 직면하는 한 가지 중대한 문제는 권고 요소가 없는 맥락에서 윤리적 용어들의 사용이다. 이 문제는 복합주장들에 도덕적 용어들이 끼어들어가 있을 때 특히 뚜렷하게 나타난다. 예컨대 "만일 도둑질이 그릇되다면, 탈세범들은 투옥시켜야 한다."를 생각해보라. 도덕적 용어에 대한 스티븐슨의 분석은 이와 같은 문장의 의미를 다룰 수 없다. 만일 우리가 "도둑질은 그릇되다"에 대한 그의 분석을 복합문장에 대입한다면, 그것은 아무 의미가 없다. "만일 나는 도둑질에 찬성하지 않으며, 그러니 잘 해라라면, 그렇다면 … " 또는 "나는 우리가 부자에게 과세해야 하는지 궁금하다."는 문장을 생각해보라. 이것이 "나는 우리가 부자에게 과세하는 일에 대해 찬성한다. 그러니 잘 해라인지 궁금하다"를 의미한다는 것이 그럴듯한가? 그래서 최소한 도덕적 용어의 의미에 대한 스티븐슨의 설명은 불완전하다. 그 설명을 도덕적 용어가 끼어 들어가 있는 맥락에까지 확장하는 어떠한 분명한 방식도 표현되지 않았다.

## R. M. 헤어의 보편적 규정주의

제2차 세계대전의 발발은 영국인 헤어에게 도덕적 딜레마를 야기했는데, 이는 그가 평화주의자였기 때문이었다. 그는 입대했지만, 전쟁 기간 대부분을 일본군 포로수용소에서 보냈다. 그는 전쟁이 끝나자 옥스퍼드대학교로 돌아와 1966년 교수가 되었다. 헤어는 오스틴과 비트겐슈타인이 영향을 미쳤던 시기에 옥스퍼드 철학자였다. 그의 윤리적 규정주의(ethical prescriptivism)는 에이어와 스티븐슨의 비인지주의를 좀 더 세련되게 다듬은 형태를 띠었는데, 오스틴에게 빚진 언어행위론 요소를 가지고 있었다. 그의 1952년 책 『도덕의 언어』(*The Language of Morals*)는 그 책의 속편 『자유와 이성』(*Freedom and Reason*)과 더불어 분석적 메타윤리학의 고전이다.

비록 헤어가 전쟁 체험의 결과로 윤리가 어려운 상황에서 사람들을 돕는다는 것에 관심이 있었고, 그의 견해가 규정주의라고 불린다 할지라도, 그는 철학적 윤리학을 규정적인 것으로 간주하지 않았다. 옥스퍼드 일상언어철학을 대표하는 진술에서 그는 다음과 같이 진술한다. "내가 생각하기에 윤리학은 도덕의 언어에 대한 논리적 연구이다."(Hare 1952, v쪽). 지금은 아주 한계가 있어 보이는 그러한 진술은 『논리철학론』과 실증주의자들에게서 물려받은 견해를 반영하는 것이었는데, 그 견해는 철학자들이 지각 있게 규범적 주장을 할 수 없다는 것이었다. 철학의 분과로서의 윤리학은 언어에 대한 분석으로만 이루어질 수 있다는 것이다.

그러한 일은 감정에 흔들리지 않아야 하며 무미건조하기까지 해야 한다. 하지만 그렇지 않다. 지금까지 내 앞에 제시된 철학적 의견교환 중에 가장 신랄하고 추한 의견교환은 1966년 이타카에서 내가 참석했던 좌담에서 헤어와 젊은 논평자 사이에 벌어졌던 논쟁이었다. 그 논쟁은 거의 두 시간 동안 계속되었는데, 어느 쪽도 우호적이지 않았다. 헤어는 어떤 종류의 평화주의자일 수 있지만, 철학에서는 싸움꾼이었다. 말년에 그는 분석철학이 규범윤리학 쪽으로의 이동하는 것에 합류했으며, 응용윤리학의 문제들에 기여했다. 그의 가장 영향력 있는 작업은 그의 보편적 규정주의로 남게 되었다.

비인지주의자들은 무어의 미결문제 논증을 많이 활용했는데, 결국은 무어보다도 더 많이 활용했다. 스티븐슨은 그 논증의 변형을 비장의 무기로 지니고 있었다. "만일 당신이 '좋음'이 정의에 의해 어떤 자연적 속성을 의미한다고 말한다면, 당신은 올바를 수 없는데, 왜냐하면 그 정의는 '좋음'의 독특한 정서적 성질을 배제하기 때문이다."[4] 무어가 "좋음"이 자연주의적으로(또는 비자연주의적으로) 정의될 수 없으므로 그것이 단순한 비자연적 속성을 지시한다고 생각한 것은 잘못이지만, 그는 무언가를 좀 알아채고 있었다. "좋음"을 어떤 속성과 동등시하는 어떠한 정의도 그 용어의 정서적 의미를 포착할 수 없기 때문이다.

헤어는 무어의 미결문제 논증에 찬성하지만, 그 논증이 모든 가치용어에 적

---

**4**  이 말은 그의 견해에 대한 나의 진술이지 그의 진술이 아니다.

용된다고 주장한다. 어떤 것도 자연주의적으로 정의될 수 없는데, 왜냐하면 그런 정의는 그것들의 행위를 안내하는(action-guiding) 목적을 배제할 것이기 때문이다. 가치용어들은 그것들의 의미에 핵심이 되는 방식으로 권고하거나 비난하는 담화행위에서 사용된다. 따라서 헤어에 따르면, 어떤 가치판단도 사실 판단이 아니며, 어떤 가치판단도 오로지 사실적 전제들로부터만 도출될 수 없다. "자연주의적 이론들에서 잘못된 것은 그 이론들이 가치판단을 사실에 대한 진술들로부터 도출가능한 것으로 만들려고 함으로써 가치판단에서 규정적 요소나 칭찬의 요소를 배제한다는 것이다."(Hare 1952, 82쪽)

> 가치용어들은 언어에서 특별한 기능, 즉 칭찬하기(commending)의 기능을 갖는다. 그래서 그것들은 명백히 그 자체로 이 기능을 수행하지 않는 다른 낱말들에 의거해 정의될 수 없다. 왜냐하면 만일 이 일이 행해진다면, 우리는 그 기능을 수행할 수단을 박탈당하기 때문이다(Hare 1952, 91쪽).

헤어의 견해는 칭찬하기가 일차적으로 기술적인 것이 아니라는 점에서 스티븐슨의 견해에 가깝다. 그것은 행위를 안내할 목적의 규정적인 것이다.

> 나는 '좋다'라는 낱말의 일차적 기능이 칭찬하는 것이라고 말해왔다. 그래서 우리는 칭찬하기가 무엇인지 물어야 한다. 우리가 무언가를 칭찬하거나 비난할 때, 언제나 적어도 간접적으로 우리 자신이나 다른 사람들에게 지금 또는 미래에 선택들을 안내하는 것이 순서이다(Hare 1952, 127쪽).

에이어와 스티븐슨과 달리 헤어는 도덕적 용어들의 정서적 측면을 강조하지 않았을 것이다. 그는 "좋음"에 대해 어떤 속성과 동등시하는 어떠한 정의도 그 용어의 규정적(정서적이지 않은) 의미를 포착할 수 없다고 주장했을 것이다.

"좋음"이라는 낱말을 사용하는 모든 가치판단이 도덕적 판단인 것은 아니다. 그렇다면 헤어에 따를 때 비도덕적 가치판단과 도덕적 가치판단의 차이는 무엇인가? 『자유와 이성』에서 헤어는 그의 『도덕의 언어』의 가장 중요한 세 가지 주장을 거론한다. "두 가지 주장은 도덕판단이 일종의 규정적 판단이라는 것과, 그것들이 **보편화가능함**으로써 이 집합의 다른 판단들과 구별될 수 있다는 것이다."(Hare 1963, 4쪽). (이것이 바로 헤어가 그의 윤리적 철학을 보편적 규정주의라 부르는 이유이다.) 세 번째 주장은 "심지어 명령을 포함하는 규정적 판단들 사이에 논리적 관계가 있을 수 있다는 것이다. . . . "(Hare 1963, 4쪽). 나중의 두 가지 특징 때문에 도덕적 사고와 담화는 합리적일 수 있다. 도덕적 주장은 단순히 표현적인 것이 아니다.

아, 슬프게도 헤어는 보편화가능성으로 그가 의미하는 것에 관해 우리가 원하는 만큼 명료하지 않다. 보편화가능성은 도덕적으로 관련 있는 모든 점에서 똑같은 개인들이나 상황들이 똑같은 도덕적 대우를 받아야 한다는 예로부터 내려오는 유명한 도덕적 원리이다. 이 원리는 다시 우리가 유사한 사례들을 유사하게 다루어야 한다는 비도덕적 원리에 기초를 두고 있다. 만일 한 점이 붉은데, 다른 점이 그것과 색깔상 구별할 수 없다면, 그 점 또한 붉다. 그렇다면 도덕적 판단에 관해 독특한 것은 무엇인가? 헤어는 도덕적 규정들이 상황의 이상야릇함들에 의존하지 않는다는 의미에서 보편적이라는 이유들에 기초를 두어야 한다는 것을 염두에 둔 것처럼 보인다. 헤어는 그의 요점을 "우리는 아이들이 있는 경우에 담배를 피워서는 안 된다." 같은 도덕적 주장을 기차 객실에 붙여진 "흡연금지"(No Smoking) 같은 명령구와 대비시켜 설명한다. 후자는 그저 그 특수 공간에 적용된다. 반면에 전자는 모든 공간과 시간, 사람들에 적용된다. 도덕적 규칙이나 규정은 이기심, 낭만적 사랑, 어떤 형태의 애국심과 충성심 같은 특수성에 닻을 내리고 있는 규칙이나 규정들과 대비될 것이다. 유감스럽게도 그의 예와 설명에도 불구하고 헤어는 윤리적 언어에 대한 그의 분석의 이 핵심적 조각을 결함이 있는 상태로 남겨놓았다.

그렇지만 이것은 부분적으로 헤어 견해의 요점이다. 그는 "좋음"의 논리가 본질적으로 도덕적 맥락과 비도덕적 맥락에서 다르지 않다고 주장한다. 도덕은 예컨대 우리가 저것은 좋은 차라거나, 좋은 책이라거나, 또는 별로 좋은 영화가 아니라고 판단할 때처럼 비도덕적 맥락에서의 평가적 용어의 일상적 사용의 확장이다.

[도덕적 판단들의] 이 특별한 격위는 그것을 뒷받침할 특별한 논리를 요구하지 않는다. 그것은 우리 자신과 우리와 같은 사람들의 가장 피부에 와 닿는 행위를 칭찬하거나 비난하기 위해서 우리가 일상적인 가치-언어 장치를 사용하고 있다는 사실로부터 결과하기 때문이다(Hare 1952, 143쪽).

내가 유익하다고 가정하고 경험적으로 경도된 철학자들에 호소력이 있을 방식으로 이것은 도덕의 신비성을 제거하고, 도덕을 천국의 영역에서 끌어내리는 것이다. 그 과정은 무어가 시작했지만, 그는 여전히 본래적 좋음에 대한 그의 정의불가능한 단순속성을 통해 도덕을 신비화했다. 헤어의 분석은 정서주의의 자극적 요소 없이도 도덕을 세속으로 귀환시킨다. 그것은 그 자체의 차분한 방식으로 실제로 찬란하게 빛이 난다.

## 실질 윤리학으로의 귀환

많은 분석철학자는 무어가 시작하고 논리 실증주의자들이 열렬히 추구했던 윤리학의 골자 적출에 대해 찬성하지 않았다. 확실히 철학자들, 심지어 아주 완강하고, 경험주의적 기질을 가졌으며, 논리적 구실을 드는 분석철학자들이 윤리학에 대해 "도덕 언어에 대한 논리적 연구"보다 더 많이 기여한다. 인지적 유의미성에 대한 검증가능성 기준의 서거는 비인지주의의 동기를 잘라버렸다. 그러나 자칭 규범윤리학자들은 여전히 미결문제 논증에 직면해 자연주의적 오류를 범하는 일에 관해 염려하지 않을 수 없었다.

그렇지만 자세한 철학적 탐구를 받게 되자 자연주의적 오류는 결국은 진정한 오류가 아닌 것으로 드러났다. 야만인 코난은 도덕적 좋음에 대해 미개한 관념을 가질 수도 있었겠지만, 그가 "좋음"을 정의했을 때 그는 논리적 오류를 범하지 않았다. 자연주의적 "오류"는 논리적 오류가 아니므로―정의불가능한 용어를 정의하려는 시도에 논리적 오류는 없다―그것은 비방적 명명(name-calling)에 지나지 않는 것처럼 보인다. 엘리자베스 앤스컴은 규범윤리학을 재도입하는 데 도움이 된 획기적인 그녀의 논문 "현대 도덕철학"(Modern Moral Philosophy, Anscombe 1968/1958)에서 논평 없이 자연주의적 오류를 기각시킨다. "그들[벤담과 밀]은 종종 '자연주의적 오류'를 범함으로써 잘못되었다고 말해진다. 그러나 이러한 비난은 나에게 인상을 주지 못하는데, 왜냐하면 그것에 대한 설명이 정합적이라고 판단하지 않기 때문이다."(Anscombe 1968/1958, 188쪽). 무어는 "좋은"이 정의불가능하다는 점에서 "노란"과 유사하다고 주장했는데, 이는 "노란"처럼 그것이 정의불가능한 단순속성을 명명하기 때문이었다. 그러나 만일 우리가 "노란"을 정의하려 한다면, 우리는 오류를 범했다고 정합성 있게 비난받을 수 없다. 논리학과 철학의 맥락에서 "오류"는 단순히 그른 믿음을 의미하지 않는다. 그것은 별로 명료하게 생각하지 않는 사람들에게만 설득력이 있는 피상적인 그릇된 설명이나 속임수에 기초를 둔 일종의 부당한 논증을 의미한다. "노란"에 대해 제시된 정의는 구체적 논변과 분석을 기초로 해서만 거부될 수 있지 오류를 범했다고 기각될 수 있는 것이 아니다. 물론 무어는 단순히 비방적 명명에만 빠져 있는 것이 아니었으며, 그는 "좋은"에 대한 정의들을 거부하는 괄호 치기 방법—그의 미결문제 논증—을 제안했다.

그러나 무어의 미결문제 논증 또한 의심스럽다. 그 논증은 너무 파괴적이곤 했다. 그 논증은 누군가가 어떤 용어를 정의하거나 어떤 동치를 제시하려고 하는 모든 경우에 적용된다. 어쨌든 "좋은"에 대한 정의들이 하나마나할 정도로 뻔한 모습을 띠지 않는다—미결문제를 남긴다—는 사실은 그것들이 적절한 정의가 아니라는 것을 보여주지 못한다. 어떤 용어를 사용하는 사람들은 그들이 그 용어에 귀속시키는 의미를 의식하지 못할 수 있다. 그 의미는 해명을 요구할 것이다. 실제로 야만인 코난의 정의는 그에게조차 올바르지 못한 것처럼 보인다. 그것은 충분히 일반적이지 않다. 어쩌면 그와 그의 전사 스승은 그들이 "좋은"으로 실제로 의미하는 것이 역경(즉 당신의 적이나 당신의 "적" 비슷한 무엇이든 간에 그것)과 싸워 승리를 거두는 일 비슷한 어떤 것임을 깨달을 것이다. 당신 적들의 여자들의 통곡소리를 듣는 일은 매우 즐거운 일일 수 있지만, 그것은 확실히 그가 말한 것에도 불구하고 코난에게조차 "좋은"에 대한 정의의 부분은 아니다. 그것은 너무 구체적이다. 그는 만일 그 여자들이 비탄에 빠진 것이 아니라 승리자들과 함께 신나게 뛰놀 기대에 기뻐했다면 그것 또한 마찬

가지로 좋다고 판단했을 것이다. "좋은"을 역경에 대한 성공적 투쟁으로 정의
하는 사람은 "좋은"이라는 용어를 해명하려고 시도하는 것으로 이해할 수 있
다. 그 해명은 분석적 정의로 제안되었다 해도 여전히 미결문제인데, 왜냐하면
"좋은"이나 어떤 용어의 의미는 놀라운 방식으로 풀어져야—엉킨 것이 풀려야
—할 것이기 때문이다. 제안된 풀림은 어떤 철학적 주장이라도 틀릴 수 있는 것
처럼 틀릴 수 있지만, 그 잘못은 자세히 설명되어야 한다. 그 잘못은 미결문제
논증이나 자연주의적 오류의 사례라고 부름으로써 기각될 수 있는 것이 아
니다.

　사실상 "좋음"을 역경과 싸워 승리를 거두는 일이라고 가정한 정의는 여전히
올바를 수 없다. 그 정의는 기껏해야 불완전하다. 필리파 푸트(Philippa Foot)
는 좋음이 역경과 싸워 승리를 거두는 일로 정의될 수 없다고 주장할 것이다.
좋은 것이기 위해서는 그것은 가치 있는 대의에서 싸워야 할 것이다.[5] 요점은
도덕적 개념에 대한 허용가능한 정의들이 한계가 있을 수밖에 없다는 것이다.
푸트와 앤스컴은 일련의 영향력 있는 논문들에서 비인지주의에 반대하여 "좋
음"이 일차적으로 정서적이거나 규정적이지 않으며, 설령 그렇다 하더라도 허
용가능한 규정들의 범위는 엄격한 제약을 포함한다고 논했다. 어떤 발언은 단
순히 보편적 규정이라는 이유로 도덕적인 것이 아니다. 도덕적이기 위해서는
그 발언은 가치 있고, 귀중하고, 유익한 것 등에 관한 어떤 것을 포함해야 한다.
그리고 가치 있고, 귀중하고, 유익한 것은 그저 아무것이나 될 수 있는 것이 아
니다. 어떤 사람은 예컨대 들통에 진흙을 모으는 일이 도덕적으로 의무라고 주
장하고, "좋음"을 진흙을 모으는 일로 정의할 수 있지만, 그는 이것을 어떤 방
식으론가 가치 있는 어떤 것과 연결시켜야 할 것이다. 그 진흙은 인간의 고통을
덜어줄 특별한 마력을 가지고 있다. 즉 그것은 우리 모두를 부자로 행복하게 만
들어줄 금이거나, 그 비슷한 어떤 것이다. 만일 그가 단순히 "아니, 그런 것은
없어 … 우리가 진흙을 모으는 것은 도덕적 의무일 뿐이야. 나는 '좋음'을 그렇

5　나는 푸트가 "좋음"에 대한 그러한 정의를 찬성했을 것이라고 암시하고 싶지 않다. 나는 단지
이것을 "좋음"에 대한 가능한 정의의 예로 사용하고 있을 뿐이다.

게 정의해. 나는 진흙을 모으는 일에 찬성하고 당신도 똑같이 그래야 해."라고 말한다면, 우리는 그의 말을 이해하지 못할 것이다. 그는 아무리 정서적이거나 규정적이라 하더라도 그가 사용하고 있는 낱말들에도 불구하고 도덕이나 좋음에 관해 이야기하는 것이 아니다. 좋음은 그런 싸움이 가치 있거나 유익하거나 귀중한 어떤 것과 어떻게든 연결되지 않는 한, 그리고 단순히 어떤 개인이 아니라 일반적인 방식으로 그렇게 연결되지 않는 한 승리하기 위해 싸우는 일일 수 없다.

> 해로움, 이로움, 유익, 중요성 등의 개념들이 정확히 어떻게 올바름, 좋음, 의무, 덕 같은 여러 가지 다른 도덕적 개념들과 관계되는지는 몹시 참을성 있는 탐구가 필요한 어떤 것이지만, 그런 개념들이 그렇게 관계된다는 사실은 부정할 수 없는 것처럼 보이며, 이로부터 어떤 사람이 도덕에서 어떤 것을 증거로 간주할 것인지 고찰하는 일에 관해 그 자신의 개인적 결정을 내릴 수 없다는 결론이 따라 나온다(Foot 1968/1958, 18쪽).

푸트가 올바르다. 좋음에 대한 야만인 코난의 정의는 단순히 거기에 함축된 폭력과 성차별 때문에가 아니라 너무 자기중심적이고 임의적이기 때문에 올바른 정의가 되지 못하고 우리를 교란시킨다. 만일 그가 적의 패배를 인간의 번창 등에 기여함으로써 인류에 유익한 어떤 것과 연결시킨다면, 그것은 좀 더 의미가 있는 일을 시작하게 만들 것이다. 적들을 패배시키는 일은 단지 적들이 당신 쪽에서 생존 투쟁의 일부일 수 있기 때문에 그러는 것이지만, 그것은 도덕의 부분이 아니다. 그것은 단순한 자기이익 추구이다.

> 우리는 이 사례를 공공정책에 대한 어떤 토론에서 "이것이 해야 할 최선일 것입니다"고 말하고, 그 후 자신은 혼자서 최선을 의미했다고 선언하는 사람의 사례와 비교해볼 수도 있다. 이것은 "최선"이라는 낱말이 그러한 토론의 맥락에서 의미하는 것이 아니다(Foot 1968/1958, 18쪽).

똑같은 취지에서 "좋음"에 대한 코난의 정의는 "좋음"이 도덕적 맥락에서 의미하는 것이 아니다.

푸트의 논증은 데이비드슨의 (그리고 푸트의 논증에 앞선) 자비의 원리와 비슷하다. 데이비드슨이 다른 사람들이 대부분의 것에 관해 우리와 일치할 경우에만 우리가 그들을 믿음을 가지고 어떤 언어를 말한다고 해석할 수 있다고 주장했던 것을 다시 떠올려보라. 우리가 그들을 대부분 옳은 믿음을 가진 것으로 해석할 수 있지 않은 한, 우리는 그들을 말하거나 생각하는 것으로 해석할 수 없다. 우리는 대규모 일치라는 배경 아래서 잘못과 불일치를 귀속시킬 수 있을 뿐이다. 마찬가지로 푸트는 우리의 도덕체계와 너무 다른 체계는 도덕체계로 간주하지 않을 것이라고 주장한다. 도덕체계가 되기 위해서는 그 체계는 관련 있게 우리와 비슷해야 한다.

> 그러나 제시되어온 제안은 우리가 우리의 도덕적 믿음들에 대해 제시하는 것과는 전혀 다른 옹호가 제시되는 행위규칙들에 대해 이것이 올바른 기술[그것은 도덕률이다]일 수 없다는 것이다. 만일 이 제안이 올바르다면, 우리 자신과 이 규칙들을 갖는 사람들 사이의 차이는 도덕적 견지의 차이가 아니라 오히려 도덕적 관점과 비도덕적 관점의 차이로 기술되어야 한다(Foot 1968/1958, 19쪽).

푸트는 자신의 요점을 예증하기 위해 니체에 대해 통찰력 있는 해석을 제시한다.

> 그렇지만 니체가 도덕주의자였다는 사실은 도덕적 기준에 대한 사적 기획 이론을 지지하는 것으로 인용될 수 없다. 니체가 "당신은 고통을 감소시키고 싶어 하지만, 나는 바로 고통을 증가시키고 싶다"고 말한 것은 틀림없지만, 그는 단순히 이것을 말한 것이 아니었다. 그는 고통이 건망증 경향이나 인간 얼굴의 주름살을 야기한다는 사실을 정당화 근거로 제시하지도 않았다. 우리는 니체가 고통을 약함에 반대되는 것으로서 강함, 순응성에 반대되는 것

으로서 개체성과 연결시킴으로써 고통의 증가를 정당화하려 하기 때문에 그를 도덕주의자로 인식한다. … 개체성이 좋은 것이라는 것은 증명해야 할 어떤 것이지만, 모호한 방식으로 우리는 그것을 독창성, 그리고 용기와 연결시키며, 그래서 니체가 그러한 것에 호소할 때 그를 도덕가로 생각하는 일에 어려움은 없다(Foot 1968/1958, 20-1쪽).

푸트의 논문들은 규범윤리학의 귀환에 대한 성명서다. 윤리학자는 이제 해로움, 이로움 등의 개념들이 올바름, 좋음 등과 어떻게 관계되는지에 대해 "몹시 참을성 있는 탐구"에 종사해야 한다. 푸트는 여기서 "개념"이라는 용어를 사용하지만, 이것은 "도덕의 언어에 대한 논리적 연구"가 아니다. 그 연구는 실질적이고 규범적이다. 그것은 가장 일반적인 용어로 이루어지는 도덕적 올바름과 그릇됨, 좋음과 나쁨에 대한 철학적 탐구이다. 그리고 그 다음에는 그러한 탐구의 결과가 실용적 관심사의 구체적 문제들에 적용된다.

## 사실/가치 구분 의문시하기

푸트와 앤스컴 둘 다 사실/가치 구분을 약화시키는 일에 공을 들였는데, 그들의 작업은 성공적이었다. 만일 분석철학자들이 깨끗한 양심에서 규범윤리학을 해야 한다면 사실/가치 구분을 약화시키는 일은 필수적이었다.[6] 푸트와 앤스컴 둘 다 에이어, 스티븐슨, 헤어의 비인지주의를 전복시키는 저작들을 출판했을 때 옥스퍼드에 있었다. 그들의 철학적 시각은 여전히 실증주의의 향기를 지녔던 헤어보다는 옥스퍼드 일상언어철학자들의 진화된 견해와 더 잘 조화를 이루었다.

---

6 우리는 제4장에서 퍼트넘도 그의 실용주의의 부분으로 이 문제를 추구했던 것을 살펴보았지만, 퍼트넘의 요점은 관계가 있긴 하지만 푸트와 다르다. 퍼트넘은 그 구별의 용어들 자체를 부정한다. 그에 따르면 사실은 가치 적재적이고, 가치는 사실 적재적이다. 퍼트넘에 따르면 대부분 우리는 그것들을 따로 떼어놓을 수 없다. 그 구별은 가짜다. 그러나 푸트는 그 구별의 타당성을 승인하지만 사실이 가치를 논리적으로 수반한다고 주장하는 것처럼 보인다.

실질 윤리학을 하기 위한 진짜 도전에 자연주의적 오류와 무어의 미결문제 논증의 위협은 별로 대단한 것이 못되었다. 그것들은 어금니가 뽑혀 버렸다. 실질 윤리학에 대한 장애는 이른바 사실/가치 구별이었다. 만일 사실 주장과 가치 주장 사이에 다리를 놓을 수 없는 틈이 존재한다면, 실질 윤리학의 가망성은 희박하다. 만일 사실적이지 않거나, 사실에 기초를 두고 있지 않거나, 사실로부터 도출되지 않는다면, 가치는 주관적이고, 정서적이고, 개인적이고, 무제약적인 것으로 보일 것이다—푸트는 그것을 "도덕적 기준에 대한 사적 기획 이론"이라고 부른다. 만일 가치가 사실들이 어떻든 간에 아무것이라도 될 수 있다면, 가치가 어떻게 결정될 수 있는가?

사실/가치 구별은 『논리철학론』에서 유래한 논리 실증주의 프로그램에서 근본적인 것으로 작용했다. 모든 지식은 자연과학에서 구체적으로 표현되는데, 과학은 가치를 경험적으로 확립할 수 없으므로 가치는 비인지적이다. 그래서 가치판단은 지식을 표상할 수 없고, 옳거나 그를 수 없으며, 정서적이거나 규정적이었다. 이것이 바로 에이어, 스티븐슨, 헤어의 견해이다. 가치는 사실과는 다른 "논리적" 차원에 있다. 사실은 그 자체로 가치를 논리적으로 수반할 수 없다.

… 가치에 대한 어떠한 진술이라도 언제나 사실에 대한 모든 진술을 넘어서 있는 것처럼 보이며, 그래서 그는 사실적 전제들을 승인하지만 평가적 결론의 승인을 거부할 이유를 가질 수 있었다. 이것이 그렇다는 것은 이런 식으로 주장하는 사람들에게는 평가의 실제적 함의로부터 따라 나오는 것처럼 보인다. 어떤 사람이 '좋음' 같은 낱말을 '인용부호' 의미가 아니라 '평가적' 의미로 사용할 때 그는 그의 의지를 분명히 한 것으로 가정된다. 이것으로부터 불가피하게 사실과 가치 사이에 논리적 틈이 있다는 결론이 따라 나오는 것처럼 보였다. 왜냐하면 어떤 것이 그렇다고 말하는 것과 그것이 그렇다는 데 대해 특수한 태도를 가지는 것은 별개의 일, 그리고 주어진 행위로부터 어떤 결과가 따라 나올 것을 보는 것과 그것에 관심을 갖는 것은 별개의 일 아닌가? 평가의 본질적 특징에 대해 어떤 설명이 제시되었든 간에—

감정에 의해, 태도에 의해, 명령의 승인에 의해, 또는 그 비슷한 어떤 것에 의해 설명이 제시되든 간에—평가의 경우에 새로운 차원의 언질이 있는데, 이것이 사실들의 어떠한 승인에 의해서도 보증되지 않는다는 사실은 그대로 남았다.

나는 이 견해가 틀렸고, 도덕적 용어들 사용의 실제적 함의는 잘못 제시되었으며, 만일 올바르게 기술된다면 사실적 전제들과 도덕적 결론 사이의 논리적 틈은 사라진다고 논할 것이다(Foot 1967/1958, 93쪽).

푸트는 사실/가치 구분에 대한 우리의 확신을 구체화하기 위해 순종 도덕적 용어들이 아니라 상해, 위험성, 무례함 같은 개념들을 사용한다. "나는 철학자들이 평가에 대해 말하는 넓은 의미에서 '무례한'이 평가어라는 데 일치할 것이라고 생각한다."(Foot 1968/1958, 13쪽). 그러나 단순히 아무것이나 무례한 것으로 간주되지는 않는다. 구체적 사실들은 누군가가 무례했다는 것을 논리적으로 수반한다. 구체적 기준들의 충족은 무례함으로 간주된다—존중심의 결여를 보여줌으로써 예의의 위반을 야기함 비슷한 어떤 것. 만일 어떤 사람이 완전히 일상적인 자그마한 어떤 행동—이를테면 종이접기—이 무례함을 지닌다고 주장한다면, 우리는 그를 이해하지 못할 것이다. 물론 주어진 어떤 관습에서는 접기가 존엄에 대한 무례였다는 이야기를 들을 수도 있다. 그러나 그 행동이 무례한 것이 되기 위해서는 그 행동은 그러한 조건들을 충족시켜야 하고, 어떤 기술들에 맞아야 한다. 무례한 것이 되기 위해서는 그 행동에 관해 어떤 사실들이 성립해야 한다. 이 사실들은 문제의 행동이 무례하다는 것을 논리적으로 함의한다. 사실은 가치를 논리적으로 함의한다.

나는 어떤 사람이 행동에 대해 무례하다고 이야기하든 무례하지 않다고 이야기하든 간에 그가 다른 모든 사람과 똑같은 기준을 사용해야 하며, 그 기준은 O[위반 조건들]가 옳을 경우에 만족되므로 그가 O를 주장하면서 동시에 R[어떤 자그마한 행동이 무례하다는 것]을 부정하는 것은 불가능하다고 결론짓는다. 이로부터 … 우리는 평가적 결론을 연역해낼 수 있는 비평가적 전제의 예를 갖는다는 것이 따라 나온다(Foot 1968/1958, 15-16쪽).

엄밀한 도덕적 용어들에 합병될 수 있는 많은 용어, 즉 "잔인한", "조심스러운", "사려 깊은", "생각 없는", "진실한", "정직한", "분별없는", "공정한", "정의로운", "덕 있는" 등의 용어에 대해서도 똑같은 종류의 논증이 제시될 수 있다. 그런 용어들은 각각 평가적이면서 동시에 사실적 기준을 기초로 하여 적용된다.

당신은 "도덕적으로 좋은", "도덕적으로 나쁜", "도덕적으로 해야 한다", "해서는 안 된다"는 용어들이 이 목록에서 빠져 있음을 주목할 것이다. 푸트와 유사한 고찰에 기초를 두고 앤스컴은 그러한 용어들에 초점을 맞추지 말라고 촉구하는데, 그녀는 그런 용어들이 낡은 종교적 도덕으로부터 남겨진 것이라고 주장한다. 대신 우리는 도덕적 덕들에 집중하는 아리스토텔레스의 견해를 채택해야 한다. 앤스컴은 "도덕적으로 해야 한다"에 대해 다음과 같이 말한다.

> 그것을 삭제하는 것이 가장 합리적일 것이다. … 아리스토텔레스의 예가 보여주는 것처럼 당신은 그것 없이도 윤리학을 할 수 있다. 만일 "도덕적으로 그릇된" 대신에 우리가 언제나 "진실하지 못한", "행실이 나쁜", "부정의한" 같은 유개념으로 부른다면 커다란 개선일 것이다. 우리는 행위에 대한 어떤 기술로부터 곧바로 이 개념으로 넘어감으로써 어떤 것을 행하는 일이 "그릇된지" 더 이상 묻지 말아야 한다. 우리는 예컨대 그것이 부정의한지 물어야 한다. 그리고 답은 때로 단번에 분명해질 것이다. (Anscombe 1968/1958, 196쪽)

앤스컴은 그녀가 그녀의 분석적 동료들과 영국의 도덕주의자 선배들의 결과주의 도덕철학이라고 부른 것에 대해 경멸적이다. [배경 8.2—결과주의적 대의무주의적 도덕 이론들] 대안으로서 푸트와 앤스컴은 덕 윤리학이라 불리는 아리스토텔레스 윤리학에 기초를 둔 분석적 윤리학 학파를 창시했는데, 이 덕 윤리학은 이내 규범윤리학의 주요 분과 중 하나가 되었다. 덕 윤리학은 공리주의와 칸트주의에 대한 진정한 대안이다. 푸트와 다른 철학자들은 계속해서 덕 윤리학에 대한 자세한 설명을 전개하는 쪽으로 나아갔다.

사실/가치 구별의 지배력을 깨뜨리는 일은 규범윤리학의 거대한 유출물을 풀어놓는 효과를 가졌다. 1950년대에 시작된 이 시기는 "위대한 확장"(The Great Expansion)이라 불렸다.

> 위대한 확장에서는 윤리학에 해방감이 도래했다. 도덕철학자들은 분석적 메타윤리학의 망상을 떨쳐버리고, 철학적으로 떳떳하지 못하다는 생각 없이도 인지 영역으로서 규범윤리학을 탐구하는 방식을 보았다—또는 그런 방식을 보았다고 생각했다. 그 결과는 윤리학에 전례가 없을 정도로 철학적 노력을 쏟아 붓고 인원을 투입한 일이었는데, 이것은 다시 매우 다양한 문제와 적용 사례들에까지 확산되었다. (Darwall, Gidbard, and Railton 1992, 123쪽)

규범윤리학의 위대한 확장은 다시 윤리적 실재론 대 반실재론 문제와 같은 메타윤리학적 쟁점들에 대해 새로운 관심을 야기했는데, 이 문제는 좀 더 세련된 형태의 새로 갱신된 인지주의자/비인지주의자 논쟁이다. [배경 8.3—윤리적 실재론 대 반실재론]

위대한 확장 이래로 윤리학과 메타윤리학의 주요 노선들을 정리하는 불가능한 일을 시도하는 대신에 나는 가장 유명하고 영향력 있고 논란이 되는 두 명의 윤리철학자, 즉 피터 싱어(Peter Singer)와 존 롤스(John Rawls)에 초점을 맞출 것이다. 두 사람 모두 학문적 철학자들을 넘어서까지 미치는 영향력과 추종자를 거느리고 있었다.

## 피터 싱어와 동물해방

일단 위대한 확장이 진행되자 많은 윤리학자는 실제적 관심사의 특수 영역들에 초점을 맞추었다. 분석철학자들은 자신들이 절박한 사회적 쟁점들에 기여할 것이 많이 있다는 것을 깨달았다. (전형적인 쟁점들을 지닌) 응용윤리학 분야들 중에는 생명의료윤리학—낙태, 건강검진, 의료관리 접근의 도덕성—, 야생의 보존, 환경의 유지가능성, 자연에 대한 의무가 있고, 기업과 직업윤리—회사의 지위, 기업의 도덕적 책임, 지적 재산권—가 있으며, 전쟁과 평화의 철학—정당한 전쟁론, 전투병들의 권리와 의무, 전쟁 억지력의 도덕—이 있다. 어떤 철학자들은 또한 성적인 문제들—여성주의, 게이와 레즈비언의 윤리적 문제와 삶 문제—에 초점을 맞추었다.

피터 싱어는 가장 유명한 응용윤리학자이자 철학 바깥의 대중에게 가장 잘 알려진 분석철학자이다. 많은 문제에 대해 글을 쓰고 이야기를 해왔지만, 그는 동물해방 운동을 시작하고, 어떤 형태의 안락사를 옹호한 것으로 가장 잘 알려져 있다(어떤 집단들에게는 악명이 높다). 나치의 오스트리아 합병을 피해 망명을 한 부모 밑에서 1946년 호주에서 태어난 싱어는 나치의 유대인 대학살 때 세 명의 조부모를 잃었다. 그는 옥스퍼드대학교에서 공부했고, 헤어의 지도 아래 학위논문을 썼는데, 헤어는 싱어의 사고에 계속해서 커다란 영향을 미쳤다. 싱어는 생애의 대부분을 모내시대학교(Monash University)에서 가르치면서 보냈지만, 1999년 항의소동을 일으키면서 프린스턴의 생명윤리학 교수로 임명되었다. 싱어는 많은 상과 훈장을 받았다. 그는 또한 독일과 스위스에서 항의자들에게 떠밀려 연단에서 쫓겨나기도 했다. 싱어는 현재 자신이 활동했던 시기를 프린스턴과 호주로 나누는데, 호주에서 그는 멜버른대학교(University of Melbourne)의 계관 교수(laureate professor)이다.

"동물해방"이라는 용어의 사용을 통해 싱어는 동물[7]에 대한 윤리적 대우에 관한 그의 견해를 여성해방운동 같은 다른 해방 운동들과 연결하고 싶어 한다. 그는 이런 생각의 기이함을 인정하지만, 그의 요점은 인종차별주의와 성차별주의에 반대하는 성공적인 논증들과 정확히 똑같은 논증들이 그가 종차별주의(speciesism)라 부르는 것에 반대하는 데에도 효과적이라는 것이다.

우리가 "종차별주의"라 부를 수 있는 태도 또한 인종차별주의와의 유추에 의

---

7  나는 "동물"을 싱어가 한 것처럼 "인간이 아닌 동물"을 의미하기 위해 사용한다. 싱어의 언급들 대부분은 인간이 아닌 고등동물과 관계되어 있다.

해 비난받아야 한다. 종차별주의는 … 우리 자신의 종의 성원의 이익을 찬성하고, 다른 종들의 성원의 이익에 반대하는 편견이나 편향된 태도이다. 인종차별주의와 성차별주의에 대한 근본적 반론들은 … 종차별주의에 대해서도 똑같이 적용되는 것이 분명해져야 한다(Singer 1975, 6쪽).

물론 싱어가 종차별주의에 빠져 있다고 비난하는 종은 호모 사피엔스이다. 우리는 우리가 인간들에게 하지 않을 일들을 동물들에게 한다. 싱어는 고통을 야기하는 행위에 이르게 될 때 우리가 우리의 동료 인간들과 똑같이 동물들을 고려하는 것이 도덕적으로 의무라고 주장한다. 그의 혁명적 저서 『동물해방』(*Animal Liberation*, Singer 1975) 첫 장에서 싱어는 "인간의 평등이 의존하는 윤리적 원리는 우리에게 동물들에게까지 동등한 고려를 확장할 것을 요구한다."(Singer 1975, 1쪽)는 말로 시작한다.

동물들이 언어가 없고, 덜 지성적이고, 도덕관념이 없고, 종교, 문화, 예술을 결여한다는 사실은 아무 관련이 없다. 관련 있는 유일한 사실은 동물들이 고통을 겪을 수 있고, 그래서 그것들도 이해관계가 있다는 것이다. 싱어는 고통을 겪는 고등동물의 능력이 정상적 인간들과 똑같다고 그럴듯하게 주장한다.

만일 어떤 존재가 고통을 겪는다면, 그 고통을 고려하는 것을 거부하는 데 대해 도덕적 정당화는 있을 수 없다. 그 존재의 본성이 무엇이든 간에 평등의 원리는 그 존재의 고통이—대략적 비교가 이루어질 수 있는 한—다른 모든 존재의 고통과 마찬가지로 똑같이 간주되어야 할 것을 요구한다. (Singer 1975, 8쪽)

대부분의 인간은 동물의 고통을 고려하지 않는다는 점에서, 또는 고려한다 하더라도 인간의 고통과 똑같은 비중을 동물에게 두지 않는다는 점에서 종차별주의자이다. 싱어에 따르면, 이런 태도는 인종차별주의와 성차별주의만큼 도덕적으로 옹호될 수 없는 것이다.

인종차별주의자들은 자신들의 이해와 다른 인종들의 이해가 충돌할 때 그들 자신의 인종 성원들의 이해관계에 더 큰 비중을 둠으로써 평등의 원리를 위반한다. 성차별주의자들은 그들 자신의 성의 이해관계를 지지함으로써 평등의 원리를 위반한다. 마찬가지로 종차별주의자들은 그들 자신의 종 성원들의 이해가 다른 종들 성원의 더 큰 이해를 유린하는 것을 허용한다. 각각의 경우에 그 유형은 동일하다(Singer 1975, 9쪽).

『동물해방』에서 싱어는 동물에 대한 악용 대우의 두 가지 주요 형태, 즉 동물 실험과 식용 동물의 농장 사육에 초점을 맞춘다. 싱어의 책은 그가 이러한 실태의 공포를 자세히 증언하고 있다는 점에서 진정한 응용윤리학 책이다. 그의 책이 출판된 이래 동물해방 운동은 특히 소름끼치는 동물 실험들을 폭로해왔다. 이 실험들은 종종 의학 연구에 불필요하다. 싱어에게 감사한 일이지만, 이런 실험들 중 많은 것이 중지되었고, 사람들은 이제 시험용으로 동물을 이용하는 일의 잔인함에 대해 훨씬 더 의식하면서 불찬성하고 있다.

싱어는 육식을 함으로써 우리가 부도덕한 관행에 참여하고 있고, 식용으로 동물을 기르는 사람들을 조장하고 있기 때문에 우리에게 채식주의자가 될 것을 촉구한다. 싱어는 식용으로 길러지는 동물들이 고통에 빠지는 충격적인 방식들을 열심히 폭로하였다. 우리는 육식을 할 필요가 없다. 그래서 싱어에 따르면, 계속해서 잡식동물이 됨으로써 우리는 단지 우리의 미각을 만족시키기 위해 간접적으로 그리고 부도덕하게 고통을 야기하고 있다. 싱어에 따르면 다른 많은 형태의 동물 이용 역시 도덕적으로 그릇되다. 그런 것들 중에는 사냥, 서커스와 로데오, 동물원에 야생동물을 가두는 일, 모피용 동물을 잡기 위해 덫 놓는 일, 고래 사냥, 돌고래를 익사시키는 참치 잡이가 있다.

싱어는 동물에 대한 동등한 대우를 지지하는 그의 논증을 동물의 권리에 기초를 두지 않는다. 싱어는 공리주의자이며, 인간이든 동물이든 절대적 권리의 존재를 인정하지 않는다. 이러한 생각은 그를 인간 생명의 절대적 존엄성을 믿는 사람들—즉 모든 인간에게 절대적 생명권이 있다고 믿는 사람들—과 동물의 생명권을 옹호하는 동물해방 운동 진영에 있는 사람들과 사이가 좋지 않게 만든다. 싱어에 따르면, 동물을 죽이는 일은 동물 사육과 동물을 먹는 일의 핵심 문제가 아니다. 가장 큰 도덕적 문제는 동물을 기르고, 가두고, 도살하는 관행들에 의해 가해진 고통이다. "식용으로 동물을 이용하는 일에 반대하는 논거는 동물들이 가능한 가장 낮은 비용으로 그들의 살이 인간들에게 이용될 수 있도록 만들어질 수 있도록 비참한 삶으로 이끌리게 될 때 가장 강력하다."(Singer 1979, 55쪽)

공리주의자들에게 도살은 고통을 야기하는 일보다 더 복잡한 도덕적 문제인데, 왜냐하면 도살은 고통 없이 신속하게 행해질 수 있기 때문이다.

> 이것은 어떤 환경에서—동물들이 즐겁게 생활하고, 고통 없이 도살되며, 그들의 죽음이 다른 동물들에게 고통을 야기하지 않으며, 한 동물의 도살이 그렇지 않았으면 살지 못했을 다른 동물의 도살을 대체할 수 있도록 만들 때—자의식이 없는 동물들의 도살은 그릇된 것이 아닐 수 있다는 것을 의미한다. (Singer 1979, 104쪽)

싱어는 가능한 예로 식용으로 자유롭게 돌아다니는 닭 사육을 제시한다. 당연히 싱어의 견해는 동물 권리 운동의 좀 더 극단적 성원들에게 사랑을 받지 못했다. 낙태와 안락사에 대한 그의 견해 또한 열띤 논쟁을 야기했다. 만일 우리가 싱어가 우리의 도덕적 결정요소로 권하는 종류의 공리주의적 계산을 승인한다면, 때로 중증 장애아들과 순전한 고통 외에는 삶의 가망이 없는 성인 인간들을 죽이는 일은 도덕적으로 의무이다.

싱어는 그의 공리주의를 세계 빈곤, 낙태, 인간의 기능강화 약물, 전쟁의 윤리 같은 다른 많은 윤리적 문제들에 적용해왔다. 그는 잘 사는 우리가 제3세계의 빈곤을 구제하기 위해 적어도 우리 수입의 10%를 내야 한다고 주장한다.

철학적으로 싱어는 단순히 응용윤리학자가 아니다. 그는 많은 대중 회견과 일반 청중을 상대로 한 연설을 했을 뿐만 아니라 이론윤리학과 메타윤리학의 문제들에 대해 분석적 윤리학자들 사이에서 현재 진행 중인 논의들에 기여해왔다.

싱어는 강의실 밖에서 오늘날 세계에서 가장 적극적인 분석철학자이다. 그는 또한 사람들에게 가장 많은 영감을 주고 가장 많이 격노하게 했던 철학자이다. 소크라테스가 창시한 학문을 연구하는 저자들과 선생들로서는 이 일이 우리 직무의 일부이어야 한다. 앤스컴은 앞에서 인용했던 그녀의 논문 "현대 도덕철학"에서 현 상태를 지지하는 도덕철학자들을 공격한다. 그녀는 싱어의 결과주의에 격노했겠지만, 싱어가 관습적 도덕을 지지한다고 비난받을 수 없다는 것은 확실한 일이다.

## 존 롤스의 정의론

### 공정성으로서의 정의와 공리주의

롤스의 1971년 저서 『정의론』(A Theory of Justice)은 20세기 윤리학에서 가장 위대하고 가장 영향력 있으며 심오한 저작이다. 그 책은 또한 철학 바깥의 많은 영역, 즉 경제학, 정치학, 법이론, 공공정책 연구에 영향을 미친 정치이론의 고전이기도 하다. 지금으로부터 300년 뒤에도 『정의론』은 여전히 연구되고 칭찬을 받을 것이다. 그 책은 『논리철학론』, 『수학원리』, 『윤리학원리』, 『감각과 감각가능자』, 『세계의 논리적 구조』, "지시에 관하여", "경험주의의 두 가지 독단", 『명명과 필연성』, 그리고 세계사적 철학에 기여한 분석철학의 다른 소수 몇 권의 저작들과 함께 서가에 꽂혀 있다. 『정의론』, 그리고 그 책에 앞서서 주요 사상 중 많은 것을 담고 있는 롤스의 일련의 논문은 윤리학에서 위대한 확장의 원천이자 영감이었다.

존 롤스(John Rawls)는 1921년 볼티모어의 유명한 가정에서 태어났다. 롤스는 프린스턴대학교에서 석사와 박사 학위를 받았다. 그 사이에 그는 전쟁 직후 일본을 포함하여 뉴기니와 서태평양의 다른 지역에서 보병으로 복무했다. 롤스는 코넬대학교, 매사추세츠공과대학교(MIT)에서 가르치다가 그 다음에는 약 40년 간 하버드대학교에서 가르쳤다. 롤스는 2002년 사망했다. 기념비적 저서 『정의론』 외에도 롤스는 자유주의 정치이론, 국제관계, 윤리학과 정치이론의 역사에 관한 저작들을 포함하여 정치이론에 대한 여러 가지 다른 기여를 했다.

『정의론』과 철학에 대한 다른 기고들은 엄청나게 많은 이차 문헌들을 생성시켰다. 롤스에 관한 한 논문 선집은 네 권에 달하고, 또 다른 논문 선집은 다섯 권에 달하며, 그 외에도 많은 단행본 저작들이 있다(그가 내놓은 덜 벅찬 어떤 제안들에 대해서는 더 읽을거리를 볼 것).

『정의론』서문 첫 쪽에서 롤스는 자신의 목적을 공표한다. 그의 주된 관심사는 흄, 애덤 스미스, 벤담, J. S. 밀의 고전적 공리주의에 대한 대안을 제시하는 것인데, 그는 이 고전적 공리주의가 지배적인 규범윤리학 이론이었다고 올바르게 지적한다. 롤스가 공식화한 대안은 사회계약론의 변형이다. [배경 8.4—사회계약론]

> 내가 하려고 시도했던 것은 로크, 루소, 칸트가 대표하는 전통적인 사회계약론을 일반화해서 고차 수준의 추상으로 끌고 가는 것이다. … 이 이론은 그 전통의 지배적 공리주의보다 우월한, 또는 내가 그렇다고 주장하는, 정의에 대한 대안의 체계적 설명을 제시하는 것처럼 보인다. (Rawls 1971, viii쪽)

롤스의 정의론은 칸트 윤리학의 변형이다. "그렇게 해서 나오는 이론은 본성상 몹시 칸트주의적이다."(Rawls 1971, viii쪽)

공리주의는 여러 가지 유명한 반대사례와 문제에 부딪히는데, 그런 것들 중에는 정의, 권리, 자유를 설명하는 일이 있다. "예컨대 어떤 조건 아래서 유용성 원리는 … 노예제나 농노제가 아니라면 어쨌든 더 큰 사회적 이익을 위해 중대한 자유의 침해를 정당화한다고 때로 주장되어왔다."(Rawls 1971, 156쪽). 롤스가 공정성으로서의 정의라 부르는 그의 정의론은 공리주의의 문제들을 교정함과 동시에 공리주의의 매력 있는 측면들을 보유하려는 시도이다. 공정성으로서의 정의는 공리주의와 칸트주의의 변증적 종합인데, 여기서 지배적 측면은 칸트주의이다.

『정의론』의 찬란함은 그 독창성에 있지 않다. 실제로 롤스는 자신의 이론에 대해 아무것도 주장하지 않는다. 오히려 그 책의 찬란함은 그가 자신의 이론을 개진하고 그것을 옹호하는 방법적이고 자세하고 설득력 있는 방식에 있다. 비

록 롤스가 "나는 내가 제시한 견해에 대해 모든 독창성을 포기해야 한
다."(Rawls 1971, viii쪽)고 말한다 할지라도, 그가 사용하고 만든 방법과 논증
들은 현저하게 독창적이면서 성과가 있다. 다른 심원한 사상과 방법들 중에서
도 롤스의 저작은 반성적 평형(reflective equilibrium), 무지의 베일(the veil of
ignorance), 원초적 입장(original position), 차등원리(difference principle) 개
념들을 도입했다. 이 개념들은 윤리적·정치적 추론의 중요 상품이 되었다.

### 반성적 평형

반성적 평형은 롤스가 사용한 철학적 추론의 기본 방법이다. 이 방법은 형식
논리학적 설명은 물론이고 도덕적 용어에 대한 전통적인 일상언어 분석에 대안
대안으로서 제시된다. 이 방법의 기본 착상은 우리가 다소간에 우리에게 올바
른 것처럼 보이는 어떤 도덕적 원리들에서 시작하여, 가상적이고 실재적인 예
들을 통해 시험하며, 인종차별이 그릇된 것이라는 것 같은 구체적인 직관적 판
단을 내린다는 것이다. 예들에 관한 반성적 판단과 직관은 때로는 우리의 원리
들을 지지할 것이고, 때로는 그 원리들과 상충할 것이다. 우리는 우리의 최초의
원리들을 우리의 직관적 판단들에 맞게 조정하거나, 판단들에 관한 우리의 생
각을 바꾼다. 이런 식으로 우리는 궁극적으로 우리의 견고한 직관에 맞추기 위
해 우리의 원리들을 조정하고 우리 직관들 중 어떤 것들은 포기하는 균형점에
이른다. 결국 우리의 원리, 판단, 직관은 정합적인 도덕체계를 형성하거나, 또
는 이상적으로는 그런 체계를 형성해야 한다. 이 과정에서 우리는 우리의 원리
들이 어떻게 도출되고, 왜 그것들이 존재하는 방식대로 형성되는지를 배운다.
반성적 평형 방법은 형이상학 같은 도덕철학을 넘어선 영역에서도 채택되었는
데, 성과가 있는 것으로 증명되었다. 반성적 평형 방법의 유용성을 실증하고,
그것을 대중화한 일은 철학에 대한 롤스의 주목할 만한 기여들 중 하나였다.

도덕이론의 본성과 그것이 어떻게 구성되는지에 관한 롤스의 생각은 그의 하
버드 동료 W. V. 콰인에게 영향을 받았다. (콰인의 철학에 대한 논의는 제3장
을 볼 것.) 롤스의 방법은 도덕이론에 적용된 콰인 전체론의 변형이다.

추측된 원리들을 검사할 수 있는 제한적이지만 명확한 사실들 집합, 즉 반성적 평형에서 숙고된 판단들이 있다. 정의론은 다른 이론들과 똑같은 규칙들 집합의 지배를 받는다. 정의와 의미에 대한 분석은 특별한 지위를 갖지 않는다. … 어쨌든 오로지 논리학의 진리들과 정의에만 근거해 실질적 정의론을 전개한다는 것은 분명히 불가능하다. 아무리 전통적인 방식으로 이해된다 하더라도 도덕적 개념들과 선천성에 대한 분석은 너무 빈약한 기초이다. 도덕철학은 우연적 가정들과 일반적 사실들을 마음 내키는 대로 자유롭게 이용할 수 있어야 한다. (Rawls 1971, 51쪽)

…

정의 개념은 원리들에 관한 자명한 전제나 조건들로부터 연역될 수 없다. 대신 그 개념의 정당화는 함께 하나의 정합적 견해로 맞추어지는 모든 것에 대한 많은 고찰들의 상호 지지의 문제이다. (Rawls 1971, 21쪽)

롤스 정의론의 세세한 내용을 더 깊이 파고들기 전에 잠시 멈추어 반성적 평형에 기초한 롤스의 도덕적 전체론과 이전의 또 다른 영향력 있는 사회이론가, 즉 칼 포퍼(Karl Popper)의 사상을 비교해보기로 하자.

## 칼 포퍼와 점진적 사회공학

분석철학자들 중에서 칼 포퍼는 겸손과 한계를 보여주는 가장 명료하면서 가장 열렬한 대표자였다. 두 권으로 된 1945년 그의 명작 『열린사회와 그 적들』(*The Open Society and Its Enemies*, Popper 1971/1945)은 그의 정치사상에 대한 가장 포괄적이고 영향력 있는 표현이다. (논리 실증주의에 관한 포퍼의 견해에 대해서는 제2장을 볼 것.)

롤스보다 약 30년 전에 이 책을 쓴 포퍼는 매우 다른 방향에서 그의 견해에 도달한다. 두 사람은 중요한 문제들에 관해 비슷한 견해를 지녔지만, 다른 문제들에 관해서는 분석철학의 서로 다른 정향을 반영하면서 몹시 다르다. 포퍼는 사회이론에서 어떤 형태의 온건함을 옹호하는데, 그는 이것을 점진적 사회공학(piecemeal social engineering)이라 부른다. 포퍼에 따르면, 우리가 할 수 있는 최선의 것은 점진적 기초에서 손에 잡힐 정도로 명백한 악들에 반대하는 것이다. 우리의 목표는 오직 우리 주변의 비참한 상황을 하나씩 줄여나가는 것일 수 있다. 우리는 우리의 사슬을 벗어던질 수 없다. 우리는 사슬의 고리를 하나씩 파괴하려는 노력을 할 수 있을 뿐이다.

> 그러한 고찰들은 우리를 사회공학의 방법에 대해 점진적인 것을 탄원하고 유토피아적이거나 전체론적인 것을 반대하는 쪽으로 돌아가도록 이끈다. 그리고 그러한 고찰들은 우리를 이상적인 어떤 선이 아니라 구체적인 악들과 싸울 방책들이 계획되어야 한다고 요구하는 쪽으로 돌아가도록 이끈다. 국가의 간섭은 자유의 보호를 위해 실제로 필요한 것으로만 제한되어야 한다 (Popper 1971/1945, 130쪽).

이 진술은 공정성으로서의 정의와 반대된다. 곧 살펴보겠지만, 우선 한 가지 이유는 롤스는 정의로운 국가가 단순히 구체적 악들과 싸우기 위해서가 아니라 사회적 불평등을 줄이기 위해 간섭해야 한다고 주장한다는 것이다.

포퍼의 점진적 사회공학 개념은 롤스의 공정성으로서의 정의가 콰인 전체론의 반영인 방식으로 논리 원자주의 철학의 반영이다. 러셀의 영향 아래 이전 분석철학자들의 방법은 논리적 분석을 이용해 문제들을 개별적으로 따로따로 다루는 것이었다. 포퍼의 점진적 사회공학은 점진적인 분석적 철학함의 방법을 반영하는 정치철학이다.

> 현대의 분석적 경험주의는 … 체계-구축자의 철학들과 비교했을 때 단번에 전 우주에 대한 벽돌이론을 고안해야 하는 대신에 문제들을 한 번에 하나씩 다룰 수 있다는 이점이 있다. (Russell 1945, 834쪽)

국가권력의 제한된 역할에 대한 포퍼의 생각은 롤스에 대한 비판을 의도한 책에서 좀 더 최근의 표현을 발견했다. 또 다른 하버드 철학자 로버트 노직 (Robert Nozick)은 논란이 되는 그의 책 『무정부상태, 국가, 유토피아』(*Anar-*

*chy, State, and Utopia*, Nozick 1974)에서 합법적 국가에 대한 그의 시각을 설명한다.

> 국가에 관한 우리의 주된 결론들은 폭력, 절도, 사기, 계약 이행 등에 대한 좁은 보호 기능으로 제한되는 최소 국가가 정당화된다는 것, 그 이상의 어떠한 국가라도 어떤 것들을 하도록 강요받지 말아야 할 사람들의 권리를 침해할 것이며, 그런 국가는 정당화되지 않는다는 것, 최소 국가는 올바를 뿐만 아니라 고무적이라는 것이다. 주목할 만한 두 가지 함의는 국가가 어떤 시민들로 하여금 다른 시민들을 돕도록 하기 위해, 또는 사람들에게 그들 자신의 이익이나 보호를 목적으로 활동을 금지하기 위해, 강제적 장치를 사용하지 않을 수 있다는 것이다(Nozick 1974, ix쪽).

포퍼와 노직 같은 보수주의자들과 롤스 같은 진보주의자들을 나누게 만드는 기본적 쟁점이 있다. 정부는 정의의 요구로서 잘 사는 사람들이 덜 잘 사는 사람들을 돕기 위해 그들의 이익을 포기할 것을 요구함으로써 사회·경제적 불평등을 감소시키도록 행동해야 할 권리나 도덕적 의무를 갖는가? 노직은 "아니!"라고 말한다. 롤스는 "그래!"라고 말한다. 롤스는 그런 법령을 제정하는 것은 사회나 정부의 의무라는 특수한 정의의 이상을 가지고 있다. 포퍼에게 국가권력은 특정한 철학적 도식을 제정하는 데 사용되어서는 안 된다. 노직에 따르면, 최소 국가를 넘어선 모든 국가, 즉 분배적 정의 도식을 부과하려는 모든 국가는 부도덕하게도 그 국가에서 사는 사람들의 권리를 침해한다.

그들 사이의 차이에도 불구하고 포퍼, 노직, 롤스는 자유—기본적 시민권들—가 더 큰 사회적 이익을 달성할 목적으로 침해되어서는 안 된다는 데 일치한다. 그 당시 인기가 없었지만 포퍼가 지향했던 방향은 반마르크스주의적이었다. 그의 점진적 사회공학은 그가 유토피아적 이데올로기라고 불렀던 것들에 대한 대안이었다. 유토피아주의자는 역사의 모든 악을 정화한 미래관을 가지고 있는데, 이런 세상에서 인류는 축복을 받은 것 같은 평화와 풍요를 누릴 것이다. 유토피아주의자는 이 목표를 향해 움직이기 위해 동시대인들의 생명과 자유를 기꺼이 희생한다. 포퍼에 따르면, 유토피아주의자는 인식적 오류를 범하고 있다. 아무리 고상한 목표라 하더라도 전제정치와 폭력을 정당화할 정도로 결정적으로 검증되는 추상적 이론은 전혀 있을 수 없다는 것이다. 롤스는 이 점에 관해 포퍼에 동의할 것이다.

인식론에서 포퍼는 오류가능주의(fallibilism)를 채택했다. 오류가능주의는 지식에 적용된 겸손과 한계에 대한 이론이다. 우리는 우리가 오류가능하다—오류에 빠지기 쉽다—는 것을 안다. 우리는 종종 발견하는 경우가 있긴 하지만 우리의 오류가 정확히 어디에 있는지 알지 못한다. 그러는 동안에 우리는 안다는 우리의 주장에 대해 너무 확신해서는 안 된다. 우리는 특히 고차적이고, 추상적이고, 매우 일반적이거나 중대한 믿음들에 대해 조심해야 한다. 포퍼는 그의 온건하고, 실용적이고, 오류가능주의적인 인식론을 정치에 적용했다. 그는 철학에 기초한 어떠한 절대적인 정치적 도식도 반대했다. 그러한 모든 철학은 기껏해야 의심스럽다.

롤스는 그 자신의 철학과 도덕철학 일반에 관해 오류가능주의를 채택하는 한 포퍼주의자이다.

> … 우리의 현재 이론은 원시적이며, 중대한 결함이 있다. 우리는 만일 단순화들이 우리 판단의 일반적 윤곽을 드러내고 그에 근접한다면 그것들에 대해 관대할 필요가 있다. 반대사례에 의거한 반론들은 조심스럽게 이루어져야 하는데, 왜냐하면 이 반론들은 우리가 이미 아는 것, 즉 우리 이론이 어딘가에서 잘못되었다는 것만을 말해주기 때문이다. 중요한 것은 우리 이론이 얼마나 자주, 그리고 어디까지 잘못되었는지를 알아내는 것이다. 모든 이론은 아마 곳곳에서 틀렸을 것이다. 주어진 어떤 시간에 진짜 문제는 이미 제안된 견해들 중 어떤 것이 전체적으로 최선의 근사치인지 하는 것이다. (Rawls 1971, 52쪽)

이것은 반성적 평형의 취지의 일부이다. 우리는 정의에 관해 절대적이고 선천적이고 영원한 진리들을 발견하고 있지 않다.

필연적인 도덕적 진리들의 좀 더 유망한 후보는 원리들 채택에 부과되는 조건들이다. 그러나 실제로는 이 조건들은 단지 결국은 그것들이 속하는 전체 이론에 의해 평가되어야 할 합리적 약정들로 간주하는 것이 최선인 것처럼 보인다. 도덕에 대해 필연적이거나 명확하다고 그럴듯하게 주장될 수 잇는 조건들이나 제일원리들 집합은 없다. …

그러므로 우리는 소크라테스의 시각을 적절히 감안하여 도덕이론을 다른 어떤 이론과 똑같은 것으로 간주하는 것이 낫다고 나는 생각한다. 도덕이론의 제일원리나 가정들이 자명한 것일 필요가 있다고 가정할 이유는 없다…. 정당화는 전체 생각과 그 생각이 반성적 평형에서 우리의 숙고된 판단들과 맞추어지고 조직되는 방식에 달려 있다. 앞에서 지적했던 것처럼, 정당화는 함께 하나의 정합적 견해로 맞추어지는 모든 것에 대한 많은 고찰들의 상호 지지의 문제이다(Rawls 1971, 578-9쪽).

그의 책 제목은 이러한 태도를 가리키고 있다―그의 책은 THE theory of justice가 아니라 A theory of justice이다.

## 공정성으로서의 정의의 두 가지 원리

사회 정의의 문제나 주제, 즉 "기본적 권리와 의무들을 배분하고, 사회적 협력에서 나오는 이익의 분배를 결정하는"(Rawls 1971, 7쪽) 사회의 주요 제도들을 어떻게 조직해야 하는가 하는 것은 사회의 기본 구조에 관한 것이다. 롤스는 정의로운 경제·사회적 배치는 물론이고 정의로운 사회 구성의 구조를 결정하는 데 관심이 있다.

이 물음에 대한 롤스의 답은 공정성으로서의 정의의 두 가지 원리로 구체화된다.

제1원리
각각의 사람은 모든 사람의 유사한 자유의 체계와 양립할 수 있는 평등한 기본적 자유의 가장 광범위한 전체적 체계에 대해 평등한 권리를 가져야 한다.
제2원리

사회·경제적 불평등은 다음의 두 가지가 되도록 조정되어야 한다.

(a) 정의로운 저축 원리와 양립가능하면서 최소 수혜자에게 최대 이익이 되고,

(b) 공정한 기회 균등 조건 아래 모든 사람들에게 개방된 직책과 지위가 부여된다.

제1원리의 요점은 각각의 사람이 다른 모든 사람의 동등한 자유의 양과 양립가능한 최대의 자유 양을 가져야 한다는 것이다. 이것은 절대적 권리를 인정하지 않는 공리주의와 조화를 이루지 못하지만, 다른 점에서는 논란의 여지가 없으며, 포퍼와 노직도 이런저런 비슷한 형태로 이것을 승인할 것이다. (b) 부분은 기회균등이다.[8] 제2원리의 부분 (a)는 롤스의 유명한 차등원리이며, 그의 이론의 핵심이다. 그는 그의 정의론의 일반적 개념을 다음과 같이 진술한다.

일반적 개념

모든 사회적인 일차적 재화—자유와 기회, 수입과 부, 자존심의 기초—는 이들 재화 중 어떤 것이나 모든 것의 불평등한 분배가 최소 수혜자에게 이익이 되지 않는 한 평등하게 분배되어야 한다(Rawls 1971, 303쪽).

차등원리는 몹시 논란이 된다. 포퍼와 노직 같은 보수주의자들은 이 원리에 대해 난처한 기색을 보일 것이다. 그들에 따르면, 국가는 어떤 사람들에게 덜 이익을 받는 다른 사람들을 도우라고 강요하기 위해 국가의 강제력을 이용할 수 없으며, 불평등한 분배가 최소 수혜자에게 이롭지 않기 때문에 부정의한 것도 아니다. 노직에 따르면, 불평등한 분배의 정의로움이나 부정의함은 그것이 어떻게 일어났는지에 달려 있다. 잘 사는 사람이 자발적으로 최소 수혜자를 돕고, 그렇게 하는 일이 장려될 수 있지만, 국가는 누구라도 덜 잘 사는 사람들을 돕

---

8   노직은 공정한 기회균등에 관해서 미심쩍어한다. 그는 그것을 달성하기 불가능한 것으로 간주하는 것처럼 보이며, 도덕적으로 의무도 특별히 바람직한 것으로 보지도 않는 것처럼 보인다.

기 위해 그가 적절하게 획득한 재산들 중 약간을 포기하라고 강요할 도덕적 권리는 갖고 있지 않다.

롤스는 사회의 재화와 이익들이 함께 일하는 것이기 때문에 일할 수 있는 모든 사람의 공동 산물이라고 주장한다. 우리의 재화는 사회적 산물이다. 롤스는 모든 사람이 불평등한 분배 때문에 더 잘 경우에만 사람들이 불평등한 재화의 분배에 동의할 것을 기대할 수 있다고 논한다. 아마 어떤 사람들은 더 열심히 일하거나, 더 많은 것을 달성하기 위해 노력할 텐데, 이것은 모든 사람의 이익이 되어야 한다. 요점은, 만일 우리가 그렇지 않았을 경우보다 더 잘 산다면, 특히 만일 우리가 최대의 자유와 기회균등을 가진다면, 어떤 사람들이 우리보다 더 잘 산다고 불평할 권리가 없다는 것이다. 물론 노직은, 만일 "사회·경제적 불평등이 최소 수혜자에게 최대의 이익이 되도록 … 조정되어야 한다면", 특히 만일 이 조정이 잘 사는 자들이 그들이 올바르게 획득한 개인적 재화들 중 약간을 비자발적으로 포기해야 한다는 것을 의미한다면, 잘 사는 자들이 불평할 권리를 가질 것이라고 역설할 것이다.

롤스는 최소 수혜자가 누구인지 정의하는 데 어려움이 있지만, 사회는 집단, 가족, 집안들로 이루어지는데, 이들 중 약간은 다른 사람들보다 일차적 재화를 더 많이 가짐으로써 더 잘 산다는 것을 우리가 인정한다고 가정해보자. 차등원리는 재화의 불평등한 분배를 생각할 때 우리가 최소 잘 사는 자 집단의 대표적 개인을 생각하기만 하면 된다고 주장한다. 가상의 예를 들어 만일 어떤 재화의 분배가 1000명 단위로 가장 잘 사는 집단의 이익과 10명 단위로 최소 잘 사는 자 집단의 이익을 높이고, 또 다른 재화의 분배는 150명 단위로 잘 사는 자 집단의 이익과 20명 단위로 최소 잘 사는 자 집단의 이익을 높일 것이라면, 정의는 전체 이익이 더 낮음에도 불구하고 우리가 두 번째 조정안을 선택할 것을 요구한다. 이것은 고전적 공리주의와 분명히 다른 점인데, 왜냐하면 첫 번째 조정안이 전체 이익이 더 크기 때문이다.

마지막으로 (a)의 정의로운 저축 원리에 관한 구절은 미래 세대에게 합리적인 자원의 양을 할당하는 일에 관한 것이다.

원리들이 상충할 때는 어떻게 되는가? 원리들은 사전식으로 순서가 정해진다. 평등한 자유의 원리가 맨 먼저 나타난다. 자유는 다른 이익들을 위해 헐값으로 팔아치울 수 없다. "자유는 오직 자유를 위해서만 제한될 수 있다."(Rawls 1971, 302쪽). 균등한 기회는 차등원리에 비해 우선권이 있다.

### 원초적 입장과 무지의 베일

롤스는 자신들 사회의 헌법이나 기본 제도들을 마련하는 사람들의 상황을 만듦으로써 두 가지 원리에 도달하는데, 여기서 헌법이나 기본 제도들은 그들의 결정이 공정하게 되도록 조직된다. 그래서 공정성으로서의 정의이다. 지침이 되는 생각은 공정한 결정 절차의 결과는 공정하다는 것이다. 그러면 문제는 공정한 결정 절차를 명확히 표현하는 것이다. 롤스에 따르면, 이 문제는 원초적 입장과 무지의 베일에 의해 해결된다.

원초적 입장은 사회계약을 맺기 위해 만나는 가설적 형태의 사람들 입장인데, 이것은 순수 가상의 사고실험이다.

> 공정성으로서의 정의에서 평등의 원초적 입장은 전통적인 사회계약론의 자연 상태와 대응한다. 이 원초적 입장은 물론 실제의 역사적 사태로 생각된 것이 아니며, 문화의 원초적 조건으로 생각된 것은 더더욱 아니다. 그것은 어떤 정의 개념으로 인도하기 위해서 규정된 순수 가상의 상황으로 이해된다(Rawls 1971, 12쪽).

원초적 입장의 핵심 특징은 무지의 베일이다. 원초적 입장의 참가자들은 그들의 경제적·사회적 지위, 인종, 성, 자연적 능력, 나이, 교육 수준, 그리고 일반적으로 불평등으로 이끌 모든 것에 대해 무지하다. 그들은 자신들의 선 개념을 알지 못한다. 다시 말해서 그들은 그들의 목표가 무엇이든 간에 모든 살마이 원하는 일차적 재화들을 넘어서서 인생에서 자신들이 원하는 것을 알지 못한다. 그들은 다른 누군가에 관해 이런 것들을 아는 것도 아니다. 그들은 정말이지 인간의 심리에 관해 많은 것을 안다. 그들은 상식을 가지고 있다. 그들은 우리가 서로 다르며, 일차적 재화를 위해 경쟁한다는 것을 안다. 그들은 자신들의 사회가 적당한 재화의 결핍이 있을 것임을 안다. 그들은 사람들이 정의로운 편성 아래서 서로 조화를 이루며 살고 싶은 욕구를 갖는다는 것을 이해한다.

사회의 모든 구성요소들의 대표자들이 그들의 삶을 지배할 기본 규칙을 형성하기 위해 만나고 있다고 한다면, 그들은 어떤 규칙들을 선택할 것인가? (물론 아무도 자신이 어떤 구성요소를 대표하는지 알지 못한다.) 그들은 공정성으로서의 정의의 두 가지 원리를 선택할 것이다. 참가자들이 원초적 입장에서 두 가지 원리를 선택할 것이라는 사실은 두 가지 원리가 공정하고 정의롭다는 것을 보여주는 논거이며, 그것도 유일하게 공정하고 정의로운 원리들임을 보여주는 논거이다.

정의의 원리들은 무지의 베일 뒤에서 선택된다. 이것은 자연스러운 기회나 사회적 환경의 우연성의 결과에 의해 아무도 원리들의 선택에서 유리하거나 불리하지 않다는 것을 보증한다. 모든 사람은 비슷한 상황에 처해 있고, 누구도 자신의 특수한 조건에 유리하게 원리들을 계획할 수 없으므로 정의의 원리들은 공정한 합의나 거래의 결과이다. 왜냐하면 서로에 대한 모든 사람의 관계의 대칭성이라는 원초적 입장의 상황이 주어지면, 이 최초의 상황은 도덕적인 사람들, 즉 그들 자신의 목표를 가지고 있고 정의감을 느낄 수 있는 합리적 존재들로서의 개인들 사이에서 공정하기 때문이라고 나는 가정할 것이다. 우리는 원초적 입장은 적당한 최초의 현 상태이며, 그래서 그 상태에서 도달하는 근본적 합의는 공정하다고 말할 수도 있다. 이것은 "공정성으로서의 정의"라는 이름의 적정성을 설명한다. 그것은 정의의 원리들이 공정한 최초의 상황에서 합의가 되는 것이라는 관념을 전달한다(Rawls 1971, 12쪽).

### 두 가지 원리 지지 논증—최소극대화

원초적 입장에 있는 참가자들이 두 가지 원리를 선택할 것이라고 주장할 때 롤스는 그들이 다른 모든 원리를 거부할 것이라는 것을 증명하지 않는다. 그런 일은 어쨌든 불가능할 것이다. 그가 어느 정도 자세히 다루는 유일한 것은 공리주의 형태들이다. 그의 추론은 어렵고도 미묘하다.

롤스는 참가자들이 평균 유용성 원리("평균 유용성, 이익, 쾌락, 만족 수준을 최대화하라"고 말하는 원리)보다 두 가지 원리를 선택할 것이라고 주장한다. 이런 형태의 공리주의 아래서 어떤 사람은 실제로 불유쾌한 상황에 자신들이나 자신들의 집단이 처해 있음을 발견할 수 있다. 만일 예컨대 다수가 원하는 대로 예배할 권리를 소수에게서 박탈하는 일에서 만족을 얻는다면, 그러한 박탈은 평균 유용성을 높일 것이다. 평균 유용성 아래서는 누구도 절대적 평등 상황에 있을 때보다 더 낫다는 것이 보증되지 않으며, 그는 더 나빠질 수도 있었다.

원초적 입장에서 합리적 방책은 최소극대화 추론을 이용하는 것이다. 즉 우리는 우리나 우리 집단의 성원들이 얻을 자유와 일차적 재화의 최소량을 극대화하기를 원한다. 최소극대화 추론은 우리가 특수한 형태의 불확실성 아래서 추론하고 있을 때 적당하다. 롤스에 따르면, 원초적 입장은 최소극대화 기준에 맞는다. 최소극대화 추론은 우리가 다양한 결과들의 개연성에 대해 합리적 평가를 내릴 수 없고, 어떤 결과들은 매우 나쁠 수 있을 때 바람직하다. 그러한 경우에 우리는 안전한 최소한도를 선택하고 싶어 한다. 참가자들이 도박을 할 수 없다는 것을 주목하라. 예컨대 그들은 자신들이 결국은 주인이 될 것이라는 희망에서 노예제 사회에 찬성표를 던질 수 없다. 무엇보다도 누구도 손해를 볼 개연성에 대한 감각 없이 자신들의 전 인생의 행복을 걸고 합리적으로 도박을 할 수 없다. 무지의 베일 아래서 참가자들은 위험을 무릅쓰는 일에 대한 자신들의 관대함을 알지도 못할 것이다. 따라서 가장 보수적인 접근방식이 바람직하다.

> 두 가지 원리를 사회적 정의 문제에 대한 최소극대화 해결책으로 생각하는 것은 발견적 장치로서 유용하다. 두 가지 원리와 불확실성 아래서 선택을 위한 최소극대화 규칙 사이에는 유사성이 있다. 이것은 두 가지 원리가 어떤 사람이 그의 적이 그에게 지위를 할당해야 하는 사회 설계에서 그가 선택할 원리들이라는 사실로부터 명백해진다(Rawls 1971, 152쪽).

어떤 형태의 사회를 채택할 것인지 생각할 때 참가자들은 또한 두 가지 원리가 다양한 장점을 가지고 있는지도 생각해야 한다. 사람들은 기꺼이 그 원리들을 고수

할까? 그 원리들은 질투, 원한 등등 때문에 생기는 혼란이 거의 없는 안정된 사회로 이끌까? 롤스는 두 가지 원리가 이러한 장점을 가지고 있다고 자세히 논한다.

그의 두꺼운 책에서 롤스는 도덕철학과 정치철학의 방대한 다른 쟁점들을 채택해 깊이 있게 다룬다. 그리고 물론 롤스의 이론과 처리의 모든 측면은 그의 사상에 관한 방대한 문헌들에서 다양한 관점으로부터 낱낱이 해부되어 비판되었다. 이런 비판의 주요 노선들 중 소수 몇 개만 개관한다 하더라도 이 맥락에서 우리가 할 수 있는 일의 범위를 넘어설 것이다. (더 읽을거리를 볼 것.)

아마 가장 뚜렷이 나타나면서 쉽게 이해되는 공격은 롤스가 자신이 진보주의자라고 공언함에도 불구하고 그저 현 상태를 지지하고 있다는 주장일 것이다. 그의 자칭 진보주의는 모두 매우 신중하고, 온건하고, 제한적이고, 보수적이다. 롤스의 책 구절들 속에는 어떠한 혁명의 기치도 숨겨져 있지 않다. 어떤 사람들에게 공정성으로서의 정의는 귀찮을 정도로 따분하게 자세히 훈계를 하고 있기 때문에 감상적인 중산층의 자유민주주의적 사고에 지나지 않는 것으로 보일 수 있다. 나는 온건함과 제한, 최소극대화 추론, 최소 사회 안전망 개념들이 장애물 앞에 선 젊은이들에게 별로 영감을 주지 않는다고 가정한다. 임의의 사회체제의 실행은 우리가 최근 미국에서 보았던 것처럼 타락하기 쉬운데, 미국에서는 기업과 월가가 경제에 대한 개혁과 통제의 기반을 약화시켰다. 설령 혁명적인 것이 전부는 아니라 할지라도 어떤 경우에 차등원리 비슷한 어떤 것을 실행할 수 있는가? 마르크스주의자들과 다른 사람들은 악의적으로 포퍼를 점진주의자이자 기회주의자라고 비판했다. 그리고 롤스 역시 똑같은 종류의 욕설을 어느 정도 받아왔다.

20세기와 21세기의 최근 역사에 비추어 볼 때 나는 우리가 어떻게 해서 아직도 유토피아적 사고나 혁명적 사고에 끌릴 수 있는지 알지 못한다. 우리는 도덕, 정치이론, 사회정책에서 온건함, 제한, 겸손, 절대적으로 중요한 약간의 오류가능주의를 필요로 한다. 우리는 아무리 따분하다 하더라도 훨씬 덜 자극적인 것과 더 많은 주의 깊은 추론을 필요로 한다. 그리고 나로서는 포퍼, 노직, 마르크스주의자들, 또는 내가 의식하고 있는 다른 어떤 정치철학자들이 계획하는 사회보다 오히려 롤스가 계획하는 사회에서 살 것이다. 이제 나는 그것이 바

로 궁극적 칭찬이라고 생각한다! 롤스는 플라톤이 원했던 것, 즉 철인 왕에 가
장 가까이 다가갔다.[9] 물론 그는 그런 직을 정중히 거절했을 것이다.

　이전의 많은 분석철학자와 달리 롤스는 실질적 규범윤리학을 하는 것을 거부
하지 않았다. "설득적 정의"(Persuasive Definitions)라는 논문에서 C. L. 스티
븐슨은 다음과 같이 쓰고 있다.

> "정의"는 언제나 사전편찬자들에게 충격을 주지 않으면서 여러 가지 방식으
> 로 정의될 수 있다. 눈에는 눈, 이에는 이? 단순히 계약들을 지키는 일? 왕의
> 의지? 각각의 사람이 하는 노동의 양에 따른 사회적 부의 분배? 우리는 넓게
> 의미들을 선택할 수 있으며, 넓은 약정적 한계 내에서 새로운 의미를 고안할
> 자유를 갖는다. 그렇지만 우리가 어떤 의미를 선택하는지는 전혀 사소한 문
> 제가 아니다. 왜냐하면 우리는 칭찬의 제목으로 그 의미를 존엄하게 만들 것
> 이기 때문이다. 어떤 의미를 선택한다는 것은 사회적 투쟁에서 어느 쪽 편을
> 든다는 것이다(Stevenson 1938, 344쪽).

롤스는 사회적 투쟁에서 어느 쪽 편—그렇지만 어떤 사람들이 좋아할 혁명파
쪽이 아닌 편—을 들었다. 그는 사회에 대한 자유민주주의적 시각을 옹호했는
데, 이 시각에서는 혜택을 받지 못한 자들이 증가하는 이익들에 대해 첫 번째
권리를 갖는다. 그의 견해는 비록 호소력이 있긴 하지만 단순히 정서적 정의나
호소가 아니다. 가장 정제된 철학의 전통에서 롤스는 자신의 입장을 끊임없이
이유를 가지고 옹호했고, 누구나 이해할 수 있는 방법을 전개했으며, 자신의 이
론을 허튼소리가 거의 없이 설득력 있게 설명했으며, 그가 의식했던 관련된 모
든 반론을 공정하고 품위 있게 고려하였다. 언제나 겸손하고, 세심하고, 명료하
고, 정밀하고, 철저함으로써 롤스는 분석철학 중 최고에 속한다. 아니다! 철학
중 최고에 속한다. 끝.

---

**9**　플라톤은 롤스에 대해 찬성하지 않았을 텐데, 왜냐하면 플라톤의 정치철학은 반민주주의적이
기 때문이다.

## 배경 8.1  윤리학과 메타윤리학의 구별

철학적 윤리학은 도덕적 올바름과 그릇됨, 좋음(선)과 나쁨(악), 우리가 해야 하는 것과 해서는 안 되는 것을 연구하는 분야이다. 윤리학은 실질적이고 규범적이다. 메타윤리학은 분석철학의 출현과 함께 별도의 주제로 탄생한 철학 분야이다. 메타윤리학은 윤리학에 대한 논리적이고 분석적인 연구이다. 메타윤리학에서 제기되는 물음들은 윤리학적 물음이 아니라 인식론적, 논리적, 형이상학적인 물음들이다. 예컨대 우리는 윤리적 물음들에 대한 답을 알 수 있는가? 만일 그렇다면, 어떻게 알 수 있는가? 윤리적 용어들의 의미는 무엇인가? 윤리적 문장들은 과학적 명제들처럼 옳거나 그른가? "좋은"은 속성을 지시하는가? 윤리적 주장들은 객관적인가? 만일 그렇다면, 그것들은 어떻게 검증되는가? 윤리적 논쟁들은 어떻게 해결되는가? 윤리적 실재론 대 반실재론 문제는 메타윤리학적 논쟁의 예이다.

일반적으로 철학자들이 윤리학을 철학의 분야라고 이야기할 때 그들은 엄밀히 말해 메타윤리학적 물음들이 인식론, 형이상학, 논리학의 표제에 속한다 할지라도 메타윤리학을 윤리학에 포함시킨다. 만일 논의가 엄밀하게 윤리학에 관한 것이라면, 이렇게 해도 아무런 해가 없다. 우리는 또한 "윤리"와 "도덕"을 상호교환가능하게 사용하는 경향이 있다. "x에 관한 당신의 윤리적 견해는 무엇인가?"와 "x에 관한 당신의 도덕적 견해는 무엇인가?"는 나에게는 같은 물음으로 들린다. "윤리학"은 철학의 네 가지 주요 분야 중 하나의 이름이지만, "도덕철학"으로 불릴 수도 있다.

## 배경 8.2  결과주의적 대 의무주의적 도덕이론들

"결과주의"(consequentialism)란 행위, 정책, 제도의 도덕적 올바름이나 그릇됨이 그러한 행위, 정책, 제도의 결과나 성과나 귀결에 의존한다고 주장하는 도덕이론들을 나타내는 일반명사이다. 의무주의적 도덕이론들은 이것을 부정한다. 의무주의적 도덕이론들은 이런저런 형태로 올바름이나 그릇됨, 좋음이나 나쁨이 규칙들에 대한 일치에 의존한다고 주장한다. 의무주의자에게 행위의 도덕적 성질은 그 행위의 결과나 귀결이 아니라 행위 그 자체의 유형에 달려 있다. 예컨대 의무주의자는 귀결과 상관없이 거짓말하는 것은 도덕적으로 그릇된 일이며, 우리가 거짓말하는 것은 언제나 도덕적으로 그릇되다고 주장할 수도 있다. 결과주의자는 거짓말하는 것이 천진난만한 아이의 생명을 구할 때 거짓말하는 것은 때로 도덕적으로 정당화되며, 의무이기까지 하다고 주장할 수도 있다.

가장 일반적 형태의 결과주의는 공리주의인데, 공리주의는 여러 가지 형태로 나타난다. 가장 단순하고 직접적인 공리주의는 다음과 같은 유용성 원리를 주장하는 행위 공리주의이다. 즉 "언제나 관련된 모든 사람에게 최대의 쾌락(이익, 행복, 만족)을 산출하는 방식으로 행위하라." 따라서 우리는 최대 다수의 최대 선을 위해 행위해야 한다. 분명히 행위 공리주의는 어떤 상황에서 거짓말을 도덕적으로 너그럽게 봐줄 것이다. 때로 결과주의적 도덕 이론을 나타내기 위해 사용되곤 하는 또 다른 용어는 "목적론적 도덕이론"이다.

가장 일반적인 형태의 의무주의적 도덕이론은 칸트주의이다. 칸트주의는 요약하기가 쉽지 않다. 칸트는 다음과 같이 주장하였다. 즉 만일 어떤 행위가 어떤 종류의 동기에서 발생한다면—특히 순수 도덕적 관심에서 행해진다면—, 그리고 오직 그 경우에만 그 행위는 도덕적으로 올바르다. 의무주의자들은 윤리학에서 신뢰받는 절차나 규칙을 발견함으로써 진행한다. 그 다음에 도덕적 행위는 그 규칙에 따르는 행위로 정의된다. 우리는 결과가 어떻든 간에 그 규칙에 순종해야 한다. 칸트의 유명한 규칙은 정언명령이다. "언제나 당신이 당신 행위의 격률이 보편적인 자연법칙이 되는 것을 의도하는 방식이 되도록 행위하라." 거짓말이 보편적인 것이 되는 것은 누구도 의도할 수 없다. 그래서 거짓말은 절대로 도덕적으로 정당화되지 않는다.

## 배경 8.3  윤리적 실재론 대 반실재론

물리적 대상에 관한 실재론은 물리적 대상이 우리의 사고나 지각과 무관하게 실존한다는 견해이다. 달은 지각되지 않을 때라도 계속해서 실존하며, 인간 생명이 지구에 나타나기 전에도 실존했다. 마찬가지로 윤리적 실재론은 윤리적 속성이 진정한 정신-독립적(그리고 지각-독립적) 속성이라는 견해이다. 윤리적 사실은 객관적이고, 사람들의 믿음이나 감정과 독립적이다. 낙태가 도덕적으로 그릇된지는 사실 문제이다. 우리는 이 사실을 발견하려고 할 수 있지만, 그 사실을 만들지는 못한다.

　윤리적 반실재론은 윤리적 실재론에 대한 부정이다. 반실재론은 실재론과 마찬가지로 여러 가지 형태로 나타난다. 에이어, 스티븐슨, 헤어의 비인지주의는 반실재론의 한 형태이다. 반실재론자들은 최근 도덕체계가 인간들이 만든 유용한 허구라고 주장해왔다.

**배경 8.4**   **사회계약론**

사회계약론은 사회와 정부가 신의 힘에 의해 생겼다는 견해에 대한 대안으로 나타났다. 기본 착상은 국가가 서로 정부를 세우는 계약을 맺은 피지배자들의 동의에 의해 생긴다는 것이다. 일반적으로 계약의 형성은 실제 역사적 사건이 아니라 시민사회가 생긴 방식에 대한 가설적 재구성으로 간주된다. 사람들은 하나로 합쳐서 서로와 국외자 모두로부터 자신들의 상호이익과 보호를 목적으로 논쟁들을 조정하고 법률을 만들기 위해 자신들을 지배할 권력을 세우는 데 동의하고, 자신들을 보호하면서 법률을 집행할 무장군 집단을 설치하는 데 동의한다 등등. 표준적인 형태의 계약론에 따르면, 합법적 정부는 피지배자의 동의에 의해 통치한다. 비록 우리가 원래 계약에 관여하지 않았다 할지라도, 우리는 우리 시민사회에 참여하고 그로부터 혜택을 받음으로써 그 계약에 암암리에 동의하고 있다. 사회계약이라는 관념은 1600년대에 토머스 홉스가 처음 도입하여 로크, 루소, 칸트에 의해 다양한 방식으로 전개되었다. 롤스는 현대 사회계약론자의 예이다.

## 더 읽을거리

*Ethics* by P. H. Nowell-Smith는 분석적 윤리학에 대한 유용한 20세기 중반의 개관서다(Penguin Books, 1956).

"Toward *Fin de Siècle* Ethics: Some Trends," by Stephen Darwall, Allan Gibbard, and Peter Railton는 1990년에 이르기까지의 메타윤리학을 강조하는 분석적 윤리학의 훌륭한 역사서이다. 저자들은 메타윤리학에 대한 주요 기고자들이다(*The Philosophical Review*, vol. 101, no. 1,(January 1992), 115-89쪽.

피터 싱어의 *Practical Ethics: Third Edition*(Cambridge University Press 2011)는 여전히 응용윤리학의 주요 문제들을 구경할 수 있는 최고 유람서들 중 하나이다.

*Reading Rawls: Critical Studies on Rawls' "A Theory of Justice"*(Standford University Press 1989), edited by Norman Daniels는 지도적 철학자들이 쓴 여러 개의 중요한 논문을 싣고 있다.

# 9 맺는말:
## 분석철학의 오늘과 내일

미국의 1,000여 개의 "분석적" 철학과들에서 동시 유행하는 모든 문제는 이례적으로 성공하고 있다. 오늘날 그 분야는 경쟁하는 연구 프로그램들, 즉 세월이 흐름에 따라 갈수록 더욱더 짧은 반감기를 갖는 것처럼 보이는 프로그램들의 정글이다(Rorty 1982, 216쪽).

## 1980년 이래 분석철학

스콧 솜스(Scott Soames)는 20세기 분석철학에 대한 그의 두 권으로 된 기념비적 연구서의 맺는말에 "전문화 시대"라는 제목을 붙였다. 솜스는 학문적 철학의 현 상황을 기술한다.

내 생각으로는 철학은 지난 30여 년 동안에 실질적으로 변화를 겪어왔다. 거의 모든 분석철학자가 그들의 저작을 읽는 것은 물론이고 거의 모든 분석철학자가 이해하고 그들과 관련이 있는 커다란 중심인물들의 시대는 지나갔다. 철학은 일차적으로 다른 전문가들을 위해 전문가들이 행하는 고도로 조직화된 학문이 되었다. 철학자들 수는 폭발적으로 늘어났고, 출판물의 양이 증가했으며, 중대한 철학적 탐구의 하위분야들이 증가했다. 넓은 철학 분야는 한 사람이 포용하기에는 너무 방대할 뿐만 아니라 고도로 전문화된 많은 하위분야들에 대해서도 이 비슷한 어떤 것이 성립한다. (Soames 2003b, 463쪽)

내가 솜스의 진술에 관해 유일하게 염려하는 것은 "철학이 고도로 조직화된 학문이 되었다"는 그의 주장이다. 나는 그 말로 그가 무엇을 의미하는지 확신하지 못하지만, 그가 말한 것의 나머지를 감안하면 "고도로 비조직화된 학문"이 더 옳은 기술인 것처럼 보인다. 이것이 최근 분석철학의 상황이므로 나는 이전의 분석철학에 대해 내가 제시한 종류의 개관과 해설을 현 상황에 대해 제시하는 체 할 수 없다. 이 절에서 나는 대략 1980년 이래 철학의 주요 분야들에서 이루어진 몇 가지 주요 탐구 노선인 것처럼 보이는 것의 간단한 징후를 제시하려 할 것이다. 나는 "하려 한다"와 ". . . 인 것처럼 보인다"고 말하는데, 이는 무엇이 지속적 가치를 가질 것이고, 누가 결국 핵심 인물들이 될 것인지를 알기에는 우리가 그 시대에 너무 가까이 있기 때문이다.

아래에서 내가 언급하는 철학자들 중 누구라도 서론 말미의 지도적인 분석철학자들 목록에 추가될 수 있었다.

이 장 나머지의 자료는 이전 장들에서 나온 많은 구별, 개념, 해설에 의존한다. 다시 앞으로 돌아가 그것들과 설명을 위한 배경 조각들을 참고하라. 나는 여기서 아주 빠르게 아주 많은 근거를 포괄해 다루고 있기 때문에 이 장 끝에서 좀 더 광범한 더 읽을거리 목록을 포함한다.

좋다. 그 다음엔? 최근 분석철학의 몇 가지 주된 주제들에 대해 정신없이 진행되는 여행을 할 차례다.

### 언어철학

언어철학에서 거의 모든 최근의 연구는 카르납의 형식주의적 전통에서 이루어졌다. 크립키, 퍼트넘, 도넬란, 그리고 다른 철학자들은 일상언어철학을 흡수하였고 그것을 뛰어넘었다. 오늘날은 누구도 자신들을 일상언어철학자로 기술하지 않을 것이고, 그렇게 기술되는 것이 올바르지도 않을 것이다. 반형식주의는 폐물이 되었다.

일상언어철학을 뛰어넘었고, 반형식주의가 폐물이라고 말할 때, 나는 비트겐슈타인, 오스틴, 그리고 그들의 추종자들—그리고 로티 같은 미국의 어떤 신실용주의자들—이 채택한 철학에 대한 어떤 부정적이고 무시하는 태도가 더 이상 유행하지 않음을 의미한다. 오히려 나는 오늘날 젊은 분석철학자들이 "팔을 건어붙이고" 일에 착수하는 태도를 지닌다는 느낌을 갖는다. 그들은 철학적 문제들을 진지하게 받아들이고, 자신들이 그들의 목소리를 경청할 사람이면 누구에게든 제시해야 할 긍정적인 어떤 것을 갖고 있다고 믿는다. 모든 분야에서 철학자와 논리학자들은 철학적 문제를 퇴짜 놓음으로써가 아니라 좀 더 세련된 도구를 개발하는 데 집중함으로써 진보를 이루었다.

예컨대 언어의 모델을 만드는 일에 대한 수학적 접근방식들은 가망이 있었다 (그리고 가망이 있다). 타르스키의 제자였던 캘리포니아 논리학자이자 수학자이자 철학자인 리처드 몬터규(Richard Montague)는 언어철학에서 형식주의 프로그램을 공격적으로 추구했다. 그의 주요 논문 모음집은『형식적 철학』(*Formal Philosophy*, Montague 1974)이라는 제목이 붙어 있다. 몬터규의 작업은 언어철학, 의미론, 언어학에서 어떤 프로그램을 낳았는데, 이 프로그램은 철학의 많은 분야와 다른 어떤 철학적 문제들에 모델 이론적 방법을 적용한 것이었다. 그 기획의 주된 취지는 외연논리학의 의미론을 형식화하는 데 성공적이었던 집합론적 방법의 사용을 시제, 양상, 대명사 같은 지표적 표현 같은 언어의 내포적 분야, 즉 비진리함수적 분야에까지 확장하려는 것이었다. 이 기획은 일상언어철학자들에 대한 직접적 모욕이었는데, 왜냐하면 일상언어철학자들은 언어가 맥락 의존적이라서 형식적 방법이 언어철학에서 부적당하다고 주장했기 때문이다. 그들은 형식적 방법이 언어적 맥락의 미묘함을 포착할 수 없다고 주장했다. 카르납과 몬터규가 걸어온 길을 따라 연구하는 논리학자들은 맥락 의존성이 수학적으로 형식적인 방식으로 모델로 만들어질 수 있음을 보여주었다. 몬터규는 사용의 맥락을 명제가 옳거나 그른 것으로 평가되는 무대로서의 가능세계들로 대치할 것을 제안했다. 그러면 가능세계들은 사용 맥락의 한 가지 특징으로 포함될 수 있다. 몬터규의 매우 전문적인 접근방식의 세세한 내용들이 전적으로 만족스럽지는 않지만, 그것은 그의 작업이 의미론자들에게 제공한 자극과 격려에 비하면 덜 중요하다. 의미론자들은 집합론적 모델을 이용하여 언어의 복잡한 화용론적이고 맥락적인 특징들을 나타내고 해명하는 일을 꾀한다. 그들은 반형식주의자들이 행할 수 없다고 말했던 것을 행했거나, 행했다

고 주장했다. 몬터규는 자연언어들에 대해 컴퓨터 프로그래밍 언어와 형식논리
학들 같은 형식적 언어와 똑같이 형식적 처리를 할 수 있다고 주장했다. 그의
접근방식은 언어학에서 영향력이 있었는데, 여기서 기본 착상은 자연언어의 측
면들에 대해 몬터규 문법을 기술하는 것이었다.

  화용론과 내포논리학에서 언어철학자들, 논리학자들, 수학자들, 언어학자들
의 작업은 전문적으로 매우 정교하다. 이 작업들 대부분은 시간, 장소, 맥락 같
은 평가의 또 다른 매개변인들을 추가함으로써 가능세계 의미론을 다양한 방식
으로 확장하는 일을 포함한다. 많은 존경을 받는 또 다른 캘리포니아 논리학자
데이비드 캐플런(David Kaplan)은 몬터규와 함께 여러 해 동안 UCLA에서 가
르쳤는데, 형식적 의미론이 몬터규의 방식을 개선한 방식으로 "나", "너", "여
기", "지금". "실제로" 같은 맥락 의존적 표현들을 어떻게 설명할 수 있는지 보
여주었다. 캐플런은 카르납의 제자였다. 카르납과 타르스키에게 영감을 받은
몬터규, 캐플런, 그리고 그들의 제자들의 작업 때문에 철학자들은 "캘리포니아
의미론"에 대해 이야기하는데, 어떤 사람들은 마지못해서, 또 어떤 사람들은 경
외심을 가지고 그렇게 이야기한다.

  철학자들은 언어철학의 몇 가지 다른 문제들에 초점을 맞추었다. 가장 흥미
로운 문제 하나는 모호성(vagueness)이다. 모호성은 고대 연쇄궤변논법의 역설
—더미의 역설—같은 진정한 철학적 난문제의 원천이다. [배경 9.1—연쇄궤변
논법 역설] 모호성을 포함하는 문제들에 대한 지도적 해설자 중 한 사람인 영국
철학자 크리스핀 라이트(Crispin Wright)는 우리의 일상적 술어들 중 많은 것
이 관용을 허용한다고 지적했다. 예컨대 만일 누군가가 키가 크다면, 거의 같은
크기의 다른 사람 또한 키가 크다. 술어 "키 큰"의 적용은 크기의 작은 편차들
을 허용한다. 라이트는 우리 술어들 중 많은 것, 또는 대부분의 것이 그것들의
의미가 관용 규칙을 포함할 경우에만 작동할 수 있다고 강력하게 주장했다. 예
컨대 술어 "붉은"의 적용은 색깔의 작은 편차에 대해 관대하다. 만일 "붉은"이
작은 편차에 대해 관대하지 않다면, 우리는 시각을 통해 어떤 것이 붉은지 아닌
지 말할 수 없다. 두 개의 헝겊 조각은 색깔상 거의 구별할 수 없는데, 하나는
붉고 다른 것은 붉지 않다. 우리는 어떤 것이 어떤 것인지 말할 수 없다. 만일

관용을 허용하지 않는다면, 우리의 일상적인 모호한 술어들 중 어떤 것도 유용하지 못할 것이다.

유감스럽게도 라이트는 그러한 관용 규칙이 문제와 모순으로 이끈다고 지적했다. 모호한 술어는 그 술어에 속하는 명확한 예가 되기에 충분할 정도로 아주 가깝지도 않고, 그 술어를 배제하기에 충분할 정도로 멀리 떨어져 있지도 않은 경계선상의 사례들을 허용할 것이다. 관용 규칙은 엄밀하지 않다. 이것은 어떤 명제들이 옳지도 그르지도 않을 것임을 의미한다. 어떤 사람들은 대머리이고, 또 어떤 사람들은 대머리가 아니다. 그러나 어떤 사람들은 어느 쪽도 아니다. "대머리의"라는 술어는 그런 사람에게 옳게 적용되는 것도 아니고 적용되지 않는 것도 아니다. 이것은 이치원리(principle of bivalence)[1]가 근본적이라는 고전논리학과 직접적으로 상충한다. 모호성은 연쇄궤변논법 역설 같은 고전논리학과의 다른 성가신 상충들로 이끈다.

모호성이 야기하는 고전논리학과의 상충들 때문에 철학자들과 논리학자들은 모호성을 수용할 많은 비표준 논리학들을 탐구했다. 모호성의 모델을 만들려는 성공하지 못한 시도들 중에는 3치논리, 무한치 논리, 퍼지논리(fuzzy logic)가 있었다. 내 생각으로는 모호성 문제는 별로 성공을 거두지 못한 채 논리학자들과 철학자들이 정력적으로 다루었다.

티모시 윌리엄슨(Timothy Williamson)은 최근 분석철학자들 중에서 가장 대담한 사람 중 하나이다. 윌리엄슨은 2000년 이래 옥스퍼드대학교에서 위컴 논리학교수(Wykeham Professor of Logic)[2]였던 영국 철학자이다. 비록 옥스퍼드대학교에서 재직했고, 옥스퍼드대학교에서 교육을 받았지만, 윌리엄슨은 일상언어철학이나 언어적 분석에 공감하지 않았다. 그는 전통적인 사변적 형이상학을 하고 있고, 다른 분석철학자들에게 그렇게 하도록 장려한다. 윌리엄슨은 또한 논리학에 대해 전통주의자이다. 윌리엄슨에 따르면, 마지막으로 포기해야 하는 것이 고전논리학이다. 윌리엄슨은 모호성을 수용하는 방식이 모든 모호성

---

1    이치원리는 모든 진술이 옳거나 그르거나 둘 중 하나(그리고 둘 다는 안 됨)라는 것이다. 배중율은 이 원리와 밀접하게 관계되어 있다. P∨~P의 모든 실례는 옳다.
2    전에 A. J. 에이어와 마이클 더미트가 역임했었다.

이 인식적인 것임을 인정하는 것이라고 주장한다. (그의 견해는 인식주의(epis-temicism)라 불린다.) 모호성은 세계 속에 있는 것이 아니라 우리의 무지의 반영일 뿐이다. 예리한 경계선들이 있다. 우리는 그저 그 경계선들이 어디에 있는지 알지 못할 뿐이다.

윌리엄슨은 그의 견해를 끈기 있고 교묘하게 옹호해왔다. 모호성에 관한 그의 1994년 책은 철학적 역작이며, 모호성에 대한 현대의 모든 이론에 대해 충분한 논의를 하고 있다. (더 읽을거리를 볼 것.) 그러나 나는 대부분의 철학자가 모호한 술어들이 몹시 예리한 알 수 없는 경계선들에 의해 지배된다고 믿을 수 있다고 생각하지 않는다. 나는 우리 대부분이 대부분의 일상적 술어가 관용적이라는 라이트의 견해에 동의한다고 생각한다. 모호성은 논리학자들과 언어철학자들에게 여전히 미결 문제이다.

윌리엄슨은 또한 철학의 다른 여러 분야, 특히 인식론과 형이상학에서 영향력 있는 연구를 해왔다. 최근에는 그는 일상언어철학, 그리고 언어적 분석이 철학의 일차적 방법이라는 생각을 깔보고 있었다. 어떤 시대의 지도적인 분석철학자들이 가장 좋아하는 소일거리 중 하나는 분석철학의 이전의 지배적 운동들의 모든 "독단"을 폭로하고 논박하는 것이었다. 이러한 행태는 바뀌지 않았다.

### 심리철학

제리 포더(Jerry Fodor)와 대니얼 데닛(Daniel Denett)은 가장 영향력 있는 지도적인 심리철학자로 부상해왔다. 물론 그들은 서로 다른 상반된 견해를 가지고 있다. 그렇지만 그들이 공유하는 한 가지 특성은 그들의 이론이 인지과학, 진화심리학, 언어학, 신경과학, 컴퓨터과학 같은 경험과학들의 연구에 의존하고, 그 연구를 이용하고, 그 연구와 상호작용하고, 그 연구에 영향을 미쳐왔던 정도이다. 좀 더 선천적이고 성격상 순수 철학적인 이전의 심리철학과 달리 최근의 심리철학, 특히 데넛과 포더의 영향을 받은 심리철학은 학제적이다. 1968년 포더는 다음과 같이 썼다.

나는 많은 철학자가 심리학에 깊이 (즉 개념적으로) 잘못된 어떤 것이 있

다는 견해를 비밀스럽게 숨기고 있지만, 언어적 분석의 기법들에 대해 조금
이라도 훈련을 받고 자유로운 오후 시간이 주어진 철학자는 그것을 해결할
수 있다고 생각한다(Fodor 1968, vii쪽).

오늘날 심리철학자들은 비밀리에조차 그런 견해를 더 이상 숨기지 않는다. 심
리철학은 뇌, 마음, 행동을 연구하는 다른 학문들의 정보를 받고, 그 다른 학문
들과 함께 연구할 필요가 있다.

데넷과 포더는 둘 다 미국인이지만, 데넷은 옥스퍼드에서 공부하고 라일 밑
에서 박사학위논문을 썼다. 데넷은 매사추세츠 주에 있는 터프츠대학교(Tufts
University)의 인지과학센터(The Center for Cognitive Studies) 공동책임자이
자 철학교수이다. 그는 그의 지향적 자세(intentional stance) 개념으로 가장 잘
알려져 있다.

데넷의 지향적 자세 이론은 어떤 점에서 세련된 형태의 라일 식 논리 행동주
의이다. 데넷의 견해는 오늘날 누구도 연관시키고 싶어 하지 않는 행동주의 대
신 도구주의라 불린다. 우리는 믿음과 욕구를 다른 사람들 같은 체계들에 귀속
시킬 때 지향적 자세를 채택하지만, 우리가 믿음과 욕구를 동물, 기계, 심지어
식물에게 귀속시킬 때도 지향적 자세를 채택한다. 지향적 자세는 행동을 이성
적인 것으로—즉 적당하게 목표를 달성하는 것으로—이해하는 데 도움이 될
때 잘 어울린다. 여기서 라일 식 생각은 믿음과 욕구를 귀속시킬 때 우리가 해
당 체계 내부에서 진행되는 것에 관해 아무것도 가정하고 있지 않다는 것이다.
어떤 체계가 믿음과 욕구를 갖는다는 것은 그저 그 체계가 그런 용어들로 유용
하게 기술될 수 있다는 것이다.

지향적 자세는 믿음, 욕구, 그리고 다른 "지향적" 상태들을 체계들—살아 있
는 체계와 살아 있지 않은 체계—에 귀속시키고, 그러한 믿음과 욕구가 주어
지면 어떤 행위자가 행하는 것이 이성적일 미래의 행동을 예측하는 예측과
설명 전략이다. 그런 식으로 행동을 예측하고 설명할 수 있는 모든 체계는
내부가 어떻게 생겼든 간에 **지향적 체계**이다. 세계의 부분들을 지향적 체계

로 취급하는 전략은 "통속심리학"(folk psychology)의 토대이지만, 진화론에
서는 물론이고 인공지능과 좀 더 일반적으로 인지과학에서도 이용된다(그리
고 사실상 불가피하다)(Dennett 1988, 495쪽).

확실히 하등동물, 기계, 식물들은 설령 우리가 그것들의 활동을 요구와 믿음
에 의거해 유용하게 기술할 수 있다 할지라도 생각하지 않는다. 데닛에 따르면,
생각은 어떤 체계가 지향적 자세를 제 자신에게 적용할 경우에만 나타난다. 내
가 이성적 체계로서 스스로를 의식하고 스스로를 규제하게 될 때 나는 자의식
적이게 되고 생각을 한다. 데닛은 생각이 언어 획득과 밀접하게 연관되어 있다
고 주장한다. 따라서 동물, 식물, 기계는 생각하지 않지만, 그것들은 정말로 믿
음과 욕구를 갖는다(왜냐하면 그것들은 그러한 지향적 상태를 갖는 것으로 유
용하게 기술될 수 있기 때문에).

　내가 데닛의 도구주의가 라일의 논리 행동주의와 취지가 같다고 진술한 일은
자신의 이론이 우리의 정신적 용어들에 대한 언어적 분석에 기초를 두고 있다
는 데닛의 주장에 의해 정당화된다.

　　지향적 체계 이론은 우선 '믿다', '욕구하다', '기대하다', '결심하다', '의
　　도하다' 같은 일상의 정신주의적 용어들, 즉 우리가 다른 인간, 동물, 로봇과
　　컴퓨터 같은 어떤 인공물, 그리고 사실상 우리 자신들의 행동을 해석하고 설
　　명하고 예측하는 데 사용하는 '통속심리학'의 용어들에 대한 분석이다.
　　(Dennett (발행연도 없음), 1쪽)

그렇지만 나는 라일이 믿음과 욕구 개념을 비은유적으로 인공물에 적용하는 일
에 찬성했을 것인지 의심한다.

　데닛은 지향적 자세와 두 가지 다른 자세를 대비시키는데, 이 두 자세 또한
예측과 설명의 전략이다. 설계 자세(design stance)는 해당 체계에 대한 기능적
기술에 기초를 두고 있다. 이 자세를 채택할 때 우리는 체계들을 어떤 방식으로
어떤 기능들을 수행하도록 공학적으로 설계된 것으로 취급한다. 물리적 자세

(physical stance)는 물리·화학적 기술의 방법이다. 그것은 어떤 체계에 대한 가장 기초적 기술이다. 세 자세는 정신적 상태와 행동에 대한 세 가지 다른 유형의 접근방식을 반영한다. 물리적 자세는 신경생리학자들이 채택할 것이다. 그들은 정신적 상태와 행동을 신경계의 물리·화학적 과정들로 설명할 것이다. 심리학자, 인지과학자, 언어학자들은 설계 자세를 채택할 것이다. 그들은 다양한 부분들이 특수한 일을 하기 위해 어떻게 상호작용하는지를 알고 싶어 할 것이다. 예컨대 그들은 언어 처리과정을 다양한 서브루틴(sub-routines)의 작동에 의해 설명할 것이다. 통속심리학 수준에서는 우리는 지향적 자세를 채택한다. [배경 9.2─통속심리학과 심리철학] 궁극적으로는 어떠한 자세도 올바른 자세가 아니다. 그리고 어떤 자세도 제거될 수 없다. 각각의 자세는 서로 다른 목적으로 서로 다른 환경에서 적당하다.

한 가지 흥미로운 점은 데넷이 동물이 고통을 겪을 수 있다는 싱어의 주장과 불일치한다는 것이다. 데넷에 따르면, 고통은 자의식을 포함한다. 동물은 통증을 예상할 수 없고, 비록 통증을 피하는 일을 배울 수 있다 할지라도 그것을 경험하는 일을 후회할 수 없다. 물론 데넷은 동물들이 통증을 경험할 수 있다는 것을 인정하지만, 그 통증은 어떤 사람에게 갖는 것과 똑같은 성질을 갖지 않으며, 그 통증은 서로 다른 시간에 있는 인간들에게 갖는 것과 똑같은 성질을 갖지도 않는다. 데넷에 따르면, 우리는 우리 자신의 통증과 비교되는 동물의 통증을 측정할 객관적 방법이 전혀 없다. 어쨌든 통증은 동물에 대한 윤리적 태도의 기초로 이른바 고통을 경험할 수 있는 능력보다 더 빈약해 보이는데, 왜냐하면 통증이 언제나 나쁜 것은 아니기 때문이다. 그런 주장들은 동물해방 운동에 참여하는 사람들에게서 데넷을 사랑받지 못하게 만들었다.

제리 포더는 1960년 퍼트넘 밑에서 철학박사 학위를 받았다. 그는 MIT에서 여러 해 동안 있었는데, 거기서 촘스키와 가까이 지내면서 그의 영향을 받았다. 비록 분석적 심리철학자들 사이에서 매우 영향력이 있긴 했지만, 포더는 경험주의 같은 분석철학자들의 기초적 성향들 중 어떤 것에 대해서는 격렬하게 저항해왔다. 예컨대 콰인의 경험주의에 대한 비판과 달리 포더의 비판은 우호적이지 않았다. 그의 공격은 촘스키의 이성주의 향기를 더 많이 가지고 있었다.

최근 포더는 포퍼를 연상시키면서 다윈의 자연선택 이론을 설명력이 없다고 공격했다는 이유로 비웃음의 대상이 되었다. 포더는 일찍이 행동주의에 대한 철석같은 반대자였다. 최근 작업에서 그는 다윈 이론이 스키너의 행동주의와 똑같은 종류의 조야한 오류를 저질렀다고 주장한다. 포더는 오랫동안 그가 보증되지 않는다고 주장한 방식으로 자연선택을 이용하고 정신적 작용들에까지 그것을 확장하는 진화심리학자들에 의해 괴롭힘을 당했다.

포더는 지난 30년 동안 가장 영향력 있는 철학자들 중 한 사람이었는데, 그는 결코 소심한 모습을 보이지 않았다. 심리철학에서 포더는 정신적 표상 (menatl representations)의 중심성을 주장해왔다. 이 주장은 포더의 표상적 정신론(데넷의 도구적 정신론에 반대되는 것으로서)이라 불린다. 이것은 행동주의에 반대되는 것으로서 인지과학의 핵심인데, 행동주의는 "내적인" 어떤 것에 대한 호소도 거부한다. 인지과학 특유의 논제는 우리의 심리와 행동의 고차적 작용이 우리의 정신이 우리가 컴퓨터적 절차에 따라 조작하는 내적 표상들과 함께 작동한다고 가정할 경우에만 이해될 수 있다는 것이다. 포더는 믿음과 욕구의 귀속이 단지 도구적으로 유용한 것일 뿐이라는 데넷의 주장을 거부한다. 포더에 따르면 믿음과 욕구는 다른 정신적 상태들과 상호작용하고 행동을 야기하는 일에서 특수한 특성과 역할을 가진 명확한 내적 정신상태이다. 포더는 통속심리학의 지도적 옹호자였다. 그는 통속심리학은 아주 유용하고, 심지어 필수불가결하기 때문에 거의 확실히 옳다고 주장한다. 비록 통속심리학을 존중한다는 점에서 포더가 데넷과 일치하긴 하지만, 포더의 해석은 다르다. 그의 해석은 통속심리학의 지향적 정신상태에 대한 도구주의적 이론에 반대되는 것으로서 실재론적이다.

포더는 많은 연구를 쏟아내면서 논쟁을 야기하는 철학자이다. 가장 영향력 있는 그의 두 이론은 사고의 언어 가설과 정신의 모듈성 기본신조이다. 포더의 많은 책 가운데 두 책에는 『사고의 언어』(The Language of Thought, Fodor 1979)와 『정신의 모듈성』(The Modularity of Mind, Fodor 1983)이라는 제목이 붙어 있다.

어떤 믿음을 품는다는 것은 당신의 마음속에 그 믿음에 대한 표상을 갖는다는 것이다. 그 표상은 정신적 사고 언어로 표현된다. 사고의 언어는 임의의 공유된 인간 언어처럼 구성된다. 그것은 통사론과 의미론을 가지고 있다. 사고의 언어는 복잡한 항목들이 단순한 성분 항목들로부터 만들어진다는 의미에서 구성적이다. 그 언어의 문장들의 통사론적·의미론적 특징들은 믿음과 다른 사고들에 그것들의 인과적 힘을 제공한다. 포더는 사고의 언어에 대한 그의 주장을 일단 행동주의를 포기하고 나면 정신에 대한 최선의 이론은 "인지 과정들이 컴퓨터적 과정이며, 그래서 표상체계를 전제가정한다.…"(Fodor 1979, 34쪽)는 것이라는 논증에 기초를 둔다.

정신의 모듈성 기본신조는 진화심리학자들 사이에서 특히 영향력이 있었다. 이 기본신조의 기본 착상은 정신의 다양한 기능과 부분들이 정해진 틀과 함께 다소간에 서로 독립적으로 기능한다는 점에서 모듈 방식으로 이루어진다는 것이다. 지각과 같은 저차적 기능은 믿음 형성과 추론 같은 고차적 기능과 독립적으로 작동한다. 모듈성에 대한 증거로서 포더는 우리가 착시를 이해할 때에도 그것이 없어지지 않는다는 것을 지적한다. 체크무늬 그림자 착각을 다시 살펴보라(63쪽을 볼 것). 당신은 영역 A와 B가 정확히 같은 색조임을 알지만, 여전히 그것들을 다른 색조로 지각한다. 포더에 따르면, 이것은 지각이 어느 정도 인지적 믿음체계와 무관하게 모듈로 기능한다는 것을 실증한다. 포더는 우리의 정신이 내내 계속해서 모듈 식이라는 생각을 거부한다. 예컨대 고차적 수준의 믿음 형성에서 우리의 정신의 작용은 지각 수준에서보다 훨씬 더 산만하고 일반적이다. 우리의 정신은 컴퓨터처럼 작동하며, 실제로 커다란 일반적 처리장치를 지닌 컴퓨터인데, 이 컴퓨터는 서로 인접해서 연결된 여러 개의 도메인에 특화된 컴퓨터들(domain specific computers)로부터 입력을 받아 그 체계의 전체 내용을 기초로 그 입력들에 대해 작동한다. 도메인에 특화된 컴퓨터들은 우리의 정신과 지각 체계들의 모듈화된 부분들이다.

진화심리학자들은 포더에게는 실망스럽게도 포더 주장의 한계를 넘어섰으며, 모든 정신적 체계가 모듈화되어 있으며, 적응 압력 아래서 독립적으로 진화해왔다고 주장해왔다.

포더의 연구 프로그램의 지엽적인 것을 제친다면, 그의 기여는 심리철학의 방향 재설정에 도움을 준 것이었다.

　　포더는 그의 견해를 심리언어학과 인지심리학의 연구에 대한 해석으로 제시
했다. 많은 사람에게 그의 견해는 구체적인 과학적 실제들에 대한 호소력 때
문에 그럴듯한 것으로 여겨졌다. 그 그림과 심리학 이론에 대한 그 그림의
관계는 여전히 아주 많은 논쟁이 벌어지고 있다. 포더의 연구는 언어학자,
심리학자, 컴퓨터과학자들로부터 주목을 받았다. 그의 연구는 과학적 실제
의 세세한 것들이 정신에 관한 철학적 문제들과 관련이 있는 것으로 보이는
정도에서의 중대한 변화로부터 혜택을 받았고, 그러한 변화에 그 이상의 도
움을 주었다.

　　1970년대 중엽까지 이 분야에서 대부분의 철학은 비교적 선천적인 분석적
기질에서 진행되었다(Burge 1992, 42-3쪽).

　데닛과 포더에 관한 이 짧은 정보는 그들이 기여한 것들 중에서 표면적인 몇
가지 점만을 반영할 뿐인데, 그들의 기여는 심원하고, 논란을 불러일으키면서
방대한 주제를 포괄한다.

### 형이상학

　1970년대 형이상학의 소생 이래 분석철학자들은 그 분야에 열렬하게 전념해
왔다. 그리고 이것은 개념적 도식에 대한 스트로슨 식 언어적 분석이나, 외적
물음에 대해 카르납 식으로 실용적 답들을 바꾸는 일 같은 모조 형이상학이 아
니라 실질적 형이상학을 의미한다.

　실질적 형이상학은 실재의 가장 일반적 측면에서 그 실재의 근본적 본성에
대한 탐구이다. 분석철학자들은 여전히 그러한 탐구가 어떻게 가능한지에 대해
고민하며, 어떤 사람들은 그런 탐구가 가능하다는 것에 대해 여전히 의심한다.
메타형이상학은 최근 20세기의 어떤 시점에서나 그랬던 것만큼 분석철학자들
에게 핵심 문제가 되었다. 그러나 메타형이상학적 의심들은 형이상학자들이 전
통 형이상학적 문제들을 추구하고, 그 문제들에 대한 입장들을 열렬히 옹호하

는 일을 막지 못했다.

형이상학 부활의 주된 동력은 양상논리학의 의미론에 대한 크립키와 몇몇 다른 사람들의 작업, 그리고 가능세계 형이상학에 대한 그 뒤의 광범한 열광에 의해 조성되었다. 제6장과 제7장에서 살펴보았던 것처럼, 가능세계는 온갖 종류의 철학적 쟁점들을 조명하는 데 유용하다. 그들 모두 가능세계 의미론을 기꺼이 이용했던 철학자들은 당연히 가능세계의 본성에 관해 저마다 의견이 달랐다. 2001년 불시의 죽음을 맞기까지 지도적인 분석적 형이상학자였던 데이비드 루이스는 실제 세계만큼이나 실재적인 다른 가능세계들이 실제로 있다고 주장했다. 앨빈 플랜팅가, 스톨네이커, 그리고 많은 다른 사람들은 그렇게까지 주장하지는 않았을 것이다. 그들은 실제 세계만이 실재적이라고 주장함으로써 루이스의 양상 실재론에 반대했다. 다른 가능세계들은 실제 세계의 요소들로부터의 구성물이다. 그럼에도 불구하고 플랜팅가와 스톨네이커 같은 현실주의자들은 반형이상학적인 실증주의자들, 콰인주의자들, 신실용주의자들이 거부했을 추상적인 내포적 대상들을 지지했다는 점에서 충분히 형이상학적이었다.

비실제적 가능세계의 실재성에 관한 양상 실재론자들과 양상 현실주의자들 사이의 논쟁은 시간의 형이상학에서 나란히 대비된다. 어떤 점에서 시간은 과거와 미래 시간들이 비실제적 가능세계들과 유사한 것으로 보일 수 있다는 점에서 가능세계들의 영역처럼 구성된다. 그렇다면 현재 시간은 실제 세계에 대응한다. 가능세계에 관한 소동으로 인해 20세기의 마지막 사반세기와 21세기의 첫 10여 년은 시간 철학에 대한 관심이 부활하였다. 아이러니컬한 것은 제1장에서 살펴보았던 것처럼 영국의 분석철학이 브래들리와 맥타가트의 형이상학적 과도함에 대한 무어와 러셀의 거부에서 시작되었다는 것이다. 무어와 러셀은 맥타가트가 시간의 실재성을 부정한 것을 특히 경멸했다. 나는 현대 분석철학자들이 브래들리와 맥타가트의 먼지투성이 원문들을 뒤지고 있다고 생각하지 않지만, 시간철학에 대한 최근의 많은 작업은 맥타가트가 그것을 알아차릴 수 있다면 그의 얼굴에 미소를 띠게 해줄 것이다. 오늘날 분석철학자들은 맥타가트가 도입한 용어법과 논증들 중 약간을 사용하고 있으며, 정중하게 그를 언급하고 있다.

현재주의(presentism)는 현재 시간만이 실재적이고, 지금 실존하는 것들만이 실재적이라고 주장하는 시간철학의 견해이다. 다양한 형태의 비현재주의 또한 옹호되었다. 가장 명료하고 가장 극단적인 비현재주의는 영원주의(eternalism)이다. 영원주의란 과거의 미래의 모든 시간, 그리고 그 속의 거주자들이 똑같이 실재적이라는 견해이다. 영원주의자에게 현재 시간은 우리가 차지하는 공간상의 지점과 비슷하다. 공간의 다른 부분들은 여전히 저기에 있다. "지금"은 "여기"와 비슷하다. 현재주의는 양상 현실주의에 깔끔하게 대응하는데, 양상 현실주의는 비실제적 가능세계의 실재성을 부정한다. 영원주의는 양상 실재론에 대응하는데, 양상 실재론은 다른 가능세계들이 실제 세계만큼 실재적이며, 실제 세계와 같지 않은 것이 아니라고 주장한다.

현재주의는 상식적인 것처럼 보이며, 일상적인 시간적 개념들과 가장 잘 일치하는 것처럼 보인다. 확실히 소크라테스와 세계무역센터는 더 이상 존재하지 않는다. 슬프게도 그것들은 영원히 사라져버렸다. 그럼에도 불구하고 현재주의는 문제와 난문제들이 없는 것이 아니다. 현실론자들은 다른 가능세계들을 실제 세계에 있는 것들로부터 구성해야 한다. 이것은 결국은 전혀 쉬운 일이 아닌 것으로 드러난다. 마찬가지로 현재주의는 과거와 미래의 대상들을 지금 현재의 것들로부터 구성해야 한다. 우리는 현재 세계무역센터에 대한 기억, 그림, 비디오, 기록들을 가지고 있다. 플라톤과 몇몇 다른 고대 그리스인의 저작들은 소크라테스에 관해 우리가 아는 모든 것을 제공한다. 세계무역센터나 소크라테스나 2020년 올림픽경기 같은 미래의 대상에 관해 이야기할 때 우리는 현재주의자들에 따르면 그런 대상들이 실존하지 않기 때문에 그 대상들을 직접 언급하는 것이 아니라 기억, 기록, 예상 등으로부터 만들어진 어떤 인공적 구성물을 언급하고 있다. 마찬가지로 현재주의자들은 과거 시제와 미래 시제 진술의 진리성 조건에 대해 인공적 설명을 가질 필요가 있다. "플라톤은 소크라테스의 제자였다"는 현재 실존하는 기록, 기억 등에 의거한 복잡하면서 또 다시 인공적인 어떤 설명에 따라 옳거나 그르다.

윌리엄슨은 "필연적 실존자"(Necessary Existents)란 제목의 2002년 논문에서 어떤 형태의 영원주의를 옹호하였다. 그는 어떤 것도 실존하게 되거나 없어지게 되지 않는다고 논한다. 당신과 나(그리고 우리의 신체도)는 언제나 실존해왔으며 언제나 실존할 것이다. 기본적으로 그의 논증은 소크라테스, 세계무역센터, 그리고 다른 비현재적 대상들에 관한 명제들을 이해할 다른 방법이 없다는 것이다. 아무리 훌륭하게 논증을 펼쳤다 하더라도 윌리엄슨의 견해로부터 위안을 받지 말라. 그는 소크라테스가 실존하지만 살아 있는 사람으로 구체적으로 실존하는 것은 아니라고 주장한다. 당신과 나는 우리가 죽은 후 살아 있는 사람으로 구체적으로 실존하지 않을 것이며, 우리가 태어나기 전에도 그렇게 실존하지 않았다. 우리는 순수 추상적 실존으로부터 우리가 태어날 때 구체적인 살아 있는 실존으로 등장한다. 비록 더 이상 구체적 실존은 아니지만 소크라테스는 여전히 우리가 언급할 수 있도록 저기에 있지만, 추상적으로만 있을 뿐이다.

시간이 지나면서 개체들의 지속성(persistence)에 관한 전통적인 철학적 문제들은 시간철학과 연관된다. 지속성에 관한 한 가지 근본적 문제는 개체의 속성들이 시간이 지나면서 변한다는 것이다. 어쨌든 그것이 상식적 견해이다. 10분 전에 이 사과의 무게는 10온스였다. 지금은 8온스다. (내가 그 사과를 한두 입 베먹었다.) 사과는 무게가 10온스이면서 8온스일 수 없다. 이 문제는 루이스에 의해 한시적 본래성 문제(problem of temporary intrinsics)—대상이 어떻게 해서 한시적으로 본래적(즉 비관계적) 속성을 가질 수 있는가?—라 불린다. 현재주의자는 과거의 10온스 사과가 실존한다는 것을 부정함으로써 이 문제를 해결한다. 현재주의자에게 모든 대상은 그 현재 속성들을 가진 현재에서만 실존한다. 그 대상은 전적으로 현재에서만 나타난다. 그 사과가 무게가 10온스였다는 진술은, 만일 옳다면, 실존하는 10온스 사과를 포함하지 않는 어떤 구성물 때문에 옳다.

루이스가 찬성하는 한시적 본래성 문제에 대한 다른 해결책은 지속하는 대상들이 시간적 부분들을 갖는다는 것이다. 따라서 그 사과의 한 부분만이 지금 존재하고 있고, 그 사과의 완전히 독특한 다른 시간적 부분은 10분 전에 존재하거나 존재했다. 대상의 각각의 시간적 부분은 똑같이 실재적이다. 한 부분은 무게가 10온스이고, 또 다른 부분은 8온스이다. 따라서 그 사과의 변하는 무게는 모순으로 이끌지 않는다.

대상이 시간적 부분들을 갖는다는 견해는 항존주의(perdurantism)라 불린다. 항존주의자들은 지속되는 대상이 항존한다(perdure)고 말한다. 대상이 그것이 실존하는 각각의 시간에 완전히 존재한다고 주장하는 반대 견해는 지속주의(endurantism)라 불린다. 지속주의자들은 지속되는 대상이 지속한다(endure)고 말한다. 루이스는 항존주의를 찬성하는데, 이는 항존주의가 그의 상대역 이론의 유사물이기 때문이다. 한두 입을 먹은 나의 8온스 사과는 10분 전 시점에서 상대역 사과를 갖는다. (그것은 지금보다 약간 더 오래 전이다.) 실제로 그것은 그것이 실존하는 이전의 각각의 순간에 시간적 상대역을 가지고 있다. 항존주의자는 대상들을 웜 같은 것으로 간주한다. 사과, 그리고 사실상 영속하는 모든 대상은 사차원적 시공간 대상이다. 이 사차원 대상들은 시공간 웜이나 순간적 단계들의 계열로 간주될 수 있다. 각각의 단계는 영속하는 완전한 대상의 시간적 부분이다.

지도적인 젊은 분석적 형이상학자들 중 한 사람인 테드 사이더(Ted Sider)는 영원주의와 사차원주의를 세련된 형태로 열정적으로 옹호해왔다. 그의 2001년 책 『사차원주의』(Four-Dimensionalism)에서 사이더는 현재주의가 물리이론들이 기초를 두고 있는 시간 개념을 포착할 수 없다고 논한다. 특수 상대성은 시간에 대해 비현재주의적 이론을 요구한다. 사이더에 따르면, 영원주의와 사차원주의는 현재의 과학적 이론들을 더 많이 반영한다. 그의 견해는 매우 영향력 있으며, 철학자들을 현재주의에서 멀어지게 하고 있다. 이런 문제들은 오늘날 분석철학에서 아주 생생하게 살아 있는 문제들이다.

자연과학의 이론과 실제가 최근 분석적 형이상학에 영향을 미쳤던 전통적 형이상학의 또 다른 영역은 보편자 이론이다. 형이상학의 심장부에 있는 보편자 물음은 적어도 플라톤까지 거슬러 올라간다. 속성과 관계란 무엇인가? 실체는 사물(thing)—개별적 인간이나 말—이다. 인간이나 말은 속성을 갖는다. 예컨대 말은 희다. 다른 많은 것들도 희다. 그것들이 공유하는 이 흼은 무엇인가? 반형이상학적 분석철학자들의 경향은 이 물음에 대해 유명론적 입장을 취해 흼 자체 같은 것이 있다는 것을 부정하는 것이었다. 우리는 어떤 것들에는 적용되고 어떤 것들에는 적용되지 않는 술어 "… 은 희다"를 가지며, 우리는 흰 것들의 집합을 가질 수도 있다. 그러나 그것이 전부다. 플라톤주의자들은 흼을 모든 흰 것들이 공유하는 실재적이고 독립적인 비물리적인 것으로 간주한다. 흰 것들은 어떤 형태의 흼에 참여하거나 어떤 방식으로 그것에 속한다. 이와 관계된 또 다른 견해는 보편자 흼이 모든 흰 것들에서 완전하게 나타난다는 것이다. 이 견해에 따르면, 개별자와 달리 보편자는 전적으로 서로 다른 장소들에서 나타난다.

우리의 물리세계가 보편자들을 포함한다는 형이상학적 견해는 유령 같은 이론인 것처럼 보이며, 준종교적 신비화들과 연관되어 있다. 지도적인 호주 형이상학자이자 과학철학자 D. M. 암스트롱(D. M. Armstrong)은 보편자 이론이 과학적으로 존중할 만한 것일 뿐만 아니라 과학적 법칙들을 이해하는 데 반드시 필요하다고 주장한다. 암스트롱의 논증은 언어적 분석에 기초를 두고 있지 않다. 그는 우리가 술어의 의미나 그러한 어떤 것을 설명하기 위해 보편자를 요청할 필요가 있다고 주장하고 있지 않다. 사실상 암스트롱은 언어적 분석으로부터 존재론을 도출할 수 있고, 일상적 술어들이 속성을 나타내야 한다는 생각을 거부한다. 내가 들었던 빨간 사과를 다시 생각해보라. 다음 술어들은 그 사과에 적용된다. "… 은 빨갛다", "… 은 옅은 빨강색이다", "… 은 채색되어 있다." 우리는 세 가지 다른 독립적 속성이 있다고 가정할 필요가 없다. 암스트롱에 따르면, 모든 우연적 진리는 그것들의 진리성을 설명하기 위해 진리제조자(truthmakers)를 필요로 한다. 진리제조자는 무엇이 됐건 옳은 명제를 옳게 만드는 것이다. "내 사과는 빨갛다", "내 사과는 옅은 빨강색이다", "내 사과는 채색되어 있다"는 각각 내 사과가 특정 빨간 색조라는 속성을 갖는 한 사태에 의해 옳게 만들어질 수 있다. 그렇지만 어떤 속성들이 존재하는가 하는 것은 우리가 단순히 언어를 살핌으로써 해결할 수 있는 문제가 아니다. 그 문제는 과학적 탐구에 의해 해결되어야 한다. 어떤 속성들, 즉 어떤 보편자들이 존재하는지, 그리고 옳은 명제들의 진리제조자가 무엇인지는 경험과학에 의해 결정되어야 한다. "내 사과는 빨갛다"의 진리제조자는 아마 속성 빨강임을 포함하지 않을 것이며, 오히려 물리학과 화학이 인지하는 속성들의 복합체를 포함할 가능성이 많은데, 이 속성들 중 어떤 것도 정확히 빨강임이라는 속성이 아니다. 어쨌든 암스트롱에 따르면, "내 사과는 빨갛다"는 진리제조자를 가져야 하며, 그러한 진리제조자는 보편자들을 포함하겠지만, 우리는 술어들 "… 은 빨갛다", "…은 채색되어 있다" 등에 대응하는 보편자가 있다고 가정할 수 없다.

자연법칙이 언어적 항목이라고 주장하는 데이비드슨과 달리 암스트롱은 법칙에 대한 진술과 법칙 자체를 구별한다. 자연법칙은 법칙에 대한 진술의 진리제조자이다. 암스트롱에게 자연법칙은 그저 두 속성의 존재 사이의 대응에 기초를 둘 수 없다. 법칙들은 필연성을 포함하는데, 보편자들만이 법칙 같은 필연성을 지지할 수 있다. 자연법칙은 "속성 A를 가짐(또는 보편자 A)은 속성 B를 가짐(보편자 B)을 필연적이게 한다" 형식으로 이루어진다. 단순한 대응과 달리 자연법칙들은 반사실적 조건진술을 지지한다. 방금 진술된 법칙은 만일 x가 A라(보편자 A에 포함된다)면, x는 B일 것이라(보편자 B를 포함한다)는 주장을 지지할 것이다. 자연법칙들, 그래서 보편자들은 과학자들에 의해 결정된다. 자연법칙들에서 예화되는 보편자들만이 실존한다.

암스트롱, 그리고 몇몇 다른 호주 철학자들 덕분에 호주는 20세기의 마지막 30여 년 이래 분석철학의 커다란 중심지가 되었다. 호주인들은 호주인 특유의 열의를 가지고 실질적 형이상학을 추구하는 일에서 특히 물불을 가리지 않았다.

### 인식론

인식론을 아웃시키려는 오스틴과 다른 일상언어철학자들의 시도에도 불구하고 인식론은 최근 형이상학만큼이나 번창해왔다. 철학은 인식론 없이는 존재할 수 없는데, 왜냐하면 모든 철학적 문제에는 인식론적 물음이 잠복해 있기 때문이다. 어떤 윤리적 주장이 객관적으로 옳거나 그르다고 가정한다면, 우리는 그 주장이 옳은지 그른지를 어떻게 아는가? 형이상학적 지식이 어떻게 가능한지, 또는 형이상학적 지식이 존재하는지에 관한 메타형이상학적 물음들은 인식론적 물음들이다.

최근 엄청난 양의 주목을 받아온 한 영역은 고전적 분석철학에 특유한 것이다. 이것은 내가 앞에서 언급한 게티어(E. Gettier)의 짧은 논문이 야기한 문제이다. 지식은 단순히 정당화된 옳은 믿음일 수 없는데, 왜냐하면 그 믿음이 우연에 의해 정당화되거나 적절한 관련이 없는 방식으로 정당화될 수 있기 때문이다. 그래서 문제는 게티어-유형 우연적 정당화 문제를 피하면서 지식의 필요충분조건을 제시하는 것이다. 새로운 안들이 제시되었는데, 다른 인식론자들은 그 안들에 대한 반대사례들을 발견한다. 그런 식으로 상황은 계속된다. 이 기획에 대해 많은 창의적 노력이 아낌없이 바쳐졌지만, 나는 아무도 지식에 대해 널리 승인되는 분석을 제시하는 데 실제로 성공했다고 생각하지 않는다. 그렇지만 여기서 이루어진 시도와 반대 논증들이 언어철학과 심리철학의 문제들을 조명해왔기 때문에 이런 노력 모두가 낭비된 노력은 아니었다. 그 문제들에 대한 개관은 더 읽을거리를 볼 것.

   곤란을 일으키고 내가 보기에 훨씬 더 흥미로운 문제는 회의주의 물음이다. 데카르트 이래로 이 물음은 전통적 인식론의 핵심 문제였다. 데카르트는 내가 몸을 가지고 있고, 다른 사람들 사이에서 지구에 거주한다 등등을 믿도록 나를 우롱하고 있는 강력한 사악한 악마에 의거해 문제를 제시한다. 좀 더 최근에 회의주의는 등장인물들이 가상 실재를 경험하는 〈토털리콜〉(*Total Recall*)과 〈매트릭스〉(*The Matrix*) 같은 영화들에서 더 예리하게 다듬어져 드러났다. 오늘날 회의적 도전은 "당신은 당신이 거주한다고 믿는 세계가 가상 실재가 아니라는 것을 어떻게 아는가?"이다. "당신은 당신이 통 속의 뇌가 아니라는 것을 어떻게 아는가?" 당신은 지금 당장 어딘가에 있는 실험실에서 당신의 감각 경험 모두가 전기적으로 공급되는 뇌가 아니라는 것을 어떻게 아는가? 어쨌든 그것들은 그저 당신의 눈, 귀 등으로부터 당신의 뇌로 진행되는 전기 자극일 뿐이다. 당신은 당신의 지각의 베일이 어디에서 오는지 알지 못한다. 아마 당신의 몸을 포함하여 외부세계에 관한 당신의 믿음들 모두는 그를 것이다.

   G. E. 무어가 자신은 두 손을 가지고 있다는 것과 같은 다양한 상식적 사실을 더 확신하며, 그 다음에야 비로소 회의주의자의 논증들을 다룰 수 있다고 주장함으로써 회의주의자의 어금니를 뽑으려 했던 것은 유명한 일이다. 나중에 일상 언어철학들은 회의주의에서 벗어나기 위해 범형 사례 논증을 이용하려 했다. 나는 내가 외부세계에 관한 진술들을 만드는 어떤 상황에서 "알다"를 올바르게

사용할 수 있다. 예컨대 때로 내가 "나는 내 열쇠들이 장갑상자에 있다는 것을 안다"라고 말하는 것은 올바른 용법이다. 만일 그렇다면, 회의주의자가 내가 이런 것들을 알지 못한다고 주장하는 것은 틀렸다. 좀 더 최근에 퍼트넘은 집합론과 인과적 언급론의 결과를 사용함으로써 나는 통 속의 뇌가 아니라는 것, 또는 적어도 만일 내가 "나는 통 속의 뇌이다"고 말하거나 생각한다면 내가 말하거나 생각하는 것은 이 낱말들이 의미해야 하는 것을 감안했을 때 옳을 수 없다는 것을 "증명한다"고 주장했을 때 한바탕 논쟁의 소용돌이를 일으켰다(그림 9.1).

이야기를 적당한 정도로 간단히 하기 위해 만일 "성공적"이라는 말로 우리가 회의적 의심을 제거한다는 것을 의미한다면, 이러한 노력들 중의 어떤 것도 성공적이지 않았다고 해보자. 우리는 무어, 오스틴, 퍼트넘에 푹 잠긴 뒤에도 여전히 회의주의의 끌어당기는 힘을 느낀다. 반면에 우리는 우리가 적극적으로 참여할 때 그 끌어당기는 힘에 주의를 기울이지 않는다. 이것은 실용주의적 답을 시사할 것이다. "적극적으로 참여한 채로 있어라. 이러한 철학적 수수께끼들에 관해 염려하지 말라. 그것들은 그저 우리의 정신이 휴가로 놀고 있는 것의 결과일 뿐이다." 이러한 반응은 호소력 있지만, 만족스러운 것도 아니다. 회의주의자는 우리 자신에 대한 우리의 이해에 관해 근본적인 어떤 것을 건드리고 있다. 회의주의는 단순히 계몽주의의 허구, 즉 과도한 지적 숙고가 아니다. 모든 문화에서 누구나 회의주의를 느끼며, 많은 장황한 가르침 없이도 회의주의의 끌어당기는 힘을 느낀다. 거의 40년 동안 가르치면서 나는 철학에서 꽤 기본적이라고 생각하는 온갖 종류의 개념들에 관해 혼란스러워하는 학생들을 많이 보아왔다. 내가 아는 한 나는 곧바로 회의주의의 도전에 빠지지 않았던 학생을 결코 본 적이 없다.

최근 인식론자들은 회의주의의 호소력을 설명하는 일, 그리고 동시에 우리가 어떻게 상식적 지식을 가실 수 있는지를 설명하는 일에 비해 회의주의를 논박하는 일에 초점을 덜 맞추어왔다. 데이비드 루이스는 또 다시 여기서도 최전선에 서 있다. 그의 빛나는 논문 "언어게임에서 점수기록하기"(Scorekeeping in a Language Game, Lewis 1983)에서 그는 관련성과 정밀성의 경계들이 대화에서 다양한 방식으로 바뀐다는 것을 지적한다. 특히 대화를 더 많은 정밀성 쪽으

**그림 9.1** 내가 포함되는 영예를 누렸던 퍼트넘의 1986년 인문학재단(NEH) 하계 세미나에서 참가자들의 티셔츠로 만든 만화.

로 바꾸거나 더 관련 있는 가능성들을 포함시키는 것이 그 반대쪽보다 더 쉽다. 예컨대 만일 내가 "이탈리아는 장화처럼 생겼다"(Italy is boot shaped)고 말한다면, 당신은 차이들을 지적함으로써 대화에서 나의 주장에 도전할 수 있다. 이렇게 되면 자동으로 더 높은 정밀성 표준이 작동하기 시작할 것이다. 이제 당신은 "프랑스는 육각형 모양이다"고 말하고 그냥 넘어갈 수 없는데, 비록 대부분의 맥락에서 그 말이 충분히 옳다 할지라도 그렇다.

루이스가 설명할 수 있다고 느끼지 않는 어떤 이유로 정밀성의 수준을 높이거나 새로운 가능성들을 끌어들이는 일은 언제나 그것을 낮추는 일보다 더 쉽고 더 순조롭다. 회의주의자는 이러한 대화적 특징을 이용한다.

또 다른 예를 들어보자. 상식적 인식론자는 말한다. "나는 고양이가 상자 안에 있다는 것을 안다―거기서 고양이는 내 눈 앞에 있다―나는 그것에 관해 절대로 틀릴 수 없다!" 회의주의자는 응수한다. "당신은 속이고 있는 악마의 희생양일 수 있다." 그렇게 함으로써 회의주의자는 지금까지 무시된 가능성들을 생각하도록 끌어들이며, 그렇지 않으면 그가 말한 것은 그를 것이다. 경계선은 그가 말한 것이 옳게 되도록 바깥쪽으로 옮겨진다. 일단 경계선이 옮겨지고 나면, 상식적 인식론자는 패배를 인정해야 한다. 그러나 그는 그가 오류불가능한 지식을 주장했을 때 어떤 방식으로도 틀리지 않았다. 그가 말한 것은 그때까지 올렸던 점수와 관련하여 옳았다(Lewis 1983, 247쪽).

1996년 논문 "파악하기 어려운 지식"(Elusive Knowledge)에서 루이스는 이 생각을 자세히 전개한다. 지식 주장들은 맥락에 의존한다. 이 견해는 맥락주의(contextualism)이라 불리게 되었다. 어떤 맥락에서 올바른 지식 주장이 맥락이 바뀌면 올바르지 못할 수 있다. 일상적 지식 주장들을 할 때 우리는 우리가 틀리는 다루기 힘들고 괴상한 가능한 시나리오들을 정당하게 무시한다. 만일 내가 내 연구실을 둘러보다가 고양이가 그 위에서 잠자고 있는 호박이 내 의자에 있는 것을 본다면, 나는 내 연구실에 호박이 있다는 것을 안다고 정당하고 올바르게 말할 수 있다. 나는 아내가 교묘하게 박제된 호박 복제물을 만들어 의자 위에 올려놓았을 가능성을 생각도 하지 않는다. 일단 괴상한 가능성들이 내 주의를 끌게 되면, 맥락이 변한다. 이제 만일 누군가가 나에게 "어쩌면 그것은 호박 복제물일 거야"라고 말한다면, 나는 그 가능성을 제거할 어떤 방법을 가져야 하거나, 나의 지식 주장을 철회해야 한다. 루이스의 요점은 회의주의자가 적절하게 무시된 가능성들을 끌어들임으로써 맥락을 전환시킨다는 것이다. 일단 그러한 가능성들(사악한 악마, 통 속의 뇌, 환각)이 도입되고 나면, 내가 그것들을 제거하지 않는 한 나는 나의 지식 주장을 철회해야 한다. 회의주의자의 가능성들이 표현되는 방식 때문에 나는 그것들을 제거할 수 없다. 따라서 회의주의자는 맥락을 바꿈으로써 승리한다.

마찬가지로 회의적 논증에서는 맥락이 중간쯤에서 바뀌었으며, 맥락 의존적 낱말 '알다'의 의미론적 가치도 그와 더불어 바뀌었다. 전제 '나는 내가 손을 가지고 있다는 것을 안다'는 일상적 맥락에서 옳은데, 일상적 맥락에서는 속이는 악마의 가능성은 적절하게 무시된다. 그러한 가능성 자체에 대한 언급은 맥락을 중간쯤에서 바꾸었다. 결론 '나는 내가 손이 없는 것이 아니며 속임을 당하고 있지 않다는 것을 안다'는 그 맥락에서는 그른데, 왜냐하면 그것은 속이는 악마의 가능성이 언급되고, 그래서 그 가능성이 무시되지 않으며, 그래서 무시하는 것이 적절하지 않은 맥락이기 때문이다(Lewis 1996, 564쪽).

인식론을 할 때 우리는 자동으로 사악한 악마와 가상 실재의 가능성이 관련이 있으면서 무시되지 않는 맥락에 있다. 따라서 인식론자들은 회의주의를 가능하게 하는 자(skepticism-enablers)가 되지 않을 수 없다.

우리의 이러한 탐구가 통째로 인식론의 전형에서 벗어나는 표본이 되지 않는 한, 인식론이 지식을 파괴해야 한다는 것은 불가피한 일일 것이다. 그것이 바로 지식이 파악하기 어려운 방식이다. 그것을 음미하라, 그러면 곧바로 그것은 사라진다. (Lewis 1996, 560쪽)

그러나 절망하지 말라. 우리는 여전히 많은 것을 아는데, 왜냐하면 인식론은 특수하고 희귀한 맥락이기 때문이다.

그것이 인식론이 지식을 파괴하는 방식이다. 그러나 그것은 일시적으로만 그럴 뿐이다. 인식론이라는 오락은 우리를 영구히 그 특수한 맥락에 몰입하도록 만들지 않는다. 우리는 나머지 시간에 여전히 적절하게 많은 것을 무시할 수 있고, 많은 것을 알 수 있으며, 많은 경우에 지식을 우리 자신과 다른 사람들에게 귀속시키는 일이 옳을 수 있다(Lewis 1996, 559쪽).

루이스가 제안하고 있는 종류의 맥락주의에 대한 한 가지 가능한 반론은 그의 맥락주의가 위험스럽게도 지식에 관한 범형 사례 논증처럼 들린다는 것이다. 회의주의자는 루이스가 "알다"의 올바른 사용과 올바르지 못한 사용에 관해 언급하고 있지만, 회의주의는 언어가 아니라 지식, 또는 오히려 지식의 결여와 관계가 있다고 응수할 수 있다.

지난 20여 년 동안 철학자들은 서로 다르면서도 더욱더 정교한 버전의 많은 맥락주의, 그리고 그 대항 견해로서 불변주의(invariantism)를 제시해왔다. 예컨대 어떤 맥락주의자들은 실용적 이해관계가 지식 귀속에 영향을 미친다는 견해를 지지하는 논증을 제시한다. 만일 어떤 당첨이 걸려 있다면, 우리는 지식에 대해 훨씬 더 고차적 표준을 주장한다. 만일 우리가 토요일까지 은행에 현금을 입금하지 못할 경우에 압류로 집을 잃을 것이라면, 내 아내는 그 은행이 이번 토요일에 오후 1시까지 연다는 것을 알고 있다고 나에게 장담할 때 압도적 증거를 갖는 것이 낫다. 만일 그것이 단지 약간의 현금 부족 운영 문제라면, 아내의 지식 주장은 더 빈약한 증거에 올바르게 기초를 둘 수 있다. 지식에 미치는 맥락 효과라는 주제는 계속해서 많은 주의의 초점이 되고 있다.

아주 최근의 흥미로운 한 가지 발전은 실험철학(experimental philosophy)이었다. 철학자들은 실제로 밖으로 나가 다양한 맥락에서 지식 주장들과 관계가 있는 비철학자들의 직관을 시험하는 조사를 실행해왔다. 최초의 결과는 맥락주의와 상충하는 것처럼 보이지만, 확고한 어떤 판단을 내리기에는 이 영역에서의 연구가 아직 충분히 행해지지 않았다.

### 윤리학과 메타윤리학

최근에 제안되어온 흥미롭고 적극적인 형태의 윤리적 반실재론 한 가지는 도덕적 허구주의(moral fictionalism)이다. 도덕적 허구주의는 에이어, 스티븐슨, 헤어의 비인지주의에 대한 대안이다. 어떤 종류의 담화에 관한 허구주의는 그런 종류의 담화의 진술들이 이야기하기(storytelling)와의 유비에 의해 이해되어야 한다는 견해이다. 그런 진술은 문자 그대로의 진리를 목표로 하는 것이 아니라 오히려 어떤 결과를 만들어 내거나 유용한 그림을 그리는 것을 목표료 한다. 허구주의는 인식론적 또는 존재론적 두통을 겪고 있는 모든 영역에서 난점을 피하는 호소력 있는 방식이다. 수학적 허구주의자들은 수학적 담화가 허구적이라고 주장한다. 다른 사람들은 일상적 대상에 관한 허구주의를 주장해왔다. 그리고 여전히 또 다른 사람들은 좀 더 그럴듯하게 비실제적 가능세계에 관한 허구주의를 채택해왔다. 제거주의자들(eliminativists)은 지향적 정신상태에 관한 허구주의자들이다. [배경 9.2—통속심리학과 심리철학]

수학적 허구주의의 매력을 잠시 생각해보자. 우리는 수학적 대상—영원하고, 완전하고, 추상적인—의 실제 실존에 관해 진지하게 의심할 수 있다. 그것들은 확실히 물리적 우주의 부분은 아니다. 만일 우리가 그것들을 지각할 수 없다면, 우리는 어떻게 그것들에 관해 알 수 있는가? 수학을 포기하는 것이 아니라 오히려 우리는 수학을 유용한 이야기, 또는 그 자신의 내적 규칙을 지닌 상호 관계된 전체 이야기 다발로 보유하기로 선택할 수 있다. 허구주의는 존재론적 회의주의에 직면하여 어떤 담화 영역을 보유하는 방식이다.

도덕적 허구주의의 주된 동기는 인식론적 동기다. 도덕적 주장들은 과학적으로 검증가능하지 않다. 그것들은 경험적으로 검사가능하지 않다. 그것들은 보편적으로 승인되는 자명한 전제들로부터 연역을 통해 도출될 수 있는 것도 아니다. 우리는 윤리적 물음들에 대한 답을 산출할 지식의 원천에 대해 명료하고 일치된 어떤 의견도 갖지 않는다. 이것은 윤리적 주장들을 어중간한 상태로 남긴다. 만일 도덕적 주장들이 허구라면, 그것들은 어떤 이야기와 맞는다는 의미에서를 제외하고는 검증될 필요가 없다. 따라서 윤리적 지식을 설명하는 인식론적 문제들은 사라진다. 어떠한 윤리적 지식도 없다. 도덕적 주장들은 소설의 허구적 주장들과 마찬가지로 문자 그대로 그르다(또는 어쩌면 잔리와 언급에 대한 당신의 이론에 따라 진리치를 결여한다).

도덕적 허구주의자들에 따르면, 도덕은 유용한 허구이다. 그러나 허구가 어떻게 유용할 수 있는가? 유비를 생각해보라. 도덕적 허구주의자들은 우리가 합리적으로 색깔 허구주의자일 수 있다고 생각하도록 이끈다. 색깔 허구주의자들은 색깔들이 저기 바깥에 있는 세계 속 실제 속성이 아니라 그저 우리가 어떤 조건에서 사물들을 지각하는 방식이라고 주장한다. 이 색깔이론이 올바른지에 관해 염려하지 말라. 우리는 그 이론이 올바르다고 확신할 수도 있겠지만, 이것은 색깔 담화의 유용성을 전혀 감소시키지 않을 것이다. 우리는 미국 사회(American society), 당신의 양심, 당신이 이번 주말 얼마나 많은 일을 해낼 것인가와 같은 온갖 종류의 허구와 잘 지내며, 그것들이 유용함을 발견한다. 만일 사람들이 도덕을 허구적인 것으로 취급하는 데 동의하게 된다 하더라도, 이것이 재앙을 가져오지는 않을 것이다. 우리는 소설을 읽거나 연극이나 영화를 볼 때 우리 자신이 허구들에 의해 움직이고 허구들에 정서적으로 몰두하고 있음을 발견한다. 그 이야기에 빠져들 때 우리는 그것들이 허구라는 것을 잊어버린다. 도덕도 다소간에 똑같은 방식으로 작용할 수 있다. 우리는 우리의 행동을 규제하기 위해 도덕적 허구를 공유할 것이고, 그래서 다른 사람들과 자연세계에 대한 우리의 관계는 좀 더 부드럽게 진행될 것이다. 일을 하거나 노는 동안에 우리는 도덕적 담화의 허구성에 초점을 맞추지 않을 것이다. 우리는 여전히 적어도 도덕이 어쨌든 우리를 안내하는 정도만큼 도덕으로 하여금 우리의 행동을 안내하게 할 수 있다.

그리고 도덕적 허구주의자들에 따르면, 도덕적 허구주의는 이점이 있다. 만일 우리가 도덕적 지식과 객관성에 대해 회의적이라면, 도덕적 허구주의자들은 두 손 들고 도덕을 포기하거나 도덕적 상대주의자가 되는 것보다 허구주의를 승인하는 것이 더 낫다고 주장한다.

도덕적 회의주의자를 만족시킬 수 있는, 도덕적 허구주의에 대한 메타윤리학적 대안은 롤스의 반성적 평형 개념일 것이다. 반성적 평형 방법은 도덕적 물음에 대한 답을 제공하고 도덕적 문제를 해결하겠지만, 처음에 풍부한 정도의 합의가 주어졌을 때만 그럴 것이다. 우리의 기본적인 도덕적 개념들과 너무 많이 불일치하는 사람들이 더 이상 도덕을 이야기하지 않으며, 그래서 우리는 객관적인 도덕적 판단들에 대해 실질적 기초를 가질 것이라고 주장한 점에서 필리파 푸트(Philippa Foot)는 올바를 것이다. 여전히 이 접근방식은 스트로슨의 기술 형이상학과 비슷한 분위기가 있다. 그러면 도덕철학은 우리의 도덕 체계나 체계들을 드러내고, 분석하고, 명료화하는 일의 문제이어야 하는 것처럼 보인다. 도덕철학자들은 체계들 내의 상충이나 경쟁하는 다양한 체계들의 측면들 사이의 상충을 해결하고, 반성적 평형 방법 등에 의해 우리의 원리와 직관을 조정하는 일에서 해야 할 일을 갖는다. 그렇지만 이것은 도덕적 회의주의자를 만족시키는 데에는 부족하다. 우리의 도덕은 여전히 인식론적 회의주의 비슷한 어떤 것에 노출되어 있는 것처럼 보인다. 우리의 도덕 체계나 체계들이 완전히 틀린 것이 아니라는 것을 우리는 어떻게 아는가? 우리의 확고한 도덕적 직관들이 옳다는 것을 우리는 어떻게 아는가? 이런 이유와 비슷한 이유들로 인해 도덕적 실재론과 반실재론에 관한 문제들은 계속해서 메타윤리학의 핵심 관심사가 되고 있다.

도덕적 실재론자들이 취하는 한 종류의 최후의 보루 반응은 회의주의가 우리가 단순히 윤리가 아니라 지식을 갖는다고 가정하는 모든 영역의 문제라는 것이다. 논리적 또는 수학적 체계들이 올바르다는 것을 우리는 어떻게 아는가? 수학적 직관들이 올바르다는 것을 우리는 어떻게 아는가? 결국 우리는 무언가를 신뢰해야 한다. 도덕은 다른 어떤 영역보다도 더 나쁜 상황에 있는 것이 아니다. 만일 도덕이 과학이나 수학과 같은 배에 타고 있다면, 그것으로 괜찮다. 요점은 도덕이 어떤 인식론적 문제가 있든 간에 다른 영역들에서도 똑같은 문제가 제기된다는 것이다. 주요 차이는 도덕보다 과학과 수학에서는 더 많은 일치가 있다는 것이라고 도덕적 회의주의자는 지적할 수 있다. 그리고 우리는 그런 영역들에서 불일치를 해결할 방법을 가지고 있는 반면에, 도덕적 불일치에 대해서는 우리는 그처럼 일치된 방법을 갖고 있지 않다. 아마 로스의 반성적 평형 방법 비슷한 어떤 것이 이 틈새를 채우기 위해 만들어질 수도 있을 것이다.

그렇지만 응용윤리학자들은 이러한 메타윤리학적 문제들이 해결되기를 기다릴 수 없으며, 우리도 우리 삶에서 그렇게 되기를 기다릴 수 없다. 우리는 정의 없이 때울 수 없다. 그것이 무엇이든 간에, 그리고 그것에 관해 우리가 알거나 알지 못하는 것이 무엇이든 간에 정의는 우리가 우리 자신과 다른 사람들을 위해 원하는 어떤 것이며, 우리는 정의로운 사회에서 살고 싶어 한다. 응용윤리학자들은 최근 정의와 관련하여 실행가능하고 도덕적으로 적절한 것을 결정하기 위해 경제학자, 인류학자, 인지과학자, 그리고 다른 사회과학자들과 함께 긴밀하게 공동연구를 해왔다. 롤스의 정의론은 정의에 대한 최근의 모든 분석적 탐구의 출발점이자 돋보이는 포장지이다.

최근 20여 년 동안에 마사 누스바움(Martha Nussbaum)은 지도적인 정치철학자, 여성주의자, 윤리학자, 대중 지식인으로 부상해왔다. 누스바움은 롤스와 긴밀하게 연구해왔고, 그의 영향을 받았는데, 정의에 대한 그의 계약론에 대해서는 비판적이었다. 그녀는 1946년 뉴욕 시에서 태어나 하버드대학교에서 고대철학으로 박사학위를 받았다. 누스바움은 하버드대학교와 브라운대학교에서 가르쳤으며, 현재 시카고대학교 법학 및 윤리학 교수이다. 원래 그녀는 고대 윤리학에 집중했지만, 1990년대 초 이래 철학의 여러 분야, 특히 정치철학에 기여해왔다.

윤리학과 정치철학에서 누스바움의 가장 영향력 있는 작업은 역량 접근방식 (capabilities approach)을 기초로 롤스의 계약론에 도전하고 그것을 확장하는 것이었는데, 이 역량 접근방식을 그녀는 부분적으로 경제학자이자 철학자인 아마르티아 센(Amartya Sen)[3]과의 공동연구를 통해, 부분적으로는 독자적으로 전개했다.

누스바움은 공리주의가 치명적 문제가 있다는 데 대해 롤스에 동의하지만, 그녀는 롤스의 사회계약 접근방식도 결함이 있다고 판단한다. 롤스의 정의론은 자유롭고 평등한 개인들의 사회 안에서 기초적 평등권 및 기본재—자유와 기회, 수입과 부, 자존심의 기초—의 정의로운 분배와 관계가 있다. 한 가지 난점은 개인들이 자유롭고 평등하지 않다는 것이다. 최초의 문제는 기본재의 공정한 분배가 아니라 모든 사람에게 최소한의 자격을 제공하는 일이다.

> 롤스 이론 같은 어떤 이론들은 공정한 절차의 설계에서 시작한다. 나의 역량 접근방식은 결과, 즉 만일 해당 사회가 최소한도로 정의로운 사회라면, 시민들에게 확보되어야 하는 자격들 목록에서 시작한다. 특히 제도와 그것들의 관계들이 부단히 유동적인 현재 세계에서 나는 우리의 목표로서의 인간의 자격들에서 시작하는 것이 현명하다고 믿는다. (Nussbaum 2004, 13쪽)

누스바움은 그녀의 역량 접근방식을 이용해 만일 사람들이 기본재를 사용할 역량을 가지고 있지 않다면 기본재 자체가 가치 있는지 묻는다. 이것이 그녀의 핵심 요점이다. 롤스의 접근방식은 개인들 사이의 도덕적으로 관련 있는 차이

---

3  센은 복지 경제에 대한 연구로 1998년 노벨상을 수상했다.

를 무시한다. 기본재의 배분은 정의롭기 위해서는 임산부와 장애인 같은 사람들의 서로 다른 필요에 민감해야 한다. 어떤 나라들에서 노동시장 바깥에 있는 여성들은 수익을 내면서 경제에 참여할 수 있도록 더 많은 자원(예컨대 교육의 기회)을 요구할 것이다. 단순히 자원들—기본재들—을 할당하는 일은 우리로 하여금 기회를 이용할 수 있게 해주는 자아상 같은 본질적 특징들을 배제할 수 있다. 누스바움은 우리가 기본재의 분배를 넘어서서 결과들을 평가할 방법이 필요하다고 말한다. 따라서 롤스의 기본재 접근방식은 정의와 관련된 어떤 핵심적 문제들에 대해 민감하지 않다.

누스바움은 모든 개인에게 보장되어야 할 10가지 역량을 열거한다. 이 10가지 역량은 자유롭고 존엄한 인간 삶에 본질적이다. 다음은 본질적인 10가지 인간 역량에 대한 약간 간추린 목록(그 목록과 함께 포함된 짧은 설명을 뺀)이다.

1. 삶. 정산 수명이 다할 때까지 살 수 있음.…

2. 신체적 건강. 생식 건강을 포함하여 건강을 누릴 수 있음…

3. 신체적 통합성(bodily integrity). 자유롭게 이리저리 움직일 수 있음. 성폭행, 부부 간 성폭행, 가정폭력을 포함하여 폭력 행위 앞에서 안전을 누릴 수 있음. 성적 만족과 생식 문제에서 선택의 기회를 가짐.

4. 감각, 상상력, 사고. 감각을 사용할 수 있음. 상상하고, 생각하고, 추론할 수 있음— … [이것에는 기초 교육, 읽고 쓰는 능력 등이 포함된다.]

5. 감정. 우리 자신 외의 사물과 사람들에 대한 애정을 가질 수 있음.

6. 실천적 추론. 선에 대한 생각을 형성하고 우리 자신의 삶을 계획하는 일에 관해 비판적 반성에 종사할 수 있음.

7. 결연(affiliation). (a) 다른 사람들을 위해, 그리고 다른 사람들과 관계를 맺으면서 살 수 있음… (b) 자존감과 굴욕 당하지 않음을 위한 사회적 기반을 가짐. 다른 사람들과 똑같은 가치를 가진 존엄한 존재로 대우받을 수 있음…

8. 다른 종들. 동물, 식물, 자연의 세계에 대한 관심을 가지고 그런 것들과 관계를 맺으면서 살 수 있음.

9. 놀이. 웃고, 놀고, 휴식 활동을 즐길 수 있음.

10. 우리 환경에 대한 제어. [이것은 정치적 결정에 참여하고, 재산을 소유하고 사용하며, 협동해서 일할 수 있는 능력 등을 포함한다]

내가 생각하기에 "역량 접근방식"은 그밖에 다른 어떤 역량을 갖든 간에 이러한 역량들 중의 어떤 것이라도 결여하는 삶이 좋은 인간 삶이 되기에는 부족할 것이라고 주장한다. (Nussbaum 1999, 41–2쪽)

이 목록은 『성과 사회 정의』(*Sex and Social Justice*, Nussbaum 1999)라는 제목의 누스바움 책에서 따온 것이다. 이 역량들은 분명히 여성들이 충분하고 좋은 삶을 박탈당했던 방식들 쪽으로 시선을 돌린다. 따라서 누스바움은 그녀의 역량 접근방식을 필요한 형태의 여성주의로 본다. 그 접근방식은 또한 본래 경제와도 밀접하게 묶여 있다. "그래서 모든 역량은 경제적 측면을 갖는다. 언론의 자유조차도 교육, 적합한 양육 등을 요구한다."(Nussbaum 2004, 13쪽).

나는 누스바움이 좋은 인간 삶에 대한 야만인 코난의 생각에 별로 공감하지 않을 것이라고 의심한다(268쪽을 볼 것). 그렇지만 좋음에 대한 코난의 전사 개념은 누스바움의 역량 접근방식에 관한 어떤 것을 보여준다. 야만인 코난은 아마 첫 번째 역량을 제외하고는 누스바움이 열거한 역량들 10가지를 모두 가지겠지만, 우리는 그의 삶이 좋은 인간 삶이라고 말할까? (맞다. 코난은 허구적 인물이지만, 이것에 대해서는 나와 공동 작업을 하고 있다. 도덕적 허구주의자들이 일깨우듯이 허구도 유용할 수 있다.) 만일 아니라면, 이것은 누스바움의 목록이 기껏해야 좋은 인간 삶의 필요조건들을 상술한 것임을 보여준다. 그 목록은 충분조건이 아니다. 그렇다면 무엇이 더 필요할까? 이 문제에 대해 숙고하는 것은 독자에게 넘긴다.

## 분석철학의 미래는 무엇인가?

나는 이 장의 앞 절들이 내가 분석철학이 어떤 방향으로 진행되고 있다고 생각하는지를 가리켰기를 바란다. 분석철학자들은 자연과학자, 수학자, 언어학자, 심리언어학자, 인지과학자, 사회학자, 경제학자들과 함께 연구하고 있는데, 그런 학문들의 정보, 이론, 통찰을 이용함으로써 그렇게 하고 있다. 지도적인 분석철학자들은 여러 과학들 사이의 협동 및 그런 과학들의 결과에 집중하는 일을 추구하고 있다. 철학자들에게는 사회과학과 자연과학의 관련된 분야에 대한 견고한 배경 없이는 언어철학과 심리철학에 대해 중대한 기여를 할 것이 더 이상 기대될 수 없다. 그들에게는 과학의 결과와 방법을 그들 자신의 철학함과 통합할 것이 기대된다. 과학자들 또한 철학을 그들 자신이 떠맡은 일에 통합하고 있다. (슬프게도 우리가 바랄 수 있는 만큼 많지는 않다.) 메타윤리학, 윤리학, 미학, 종교철학 같은 과학에서 멀리 떨어져 있는 것처럼 보이는 철학 분야들에서조차 분석철학자들은 그들 주제의 경험적·사회적 배경에 점점 더 민감해지고 있다. 나는 철학적 무대가 계속해서 갈수록 더 학제적이게 될 것이라고 예측한다.

철학 자체와 과학을 구별하는 일은 더 어려워질 것이다. 언어철학은 언어학, 인지과학, 진화심리학, 수학과 융합하고 있다. 논리학은 이미 대체로 수학에 의해 흡수되어왔다. 심리철학은 심리학, 인지과학, 신경과학, 생물학과 융합하고 있다. 인식론 역시 같은 학문들과 융합하고 있다. 윤리학, 적어도 응용윤리학은 경제학, 사회심리학, 법, 정치, 정치학과 연결되고 있고, 과학과 기술의 실제를 계속해서 비판적으로 검토할 것이다. 도덕 심리학은 현재 연구의 주요 분야로 부상하고 있다. 형이상학은 우주론, 물리학, 그리고 다른 자연과학들에 스며들고 있다. 테드 사이더는 콰인의 목소리를 흉내 내어 "나는 형이상학을 과학과 연속된 것으로 생각한다."고 말한다(2008년 2월 사이더가 한 좌담에서 따옴). 그의 소견은 철학의 다른 분야들에도 똑같이 적용된다.

철학이 과학과 연속되어 있거나 연속되어 있어야 한다는 생각은 새로운 것이 아니다. 러셀과 논리 실증주의자들은 철학이 과학적이기를 원했다. 마르크스주의자들은 철학이 가장 추상적이거나 일반적인 자연과학의 분과라고 주장했다. 확실히 마르크스주의자가 아니었던 콰인도 인식론을 자연화할 것을 촉구했으며, 그는 형이상학을 물리학과 연속된 것으로 보았다. 오늘날 차이는 분석철학자들이 그것에 관해 전혀 이야기하고 있지 않다는 것이다. 그것은 실제로 일어나고 있는 일이다. 철학과 과학은 적어도 심리철학, 언어철학, 형이상학, 논리학에서 서로를 흡수하고 있다.

내 예측은 곧 그런 분야들에서 독립된 선천적 분석철학 연구 프로그램들이 거의 존재하지 않게 될 것이라는 것이다. 언어적 분석에 대한 분석철학자들의 전념, 언어, 형이상학, 정신에 관한 선천적 추론, 우리의 개념적 도식에 대한 개념적 분석은 실제 종사자를 더 이상 많이, 또는 심지어 전혀 발견하지 못할 것이다. 철학자들이 정말로 일상언어와 우리의 개념적 도식에 초점을 맞추는 한, 연구는 점차 성장하고 있는 실험철학 분야의 방식대로 경험적으로 행해질 텐데, 나는 이 실험철학 분야가 사회과학과 연속되어 있다고 생각한다. 로티가 서두 인용구에서 지적한 정글, 그리고 솜스가 기술한 전문화 시대는 과학적이고 사회과학적인 다른 학문들로의 분석철학의 이러한 흡수를 반영한 것이다. 분석철학은 같은 집단에 속한 성원들만이 서로 이해하고 인정하는 다종다양한 자그마한 연구집단들로 그렇게 많이 뿔뿔이 흩어지지 않을 것이다. 오히려 분석철학자들은 방대하고 다종다양한 과학적 연구망과 함께 협동 작업을 하게 될 것이다.

이것이 철학이 학문 공동체 내에서 독립적 학문이나 학과로서 사라질 것이라거나 사라져야 한다는 것을 의미하는가? 절대로 그렇지 않다! 우선 한 가지 이유는 철학이 플라톤까지 거슬러 올라가는 영광스럽고 독특한 학문이라는 것이다. 이 필수불가결한 전통은 보존되고 해석되어야 한다. 이것은 철학사에 대한 콰인의 경멸에도 불구하고 꽤 대단한 부수적 일이다. 역사적 철학자들은 우리의 문화를 형성하고, 우리가 우리 자신과 세계를 생각하는 방식을 표현하는 일에서 역할을 해왔다. 더 나아가 역사적 철학자들은 오늘날 연구 프로그램들을 통해 연구하는 사람들에게 전거와 영감을 주는 것으로 기여한다. 예컨대 아리스토텔레스가 덕 윤리학을 고취시켰던 방식을 생각해보라. 누스바움 또한 그녀의 역량 접근방식을 뒷받침하기 위해 아리스토텔레스에 호소한다. 형이상학자들은 현재 아리스토텔레스의 본질주의를 받아들인다(또는 거부한다). 라이프니츠는 가능세계 형이상학을 도입하였다. 또 다른 이유로는 과학으로의 흡수에 저항하는 철학 분야들—윤리학, 미학, 종교철학 같은 분야들—이 있다는 것인데, 비록 이런 분야들에서조차 많은 분석철학자가 그들 주제의 사회적·경험적 측면에 점점 더 민감해지고 있다 할지라도 그렇다.

서양철학자로서 우리는 우리의 유산을 철학이라는 우리 학문의 창시자인 소크라테스까지 거슬러 올라가 추적한다. 철학들은 경험과학의 방법과는 다른 독특하고 매우 귀중한 변증적 접근방식을 가지고 있다. 분석철학자로서 우리는 단순히 우리가 동맹을 맺은 다양한 과학의 연구 프로그램들 속에서 협동 작업을 하고 있는 것이 아니다. 우리는 과학과 거리를 두고, 비판적이고, 회의적이고, 창조적이고, 절충하는 태도를 지니고 있다. 우리는 과학의 가장자리와 변경 지대에서 작업한다. 우리는 과학적 상이 우리 자신에 대한 상식적 개념들과 어떻게 조화를 이룰 수 있는지와 같은 과학적 기획에 관한 총체적 물음을 추구한다.

초기 분석철학자들이 그것들을 제거하려고 시도했음에도 불구하고, 분석철학자들의 도움을 받아, 그리고 분석철학자들의 자극을 받아 과학은 철학에 생기를 불어넣어온 시대의 수수께끼들을 해결할 것인가, 아니면 그 수수께끼들은 없어지지 않을 것인가? 왜 아무것도 없지 않고 무언가가 있는가? 의식의 본성은 무엇이며, 그것은 어떻게 설명될 수 있는가? 우리는 인식론적 회의주의자에게 어떻게 응답할 수 있는가? 인생에서 가장 좋은 것은 무엇인가? 신은 실존하는가? 나는 분석철학자들이 이런 물음들과 비슷한 심오한 물음들을 포기했다고 생각하지 않는다. 아무리 전문화되었다 하더라도 나는 그들이 자신들의 작업이 이러한 근본적인 철학적 물음들에 대한 이해를 추구하는 일과 연관된 것으로 본다고 생각한다. 분명히 나는 이런 물음들이 대답될 것인지 알지 못하지만, 과학의 가르침을 받고 과학과 함께 연구하는 분석철학은 진보를 이룰 최상의 기회를 갖는다고 믿는다.

## 배경 9.1 연쇄 궤변논법 역설

"sorites"(연쇄 궤변논법)라는 낱말은 그리스어에서 "더미"를 뜻하는 "soros"에서 유래한다. 우리 앞에 멋진 커다란 모래 더미가 있다고 해보자. 만일 우리가 그 더미에서 조용히 모래 한 알을 제거한다면, 그래도 우리 앞에는 여전히 모래 더미가 있을 것이다. 우리는 이것을 일반화할 수 있다. 더미에서 조용히 모래 한 알을 제거하는 것은 더미를 남길 것이다. 이 일을 되풀이하게 되면 우리가 더미에서 아무리 많은 모래알을 제거한다 해도 우리에게는 여전히 더미가 남게 될 것이라는 역설에 빠지게 된다.

우리는 이것을 논증으로 제시할 수 있다.

1. 적절하게 배치된 n개의 모래알은 더미를 만든다. (충분히 큰 어떤 n을 선택하라.)

2. 만일 적절하게 배치된 n개의 모래알이 더미를 만든다면, n-1개의 모래알도 더미를 만든다.

3. 만일 n-1개의 모래알이 더미를 만든다면, n-2개의 모래알도 더미를 만든다.

. . .

우리는 n-n개의 모래알이 더미를 만든다는 결론을 도출할 수 있다.

문제는 전제들이 옳고, 논증이 연역적으로 타당한 것처럼 보인다는 것이다. 실제로 어떤 단일 전제도 부정할 수 없다. 우리는 전제들의 다발도 전혀 부정할 수 없다. 그리고 만일 임의의 전제가 그르다면, 그 바로 옆에 있는 전제들은 자동으로 옳다. (간단한 설명: 만일 조건적 전제들의 하나가 그르다면, 그 전건이 옳은데 후건이 그르다. 그 조건적 전제의 전건은 그 이전 조건적 전제의 후건이며, 그래서 그 전제는 옳다. 그 후건은 다음 조건적 전제의 전건이며, 그래서 그 전제 또한 옳다. 조건진술이 전건이 그르거나 후건이 옳을 경우에 옳다는 것을 다시 떠올려보라.) 그러나 결론은 그르다. 따라서 우리는 타당하면서 모든 전제가 옳은 불건전한 논증을 갖게 된다. 이런 일은 있을 수 없다.

이 역설은 모든 모호한 용어에 대해서 진행될 수 있다. 그리고 이 역설은 여러 가지 다른 형태를 띨 수 있다. 아직 성공적 해결책은 제안되지 않았다.

## 배경 9.2  통속심리학과 심리철학

통속심리학이라는 주제는 심리철학에서 엄청나게 많은 논문과 책의 주제였다. 통속심리학은 엄밀하게 정의되지 않으며, 철학자들마다 서로 다른 의미로 사용한다. 그렇지만 기본 착상은 우리가 정신적 상태들을 우리 자신과 다른 사람들에게 귀속시키고, 이러한 귀속을 행동을 설명하고 예측하는 데 사용하며, 우리가 정신적 상태들의 관계에 관한 견해를 갖는다는 것이다. 이 모든 것이 정신과 그 기능에 관한 이론에 덧붙여진다. 이 이론은 대조실험과 다른 과학적 방법들에서 도출된 과학적 이론이 아니다. 그것은 정신에 대한 상식적 이론이다. 그것은 통속심리학이다.

심리철학자들은 통속심리학의 다양한 특징을 열심히 부정해왔다. 행동주의자들은 감각 낱말과 믿음 및 욕구에 대한 언급이 내부의 어떤 것을 언급한다는 사실을 부정하였다. 유형-유형 동일론자들은 정신적 상태가 신경계의 신경생리학적 상태와 동일하다고 주장하였다. 제거론자들은 전부 다 버리고, 정말이지 믿음과 욕구, 또는 다른 지향적 상태들 같은 어떤 것들이 있다는 것을 부정하고 싶어 한다. 통속심리학의 정신적 상태는 플로지스톤이나 엘프나 요정이 실재하지 않는 것처럼 실재하는 것이 아니다. 행동에 대한 모든 설명은 사실상 신경계의 물리-화학적 과정들에 의해 행해질 것이지만, 이 과정들 중 어떤 것도 욕구, 믿음 등과 동일하지 않다.

심리철학에서 통속심리학과 관련된 문제들은 다음과 같다. 통속심리학이란 무엇인가? 통속심리학에서 얼마나 많은 것이 올바른가? 그것의 어떤 부분들이 없어도 되는 것인가? 있다손 친다면, 통속심리학을 대치할 수 있는 것은 무엇인가?

## 더 읽을거리

이 장의 주제들 중 어떤 것에 대해서라도 시작하기 좋은 책은 *The Routledge Companion to Twentieth Century Philosophy*(Routledge 2008)다. 여기서 당신은 1900~2000년 시기를 아우르는 철학의 주요 분야들에 관한 논문들을 발견할 것이다. 이 책은 대륙철학에 관한 논문들도 싣고 있다.

*Vagueness* by Timothy Williamson(Routledge 1994)는 모호성이 초래하는 모든 역설을 포함하여 전 주제를 포괄해 다루고 있다.

데닛의 심리철학에 대한 좋은 입문서는 그의 *The Intentional Stance*(MIT Press 1987)이다.

포더의 경우에 좋은 출처는 그의 *Psychosemantics*(MIT Press 1988)이다.

현재 시간철학에 대해서는 테드 사이더의 *Four Dimensionalism: An Ontology of Persistence and Time*(Oxford University Press 2001)이 있다.

D. M. Armstrong, *Universals: An Opnionated Introduction*(Westview 1989).

D. M. 암스트롱의 *Truth and Truth-Makers*(Cambridge University Press 2004)는 그 주제에 대해 철저하게 탐구하고 있는 책이다.

*Fictionalism in Metaphysics*(Oxford University Press 2005)는 온갖 종류의 허

구주의에 관해 저명한 철학자들이 쓴 논문 선집이다. 도덕적 허구주의에
관한 논문은 리처드 조이스(Richard Joyce)가 쓴 것이다.

도덕적 실재론 대 도덕적 반실재론에 흥미가 있는 사람들이 시작하기에 좋은
책은 논문 선집 *Essays on Moral Realism*(Cornell University Press 1988)
이다. 이 책은 두 부분으로 나누어진다. 하나는 실재론, 다른 하나는 반실
재론에 관한 부분이다. 이 책에 실린 논문들은 지도적 철학자들이 쓴 논문
들이다.

마사 누스바움의 가장 최근 책들 중 하나는 *Creating Capabilities: The Human
Development Approach*(Harvard University Press 2011)이다.

분석철학의 현재와 미래에 대해 나와 다른 견해에 대해서는 로티의 *Conse-
quences of Pragmatism*(University of Minnesota Press 1982)에서 그의 논
문 "Philosophy in America Today"를 볼 것.

# _ 참고문헌

Anscombe, G. E. M. 1968. "Modern Moral Philosophy." Reprinted in *Ethics*, edited by Judith J. Thomson and Gerald Dworkin, New York: Harper & Row, pp. 186–210. (Originally published in 1958.)

Anscombe, G. E. M. 1969. *Intention*. Ithaca: Cornell University Press. (Originally published in 1957.)

Austin, J. L. 1961a. "A Plea for Excuses." Reprinted in *Philosophical Papers*, Oxford: Clarendon Press, pp. 121–52. (Originally published in 1956–7.)

Austin, J. L. 1961b. "Performative Utterances." Reprinted in *Philosophical Papers*, Oxford: Clarendon Press, pp. 121–52. (Originally published in 1956–7.)

Austin, J. L. 1961c. "Other Minds." Reprinted in *Philosophical Papers*, Oxford: Clarendon Press, pp. 44–84. (Originally published in 1946.)

Austin, J. L. 1962. *How to do Things with Words*. Cambridge, MA: Harvard University Press.

Austin, J. L. 1964. *Sense and Sensibilia*. New York: Oxford University Press. (Based on lectures Austin gave from 1947 to 1959.)

Ayer, A. J. 1946. *Language, Truth and Logic*. New York: Dover Publications. (Originally published in 1936.)

Ayer, A. J. 1959. *Logical Positivism*. New York: The Free Press.

Ayer, A. J. 1969. "Has Austin Refuted Sense–Data?" In *Symposium on J. L. Austin*, edited by K. T. Fann, London: Routledge & Kegan Paul, pp. 284–308.

Block, Ned and Fodor, Jerry A. 1980. "What Psychological States are Not." Reprinted in *Readings in Philosophical Psychology Volume 1*, edited by Ned Block, Cambridge, MA: Harvard University Press, pp. 237-50. (Originally published in 1972.)

Bloom, Harold. http://prelectur.stanford.edu/lectures/bloom/interviews.html[accessed 2 January 2012].

Born, Max. 1955a. "Statistical Interpretation of Quantum Mechanics." *Science*, Oct. Available online: http://nobelprize.org/nobel_prizes/physics/laureates/1954/born-lecture.pdf[accessed 2 January 2012].

Born, Max. 1955b. "Continuity, Determinism, and Reality," Danish Academy of Science, Mathematics and Physics, section 30, no 2.

Bridgman, Percy Williams. 1927. *Logic of Modern Physics*. New York: Macmillan.

Burge, Tyler. 1992. "Philosophy of Language and Mind: 1950-1990." *The Philosophical Review*, vol. 101, no. 1, Philosophy in Review: Essays on Contemporary Philosophy Jan., pp. 3-51.

Carnap, Rudolf. 1937. *The Logical Syntax of Language*. London: Routledge & Kegan Paul.

Carnap, Rudolf. 1956a. *Meaning and Necessity: A Study in Semantics and Modal Logic*. Chicago: University of Chicago Press. (Originally published in 1947.)

Carnap, Rudolf. 1956b. "Empiricism, Semantics, and Ontology." Reprinted in *Meaning and Necessity: A Study in Semantics and Modal Logic*. Chicago: University of Chicago Press, pp. 205-21. (Originally published in 1950.)

Carnap, Rudolf. 1959a. "The Elimination of Metaphysics through Logical Analysis of Language." Reprinted in Ayer 1959, pp. 60-81. (Originally published in 1932.)

Carnap, Rudolf. 1959b. "The Old and the New Logic." Reprinted in Ayer 1959, pp. 133-46. (Originally published in 1930.)

Carnap, Rudolf. 1963. *The Philosophy of Rudolf Carnap*, vol. XI of the *Library of Liv-*

*ing Philosophers*, edited by P. A. Schlipp, LaSalle, IL: Open Court Publishing Co.

Carnap, Rudolf. 1967. *The Logical Structure of the World and Pseudoproblems in Philosophy*, translated by Rolf A. George, Berkeley: University of California Press. (Originally published in 1925.)

Cavell, Stanley. 1964. "Must We Mean What We Say?" Reprinted in *Ordinary Language: Essays in Philosophical Method*, edited by V. C. Chappell, Englewood Cliffs, NJ: Prentice-Hall, pp. 75-112. (Originally published in 1958.)

Chisholm, Roderick. 1950. "The Theory of Appearing." In *Philosophical Analysis: A Collection of Essays*, edited by Max Black, Ithaca: Cornell University Press, pp. 97-112.

Chisholm, Roderick. 1957. *Perceiving: A Philosophical Study*. Ithaca: Cornell University Press.

Chomsky, Noam. 1966. *Cartesian Linguistics: A Chapter in the History of Rationalist Thought*. New York: Harper & Row.

Chomsky, Noam. 1977. *Language and Responsibility*. New York: Pantheon Books.

Chomsky, Noam. 1980. "A Review of B. F. Skinner's *Verbal Behavior*." Reprinted in *Readings in Philosophy of Psychology, Vol. 1*, edited by Ned Block, Cambridge, MA: Harvard University Press, pp. 48-63. (Originally published in 1959.)

Courant, Richard and Robbins, Herbert. 1941. *What is Mathematics? An Elementary Approach to Ideas and Methods*. Oxford: Oxford University Press.

Darwall, Stephen, Gibbard, Allan, and Railton, Peter. 1992. "Toward *Fin de Siècle* Ethics: Some Trends," *The Philosophical Review*, vol. 101, no. 1, Jan., pp. 115-89.

Davidson, Donald. 1980. "Mental Events." Reprinted in *Readings in Philosophical Psychology Vol. 1*, edited by Ned Block, Cambridge, MA: Harvard University Press, pp. 107-19. (Originally published in 1970.)

Davidson, Donald. 1985a. "Truth and Meaning." Reprinted in *Inquiries into Truth and Interpretation*, Oxford: Oxford University Press, pp. 3–36. (Originally published in 1967.)

Davidson, Donald. 1985b. "Semantics for Natural Languages." Reprinted in *Inquiries into Truth and Interpretation*, Oxford: Oxford University Press, pp. 55–64. (Originally published in 1968.)

Davidson, Donald. 1985c. "Radical Interpretation." Reprinted in *Inquiries into Truth and Interpretation*, Oxford: Oxford University Press, pp. 125–39. (Originally published in 1973.)

Davidson, Donald. 1985d. "Belief and the Basis of Meaning." Reprinted in *Inquiries into Truth and Interpretation*, Oxford: Oxford University Press, pp. 141–54. (Originally published in 1974.)

Davidson, Donald. 1985e. "On the Very Idea of a Conceptual Scheme." Reprinted in *Inquiries into Truth and Interpretation*, Oxford: Oxford University Press, pp. 183–98. (Originally published in 1974.)

Davidson, Donald. 1985f. "Thought and Talk." Reprinted in *Inquiries into Truth and Interpretation*, Oxford: Oxford University Press, pp. 155–70. (Originally published in 1975.)

Davidson, Donald. 1985g. "The Method of Truth in Metaphysics." Reprinted in *Inquiries into Truth and Interpretation*, Oxford: Oxford University Press, pp. 199–214. (Originally published in 1977.)

Davidson, Donald. 1999. "Intellectual Autobiography." In The Philosophy of *Donald Davidson*, Vol. XXVII of *The Library of Living Philosophers*, LaSalle, IL: Open Court Publishing Co., pp. 3–70.

Dennett, Daniel. 1988. "Précis of *The Intellectual Stance*." *Behavioral and Brain Sciences* vol. 11, pp. 495–505.

Dennett, Daniel. n.d. "Intentional Systems Theory." Available online(no date): http://files.meetup.com/12763/intentionalsystems.pdf[accessed 2 January 2012].

Dewey, John. 1973. "The Development of American Pragmatism." Reprinted in *The Philosophy of John Dewey: vol. I, The Structure of Experience*, edited by John J. McDermott, New York: G. P. Putnam's Sons, pp. 41-58. (Originally published in 1922.)

Donnellan, Keith. 1972. "Proper Names and Identifying Descriptions." In *Semantics of Natural Language*, edited by Donald Davidson and Gilbert Harman, Boston: D. Reidel Publishing Co., pp. 356-79.

Donnellan, Keith. 1977. "Reference and Definite Descriptions." Reprinted in *Naming, Necessity, and Natural Kinds*, edited by Stephen P. Schwartz, Ithaca: Cornell University Press, pp. 42-65. (Originally published in 1966.)

Dummett, Michael. 1975. "What is a Theory of Meaning?" In *Mind and Language: Wolfson College Lectures 1974*, edited by Samuel Guttenplan, Oxford: Oxford University Press, pp. 97-138.

Dummett, Michael. 1978. "Can Analytical Philosophy be Systematic, and Ought it to be?" Reprinted in *Truth and Other Enigmas*, Cambridge, MA: Harvard University Press, pp. 437-58.

Fodor, Jerry A. 1968. *Psychological Explanation*. New York: Random House.

Fodor, Jerry A. 1979. *The Language of Thought*. Cambridge, MA: Harvard University Press.

Fodor, Jerry A. 1983. *The Modularity of Mind*. Cambridge, MA: MIT Press.

Foot, Philippa. 1967. "Moral Beliefs." Reprinted in *Theories of Ethics*, edited by Philippa Foot, London: Oxford University Press, pp. 83-100. (Originally published in 1958.)

Foot, Philippa. 1968. "Moral Arguments." Reprinted in *Ethics*, edited by Judith J. Thomson and Gerald Dworkin, New York: Harper & Row, pp. 7-21. (Originally published in 1958.)

Gettier, Edmund. 1963. "Is Justified True Belief Knowledge?" *Analysis*, vol. 23, pp. 121-3.

Goodman, Nelson. 1965. *Fact, Fiction, and Forecast*. Indianapolis: The Bobbs-Merrill Company, Inc. (Originally published in 1955.)

Goodman, Nelson. 1978. *Ways of Worldmaking*. Indianapolis: Hackett Publishing Co.

Grice, Paul. 1989a. "Logic and Conversation." In *Studies in the Way of Words*, Cambridge, MA: Harvard University Press, pp. 22-85. (Originally given as lectures in 1967.)

Grice, Paul. 1989b. "Postwar Oxford Philosophy." In *Studies in the Way of Words*, Cambridge, MA: Harvard University Press, pp. 171-80.

Grice, Paul. 1989c. "Presupposition and Conversational Implicature." In *Studies in the Way of Words*, Cambridge, MA: Harvard University Press, pp. 269-82.

Hahn, Hans. 1959. "Logic, Mathematics and Knowledge." Reprinted in Ayer 1959, pp. 147-64. (Originally published in 1933.)

Hall, A. Rupert and Hall, Marie Boas. 1964. *A Brief History of Science*. New York: New American Library.

Hare, R. M. 1952. *The Language of Morals*. Oxford: Oxford University Press.

Hare, R. M. 1963. *Freedom and Reason*. Oxford: Oxford University Press.

Hempel, Carl. 1950. "Problems and Changes in the Empiricist Criterion of Meaning." *Revue Internationale de Philosophie*, vol. 11, pp. 41-63.

Hempel, Carl. 1965. "Empiricist Criteria of Cognitive Significance: Problems and Changes." In *Aspects of Scientific Explanation*, New York: The Free Press, pp. 101-22.

James, William. 1955. *Pragmatism and Four Essays from The Meaning of Truth*. Cleveland: The World Publishing Co. (Originally published in 1907.)

Kim, Jaegwon. 1989. "The Myth of Nonreductive Materialism." In *Proceedings and Addresses of the American Philosophical Association*, vol. 63, no. 3, Newark, DE: The American Philosophical Association, Nov., pp. 31-47.

Kripke, Saul. 1971. "Semantic Considerations on Modal Logic." Reprinted in *Reference and Modality*, edited by Leonard Linsky, London: Oxford University

Press, pp. 63-72. (Originally published in 1963.)

Kripke, Saul. 1976. "Is There a Problem about Substitutional Quantification?" In *Truth and Meaning: Essays in Semantics*, edited by Gareth Evans and John McDowell, Oxford: Oxford University Press, pp. 325-419.

Kripke, Saul. 1980. *Naming and Necessity*. Cambridge, MA: Harvard University Press. (Originally published in 1972.)

Kuhn, Thomas. 1970. *The Structure of Scientific Revolutions*. Chicago, University of Chicago Press. (Originally published in 1962.)

Lewis, David. 1973. *Counterfactuals*. Cambridge, MA: Harvard University Press.

Lewis, David. 1979. "Counterpart Theory and Quantified Modal Logic." Reprinted in *The Possible and the Actual: Readings in the Metaphysics of Modality*, edited by Michael J. Loux, Ithaca: Cornell University Press, pp. 110-28. (Originally published in 1968.)

Lewis, David. 1983. "Scorekeeping in a Language Game." Reprinted in *Philosophical Papers, vol. I*, New York: Oxford University Press, pp. 233-49.

Lewis, David. 1986. *On the Plurality of Worlds*. Oxford: Basil Blackwell.

Lewis, David. 1996. "Elusive Knowledge." *Australasian Journal of Philosophy*, vol. 74, no. 4, Dec., pp. 549-67.

Malcolm, Norman. 1951. "Philosophy for Philosophers." *The Philosophical Review*, vol. 60, no. 3, July, pp. 329-40.

Malcolm, Norman. 1965. "Anselm's Ontological Arguments." Reprinted in *The Ontological Argument: From St. Anselm to Contemporary Philosophers*, edited by Alvin Plantinga, Garden City, NY: Doubleday & Co., pp. 136-59.

Monk, Ray. 1990. *Ludwig Wittgenstein: The Duty of Genius*. New York: The Free Press.

Montague, Richard. 1974. *Formal Philosophy*. New Heaven, CT: Yale University Press.

Moore, G. E. 1959. "The Refutation of Idealism." Reprinted in *Philosophical Studies*,

Patterson, NJ: Littlefield Adams & Co. (Originally published in 1903.)

Moore, G. E. 1960. *Principia Ethica*. Cambridge: Cambridge University Press. (Originally published in 1903.)

Moore, G. E. 1993. "A Defence of Common Sense." Reprinted in *G. E. Moore: Selected Writings*, edited by Thomas Baldwin, London: Routledge. (Originally published in 1925.)

Nagel, Thomas. 1980. "What Is It Like to Be a Bat?" Reprinted in *Readings in Philosophical Psychology, vol. 1*, edited by Ned Block, Cambridge, MA: Harvard University Press, pp. 159–68. (Originally published in 1974.)

Neurath, Otto. 1959. "Sociology and Physicalism." Reprinted in Ayer 1959. (Originally published in 1931.)

Nozick, Robert. 1974. *Anarchy, State, and Utopia*. New York: Basic Books, Inc.

Nussbaum, Martha C. 1999. *Sex and Social Justice*. Oxford: Oxford University Press.

Nussbaum, Martha C. 2004. "Beyond the Social Contract: Capabilities and Social Justice." *Oxford Development Studies*, vol. 32, no. 1, March, pp. 3–18.

Plantinga, Alvin. 1974a. *The Nature of Necessity*. Oxford: Oxford University Press.

Plantinga, Alvin. 1974b. *God, Freedom, and Evil*. New York: Harper & Row.

Plantinga, Alvin. 1979a. "Transworld Identity or Worldbound Individuals?" Reprinted in *The Possible and the Actual: Readings in the Metaphysics of Modality*, edited by Michael J. Loux, Ithaca: Cornell University Press, pp. 146–65.

Plantinga, Alvin. 1979b. "Actualism and Possible Worlds." Reprinted in *The Possible and the Actual: Readings in the Metaphysics of Modality*, edited by Michael J. Loux, Ithaca: Cornell University Press, pp. 253–73.

Popper, Karl. 1963. *Conjectures and Refutations: The Growth of Scientific Knowledge*. New York: Harper & Row.

Popper, Karl. 1971. *The Open Society and Its Enemies*. Princeton: Princeton University Press. (Originally published in 1945.)

Putnam, Hilary. 1975a. "The Nature of Mental States." Reprinted in *Mind, Language and Reality: Philosophical Papers*, *vol. 2*, Cambridge: Cambridge University Press, pp. 429–40. (Originally published in 1967.)

Putnam, Hilary. 1975b. "Philosophy and Our Mental Life." Reprinted in *Mind, Language and Reality: Philosophical Papers*, *vol. 2*, Cambridge: Cambridge University Press, pp. 291–303.

Putnam, Hilary. 1975c. "The Meaning of 'Meaning'." In *Minnesota Studies in the Philosophy of Science, Vol. VII: Language, Mind, and Knowledge*, edited by Keith Gunderson, Minneapolis: University of Minnesota Press, pp. 131–93.

Putnam, Hilary. 1977a. "Is Semantics Possible?" Reprinted in *Naming, Necessity, and Natural Kinds*, edited by Stephen P. Schwartz, Ithaca: Cornell University Press, pp. 102–18. (Originally published in 1970.)

Putnam, Hilary. 1977b. "Meaning and Reference." Reprinted in *Naming, Necessity, and Natural Kinds*, edited by Stephen P. Schwartz, Ithaca: Cornell University Press, pp. 119–32. (Originally published in 1973.)

Putnam, Hilary. 1978. *Meaning and the Moral Sciences*. Boston: Routledge & Kegan Paul.

Putnam, Hilary. 1981. *Reason, Truth and History*. Cambridge: Cambridge University Press.

Putnam, Hilary. 1994. "Why Functionalism Didn't Work." In *Words and Life*, edited by James Conant, Cambridge, MA: Harvard University Press, pp. 441–59.

Quine, Willard Van Orman. 1960. *Word and Object*. Cambridge, MA: MIT Press.

Quine, Willard Van Orman. 1961a. "On What There Is." Reprinted in *From a Logical Point of View: Logico-Philosophical Essays*, New York: Haper & Row, pp. 1–19. (This is a revised version of an article that was originally published in 1948)

Quine, Willard Van Orman. 1961b. "Two Dogmas of Empiricism." Reprinted in *From a Logical Point of View: Logico-Philosophical Essays*, New York: Haper & Row, pp. 20–46. (Originally published in 1951.)

Quine, Willard Van Orman. 1961c. "Reference and Modality." Reprinted in *From a Logical Point of View: Logico–Philosophical Essays*, New York: Haper & Row, pp. 139-59.

Quine, Willard Van Orman. 1966a. "Mr Strawson on Logical Theory." Reprinted in *The Ways of Paradox and Other Essays*, New York: Random House, pp. 135-55. (Originally published in 1953.)

Quine, Willard Van Orman. 1966b. "On Carnap' s Views on Ontology." Reprinted in *The Ways of Paradox and Other Essays*, New York: Random House, pp. 126-34.

Quine, Willard Van Orman. 1966c. "Three Grades of Modal Involvement." Reprinted in *The Ways of Paradox and Other Essays*, New York: Random House, pp. 156-74.

Quine, Willard Van Orman. 1966d. "Reply to Professor Marcus." Reprinted in *The Ways of Paradox and Other Essays*, New York: Random House, pp. 175-82.

Quine, Willard Van Orman. 1969. "Epistemology Naturalized." In *Ontological Relativity and Other Essays*, New York: Columbia University Press, pp. 69-90.

Quine, Willard Van Orman. 1974. *The Roots of Reference*. LaSalle, IL: Open Court Publishing Co.

Quine, Willard Van Orman. 1981a. "On the Very Idea of a Third Dogma." Reprinted in *Theories and Things*, Cambridge, MA: Harvard University Press, pp. 38-42.

Quine, Willard Van Orman. 1981b. "On the Individuation of Attributes." Reprinted in *Theories and Things*, Cambridge, MA: Harvard University Press, pp. 100-12. (Originally published in 1975.)

Rawls, John. 1971. *A Theory of Justice*. Cambridge, MA: Belknap Press.

Rorty, Richard. 1979. *Philosophy and the Mirror of Nature*. Princeton: Princeton University Press.

Rorty, Richard. 1982. *Consequences of Pragmatism: Essays: 1972–1980*. Minneapolis:

University of Minnesota Press.

Russell, Bertrand. 1897. *An Essay on the Foundations of Geometry*. Cambridge: Cambridge University Press.

Russell, Bertrand. 1913. "The Philosophical Implications of Mathematical Logic." *Monist*, Oct., pp. 481-93.

Russell, Bertrand. 1914. "The Relation of Sense Data to Physics." Reprinted in *Mysticism and Logic and Other Essays*, London: Longmans, Green & Co., 1919, pp. 145-79.

Russell, Bertrand. 1919. *Introduction to Mathematical Philosophy*. LOndon: George Allen & Unwin, Ltd.

Russell, Bertrand. 1933. (Personal essay with no title.) In *Living Philosophies: A Series of Intimate Credos*. (no editor), New York: Simon & Schuster.

Russell, Bertrand. 1945. *A History of Western Philosophy*. New York: Simon & Schuster.

Russell, Bertrand. 1957. "Mr Strawson on Referring." *Mind*, vol. 66, no. 263, July, pp. 385-89.

Russell, Bertrand. 1959a. *The Problems of Philosophy*. London: Oxford University Press. (Originally published in 1912.)

Russell, Bertrand. 1959b. "Logical Atomism." Reprinted in Ayer 1959, pp. 31-50. (Originally published in 1924.)

Russell, Bertrand. 1963. "My Mental Development." In *The Philosophy of Bertrand Russell*, edited by Pual Schlipp, New York: Harper & Row, pp. 3-20. (Originally published in 1944.)

Russell, Bertrand. 1968. *The Autobiography of Bertrand Russell: vol. 1, 1872-1914*. New York: Bantam.

Russell, Bertrand. 1971. "The Philosophy of Logical Atomism." In *Logic and Knowledge: Essays 1901-1950*, edited by Robert Charles Marsh, New York: Capricorn Books, pp. 175-281. (Originally delivered as lectures in 1918.)

Russell, Bertrand. 1973. *Essays in Analysis*. Edited by Douglas Lackey. New York: George Barziller, Inc.

Russell, Bertrand. 1997. Science and Religion. Oxford: Oxford University Press. (Originally published in 1935.)

Ryle, Gilbert. 1949a. "Discussion: *Meaning and Necessity*." *Philosophy*, vol. 24, no. 88, Jan., pp. 69–76.

Ryle, Gilbert. 1949b. *The Concept of Mind*. New York: Barnes & Noble.

Ryle, Gilbert. 1957. "Final Discussion." In *The Nature of Metaphysics*, edited by D. F. Pears, London: Macmillan, 1957, pp. 144–5.

Ryle, Gilbert. 1962. *Dilemmas*. Cambridge: Cambridge University Press.

Ryle, Gilbert. 1968. "Systematically Misleading Expressions." Reprinted in *Logic and Language*(First Series), edited by Anthony Flew, Oxford: Basil Blackwell, pp. 11–36.) (Originally published in 1931.)

Ryle, Gilbert. 1971. *Collected Essays: 1929–1968*. London: Routledge.

Schlick, Moritz. 1962. *Problems and Ethics*. Translated from the German by David Rynin. New York: Dover Publications. (Originally published in 1930.)

Searle, John R. 1963. "Proper Names." Reprinted in *Philosophy and Ordinary Language*, edited by Charles E. Caton, Urbana, IL: University of Illinois Press, pp. 154–61.

Searle, John R. 1969. *Speech Acts: An Essay in the Philosophy of Language*. Cambridge: Cambridge University Press.

Searle, John R. 1981. "Minds, Brains, and Programs." Reprinted in *The Mind's I: Fantasies and Reflections on Self and Soul*, edited by Douglas R. Hofstadter and Daniel C. Dennett, New York: Basic Books, pp. 351–73.

Sellars, Wilfrid. 1973. "Empiricism and the Philosophy of Mind." Reprinted in *Empirical Knowledge: Readings from Contemporary Sources*, edited by Roderick Chisholm and Robert J. Swartz, Englewood Cliffs, NJ: Prentice–Hall, pp. 471–541. (Originally published in 1956.)

Sider, Theodore. 2001. *Four-Dimensionalism*. Oxford: Clarendon Press.

Singer, Peter. 1975. *Animal Liberation*. New York: The New York Review of Books.

Singer, Peter. 1979. *Practical Ethics*. Cambridge: Cambridge University Press.

Soames, Scott. 2003a. *Philosophical Analysis in Twentieth Century, vol. 1: The Dawn of Analysis*. Princeton: Princeton University Press.

Soames, Scott. 2003b. *Philosophical Analysis in Twentieth Century, vol. 2: The Age of Meaning*. Princeton: Princeton University Press.

Stalnaker, Robert. 1979. "Possible Worlds." Reprinted in *The Possible and the Actual*, edited by Michael J. Loux, Ithaca: Cornell University Press, pp. 225-34.

Stalnaker, Robert. 1991. "A Theory of Conditionals." Reprinted in *Conditionals*, edited by Frank Jackson, Oxford: Oxford University Press, pp. 28-45. (Originally published in 1968.)

Stevenson, Charles L. 1938. "Persuasive Definitions." *Mind*, vol. 47, no. 187, July, pp. 331-50.

Stevenson, Charles L. 1944. *Ethics and Language*. New Heaven: Yale University Press.

Stevenson, Charles L. 1949. "The Nature of Ethical Disagreement." Reprinted in *Readings in Philosophical Analysis*, edited by Herbert Feigl and Wilfrid Sellars, New York: Appleton-Century-Crofts, pp. 587-93.

Stevenson, Charles L. 1959. "The Emotive Meaning of Ethical Terms." Reprinted in Ayer 1959, pp. 264-281. (Originally published in 1937.)

Strawson, Peter. 1963. *Individuals: An Essay in Descriptive Metaphysics*. Garden City, NY: Doubleday & Co. (Originally published in 1959.)

Strawson, Peter. 1971. "On Referring." Reprinted in *Readings in the Philosophy of Language*, edited by Jay F. Rosenberg and Charles Travis, Englewood Cliffs, NJ: Prentice-Hall, pp. 175-95. (Originally published in 1950.)

Stroll, Avrum. 2000. *Twentieth-Century Analytic Philosophy*. New York: Columbia University Press.

Tarski, Alfred. 1949. "The Semantic Conception of Truth." Reprinted in *Readings in*

*Philosophical Analysis*, edited by Herbert Feigl and Wilfrid Sellars, New York: Appleton–Century–Crofts, Inc. (Originally published in 1944.)

Urmson, J. O. 1956. *Philosophical Analysis: Its Development Between the Two World Wars*. Oxford: Clarendon Press.

Warnock, G. J. 1958. *English Phiosophy since 1990*. London: Oxford University Press.

Warnock, G. J. 1969. "John Langshaw Austin, a Biographical Sketch." In *Symposium on J. L. Austin*, edited by K. T. Fann. London: Routledge & Kegan Paul.

Weitz, Morris. 1953. "Oxford Philosophy." *The Philosophical Review*, vol. 26, no. 2, April, pp. 187–233.

Williamson, Timothy. 2002. "Necessary Existents." *Royal Institute of Philosophy Supplement*, no. 51: pp. 233–52.

Wittgenstein, Ludwig. 1961a. *Notebooks 1914–1916*. Edited by G. H. von Wright and G. E. M. Anscombe, translated by G. E. M. Anscombe. Oxford: Basil Blackwell.

Wittgenstein, Ludwig. 1961b. *Tractatus Logico–Philosophicus: The German Text of Ludwig Wittgenstein's Logisch–philosophische Abhandlung, with a translation by D. F. Pears and B. F. McGuiness and with the introduction by Bertrand Russell, FRS*. London: Routledge & Kegan Paul. (Originally published in 1921.)

Wittgenstein, Ludwig. 1969. *On Certainty*. Edited by G. E. M. Anscombe and G. H. von Wright translated by Denis Paul and G. E. M. Anscombe. New York: J. & J. Harper Editions. (Originally published in 1951.)

Wittgenstein, Ludwig. 2009. *Philosophische Untersuchungen/Philosophical Investigations*. Revised 4th Edition by P. M. S. Hacker and Joachim Schulte, translated by G. E. M. Anscombe, P. M. S. Hacker, and Joachim Schulte. Chichester, UK: Blackwell Publishing. (Originally published in 1953.)